日本中世の異文化接触

村井章介

東京大学出版会

The History of Intercultural Contact in Medieval Japan

Shosuke MURAI

University of Tokyo Press, 2013
ISBN 978-4-13-020151-3

目次

序章　異文化交流と相互認識……1
はじめに――「共生」の光と影　1
一　日朝両国人の相互認識　2
二　多民族空間としての中世博多　12
三　中世の外交と禅寺・禅僧　24
四　禅宗の輸入と「日本化」　35

I　自己意識と相互認識

1　天台聖教の還流――『参天台五臺山記』を中心に……51
はじめに　51
一　聖教を携えて巡礼の旅へ　53
二　『参天台五臺山記』に見る聖教の往来　58
おわりに　65

2　日本僧の見た明代中国――『笑雲入明記』解説……71
一　筆者笑雲と遣明使節団　71
二　入国、進貢、回賜　73

三　勘合貿易の曲りかど　77
四　龍顔を拝す　78
五　異国の使臣たち　80
六　観光ツアーと雪舟実景画　82
七　社会観察　85
八　内陸水運システム　87
九　文雅の交わり　89

3　東アジア諸国と日本の相互認識——一五—一六世紀の絵地図を中心に……93
一　伝統的対外観とその変化　93
二　瑞渓周鳳『善隣国宝記』と申叔舟『海東諸国紀』　95
三　『海東諸国紀』『籌海図編』の日本図　97
四　朝鮮王朝の倭寇対策　99
五　異域情報と「海図」の併存——『海東諸国紀』の日本・琉球図を読む（1）　104
六　朝鮮からの視線——『海東諸国紀』の日本・琉球図を読む（2）　107
七　『籌海図編』の成立と日本認識　110
八　倭寇活動と港町——『籌海図編』の日本図を読む　112
九　情報の不足と相互認識の硬直化　117

4　壬辰倭乱の歴史的前提——日朝関係史における……121
はじめに　121
一　一五世紀日朝関係の光と影　122

二　商業資本の成長と国家による抑圧　126
三　一六世紀倭寇と情報ルートの局限　132

5　抑留記・漂流記に一六―一七世紀の北東アジアを読む……141
はじめに　141
一　儒教イデオローグの見た「倭賊」――姜沆『看羊録』　141
二　交じりあう人と文化――鄭希得『月峯海上録』　146
三　明清交代を目撃した北陸廻船商人――『韃靼漂流記』　152
四　漂着朝鮮人の見たアイヌ社会と和人――李志恒『漂舟録』　156

II　東アジア文化交流と禅宗社会

1　日元交通と禅律文化……171
はじめに――三つの史料から　171
一　「元」という時代　173
二　にぎわう東シナ海　180
三　貿易の構造――再考「寺社造営料唐船」　191
四　禅律文化の国際性　197
おわりに――「日本文化の枠」と輸入文化　209

2　東アジアにひらく鎌倉文化――教育の観点から……215
はじめに――蘭渓道隆から中巌円月へ　215
一　東国生まれの子弟の教育　217

二 蘭溪道隆の画期性 220
三 渡来僧の薫陶 226
四 鎌倉から博多、そして江南へ 232
おわりに 238

3 寺社造営料唐船を見直す――貿易・文化交流・沈船……241
はじめに――通説への疑問 241
一 寺社造営料唐船のさまざまな顔 245
二 新安沈船から見た寺社造営料唐船 254
三 大智は新安沈船の乗客か 257
四 「渡来僧の世紀」の慶元と博多 262
おわりに――「寺社造営料唐船」の時代 267

4 肖像画・賛から見た禅の日中交流……273
一 「渡来僧の世紀」と肖像画・賛 273
二 嗣法と頂相 276
三 師像への著賛を唐僧に求む 286

5 十年遊子は天涯に在り――明初雲南謫居日本僧の詩交……295
はじめに 295
一 波乱の日明外交と日本禅僧の雲南謫居 297
二 明人との詩の交わり 302

おわりに　310

6　室町時代の日朝交渉と禅僧の役割……315
はじめに　315
一　対朝鮮外交と禅僧　316
二　博多・承天寺と大内氏の朝鮮通交　319
三　文渓正祐の活躍　324
四　詩画軸をめぐる交流　336
おわりに　346

Ⅲ　異文化接触としての戦争

1　一〇一九年の女真海賊と高麗・日本……351
はじめに　351
一　刀伊国兵船、北九州を襲う　352
二　『小右記』の史料的性格とその裏書文書　355
三　軍事的関心と高麗観　361
四　「渡海制」をめぐる問題　366

2　蒙古襲来と異文化接触……375
はじめに　375
一　外　交　376
二　戦　闘　382

三　仏教と貿易　390
おわりに　397

3　「倭城」をめぐる交流と葛藤——朝鮮史料から見る……401
はじめに　401
一　「御仕置の城」の普請と配置　403
二　倭城の守将と人数　410
三　倭城の構造——講和による破却と朝鮮側の視察　423
四　倭城の存立と朝鮮民衆　434
おわりに　444

4　慶長の役開戦前後の加藤清正包囲網……451
はじめに　451
一　降倭の清正暗殺計画　452
二　行長の清正迎撃献策と李舜臣の罷免　459
三　西生浦城焼討作戦　464

初出一覧　471
あとがき　473
索　引

序章　異文化交流と相互認識

はじめに――「共生」の光と影

異なる基盤をもつ人々が「共に生きる」というのはひとつの理想だから、その語りは美しいことばでみちている。来たるべき新しい社会への芽がふくまれているからこそ、さかんに論じられるわけだけれども、同時に否定的な側面も避けがたくともなう。

かつて石原慎太郎東京都知事が、「第三国人の犯罪率がたいへん高く、都民の生活を脅かしている」と発言した。これは一種の詭弁であって、外国人だからとびぬけて犯罪率が高いことはないようだ。しかしそういう犯罪があることはたしかだし、それに出くわす可能性は私たちすべてにある。そうなったときに、「あれは外国人だから、異分子だから」というナマの排斥感情に足をすくわれないで、理性的な対応ができるのか。

これを歴史学の問題としてとらえ直すとどうなるか。歴史学は過去の事実を正確に解明するのが仕事だから、おなじ空間を異なる民族が共有しているような場を、丹念に洗い出す作業がとりあえずは必要だ。そうした場で異なる民族がどのような関係を結び、たがいをどのように見ていたのか、そこにどんな矛盾がはらまれ、どんな軋轢が起きていたのか、等々を認識することによって、そこから過去と現代との共通性や異質性を導き出すことができる。そこではじめて現代的な課題にリンクするのだと思う。そしてつねづね私は、中世という時代は意外に現代性をもっている、と感じている。

たとえば「境界」の問題にしても、私が子供のころは、国境をすごく固いイメージでとらえていた。対ドル固定相場制や海外旅行の制限などがあったために、「国外」はまったく異質な空間に見えていた。また、今のように外国人とひんぱんに日常的な接触があるという状態を想像もしていなかった。ところが今は、そういう感覚は古くさくなってしまっている。これは、日本の内／外を隔てる境目そのものの性格が大きく変わったということだろう。そして今後ますますそういう方向へと――「ボーダーレス」ということばが流行しているが――、進んでいくことが予測される。しかしこうした境界のありかたは、中世以前への回帰とみることもできる。

中世において、国の内から外への遷移は、しだいに異域性が強まっていく連続的な過程だった。異文化との距離も、国の中央と周縁では大きく異なっていた。異文化は国の内外がまじりあうハイブリッドな空間を経由して中央に到達したのであり、その経過において様相を異にするさまざまな接触が生じた。そして、異なる文化の担い手たちの接触も、それが生じた場の性格に応じて、多様な姿をとってあらわれ、そこに深刻な相克をもはらんだとりどりの「共生」関係が生じた。そこから私たちは、未来の「共生」のありかたを構想するための示唆をえることができるかもしれない。

一　日朝両国人の相互認識

1　古代から中世へ

古代の「倭国」の基本的な対外姿勢は、中国王朝に対しては進んだ文物や統治技術をとりいれつつ対等の立場をめざし、朝鮮諸国に対しては朝貢を受ける優位な立場を保とうとするところにあった。しかし、六六三年に白村江で倭と百済の兵が新羅・唐連合軍に手痛い敗戦を喫してのちは、倭の朝鮮半島への影響力は激減する。これに反して新羅は、六七六年に唐の勢力を撤退させて朝鮮半島を統一し、その国力は大いに伸張した。それでも、八世紀までの倭（日本）は、唐・新羅・渤海（六九八年建国）の相互牽制もてつだって、まがりなりにも新羅・渤海両国を朝貢国として従えており、貴族層の国際認識も、大陸に対するするどい関心と政治的対応に支えられて、まだ開放性を失ってはいなかった(1)。

平安時代初期、外国人を祖先にもつ貴族がその旨を明記している（『新撰姓氏録』）ことや、律令の規定に「外国人でも帰化すれば豊かな国に本貫を定めて戸籍に登録する」とある（「戸令」一五）ことから、八世紀以前は、外国人の子孫だという理由で差別されることはなかったとみられる。また、新羅使を迎えて平城京の長屋王邸で開かれた詩宴では、「金蘭の賞を愛《め》づる有りて、風月の宴に疲るる無し」「謂ふ莫《なか》れ滄波隔つと、長く為さん壮思の篇」といった詩句が披露された（『懐風藻』）。「金蘭（親交）の賞」は新羅使が賦した詩を指す。はるばる訪れた異国の使者との交情がうかがえる。

しかし九世紀になると、日本の支配層は、東北辺境では蝦夷《えみし》の大反乱、国内では律令制の変質にともなう地方統治の混乱に直面して、日本との対等な関係を指向する新羅に対し、蔑視と恐怖に彩られた排外意識をあらわにしてくる。八六八年の新羅船によるささいな略奪事件に対して、朝廷は「国辱」をいいたて伊勢・石清水以下の諸神社に新羅降伏を祈るという過剰な反応を示した。このとき神にささげた祈願文は、新羅を敵と呼び、「わが日本朝は神の国である、神が助け護ってくれるからには、どんな兵乱が近よって来ることがあろうか」と強調し、「神功皇后の三韓征伐」にも言及している（『日本三代実録』）。

この例はふたつのことを示している。――①日本の望む「小帝国」の地位が完全に実質を失うとともに、「外蕃」の「帰化」を歓迎する徳化思想が破綻した。②にもかかわらず朝鮮に対する支配国意識はぬぐいされず、逆に独善

的な自国至上主義によって観念のなかで肥大化さえした。(2)

以上のような対外意識に基づいて、日本の支配層は、一〇世紀に大陸で興った宋、高麗から積極的な働きかけがあったにもかかわらず、けっして正式の国交を結ぼうとはしなかった。それは貴族層の頑固な伝統意識となり、前近代を通じて生き続ける。それがすべての日本人をいちように捉えたわけではなかったが、文字文化の担い手である支配層の意識形態が、中世人一般の意識にかなり決定的な刻印を残したことも否定できない。

2　神国思想のひろがり

中世国家の支配を正当化するイデオロギーは、土着の信仰に対応して密教化した仏教を中核とし、日本固有の神々をも系列化することにより、古代よりはるかに広い社会的基盤を獲得した。その担い手は、都から辺境にいたるまで、本末関係や〈本地―垂迹〉の関係によって組織された寺社の勢力だった。このイデオロギーは、対外観・自国観の面では、日本が他国にはない至上の価値をもち、神の加護のゆえに絶対不可侵である、と主張する「神国思想」というかたちをとった。この思想は、寺社勢力の基盤をなす下層の宗教者たちによって、縁起や語り物を通じて民衆のなかにまで浸透していった。(3)

蒙古襲来合戦における「神風」に助けられての勝利は、神国の実証とうけとられた。その過程で、従来より日本が朝鮮を従えることの歴史的起点とみなされてきた神功皇后伝説が、露骨な蔑視観を強調する方向へと成長していく。蒙古襲来後、八幡神の霊威を民衆に教化する目的で作られた『八幡愚童訓』は、三韓に勝利した神功皇后は帰国にさいして石に弓のはずで「新羅の王は日本の犬なり」と書きつけた、という話を載せている。

そのいっぽうで蒙古合戦の苦戦の記憶は、恐怖の感情をともないつつ長く生き延びた。一四一九年の「応永の外寇（己亥東征）」は、朝鮮軍が倭寇の根拠地をたたく目的で対馬を攻めたものだった。ところが、京都ではこれが蒙古襲来の再現とうけとられ、九州が襲われたという誤報が流れた。摂津国広田社からは、「女騎の武者」に率いられた数十騎の軍兵が出撃した、という奇瑞の報告が京都に届いた（『看聞日記』）。この女武者は広田社の祭神である神功皇后にちがいない。

この例からわかるように、神国思想に基づく自国至上観は、じつは海外事情をリアルに認識する能力のなさが呼びおこす対外恐怖の裏がえしだった。そして一六世紀末、豊臣秀吉の戦争に従軍した地方武士田尻鑑種《あきたね》は、ソウルで記した日記に、「神功皇后が新羅を退治したとき、鹿島・香取などあらゆる神々が壱岐に集まって、日本の神力が威を増し、新羅を従えた」という伝説を書き留めている（『高麗日記』）。

3　武家政権の朝鮮観

一二世紀後半に登場した武家政権は、平安貴族が国の外への恐怖感によって内に閉じこもりがちだったのに対して、積極的な国際感覚をもっていた。平氏政権は、西国に基盤をおき、大宰府を押さえて対宋貿易の利益に着目し、大輪田の泊を改修して宋船を招き寄せ、清盛が太政大臣の名で宋からの文書に返答し、ついには福原に遷都する（大輪田・福原ともにいまの神戸市内）など、対外姿勢を大きく転換させた。

平氏政権を倒した鎌倉幕府も、奥州と貴海島を攻めて国の果てまで支配を及ぼそうとする積極性があった。モンゴルの脅威が日本に及んだとき、神仏への祈願しか対策を知らなかった朝廷をさしおいて、幕府は対外政策の実質的な決定者となっていった。しかし幕府の対応は、蒙古の使者を問答無用で処刑するなど、あまりに武断的であり、また嵐に助けられての勝利に勢いづいて高麗への反攻を計画するなど、モンゴルと高麗の関係をふくむ国際情勢に対する正確な認識に支えられたものとはいえない。

だが一三世紀後半以降急速に伸張した東シナ海交易は、あらたな海外知識と外交技術を幕府にもたらした。日中間を往来する禅僧たちがその担い手だった。一四世紀後半の倭寇の跳梁は、国際的な大問題となり、高麗ついで明《みん》から使節が到来して、倭寇の禁止を求めた。朝廷は議論に明け暮れるだけだったが、幕府は外交上の実務を禅僧に担当させ、海賊行為のとりしまりを行なうなど、それなりの対応策をとった。

一五世紀初頭に足利義満が明・朝鮮との国交を開始したことは、こうした動きの到達点といえる。義満が明に対して臣を称したことは、因習的な貴族や僧侶から屈従外交との非難をあびたが、客観的に見れば、東アジア国際社会のなかに日本が正式の構成員として加えられたことを意味する画期的なできごとだった。

一四四三年、朝鮮から通信使として京都を訪れた卞孝文《ピョンヒョムン》が、相国寺で将軍代理の管領と対面したさい、両者の席のとりかたをめぐって議論があった。日本側が朝鮮を朝貢国とみなして管領が南面することを主張したのに対して、朝鮮側は両国対等という認識のもとに管領が東側、使者が西側の席につくことを主張した。議論の過程で、日本側は「高麗来朝、新羅来朝」の旨を記した「一編の書」をもちだした（『朝鮮世宗実録』）。このような幕府の態度は、学識者として知られた文筆貴族清原業忠の意見に従ったものだった。業忠の意見は九世紀以来なんの進歩も見られない古色蒼然としたものだったが、幕府内部にこれを塗りかえるあらたな朝鮮観のもちあわせはなかった。

朝鮮と密接な関係を結んでいた西国の大名や武士たちにしても、朝鮮を下に見る意識を拭いきれていない。伊予の河野教通は、朝鮮通交が『海東諸国紀』に記録されている武士だが、一四六〇年に幕府に提出した文書で、「推古天皇の八年（六〇〇）、新羅の賊が日本を襲って撃退され、捕虜は足を切って西海の浦浜に棄ておかれたが、河野氏はかれらの子孫を代々奴として召し使っている」と述べている（『大友家文書録』）。

西国最大の大名大内氏は、しばしば朝鮮へ使者を送っている。一四四三年に通信使卞孝文を領国に迎えたとき、大内教弘は「庭先に立ち平身低頭して迎え、堂に上って跪き頭を床にすりつける」という、きわめてへりくだった礼をとった（『朝鮮世宗実録』）。しかし一五四〇年、大内義隆が送った遣明使湖心碩鼎《こしんせきてい》は、北京の朝廷で「日本は朝鮮を服事させているから、私の席次は朝鮮使の上にしてほしい」と要求した（『朝鮮中宗実録』）。

4　交流の拡大と相互認識の変革

以上のように、九世紀に貴族層に定着した対外観のわくぐみは、中世の日本人の朝鮮観を大きく規定した。しかし、いくどかの画期を経ながら、商人・禅僧・倭寇などを担い手とする民間レベルの経済的・文化的な交流は拡大していく。そのことが相互認識を変化させていった面も見のがせない。

すでに九世紀前半、新羅商人のもたらす商品に群がって、「船来品の評判に目がくらんで、国産の貴物を馬鹿にする」という「愚闇の人民」の行動が、国家の警戒心を呼んでいた（『類聚三代格』）。一二世紀以降、日本商人が海外貿易にのりだすようになると、日本の庶民層の生活が大陸に紹介されたり、あるいは「本朝と大宋の境はごく普通の渡海だからたやすいものだ」といった意識がめばえてくる。

このころ、高麗と日本（対馬あるいは北九州）との間に、年一回、船は二艘までという「進奉船貿易」が行なわれていた。一二二七年、海賊が慶尚道・全羅道を襲い、高麗が抗議の使者を日本に送ったとき、大宰府の実権を握る幕府御家人少弐資頼は、使者の携えた外交文書を開いて見、謝罪の返事を送るとともに、悪徒九十人を使者の面前で斬首した。これを聞いた朝廷は「わが朝の恥」と憤慨した（『百練抄』『民経記』）が、北九州の勢力には、高麗との良好な関係を保つための独自の判断があったことがわかる。

同様のことは高麗側についてもいえる。モンゴルが一二六〇年代にねらいを日本に定めたとき、高麗はモンゴルの命によって戦争のための船や兵を負担させられた。これは高麗の本意ではなく、高麗の首脳はモンゴル皇帝フビライの意思を変えさせようと画策した。一二七〇年に反モンゴルの主体だった武人政権が最終的につぶされると、武人政権の主要な兵力としてモンゴルへの抵抗戦を担ってきた三別抄が、反モンゴル・反高麗政府の反乱を起こした。三別抄は独自の王を擁立し、政府機構を組織し、朝鮮半島南岸の島を根拠地として、三年間抵抗を続けた。この反乱に兵力を割かれたモンゴルは、第一次日本征討戦争（文永の役）を一二七四年まで延ばさざるをえなかった。

一二七一年、三別抄は日本へ使者を送り、高麗の正統政府の名でモンゴルに対する共同を呼びかけた。かれらは、兵粮米と援軍を日本に要請するかたわら、漂風人の護送や使者の交換など平等互恵の関係を結ぶことを提案し、あわせて日本側に有用な情報を提供した。このように三別抄は、高麗の国内情勢や対モンゴル関係にのみ目を奪われることなく、開かれた視野から日本の助力に期待し、さらにはあらたなレベルでの高麗・日本関係を構想するにいたっていた。だが残念なことに、日本側は朝廷も幕府も、この呼びかけの意味を正確に理解できないまま、モンゴル軍を迎え撃つことになる。(4)

朝鮮半島と日本列島との交流は、北九州—壱岐—対馬を経由するメイン・ルートのほかに、日本海を横断するルートがあった。八—九世紀の渤海使は長門から出羽にいたる日本海岸に着いたが、とくに北陸が多かった。室町時代の御伽草子「御曹子島渡」では、津軽十《と》三《さ》湊《みなと》から蝦夷島に渡ろうとする源義経に、船頭が「これは北国、又は高麗の船も御入候」と語っている。

一四世紀なかばころ、出雲国のある海岸に高麗の漁船が漂着した。唯一の生存者は、村人たちや近くの寺に隠棲していた京都の禅僧夢巌《むがん》祖応《そおう》の世話になって、数か月を過ごしたあと、故郷へ帰っていった。夢巌が詠んだ一首の詩には、故郷のある西にむかって飛ぶ鳥を涙に濡れた眼で眺めたり、道で老人や子供に出会ってはふるさとの親や子を思って泣いたり、という漁民のようすが描かれている（『旱霖集』）。なかでも注目されるのは、「村おさに喚ばれてしこたま酒をふるまわれ、気が大きくなってさながら別天地に遊ぶ気分、日本だ高麗だとわけへだてすることがあろうか」という意味の一首である。(5)

右の例は、高麗人を送還するなんらかのルートの存在をうかがわせる点でも興味ぶかい。一四二五年、朝鮮半島東岸の平海《ピョンヘ》の船軍四十六人が、鬱陵島《ウルルンド》にむかう途中嵐に遭って、生き残った十人が石見国長浜（島根県浜田市）に漂着した。近くの漁民が領主周布《すふ》氏の館へ連れていったところ、周布氏は衣服を見て「朝鮮人だ」と嗟嘆の声をあげ、衣食を給し、日に三度の食事を一か月間供した。別れに臨んでは大宴を設け、旅費として米百石を給し、人を二十人つけて対馬へ護送した。対馬では早田《そうだ》左衛門太郎がこれを受け取り、朝鮮へ送り届けた。周布や早田は、朝鮮人に「手厚いもてなしはお前たちのためではなく、朝鮮国王殿下を敬うからだ」と語っている(6)（『朝鮮世宗実録』）。漂流者送還には朝鮮から見返りがたっぷりあったこともあるが、日本海を舞台とする交流のなかで、沿岸の人々が朝鮮に親近感をもっていたようすを読みとることもできよう。

室町時代のひんぱんな交流は、日本列島の豊かな地理情報を朝鮮にもたらした（I—3参照）。一四七六年対馬に来た朝鮮の使者金自貞《キムジャジョン》は、居あわせた壱岐の人から、京都までのルートを聞いている。——「壱岐から北海（日本海）によって行けば、順風なら八日で若狭に着く。若狭からは陸行三息で琵琶湖北岸の今津（滋賀県今津町）に着き、そこから水路三息で坂本（大津市）に着き、さらに陸行一息で国王の居所に至る。博多や壱岐の商人はみなこのルートで往来している」（『朝鮮成宗実録』）。具体性に富む情報で、中世日本の交通史にとっても貴重な史料である。

5　瑞渓周鳳と申叔舟

「十五世紀、ほとんど時期を同じくして外交の舞台に登場、活躍した傑出した知識人が、日本と朝鮮に存在した(7)」。かたや五山の僧録に三度任じ、明に送る外交文書を起草した経験をきっかけに、日本最初の外交史の書『善隣国宝記』(8)を著した瑞渓周鳳《ずいけいしゅうほう》（一三九一—一四七三）、かたや領議政兼礼曹判書（首相兼外相）という重職にあって、日本情報を集大成した書『海東諸国紀』(9)を編纂した申叔舟《シンスクチュ》（一四一七—七五）である。

一四六六年に成立した『善隣国宝記』は、仏教徒の往来を中心に外交の推移をたどり、室町時代の外交文書を収録し、後世の外交当事者の参考に資そうとした書である。しかし本書のおもな関心は中国との関係にあり、朝鮮のあつかいは軽い。瑞渓は、天竺（インド）・震旦（中国）・本朝の「三国」を世界の構成要素とする伝統的な仏教的世界観に制約されて、朝鮮諸国を中国の付属物としてしか認識しえなかった。また瑞渓ら五山禅僧の外交への関与は、あくまで外交技能の提供にとどまり、国家の意思決定の場に参与することはなかった。その結果かれの朝鮮観は、三国世界観の枠内での観念的認識に留まり、対外関係の現実を直視して得られた認識とはならなかった。

　このような朝鮮軽視はかれだけのものではなく、外交に関与する幕府当事者全般に見られる。遣明船の派遣に対する関心の強さに比べて、じっさいに朝鮮使が京都へ来ている時にも、反応はきわめて冷淡で処遇も粗末なものだった。

　先にもふれた一四四三年の通信使卞孝文の入京に際して、幕府奉行人のトップ飯尾為種は、「諸大名・諸国からの出銭が思わしくなく、接待費の準備が充分でないから、高麗人は京都へ入らせないで追い返すべきだ」と述べた。清原業忠は、「使者が持参した牒状を古今の牒状と突き合せて、来朝の趣旨に合わない文章を見つけて咎めだてし、高麗人を追い返そう」という姑息な策を進言した（『康富記』）。こうした意見に比べれば、瑞渓の場合は、『善隣国宝記』のなかで、朝鮮関係であっても必要な史実には言及し、朝鮮へ送った外交文書を相当数収録している。外交実務上の必要性に忠実で朝鮮へのいたずらな悪意や蔑視が見られないだけ、マシかもしれない。

　一四四三年の通信使一行に書状官として加わっていたのが申叔舟である。かれは一四五二年に明に赴いた謝恩使にも書状官として名を連ねた。一四六二年、四六歳で人臣最高の職である領議政に昇り、また、外交の最高責任者である礼曹判書をながく兼任した。

　かれの対外認識の特徴は、朝鮮・日本・琉球三国からなる「海東諸国」というとらえかたにある。これは明中心の中華世界のなかにありながらも、独自のまとまりをもつ空間で、なかでも朝鮮にとって重要なのが日本との交隣関係である。そこにおいては、「其の情を探り、其の礼を酌《く》み、而して其の心を収む」という気構えが大切だという。まず日本という国の実情を正確に知ることが肝心で、その認識に基づいて外交に熟慮を払えば、相手の心をつかむことができ、安定的な交隣関係が築ける、という論理である。

かれの関心の対象は、瑞渓の「三国」のような観念世界ではなく、あくまで「海東諸国」という同時代の現実としての地域圏・文化圏だった。そのなかで朝鮮という国家がとるべき態度を決定するには、特定の観念から演繹されたものさしで相手を測るのでなく、相手の現実の姿を可能なかぎり見きわめることが必要だという。河宇鳳はここに観念的な夷狄観から距離をおいた冷静な「価値相対主義」を見いだしている。

6　情報の不足と相互認識の硬直化

申叔舟は一四七五年、惜しまれながら五九歳で世を去った。その卒伝に「事大交隣を以て己れが任となす」とある。事大は対明、交隣は対日本の外交をさす。また成宗《ソンジョン》に「願はくは国家、日本と和を失することなかれ」という遺言を残したと伝えられる。

しかしその後の展開は、かれの遺志に沿ったものではなかった。すでにかれの生前、日本から朝鮮を訪れる使者に、にせ名義の者がしばしば見られるようになる。たとえば、畠山・伊勢・細川など、幕府要人の使者と称する者が朝鮮に来ているが、これらは名義や語る内容に疑問があり、ほとんどが偽使だと考えられる。そしてこうした偽使の創出は、大部分は対馬の勢力と博多商人の合作と推定される。なかでも対馬の大名宗氏は、朝鮮側の通交規制の強化に対抗して、すでに朝鮮が通交権を認めている他の名義をかき集め、それを自己の使者に使用させたり、一族や家臣に給与したりして、朝鮮通交枠の確保と島内の掌握に役立てていた(10)。

一四七九年、通信使を日本に送ることの可否が朝鮮の朝廷で議論されたとき、「かつて日本からの使者と称する者が続々と到来したのは、みな宗貞国の詐術によるものだ。わが信使が日本に至って問いただすと偽りが露見するので、貞国は信使を日本に行かせたくないのだ」という意見が出ている（『朝鮮成宗実録』）。こうした対馬や倭人への不信感は、観念的な〈倭人＝禽獣〉観へと朝鮮官人をひきもどす結果を生んだ（I―4参照）。そこには申叔舟とは正反対の態度が見られる。他方、にせ名義を駆使して架空の通交関係を作りあげることで利益を図っていた対馬側にも、朝鮮をあなどる気分が強まっていった。

こうした過程を通じて進行していったのは、正確な相互認識を形成するにたる情報の不足である。朝鮮側の日本認識は、使者の日本本土派遣が絶えてしまった結果、対馬に自由に操作された偽りに満ちたものとなった。他方日本側の朝鮮認識も、日本国王使以外の使者がほとんど対馬や博多の操る偽使になってしまった結果、ますます貧弱なものになっていった。一六世紀になると、例外だった日本国王使さえ、実質上対馬が派遣するものになってしまう(11)。

だが対馬の画策がなくとも、もともと日本側の朝鮮認識は、一五世紀にあれほどたくさんの日本人が朝鮮を訪れたにもかかわらず、ひどく貧弱なものだった。『老松堂日本行録』や『海東諸国紀』に匹敵する朝鮮観察ないし朝鮮研究を、中世の日本人が残さなかったことに、それが表われている。そのひとつの理由は、朝鮮国家が備えていたような、外交情報を組織的・系統的に収集整理するシステムを、中世の日本が欠いていたことにある。だがそれだけでなく、先に述べたような、中国とは対等な関係をめざし、朝鮮を一段下に見るという古代以来の対外認識のわくぐみが、朝鮮に生き生きとした関心を寄せるという心のありかたの妨げとなったことも推察される。

二　多民族空間としての中世博多(12)

1　「住蕃貿易」の基地

「住蕃貿易」とは、中国人商人が国外の港町に本拠地を確保し、一定期間滞在して貿易活動を展開する形態をいい、

「華僑」のひとつの源流をなす。そして博多こそ日本における住蕃貿易の最大の基地だった。そのことを考古遺物のふたつの例から考えてみよう。

第一は、博多から出土する墨書陶磁器である。厖大な博多出土陶磁からはこれが何百例も検出されており、絶対量として他を圧するものがある。文字はほとんどが高台《こうだい》に記されていて、二字のことが多く、上に「丁」「張」「黄」といった中国人の姓に使われる字があり、下の字は「綱」である。「綱」は貿易商社を意味する中国語で、「丁」等はその経営者の姓であろう。二〇個体が一梱包をなしていたことがわかる事例もある。これらの文字は、博多で住蕃貿易を行なっている商人の営業活動を語るものといえる。

第二は、寧波の市立博物館が収蔵する三個の「刻石」で、うち二個には乾道三年（一一六七）という南宋の年号がある。遺物の性格は、某寺の参道の舗装工事にさいして、博多に住む三人の中国人が十貫文ずつを寄付し、その旨を刻んだ石を参道の脇に建ててもらった、というものである。第一石だけ銘文をかいつまんで紹介すると、博多に住む丁淵という宋人が、参道一丈分として銭十貫文を喜捨した。祈願の対象は「三界諸天」以下の神々で、願わくは現世では幸せを得、死後は極楽に行けるように、とある。

博多に住む中国人が寧波の寺に喜捨したわけだから、かれらは両所を往来していた貿易商人と考えられる。さらにかれらの名乗りを見ると、第一石は「日本国太宰府博多津居住弟子丁淵」である。第二石は「日本国太宰府居住弟子張寧」だが、狭い意味の大宰府よりは博多と考えてよいだろう。以上二例には「居住」の字が使われている。これに対して第三石は「建州普城県寄日本国孝男張公意」である。「寄」は一時的な滞在をいう。「建州普城県」という本貫が書かれていることもこれに関連する。以上から、当時博多で活動していた宋商人に二類型（あるいは二段階）あったことがわかる。すなわち、ある程度長期間にわたって住んでいる者と、一時的に滞在している者である。

つづいて文献史料に眼を転じよう。

一〇九七年、大宰府の長官源師信が任地で死去したとき、その子俊頼は、「博多に侍りける唐人《とうじん》どもの詣《もう》で来て弔《とぶら》ひける」という詞書を付して、「たらちねに別れぬる身は唐人《からひと》の言問ふさへもこの世にも似ぬ」という歌を詠んだ（『散木奇歌集』）。かなりの数の宋人が博多に住んでいて、日本の高官と交際があった。その結果博多には「この世にも似ぬ」異国的な雰囲気が漂っていたことがわかる。

一一一六年、「筑前国博多津唐房」にある「大山船龔《きょう》三郎船頭」の住居で、中国で書写され日本に渡来していたある経典が転写された（西教寺《さいきょうじ》正教蔵聖教『両巻疏知礼記』巻上奥書、要法寺《ようぼうじ》本『観音玄義疏記』奥書）。大山とは大宰府の後ろ山にあった延暦寺の末寺大山寺《たいせんじ》である。「龔三郎」という宋商人は、博多における中国人居留区「唐房」に居を構え、大山寺に所属して身分的特権を獲得し、てびろく貿易を営んでいた。さらにこの経典は、さかのぼって一〇二二年に、明州すなわち寧波にある「国寧寺」のある部屋で、日本僧覚因によって写されている。つまりこの経典の元本《もとほん》は、覚因の手で寧波から博多へと運ばれた。かれを乗せた船は宋商人の経営する貿易船だった。

一一五一年には、大宰府の目代以下の役人らが、五百余騎の兵を率いて筥崎・博多で大略奪を行ない、千六百家の資財を奪い、筥崎宮に乱入した。まっさきにねらわれたのは、宋人王昇の後家の邸宅だった（『宮寺縁事抄』）。そうとうな資産のある宋商の家で、現地妻が留守を守っていたのだろう。宋商たちの貿易活動によって、博多には莫大な資産が蓄積されていた。事件の背景には、おそらく貿易をめぐる利権争いがあった。

2　「唐房」はどこにあったのか

宋商人たちは博多のどこに住んでおり、また港はどこにあったのか。

中世博多の中心は聖福寺《しょうふくじ》や櫛田神社のあたりで、西側の那珂川と東側の石堂川にはさまれた南北に細長い空間である。博多駅前から博多港にのびる「大博通り」に地下鉄を通したさい、発掘調査が行なわれた。この通りが中世博多のメインストリートと重なっていたために、この調査だけでも膨大な遺構・遺物が検出された。その他の地点もふくめ、遺物の中心をなす陶磁器の数は何十万という単位にのぼる。時期的なピークは一二世紀で、種類は中国産の白磁が圧倒的に多い。担当者は出土状況を「白磁の洪水」と表現した。

発掘を積み重ねるなかから、古代から中世、近世初頭にかけての博多市街の移りゆきが、しだいに浮かびあがってきた。古代には、南側に博多浜、北側に息浜《おきのはま》という、ふたつの砂州がならび、その間が浅い水面で隔てられていた。この時期にも官衙を思わせる多少の遺構が検出されているが、その実体は今ひとつはっきりしない。一一世紀後半から急激に遺物・遺構が豊かになり、最盛期の一二世紀には息浜と博多浜の間が埋め立てによる細い陸地でつながり、その上をメインストリートが通りぬける。鎌倉時代後半期にはいわゆる元寇防塁が築かれ、あわせて陸地化がさらに進んでいく。

図1　土葬墓
（12世紀後半，上呉服町出土．『中世都市博多を掘る』海鳥社，2008年より）

都市の中心は道路である。両側に溝が切ってあり、その溝に土留めが施されていた痕が明瞭にうかがえる。また陶磁器片の詰まった大きな穴（土壙《どこう》）がある。ゴミ穴も多く、中世の都市生活を知る貴重な資料になる。また、都市を維持するには水の確保が必須だが、大量の水を安定的に出す井戸は少なく、枯れるとすぐ別の場所に掘った。こうして無数の井戸ができることになる。その他、図1に掲げた土葬墓は、木棺と副葬品をともなっており、化粧道具などから女性の墓とみられている。

それでは港としてもっとも好適な場所はどこか。当時石堂川はまだ開鑿されておらず、水はおおよそ現在の那珂川の流路ぞいに、博多浜と息浜の西側を通って海に注いでいた。ふたつの浜の間は西に開いた入江になっており、ここが港として好適と予想されるが、はたして図2中マルで囲んだ第一四次発掘地区から、大量の白磁が出土した。この場所は、当時はひたひたと水が寄せる波打ちぎわだった。

以上のような状況から、ここは荷揚げ場の一角で、荷揚げのさいに出る割れ物を捨てた場所と解釈された。とすれ

図2　旧地形推定復原図（13世紀末—14世紀初）
（大庭康時「博多遺跡群における中世考古資料の分布論的検討メモ」『博多研究会誌5号』博多研究会，1997年より）

ば中世博多津の船着き場のひとつということになる。ここをふくんで列をなすように大量の陶磁器を出す発掘地区がならんでおり、さきほど紹介した墨書陶磁も出土している。そして墨書が宋商たちの活動にともなうものならば、そういう物を大量に出す場所こそが、かれらのいた「唐房」だと考えられる。

3　「博多綱首」の生活と営業

以上は、おおよそ平安時代の終わりころのようすである。ところが文献上からいうと、かれら宋商人の活動がもっともよくわかるのは鎌倉時代前半期で、そこに初めて「綱首」と呼ばれる個人名が出てくる。

建長四年（一二五二）以前、「綱首謝国明」は玄界灘に浮かぶ小呂《おろ》島に「地頭」を称してなんらかの権利を保有していた。ところがこの島は博多近くの宗像社の社領で、同社が謝の「社役」滞納を鎌倉幕府に訴えた。謝が「地頭」を称しえた背景には、宗像社の前預所で一二四八年の宝治合戦で滅びた三浦氏との交際があったらしい（毛利家所蔵『筆陣』関東御教書）。またおなじころ、謝国明は野間・高宮・平原という博多近郊の村を筥崎宮から買いとって、みずからが建てた承天寺《じょうてんじ》に寄付した（『省柏和尚承天寺掟案』）。かれは豊富な財力をもって日本社会に溶けこみ、土地に対する権利まで獲得していたのである。

京都南郊の石清水八幡宮に伝わる一三世紀なかばの文書に、石清水の末社である筑前筥崎宮の造営にあたって玉垣の材木を負担した博多綱首ふたりの名がみえる。かれらは堅糟《かたかす》西崎の「領主」だった。張興は「御分通事」と注記されているから、おそらく鎌倉幕府の抱える通事だった。もうひとりの張英については「鳥飼二郎船頭と号す」とあって、日本風の名前をもっていたこと、「船頭」が「綱首」の日本語訳であること、がわかる。かれらは、貿易商人であり、博多近辺の土地の領主であり、さらには日本の俗権力のために通事の役をもはたしていた。たいへん境界的な人間類型といえよう。

さらに『華頂要略』に収める「天台座主記」建保六年（一二一八）の条に、「神人通事船頭張光安」という宋人が出てくる。かれの場合は属性が三つも重なっていた。通事と船頭は張興の例とおなじだが、かれは前出の「大山船龔三郎船頭」同様、山門末寺の大山寺に所属する神人でもあった。中世社会では、寺社に所属する人間は聖性を帯び、同時に自由通行の特権を享受する。関銭を払わずに関所を通過でき、しかも聖性ゆえに俗人がやたらには手出しできない存在だった。

つぎに、かれら「博多綱首」の日常生活をかいまみよう。

宗像大宮司家の系図によると、大宮司氏実は「王」という家の女性を娶って、五人の子供を儲けており、そのうち氏国と氏経は大宮司になっている。その兄弟氏忠は、「張」という家から妻を迎えて三人の子供をなしており、そのひとり氏仲は大宮司になっている。王氏・張氏は博多の唐房に居留する宋商人であろう。「博多綱首」たちは筑前国の名族である宗像大宮司家と密接な婚姻関係を結んでいたのである。

つぎに信仰生活をみよう。東福寺開山となる禅僧円爾《えんに》が入宋を終えて一二四一年博多に帰着したとき、「諸綱首」が迎えて自宅へ招き法話を請うた。また、綱首のひとり「張四綱」は円爾の肖像画に賛を求めた。また前出の謝国明は、円爾を開山として博多に承天寺を開き、宋五山第一の径山《きんざん》の火災にさいしては、円爾の勧めに従い板千枚を寄贈した（『聖一国師年譜』）。ではかれらが死亡したらどうなるのか。栄西《えいさい》が博多に開いた聖福寺は、日本における禅宗草創期の寺である。ここに所蔵される「栄西申状」と呼ばれる文書に、聖福寺の発祥が語られている。もともと同寺の敷地は「博多百堂」と呼ばれ、宋人たちが堂舎を建てた旧跡だった。宋人がいなくなったのち、元来が仏地なので人々が居住を憚って空地になっており、そこに伽藍を建立した、と。文書自体は偽文書らしいが、その伝える内容は真実をふくんでいよう。こうした堂舎は墓所の一角に建てられることが多いので、聖福寺の周辺は宋人たちが墓所を営んだ空間であったと考えられる。

以上より、博多という砂洲上の空間をどのように利用して都市生活が営まれていたかがわかってくる。西側の海辺に近いところに交易拠点として倉庫や港湾施設、あるいは屋敷があり、その背後の東寄りのところに宗教施設があり、その中間を貫いて中心街路が走っている、という空間の分節化が認められる。

前出の張光安は、一二一八年に筥崎宮の人によって殺されてしまった。(13)その結果は、大山寺の本寺は延暦寺、筥崎宮の本社は石清水社、ということで、延暦寺と石清水社の相論に発展する。その過程で延暦寺側は、「彼の殺害の地、博多津ならびに筥崎社においては、山門の領となさるべし」、つまり事件の起きた博多・筥崎をまるごと叡山の領地にしてくれと、とんでもない訴えを朝廷に起こした。これは、殺人が起きて血が流れた場所は被害者の属する集団のものになるという、「墓所の法理」(14)にもとづく主張である。この事件が物語ることはふたつある。ひとつは、博多綱首たちが日本社会に深くくいこんでいたために、事件が起きると中世社会の構造に沿ってたちまち中央にまで波及したこと。もうひとつは、かれらの存在が博多においてある緊張を生んでいて、おそらくは貿易の利権をめぐる争いが、殺人事件にまで至るという状況があったこと。

4　「蒙古襲来」の衝撃

以上のように、一二―一三世紀前半の博多では、「博多綱首」と呼ばれた中国商人が「住蕃貿易」を営み、多彩な社会活動を展開していた。ところが一三世紀後半になると、そうした動向が史料上からパタリと姿を消す。その最大の要因は、一二七四年と八一年の二度にわたる蒙古襲来だったと考えられる。

弘安の役直後、幕府は「他国より始めて来入せる異国人等の事、制止を加ふべし」という法令を発した（「鎌倉幕府追加法」第四八八条）。新来外国人の排除により、博多の中国人居留地は衰退の一途をたどり、「住蕃貿易」の時代は終焉を迎える。だがそのいっぽうで、貿易船の往来自体は戦役前よりひんぱんになったように見える。この一見矛盾する事実から、つぎのような推察が導かれる。中国商人は、博多への長期滞在がむずかしくなった結果、つねに貿易船を動かしていなくてはならなくなった、と。

そのような貿易船のピストン式往来を語る事例として、「関東大仏造営料唐船」の事例に注目しよう（くわしくはⅡ—3参照）。一三二八年一一月、「日本船商」が福建に至って貿易し、江浙行省の課税対象となった。おそらくこの船に乗って元に渡り、名僧招請のために杭州郊外の径山にいたった日本僧士林得文《しりんとくぶん》は、ねらいをつけた竺仙梵僊《じくせんぼんせん》に、「いま郷船が福州の港に入っています。この船はいったん出港したのち、来年またかならず来ます。だから帰国されるのも意のままです」と説得した。一三二九年春、中巌円月《ちゅうがんえんげつ》は閩《びん》（福建）に入って、福州郊外の長楽に入港中の「倭船」を目撃している。同年五月、竺仙・雪村友梅《せっそんゆうばい》らを乗せて福建を出港した船は、六月に「本国関西」すなわち博多に入港した。金沢貞顕はそのニュースを九月に鎌倉で聞いて「薫物《たきもの》男女大切に候、唐船帰朝の間、事安く候らんと覚え候」と、在京の子息貞将あて書き送った。さらに同年末、貞顕は再度貞将に手紙を送り、「関東大仏造営料唐船の事、明春渡宋すべく候の間、大勧進名越善光寺長老の御使道妙房、年内に上洛すべく候」と伝えている。

私は、右にあらわれた船をすべておなじ船だと考える。この船は士林の言にあるように、毎年のように東シナ海横断航路を往来していた。船の性格は、薫物《たきもの》（香料）が輸入されていることから貿易船（当時のことばでは「商船」「商船」）であるが、渡海僧や渡来僧が便乗して日中文化交流の手段ともなっており、また幕府から寺社造営料唐船の看板を掲げることを許されて、貿易利潤の一部が寺社造営の費用に充当されるとともに、日本国内の航行にさいして守護・御家人による保護が与えられた。

この船の経営主体を明示する史料はないが、同時代の他の事例から考えて、日中間の貿易船の主導権は中国側の資本に握られていたと考えられる。[15] とはいえこのようなせわしない船の往来は、もはや住蕃貿易と呼ぶにはふさわしくなく、輸入品を博多でうけとって日本国内に流通させた主体は、日本側の資本へ移りつつあったと推察される。

そのいっぽうで、博多にはしだいに公権力の支配が浸透していった。一三四二年の天龍寺船渡航にさいして、博多の「公府」「官司」は乗船者の選定に一定関与した。たとえば、中巌円月は再度の中国渡航をもくろんで博多にいたったが、「官司の文書下り、乗船を禁ず、故に再出を得」なかった（『中巌月和尚自歴譜』）。一三五〇年、博多の息浜に龍山徳見《りゅうざんとくけん》以下十八人の日本人僧侶と船主以下十一人の中国人を乗せた「宋船」が着岸した。代官から報告を受けた九州探題一色直氏は、帰国僧の名簿を添えて室町幕府に報告した（『園太暦《えんたいりゃく》』）。これらの例から、探題が出入国管理機能をはたすために、都市博多への規制力を強めていったようすがうかがわれる。

5　中世後期の博多商人たち

室町時代の博多を語る国内史料はすくなく、ほとんどが朝鮮のものになる。まず、一四二〇年の博多を知る貴重な記事が、朝鮮から室町幕府に送られた回礼使宋《ソン》希《ヒ》璟《ギョン》の紀行詩文集『老松堂日本行録』にみえる。

宋は、釜山から「楼舡」に乗って志賀島にいたり、小舟にのりかえて「朴《は》加《か》大《た》」で下船した。節度使（九州探題渋川義俊）の命で街路は清掃され、溝や堀には土をかぶせて平坦にしてあった。都市博多には城壁がなく、道々はガランとしていて、夜々賊が発して人を殺しても捕まえる者とてなかった。探題は使節が襲われるのを案じて、わかれ道にみな門を作らせ、夜には閉鎖することにした。九州探題が朝鮮使の到着を将軍足利義持に報告し、その回答が来るまで、宋は一六日間博多で待たされた。その後志賀島にいたってまた風待ちのためしばし滞留した。

一四五〇年代から、『朝鮮王朝実録』に博多商人の固有名詞があらわれるようになる。

まず、一四五三年に琉球国王の使者としてソウルまで来た道安である。かれは外交官庁の礼曹にこう語った。吐《と》噶《か》喇《ら》列島のひとつ臥蛇島は、なかばは琉球、なかばは薩摩に属する所で、それゆえ一四五〇年に四人の朝鮮人がこの島に漂着したとき、琉球と薩摩でふたりずつわけあった。また、近年は琉球と薩摩の関係が悪化し、従来薩摩の沿海航路をたどっていた博多人が、大洋を迂回して琉球に往来するようになった。二艘の博多の商船が薩摩に襲われたこと、琉球国王の弟が奄美群島の喜界島を征討したこと、なども関連する情報である。話の最後に道安は「博多・薩摩・琉球相距地図」を出して見せた。

以上の道安情報は、一四七一年に申叔舟の作った日本・琉球地誌『海東諸国紀』付載の「西海道九州之図」・「琉球国之図」にとりこまれている。琉球と北九州を結ぶ航路は複線になっているし、臥蛇島にはおなじ意味の注記が付されている。これらの地図は明らかに「博多・薩摩・琉球相距地図」をベースにしており、九州・琉球間の島々に関すること細かな記述や、日本列島西半の海上を走る白い線すなわち航路に、道安がじっさいに使用した海図の性格が色濃く残っている（I—3参照）。

一四七一年にやはり「琉球国使臣」として「日本要路博多之地」に居する平左衛門尉信重が朝鮮にいたり、「朝鮮の爵命を受け、永く藩臣と為らん」ことを願った。琉球の外交文書集『歴代宝案』によれば、この使節行は、琉球出発時の正使名は「新右衛門尉平義重」であり、尚徳王から託された文書の形式も内容も朝鮮に届いたものとはちがっていた。博多の貿易勢力によってすりかえが行なわれたと考えられる(16)。

一四七七年に済州島から与那国島に漂着した金非衣らの証言によれば、かれらは翌年八月にたまたま「商販」のために琉球に来ていた「日本覇家台《はかた》人」新四郎に託され、翌々年朝鮮に還された。その間半年を博多の新四郎宅で過ごしている。博多は漂流者の眼に「人家の稠密なること我が国（朝鮮）の都城の如く、中に市の有ることも亦我が国の如し。四郎等、俺等を率ゐて其の家に投じ、酒飯殽饌《こうせん》（肴）を饋すること甚だ豊かなり」と映った。新四郎は博多を制圧していた「大内殿（政弘）送る所の主将」と親密で、主将は二度にわたって漂流者と新四郎を宴に招いた。その邸宅は瓦葺きの壮麗なもので、庭には佩刀《はいとう》の侍が三十余人おり、門外にたむろする軍士は数えきれなかった。警備の厳重さは少弐氏との抗争のゆえで、かれらは街路で竿に掛けられた首級六つを目撃している。

6　「大唐街」から「唐人町」へ

前節の朝鮮史料には中国人の影はみえない。しかし一六世紀中葉以前に、中国人の博多居留は復活したらしい。一五九二年侯継高撰の『全浙兵制考』に付載された『日本風土記』巻二・商船所聚に、「我国の海商の花旭塔津《はかた》に住む者多し……一街有りて大唐街と名づく。而して唐人有りて彼（大唐街）に留恋し、男を生《な》し女を育む者これ有り。昔は唐人と雖も、今倭と為る也」とある。似た記述は一六二一年茅元儀撰の軍事書『武備志』巻二三一・日本考にもあり、「花旭塔津は……地方広闊にして人煙湊集す。中国の海商此の地に聚まらざるは無し。……一街有りて大唐街と名づく。唐人留まりて彼（大唐街）を相伝するも、今尽く倭と為るなり」と記す。一六世紀末の「今」では、「大唐街」の唐人集団が独自性を喪失し、みな倭になってしまったというから、「大唐街」はそれをかなりさかのぼる時期に存在したことになる。

となると、一五五三年の博多のようすを伝える『朝鮮明宗実録』のつぎの記述は、明側の史料にいう「大唐街」に対応する可能性が高くなる。すなわち、黄海道で賊を働いた――その船には十名の唐人と三十八名の倭人が乗りこんでいた――倭人の供述に、「吾等、博多州東門外に居す。退き計るに、数年間に唐人百余名、妻子を率ゐて博多州に来たり、或いは家を借り、或いは家を造り、或いは倭女を娶《めと》りて居生す」とある。博多には門が設置されており、その東門の外に百余名もの唐人が妻子を連れて、借家や新築に住み、なかには日本人女性と結婚する者もいた。

以上のように、中国人の博多居留には大きな時期的波動があり、一二〇〇年前後（「栄西申状」）、一三世紀末―一五世紀、そして右に述べた一六世紀後半の三つの時期には、影がうすくなっていた。そして江戸時代初期、九州の港町に「唐人町」がたくさんあらわれる。このような波動の原因はなんなのか、またその過程で住みかたはどのように変化したのか。「大唐街」の形成と後期倭寇は密接な関連がありそうで、その消滅を決定的にしたのは、一六世紀末の豊臣秀吉の戦争であろう。しかし、「大唐街」が「倭と為る」動向はそれ以前から進行していたから、その理由は別に説明しなければならない。さらに戦争後、「唐人町」登場にいたる間に、どういう事態が想定されるだろうか。

三　中世の外交と禅寺・禅僧

1　中世の教育機関と外交部局

中世の日本には国家機構の内部に外交を扱う専門部局が存在しなかった。外交機能を担うべき律令官衙としては治《じ》部省《ぶしょう》や玄蕃寮《げんばりょう》があったが、早くから名目化していた。中国に淵源をもつ高級官吏任用制度としての科挙も、官吏を目ざす者たちが必要な教養を身につけるための大学も、日本では名ばかりの存在だった。そのうえ、平安前期にはそれなりに貴族層必須の教養だった漢詩も、国風文化の時代に入ってしだいに和歌にとってかわられたため、外交という営為に必須の漢文の読み書き能力《リテラシー》は、菅原氏など一部専業化した家を別にすれば、衰退せざるをえなかった。

いっぽう、中世に自立的な社会勢力として成長をとげる寺院では、全文が漢文で書かれている経典を学習する必要もあって、リテラシーを保持していた。また、公的な学校制度の欠如のかたわらで、寺院こそ中世における代表的な教育機関だった。その守備範囲は、経典学習の域をはるかに超えて、儒学や算術の初歩にまで及んでいた。たとえば、禅僧中巌円月（一三〇〇―七五）は、十代前半に、鎌倉の旧仏教寺院で、先生について孝経・論語を読み、九章算法を習っている（Ⅱ―2参照）。

一六世紀に日本を訪れた西欧人の眼に学校と映ったのは、おしなべて寺院だった。フランシスコ＝ザビエルは、一五四九年鹿児島からインドのゴアに送った有名な手紙のなかでこう述べている。都にはひとつの大きな大学があって五つの学院が付属している（五山のことだろう）。そのほかに有名な学校が五つあって、都の近くに高野・根来寺・比叡山・近江があり、いまひとつの最大のものが坂東である（足利学校のこと）……。オランダのオルテリウスの地図帳『地球の舞台』一五七〇年版に収められた「東インド図」でも、不正確に描かれたIAPAN島のなかにMiaco academia（都学院）がしっかり記されている。おなじ図のBandu（坂東）・Chela（高野?）・Negru（根来）・Frason（∨Fiason比叡山）・Homi（近江）もザビエル書簡が原拠である。

鎌倉時代に勃興した新宗派のひとつ禅宗では、仏法は書かれた教えよりは師匠から弟子への人格的陶冶を通じてこそ伝えられる、という考えに立っている。これを「不立文字《ふりゅうもんじ》・教外別伝《きょうげべつでん》」というが、その実現のためには、釈迦から達磨《だるま》を通じて同時代にまで流れ至る法脈を伝える僧を師匠とし、その人格に直接触れなければならない。仏教者としての成長を志す日本の禅僧が中国渡航を熱望したのも、中国で名の知れた禅僧があえて辺境の地日本に渡来したのも、ここに本源的な理由があった。

中国との人的交流がさかんになるにつれて、禅宗寺院には渡航経験をもつ人材、漢文作成や外国語の能力、あるいは外国人との交際のノウハウが、蓄積されていった。室町幕府や守護大名は、外交を行なおうとしたとき、禅僧のこうした能力に着目し、実務の多くをかれらにゆだねた。こうして中世後期には、禅僧たちが外交にかかわる多彩な活動を展開し、禅寺が外交部局としての役割をはたすようになった。

2 初期禅文化と北条氏

鎌倉時代に仏教の各方面で起こった改革運動のなかで、禅宗の特徴は「日本」を超えた世界に改革の契機を求めようとした点にある。道元《どうげん》の曹洞宗《そうとうしゅう》は、山林にこもって座禅にうちこむことを旨としたが、その動機は、世俗化してしまった日本の仏教界から離れて、純中国風の禅の修行を実践しようとするところにあった。

いっぽう、栄西などの臨済宗《りんざいしゅう》諸派は、旧仏教系諸派に飽き足りない鎌倉政権の要求を満たすことで、発展のきっかけをつかんだ。そこで大きな役割を果たしたのが、中国からの渡来僧である。鎌倉政権の実権を握る北条氏は、鎌倉につぎつぎに禅宗寺院を開き、渡来僧を住持につけた。北条氏が渡来僧に期待したのは、鎌倉仏教界の権威と幕府要人たちの宗教的素養とを高めることによって、禅宗を政権の支えとなる新たな宗教勢力に育てあげることだった。その最初の人が、一二四六年に来日し、北条時頼の招請で建長寺の初代住持となった蘭渓道隆《らんけいどうりゅう》（一二一三—七八）である（Ⅱ—2参照）。

その後少し間をおいて、一二六〇年代から一三二〇年代にかけて、兀庵普寧《ごったんふねい》が北条時頼、大休正念《だいきゅうしょうねん》・西澗子曇《せいかんすどん》・無学祖元《むがくそげん》が北条時宗、東里徳会《とうりとくえ》・東明慧日《とうみんえにち》が北条貞時、霊山道隠《りんざんどういん》・清拙正澄《せいせつしょうちょう》・明極楚俊《みんきそしゅん》・竺仙梵僊が北条高時と、歴代の北条氏の招きで、中国から高僧が渡来した。また足利直義も北条政権をうけついで、一三五一年に東陵永璵《とうりんえいよ》を招いている。かれら渡来僧には、中国でも高い評価を得ていた大物が少なくない。

一二六〇年来日の兀庵普寧（一一九七—一二七六）は、名僧の誉れ高い無準師範《ぶしゅんしばん》（一一七八—一二四九）の門下生中で、四天王のひとりに数えられていた。北条時頼を禅の悟りへと導いた師匠である。一二六二年のある朝、時頼は師から「天下に二つの道はなく、聖人に二つの心はない。もし聖人の心を会得できれば、すなわちそれが自己に備わった本来の性質を発見したことなのだ」ということばをかけられて、忽然と悟った。儒教を通じて仏教の本質に到達できるとし、両者あいまって政治にあたる者の心の支えとなる、という考えかたが見られる。しかし一二六三年に時頼が三七歳の若さで死んで理解者を失ったうえに、弟子たちの間にもめごとが起きたことが重なって、嫌気がさした兀庵は、一二六五年中国へ帰ってしまった。

兀庵と対照的なのが、二九歳も年下ながら、やはり無準の弟子になる無学祖元（一二二六—八六）である。かれは、故国南宋が元に征服されたのを機に、一二七九年に北条時宗の招きで来日し、ただちに建長寺の住持となり、一二八二年には鎌倉の円覚寺を開いた。時宗が蘭渓の弟子である徳詮・宗英の二僧に、中国に渡って「俊傑の禅伯を誘引」

するよう依頼した文書が残っている（『円覚寺文書』）。

一二七六年に南宋の都臨安（今の杭州）が元軍の手に陥ちてまもなく、無学のいた浙江省温州近郊の能仁寺にもモンゴル兵が乱入し、かれの首に剣を突きつけて脅した。これに対してかれは、悠然とつぎの詩を唱えて、難を免れた。

乾坤無地卓孤筇　　天地にはもう一本の杖を立てる場所もない
喜得人空法亦空　　とはいえ、人は空《くう》であり法もまた空だ
珍重大元三尺剣　　さあ見届けよう、大元三尺の剣が
電光影裏斬春風　　稲妻の光るまに春風を斬るのを

これが有名な「臨剣偈《りんけんげ》」である。禅宗文学初期の代表的な作家である雪村友梅は、中国渡航中の一三一三年に官憲に囚われた際、この詩を朗々と唱えて天下に名を馳せた。また埼玉県入間市の円照寺には、北条氏が滅んだ日の日付（元弘三年五月廿二日）を刻んだ板碑《いたび》がある。北条氏の家臣である加治《かじ》氏が、一族の戦死者を慰霊するために立てた供養塔であるが、この板碑の表にも「臨剣偈」が刻まれている。鎌倉末期の北条勢力は、禅宗の受容を通じて、北条政権の滅亡を、南宋が夷狄の元に滅ぼされた世界史的事件に見立てるという、文化的素養と国際感覚を身につけていたのである。

無学自身は一二八六年に鎌倉で没したが、かれの法系（おくり名「仏光禅師」をとって仏光派と呼ばれる）は、孫弟子に夢窓疎石《むそうそせき》が出て多くの弟子を育てたため、日本臨済宗の最大セクトに成長する。なお京都の東福寺を開いた円爾（聖一《しょういち》国師）も無準の弟子だが、かれに発する聖一派は、仏光派に次ぐ勢力をもつようになる。

一山一寧《いっさんいちねい》（一二四七―一三一七）は、一二九九年に元皇帝の使者として来日した人である。北条貞時によって伊豆の寺に閉じこめられてしまうが、まもなく貞時は一山のすぐれた文化的能力に気づき、建長寺の住持に迎えた。そのさい、「わが国にやってくる中国の僧には怪しげな術をあやつる者が多い」という慎重論があり、これに対して「寧公

は元国で声望があったので、重大な任務を帯びて来たのだ。僧侶というものは福の源で、元国にあっては元の福となり、わが国にあっては日本の福となる」という反論があった。

　一山は、宗旨だけでなく儒教（とくに朱子学）・書道・文芸の分野でも、同時代の中国の風を正確に伝えた。日本の禅宗文学（五山文学）の創始者と目されている。かれの学芸上の門下生に虎関師錬《こかんしれん》や雪村友梅がいる。一三一三年には公家政権の招きで京都の南禅寺住持となった。

3　寺院の外交機能(1)――人的能力

　ひとくちに外交機能といってもさまざまな側面がある。まず、外交使節として日本から相手国に赴いた者の圧倒的多数は禅僧であり、それ以外は商人や武士の例がわずかに見いだせるのみである。一三七三年足利義満が送った最初の遣明使の中心メンバーは、宣聞渓・浄業・喜春の三人であるが、宣聞渓はフルネームが聞渓円宣《もんけいえんせん》で中巌円月の『東海一漚集《いちおう》』に名が見えており、浄業は中巌の弟子の子建浄業《しけんじょうごう》であり、喜春は大喜法忻《だいきほうきん》の弟子とする推定が正しければ中巌と同門である。すなわち、いずれも禅僧と考えられ、卓越した文筆能力をもつ中巌に関わりある人が多いことが注目される。

　一五世紀初頭、約九〇〇年ぶりに中国との正式の国交が復活すると、一五〇年間に二〇回近く遣明使節が発遣されたが、かれらに託された国書の起草者も、正使・副使として乗船した者も、初回を例外としてことごとく禅僧だった。その初回、一四〇一年足利義満が「日本准三后道義」の名で明の建文帝に送った使節は、正使が時宗《じしゅう》の徒で同朋《どうぼう》衆と推定される祖阿《そあ》（素阿弥とも）、副使が筑紫商客すなわち博多商人と思われる肥富《こいつみ》で、国書の起草者は文筆貴族東坊城秀長《ひがしぼうじょうひでなが》、清書は書道を家業とする世尊寺行俊《せそんじゆきとし》であった。この人事は、千年近くも続いた外交的伝統を打破するために、義満があえて外交上の先例にくわしい禅僧の起用を避けた結果ではないか。

禅僧のなかには、外交専門家として特化する例もあった。初期日明通交で四回も正使に起用された堅中圭密《けんちゅうけいみつ》、同時期の日朝通交で錬筆をふるった文渓正祐《もんけいしょうゆう》（Ⅱ―6参照）、文禄・慶長の役で交渉の矢おもてに立った景轍玄蘇《けいてつげんそ》らの例をあげることができる。

堅中は、京都真如寺正脉院主であったときに東寺領遠江国原田庄の請負代官を勤めており、(17)財務に明るかったことがうかがわれる。応永一〇年（一四〇三）二月一八日に天龍寺の第三六世に任命されたが、初めて遣明正使の命を受けたのはその翌日のことだった。またのちに五山の最高位南禅寺の第七五世となった。これらの人事は論功行賞の意味が強い名目的なものであろう。

文渓は、一四一九年に九州探題渋川氏の使者としてソウルへ赴いたのを皮切りに、翌年の帰国に際して成石璘《ソンソンニン》（一三三八―一四二三）や釈卍雨《マヌ》から詩を贈られ、帰途に同行した朝鮮の回礼使宋希璟と詩を唱和し、一四四八年には大蔵経を求める日本国使僧として朝鮮を訪れ、世宗《セジョン》の正室昭憲太后の廟に祭文を捧げている。いずれも、卓越した詩文作製能力がかれの外交的活躍の源だといえよう。

景轍は、大内氏の派遣した第一八次遣明使（一五三八年出発）の正使を勤めた湖心碩鼎の弟子で、博多聖福寺の住持であった一五八〇年、四四歳で対馬の宗義調《そうよししげ》が仕立てた「日本国王使」として朝鮮に赴いた。かれの詩文集『仙巣稿』にはこの使節行にさいして創られた一連の作品が収められている。(18)八九年と九一年にも「日本国王使」に任じて朝鮮へ渡ったかれは、一五九二年に豊臣秀吉が朝鮮侵略戦争を始めると、対朝鮮外交の豊富な経験を買われ、日本軍と朝鮮側との交渉の先頭に立つことになった。

当然ながら、遣明使の旅行記もみな禅僧の著したもので、一四五一年出発の第一一次（正使東洋允澎《とうよういんぽう》）に随行した笑雲瑞訢《しょううんずいきん》の『笑雲入明記』と、第一八次で副使、最終の第一九次（一五四九年出発）で正使を勤めた策彦周良《さくげんしゅうりょう》の『初渡集』『再渡集』がある。なお『戊子入明記』は、一四六五年出発の第一二次（正使天与清啓《てんよせいけい》）に関わる文書・記録を策彦が抄出したもので、日記形式の旅行記ではない。

つぎに、本格的な（和風でない）漢文をあやつる能力をふるって、外交文書を起草する仕事がある。外交文書のなかでも、日本国王が明皇帝に奉る「表」というもっとも正式の書面には、中国の故事をふまえ、対句等の技巧をこらした四六文《しろくぶん》が求められたが、当時の禅寺ではさまざまな儀式のさいにそうした文章が作製されており、この能力はただちに外交の場へと応用された。それらの文章は、一面では五山文学の「作品」という性格をもっており、起草者を勤めた禅僧の作品集のなかに散在している。絶海中津《ぜっかいちゅうしん》の『蕉堅稿《しょうけんこう》』、惟肖得巌《いしょうとくがん》の『東海璚華《けいか》集』、景徐周麟《けいじょしゅうりん》の『翰《かん》林葫蘆《りんころ》集』、横川景三《おうせんけいさん》の『補庵京華《ほあんけいか》集』などが代表的なものである。いっぽう、朝鮮に対してはより実務的な漢文を用いた「書契」が送られており、禅宗寺院を統括する鹿苑僧録《ろくおんそうろく》が、職務の一環として起草にあたった。右の国書や書契は、鹿苑僧録を勤めた瑞渓周鳳の著作『善隣国宝記』および作者不明の『続善隣国宝記』に、その実例が多く見られる。

4　寺院の外交機能(2)——宿泊・交渉・交際の場

外交使節を迎える場としても、しばしば禅寺が使われた。博多や京都でかれらの宿舎となり、また外交文書の朗読や外交交渉が行なわれ、さらには漢詩の唱和や宴会が催された場も、多くは禅寺であった。

明の使節として一三七二年に来日した禅僧仲猷祖闡《ちゅうゆうそせん》・天台僧無逸克勤《むいつこくごん》は、南朝方の征西将軍懐良《かねよし》親王を「日本国王」に冊封するのが本来の任務だったが、幕府方の九州探題今川了俊によって聖福寺に拘留された。翌年、交渉相手を幕府・北朝に切り替えて上洛すると、洛西の向陽庵（天龍寺の塔頭《たっちゅう》か）が宿舎として与えられた。

一四二〇年に来日した朝鮮使宋希璟は、志賀島や博多で断過《タイガ》寺を宿所としたと述べているが、これは旦過寮《たんがりょう》のことで、禅寺内に設置された旅人のための宿泊施設である。博多妙楽寺の僧無涯亮倪《むがいりょうげい》は、朝鮮への使節行の帰途希璟の道案内を勧めたが、希璟はこの人としばしば漢詩を贈答している。博多湾を見遥かす妙楽寺呑碧楼《どんぺきろう》の壁には、外交使節や随行者、亡命者らの書き付けた多数の題詩があった（『石城遺宝』）。また希璟は、博多では承天寺・妙楽寺・聖福寺の僧と、赤間関（下関市）では永福寺老師と、尾道では天寧寺の法主周晃《しゅうべん》・衆寮梵道《ぼんどう》と、漢詩のつきあいがあった。希璟が上洛後に与えられた宿舎は深修庵《しんじゅあん》という尼寺で、ここは朝鮮使節が来ると尼を他所に移して宿舎に転用するのが例だった。『海東諸国紀』に「深修庵住持用書記」が一四六八年に朝鮮に使者を送ったことが見え、禅宗だったことがわかる。希璟が足利義持と会って書契を手渡したのは、嵯峨にあった天龍寺末の宝幢寺であり、義持は接見後、ねぎらいの意をこめて天龍寺・臨川寺・西芳寺などを巡見させた（以上、『老松堂日本行録』）。

禅僧たちは、民族を異にする外交使節を迎えて、漢詩の唱和を通じてつきあいをもった。それは中国の士大夫層におけるつきあいの文化を写したもので、ある人の作った漢詩に次の人が脚韻を踏んで作品を付けてゆくという、連歌会とよく似た特徴があった。一四一〇年、京都の南禅寺では、朝鮮からの使節梁需《ヤンユ》を交えて、ある水墨画を題として漢詩が唱和され、絵と詩が一体となった詩画軸が製作された（東京国立博物館蔵「芭蕉夜雨図」、Ⅱ—6参照）。また、横浜市杉田にある東漸寺には、黒く塗った横長の板に漢詩を彫りつけた二枚の「詩板」が所蔵されている。そこには無学祖元・一山一寧・東明慧日・東里徳会ら渡来僧を交えた鎌倉の禅僧たちが東漸寺を訪れたさいの作品がならんでおり、初期の鎌倉五山の国際的雰囲気をよく伺うことができる。

禅宗で流行した肖像画とその賛（「頂相《ちんそう》」）からも、日中文化交流の多様な姿が眺められる。禅宗では、弟子がただひとりと定めた師匠から法を嗣ぐことをことのほか重視する。そのさい、嗣書（法系図）や法衣などとともに、師の自賛のある肖像画が弟子に与えられる。一三世紀以降の禅宗界の日中交流を通じて、師弟関係のネットは国境を越えてひろがった。その結果、頂相の作例を通じて対外交流のさまざまな姿をうかがうことができる。——①中国で描かれた絵が日本に渡来・伝存する。②中国からの渡来僧を日本で描いた。③渡来僧が賛を書いている。④日本で描かれた絵を日本僧が携えて渡航し、中国で賛をもらう。⑤中国人の絵師が渡来して日本で描いた。

①—④の事例はII—4でくわしくとりあげるので、ここでは⑤の例として、泉涌寺所蔵の重文俊芿《しゅんじょう》画像をあげておこう。泉涌寺は律宗だが、鎌倉時代の律宗は禅宗と共通点が多い。俊芿は一一九九—一二一一年に渡宋して戒律を学び、帰国後京都に泉涌寺を開いた。死去の七日前、嘉禄三年（一二二七）閏三月一日の自賛をもつ頂相は、『泉涌寺不可棄法師伝』により宋人絵師周坦之が泉涌寺で描いたものとわかる。

5　室町幕府と禅林

禅宗寺院は、〈五山之上《しじょう》（南禅寺）—五山（京・鎌倉に各五つ）—十刹—諸山〉という階梯制に組織され（この組織全体も「五山」と呼ばれる）、各寺院の住持は将軍から発給される「公帖《こうじょう》」と呼ばれる辞令によって任命された。したがって幕府にとって五山派はいちおう外部の存在であるが、人事を通じて室町殿の統制下にあった。

足利義満が一四世紀末に創建し、一躍京都五山第二位に格づけされた相国寺は、幕府との結びつきがとくべつに強い寺院である。義満の墓塔である塔頭鹿苑院《ろくおんいん》は、その院主が代々五山全体を統括する僧録の地位に就くようになり、「鹿苑僧録」と呼ばれた。五山派の住持人事は、僧録から室町殿に提出される原案に従って行なわれたから、実質的な人事権は僧録の手にあった。一四七〇年に『善隣国宝記』を著した瑞渓周鳳は、三度にわたって僧録を勤めたベテランであった。

鹿苑院所属の蔭凉軒《いんりょうけん》を主宰する蔭凉軒主（蔭凉職）は、僧録の役目を補佐し、将軍との間に立って披露伝達にあったが、その実力はしだいに鹿苑院主を凌駕し、住持人事への発言権も大きくなる。その結果、蔭凉職の役務日記である『蔭凉軒日録』に、五山派寺院住持の任免記録がおびただしく記載されることになった。

このような構造を通じて、幕府は五山を外交部局としてとりこんでいた。たとえば一四六四年遣明使の派遣にあたって、蔭凉軒主季瓊真蘂《きけいしんずい》は幕府の政所執事伊勢貞親から正使および表文作製者の人選について相談を受け、検討の結果を将軍義政に上申している。このとき表文作製者に指名されたのが瑞渓であった。また、五山派の住持人事には、じっさいの入寺をともなわないで肩書きだけを得る「居成《いなり》」と呼ばれるものが大量にふくまれていたが、使節の労に報いるためにこれを利用することがあった。前述した堅中圭密を天龍寺第三六世に任じた人事はその一例である。また、居成は金銭の授受をともなうことが多く、一四五一年、幕府は遣明船団の三艘を占める天龍寺船の派遣費用調達のために、一〇六通もの居成任命書を乱発した（『臥雲日件録抜尤』享徳四年正月五日条）。

しかしいうまでもなく、五山は幕府の外交部局としてのみ存在していたわけではない。その活動の中心は寺院としての宗教活動にあり、幕府との関わりに限っていえば、室町殿以下幕府要人のための宗教指導や葬儀・法要、あるいは将軍や幕府を守護する祈禱などが、中心的な仕事であった。五山僧が残した作品集を見ても、外交に関わる文章は思い出したように散見されるにすぎない。したがってかれらの意識のなかでも、外交文書の起草は多岐にわたる文筆活動の一部を占める営みにすぎず、国家の利害を代表して外国と対峙するといった意識はきわめて弱かった。

6　守護大名・琉球王家と禅林

西中国の大内氏・毛利氏、豊後の大友氏、南九州の島津氏、対馬の宗氏、さらには琉球国王尚氏など、外交に熱心な諸勢力も、それぞれ畿内から禅僧を招致したり、本拠地の近辺で禅宗勢力を養成したりして、外交実務を担わせていた。もとより、主要な地方寺院の住持は琉球を除いて公帖で任命されたし、地方の禅宗界と畿内の五山派寺院との人事交流も活発だったから、地方が完全に自立していたわけではない。しかしいっぽうで、大徳寺派や幻住派など京都五山の周縁に位置する門派に守護大名が着目し、両者が積極的に結びつく動向もみられる。

こうして、幕府外交を支えた夢窓派を中心とするグループとは異なる宗派・門派が、地方ごとの特色を帯びつつ、外交で活躍することとなった。この多様性は、室町・戦国期の対外関係が幕府に一元化されない構造をもっていたことに起因する現象であった。

大内氏は、後期の遣明船貿易において細川氏と主導権を争い、朝鮮からは幕府とならぶ重要な交渉相手と認識されていた。外交活動にあたっては、博多の承天寺や、本拠地長門の長福寺・永福寺など、京都の東福寺を本山とする聖一派寺院から人材を起用し、文書の起草や使節の任にあたらせていた。早くも一五世紀初頭に岐陽方秀《きようほうしゅう》が大内盛見に登用されて朝鮮国王宛書契を起草している。山口・保寿寺の以参周省《いさんしゅうしょう》は大内氏の出で、一五世紀末に対朝鮮外交文書の起草にあたり、弟子には一五三九年発の遣明船に従僧として乗船した仁叔崇恕《にんしゅくすうじょ》がいる。以参は雪舟の周防招致に関与し、その入明にも助力したらしい。

聖一派は五山において夢窓派につぐ勢力だったが、虎関師錬以来の宋学の学統を伝える点に特徴があり、幕府よりは地方の勢力と積極的に結んで、その外交的能力を発揮した。これに対して夢窓派が地方勢力の外交に活躍する姿はほとんど見られない。聖一派の流れは大内氏にとどまらず、大友氏や島津氏の外交にもおよんだ。それを象徴する人物が、中世宋学史上なだかい桂庵玄樹《けいあんげんじゅ》である。

赤間関に生まれ、聖一派龍吟門派の流れをくむ桂庵は、赤間関の永福寺に居たとき、一四六七年発の遣明三号船（大内船）に土官として乗船し、雪舟と行をともにした。かれは帰国後、北部九州各地の大名のもとに寄寓して宋学を伝授し、やがて薩摩におちついて、薩南学派と呼ばれる宋学の一派を開いた（『島陰漁唱』）。島津氏が桂庵を招いた背景には、対琉球外交を推進する意図があったらしい。桂庵の弟子には大内氏の遣明船に乗った月渚英乗《げっしょえいじょう》らが出たが、やがて近世初頭、桂庵の四世法孫の文之玄昌《ぶんしげんしょう》が、薩南学派を大成すると同時に、島津氏の外交ブレーンとして活躍することになる（『南浦文集』）。

一四二〇年代に統一国家を形成した琉球でも、尚王家を中心に禅宗が浸透したが、一五世紀後半に、その中心は五山の主流派である南禅寺系から堺の南宗寺《なんしゅうじ》を拠点とする大徳寺派に移った。南宗寺を開いた古岳宗亘《こがくそうこう》の法系から、春屋宗園《しゅんおくそうえん》・古渓宗陳《こけいそうちん》ら琉球との交流に関わった僧が輩出している。琉球僧菊隠宗意《きくいんそうい》は京都に参学して古渓の法を嗣ぎ、琉球禅林の最上位である首里円覚寺の住持となった。こうした動きの背後には、明や琉球との貿易にのりだした堺商人が大徳寺派に帰依する動きがあった。

また一六世紀に入ると、夢窓派や聖一派の退潮といれかわりに、元末の名僧中峰明本《ちゅうほうみょうほん》の法を嗣いだ渡海僧たちに発する幻住派が台頭する(19)。幻住派は、ただひとりの師匠から法を嗣ぐという禅宗の原則的立場を採らず、複数の師匠に秘密裡に参ずる「密参」を積極的に奨励し、これにもとづいて他派内に浸透していった。一五世紀から博多の聖福寺に浸透して大内氏の外交スタッフに起用されるようになる。

なかでも中峰の弟子遠渓《えんけい》祖雄《そゆう》（丹波高源寺開山）の流れをくむ湖心碩鼎が、大内氏主導の第一八次遣明正使となったことの影響は大きく、その弟子筋から、一六世紀の諸勢力による外交を担った人材が輩出した。先にふれた月渚英乗や第一九次（最終）遣明正使策彦周良はいずれも夢窓派の法を嗣いでいるが、じっさいには幻住派の勢力圏に属していた。さらに、豊臣秀吉に仕えて朝鮮侵略戦争で大きな役割を果たした景轍玄蘇は湖心の弟子であり、対馬にあって江戸幕府初期の朝鮮外交に活躍した規伯玄方《きはくげんぽう》は景轍の弟子である。このように幻住派は、中世末・近世初頭以降の外交を担う門派として成長していった。

四　禅宗の輸入と「日本化」

1　異空間としての禅寺

西洋人が日本文化、なかんずく中世の文化にアプローチするとき、「禅」がキーワードになることが多い。そこで注目されてきたのは、まずは永平寺などでの座禅の風景であり、ついで茶の湯、生花《いけばな》、書画、建築など室町時代の諸文化の背骨をなすものとしての禅の思想だった。そうした禅文化の理解わくぐみとしては、西洋化された現代日本文化の基層に「原日本的」あるいは「日本独特」の要素があり、それは「わび・さび」「枯淡の美」などということばで代表される、という通念がある。これをつきつめると、禅こそが「日本文化の粋」だ、という言説が生まれる。

しかし、鎌倉時代、禅宗が日本に定着し始めたころの日本人にとって、禅文化ほど日本的でない文化はなかった。博多・鎌倉・京都などにつぎつぎと建てられた禅宗寺院は、周囲の「日本」から隔絶された異空間だった。たとえば、鎌倉五山の第一に格づけされる建長寺では、歴代住持のうち、五代目までのすべて、一〇代目までの八人が、中国から渡来した僧である。名の知れた渡来僧は、来日するとまず建長寺住持になるのが例だった。その結果建長寺は、伽藍配置や建築様式の面でも、住僧たちの生活文化の面でも、当時の日本でもっとも異国風の空間となった。無住《むじゅう》の編んだ説話集『雑談集《ぞうたんしゅう》』は、建長寺を「中国から僧が渡ってきてまるで中国のようだ」と形容している。

現在の建長寺には当時の遺構はまったく残っていないが、長野県上田市にある安楽寺の八角三重塔（国宝）から、その異国的雰囲気を想像することができる。日本様式の塔が、正方形の断面と軒下に並行する垂木《たるき》をもつのに対して、この塔は八角形の断面と放射状の垂木をもつ。なによりも塔の前に立つと、「まるで中国にいるようだ」という印象を受ける。安楽寺は、二回の中国渡航の経験をもつ禅僧樵谷惟僊《しょうこくいせん》が再興した寺で、樵谷が弟子として連れ帰った中国僧偂牛慧仁《ようぎゅうえにん》が二代目の住持となった。安楽寺には一三二九年に作られた樵谷・偂牛両名の肖像彫刻がある。そしてかの三重塔は、偂牛が住持のとき、すなわち鎌倉末期に建てられたと考えられている。

異空間としての禅寺のなかでは、日常的に生きた中国語が飛び交っていた。中国からの渡来僧一山一寧は、建長寺や円覚寺で僧の入寺を許可するさい、偈頌《げじゅ》（仏教的主題の漢詩）の試験を行なった。この試験は、文字で詩を作るだけでなく、中国語で朗詠させるものだった。また住持が寺内のさまざまな行事にさいして行なう説法にも、同時代の中国語の話しことばや俗語表現がさかんに用いられている。一三三四年に鎌倉の浄智寺で行なわれた竺仙梵僊の「開堂」という行事のとき、弟子の日本僧春屋妙葩《しゅんおくみょうは》は、「元音」をあやつって問答し、聴衆を驚かせている（『智覚普明禅師語録』）。

こう見てくれば、初期の禅文化が「日本文化の粋」どころか、いかに「バタ臭い」輸入文化だったかがわかるだろう。一世紀ほど後のことになるが、五山文学作者の双璧のひとりとされる絶海中津の詩を、ある中国僧が称賛したが、そのほめことばは「日東語言の気習なし」すなわち「表現に日本臭さがない」というものだった（『蕉堅稿』）。「日本的なもの」から脱却できているほど評価が高かったのだ。

2　もろこし舟のたやすき道

一二七四年と八一年の二度にわたる元軍の日本襲撃の後、国家的には軍事的緊張が続いたが、民間レベルの貿易船の往来はむしろ空前の活況を呈した。渡来僧が本場の禅宗をもたらしたことの刺激もあって、日本の禅僧たちが、あいついで貿易船に乗って修行のために中国に渡った。これを「渡海僧」と呼ぶが、その数は渡来僧より一桁うえである。

まさに渡海ブームというべき現象だが、当時の著名な学問僧で、『元亨釈書《げんこうしゃくしょ》』という仏教史を著した虎関師錬は、「ちかごろ、凡庸な僧侶たちが熱に浮かされたように入元するのが習わしとなっているが、これはわが国の恥をさらすものだ」と苦々しげに言っている。しかしこれも入元自体を悪とするのではなく、虎関自身が入元を志すなかで、自分はかれらとはちがうのだ、という意識からの発言だった（『海蔵和尚紀年録』）。

また兼好法師も、『徒然草』一二〇段で、「もろこし舟のたやすからぬ道に、無用の物どものみ取り積みて、所狭《せ》く渡しもて来る、いと愚かなり」と、貿易船の往来を皮肉っている。しかし右の引用文の前に「唐の物は、薬の外は、みななくとも事欠くまじ」とあるように、必需品の輸入は歓迎している。なによりこの段からは、京都周辺に「遠き宝」や「得がたき貨」が溢れかえっていたようすが伺われる。

ひんぱんな貿易船の往来は、東シナ海を渡る旅を、鑑真《がんじん》のころのような命がけの大事業ではなく、帰ろうと思えば帰れる気軽な旅にした。兀庵普寧は、日本の禅宗界の低レベルにいや気がさしたと見えて、外護者時頼の死後まもなく帰国してしまった。西澗子曇は、いったん帰国したあと、二十余年後に再来日している。そしてこのふたつの例を引いて、一三二九年、渡海僧士林得文は、竺仙梵僊に日本行きをうながした（『竺仙和尚語録』）。

> いま日本から来た船が福州（福建省の首都）の港に入っています。この船はいったん出港したのち、来年またかならず来ます。だから帰国されるのも意のままです。むかし兀庵は帰国され、西澗は帰国後ふたたび来られました。日本へ行って帰らない人は、日本に惚れこんでしまって、みずからの意思で帰らないだけなのです。

この話を聞きながら、竺仙は、以前師匠の古林清茂《くりんせいむ》と交わした問答を思い出していた。――当時古林の住持する保寧寺には、日本の僧が三十二人もいたが、師はいつも戯れて「これじゃ私は日本の国師だよ」と言っていた。師はまたこうも言った、「君が日本へ行けば、大いに日本人を教化できるだろう」。これに対して竺仙が「行くのはかまいませんが、帰れなくなるのが恐いです」と言うと、師は「出家の身は、縁のあったところで法を広めるものだ。どうして帰れないのを恐れることがあるか」とさとした。

この話から、竺仙に渡海の決意を固めさせたふたつの要因をひきだすことができる。第一は、貿易船の恒常的な往来に支えられた日中禅宗界の密接な交流であり、第二は「国は変わっても仏法は変わらない」という禅文化の世界性である。

3　禅林はアジアの国際社会

玉村竹二は、渡海僧が群集した尊宿として、無準師範・虚堂智愚《きどうちぐ》・古林清茂・中峰明本・楚石梵琦《そせきぼんき》の五人をあげている[20]。そのうちもっとも多数の日本人参徒が確認されるのが楚石梵琦（一二九六―一三七〇）である。臨済宗楊岐派の元叟行端《げんそうぎょうたん》の弟子で、一三七二年来日の明使仲猷祖闡は法弟にあたる。「楚石和尚行状」（『楚石禅師語録』巻二〇）は、「道化被《こうむ》る所、海の内外に溥《あまね》く、高麗・日本の学者、尤も欽慕す焉」と特記している。

『楚石禅師語録』から引き出せる日本僧の情報は、おおむねつぎの三点に整理できる。

第一に、日本僧が所属していた中国の寺院名と、そこでのかれの役職名である。たとえば、楚石の作った偈頌の題に「延聖世首座」とあれば、世という僧が延聖寺という寺で首座という役職に就いていたことがわかる。この世が日本僧宗遠応世《そうおんおうせい》であることは、別の史料によってわかる。同様に、「万年楚蔵主」は蘭江楚《らんこうそ》という日本僧（名前の三字目は不明）が万年寺で蔵主を勤めていたことを、「浄慈寿首座」は椿庭海寿《ちんていかいじゅ》という日本僧が浄慈寺《じんずじ》で首座を勤めていたことを、それぞれ示している。

第二に、楚石のもとにある日本僧がおり、そこからある場所へ行こうとしていたこと、つまりかれらの遍歴の一端がかいま見える。たとえば「日本東蔵主の台鴈に遊ぶを送る」という題がある。日本人の東蔵主（別の史料から甲山興《こうざんこう》東《とう》というフルネームがわかる）という禅僧が、台鴈すなわち浙江省台州の雁蕩山《がんとうざん》という寺に赴くのを、楚石が見送った詩である。他の作例からわかる遍歴先としては、補陀山《ふださん》、天平山、盧山《ろざん》、金陵（南京のこと）などがある。

第三に、詩の本文に目を転じると、「日本の師僧皆喜ぶべし」「扶桑の天子呵呵笑せん」「我大唐に在り、汝は日本」「扶桑を掇転して大唐と作《な》す」「新羅は海東に在り、日本商舶多し」「大唐日本東西国」「唐国の西、日本は東」などといった詩句が注目される。これらを読むと、禅宗というのはひじょうに開放的な世界だ、という印象を受ける。日本、高麗、中国をもふくめた社会が成立していて、そこでは国境はのりこえられてしまっている。

右の詩句からもわかるように、楚石の門下には高麗僧も多数いた。日本では、春屋妙葩のエコールに高麗人の姿が見られた。(21) 禅林とは東アジア三国を包含した国際社会だったのである。さらに、京都五山や足利学校には琉球僧が赴いており、(22) 蘇州の師子林に住持した天如惟則《てんにょいそく》の語録には、「高麗国古道長老請」にならんで「高昌国無敵長老請」という作品が見える（『新纂大日本続蔵経』第七〇巻、七九六頁）。高昌国は現在のトルファンを中心に一四世紀まで続いたウイグル族の国である。

中国禅僧の語録に高麗僧があらわれる例を紹介しよう。古林清茂の『古林和尚拾遺偈頌』巻下に収める「高麗真長老の京に回るを送るに次韻す」と題する詩に、「天都万国会す、豈に復《ま》た西東を分かたん」とある。渡来僧明極楚俊の『明極和尚語録』偈頌古風類の「三韓僧の江西に之《ゆ》きて祖を礼し南嶽に遊ぶを送る」に、「三韓亦自ら禅宗あり、鯨波を憚らず道風を慕ふ」。おなじく「広禅人の東韓に帰るを送る」に、「語音異あるも理異ならず、人事同じからざるも道自ら同じ」。『楚石禅師語録』巻一五偈頌の「彭禅人の里に帰るを送る」に、「新羅国裏に曾て上堂し、大唐国裏に未だ打鼓せず」。同巻一六偈頌の「高麗順禅人の国に帰るを送る」に、「昨日方《まさ》に海岸を離れ来て、今朝便《すなわ》ち高麗に往きて去る、我が此の浙江、何ぞ汝が郷と異ならん」。同巻一七偈頌の「印侍者の南岳に遊ぶを送る」に、「新羅旧に依る海東の辺」。同巻一九偈頌の「高麗檜巌至無極長老に寄す」に、「東国西天是れ一家」。檜巌寺《フェアムサ》は京畿道楊州《ヤンジュ》にある高麗創建の古刹である。了菴清欲《りょうあんせいよく》の『了菴和尚語録』巻九題跋「幻住禅師の高麗瀋王に贈れる十偈」に、「今観るに、幻住（中峰明本）の瀋王に於ける、庶《ほとん》ど古人に愧づることなき耳《のみ》。十偈の作、各深旨の語あり。渓寿上人、余に著語《ちゃくご》を求む」。瀋王は高麗の王族を元が遼東の瀋陽地方に封じたものである。

高麗僧の語録に日本や中国の僧が見える例として、太古普愚《テゴプウ》（一三〇一―八二）の『太古和尚語録』（禅林古経叢書21、蔵経閣、ソウル）があげられる。太古は門下侍中判吏兵部事洪延《ホンヨン》の子で、檜巌寺で薙髪し、一三四六年大都に赴き、ついで浙江省湖州の天湖菴に石屋清珙《せきおくせいきょう》の門を敲《たた》いて法を嗣ぎ、四八年高麗に帰った。中国の臨済宗を高麗にもたらした人物で、現在韓国のすべての仏教寺院が属する曹渓宗の祖と仰がれる。(23) 巻下偈頌の「中菴寿允《ちゅうあんじゅいん》」に「日本允禅人、其の号を以て頌を求む」とある。寿允は語録巻末の太古の門徒名簿に載る。同「日本石翁長老に寄す」に「海東山嶽秀づ、扶桑一点紅し」。同「無極和尚江南の人に寄す」に「西来の一曲人知る没《な》し、伯牙ありと雖も子期なし、独り寥々に坐して深夜に向かへば、簾を透る残月禅衣を徹す」。同「日本雄禅人の江南に遊ぶを送る」に「日本松風爽《さや》けく、新羅月色多し」。

最後の例は、日本僧が高麗からさらに江南に遊んだ例として興味ぶかい。また、無極和尚が『楚石禅師語録』に見える檜巌寺の至無極長老と同一人だとすると、高麗の禅寺でも中国人を住持に迎えていたことになる。

4　輸入文化としての喫茶

ここで、とりわけ「日本的」な文化と考えられている茶の湯に焦点をあててみよう。中世末期に確立し、現在まで続く茶の湯の特徴は、つぎのようなものであろう。小宇宙としての茶室のなかで、主人と少数の客とが会し、厳格な作法に従って茶が嗜まれる。茶道具や室内装飾は質素を旨とし、茶陶《ちゃとう》（茶の湯のための焼物）や茶掛《ちゃが》け（茶室を飾る書画）という独特の芸術ジャンルが生まれる。それらのすべてを、「わび・さび」と呼ばれる枯淡の雰囲気が包んでいる……。

中世における喫茶は、禅宗の祖師のひとりである栄西が中国から伝えたとされるように、まぎれもなく禅僧が中国から輸入した文化である。初期の茶は嗜好飲料というより薬品で、ことに修行中の眠け醒ましの効能が注目された。栄西が茶を愛した理由を明恵《みょうえ》は「蒙を散じねぶりをさまして、道行の資となし玉はんため」と語ったという（『夢中問答』第五七）。渡来僧鏡堂覚円《きょうどうかくえん》の「煎茶」と題する詩にも、「寒泉爛煮建渓の春、鼎沸松濤万壑の声、一啜すれば清風両腋に生じ、睡魔退かんと欲す百千の兵」とある（『鏡堂和尚語録』巻二）。建渓は福建省にある茶の名産地、承句は鉄瓶のなかで湯が沸く音の描写、転句は中唐の詩人盧仝《ろどう》の「七椀詩」に「唯覚ゆ両腋習習として清風の生ずるを」とあるのを踏まえる。

茶は僧侶・貴人間の贈答品としても好まれた。渡来僧大休正念は、北条時宗から茶を送られた返礼に新茶を贈り、「一吸風生じて両腋清し」の句をふくむ詩を副えた（『念大休禅師語録』偈頌雑題）。天岸慧広《てんがんえこう》は渡来僧竺仙梵僊から茶と詩を贈られて、盧仝の号「玉川子」と「建渓」「武夷」という銘茶の産地を詠みこんだ詩を返した（『東帰集』）。中巌円月の「評茶」という七言絶句には、「顧渚」「郝源」「龍団」「双井」「鎗旗」「雀舌」と中国茶のブランド名が六つも詠みこまれている（『東海一漚集』）。

喫茶が禅寺に定着したのは、日中禅宗界の交流がさかんになる鎌倉時代後半であり、南北朝時代になると武士や民衆にも普及し始める。このころの「世間にけしからず茶をもてなさるゝやう」を見て、夢窓疎石は「養生の分にもなるべからず。……世間の費《ついえ》となり、仏法のすたるゝ因縁なり」と批判している（『夢中問答』第五七）。かの佐々木導誉のふるまいを、『太平記』は「ソゞロナルバサラニ耽テ、身ニハ五色ヲ粧リ、食ニハ八珍ヲ尽シ、茶ノ会・酒宴ニ若干《ソクバク》ノ費ヲ入、傾城・田楽ニ無量ノ財ヲ与ヘ……」と描く（巻二四天龍寺建立事）。『太平記』にはほかに三か所、「茶ノ会」を「酒宴」とならべた表現がある（巻一九・三三・三五）。

さらに、南北朝―室町初期に書かれた『喫茶《きっさ》往来《おうらい》』『禅林小歌《ぜんりんこうた》』は、手紙や歌謡の形を借りて当時の茶会のようすをつぎのように記している。会場は茶室よりはるかに広く、参会者数も多かった。席は畳に座るのでなく、テーブルと椅子・スツールが使われた。会は、スープ・餅菓子・麵類などからなる点心《てんしん》に始まって、庭の観賞、喫茶とメイン・ディッシュ、飲酒と続き、最後は歌舞まであった。その一部をなす喫茶も、賞品を賭けて茶の産地をあてる「闘《とう》茶《ちゃ》」が中心で[24]、茶の効能を吹聴したのにちっともあたらないで怒りだす人や、成績がよくて奢りたかぶる人もいた。

もちろん茶の湯は、こうした「唐様《からよう》」の茶会からさまざまな要素を削ぎ落として成立したものだから、両者にはプログラム構成や書画の飾りかたなど共通する面も多い。しかし会の雰囲気と、その背後に流れる美意識は、似ても似つかないものだった。

5　国際性の喪失と「日本化」

それでは、異国的で、猥雑さや喧噪にみちた初期の禅文化が、なぜ、どのようにして、「日本的」な「わび・さび」へと舵を転じていったのだろうか。この転換に大きな役割を果たしたのは、中国自身の状況変化だった。「自由狼藉」という評言は、中国史では元時代にもっとも似つかわしい。漢民族でないモンゴル人が中国全体を支配下においたことは、伝統的な華／夷の秩序をかきまぜて、独特の自由な雰囲気を生みだした。海外貿易に対する国家統制の弱さも元時代の特色で、それが前述した貿易船のひんぱんな往来を支える重要な要因をなしていた。

その元朝が衰え、一三六八年に漢民族王朝の明に交代すると、自由な風潮に大きな変化が訪れた。貿易についても、漢民族王朝の伝統に忠実に、国家による強力な統制が加えられるようになる。明に貿易船を送れるのは、明と正式の国交を結んだ諸国の王に限られる。すなわち、諸国の王の使節という名目がなければ明への入国は許されず、したがって貿易もできない。そして、正式の使節船であることを証明する「勘合《かんごう》」という資格証が、諸国の王に交付された。この形態による貿易を「勘合貿易」と呼んでいる。

この通交体制のもと、禅僧が中国に渡航する機会は、明へ赴く正式の国家使節の一員となる以外にはなく、任務が終わればすみやかに帰国させられた。元時代のように、各地の寺院に高僧を訪ね歩くことは許されず、中国滞在中の日本僧たちは、明の首都南京の一寺院に押しこめられる。その結果、日本側の招きで中国から渡航する渡来僧は跡を絶ち、日本からの渡海僧も激減してしまう。

いっぽう日本の禅宗界では、明の成立と前後して、室町幕府の主導のもと、京都・鎌倉それぞれに「五山」と呼ばれるピラミッド型の寺院組織が作られた。この組織のなかで独自の人事制度や昇進システムが形成され、そこでは中国渡航の経験はさほど有利にならなかった。また、広く各方面から住持を迎える十方住持《じっぽうじゅうじ》制度がしだいに空洞化し、特定の法系の者に住持職が伝えられていく「徒弟院《つちえん》」が多くなった。いきおい禅文化も、日本の五山組織内部で完結する傾向が強くなり、これに本場からの刺激が入りにくくなったことがてつだって、文化の国際性はどんどん失われ、「日本化」がとめどもなく進行する。

徒弟院化が進む禅寺では、住持の隠居所が本寺を囲んでつぎつぎと作られ、そこに住持の弟子たちが集《つど》って、親密な家庭的生活を送るようになる。これを「塔頭《たっちゅう》」といい、寺院生活の中心が本寺から塔頭に移ってしまう。塔頭には玄関や書院・書斎が設けられ、住宅建築に近づいたものとなる。こののち長く続く和風住宅の源流がここにある。また、禅僧たちが中国の士大夫をまねて営んだ詩会も、小宇宙としての書院や書斎で開かれるため、作品の多くは斎や軒の名を題とし、「なるべく小規模なひかえ目な建築が、江山の片隅に、人知れずたたずまっているのを理想とする」といった雰囲気に包まれている。(25)

さらに時代が下ると、詩会は、豪華な料理や酒が用意され、みめ麗しい少年僧が侍る、といった俗臭ふんぷんたるものになっていく。このころの作品には美少年に寄せる艶詩《えんし》もよく見られ、その方面の名手といわれる作者さえ登場する。また、作品の形式はほとんど七言絶句ばかりになり、やまと歌が短歌に一元化したのと揆を一にする。作品の調子も和歌まがいの抒情的なものとなって、漢詩である意味が薄れてしまう。

こうした傾向を嫌って、五山を離れ地方に活動の場を求める禅僧たちが増えてくる。これを「林下《りんか》」と呼び、禅宗界の主導勢力はしだいに五山から林下へと遷る。地方の武士たちがかれらに期待した役割は、塔頭における共同生活で培われてきた、人の心を打つ形式を備えた法要を、自分たちのために営んでもらうことだった。その結果、禅僧の作品の多くが、葬儀や周忌にさいして読みあげられる下火《あこ》や拈香《ねんこう》の法語になってしまう。現在まで続く「日本的」葬式仏教の様相を、ここに見出すことができる。

中世も終わり近く、少人数が狭い茶室で膝を突きあわせる、そんな茶の楽しみかたが生まれた。茶の湯である。だれの目にも分かる豪華なしつらえ、あでやかな色彩、にぎやかな音は遠ざけられ、わかる人だけがわかる微妙な味わいが重んじられる。「わび・さび」と呼ばれる美意識が、そんな文化のありようのなかから生まれてきた。

茶の湯はたしかに禅宗の流れを汲む文化だが、室町時代の正統派である五山からは切れている。「茶掛け」として珍重される墨蹟にも、五山派の作品はほとんどない。五山派から排除された林下の一派である大徳寺派が、港町堺に進出して、日明貿易で富裕化した商人層に喫茶を普及させ、やがて利休があらわれて作法を極度に洗練した。

ところが、時代は戦国時代の分裂を克服して、かつてない強力で富裕な統一権力を生みだす方向へと動いていた。その動向が「わび・さび」の美意識と結びついて、きわめていびつな価値観を生む。たとえば、朝鮮半島で作られた一見なんでもない日常生活用のうつわが、「大名物《だいめいぶつ》」と呼ばれて、大名や大商人や天下人《てんかびと》のあいだで莫大な価格で取引きされたり、意識的にシンメトリーを破ったゆがんだ造形がもてはやされたりした。それがまた今、現代的な美に通じるとして評価されたりもする。

きわめつけは、豊臣秀吉が京都郊外の伏見城に作らせた「黄金の茶室」だ。枯淡や質素とは正反対の、金箔を透き間なく張りつめた、目くるめくような小空間。秀吉は、手中に収めようとする人間をそこに呼んで、みずから茶をふるまい、特別扱いしてやっているのだと見せつける。茶の湯が政治の道具と化したなれのはての姿がここにある。

注

（1）石母田正『日本の古代国家』（岩波書店、一九七一年）第一章。

（2）村井章介「王土王民思想と九世紀の転換」（『思想』八四七号、一九九五年）。同『日本中世境界史論』（岩波書店、二〇一三年）第Ⅰ部第一章に再録。

(3) 以下、2項・3項については、村井『アジアのなかの中世日本』（校倉書房、一九八八年）第Ⅰ章・第Ⅱ章、参照。
(4) 村井注(3)書、第Ⅳ章。
(5) 村井章介『東アジア往還——漢詩と外交』（朝日新聞社、一九九五年）間章。原文は「忽被村翁喚得回、曲枝桑下酹三杯、酔郷広大人間小、日本高麗安在哉」。
(6) 関周一「一五世紀における山陰地域と朝鮮の交流——石見周布氏の朝鮮通交を例として」（筑波大学歴史人類学会『史境』二〇号、一九九〇年）。
(7) 田中健夫「十五世紀日朝知識人の相互認識」（同編『前近代の日本と東アジア』所収、吉川弘文館、一九九五年）。以下、本項は同論文および河宇鳳《ハウボン》「申叔舟と『海東諸国紀』——朝鮮王朝前期のある「国際人」の営為」（大隅和雄・村井章介編『中世後期における東アジアの国際関係』所収、山川出版社、一九九七年）による。
(8) 田中健夫編『訳注日本史料　善隣国宝記・新訂続善隣国宝記』（集英社、一九九五年）。
(9) 田中健夫訳注『海東諸国紀——朝鮮人の見た中世の日本と琉球』（岩波文庫、一九九一年）。
(10) 田中健夫『中世海外交渉史の研究』（東京大学出版会、一九五九年）第七。長節子『中世日朝関係と対馬』（吉川弘文館、一九八七年）第二部。
(11) 米谷均「一六世紀日朝関係における偽使派遣の構造と実態」（『歴史学研究』六九七号、一九九七年）。橋本雄『偽りの外交使節——室町時代の日朝関係』（吉川弘文館、二〇一二年）。
(12) 本節1—3は村井『東アジアのなかの日本文化』（放送大学教育振興会、二〇〇五年）「6　海に開かれた窓、博多と寧波」による部分が多い。
(13) 大庭康時「博多綱首殺人事件——中世前期博多をめぐる雑感」（『博多遺跡群研究誌　法哈噠』三号、一九九四年）。
(14) 笠松宏至『日本中世法史論』（東京大学出版会、一九七九年）第九章。
(15) 榎本渉『東アジア海域と日中交流——九—一四世紀』（吉川弘文館、二〇〇七年）第一部第二章。
(16) 橋本雄『中世日本の国際関係——東アジア通交圏と偽使問題』（吉川弘文館、二〇〇五年）第二章。
(17) 村井章介「東寺領遠江国原田・村櫛両荘の代官請負について」（『静岡県史研究』七号、一九九一年）。
(18) 村井注(5)書、第四章五節。
(19) 伊藤幸司『中世日本の外交と禅宗』（吉川弘文館、二〇〇二年）第三部第二章。

(20) 玉村竹二「日本僧の群参した宋末元初中国禅林の諸会下」(同『日本禅宗史論集・下之二』思文閣出版、一九七九年、所収)。
(21) 村井注(3)書、Ⅶ章。
(22) 村井注(5)書、第五章。
(23) 鎌田茂雄『朝鮮仏教史』(東京大学出版会、一九八七年)一九三頁。
(24) 『花園天皇宸記』正慶元年(一三三二)六月五日条に「飲茶勝負有り、懸物を出ださる。茶の同異を知る也。実継朝臣・兼什法印各一度之に勝ち、懸物を給はる」とある。
(25) 玉村竹二『五山文学』(至文堂、一九六六年)二一二頁。

I　自己意識と相互認識

1　天台聖教の還流――『参天台五臺山記』を中心に

はじめに

日本における仏教の受容は、中国で漢文に翻訳された経典の輸入によって、支えられてきた。欽明一三年（五五二）、百済の聖明王は倭国に釈迦像・幡蓋《ばんがい》・経論を贈っている（『日本書紀』）。いっぽうで倭国（のちに日本）は、ただ到来を待つのではなく、積極的に使者・使僧を派遣して、経典を求めさせた。推古一五年（六〇七）、聖徳太子が隋に派遣した小野妹子らの使節一行も、その目的は、天子との謁見と並んで「国家の書籍」の購入にあった（『善隣国宝記』）。この書籍に経典がふくまれていたことはいうまでもない。霊亀二年（七一六）入唐の遣唐使の一員であった僧玄昉《げんぼう》は、二〇年後に経論五千余巻を持ち帰った（『続日本紀』）。これは『開元釈教録』（七三〇年成立）の記載する唐代大蔵経五〇四八巻のひとそろえであったと考えられる(1)。

日本天台宗を開いた最澄のばあいも、事情は同様であった。延暦二三年（八〇四）に遣唐使船で渡航した最澄が、翌年持ち帰った天台聖教の内容は、延暦寺に蔵する『僧最澄将来目録』によって詳細に知ることができる。目録に付した上表文で、かれは「最澄、奉使求法し、遠く霊蹤を尋ね、往きて台嶺（天台山）に登り、躬《みずか》ら教迹を写す。獲る所の経幷びに疏及び記等、総じて二百三十部四百六十巻なり」と述べている（『平安遺文』四三一〇―四三一二号）。

最澄が渡航したころの唐は、初・盛・中・晩と四期に区分したときの中唐の後期で、安史の乱のもたらした混乱を克服して小康状態を保っていた。しかし、八四五年前後に武宗による仏教の大弾圧があり（会昌の廃仏）、経教は焼かれ仏像は毀され僧尼は還俗させられた。さらに八七五年に起きた黄巣の乱から、九〇七年の唐滅亡後の「五代十国」と呼ばれる乱世を経て、九七九年の宋による再統一まで、一世紀も続いた動乱のなかで、中国仏教の遺産は多くが滅びてしまった。天台聖教も多く湮滅し、最澄・円仁・円珍ら渡海求法の日本僧が精力的に蒐集していった聖教群が、伝存する唯一のテキストである、という書目が少なくない状態となった。

これら佚亡聖教の収集に執念を燃やしていた中国僧遵式《じゅんしき》は、日本僧寂照のもたらした智顗《ちぎ》作『方等三昧行法』に加えた序で、「山門の教巻、唐季より多く外国に流れ、或いはなほ目録在るも、その文を見ることなく、覚者これを思ふも、渺として滄海を隔つ」と述べている(2)。中国で滅びた書物が日本に多く伝わっているという情報は、この後、中国の知識人にひろまってゆく。宋の文人欧陽修の作とされる「日本刀歌」(3)という詩はこう詠っている（『欧陽文忠公文集』巻五四。中間部分を引用）。

伝へ聞く、その国は大島に居し、土壌沃饒にして風俗好しと。その先徐福は秦民を詐はり、薬を採り淹留して丱童老いたり。百工・五種はこれと与に居し、今に至り器玩みな精巧なり。前朝貢献に屢しば往来し、士人は往往にして詞藻に工みなり。徐福の行きし時書未だ焚《や》かず、逸書百篇今なほ存す。令厳にして中国に伝ふるを許さず、挙世人の古文を識るなし。先王の大典夷貊に蔵するも、蒼波浩蕩として通津なし。

こうして一〇世紀以降、東陬の地日本から宗祖の母国へと天台聖教が還流する動きが生じる。中国が日本の聖教を求めていることを聞いて、日本の仏教界はみずからの地位が高まったことに誇りを抱くようになる。ときあたかも宋商人の日本往来がさかんで、その船に便乗して聖地巡礼をめざす日本僧が続出した。かれらが中国で滅びた天台聖教を携えて渡航するようになるのは、自然の勢いといえよう。

一　聖教を携えて巡礼の旅へ

(1) 最澄　貞元二〇年（八〇四）、最澄が天台山に施入した供養品のなかに、「屈十大徳疏十巻・本国大徳諍論両巻」があった（「明州牒」『平安遺文』四二九七号）。渡唐直前の日本における天台学研鑽の状況を伝えようとしたもので、(4)「還流」の源流をなす史実として注目される。

(2) 日延　宋初の文人楊億の『楊文公談苑』(5)は、十国のひとつで今の浙江・福建あたりを支配した呉越国（九〇七―九七八）の王銭弘俶の対日交渉を伝えている。かれは、自国内に天台山を擁しながら、「天台智者教五百余巻、録有りて闕多き」を嘆いていたが、商人からそれらが日本に多くあると聞いて、海舶に託して黄金五百両を日本国王に送り、ことごとくこれを得たという。(6)この要請は、中国の天台徳韶《とくしょう》を通じて日本の天台座主延昌（慈念和尚）に伝えられた。延昌は「繕写法門（経典のこと）度送之使」に肥前出身の日延を起用し、日延は天暦七年（九五三）越商人蔣承勲の帰国に同行して、万里の浩波を渉った(7)（太宰府天満宮蔵「大宰府政所牒案」『平安遺文』四六二三号）。このとき、呉越王は高麗に対しても同様の要請をしており、それに応えて諦観《ていかん》が天台聖教をもたらしている。両国から到来した聖教によって、中国の天台教学は復興へとむかった。(8)

日延がもたらした書目は史料がなく不明である。桃裕行の指摘によれば、当時天台山には「智顗の主要な著作たる『摩訶止観』『法華玄義』『法華文句』の所謂天台三大部を始めとして、殆ど何もなかったと言ってもよい位で、最澄・円仁・円珍等の将来経典を有する当時の我国としてはいくらでも要求に応ずることはできた筈」であった。(9)事実、日延が国都杭州に着くと、呉越王は「随身の法門を計細（精査）し、歓喜感忻、喧明して賜ふに紫衣を以てし、内供奉に准ず」という破格の待遇を与えた。見返りとして日延は新修の暦術を学習させてもらうとともに、日本未到の「内外書千余巻」を賜与されて、天徳元年（九五七）帰国した。これらの書は、村上天皇の一見を経たあと、暦経は賀茂保憲に、仏典は叡山の学堂に、『春秋要覧』『周易会釈記』などの外書は大江家に、それぞれ渡された（以上、前掲「大宰府政所牒案」）。

以上述べた日延の事跡からは、使者としての側面しかうかがえないが、延久二年（一〇七〇）成尋が朝廷に入宋の許可を求めた上表文（『朝野群載』巻二〇）に、「或いは法流の奥旨を決せんが為、或いは聖跡の霊勝を礼せんが為」異域に赴いた先輩として、寛延（建？）・日延・奝然《ちょうねん》・寂昭（照）を挙げている。[10] また『参天台五臺山記』熙寧五年（一〇七二）閏七月五日条には、日延が天台山を訪れて詩を詠んだことが記されている。後代の人から巡礼僧として扱われていたことがわかる。

(3) 奝然　九六〇年に宋が成立してまもなく、第二代皇帝太宗の世に、東大寺の僧奝然が渡航した。『宋史』外国伝日本の条はこれを特筆大書しており、かれの入宋が中国人の日本認識をぬりかえる事件だったことがわかる。[11] そのなかに、仏典をふくむ書籍に関する記事もあるので、天台聖教という枠からややはずれるが、ここでふれておきたい。

記事の始めに「雍熙元年（九八四）、日本国の僧奝然、其の徒五六人と海に浮かびて至り、銅器十余事ならびに本国職員令・王年代紀各一巻を献ず」とあって、日本の国制を示す律令の一篇「職員令」と、神代から第六四代守平天皇（円融）に至るまでの歴史を語る「王年代紀」を、奝然が献上したことを記したあと、「王年代紀」を全文（！）引用する。その後に「此れ島夷のみ、乃ち世祚遐久（平たくいえば「万世一系」）にして、其の臣もまた継襲して絶えず、此れ蓋し古の道なり」という太宗のためいきまじりのことばが見える。宋の支配層が、唐末以来の乱世と比較して、日本の国家のありかたをひとつの理想像として認識したことが知られる。それを媒介したのが「王年代紀」という書物であった。

入宋巡礼僧に特徴的なのは、かれらが皇帝に面会して日本の国情を説明したことで、奝然を始め、寂照・成尋・快宗・戒覚にその例を見る。戒覚は皇帝への上奏文で「遠方の殊俗が入覲と巡礼を行うのは例である」と述べる。[12] 入覲は、宋の支配層の日本に対する強い関心と、巡礼僧の国威発揚の意気ごみとが出会う場であった。そこではかならず日本に書籍が豊富なことが言及されている。

奝然、隷書を善くすれども華言に通ぜず。其の風土を問ふに但だ書を以て対《こた》ふ。云はく、国中に五経の書及び仏経・白居易集七十巻あり。並びに中国より得たり。……其の国に多く中国の典籍あり。奝然の来るや、復た孝経一巻・越王孝経新義第十五一巻を得たり。みな金縷紅羅の褾《ひょう》（表具）にして、水晶を軸と為す。孝経は即ち鄭氏（鄭玄《じょうげん》）の注せる者、越王は乃ち唐太宗が子越王貞なり。新義は記室参軍任希古等の撰なり。奝然、復た五臺に詣《いた》らんことを求む。これを許し、過ぐる所をして食を続《つ》がしむ。又印本大蔵経を求む。詔して亦これを給ふ。

日本にある書籍として、儒教・仏教の書のほか白楽天の厖大な作品集が特記されており、当時の日本の読書界のようすをうかがわせる。奝然は豪華な装幀を施した『孝経』およびその注釈書をもたらし(13)、その見返りに史上最初の版本大蔵経を賜与された。この時期の渡海僧は中国語ができず筆談に頼ったために、かえってその書の巧みさが目を惹いたことは、寂照にもその例を見る。『楊文公談苑』に、「寂照の領徒七人、皆華言に通ぜず。国中多く王右軍（羲之《ぎし》）の書を習ふ。寂照頗る其の筆法を得たり」とある。

(4) 寂照(14)　寂照は俗名を大江定基という文人貴族で、寂心（慶滋保胤）を師として出家し、比叡山横川《よかわ》の源信から天台宗を学んだ。長保四年（一〇〇二）一〇月に寂心が遷化したのち、念願の五台山参拝を朝廷に願い、許されて渡海した（『続本朝往生伝』大江定基。同書が渡海を「長徳年中」とするのは、「長保」の誤りか）。かれはその前の三月一五日に願状を提出し、六月一八日にはいったん首途に就いたが（『百錬抄』長保四年三月一五日条）、おそらく寂心の病状悪化により延引し、一二月九日に師の四十九日忌を済ませた（『本朝文粋』巻一四）あと、同五年八月二五日に肥前国を離れ、九月一二日に宋の明州に着いた（『扶桑略記』一条天皇・『歴代皇記』一条天皇）。景徳元年（一〇〇四）皇帝真宗に謁見して無量寿仏像・金字法華経・水晶数珠を献じ、紫衣および円通大師の号を賜った（『仏祖統記』巻四四等）。

寂照も入宋にあたって中国で佚亡した天台聖教を携えていた。杭州天竺寺の遵式は、南嶽慧思《なんがくえし》の『大乗止観』と智顗の『方等三昧行法』を寂照より得て開板している。(15) また寂照は、源信から託された『天台宗疑問二十七箇条』を明州延慶寺の知礼《ちれい》（天台第一四祖）に渡し、得た回答を帰国する弟子に託して日本へ送った。知礼は回答にあたって源信に『仁王護国般若経疏』を求め、源信は貿易船に託してその写を送ったが、嵐に遭って船人が龍神の怒りを慰めようと海に投じてしまった。知礼はなおも記憶力に優れた僧ふたりを源信のもとに送り、暗記して帰るよう命じたが、不幸にしてふたりとも日本で客死した。ようやく元豊年間（一〇七八―八五）の初め、海商が仁王経疏二巻を得て明州に帰航し、中国はこの経典を回復することができた（政和二年〔一一一二〕の同疏序）。(16)

また寂照は、真宗との会見に際して、当時日本にあったおもな外典の名を列挙した。『楊文公談苑』は寂照の回答をつぎのように伝えている。

僧は華言に通ぜざるも書札を善くす。命じて牘もて対へしむ。云はく、「天台山延暦寺に住す。寺僧は三千人なり。身、名は寂照、円通大師と号す。国王（一条天皇）は年二十五、大臣は十六七人、郡僚は百許人なり。毎歳春秋の二時、貢士を集め、試する所は或いは賦、或いは詩、凡そ及第者は常は三四十人なり。国中専ら神道を奉じて祠廟多し。伊州に大神あり、或いは三五歳の童子に託し、降りて禍福の事を言ふ。山州に賀茂明神あり、亦然り。書は史記・漢書・文選・五経・論語・孝経・爾雅・酔郷日月・御覧・玉篇・蔣魴《しょうほう》歌・老・列子・神仙伝・朝野僉《せん》載・白氏六帖・初学記あり。本国は国史・秘府略・日本記・文館詞林・坤元録等の書あり。釈氏の論及び疏・鈔・伝・集の類多くあり、悉くは数ふべからず。」

『爾雅』『玉篇』は辞書、『酔郷日月』『朝野僉載』は唐代の小説集、『御覧』は北斉代の類書で『太平御覧』の祖本のひとつ、『白氏六帖』『初学記』も唐代の類書である。『蔣魴歌』は不詳だが「歌」は「韻」の誤写で唐代の音韻書『蔣魴切韻』か。『秘府略』は天長八年（八三一）撰の日本最古の類書。『文館詞林』と『坤元録』を「本国」の部に入れているのは誤りで、前者は唐代の詩文集、後者は唐代の地誌である。

話は少しさかのぼるが、至道元年（九九五）四月、杭州奉先寺の源清は、僧斉隠《せいいん》に比叡山諸徳および天台座主暹賀《せんが》にあてた二通の書状を託して、海商朱仁聡の船で日本へ遣わした。その目的は、「法華宗殊指二巻・龍女成仏義一巻・十六観経記二巻（以上源清撰）・仏国荘厳論一巻（鴻羽撰）・心印銘一章（慶照撰）」を暹賀に贈り、見返りに「仁王般若経疏・弥勒成仏経疏・小阿弥陀経疏幷決疑・金光明経玄義（以上智顗撰）・荊渓然禅師所撰華厳骨目」を送るよう求めることにあった（『本朝文粋』巻一二牒所収大江匡衡作「牒大宋国杭州奉先寺伝天台智者教講経論和尚」・『四明余光』等）。源清が求めた聖教の筆頭に、のち知礼が執念を燃やすことになる『仁王般若経疏』があげられている。

翌長徳二年（九九六）一二月二六日、朝廷は文章博士大江匡衡《まさひら》・紀斉名《なりな》に返牒を作ることを命じた（『日本紀略』）。辻善之助は、『本朝文粋』に載せる匡衡作の牒がこのとき作られたとするが、(17)この牒は長徳四年（九九八）八月一日に暹賀が死去し、一〇月二九日に天台座主となった弟子覚慶の名で記されているから、それより後の製作である。牒の趣旨は、求められた経典につき、「其の有るは則ち繕写し、其の無きは則ち闕如す。目録は別に在り、更に委注せず。便ち廻信に附す、到らば宜しく検領すべし」と述べている部分に尽きている。

この交渉のキャリアーとなった宋商朱仁聡の一行七十余人は、若狭に来着し、長徳元年（九九五）九月に朝廷で措置が議論されている（『権記』同月二四日条・『小記目録』・『百錬抄』等）。朱はその後日本に長期滞在し、長保二年（一〇〇〇）八月には越前から大宰府に至っている（『権記』同月二四日条）。その間、長徳三年（九九七）四月に、朝廷は源清から贈られた五部の新書の教理を、円仁・円珍両門の碩学に批判させている（『元亨釈書』巻四等）。そして、覚慶の牒に「便ち廻信に附す」とあったように、牒および繕写の聖教は朱の帰り船に託されたであろう。長保二年、源信は自著『因明義断纂要注釈』を源清の使僧斉隠に託して、宋の慈恩寺弘道大師の門下に贈った（『源信僧都伝』）。これも朱の船に載せられたにちがいない。(18)

こうなると寂照の入宋と近接してくる。長保四年（一〇〇二）三月に朝廷に願状を提出したのが、寂照の入宋への動きの最初である。もちろん、朱仁聡はすでに帰国してしまっているらしく、長保三年以降の日本の史料に名が見えなくなる。寂照が利用したのはかれの船ではなく、同四年前後に日本滞在が確認される曾令文か、同年日本に漂着した周世昌あたりの船であろう。しかし寂照の入宋が、源清の書状の到来によって日中天台宗の交流の気運がにわかにもりあがるなかで、計画され実行されたことはまちがいない。

(5) **戒覚**　一〇七二年に入宋した成尋については第二節に譲り、本節の最後に、一〇八二年入宋した延暦寺僧戒覚にふれておこう。(19) かれの渡宋については、宮内庁書陵部蔵九条家本に『渡宋記』が伝えられている。かれも還暦を超えた老僧であり、明州の役人から能筆を称えられるなど、成尋と共通点が多い。『渡宋記』に引用された元豊五年（一〇八二）九月一八日付の上表文のなかで、かれは「五臺山は繇焉の地とトせり、宜しく道超上人（五臺山の文殊信仰を興隆した唐代の僧）の微言を信ずべきなり。天台山は自宗の源なるを以て、智者大師（智顗）の遺像を礼せんと欲するなり」と、巡礼の志を述べたあと、「随身の顕密雑法文幷びに灌頂道具等の色目は別紙に在り」とつけ加えている。

二　『参天台五臺山記』に見る聖教の往来

成尋は、洛北岩倉の大雲寺別当を三〇年、延暦寺の阿闍梨を一六年勤め、関白藤原頼通の護持僧ともなった天台宗寺門派の高僧である。延久四年（一〇七二）三月、六二歳にして、弟子七人とともに、肥前国壁島（佐賀県唐津市呼子町加部島）から宋商人の船に乗って渡航し、天台山・五臺山を巡礼して、皇帝神宗にも謁見した。延久二年正月に入宋の許可を朝廷に求めた解状（『朝野群載』巻二〇異国）で、かれはその動機を「或いは法流の奥旨を決せんが為、或いは聖跡の霊勝を礼せんが為」、また「賾《さく》を探り深を討《たず》ねて、顕密の教文を究学し、山を跋《こ》え水を渉り、幽邃《ゆうすい》の名地を巡礼し」と表現している。第一節で紹介した入宋僧たちと変わりはないことがわかる。

しかしかれは、翌年六月に五人の弟子の帰国を明州に見送るまでの旅程を、詳細に記した日記『参天台五臺山記』（以下『参記』と略す）を、われわれに残してくれた。[20] 同様の日記は奝然・寂照・戒覚もつけていたが、前二者のものは滅びてしまい、戒覚の『渡宋記』も短い抄出本でしか伝わらない。そしてなによりも成尋の旅は、厖大な書籍を携えながらの、またさきざきで書籍を買い漁りながらの旅であった。そのほとんどは天台聖教であり、その意味で『参記』は、日中間の天台聖教の往来を生々しく刻んだドキュメントである。

『参記』にはおびただしい聖教名があらわれる。それらを洗い出して、日本からもちこんだものと中国で入手したものとにふりわけ、各書目が既知のどの仏典に相当するのかを考証した労作が、藤善真澄「成尋の齎した彼我の典籍」[21]である。本節では、この論文に導かれながら、聖教往来の場の具体的な情景を追ってみたい。

中国撰述書の還流

熙寧五年（一〇七二）六月、滞在中の天台山国清寺から五臺山巡礼の許可を皇帝に求めた上表文で、成尋は「随身する所は天台・真言の経書六百余巻、灌頂道具三十八種、真言経儀軌に至り持参せり。青龍寺経蔵にて其の訛謬を糺さん」と述べている（5 6 2）[22]。残念ながら目録が伝わらないので詳しい内容を知ることができないが、目録があったことは5 10 13・5 10 16で確かめられる。それは「天台教目録」と「真言教目録」とからなっていた（5 6 11）。成尋は、これらの聖教を行くさきざきで見せたり貸したりしている。結局、上表文で青龍寺経蔵本との対校を願ったのとはうらはらに、これらを一括して皇帝に奉呈した（5 10 11）。

成尋一行はとんでもない大荷物を携えて旅していたわけで、師弟八人以外に、すくなくとも「中間僧二人・下法師二人」を従えていた。熙寧五年一〇月二二日の皇帝との謁見にかれらまで呼ばれたことを、成尋は「是れ希なり」と感激している（5 10 22）。同月一三日、一行が汴京《べんけい》に到着して荷を下ろすようすを、『参記』は「船の兵士十四人を以て法門（聖教のこと）・雑物・銭等を運ばしむ」と描く（5 10 13）。

中国撰述の聖教としては、『天台山記』（唐徐霊府、5 5 21）『律行相』（5 5 21・5 6 13・5 7 13・6 2 17）『観心誦経法』（隋智顗、5 5 23）『天台（智者）大師遺旨（並与晋王書）』（5 5 25・5 6 25）『南岳七代記』（5 5 25・5 6 25）『行願品釈』（5 6 5）『行願品疏』（唐澄観、5 6 5）『観心論』（隋智顗、5 7 26）『律要私抄』（6 2 17）『（四分律刪繁補闕）行事抄』（唐道宣、6 2 17）『南海（寄帰内法）伝』（唐義浄、6 2 17）などの名が見える。『律行相』が四回も出てくるが、天台山赤城寺中式闍梨（5 5 21）、天台山良玉（5 6 13・5 7 13）、汴京万歳院講律恵道・宗泰・徳珠三人（6 2 17）にそれぞれ貸した、という記事である。中式は『天台大師遺旨』『南岳七代記』も借りて（5 5 25）、ひと月後に返している（5 6 25）。6 2 17は

万歳院講律恵道・宗泰・徳珠三人、持律僧二人を以て使と為し、四分羯磨二帖宣律師述・四分含注戒本疏六巻宣律師述・行事抄会正記七巻本十二巻也、真悟大師元堪述を借し送る。使に付して、律行相一帖・律要私抄一帖・行事抄六巻・南海伝四巻を借し与ふ。

という記事で、律関係の典籍の往来が見られる。

日本撰述書の将来

成尋の将来書目の特徴は、中国書よりも日本撰述書のほうがずっと多いことである。まず源信の著作に関しては、第一節に述べたような前史があり、『参記』にも興味ぶかい記事がある。汴京の伝法院で、成尋がもっとも親しくつきあったふたりの僧、智普《ちふ》と慧詢《えじゅん》に『往生要集』以下を見せる場面である（5 10 25）。

（慧詢に）往生要集三帖を借し献じ了んぬ。源信僧都の業を知らしめんが為、自ら持ち向ふ。源信僧都行状一巻、

唐婺州《ぶしゅう》七仏道場行辿和尚の往生要集を請け納むる返事一通、日本諸儒の源信僧都の房に参じて作る詩一巻あり。文慧大師（智普）の房の南の次に三蔵（慧詢）の房在り者《てへり》。即ち三蔵の房に向ふ。二人共見て感じ、写し留むべきの由各おの之を示す。国清寺より始め、諸州諸寺に往生要集の流布せざる由之を聞く。大略婺州請け納むるも流布せざるか。日本に於て聞く所と全く以て相違せり。

中国では上下が争って『往生要集』を崇拝している、などという話が日本では流布していたので、[23]成尋は現実との落差に落胆を隠せなかった。同書が宋に渡ってまもなく、婺州七仏道場行辿《ぎょうせん》和尚から受取状が届いたが、行辿が手元においたままにしたから流布しなかったのか、などと八つあたりぎみである。

さらに成尋が中国人に貸与した聖教のなかには、円仁の『金剛頂（大教王）経疏』（5 10 25・6 1 10・6 1 11）『蘇悉地経疏』（5 10 25・6 1 10・6 1 11）、円珍の『普賢十願釈』（5 5 23・5 7 13）『最勝王経文句』（5 10 25）『法花論（優婆提舎）記』（5 10 25）『大般若（経）開題』（6 2 26）、三井寺慶暹の『懺法（略）私記』（5 6 10・5 8 6・6 1 10・6 1 11）、同慶耀の『我心自空図幷釈』（5 6 10・5 6 21・5 6 22）、光定の『（法華）儀軌』（6 2 26・6 3 12）、源隆国の『安養集』（5 6 20・5 8 6・5 10 25）、三善清行の『智証大師伝』（5 10 25）、さらには『善財（童子）知識抄』（5 5 23・5 6 5）『（観心）注法花（経）』（5 6 1・5 6 11・5 閏7 6・5 閏7 22・6 1 11）『（法華）実相観注抄』（5 6 11）『阿弥陀大呪句義』（5 10 20・5 10 26）など自身の著作にいたるまで、おびただしい日本撰述の天台典籍が認められる。円珍を派祖とする寺門派のものが圧倒的に多いのは当然というべきか。日本の仏教界の活況を伝えたいという意気ごみが感じられる。

借用者は僧侶ばかりでなく、『観心注法花経』を借りた「（台州）通判郎中」（5 6 11）という地方役人や、『本草活要』『注千字文』を成尋にもってきて、かわりに[24]『養生要集』を与えられた通事陳詠（6 1 6）などもふくまれている。5 10 20には、慧詢・智普があいついで『阿弥陀大呪句義』を借りて行き、「両人共随喜感歎」の体であった。智普はその見返りに、「大いに内外教乗に通じ」た明教大師契嵩《けいすう》の『輔教編三策』を、書状を添えて送ってきた。また5

10 25には、『大日経義釈』二十巻・『金剛頂経疏』七巻・『蘇悉地経疏』七巻・『最勝王経文句』十巻・『法花論記』十巻・『安養集』十巻、以上六十四巻を撰び出して慧詢に貸し預け、「公家に奏聞して当院（伝法院）に写し留むべし」という返事をもらっている。(25)

蒐書と書籍市場

成尋の書籍収集は天台山にむかう途中から始まる。熙寧五年（一〇七二）五月一三日、天台県の手前の景福院で、弟子の心賢が「古経中より療痔病経・八陽・地蔵十王経を撰び取」った。八陽は『天地八陽神呪経』で、これらはいずれも唐代の偽経と思われる。(26)同月二二日には、天台山の禹珪《うけい》から、国清寺ゆかりの寒山の詩集『寒山子詩』を贈られた。九月二一日、天台山から汴京にむかう途上の泗州大師の霊場普照王寺では、「退帰の間、大門外廊の左右に内外の典籍を置きて売買す。即ち法花感応伝一帖・慈氏菩薩礼一帖・道場五方礼一帖・白衣観音礼一帖を買ひ取」った。観音や弥勒の信仰にかかわる通俗書である。こうした情景はいまも中国の寺院でよく見かける。

成尋らは一一月一日に汴京を出発して厳寒の五臺山に参詣した。同月二九日午時、五臺山副僧正の房で成尋はこれも客人の七四歳の老僧に逢った。妙済大師延一である。申時、寺僧が延一の著書『広清涼伝』の摺本三帖をもってきたので、乞うてこれを得た。汴京へ帰ってのち一二月二八日、成尋は智普に『広清涼伝』と『古清涼伝』（唐慧祥撰）を貸している。後者も五臺山で求めたのであろう。

明けて熙寧六年（一〇七三）になると、にわかに蒐書のピッチがあがる。弟子の惟観が、元日には「新暦一巻六十文・天下郡譜五姓括一部・蜀程図一帖」、二日には「暦一巻・伝燈語要三巻・楊文公談苑三帖・百官図二帖・太上老君枕中経一帖」、三日には「暦一帖・京州図一帖」を購入した。ほとんどが仏典ではなく、市場での購入にちがいない。新暦は一巻が三十文である。暦への関心は前述した日延と共通する。また『太上老君枕中経』という道経がみえること、もちだし禁止のはずの地図類までふくまれていることが目をひく。二三日、成尋は獲得した典籍を、左大臣藤原頼通宛、民部卿藤原俊家宛、治部卿源隆俊宛、大雲寺経蔵宛に分けて、前三者を帰国予定の惟観に預けた。二九日、智普に貸してあった『古清涼伝』が返ってきたので、これは隆俊の分とし、同日智普から贈られた『釈迦仏牙頌』一鋪は頼通の分とした。

二月二〇日、慧詢がやってきて、「道宣の『四分律含注戒本疏』は興国寺戒蔵に印板があるから、摺本を交易（購入）することができます」と告げた。市場経済のなかで仏典が売買されているようすが明瞭である。三月一五日には弟子の聖秀らが感慈塔院で『天聖惣目録』一部三帖を六百文で買った。これは天聖五年（一〇二七）に作られた経典目録で、新訳経をピックアップするための道具である。成尋は「今年に至る四十七年、此の間の新経論は天聖録に入らず」とあたりまえのことを書いている。四月六日にはこれに先行する『大中祥符法宝録』二十一巻も入手しているが、同一一日、朽損していた四巻のとりかえ本が送られてきて、「感あり感あり」と喜んでいる。

三月一六日には、成尋みずから通事・聖秀とつれだって顕聖寺印経院に出かけ、「新訳経幷真言教」の代金二貫六百文を預け置いた。往復に利用した馬は一疋につき七十文であった。同院の寺主が「目録経を見て法文を買ふべし。司家の官人来り取りて奏を経、買ふべし」と言っており、目録にある（つまり入蔵している）版本購入には皇帝の許可が必要だったことがわかる。翌日、伝法院を通じて申請書を提出し、それに対する聖旨が二三日に出た。二四日、伝法院は印経院に牒を送って印造を急ぐよう促した。『参記』二三日条に掲げる聖旨に引用された申請書で、成尋はつぎのように述べている。

聖朝新訳経五百余巻、未だ日本に伝はらず。昨雍熙元年（九八四）、日本僧奝然来朝し、太宗皇帝の法済大師と賜号するを蒙り、三年還帰す。大蔵経一蔵及び新訳経二百八十六巻を賜ふ。日本法成寺の蔵内に見在せり。成尋今来りて上件の新訳経を乞ひ賜はらんと欲す。冀《ねが》ふ所は流通して聖寿を祝延せんこと。況んや成尋曾て顕聖寺に去《い》きて揀点収贖《かんてんしゅうしょく》（選んで購入）するも、官中、外国の収贖を許さず。是に此の陳贖《ちんとく》（要望書）あるに致る。伏して状に拠り敷奏せられんことを乞ふ。

四月初め以降、成尋らは申請書に載せた以外の経典を印経院に赴いて買い求めた。三日に通事と聖秀が「天台教九十余巻」を買ってきたのを皮切りに、六日には「千鉢文殊経一部十巻・宝要義論一部十巻・菩提離相論一巻・広釈菩提心論一部四巻・円集要義論四巻・祥符法宝録廿一巻・正元録二巻」を一貫五百文で、九日には「大教王経卅巻・除蓋障所問経廿巻」を一貫二百文で、買った。成尋は「前後一百二巻、日本未到の新経なり。小師五人に付して本国に送らんが為、買ひ取る所なり」と記している。

一三日、船を用意して待っていた成尋のところに、印経院新刷の経典が届いた。錦を敷き錦で覆ったふたつの函に入れられ、四人ずつ人夫が付き、それに官人四人、行者二人、印経院職掌が随行していた。添付されていた伝法院あて印経院の牒を読むと、成尋が賜った雍熙元年以降の新訳経の内容がすべて判明するとともに、その印造をめぐって、伝法院と印経院の間で工料の支給をふくむやりとりがあったようすを、つぶさに知ることができる。

顕聖寺印経院、近く伝法院（の牒?）を准《う》くるに、「新経を印して日本国成尋に賜与せん。うち法苑殊林一百巻、日本国の僧、本国に已に有り、更に印造を須《もち》ひずと称《い》ふを除くの外、印造の肆伯壱拾参巻冊を買はん」と。遂に本院（印経院）造経行人後延之の計料を勒し、工をして伷子を料り、状を具して開坐せしめ、伝法院に申し、便ち指揮して数に依り支給するを蒙り、院（印経院）に下して造作せしむるに到る。今経行（造経行人）後延之の状に拠るに、「其れ上件の経、已に今月十三日に於て並びに已に数に依りて印造せり。経裏は具して後の如し。杜字号より穀（轂）字号に至る、共に参拾字号、計二百七十八巻。蓮花心輪廻文偈頌一部二十五巻。秘蔵詮一部三十巻。逍遙詠一部一十一巻。縁識一部五巻。景徳伝燈録一部三十三巻。胎蔵教三冊。天竺字源七冊。天聖広徳録三十巻。右具すること前の如し」と。其れ上件の已に造り了る新経、共に四百十三巻冊、本院已に状に随ひ人を差して将て擎《ささ》げ、院（伝法院）に赴き送り納去し訖んぬ。謹んで状を具して伝法院に申し、伏して指揮を乞ふ。謹んで状を録し上《たてまつ》る。牒す、件の状前の如し。謹んで牒す。熙寧六年四月十三日。

この日経典の積みこみがおわると、翌日には伝法院の人々に別れの挨拶をし、一五日巳時に汴京を出発した。慧詢の弟子の嵩大師（徳嵩）が随行した。杭州をへて明州に至り、六月一二日、新訳経、仏像、皇帝の日本あて御筆文書などを孫忠の船に積み、五人の弟子が乗船して渡海した、という記事で『参記』は筆をおいている。

おわりに

天台聖教の還流は北宋時代で終わりではない。王朝の交替ごとに多くの典籍を失った中国では、宋初と同様の状況がくりかえし発生したからである。しかし、私の知っているのは、はるか降って明初の一例のみである。

洪武四年（一三七一）、征西将軍懐良《かねよし》親王からの使者を受けて、洪武帝は懐良を「日本国王」に封じ、冊封使として仲猷《ちゆうゆう》祖闡《そせん》・無逸克勤《むいつこくごん》の二僧を懐良のもとに派遣した。しかし翌年使僧が博多に至ったときには、そこは幕府の九州探題今川了俊の制圧するところとなっており、かれらは聖福寺に抑留されるはめになった。使僧は交渉相手を京都に切り替え、この年五月一日付で天台座主に無逸の書簡を送り、北朝へのとりなしを依頼する。この書簡にはふたつの文書が付属しており、ひとつが「天台教典散亡数目」と題する三一部六七巻の聖教目録で、「日本より写し給ふべし」と要請したもの、もうひとつが龍樹から無逸の嗣法師元撲《げんはく》に至る二七代の法系を記した系図で、宋末の禅僧虚堂智愚《きどうちぐ》の賛が入っていた。

これらの付属文書は日本に着いてから書いたものではないから、かれらが中国を出発する時点で、比叡山と交渉して佚亡した天台聖教を獲得する計画があったと考えられる。日中文化交流史の視点から注目にあたいすると同時に、

この時期の日明関係の理解にも影響をおよぼす可能性がある史実といえよう。(27)

注

(1) 大庭脩『漢籍輸入の文化史——聖徳太子から吉宗へ』（研文出版、一九九七年）二四—二七頁。
(2) 竺沙雅章『宋元仏教文化史研究』（汲古書院、二〇〇〇年）六五頁。
(3) 司馬光の『温国文正公文集』巻三にも、「和銭君倚日本刀歌」の題でほぼおなじ内容の作品が載せられている。引用部分のなかで大きなちがいは、「先王大典蔵夷貊」が「嗟予乗桴欲往学」となっていることである（石原道博「日本刀歌七種——中国における日本観の一面」『茨城大学文理学部紀要 人文科学』一一号、一九六〇年、二〇—二一頁）。欧陽修・司馬光はほぼ同時代人であるが、この詩は後代の人がかれらの作に仮託したものであろう。
(4) 藤善真澄・王勇『天台の流伝——智顗から最澄へ』（山川出版社、一九九七年）二四二—二四五頁（王勇執筆部分）。
(5) 楊億は『太宗実録』『冊府元亀』の編纂者として著名で、『宋史』巻三〇五に伝がある。『楊文公談苑』は、その入宋僧関係の記事が、『参天台五臺山記』熙寧五年（一〇七二）一二月二七日条、『皇朝類苑』巻四三日本僧・巻七八日本、『善隣国宝記』上巻永観元年・寛弘三年条に引用されている。藤善真澄「成尋と楊文公談苑」（『関西大学東西学術研究所創立三十周年記念論文集』関西大学出版部、一九八一年〔同『参天台五臺山記の研究』関西大学出版部、二〇一一年に再録〕）は、これらのテキストを突き合わせて、信頼するにたる本文を校定した。以下、本章での引用はこの校定本による。
(6) 西岡虎之助「日本と呉越との交通」（『歴史地理』四二巻一号、一九二三年〔『西岡虎之助著作集三　文化史の研究Ⅰ』三一書房、一九八四年、に再録、二〇八頁〕）。小山田和夫「五代呉越王、日本に経典を求む」（『海外視点日本の歴史5　平安文化の開花』ぎょうせい、一九八七年）。
(7) 日延の渡航については、竹内理三「『入唐僧日延伝』釈」（『日本歴史』八二号、一九五五年）および桃裕行「日延の天台教籍の送致」（森克己博士還暦記念会編『対外関係と社会経済』塙書房、一九六八年）による。
(8) 竺沙注(2)書、五九—六二頁によれば、高麗の貢献のほうが大きかったという。
(9) 桃注(7)論文、一〇七頁。
(10) 竹内注(7)論文、五八—五九頁。

(11)　村井章介『東アジア往還――漢詩と外交』（朝日新聞社、一九九五年）二二六―二三二頁。
(12)　石井正敏「入宋巡礼僧」（『アジアのなかの日本史』Ⅴ、東京大学出版会、一九九三年）二六六―二七三頁。
(13)　この記事には、日中間の典籍の往来を語る興味ぶかい後日談がある。唐代、『孝経』には、二十二章本の「古文」に孔安国が注した『古文孔伝』、十八章本の「今文」に鄭玄が注した『今文鄭注』、開元一〇年（七二二）に玄宗皇帝が今文に注した『御注孝経』の三テキストがあった。孔・鄭二注はともに五代の動乱で滅びたが、前者は日本に伝存し、享保一七年（一七三二）に太宰春台（一六八〇―一七四七）が足利学校本を底本に諸本を校合して刊行した。いっぽう、清代の蔵書家鮑廷博（一七二八―一八一四）は、長年右の二注に意を留めていたが、ある日『宋史』を読んでいて奝然が『鄭注孝経』を献じたという記事に出会い、鄭注の伝本がまだ日本にあるのではないかと考え、友人の貿易商汪翼蒼に探索を依頼した。汪は長崎で買い求めた『孝経』を鮑に贈ったが、あにはからんや、これは鄭注ではなく、春台による孔注の校合本であった。鮑の蒐書『知不足斎叢書』第一集第二冊に『古文孝経孔伝』があり、鮑が乾隆丙申年（一七七六）に加えた跋文にこうある。

　竊《ひそ》かに意《おも》ふに、鄭・孔は五代に於て亡逸し、諸家の簿録の中にみな未だ復た蔵本あるを見ず。而して宋の時、日本既に鄭注を進献するを経たれば、則ち其の国中に留貽せん。或いはなほ問ふべし。因りて汪君に属してこれを訪ねしむ。意はざりき、其の得たる所は、更に奝然の未だ献ぜざる所たるなり。……巻首の安国の自序も、また多く先儒称述の詞と合ふ。又太宰純（春台）の序ありて称《い》ふ、「奝然宋に適《い》き、鄭注孝経一本を太宗に献ず。司馬君実（光）等これを得て大いに喜ぶ」と。此れ即ち司馬氏古文指解（司馬光の著書『古文孝経指解』）の序に謂ふ所の、「秘閣の蔵する所、止《た》だ鄭氏あるのみ」なり。

いっぽう、鄭注は日本でも滅びてしまっていたが、唐・魏徴の『群書治要』に収められているのを、江戸時代の日本の儒学者岡田挺之が発見して、寛政六年（一七九四）に刊行した。岡田はこれを商船に付して鮑のもとに届け、嘉慶六年（一八〇一）鮑によって刊行されて、『知不足斎叢書』に入ることになった。鮑の「刻鄭注孝経跋」はこう述べている。

　孝経鄭氏註、唐に於て廃れ、五季（五代の末）に於て亡ぶ。宋雍熙の間（九八四―九八七）に至り、日本僧奝然、以て朝に献じ、詔して秘閣に蔵す。嗣後元及び明を歴て、未だこれを述ぶる者あるを聞かず、訖《つい》に伝はるなし焉。我朝（清）に入りて一百五十年、歳は癸丑に在り、日本岡田挺之なる者、復た其の国の群書治要中に於てこれを得るも、業残欠して完うからず、稍《やや》補輯を為し、序してこれを行ふ。復た其の本を以て、估舶に付して来り、予をして、刊して叢書に入れ以て其の伝を広めしめんと欲す。……知らず、所謂群書治要、輯は何人により、刊は何代に於てし、何を以て久しきを歴て伝はらざるに、近時に至りて始めて世に行はるるか、其の収むる所の是なりや否や、奝然の宋に献ぜし原本か、或いは後人の他書を掇拾して以て成す者に由るか。

(14) 西岡虎之助「入宋僧寂照についての研究」(『史学雑誌』三四編九・一〇号、一九二三年〈注(6)前掲『西岡虎之助著作集三』に再録〉)。

(15) 同右再録書、二四四—二四五頁に、遵式の書いた「南嶽禅師止観後序」と「方等三昧行法序」の全文が引用されている。

(16) 西岡虎之助「源信を中心とせる日宋文化の交渉」(『史学雑誌』三五編一一号・三六編二号・三号、一九二四年〈注(6)前掲『西岡虎之助著作集三』に再録、一九二頁〉)。

(17) 辻善之助「入宋僧侶と日本文化の逆輸入」(同著『海外交通史話』東亜堂書房、一九一七年、四九頁)。

(18) この朱仁聡・斉隠のコンビは、永延二年(九八八)源信が『往生要集』などを宋で流布させるべく託した相手とおなじである。長徳元年(九九五)かれらが若狭に来着すると、源信は学徒をひきつれて越前敦賀津まで逢いに出かけている(注(16)所引西岡論文、再録書一六一—一六二頁、一七六—一七七頁)。特定の商人の船に乗ってくりかえし日本を訪れた僧がいたことがわかって興味ぶかい。

(19) 森克己「戒覚の渡宋記について」(『中央大学文学部紀要』六三号、一九七二年〈同著『続日宋貿易の研究』国書刊行会、一九七五年に再録〉)、田島公「海外との交渉」(橋本義彦編『古文書の語る日本史・平安』筑摩書房、一九九一年)参照。

(20) 成尋と『参天台五臺山記』については、きわめて多くの著書・論文があるが、ここでは概要を要領よくまとめたものとして、森克己「参天台五臺山記について」(『駒沢史学』五号、一九五六年〈同著『続日宋貿易の研究』国書刊行会、一九七五年に再録〉)をあげるにとどめる。

(21) 藤善真澄「成尋の齎した彼我の典籍——日宋文化交流の一齣」(『仏教史学研究』二三巻一号、一九八一年〈藤善注(5)書に再録〉)。

(22) 『参天台五臺山記』煕寧五年六月二日条をこのように略記する。

(23) 西岡注(16)論文、再録書一七一—一七二頁。

(24) この書が和漢どちらの撰述かはわからないが、渡された理由が「(通事は)頗る医道を知る故」と説明されており、実用的な医書であった。和書の可能性が高いと思われる。

(25) ここに表れているように、成尋の滞在した伝法院は「官設の翻訳事業の道場であり、インド僧等もいた」(塚本善隆「成尋の入宋旅行記に見る日支仏教の消長——天台山の巻」『支那仏教史学』五巻三・四号、一九四二年（『塚本善隆著作集』第六巻、大東出版社、一九七四年に再録、七三頁〉）特殊な寺院であった。5 10 14には大卿（寺主）の西天訳経三蔵宣梵大師日称（中天竺人）、少卿（副寺主）の同訳経宣秘大師慧賢以下、同院の主要スタッフと、開宝寺の文鑒大師用寧以下の院外スタッフの歴名がつぶさに記されている。

(26)　塚本注(25)論文、再録書八三頁。

(27)　この件については、さしあたり村井章介『アジアのなかの中世日本』（校倉書房、一九八八年）Ⅵ「日明交渉史の序幕」を参照。

2 日本僧の見た明代中国――『笑雲入明記』解説

一 筆者笑雲と遣明使節団

『笑雲入明記』（以下「本書」と呼ぶ）は、日本僧笑雲瑞訢《しょううんずいきん》が、一四五一年（宝徳三・景泰二）―五四年（享徳三・景泰五）、宝徳度遣明船の一号船に従僧として乗り組み、京都―北京間を往復したさいの見聞を記した旅行記である。

笑雲は生没年、生地、俗系とも不詳。臨済宗五山派の僧で、法系は夢窓疎石《むそうそせき》―茂林周春《もりんしゅうしゅん》―季章周憲《きしょうしゅうけん》―笑雲とつながる。渡明《みん》前の事蹟は明らかでなく、帰国後康正二年（一四五六）に十刹の山城等持寺首座《しゅそ》となり、やがて住持に進んだ。寛正元年（一四六〇）退いて宇治槙島の釣月庵に住んだが、文明四年（一四七二）には五山の相国寺住持となり、さらに五山之上《しじょう》の南禅寺住持に昇り、同七年まで勤めた[1]。『善隣国宝記』を著した瑞渓周鳳《ずいけいしゅうほう》（一三九一―一四七三）と親しく、等持寺入寺は鹿苑僧録《ろくおんそうろく》だった瑞渓の推挽によること、瑞渓は笑雲に会うたびに明のことを尋ね、両人は引退後もしばしば往来していたことが、瑞渓が応仁元年（一四六七）に書いた本書の序文や、瑞渓の日記の抄本『臥雲《がうん》日件録抜尤《にっけんろくばつゆう》』に見える。

宝徳度遣明船は将軍足利義政（在職一四四九―七三）の代始めに送られたもので、使節団は宝徳三年（一四五一）一〇月に出京して翌年（宝徳四＝享徳元年）正月博多に至り、八月博多を出帆したが順風を得ず平戸で越年、じっさいに放洋したのは享徳二年（一四五三）三月になってからで、四月に明の寧波《にんぽう》府に到着した。一号船に乗船した正使は東《とう》

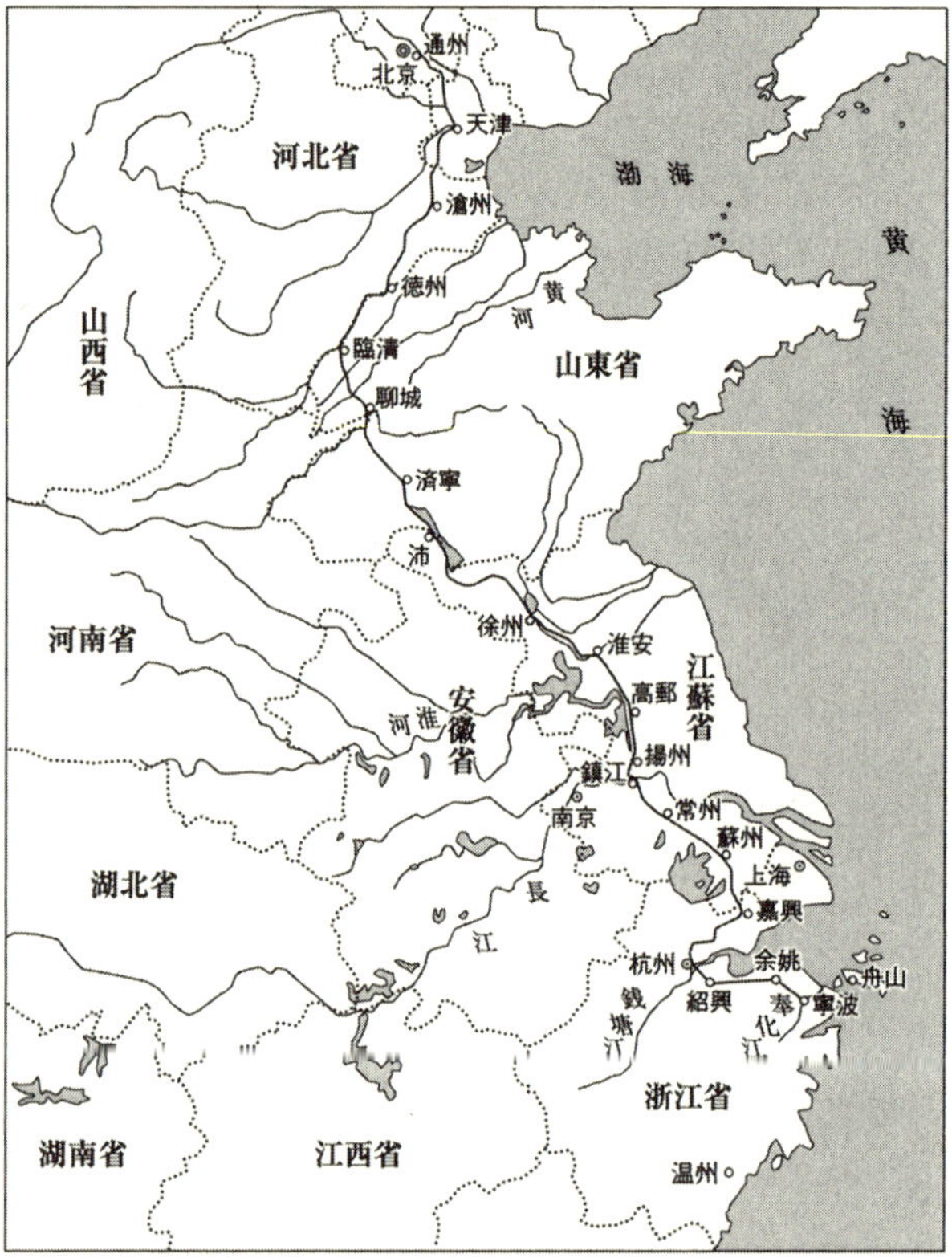

図1　旅程略図
（海岸線・河川・行政区画は現代のもの）

洋允澎《よういんぽう》、副使（綱司ともいう）は如三芳貞《じょさんほうてい》、従僧は笑雲のほか、允卲《いんしょう》（癸酉一〇月二日条）[2]と、つぎの寛正度遣明船（一四六五年出発）で正使を務めた天与清啓《てんよせいけい》（癸酉四月二〇日条）がいた。東洋は夢窓―絶海中津《ぜっかいちゅうしん》―東洋という法系に属し、一四四〇年代の末に天龍寺住持を勤めていた。北京からの帰途病を得、景泰五年（一四五四）五月一九日杭州で寂した。如三も天龍寺の東班衆である。通事としては、主席の趙文端のほか盧円、阮貴玉が乗りこんでいた（癸酉四月七

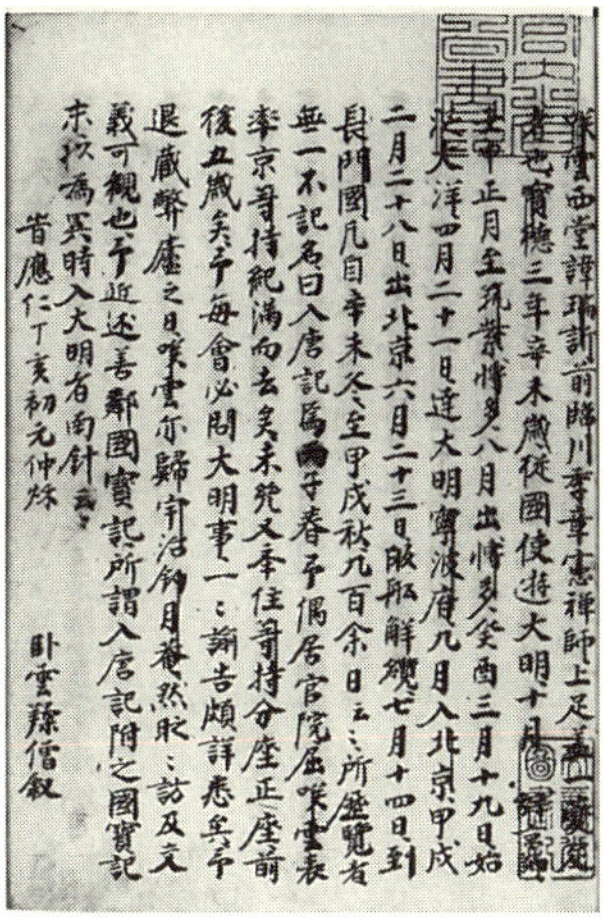
咲雲西堂諱瑞訢前帰川寺章憲禅師上足
也宝徳三年辛未歳従國使遊大明十月
年正月至筑紫博多八月出博多癸酉三月十九日始
渡大洋四月二十一日達大明寧波府九月入北京甲戌
二月二十八日出北京六月二十三日眡船解纜七月十四日到
長門國凡自辛未冬至甲戌秋凡百余日之之所歴覧者
無一不記名曰入唐記焉予春予偶居官院屋咲雲表
率京寺持紀満而去矣未幾又奉住寺持分座正座前
後五歳矣予毎會必問大明事一一諭吉頗詳悉矣予
退蔵弊廬之日咲雲亦帰宇治翁月菴然則之訪及文
義可観也予近述善鄰國宝記所謂入唐記附之國宝記
求扱為異時入大明者南針云
昔應仁丁亥初元仲秋
臥雲孫僖叙

図2　『笑雲入明記』宮内庁書陵部本　序文

図3　招宝山から奉化江河口を望む
（浙江省寧波市）

日・同一九日・甲戌六月一四日条）。

今次遣明船は九艘（一号船―一〇号船、五号船は渡航せず）という大船団で、使節の乗る一号船も「公方船」ではなく天龍寺の経営であった。二号船以下（類船）には清海、妙増、九淵龍《きゅうえんりゅう》賝《ちん》、斯立光幢《しりゅうこうどう》らの禅僧や、奈良の大乗院門主尋尊《じんそん》に遣明船の経営について語ったことで知られる楠葉西忍《くずはさいにん》も乗船していた(3)。ただし居座《こざ》である清海や妙増は実体としては商人だったと思われる。

使節団における笑雲の役割は、旅のようすを記録したり、明側の応対者と交流したりが中心で、朝鮮の外交使節で正使・副使につぐ地位であった書状官に類似する。本書こそ、その任務の復命書といえよう。日本の遣明船では、正副使につぐ地位は僧侶中心の居座ついで俗人中心の土官《とかん》で、いずれも実体は商人（貿易船の経営者から取引を委託されたエージェント）であったが、景泰四年（一四五三）一一月一五日の朝参では、明の中書舎人は従僧を土官の上位に並ばせている。

二　入国、進貢、回賜

景泰四年（一四五三）四月一七日、一号船は奉化江河口の定海県に着き、同

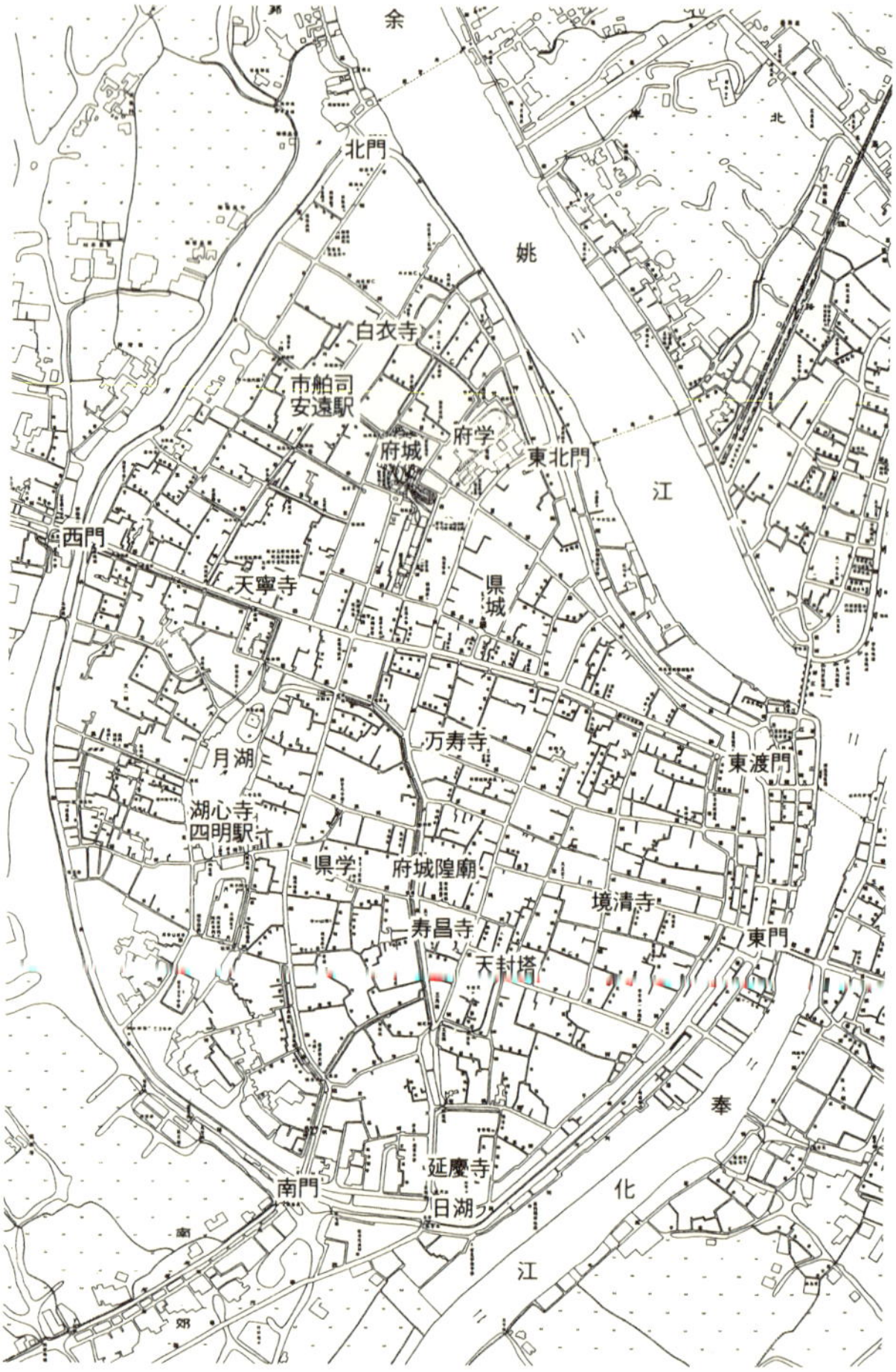

図４　寧波主要地図
（『民国鄞県通志』所収地図に加筆）

江を溯って、二〇日に寧波府に到達した。本書はこの日から明《みん》年号「景泰四年」を用いている。帰途で日本年号「享徳三年」を用いたのは長門赤間関《あかまがせき》到着時で、通関手続の行なわれる港湾到着時が入国、帰国の日と意識されていたことがわかる。三・七・十号船は一号船に先んじて四月一〇日以前に定海に着いており、二・六・八号船は四月二三日、四号船は五月二日、九号船ははるかに遅れて九月一四日（癸酉一〇月七日条）、それぞれ寧波に到達した。

図5　伝雪舟「唐土勝景画稿」（部分）
（東北大学附属図書館蔵，上図は寧波部分，下図は東門付近拡大図）

正使東洋以下一号船の一行は、轎子に乗って、浙江市舶司安遠駅内の日本使節用宿舎嘉賓館に入った。正使の部屋は安字一号房、副使は同二号房、同三・四号房以下に居座・土官が入り、笑雲は安字九号房であった。市舶太監（市舶司の長官）と思しき「陳大人」が市舶司勤政堂(4)で歓迎の宴を張ること数度におよび、寧波知府が同席することもあった（癸酉四月二三日・五月四日・同二七日・六月二一日条）。つぎつぎと到着する総計一二〇〇名の使節団すべては嘉賓館に収容しきれず、境清寺・天寧寺に分宿させた（『籌海図編《ちゆうかいずへん》』巻二進貢）。四号船到着の翌五月三日、「日本進貢船八隻」の到達を北京に知らせる使者が出立した。進貢使の上京を許可する北京礼部の劄《さつ》は同月二七日に届いた。六月五日には、杭州から出張っていた三司官（浙江の都指揮使・布政使・按察使）が、浙江提刑按察分司で正使以下を謁見した。(補注)

五月二八日から六月四日まで、各船の進貢物の「挙」（計数か）が行なわれ、すんだものから順次東庫に納められた。同六日に行なわれた一号船進貢物の「点検」は、「挙」と区別されており、また同一四日に諸船の居座が「点検不公の事」について協議しているので、挙よりも立ちいった検査なのであろう。同七日より硫黄の曝涼・計量があり、同八日には蘇木・銅の点検、同一三日には進貢使が上京に携える荷物箱の点検があった。同一八日、日本貢馬二十匹が杭州へ送られていき、土官一人・人伴五十人が同行した。同二七日と七月二日、あわせて十万斤の硫黄が南京へ送り出された。同二一日、東庫で北京に運ばれる進貢物の箱詰めが行なわれた。すべての手続きが終わり、一行が上京の途に就いたのは八月六日。一〇四日間、約三月半の寧波滞在であった。

一行の北京入城七日めの一〇月二日、日本貢馬は北京に到着し、同五日の朝参で景泰帝がこれを覧た。同二八日、日本進貢物の荷物箱が七十五両の車に積まれて北京の会同館に到着した。一一月五日に主客司がこれを点検し、同八日の朝参のさい、紫禁城の奉天門で進貢物献上の儀式が行なわれた。一二月六日、正使・副使・従僧に賜物があった。附搭貨物の対価のうち、銅銭は翌年の帰途、南京と杭州でそれぞれ三万貫ずつ給与された（甲戌四月二六日・五月一七日条）。帰国後、笑雲は瑞渓に「大明より得た銅銭六万貫のうち、五万貫は太刀、一万貫は硫黄の代価だ」と語っている（『臥雲日件録抜尤』長禄二年正月八日条）。ほかに紗絹《しやけん》五千端の給与もあった（甲戌四月二七日条）。

三　勘合貿易の曲りかど

勘合貿易は日本国王の進貢に付随してのみ認められる朝貢貿易の一種である。初度の遣明船は、永楽元年（一四〇三）に足利義満が明の永楽帝から日本国王に冊封されたのを受けて、翌年渡航した。進貢貿易船の資格証明書である勘合は、明の礼部から国王に交付され、国王から各貿易船に一枚ずつ渡されたから、遣明船の派遣主体は、国王の進貢の機会を待つことと、国王から勘合の交付を受けることの二点が必須であった。

義満の生前はほとんど連年遣明使の派遣があり、帰航時にはかならず明使が同道するなど、「国交」と呼ぶにふさわしい政治的関係が続いた。応永一五年（一四〇八）に義満が死ぬと、義持は父の路線をことごとく覆し、同一八年とその翌年に来た明使を追い返して、国交は断絶した。義持が跡つぎなく死去し、正長二年（一四二九）将軍となった弟義教は、日明国交を回復し、永享四年（一四三二）に第七次遣明船を送ったが、日本側のねらいは貿易利潤の追求にシフトしていた。派遣主体には守護大名や寺社が名を連ねたが、実質的な経営は商人が担った。遣明船が帰航すると、一艘につき三千—五千貫文程度の「抽分銭《ちゆうぶんせん》」が商人から派遣主体に納入された。その残余が商人の収益となるが、みこみ通りの売り上げがあったばあい、派遣経費に対する利益率は約二・五倍であった。(5)

勘合貿易に商業的性格が濃くなると、明は使節の日本派遣をやめ、貿易規模に枠をはめようとした。第八次遣明船のときに附搭貨の評価を切り下げたこと（後述）はその表れである。しかし日本側の貿易に対する期待感は衰えず、第九次すなわち今次の遣明船は、船数九艘（計画段階では一〇艘）、渡航人員千二百名という空前の規模にふくれあがった。派遣主体に国王（公方）の名はなく、一・三・九号が天龍寺、二・十号が伊勢法楽舎《ほうらくしや》、四号が九州探題、五号が島津（渡航せず）、六号が大友、七号が大内、八号が大和多武峰《とうのみね》、という顔ぶれだった。明はこの膨張ぶりに危機感を募らせ、十年一貢、船は三隻以内、総人員は三百人以内という制限規定を作った。

本書中で勘合に関する記事は、第一次の放洋前に平戸で類船（一号船以外の船）の勘合が点検されている（壬申八月二四日条）のと、北京到着の一五日後に「礼部、日本勘合を検す」とあるのみだが、明の態度硬化は本書からもうかがえる。景泰五年（一四五四）正月六日、礼部から附搭貨物の対価が示されると、進貢使は二月一日、表を皇帝に奉って上乗せを乞うた。同四日には通事を通じて「宣徳八年（一四三三）例で買い取ってくれなければ本国に帰れない」と愁訴し、同六日に礼部から宣徳一〇年例によるとの回答があると、翌日、綱司は「これでは本国で誅戮されてしまう」と哀願した。宣徳八年は第七次遣明船、同一〇年は第八次遣明船の例である。両者の間には一対〇・四四という大差があった[6]。同八日、礼部院に明側の関係者が集まって対応を議した結果、多少の色はつけられたとはいえ、基本的に宣徳一〇年例が適用された。そのうえ、硫黄・銅・蘇木等の一部が南京で返却されてしまった（甲戌四月二二―二四日条）。

四　龍顔を拝す

笑雲たちが北京を訪れたのは景泰帝治世の盛時であった。

正統一四年（一四四九）、モンゴルに親征した正統帝が土木堡でオイラトの首長エセンの虜となり（土木の変）、異母弟景泰帝に思いがけなく皇位が回ってきた。変の一年後にエセンがもてあまして送還してきた兄を、紫禁城に幽閉してあったのは気がかりだったが、景泰二年（一四五一）にエセンが元の末裔トクト・ブハを殺し、同五年にはエセンが部下アラクに殺されて、モンゴルの二大勢力がともだおれになるなど、威光はいや増すかにみえた。わずか三年後に、兄のカムバック（奪門の変）、自身の病死という悲運が待っているなど、だれが予想しえただろうか(7)。景泰四年（一四五三）八月三日、寧波府じゅうの諸官・諸僧が天寧寺につどって聖節（皇帝の誕生日）を祝ったが、笑雲たちは雨を厭って列席せず、市舶司の陳大人を激怒させた。

進貢使は北京入城三日目の景泰四年九月二八日、早くも朝参を許され、奉天門で帝に見《まみ》えた。その前日、鴻臚寺《こうろじ》習礼亭で朝参礼の練習があった。一一月一四日の冬至朝参の二日前、元日の歳旦朝礼の四日前にも、朝天宮に外国人が呼ばれて練習が行なわれている。一〇月二日の朝参で、正使が奉天門で日本国王の表文を捧げ、進貢使のもっとも重要な任務が終わった。同様に重要な日本国王あて勅書（『善隣国宝記』所収）の受領については、なぜか記事がない。

図６　故宮太和殿（明代の奉天殿）

元日朝賀の儀式は、二七歳になった帝が奉天殿に出御すると、万歳、万々歳の三呼が地をゆるがし、日本・ラマ（チベット）・高麗・回々（ウイグル）・韃靼（モンゴル）・達々・女真・雲南・四川・琉球等の諸番が賜宴に預かる、という盛儀だった。『明史』本紀によれば、以上のほかに安南・爪哇《ジャワ》・占城《チャンパ》・哈密《ハミ》・衛拉特《オイラト》からの入貢もあった。また、正月一一日から翌日に亘った天壇行幸も、奏楽して前を行く者数千人、宝玉を背負って行く象三匹、六龍車二台、二頭の象が牽く車二台、帝の鳳輦《ほうれん》を擁衛する武官数万人、甲冑を着けて馬に乗る兵士三十六万人という、たいそうなものだった。

本書に記される日本進貢使の朝参は、笑雲が加わっていないらしい

図7　伝雪舟「国々人物図巻」
（京都国立博物館蔵．左より，ラマ僧，回回人，韃靼人）

ものもふくめると、九月に一回、一〇月に七回、一一月に六回、一二月に八回、正月に二回、二月に二回（計二六回）と、きわめてひんぱんで、そのうち帝の出御は九月二八日、一〇月一日、同二日(8)、同四日、同五日、同一五日、一一月一日、同一四日、正月一日の九回あった。たいへんな精励ぶりである。九回のうちとくに重要な一一月一日（頒暦）、同一四日（冬至）、正月一日（歳旦）の三回は、紫禁城の中心かつ最大の建物である奉天殿（現、太和殿、図6）にまで至って皇帝に拝礼したが、他の六回は「朝参、天子奉天門に御して日本進貢馬二十匹を観る」などとある（癸酉一〇月五日条）ように、皇帝が日常政務を覧る空間である奉天門（現、太和門）で朝見が行なわれた。朝参がすむと、進貢使は闕左門に移動して宴を賜わった（甲戌正月一五日条によれば、百官の賜宴は午門で行なわれた）。一二月二日の朝参の記事に「朝参毎《ごと》に必ず宴を賜ふ」とある。歳旦の賜宴はとくに「光禄宴」と呼ばれている。

五　異国の使臣たち

以上のように、日本進貢使への待遇はきわめて手厚かった。笑雲に一詩を呈したある中書舎人は、「外域の大明に朝貢する者、凡そ五百余国、唯日本人のみ独《ひと》り読書す」と称賛した（癸酉一〇月九日条）。お世辞も交じっていようが、日本への高い評価は、一二月二一日の会同館における茶飯の席で、主客司が、中国との国交の頻度とは逆に、日本を左、高麗（朝鮮）を右としたことからもうかがえる。これは、二号船居座の清海が高麗官人と座位を争ったのを裁定したもので、はるか昔、遣唐使大伴古麻呂《おおとものこまろ》が新羅使と席次を争ったことを想起させる。

本書には、歳旦朝礼以外にも異国人との遭遇が散見する。往路の寧波では、琉球使節が貢馬・硫黄・蘇木を携えて温州に到着したという報を得ている（癸酉五月一二日・六月二五日条）。琉球の進貢品は日本のそれに先だって、安遠駅の丞官によって北京へ送られていった（同六月二六日条）。両国の進貢品目は重複しており、競合していた可能性がある。景泰四年八月二六日、揚子江の北の山陽県で、帰国途上のラマ国番僧（チベット仏教僧）に出会った。北京の会同館では、ジャワ国人から日本へ通信したいといわれたり（同一〇月一三日条）、回々人の宿舎を訪れて横文字を見たりした。回々文字は梵字に似て非だったという（同二一日条）。冬は歳旦朝礼にむけて「諸番」が続々と来朝する季節で、女真人（同一〇月一四日条）・韃旦人（同一八日・一一月一六日条）・高麗人（同一二月九日条）・四川人（同一三日条）の来朝記事がある。韃旦人は駱駝二十匹を従えていた。

今次遣明船のつぎ、寛正度遣明船の大内船で渡航した雪舟が、帰国後三二年、八二歳のときに描いたとされる「国々人物図巻」（図7、京都国立博物館所蔵）は、笑雲が明で眼にしたものを絵にしたような作品である。明の各社会層の人物を描いた一三の画像のつぎに、羅摩僧・回々人・韃旦人・西蕃人・女真国人・南蕃人・天竺人・高麗人・琉球人・レウトウ（遼東）人の一〇画像が続き、さらに六種類の動物と一種類の船（馬船）の絵があって終わる。(9) 雪舟が中国滞在中に見たままを写した作といわれているが、人物も動物もほぼ統一されたフォーマットで描かれており、宋代の「職貢図」等、前提となるなんらかの絵画ないし図譜の存在が想定される。(10) 中国情報を整理して日本人に見せる目的があったものと思われるが、日本水墨画では類例のない作品である。

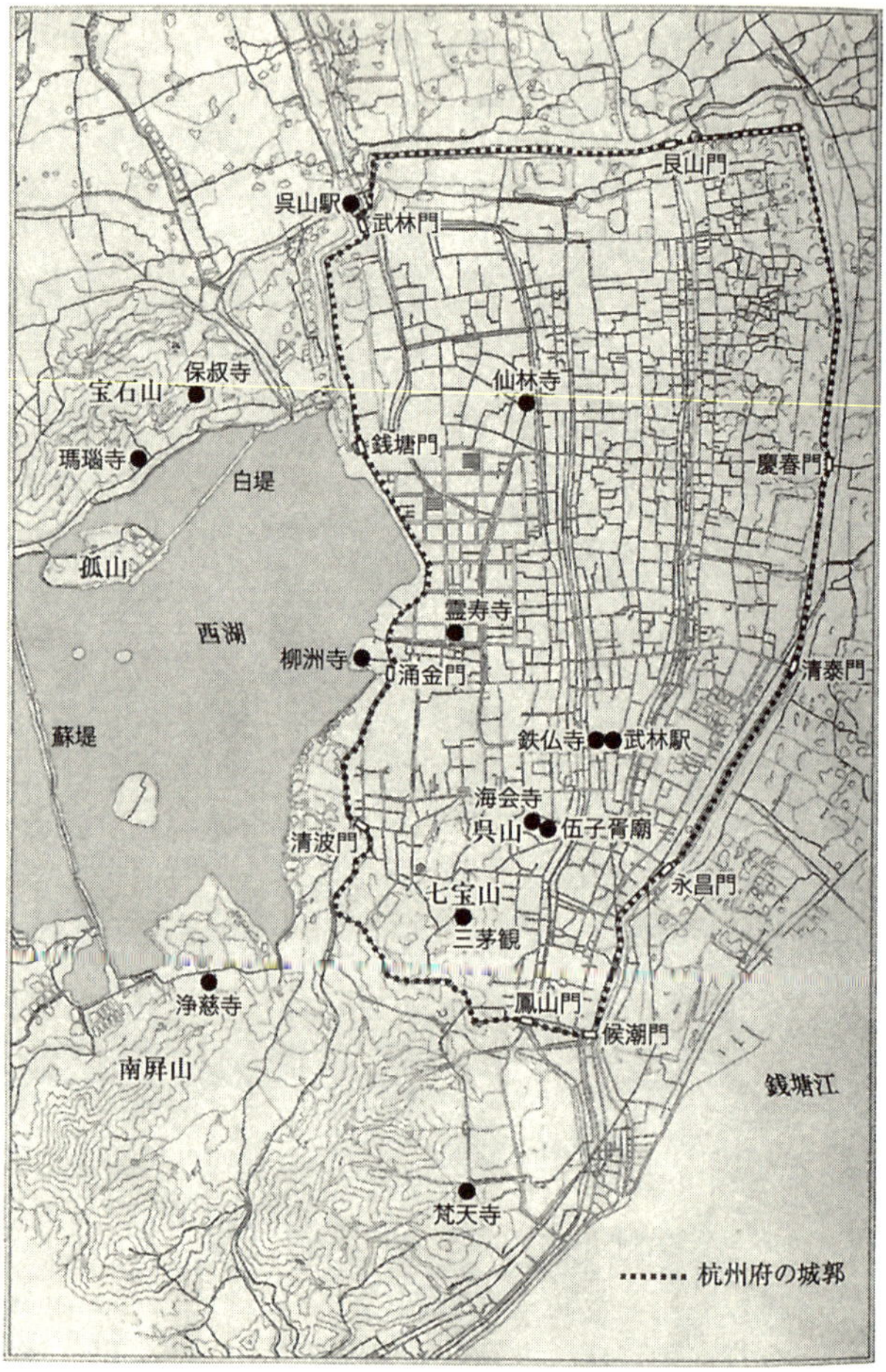

図8　杭州関係地名図

六　観光ツアーと雪舟実景画

笑雲たち一行は、寧波に往は三月半、復は半月、杭州に往は七日、復は一一日、北京に五か月、南京に三週間あまり滞在した。天文八年（一五三九）入明した『初渡集』の筆者策彦《さくげん》周良《しゅうりょう》の場合は、往路寧波で五か月弱も待たされ、杭州観光は人数をきびしく絞られたうえ、ろくに時間がなく、寧波—北京間の移動に笑雲たちの二・五倍以上の日子を費した。それにくらべれば恵まれた旅だったといえる。

往きも帰りも普陀落山《ふだらくさん》の不肯去《ふこうきょ》観音に参詣しているのは、おそらく観光目的ばかりではあるまい（癸酉四月六日・甲戌六月二一日条）。寧波では、府学・湖心寺・四明駅・天寧寺・海会寺・白衣寺・境清寺・延慶寺・寿昌寺・万寿寺・水月庵などを訪れ（癸酉四月二四日・同二七日・五月七日条）、五月一四—一五日には一泊で郊外の阿育王山、天童山を歴訪した。往きの杭州では、三日目に梵天寺を訪ね、四日目に浄慈《じんず》寺と蘇堤の六橋を周遊して霊隠《りんにん》寺に泊し、五日目に霊隠寺、三天竺、孤山、瑪瑙《めのう》寺、保叔《ほしゅく》寺と廻り、六日目に海会《かいえ》寺と伍子胥《ごししょ》廟を訪れ、最終日には銭塘江《せんとうこう》の大海嘯までしっかり見物している（癸酉八月一一—一七日条）。帰りでも、正使の客死という不幸にもかかわらず、死去の前日に伍子胥廟から三茅観《さんぼうかん》に登って西湖・銭塘江を眺望し、翌日に鉄仏寺・畏吾《ウイグル》寺・霊寿寺を廻っている（甲戌五月一八—二〇日条）。寧波市内の寺庵は滅びたものが多いが、それ以外の観光スポットは驚くほど現在と変わっていない。

図9　秋月等観筆「西湖図」

とくに西湖は絶大な人気を誇り、日本でも多くの観光画が描かれた。策彦は日本で西湖図を見たことがあり、本物を観てすこぶる感慨を増している（『初渡集』嘉靖一九年九月三日条）。雪舟真筆の「西湖図」は残されていないが、高弟秋月等観《しゅうげつとうかん》が弘治九年（一四九六）に北京会同館で描いた「西湖図」が伝わっている（図9、石川県立美術館蔵）。西湖の全景を東岸の高所から見下ろ

図10　伝雪舟「唐土勝景図巻」
（京都国立博物館蔵．甘露寺多景楼）

図11　宝帯橋

すように描いた絵で、孤山、蘇堤、六橋、浄慈寺、南高峯、三天竺、霊隠寺、北高峯、恵果《えか》寺、保叔塔寺など名所の数々が、漏らさず描きこまれている。「湖中に屹立するは、則ち孤山なり。前面に突出するは、則ち飛来峯なり。北高峯・南屏山（浄慈寺）・六橋・三天竺、一望の間に在るのみ」という、笑雲の景観描写（甲戌五月一八日条）は、さながら「西湖図」を見ているかのようだ。また、寧波の市舶司勤政堂では、壁に広さ五丈ばかりという巨大な「杭西湖図」が掛かっているのを見た（癸酉六月二一日条）。

杭州—北京間の沿道も、とくに揚子江以南は観光地にことかかない。蘇州と太湖をはじめ、七二もの洞（アーチ）がある呉江長橋（垂虹橋《すいこう》）、五三洞の宝帯橋、張継の詩で名高い楓橋と寒山寺、甘露寺多景楼・江南律観楼・江淮勝概楼など著名な楼閣、揚子江の中島である金山・焦山などが登場する。雪舟およびその周辺の描いた「唐土勝景図巻」（図10、京都国立博物館蔵）以下一連の実景画群に、太湖と宝帯橋、呉江県、焦山寺、北固山と多景楼、鎮江府、金山寺などが描かれている。これらの絵はありのままの山河の描写ではなく、それなりの約束事に従って描かれている。先行する中国の観光名所図絵に範をとったものであろう。(11)

揚子江以北は見どころが少ないが、泗亭駅・豊西沢・徐州城など漢の高祖ゆかりの地や（癸酉九月八日・甲戌三月二一日・同二三日条）、高郵湖・積水湖・青丘湖・甓社《へきしゃ》湖など豊富な湖水に（癸酉八月二五日・同九月一二日・甲戌三月一六日・同四月六日条）、心を惹かれた。帰路に長期滞在した南京では、石頭城、広恩街、静海寺、鍾山を訪れた。広恩街は「桜桃を金盤に堆《つ》み、甘蔗を銀椀に盛る」など、グルメ街だったようで、接待で二度連れていかれている（甲戌四月一一―一四日条）。

景泰四年（一四五三）九月一五日、往路山東の臨清県清源駅で、日本進貢使が酒食・諸物を住民から略奪し、指揮（軍官）を殴って瀕死の重傷を負わせるという事件が起きた(12)（『明実録』同年一〇月丙戌条）。ところが笑雲の記述は、「臨清清源駅、斉の地にして桓公《かんこう》廟・晏子廟あり、甘草《かんぞう》多し一斤代八文」と、なにごともなかったかのごとくである。日中交流の盛事のように見える遣明使行に貼りついた影の側面がかいま見えるとともに、本書の史料的性格ないし限界を考えるうえでも、示唆的な事例である。

七　社会観察

本書には、明代中国の世相についても、興味ぶかい記事が多い。

科挙　笑雲は科挙に強い関心を懐いていた。景泰五年（一四五四）二月九日に会試の受験者三千人が試験場となった国子監に入ったことを記し、翌日には国子監にようすを見にいって「厳しく棘囲《きょくい》を設けて遊人の入るを許さず」と観察した。同二六日には合格者を公表する「科挙榜《ぼう》」を写しとった。(補注)科挙榜の文書様式を知る貴重な史料である。

復路河間府青県流河駅では景泰元年の科挙の合格者の家に高門を建てているのを見（甲戌三月六日条）、景州故城県梁家荘駅でも「科挙門多し」と記している（同一一日条）。笑雲は在明中、張楷という退職官吏——司法・軍事系の地方高官を歴任し、当時は失政のため故郷寧波に隠棲していた——と親しくつきあったが、一八歳になるその子伯厚が会試受験のため出立したこと（癸酉七月一八日条）、北京で伯厚が笑雲の宿舎を訪ねてきて詩を作ったこと（同一一月二五日条）、を記している。

習俗・年中行事　景泰四年七月一五日、進貢使一行の船頭たちが寧波城外の浙江（奉化江か）のほとりで水陸会を設け、従僧はみな出席した(13)。同一九日、寧波府学で祭祀があり、秀才三十六人が庭で舞った。八月二二日、江蘇常州府奔牛壩《ほんぎゅうは》では民が蛙や蛇を食べると聞いた。九月九日、山東兗州《こんしゅう》魚台県では男女がみな菊花を挿頭《かざし》にしていた（重陽《ちょうよう》）。一〇月一六日、月食があり、紫禁城内で鐘鼓が雷のように轟いた。一一月一日、紫禁城の奉天殿に帝が出御し朝礼が終わると、百官・諸人が次年の暦を群がって奪いあった（頒暦）。同三日、大慈恩寺で遭った胡僧二百人はみな耳に金環を帯びていた。除夜、紫禁城の前面を東西に走る長安街では、炬火が列《なら》び昼のように明るかった。景泰五年正月一三日、灯市を観た。灯籠の傍らにみな瑠璃の瓶を掛け、瓶のなかには数寸の魚が灯籠の光に映えて踊躍し、はなはだ愛らしかった。同一五日、東長安街から紫禁城の端門を望見すると、万燭が天を輝かすかのようだった（元宵節）。同一七日、衣冠・騎馬の人が紅絹を肩に掛けて地に曳きずり、従者が鼓笛を鳴らして、紫禁城を廻るのを見かけたが、男子が生まれた家の習わしとのことであった。三月三日、大運河を行く船上で、帝から賜わった黄封酒を開けて上巳《じょうし》を祝い、水夫らは酔歌した。四月八日、揚州府では城中百万家がさかんに紅薬（シャクヤク）を賞でており、むかし太守蔡繁が万花会を催したのもむべなるかなと思われた。

土産・経済　江蘇邳州《ひしゅう》下邳《かひ》駅の市店では長さ一丈五尺の「乾龍」が掛けられていた。蛇の乾物であろうか（癸酉九月一日条）。山東の積水湖では漁舟百余艘がみな鶴を載せていた。鶴は鵜の誤写か（同一一日条）。山東陽穀県荊門水駅では巨大な冬瓜《とうがん》が豊富であった（同一三日条）。山東臨清県清源駅では甘草が一斤八文で売られていた（同一五日条）。江蘇桃源県桃源駅では蒲葵扇《ほきせん》が名産であった（甲戌四月一日条）。蘇州府では花席《むしろ》・茶碗の産出がきわめて多い（同五月一〇日条）。揚子江以北では山東の徳州・臨清県と江蘇の淮安府が富裕な土地として知られていた（同三月一〇日条）。景泰五年（一四五四）三月一五日、黄河を南へ渡った日の記事では、東流していた黄河を北むきに分流させた工事に言及する。景泰五年正月二一日、南京から貢銀を積んだ車三百両が入京し、うち十両が居庸関巡検司に送られた。車一両ごとに銀三万両が積まれていたという。モンゴルに対峙する前線で、兵士の給与以下の戦費に充てられる銀であろう。のち世界史に大きな影響を及ぼすことになる明の巨大な銀需要の一端がうかがえる。三月一六日、山東の済寧州のすこし手前で、南京から胡椒を載せて北上する進貢船千余艘とすれちがった。また運粮船万余艘が水路を塞いで動かなかった。首都の経済が華南地域に大きく依存しており、大運河がそれを支える大動脈だったことを示唆する記事である。

図12　清江閘（江蘇省淮安市）

八　内陸水運システム

遺明使行はほとんどの区間を運河や河川・湖沼の船上でたどる旅だったから、本書も中国経済を支える内陸水運の実態を示す記事に恵まれている。寧波と杭州の中間の会稽《かいけい》県では、船が陸上を一里ほど運ばれる区間があり、乗客は下船して歩いた（癸酉八月九日条）。江蘇徐州城東南二〇キロメートルほどにある難所呂梁《りょりょう》洪・呂梁上閘《こう》では七、八頭の牛が船一隻を牽き、

図13 「国々人物図巻」馬船図
（京都国立博物館蔵）

徐州閘では鉄の鉤で船を牽いた（同九月三日条）。呂梁上閘は船多く河水少なく、呂梁百歩洪は逆に河水多く船少なかったという（甲戌三月二四—二五日条）。閘は水位を調節して航行を可能にする水門である。徐州城下彭城《ほうじょう》駅では、駅前で汴水《べんすい》と泗水《しすい》が交流しており、船橋が架けられていた（同二三日条）。淮水《わいすい》をたどる清口駅—山陽駅間八十里には、修造船廠《しょう》があった（同四月四日条）。北から来る船は、蘇州の手前毘《ひ》陵《りょう》駅で帆柱を倒さねばならなかった。呉越地方は橋の下をくぐることが多いからである（同五月七日条）。

運河を行き交う船には、馬船・快船・站《たん》船・紅船・運粮船・黄船などの種類があった。馬船は馬が載せられる大型の貨客船、快船は快速船、站船は役所の公用船、紅船は囚人を載せる船、運粮船は食糧運搬船、黄船は皇帝の御用船である。綱司・居座・土官ら進貢使の中心メンバーが乗ったのは站船であるが（甲戌五月一六日条）、土官一名がつきそって貢馬二十匹を運搬した（癸酉六月一八日条）船は、景泰四年（一四五三）一〇月二日京着の二日後に「馬船衆」が朝見に臨んでいるから、馬船だったと思われる。「国々人物図巻」末尾の馬船の絵を見ると、三本マストで、前方に居室があり、後方に丈の高い船倉が設けられている。邳州桃源駅の先ですれちがった三隻の黄船は、皇帝の着る袞衣《こんい》を装載して上京するところで、三人の内官が弾き弓を挟んで護衛していた（甲戌四月二日条）。また南京ではやはり三隻の黄船が氷を載せて北京へ出発するところで、水夫千余人が肌ぬぎになって船を牽いていた（同二五日条）。皇帝権力の絶大さを彷彿させる情景である。

大運河でとくに重要な港は、始点の杭州武林駅、中間の揚州江陵駅、終点の通州通津駅であった。江陵駅について「駅楼重々、簷楹《せんえい》飛舞、駅前《ぜん》に江淮等の処の馬・快・紅・站諸船、舳艫《じくろ》相啣《あいふく》む」（癸酉八月二四日条）、通津駅について

「馬船・快船・紅船・站船・運粮船等四来す。諸船は皆此《ここ》に繋ぐ」（同九月二五日条）とある。帰路通州を出発して二日後、行人司差送の伴送官は、関子《かんす》(14)を用いて馬船・快船十五隻を準備した。積載量は一隻につき車八両と人員二十三—二十四名であった（甲戌二月二九日・三月二日条）。

九　文雅の交わり

笑雲は文事にくわしいことを買われて従僧に加えられたものであろう。本書にみえるかれの活動ぶりはその期待に恥じず、中国の故事来歴や文学についての該博な知識をうかがわせる。また禅僧として中国僧相手の道話もそつなくこなしている。

往路では額や牌《はい》の文字を書き写した記事が多い。たとえば、寧波天寧寺の門には「妙荘海」、海会寺の外門には「華蔵《けぞう》世界」の額が掛かり、海会寺の祖堂には「開山和尚中峰本禅師」の牌があったという（癸酉四月二七日条）。中峰明本《ちゅうほうみょうほん》は臨済宗幻住派の祖で、隠逸を好み、日中双方で絶大な人気のあった元代の高僧である。はじめ笑雲は中国語が不自由だったらしく、そうしたばあい、意味のわかる文字に関心が偏りがちになることは、策彦周良の『初渡集』からも想像される。笑雲も帰国が近づくころには「粗《あら》あら語音に通ず」るようになり、寧波の市舶司勤政堂で陳大人に北京・南台（南京のことか）のみやげ話をして喜ばれている（甲戌六月一日条）。

著名な中華文人ゆかりの場所を訪れた記事を紹介しよう。寧波の嘉賓館観光堂背後の一室には朱子の筆になる「与造物遊」の額があった（癸酉四月二一日条）。寧波の四明駅前には唐の秘書監賀知章《がちしょう》の祠堂があり、塑像が安置されていた（同二四日条）。笑雲は蘇東坡《そとうば》を敬愛していたらしく、寧波府学の秀才に東坡の詩に出る「石塩木」という語の意味を尋ねた。杭州では、梵天寺で土地神として祀られた東坡像を見、霊隠寺で「南北一山門」という東坡の詩句を想起し、孤山の林和靖《りんわせい》旧宅で三賢（白楽天《はくらくてん》・和靖・東坡）の塑像を見た。東坡終焉の地江蘇常州府毘陵駅では塑像を見て牌の字を書き留めている（癸酉七月一〇日・八月一三日・同一五日・同二二日条）。

詩文を引用した記事はつぎのとおり。浙江余姚《よよう》県姚江駅大龍泉寺で、唐の詩人方干《ほうかん》が寺の背後の絶頂で詠んだ「未明にまず海底の日を見る」という詩句を想起した（癸酉八月十日条）。孤山の和靖旧宅で、明初の禅僧季潭宗泐《きたんそうろく》の「処士の梅花千樹尽き、蘇公の楊柳一株《いっしゅ》無し」という詩句が実を記していることを知った（同一五日条）。北京の灯市で、南宋の禅僧大川普済《だいせんふさい》の「瑠璃灯棚《るりとうほう》」と題する禅詩の「氷壺渟々玉龍蟠《わだかま》る」という一句さながらだと感嘆した（甲戌正月一三日条）。山東兗州の青丘湖は、「青丘」の語をふくむ司馬相如《しばしょうじょ》の賦（『文選』巻七）に「雲夢《うんぼう》八九を呑む」とあるとおりの景観だった（甲戌三月一六日条）。いにしえの魯と斉の境にさしかかると、杜甫《とほ》の「望岳詩」に「斉魯青未だ了《おわ》らず」とあることを思い出した（同一八日条）。江蘇高郵州安平駅では、黄山谷《こうさんこく》が岳父孫莘老《そんしんろう》に寄せた「甓社湖中に明月有り」の詩句に言及した（同四月六日条）。

故事来歴にふれた記事はつぎのとおり。越王勾践《こうせん》が厩を置いた故事のある寧波府車厩《しゃきゅう》駅で勾践の像を見た（癸酉八月七日条）。山東兗州魚台県は魯の隠公が魚を見た観魚台の旧地である（甲戌三月二〇日条）。徐州では、城西に項羽が都を置いて馬の訓練を見た戯馬台の旧基を訪れ、ついで城外にある漢の高祖廟で高祖と蕭何《しょうか》・曹参《そうさん》ら功臣たちの遺像を見て、その牌を写しとった（同二三日条）。江蘇淮安《わいあん》の府学で先生に桃源の由来を尋ねて、楚の霊王が桃を植えて桃園とした所だと教えてもらった（同四月三日条）。淮安府清江浦には高祖の重臣韓信《かんしん》の廟とかれの恩人漂母《ひょうぼ》の墓がある（同五日条）。揚州府儀真駅の天寧寺観音閣に登って、晋の五王が揚子江を南渡した「五馬渡」や、楚の平王に父兄を殺された伍子胥が剣を解いて江を渡った「胥浦」を眺望した（同九日条）。揚子江の南岸鎮江府丹徒県は、秦の始皇帝が三万人の罪人を使役して地脈を穿った所である（同五月四日条）。

同時代人との交遊にふれて本章を閉じたい。

往路の寧波で天童山の可庵長老から茶をふるまわれた（癸酉七月四日条）。

つぎに北京での交遊。法華寺に遊び、一老僧と日本僧亮哲の詩のことを語りあった（甲戌正月二日条）。興隆寺で首座質庵文淳《しつあんもんじゅん》と茶話、『勅修百丈《はじょう》清規《しんぎ》』中にある「茶一中」の語意を質した（同二月一二日条）。みだりに人と接しない智化《ちけ》寺の大海和尚と「仏法の大意」につき禅問答し、点茶にあずかった（同一四日条）。興隆寺の独芳和尚からは、焼餅と棗子《なつめ》が日本にあるかと問われ、和尚自註の般若心経をもらった（同一六日条）。離京の日が近づき、興隆寺大僧録司南浦和尚から送行の序を賜わった（同二一日条）。

南京では一秀才と南京の悠久の歴史について筆談した（甲戌四月一三日条）。帰路の杭州では、前天竺の雲屋妙衎《うんおくみようかん》を仙林寺に訪ねて、先師季章周憲の頂相《ちんそう》（肖像画）に著賛《ちやくさん》を乞い、また自分のためには餞偈《せんげ》をもらった（同五月二三日条）。

最後に帰路の寧波での交遊。前述の張楷の家を訪れ送別の詩を贈られた（同六月四日条）。進貢使一行が競って、天寧寺に滞在中の阿育王山住持清源に送行の語を求めた（同九日条）。笑雲は往路知己となった可庵に詩を求めたが断られた（同一〇日条）。四明駅で宋恢《そうかい》先生が詩を作って笑雲を送ってくれた（同一一日条）。城内二卿《にきよう》坊の鄭惟広《ていいこう》が得意の八分《はつぷん》字をふるった書を餞別にくれた（同一二日条）。

注

（1）玉村竹二『五山禅僧伝記集成』（講談社、一九八三年）笑雲瑞訢の項。

（2）以下典拠が本書で、かつ該当箇所が容易に推測される場合は、注記を省略する。

（3）小葉田淳『中世日支通交貿易史の研究』（刀江書院、一九六九年）四六頁以下。

（4）小葉田注(3)書、二八一・二八七・三六七頁では、「勤政堂」を安遠駅内の建物とするが、「陳・李両大人嘉賓に来る」（癸酉四月二五日条）・「日衆早く勤政堂に起ちて陳・李両内官に見ゆ」（癸酉五月一日条）という書きかたや、その名称からみて、勤政堂は市舶司内にある陳・李のオフィスではないか。他方「観光堂」（癸酉四月二一日条等）は、『初渡集』嘉靖一八年五月二七日条に、「嘉賓堂総門の額に「観国之光」の四大字を榜す」とあるから、嘉賓館内にあったとみられる。
(5) 橋本雄「遣明船と遣朝鮮船の経営構造」(『遙かなる中世』一七号、一九九八年)。
(6) 小葉田注(3)書、三九八—四〇〇頁に、二一万七七三一貫対九万五九六八貫という数字が掲げられている。
(7) 川越泰博『モンゴルに拉致された中国皇帝』(研文出版、二〇〇三年)。
(8) この日の朝参では正使が奉天門で表文を捧げたが、皇帝が出御したとは書かれていない。しかし、ことの重要性に鑑みて、出御があったものと考えておきたい。
(9) 「国々人物図巻」が一三の人物像、六つの動物像のあと、一種類の船だけで終わるのは不自然であり、ほんらいはこの後に快船、站船等の図像があったのではないか。村井章介「雪舟等楊と笑雲瑞訢——水墨画と入明記にみる明代中国」(『東洋文化研究所紀要』第一六〇冊、二〇一一年)三頁参照。
(10) 大西廣「雪舟史料を読む14—18」(『月刊百科』二〇〇三年一・五・七・九・一一月号)。
(11) 村井注(9)論文、一八頁。
(12) 小葉田注(3)書、五一頁。
(13) 亡魂の救済と成仏を目的とする水陸会の本場のひとつは、寧波郊外東銭湖畔にあった四時水陸道場で、京都大徳寺ほかにある南宋画「五百羅漢図」一〇〇幅はこの道場の創設者史一族との関連が想定される(井手誠之輔「大徳寺伝来五百羅漢図試論」『聖地寧波——日本仏教1300年の源流』奈良国立博物館、二〇〇九年)。
(14) 甲戌二月二九日条の割書に「関子は日本で謂ふ所の過書なり」との説明がある。通行手形であるが、現地でサービスを提供させる機能ももっていたことがわかる。
(補注) 川越泰博「『笑雲入明記』にみえる浙江三司および中式挙人について」(『中央大学文学部紀要 史学』五七号、二〇一二年)につぎの二点の指摘がある。①笑雲が浙江の「三司官」と記した人物は、各司の長官である都指揮使・布政使・按察使ではなく、次官以下の属僚であって、布政司の「周大人」は布政司左参議の周紀か布政司左参政の周琛に、按察司の「馮大人」は按察司使僉事馮節に、それぞれ比定される。②笑雲が写し取った科挙榜には二点の転記ミスがある。

3　東アジア諸国と日本の相互認識
——一五—一六世紀の絵地図を中心に

一　伝統的対外観とその変化

古代日本の基本的な対外姿勢は、中国王朝に対しては進んだ文物や統治技術をとりいれつつ対等の立場をめざし、朝鮮諸国に対しては朝貢を受ける優位な立場を保とうとするところにあった。八世紀までの日本は、まがりなりにも新羅・渤海両国を朝貢国として従えており、貴族層の国際認識も、大陸に対するするどい関心と政治的対応に支えられて、まだ開放性を失ってはいなかった。(1)

しかし九世紀になると、日本の支配層は、東北辺境では蝦夷《えみし》の大反乱、国内では律令制の変質にともなう地方統治の混乱に直面して、いっさいの外交関係を結ばない方針をとり、古代以来の伝統的な対外姿勢を、観念のなかで化石化して保持しようとした。日本の望む「小帝国」の地位が完全に実質を失うとともに、「外蕃」の「帰化」を歓迎する徳化思想は破綻したが、朝鮮に対する支配国意識は拭いさられなかった。このイデオロギーは、自国観としては、日本が他国にはない至上の価値をもち、神の加護のゆえに絶対不可侵である、と主張するかたちをとった。これが「神国思想」である。(2)

このような意識がすべての日本人をいちように捉えたわけではなかったが、文字文化の担い手である支配層の意識形態が、中世の日本人一般の意識にかなり決定的な刻印を残したことも否定できない。中世国家の支配を正当化するイデオロギーは、土着の信仰に対応して密教化した仏教を中核とし、日本固有の神々をも系列化することにより、古代よりはるかに広い社会的基盤を獲得した。それは、寺社勢力の基盤をなす下層の宗教者たちによって、縁起や語り物を通じて民衆のなかにまで浸透していった(3)。

そして一三世紀後半の蒙古襲来を撃退した「神風」は、神国思想の正しさを実証したものとうけとられた。その過程で、従来から日本が朝鮮を従えることの歴史的起点とみなされてきた神功皇后伝説が、露骨な蔑視観を強調する方向へと成長してゆく。そのいっぽうで、異国の兵に苦戦した記憶は、恐怖の感情をともないつつ長く生きのびた。

一二世紀後半に登場した武家政権は、平安貴族が国の外への恐怖感によって内に閉じこもりがちだったのに対して、積極的な国際感覚をもっていた。平氏政権は、西国に基盤をおき、大宰府を押さえて対宋貿易の利益に着目し、大輪田の泊を改修して宋船を招き寄せ、平清盛が太政大臣の名で宋からの文書に返答し、ついには大輪田に隣接する福原に遷都する（大輪田・福原ともにいまの神戸市内）など、対外姿勢を大きく転換させた(4)。

平氏政権を倒した鎌倉幕府も国の果てまで支配を及ぼそうとする積極性があった。モンゴルの脅威が日本に及んだとき、幕府は朝廷をさしおいて対外政策の実質的な決定者となっていった。さらに、一三世紀後半以降急速に伸張した東シナ海交易は、あらたな海外知識と外交技術を幕府にもたらした。その媒介者として活躍したのが、日中間を往来する禅僧たちである。一四世紀後半の倭寇の跳梁は、国際的な大問題となり、高麗、ついで明から使節が到来して、倭寇の禁止を求めた。朝廷は議論に明け暮れるだけだったが、幕府は外交上の実務を禅僧に担当させ、海賊行為のとりしまりを行なうなど、それなりの対応策をとった。

一五世紀初頭に足利義満が明・朝鮮との国交を開始したことは、こうした動きの到達点といえる。義満が明に対して臣を称したことは、因習的な貴族や僧侶から屈従外交との非難をあびたが、客観的に見れば、東アジア国際社会のなかに日本が正式の構成員として加えられたことを意味する画期的なできごとだった(5)。

二　瑞渓周鳳『善隣国宝記』と申叔舟『海東諸国紀』

「十五世紀、ほとんど時期を同じくして外交の舞台に登場、活躍した傑出した知識人が、日本と朝鮮に存在した。(6)」かたや三回にわたって五山の僧録を勤め、明へ送る外交文書を起草した経験があり、その経験をきっかけに日本最初の外交史の書『善隣国宝記』をあらわした瑞渓周鳳《ずいけいしゅうほう》（一三九一―一四七三）、かたや領議政兼礼曹判書（首相兼外相）という要職にあって、明・日本との良好な関係の維持に尽力した申叔舟《シンスクチュ》（一四一七―七五）(7)である。

一四六六年に成立した『善隣国宝記』は、仏教徒の往来を中心に外交の推移をたどり、室町時代の外交文書を収録し、後世の外交当事者の参考に資そうとした書である。しかし、善隣の「隣」が中国のみを指しているように、おもな関心は対中国関係にあり、朝鮮のあつかいは軽い。瑞渓は、天竺（インド）・震旦（中国）・本朝の「三国」を世界の構成要素とする伝統的な仏教的世界観に制約されて、朝鮮諸国を中国の付属物としてしか認識しえなかった。また瑞渓ら五山禅僧の外交への関与は、あくまで文筆能力の提供にとどまり、国家の外交意思決定の場に参与することはなかった。その結果かれの朝鮮観は、三国世界観の枠内での観念的認識に留まり、対外関係の現実を直視して得られた認識とはならなかった。

このような朝鮮軽視はかれだけのものではなく、外交当事者全般に見られる。遣明船の派遣に対する関心の強さにくらべて、朝鮮使の京都滞在中でさえ反応はきわめて冷淡で、じっさいに与えられる処遇も粗末なものだった。(8)一四四三年に京都を訪れた通信使卞孝文《ピョンヒョムン》の例を見よう。

幕府奉行人のトップ飯尾為種は、「諸大名・諸国からの出銭が思わしくなく、接待費の準備が充分でないから、高麗人は京都へ入らせないで追い返すべきだ」と述べた。当時の朝廷で学識者として知られた清原業忠は、「使者が持参した牒状を古今の牒状とつきあわせて、来朝の趣旨にあわない文章を見つけて咎めだてし、高麗人を追い返そう」

という姑息な策を進言した（『康富記』嘉吉三年五月六日条）。じっさいには朝鮮使を接見することになったが、使者が相国寺で将軍代理の管領と対面したさい、両者の席のとりかたをめぐって議論があった。日本側が朝鮮を朝貢国とみなして管領が南面することを主張したのに対して、朝鮮側は両国対等という認識のもとに管領が東側、使者が西側の席につくことを主張した。議論の過程で、日本側は「高麗来朝、新羅来朝」の旨を記した「一編の書」をもちだした（『世宗実録』二五年一〇月甲午条・『成宗実録』一〇年二月丙申条）。

このような対応をリードした清原業忠の意識は、「高麗人はすでに神功皇后御退治以後来服の三韓の随一なり」という言（『康富記』嘉吉三年五月六日条）からわかるように、九世紀以来なんの進歩も見られない古色蒼然としたものだったが、幕府内部にこれをぬりかえるあらたな朝鮮観のもちあわせはなかった。そして瑞渓もまた、業忠と三〇年を超える親交を結び、かれの日本史知識のほとんどは業忠から得たものだった。それでもなお、瑞渓の場合は、『善隣国宝記』のなかで、朝鮮関係であっても必要な史実には言及し、朝鮮へ送った外交文書を相当数収録している。外交実務上の必要性に忠実であったため、朝鮮へのいたずらな悪意や蔑視から免れることができたのだろう。

この通信使一行に書状官として加わっていたのが申叔舟である。かれは一四五二年に明に赴いた謝恩使にも書状官として名をつらねた。一四六二年、四六歳で人臣最高の職である領議政に昇った。また、外交の最高責任者である礼曹判書をながく兼任した。その対外認識の特徴は、一四七一年にかれが編纂した『海東諸国紀』の書名が示すように、朝鮮・日本・琉球三国からなる「海東諸国」というとらえかたにある。(9)

これは明中心の中華世界のなかにありながらも、独自のまとまりをもつ空間で、なかでも朝鮮にとって重要なのが日本との交隣関係である。日本との関係においては、「其の情を探り、其の礼を酌《く》み、而して其の心を収む」という気構えが大切だという。まず「情」すなわち日本という国の実情を正確に知ることが肝心で、その認識に基づいて「礼」すなわち外交に熟慮を払えば、相手の「心」をつかむことができ、安定的な交隣関係が築ける、という論理である。

かれの関心の対象は、瑞渓の「三国」のような観念世界ではなく、あくまで「海東諸国」という同時代の現実としての国際社会だった。そのなかで朝鮮という国家がとるべき態度を決定するには、特定の観念から演繹されたものさしで相手を測るのではなく、相手の現実の姿を可能なかぎり豊富な情報にもとづいて見さだめることが必要だという。河宇鳳《ハウボン》はここに観念的な夷狄観から距離をおいた「文化相対主義」を見いだしている[10]。

三　『海東諸国紀』『籌海図編』の日本図

中世の日本の姿を描いた絵地図のうち、外国で成立したものとして、代表的な作がふたつある。一四七一年に朝鮮で成立した『海東諸国紀』（前節で紹介、以下『海東』と略す）と、明代の中国で一五六二年に成立した『籌海図編《ちゅうかいずへん》』（以下『籌海』と略す）の、ふたつの著作に収められた日本地図である。両著の著作目的には共通点がある。それぞれが書かれた時期に、朝鮮と明は、対日本関係において問題を抱えていた。その解決策を模索するなかで、日本をよりくわしく知りたいという欲求が強くなる。そこには日本の姿を視覚的にとらえたいという欲求もふくまれていた。そういう雰囲気のなかで、いろいろな日本情報を結集して図にまとめあげたもの、それが両書の日本地図である。

つぎに形式面での共通点を考えるために、『海東』の「日本本国之図」と『籌海』の「日本国図」をならべて見てみよう。両図はともに日本の国土が線でくぎられた「国」の集合として描かれている。ただし両図では、甲斐州、上野州というように、「国」ではなく「州」と呼んでいる。それらの州が、『籌海』「日本国図」の本州部分に典型的なように、団子をならべて横からぎゅっと押したようなかたちでならんでいる。

こういう地図の描きかたは、日本に古い伝統があって、「行基図」と呼ばれる。奈良時代の有名な僧侶で、社会運動家でもあり土木建築家でもある、あの行基が創始したと伝えられる国土の描きかたであり、それが日本の古地図の伝統となっていた。つまり、両図にあらわれた日本列島の姿は、朝鮮人や中国人がいちから独自に描いたものではない。日本人がもっていた行基図系統の日本図をベースとし、そこからさまざまな情報を付加して、朝鮮なり中国なりで作ったものだと考えられる。

ただし行基図とはいっても、あのかたちをほんとうに行基が創始したかというと、疑わしい。行基図の形式をもっとも古い日本図は、鎌倉時代も終わり近く、一四世紀初頭のもので、行基が生きていた時代とは何百年もの隔りがある。それで、行基に仮託された地図だと考えるのが、現在の通説である。

ふたつの書物の日本図を理解するためのいまひとつのカギは、海上活動であろう。『海東』には、朝鮮半島と西日本と琉球をふくむ海域を股にかけて活躍した博多商人の獲得した情報が、中心をなしていた。『籌海』のほうも、明から日本にやってきた使者が港町をへめぐって獲得した情報が、もりこまれていた。ともに海を媒介にした情報である。

それは地図の描法にもあらわれている。ひとつは、海をぎっしりと埋めつくした波の描きかた、もうひとつは、その波のなかを走る白い線である。この線は、船の道すなわち航路である。つまり、海の描写、航路の描写において双方の図面は共通する技法で描かれている。ともに海にかかわって成立した図面だからであろう。

ただし『籌海』では、「日本島夷入寇之図」にしか航路が描かれていない。すなわち、明人の関心は、倭寇がどの道を通ってやってくるかを出るものではなかった。しかし『海東』のほうでは、相当数の線が「日本本国之図」左半と「九州之図」「琉球国之図」に走っている。九州図から北へむかう線は一岐図・対馬図へ、南へむかう線は琉球図へと続く。これらの線には、正確に描こうとする強い意思が認められる。たとえば、奄美群島と西九州を結ぶ線は、九州本土に近いところを走るものと、沖あいを走るものとの複線になっている。

以上より、『海東』の日本・琉球図は、航路をたいへん正確に描いた図面と評価していいだろう。これが現在のかたちになる前段階に、日本商人が作成した原図があった。だからこの図面から、当時の日本人航海者たちのもっていた海洋情報が、かなり正確なものだったこともうかがわれる。

当時の朝鮮は、明を例外として、国外にどんどん人を送るような活動はしていない。ときどき日本に使者が行ったけれども、それも一五世紀後半にはとだえてしまう。しかし、入ってくる海外情報の蓄積という点では異様なほど熱心であった。当時の朝鮮は、情報を集中してそれを整理されたかたちで保存していくシステムをもっていた。『海東』は、まさにそういう朝鮮の特質が生んだ貴重な遺産である。

日本の場合は逆である。どんどん外へ人が出かけていって倭寇などをやる。朝鮮半島にも無数の人間が行っている。かれらはそれなりに見聞を広めて帰ってきたはずだが、それをまとめあげるシステムがなかった。だから、朝鮮に行ったかれらがなにを見たのかを知ることはほとんどできない。また、日本には海上情報をもりこんだ中世の地図はまったく残されていない。せっかく道安《どうあん》がこの海域で活動して、正確な海上情報を獲得し、それをひとつの地図にしてあげたけれども、それを中央政府が把握し、のちのちまで伝えていくというシステムを、日本の中世は欠いていた。

これはなぜなのか。両国の間に見られる、国家権力の集中と分散という対比で、かなり説明できることはたしかだとしても、それですべてがかたづくわけではない。もっと深い原因が、ふたつの国と地域の歴史のなかに横たわっているのではなかろうか。

四　朝鮮王朝の倭寇対策

朝鮮半島における倭寇の活動は、高麗末期の一四世紀なかば、一三五〇年ぐらいから活発になる。その解決が高麗政府にとって大きな課題になった。その対策として高麗は、軍事的に倭寇を制圧する、外交交渉で解決を図る、という両方を試みたが、なかなかうまくいかなかった。

そのうちに、倭寇問題もひとつの要素となって政変が起き、一三九二年に高麗王朝が朝鮮王朝にとってかわられる。新しい王になった李成桂《イソンゲ》は、倭寇対策について、第三の道ともいうべき新路線をうちだす。それが倭寇懐柔策であった。経済的な優遇策を施して、海賊行為にメリットをなくす方法である。それによって、倭寇であった者が通交者に変身して貿易をしにくるようになった。朝鮮側はかれらを「倭人」と呼んでいる。この方法は成功し、朝鮮時代になると倭寇の動きは激減する。

ただしこの方法には矛盾があった。ほんらい貿易というものは、こちらにない物を相手から手に入れて、その見返りにこちらの物を相手に渡す、という経済的な行為で、そこには、おたがいにとって価値の等しいものが交換されるという原則が働くはずである。ところが、倭人と朝鮮との貿易は、朝鮮側にとっては、倭人が海賊行為を行なうのを防止するという政治的目的で行なわれており、経済的メリットはいわば二の次である。そうなると、倭人たちにとって、ゴネることが最大限の利益を手に入れる手段になる。相場より高い値段で買えとか、厖大な量をもちこんでぜんぶ買えとか、そんな無理難題をふっかける。いいなりになっていては、朝鮮側の財政的損失がどんどんふえてしまう。じっさい、一五世紀のなかば過ぎには、朝鮮の国庫がからになってしまいかねないほどに、貿易の規模が大きくなってくる。

倭人は個人の資格で朝鮮に来るわけではなく、かならずだれかの遣わした外交使節というかたちをとる。朝鮮側は、あくまで、外交使節としてならうけいれる、貿易は外交使節に付随してのみ認められる、というタテマエをとっていた。使節の送り手としては、いちばんうえに日本国王すなわち足利将軍がある。それにつぐものは守護大名で、中央では斯波氏や畠山氏、西国では周防を本拠とする大内氏がある。そのつぎぐらいのレベルに対馬島主の宗氏があり、規模は小さいが朝鮮にとっては重要な外交の対象であった。さらには、九州の肥前や壱岐に松浦党《まつら》という群小規模の武士団の集まりがあり、かれらも使者を送ってくる。あるいは博多の商人も使者を送るケースがある。

このように、上は国王から下は商人に至るさまざまな人間が、独自に使者を朝鮮に送るという、多元的な関係として、この時代の日朝関係は成立していた。だから、来る者すべてにおなじ待遇をしていたのではしめしがつかない。そこで、日本国王使を最上級とするいくつかのランクを設けて、上のほうほど待遇を厚くする。たとえば、使節団のうちなん人をソウルまで来させるかといった点で差をつける制度を作った。

『海東』には、朝鮮がどういう基準で倭人たちをうけいれ、接待するかを定めた部分がある。そのために必要な情報として、いつから、どういう名前で使者が来るようになったかを、「州」ごとにわけて記した名簿も載っている。先例のない使者はうけいれないという対応をするには、過去の前例をぜんぶ知っておく必要があるからである。それに付随して、各「州」の特産物などがすこし書かれていて、一種の日本地誌という性格ももっている。それから、国王やそれにならぶ天皇の代々が記されており、これはごく簡単とはいえ、一種の日本史である。

そうなってくると、視覚的な日本情報もほしくなる。そこで『海東』に収められたのが、日本と琉球を描いたなん枚かの絵地図であった。図版には掲げなかったが、日本および琉球の全体をひとつの画面に収めた「海東諸国総図」が最初にある。つぎが九州を除く日本全国を収めた「日本本国之図」（図1・2）で、東西二枚にわかれている。さらに、「日本国西海道九州之図」（図3）「日本国一岐島之図」（図6）「日本国対馬島之図」（図7）「琉球国之図」（図4）が続く。

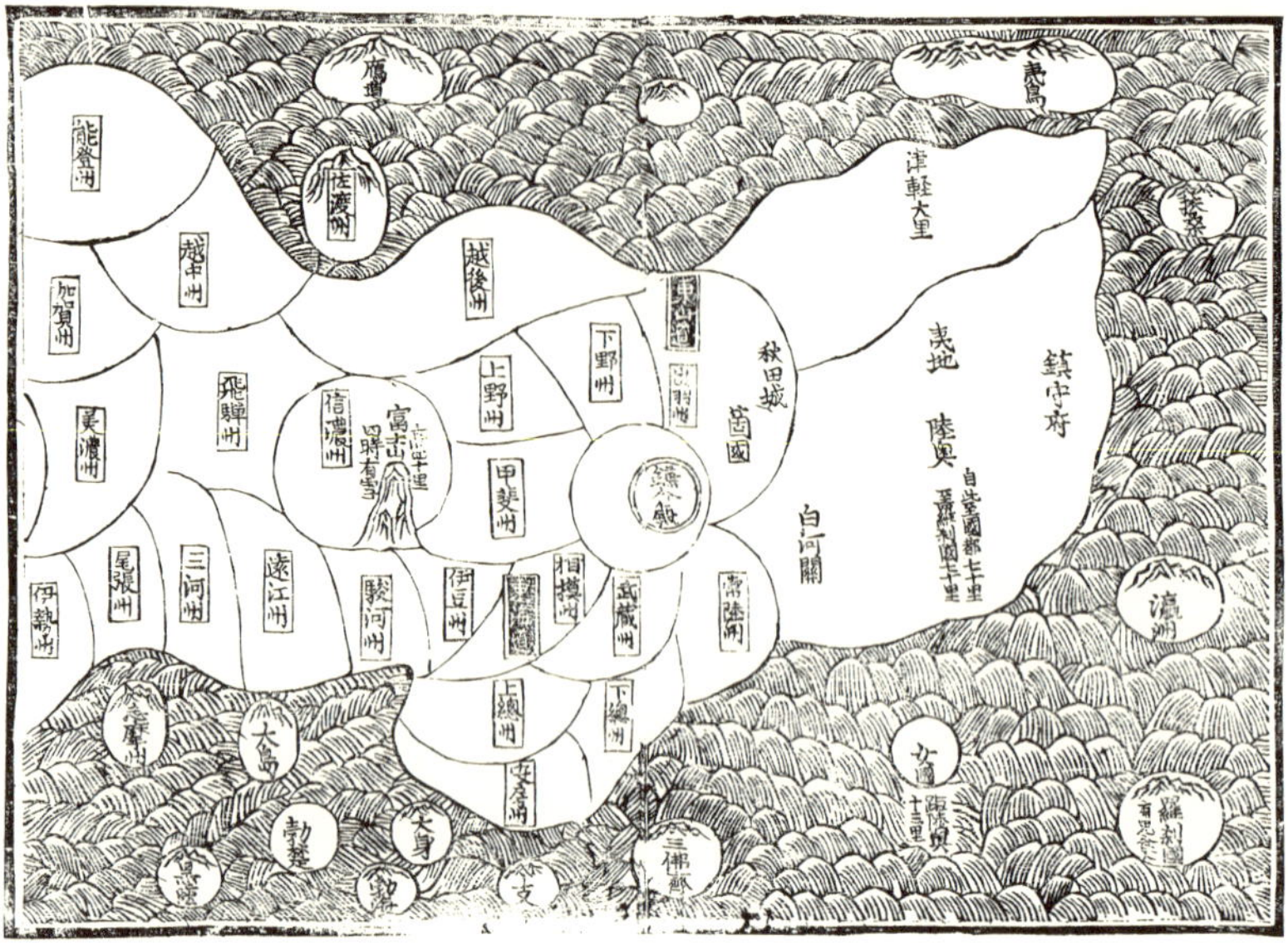

図1 『海東諸国紀』所収「日本本国之図」右半（東京大学史料編纂所蔵）

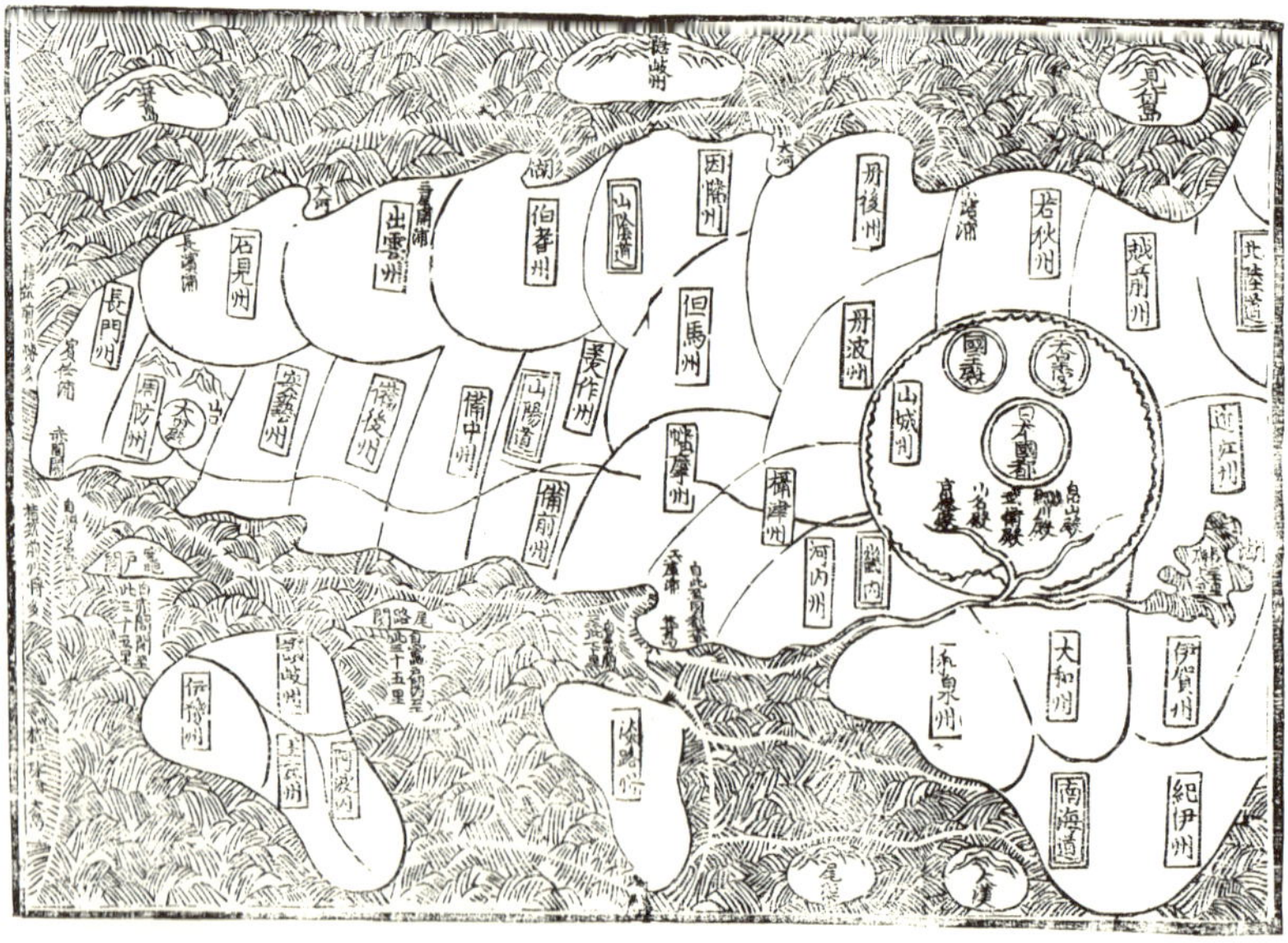

図2 『海東諸国紀』所収「日本本国之図」左半（東京大学史料編纂所蔵）

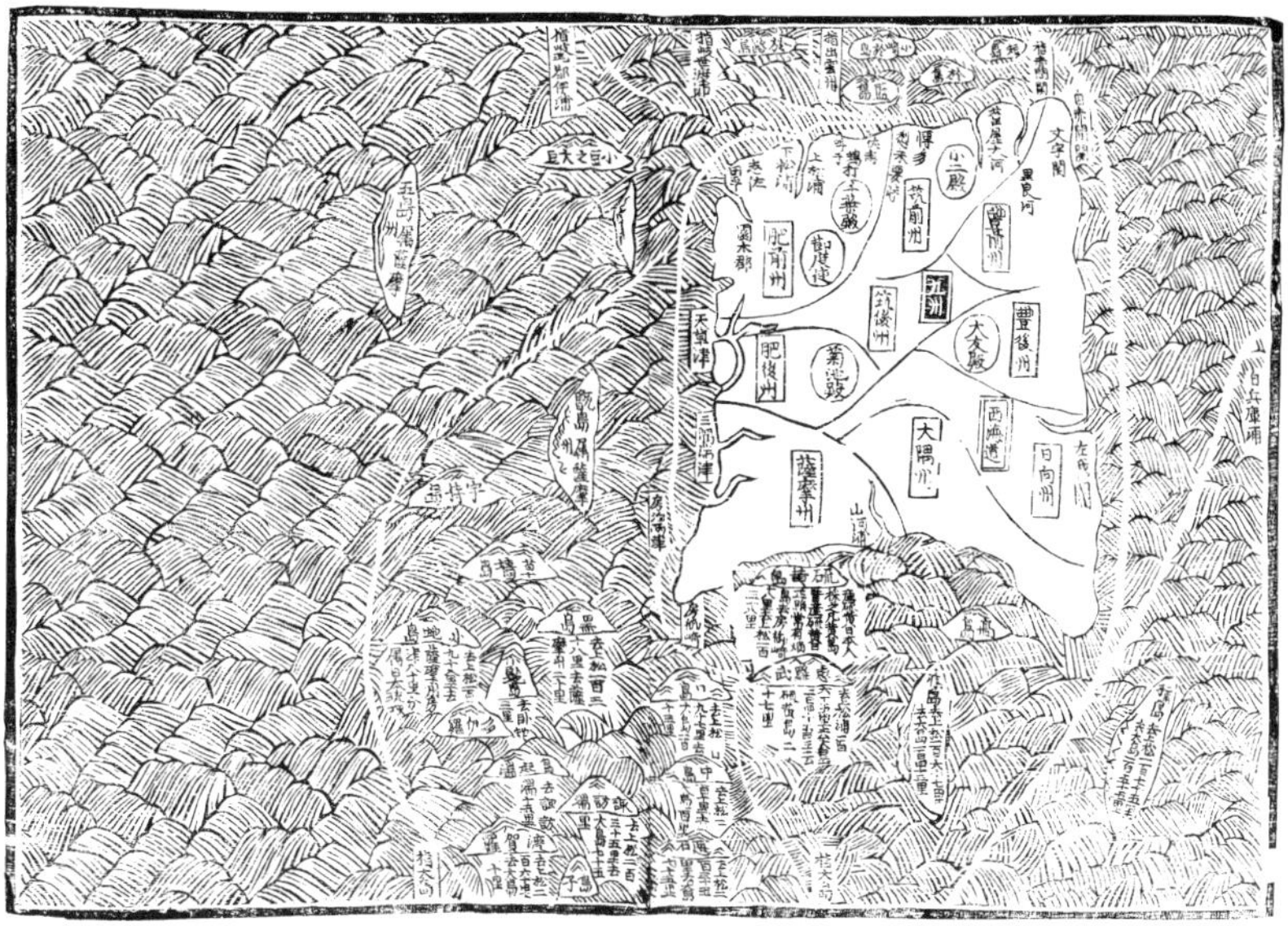

図3 『海東諸国紀』所収「日本国西海道九州之図」(東京大学史料編纂所蔵)

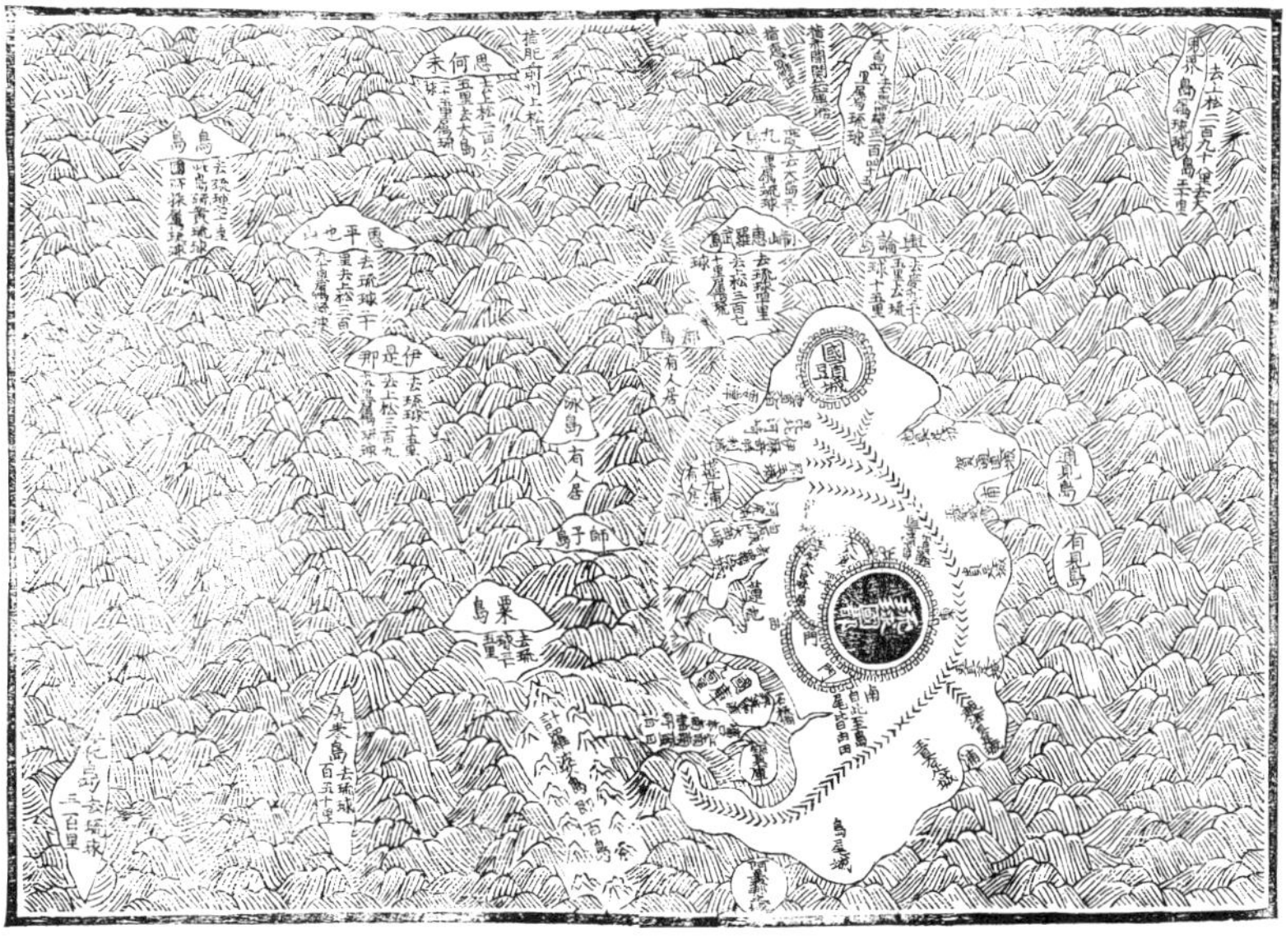

図4 『海東諸国紀』所収「琉球国之図」(東京大学史料編纂所蔵)

五　異域情報と「海図」の併存――『海東諸国紀』の日本・琉球図を読む(1)

『海東諸国紀』に収められた絵地図のうち、「日本本国之図(二葉)」「日本国西海道九州之図」「琉球国之図」は、一四五三年に博多商人道安が朝鮮国王に献上した「博多・薩摩・琉球相距地図」(「日本・琉球国図」とも呼ばれている)を、外交担当官庁礼曹が模写した地図をもとにしていると考えられる。(11) 道安は、一五世紀中葉、朝鮮半島から九州をへて琉球にいたる海域で活躍していた。すなわち、『海東』の日本・琉球図のメインとなった情報は、道安所持の地図に記されていたものなのである。

「日本本国之図」は、伝統的な行基図の様式で描かれた本川・四国図をベース・マップとして、あらたな情報を加えたものである。これらを通覧すると、質を異にするさまざまな情報がおりかさなっていることがわかる。

伊勢・加賀あたりより東を収めた右半には、陸路・水路の記載がなく、また太平洋上に扶桑・瀛《えい》州・羅刹《らせつ》国(「鬼有りて人を食らふ」という説明がある)・女国(「陸奥より距たること十三里」という説明がある)・三仏斉・支・大身・勃海・勃楚・黒歯という架空の国々が、名前を大小の円で囲むという簡略な形式で描かれている(西半分を収める左半に描かれた同様の国は大漢・尾渠のふたつ)。このことは、東日本が道安の活動範囲外であったために、古い地理認識が変革を蒙らないまま保存されてきたことを示唆する。(12)

これらの架空の名前は、『海東』に初めてあらわれたのではなく、それ以前の行基図系日本図にすでにあったものである。とくに注目されるのが、鎌倉時代の終わりごろに描かれた「称名寺蔵(金沢文庫保管)日本図」(図5)である。これは南が上になっており、行基図式に描かれた日本のまわりを、ウナギかヘビみたいなものがとりかこんでいる。左側にもう一枚あったはずの紙がなくなっていて、日本の東半分が欠けているが、ほんらいはこのウナギが日本をぐるっととりまいていて、欠けた半分に頭と尻尾とがあったのではないか。これと類似した江戸時代の日本図では、龍

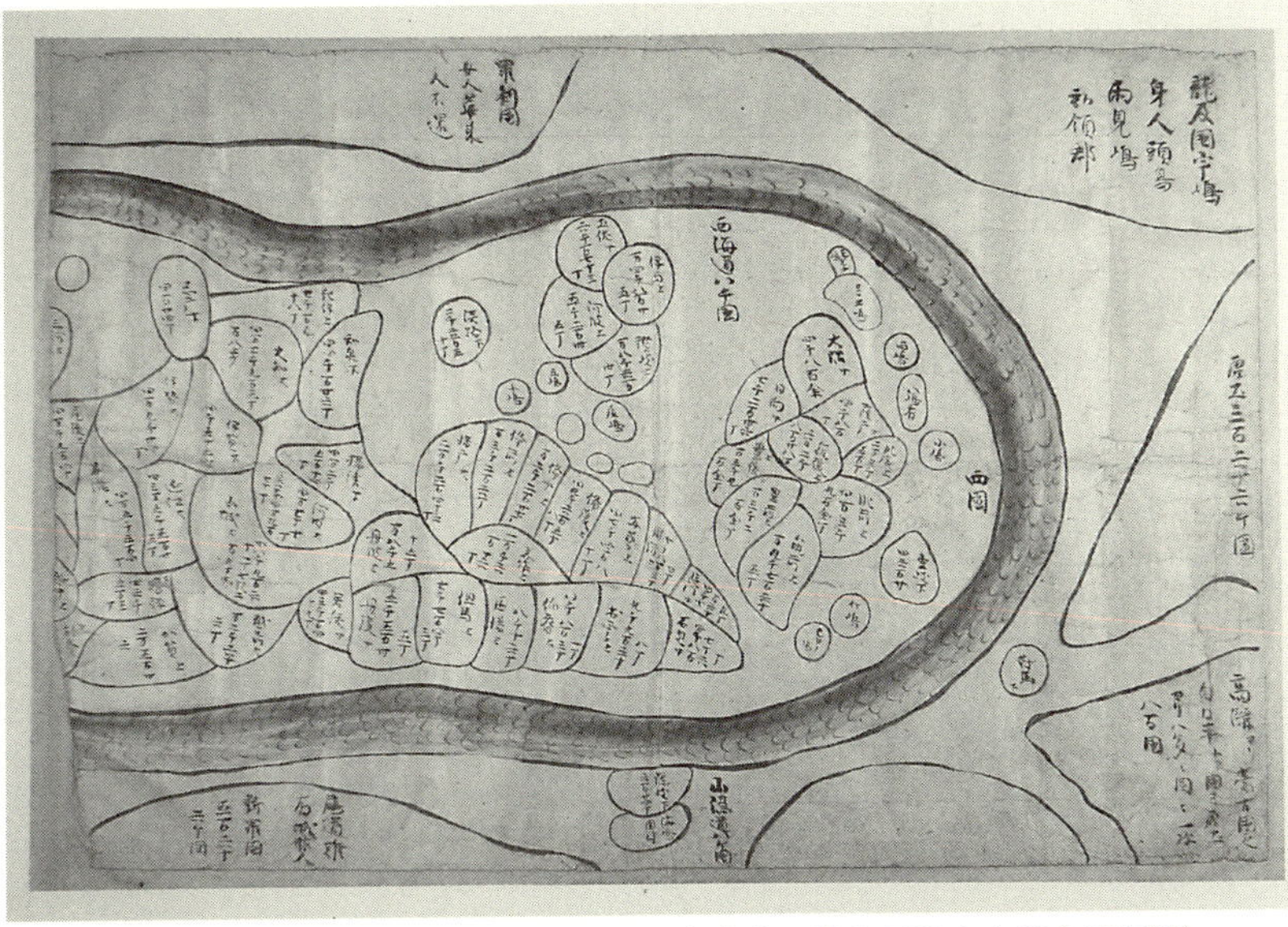

図5「称名寺蔵日本図」(神奈川・称名寺蔵．神奈川県立金沢文庫保管)

が日本のまわりを完全にとりかこんでいて、頭も描いてある。これから類推すると、金沢文庫の日本図のウナギは、じつは龍なのではないか(13)。

この龍は日本の内と外とをくぎる境界で、その外側はまったくの異域である。異域には「羅刹国」と「雁道」という注目すべき文字が書きこまれている。これは『海東』の日本国図右半にも見えており、「羅刹国」は右下の隅、「雁道」はその反対側の佐渡の北側に描かれている。「金沢文庫蔵日本図」に見えるふたつの地名には謎めいた説明があって、「羅刹国」のほうには、なんと読むのかよくわからないのだが、「女人萃《あつ》まり来たりて人還らず」であろうか。「雁道」のほうには、「城有りと雖も人に非ず」とある。

これらの文字の典拠を探索したのが、応地利明の『絵地図の世界像』という本である(14)。京都大学の地理学者である著者は、羅刹国と雁道の典拠が『今昔物語集』の説話にあることをつきとめている。この説話では、日本の国内から漂流して、羅刹国とか雁道にあたる島に漂着する。話の典拠は『大唐西域記』だという。このように、

『海東』に描かれた荒唐無稽な地名にも、それなりの歴史があったのである。

以上は、異域にある架空の地名として描かれたものだが、いっぽうでこの右半には現実認識も反映している。鎌倉殿・富士山が大きく描かれ、とくに地図史上初めて「夷島《えぞがしま》」が登場したことは注目される。じつは、北海道を明瞭に描出した地図はこれが初めてである。それ以前の行基図には北海道は描かれていない。一五世紀になると、日本人の視野のなかに北海道がとらえられつつあったことを反映しているのである。

本州西部と四国を収める左半には、京都から赤間関までの陸路（山陽道）と、太平洋側は紀伊、日本海側は丹後より西の海上を走る航路が描かれ、航路上には、兵庫浦築島（神戸市内）・尾路関（尾道）・竈戸《かまど》関（上関）・赤間関（下関）・賓重浦（下関市豊北町肥中《ひちゅう》）・箕島（萩市見島《みしま》）・長浜浦（浜田市内）・三尾関浦（松江市美保関）・小浜浦など、山陽・山陰の主要な港の名が記入されている。ただし、道安が行ったことのある場所に限定されていて、東日本にはまったくない。また、淀川水系および琵琶湖、大河、湖など、自然地形についての記述もある。このように、道安の活動が及んだ海域に関する情報はきわめて詳細かつ実務的である。

そうした性格は、道安のホームグラウンドともいうべき「日本国西海道九州之図」「琉球国之図」では、いっそうきわだっている。航路の白い線はいうまでもないが、博多を中心に左我関（佐賀関）・文字関（門司）・園木郡（彼杵《そのき》）・天草津・三隅湍津（三角）・房泊両津（坊津と泊）・山河浦（山川）など主要な港湾、里良河（蒲生川）・芦屋大河（遠賀川）・房御崎（坊ノ岬）など自然地形も詳しい。

なによりめだつのは、九州の西方・南方から琉球にかけての海域におびただしく描かれている島々である。これらのなかには、草墻島（草垣諸島）や島子（吐噶喇《とから》列島の小宝島）のようなきわめて小さいものまで丹念に書きこまれており、おもな島には琉球―朝鮮航路の基準点となる上松浦、薩摩、奄美大島などからの距離が日本里で注記されている。島々がこれだけ重大な関心をもって描かれる理由は、この海域を往来するときの目印になったからであろう。航海者の眼から描かれた図であることは明瞭で、島の大きさもかれらの関心の程度に比例しているらしい。つまりこの図はあきらかに「海図」の性格をもっているのである。

六　朝鮮からの視線──『海東諸国紀』の日本・琉球図を読む（2）

しかし、記載のすべてが、道安の活動や関心のみで説明しきれるわけではない。そこで注目したいのが、地名の記しかたにふたつのタイプがあることである。本国および九州の図では、基本的に地名は日本語の表記で記されている。これらは、日本人がもっていた地図から転記したものと考えられる。これに対して、博多のとなりに「愁未要時」とあるのは、住吉《すみよし》の音《おん》を朝鮮語の発音で写したものである。そして、「日本国一岐島之図」「日本国対馬島之図」の地名表記は、「唯多只郷（湯岳《ゆだけ》郷）」「美女郡（三根《みね》郡）」などのように、この方式で記されている。もし、壱岐・対馬図も道安の地図の情報にもとづいて書かれたのだとしたら、地名も日本風の表記で書かれるはずだが、そうなっていない。壱岐・対馬に関する情報は、倭寇の根拠地という関心にもとづいて、地図をまとめあげた人間が独自に集めたものと考えられる。

このような、朝鮮側があらたに付加したと思われる要素は、本国・九州の図にも見られ、その多くは政治的な情報である。

まず本国図を見ると、中心に「日本国都」の文字が二重丸で囲まれてある。その上に「天皇宮」「国王殿」の文字がやはり二重丸で囲まれてならぶ。室町時代の日本には、天皇と将軍という、いわば頭がふたつあった、という認識が明示されている。その下には「畠山殿」「細川殿」「武衛殿」「山名殿」「京極殿」がならぶ。これらはおもだった守護大名で、武衛は斯波氏のことである。そして以上の全体を、「山城州」が囲んでいる。関東には日本国都と同様の

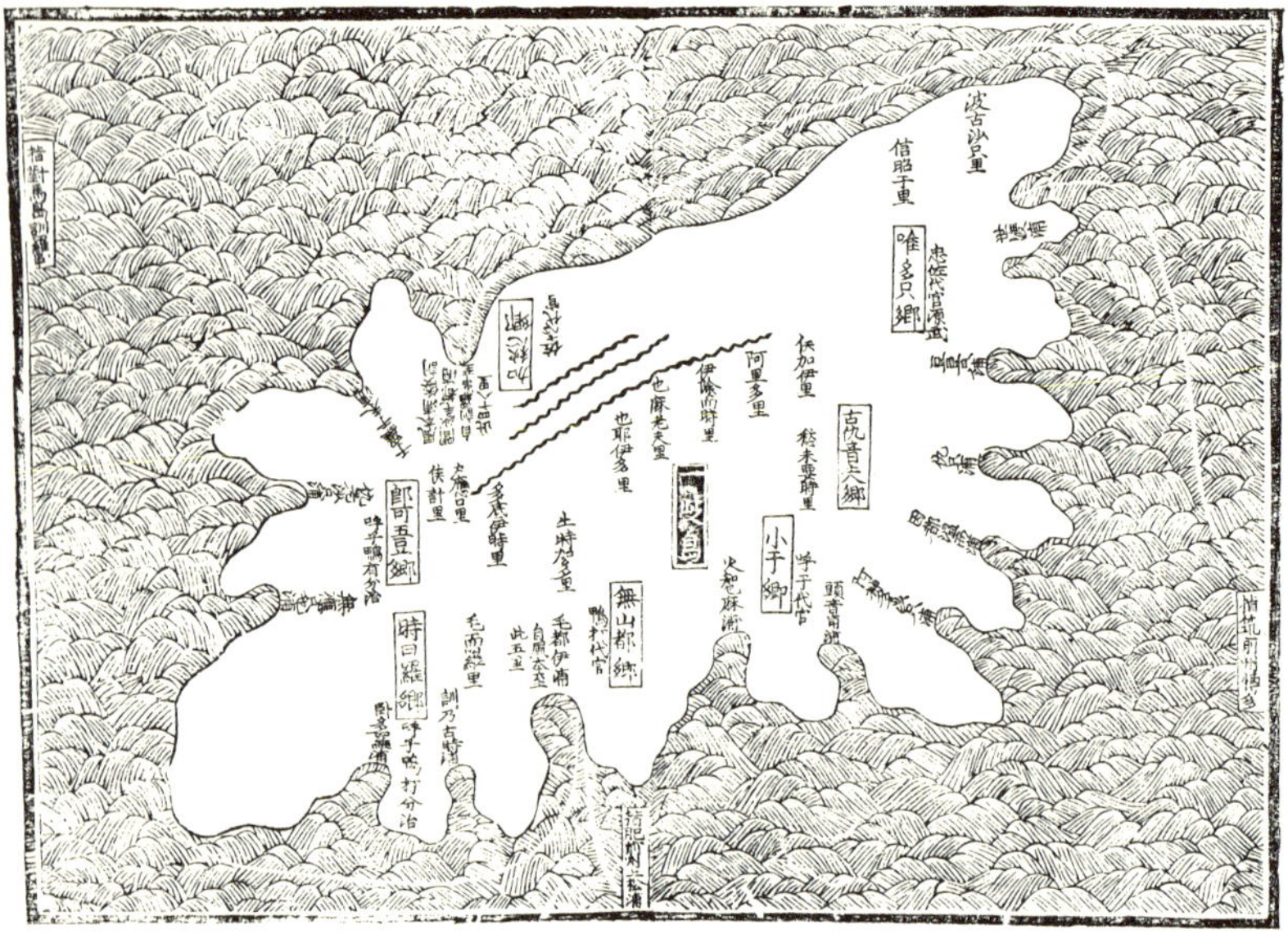

図６『海東諸国紀』所収「日本国一岐島之図」(東京大学史料編纂所蔵)

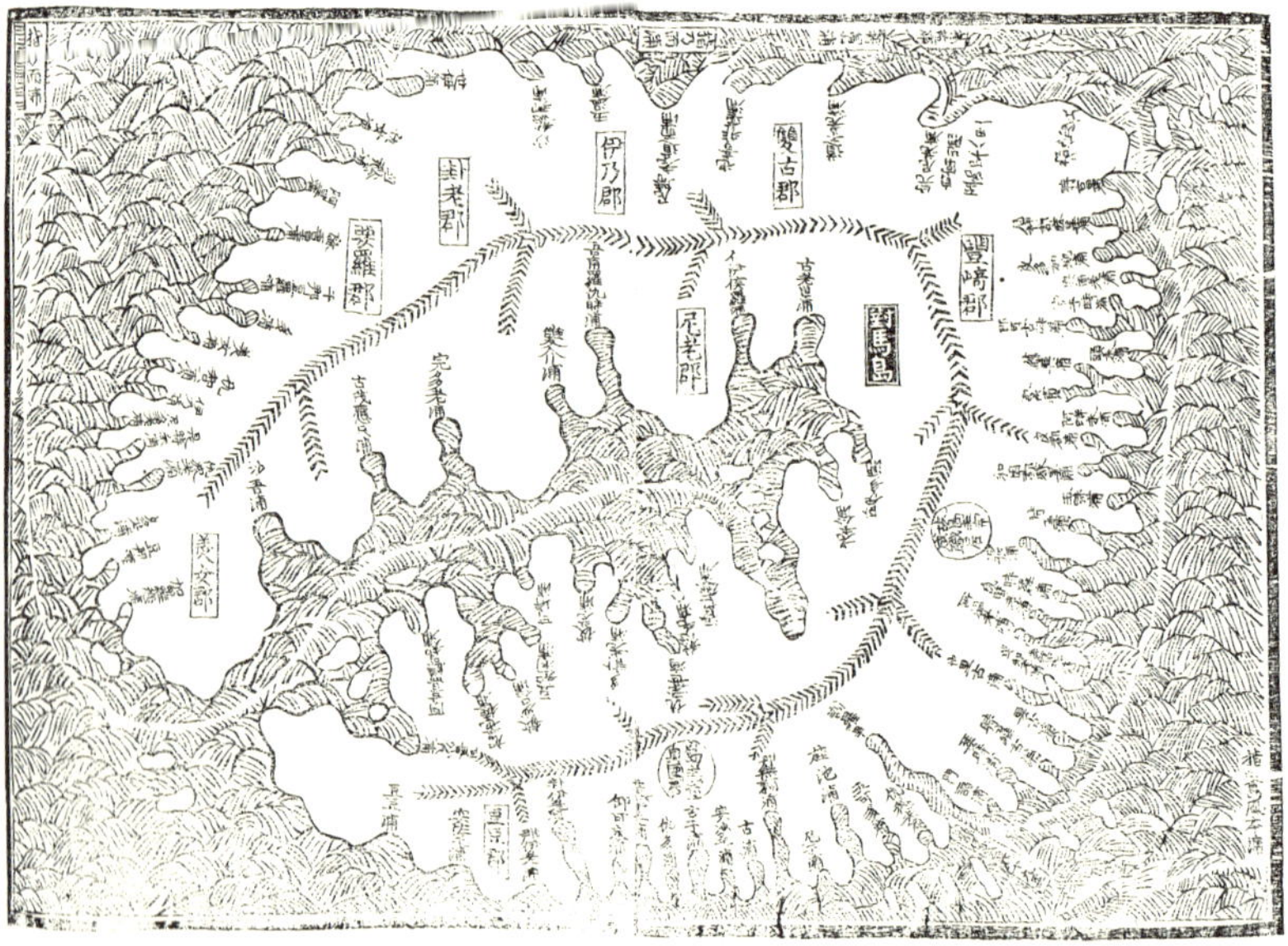

図７『海東諸国紀』所収「日本国対馬島之図」(東京大学史料編纂所蔵)

形式で「鎌倉殿」の記載があり、これは古河公方を指すものと考えられる。(15) ずっと西方の周防州には「大内殿」が丸で囲んで記されている。

九州図では、「小二殿」「千葉殿」「節度使」「大友殿」「菊池殿」の五つが丸囲みで記されるが、これらは「巨酋」と呼ばれる有力な朝鮮通交者である。筑前州の「小二殿」、これは少弐《しように》氏で大宰府の支配者である。肥前州の「千葉殿」、これは関東の千葉氏の分かれが鎌倉時代に肥前の小城《おぎ》に移り、居ついたものである。その右下には「節度使」、これは九州探題を中国風に表現したもので渋川氏である。さらに、肥後州の「菊池殿」と豊後州の「大友殿」がある。佐志・鴨打《かもち》・呼子《よぶこ》・上松浦・下松浦・志佐・田平《たびら》は、一見すると地名のようだが、朝鮮通交を行なっている松浦党の一族を指している。

以上が、日本の特筆すべき政治勢力として、地図に描きこまれている。これらは、日本の政治勢力をまんべんなく描いたわけではなく、ほとんどが朝鮮に使者を送ってきている勢力である。たとえば上杉氏とか今川氏とか、東国の大名は見られない。東日本で唯一描かれているのが「鎌倉殿」で、日本国都・天皇宮・国王殿と同様、二重丸で囲まれている。鎌倉殿は天皇や将軍とならぶような政治勢力だという認識が見られる。ただし、一五世紀なかばすぎの鎌倉殿とは、実体としては、鎌倉公方が茨城県古河《こが》市に移った古河公方と考えられる。

つぎに、「日本本国之図」と、本国・九州・琉球・壱岐・対馬の五図を集成した「海東諸国総図」には、国都（一八里）兵庫浦（七〇里）尾路関（三五里）竈戸関（三五里）赤間関（二〇里）博多（三八里）壱岐風本（五里）壱岐毛都浦（四八里）対馬船越（一九里）対馬都伊沙只《といさき》（四八里）朝鮮富山浦という、日本里による旅程の記載がある。これらは道安の地図にもとからあったというより、ソウル・京都間を往来した外交使節の得た情報と考えるべきであろう。

さらに、琉球図上辺の島々に「琉球に属す」、九州図の甑島《こしき》と五島について「薩摩州に属す」、同図の吐噶喇列島臥《が》蛇《じや》島について「日本・琉球に分属す」とある（五島を薩摩の内とするのは誤り）。臥蛇島を日本・琉球両属の地とすることは、この島がまさしく両国の境界だったことを語るもので、『朝鮮端宗実録』元年（一四五三）五月丁卯条にもとづく記述である。一五―一六世紀、薩摩と琉球はこの海域でぶつかりあい、境界は一進一退をくりかえしていた。これらの領土記述についてはふたつの解釈がありうる。すなわち、この海域の航海者にとって必要な政治的情報だったとみて、道安所持の地図にすでにあったと考えるべきか、朝鮮側が「海東諸国」の日本・琉球に関する重要な情報として、積極的にとりいれたと考えるべきか。

印象的なのは対馬・壱岐の描かれかたである。両島がそれぞれ、本国図の東日本部分や西日本部分とおなじスペースをとって描かれ、しかも地名がくわしく書きこまれている。朝鮮半島で活動した倭寇の出身は、大半が対馬、ついで壱岐であった。その後の倭人通交者のなかにも、対馬・壱岐の出身者が大きな割合を占めている。いきおい、朝鮮は対馬・壱岐に対してひじょうに強い関心を寄せていた。両島の大きさはその関心の度合に比例している。

このように、『海東』の日本図には、いろいろな情報が層をなして積み重なっている。いちばん古い層には行基図式の本土や架空の島々があり、その上に、一五世紀に朝鮮や琉球を股にかけて活躍した博多商人の獲得した情報が乗っており、さらにその上に、朝鮮が独自に収集した壱岐や対馬に関する情報が乗っている。

七　『籌海図編』の成立と日本認識

『籌海』の成立を促した倭寇とは、前述の一四世紀のものではなく、一六世紀に主として中国の広東から山東にかけての沿海部で活動した倭寇で、最盛期は一五五〇年代であった。その実態はたいへん複雑で、日本から海賊が出かけていって略奪したというような単純なものではない。中国の史料にはっきり書いてあるのだが、当時の倭寇集団のなかにほんとうの日本人は一割か二割しかいない。それ以外のはとんどは中国人の不法行為を犯す集団で占められている。もちろん日本人が無関係ではないが、ひじょうに多民族的な集団で、中国人のほか、東南アジア方面の人がいた形跡もあるし、のちにはヨーロッパ勢力もからんでくる。

『籌海』が成立するすこし前の倭寇集団のリーダーとして有名な人物が王直という中国人である。かれは海賊活動を展開する過程で、最初いた中国の沿岸部の島から追い出され、東シナ海を渡って五島に逃れる。そして、五島の福江と平戸の二か所に拠点を移して、中国の沿海部を襲撃する。明朝にとってさしせまった問題として、この王直をなんとかしなければということで、甘言で誘って降伏させる試みが行なわれた。そのさい、蔣州・陳可願のふたりが、みずから志願して王直のところへ行き、一五五七年に王直を説得して投降させることに成功する。その後蔣州は、豊後の大友氏のもとにしばらく滞在するなど、九州地方を見てまわり、日本の情報を得て明に帰った。

このふたりをつかまえて日本情報を根掘り葉掘り聞き出したのが、鄭若曾という地理学者である。かれは、倭寇を解決するには日本のことをより深く知らなければならない、という信念から、くりかえし日本をあつかった書物を作った。一五六一年にできた『日本図纂《にほんずさん》』もそのひとつで、これを改訂増補して——地図の部分はほとんどひきつがれている——翌年刊行したものが『籌海』である。これが日本情報をもりこんだ書物の決定版となった。鄭若曾は『日本図纂』の序文で情報源をつぎのように語っている。

惟《おも》ふに日本諸島は、これを長年の火掌《かしょう》（船員）に訊《たず》ぬるも知らざるなり。これを擒獲の倭党（囚われた倭寇）に訊ぬるも知らざるなり。これを貢臣に訊ぬるも知らざるなり。これを通事に訊ぬるも知らざるなり。これを被擄の去人（倭寇の被虜人）に訊ぬるも知らざるなり。帰りて疑ふ所を質《ただ》す。総督大司馬胡公（浙直総督胡宗憲）予に謂ひて曰く、「是を識《し》るに於いてや何《いず》くにか有る、鄞《ぎん》（寧波府鄞県）の弟子員（生員、官学の学生）蔣州・陳可願志士なり。日本に宣諭し、能くその山川の遠近、風俗の強弱の詳を道《い》ふ。その言誣《いつわ》りならず。且《ま》た来廷の数輩を召し彝《あつ》め、睹記《とき》する（見覚えた）所を陳《の》べしめん」と。

『籌海』や『日本図纂』には、『海東』とおなじように歴史もあり地理もある。船の情報などはひじょうに詳しく、浙江船だとか福建船だとか、中国各地の独特の様式の船が、絵入りで紹介されている。倭寇集団が使った船は日本で造られたものではなかった。そこには当時の倭寇集団の実態が反映している。ただし、かれらが基地としたのが五島であったり南九州であったりしたので、集団が中国人で占められていても、日本のことを知らなければ倭寇問題の根本的な解決はできない、という認識を明の人たちはもっていた。

そこで、『籌海』を代表とする日本研究の書が一六―一七世紀にたくさん作られた。これは、中国人の日本認識の歴史において画期的なことで、『魏志倭人伝』、『宋史日本伝』に続く第三の画期といってよい。それまでの中国人は、日本にどんな歴史があり、どんな地勢・地形があり、どんな人が住んでいるかなどに、ほとんど関心がなかった。日本もまた、自分たちの周囲にいる無数の蛮族のひとつにすぎなかった。もとより、蛮族どもの珍妙な身なりには古くから関心があって、絵に描かれたりしている（『職貢図』）。しかし、『籌海』が示すような、より切実な欲求にもとづいた日本に対する知識欲が生まれたのはこの時代で、その後急速に進展する。

八　倭寇活動と港町――『籌海図編』の日本図を読む

『海東』と同様、『籌海』にもたくさんの絵地図が入っている。そのなかから、「日本国図」（図8・9）と「日本島夷入寇之図」（図10）の二枚に注目したい。

「日本島夷入寇之図」を先に紹介すると、これは東を上にして描かれ、上の日本列島から下の中国沿海（右端に安国〔安南〕界、左端に朝鮮がある）にむかって、なん本かの線がわかれながら延びている。これが倭寇のやってくる道で、おもなものが三つある。①対馬島の下に「倭寇の朝鮮遼東に至る総路」とあり、②五島の下に「倭寇の直浙山東に至

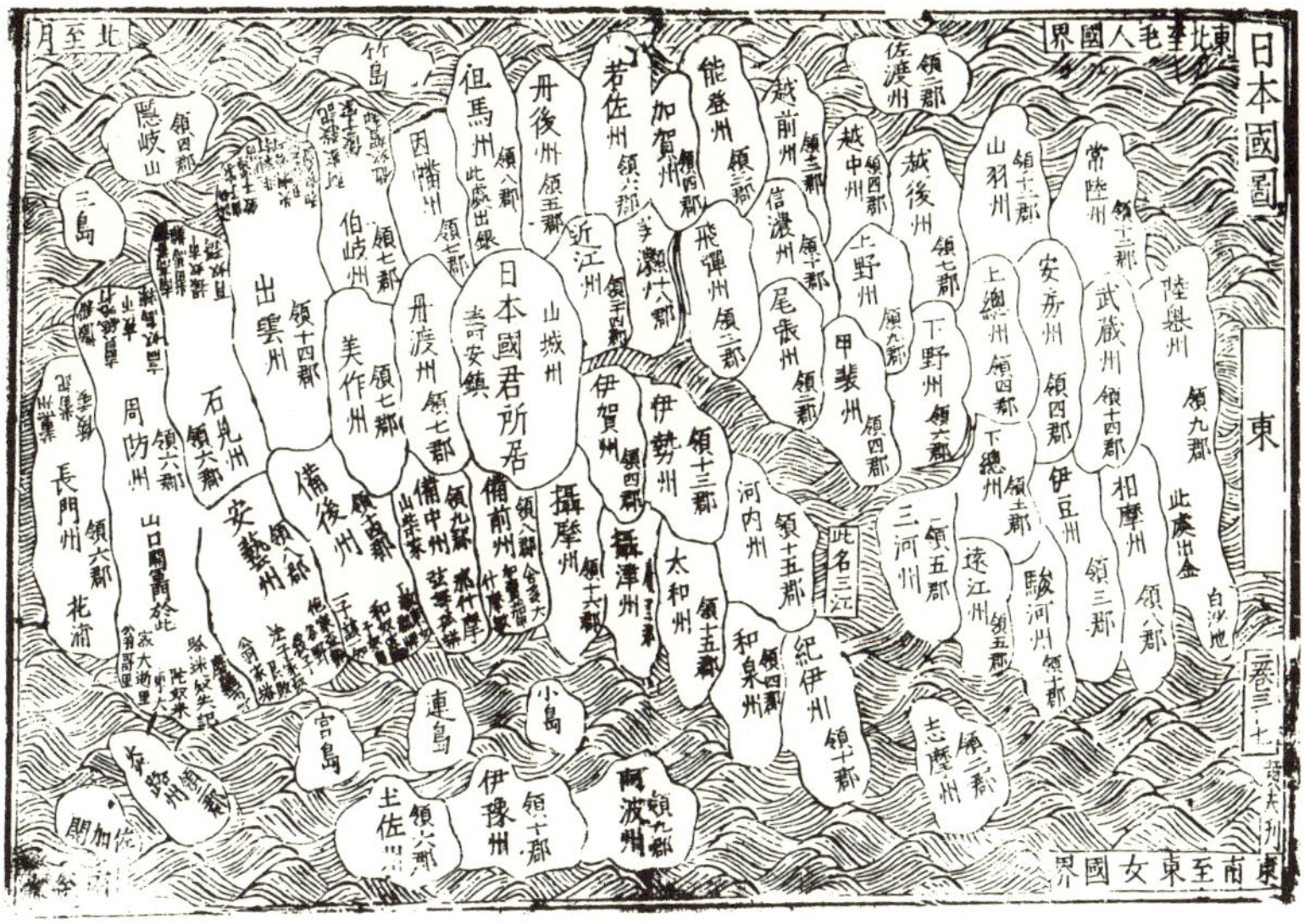

図8『籌海図編』所収「日本国図」（本州・四国）

図9『籌海図編』所収「日本国図」（九州）

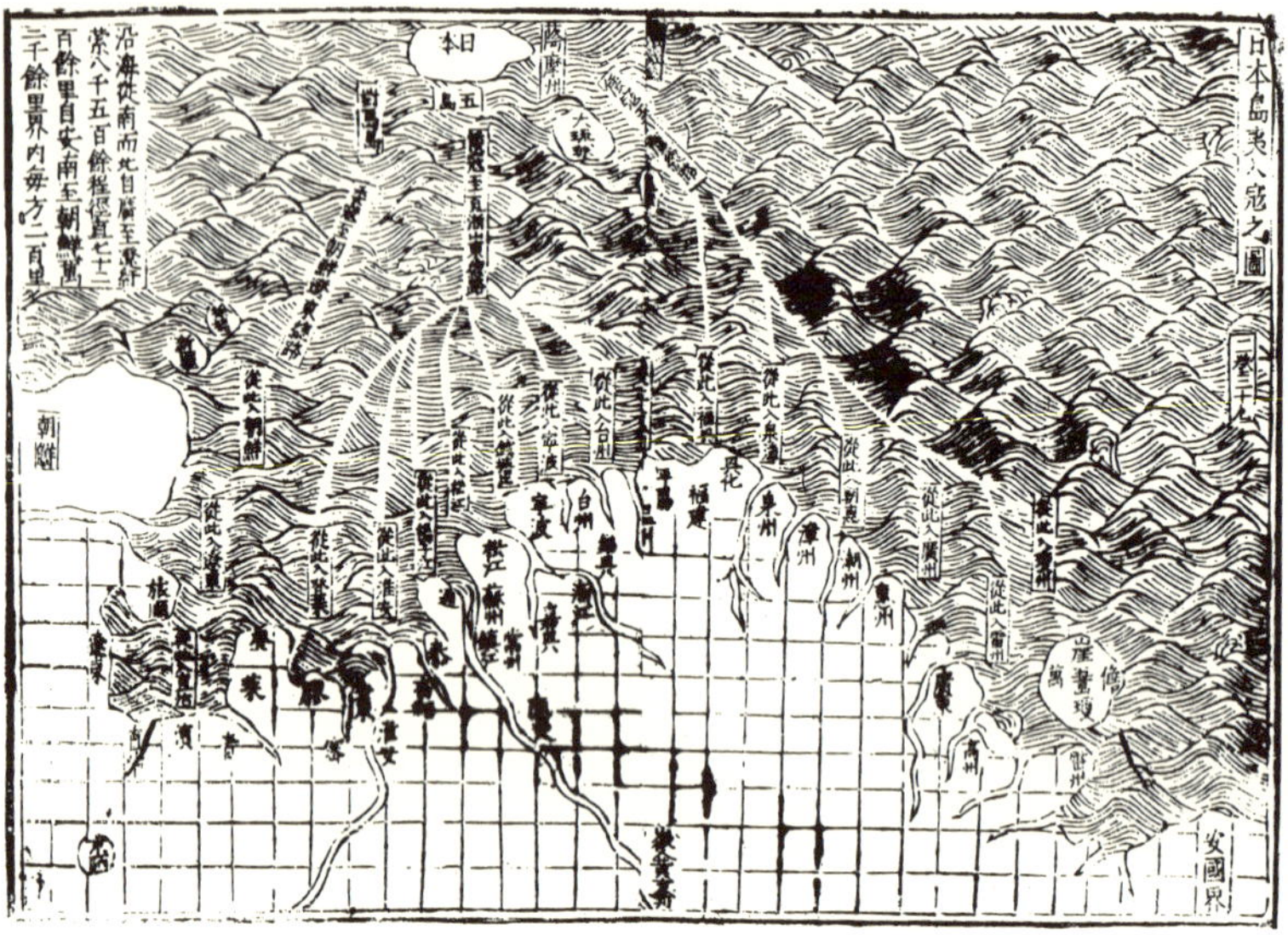

図10　『籌海図編』所収「日本島夷入寇之図」

る総路」とあり、③薩摩州の右、大小琉球の脇に「倭寇の閩《びん》広に至る総路」とある。直浙は江蘇・浙江、閩広は福建・広東である。

①は「此《ここ》より朝鮮に入る」「此より遼東に入る」「此より直沽に入る」と縦につながっている。直沽は天津で海に入る海河の別名で、これを遡航すると「京師」すなわち首都北京に至る。②は八本に枝わかれして、いちばん左側の線の先には「此より登萊に入る」とある。登萊は登州と萊州で山東半島北岸にある都市である。あとの七本は、それぞれ淮安《わいあん》・楊子江・松江・銭唐江・寧波・台州・温州へ入っていく。③は六本に枝わかれして、それぞれ福興（福建・興化）、泉漳（泉州・漳州）、潮恵（潮州・恵州）、広州、雷州、瓊川（海南島のうち）へ入っていく。各航路の先端には、たとえば「従此入楊子江」のように、倭寇の侵攻地が記されている。倭寇の活動が日本列島から発して、遼東から海南島に至る中国の沿岸すべてに及んでいたことが、一目瞭然に表現されている。

「日本国図」は本州・四国に一葉、九州に一葉が充てられており、ベースをやはり行基図系の日本図においている。

そのかたちは、『海東諸国紀』のものよりも現実からかけはなれており、北海道の描出もない。記述は「何々州」という国の名前と、「領幾郡」という国を構成する郡の数が基本で、東日本については、ほとんどそれしか書いていない。しかし西日本については、それ以外にたくさんの文字が記されていて、すべて港の名前である。陸奥に金、但馬に銀の産出を記していることが目をひく。右上の隅に「東北は毛人国の界に至る」とあり、以下、北・西北・西南・南・東南の順に、月氏国・朝鮮国・福建・大琉球・東女国に至るとする。このうち月氏国と東女国は伝統的な架空地名である。また左端つまり西方に遼東・山東・淮楊・浙江と記す。これらは「日本島夷入寇之図」と関連して、倭寇の侵攻地をあらわす。

この図を見て印象的なことがふたつある。ひとつは、山陽・山陰・九州・対馬・五島の海岸におびただしい数の港の名が記されていることである。すべてが中国語の発音を写した表記になっており、小規模な港まで記載していることもあって、現地名への比定が困難なものが少なくない。肥前州の分のみ例示しておくと、大きな字で「肥前州、領十四郡」とあり、海岸沿いにびっしりと地名がならんでいる。すべて列挙すると、倭磨辣（大村）・知十歪（千々岩《ちぢわ》）・法一渓（早岐《はいき》）・夜有迷（江上）・坐迷子（?）・迷坐首知（?）・一掃仏（諫早）・密粲剌（?）・世子（賤津《しづ》）・迷古里（御厨）・失撒（志佐）・喃哥牙（名護屋）・雄婆哥（呼子《よぶこ》）・馬子（松浦《まつら》）・法麻殺几（浜崎）・織来（▽鐵来↓多比良）・弦奴気（榎津）・法司怒記（蓮池）・客舎（小佐々）となる(16)。蔣州・陳可願は胡宗憲の使者として日本を訪れ、豊後の大友氏、周防の大内氏、対馬の宗氏に倭寇の鎮撫を要請した(17)。これらの港名は蔣・陳両名の見聞および入手した地図によったものと考えられる。

もうひとつ印象的なのは五島の巨大さである。「日本国図」は二丁からなり、本州・四国に一丁、九州に一丁を割いているが、後者の半分以上、九州本島より広い空間を五島が占めている。『海東』九州図の五島が、甑島と同程度にしか描かれていないのと好対照である。中央に「五山相錯して生《な》る、総《すべ》て五島と名づく」とあり、島にはかなり大きな字で地名が記されていて、かなり現行の地名に比定できる。結果だけ示すと、烏苫（宇久）・和十家（小値賀）・乃路（奈留）・衣屋奴密（魚ノ目）・話哈達（青方）・週記（〽涌記→戸岐）・小頭自存此（?）・倭高家（?）・達奴烏喇（田ノ浦）となる。今の中通島とおぼしい島の北端に関王祠があり、中国文化の流入を窺わせる。二か所に「此港泊船」という注記があるのは、倭寇への関心からであろう。倭寇のひとつの大きな源が五島で、しかもそこは倭寇王王直が本拠地を構えていた場所にほかならない。そこから、五島に対する強烈な関心が生まれ、その強さに比例する大きさで描かれたのである。

対馬と壱岐はそれなりの大きさで描かれてはいるが、『海東』での扱いとは雲泥の差がある。『海東』では、壱岐図・対馬図に九州・琉球と同等の各一丁が費やされ、「海東諸国総図」でも九州と匹敵する大きさに描かれていた。つまり、『海東』での対馬・壱岐に相当するのが、『籌海』においては五島だといえる。

そうじて『籌海』の地図は、関心が倭寇に対してのみむけられていて、その関係の要素を除くと、日本認識がぬりかえられた部分は少ない。それに比して『海東諸国紀』の地図は、対馬・壱岐の描きかたに倭寇の影が見られるものの、全体としてははるかにバランスのとれた日本認識を示しているといえよう。

では、『籌海』の地図にはどのような歴史情報が折り重なっているだろうか。やはりベースは行基図で、その上に蔣州・陳可願が日本に行って獲得した情報が乗っているが、その中心は港の名前であった。かれらは、船に乗って港をたどりながら日本を見てまわったから、新しい情報がもっぱら港名になったのだろう。したがって、この場合には『海東』ほど複雑な層を考える必要はないのかもしれない。

九　情報の不足と相互認識の硬直化

瑞渓周鳳は一四七三年に死去し、その二年後には申叔舟が惜しまれながら世を去った。『成宗実録』六年六月戊戌条に載せる卒伝に、「事大交隣を以て己《おの》が任となす」とある。事大は対明、交隣は対日本の外交を指す。また叔舟は、成宗王に「願はくは国家、日本と和を失することなかれ」という遺言を残したと伝えられる。しかしその後の展開は、かれの遺志に沿っては進んでいかなかった。

かれの死去のころから、日本から朝鮮を訪れる使者に、にせ名義の者がしばしば見られるようになる。たとえば、畠山・伊勢・細川など、幕府要人の使者と称する者が朝鮮に来ているが、これらは名義や語る内容に疑問があり、ほとんどが偽使だと考えられる。こうした偽使をしたてた主体はだれかというと、大部分は対馬勢力と博多商人の合作と推定される。なかでも対馬の大名宗氏は、朝鮮側の通交規制強化に対抗して、すでに朝鮮が通交権を認めている他の名義をかき集め、それを自己の使者に使用させたり、一族や家臣に給与したりして、朝鮮通交枠の確保と島内の掌握に役立てていた(18)。

一四七九年、通信使を日本に送ることの可否が朝鮮の朝廷で議論されたとき、「かつて日本からの使者と称する者が続々と到来したのは、みな宗貞国の詐術によるものだ。わが信使が日本に至って問い質すと偽りが露見するので、貞国は信使を日本に行かせたくないのだ」という意見が出ている（『成宗実録』一〇年七月戊辰条）。こうした対馬あるいは倭人への不信感は、申叔舟が戒めた観念的な倭人＝禽獣観へと、朝鮮官人をひきもどす結果を生んだ。おなじ議論の場で別の官人は、「倭人の変詐は測り難いので、隣国の礼を以て待するべきではない」あるいは「島夷は裏切りをいとわず、人類に歯《かぞ》えるに足りない」と述べて、通信使の派遣に反対している。ここには申叔舟の考えと正反対の態度が見られる。

こうした過程を通じて進行していったのは、正確な相互認識を形成するにたる情報の不足である。朝鮮側の日本認識は、使者の日本本土派遣が絶えてしまった結果、対馬に自由に操作された偽りに満ちたものとなった。その間、戦国の動乱で鍛えられた日本の軍事力は、やがて統一政権の登場にともなって国外へとあふれだし、明を最終目標とした朝鮮侵略戦争へとエスカレートした。こうした激動を充分に認識していなかった朝鮮は、充分な防禦体制を確立できておらず、首都があっけなく陥落するという痛手をこうむることになった(19)。

他方日本側の朝鮮認識も、朝鮮へ赴く使者がほとんど対馬や博多の操る偽使になってしまった結果、ますます貧弱なものになっていった。だが対馬の画策がなくとも、もともと日本側の朝鮮認識は、一五世紀にあれほどたくさんの日本人が朝鮮を訪れたにもかかわらず、ひどく貧しいものだった。『老松堂日本行録』や『海東』に匹敵する朝鮮観察ないし朝鮮研究を、中世の日本人が残さなかったことに、それがあらわれている。

朝鮮と密接な関係を結んでいた西国の大名や武士たちでさえも、朝鮮を下に見る意識を拭いきれていない。伊予国の河野教通は、一四七〇年に朝鮮に来朝したことが『海東』に記されている武士だが、一四六〇年に幕府に提出した文書で、「推古天皇の八年（六〇〇）、新羅の賊が日本を襲って撃退され、捕虜は足を切って西海の浦浜に棄て置かれたが、河野氏はかれらの子孫を代々奴として召し使っている」と述べている（『大友家文書録』長禄四年一二月日河野教通申状）。また、周防・長門を本拠とする大内氏は、宗氏と匹敵するほど深い関係を朝鮮と結んだ守護大名で、一四四三年に朝鮮の使者を領国に迎えた際、「庭先に立ち平身低頭して迎え、堂に上って跪き頭を床にすりつける」という、きわめてへりくだった礼をとった（『世宗実録』二五年一〇月甲午条）。ところが一五四〇年、大内義隆が送った遣明使湖心《こしん》碩鼎《せきてい》は、北京の朝廷で、「日本は朝鮮を服従させているから、私の席次は朝鮮使の上にしてほしい」と要求したという（『中宗実録』三九年四月壬辰条）。

中世日本人の朝鮮認識が貧弱だった理由のひとつは、朝鮮国家が備えていたような、外交情報を組織的・系統的に収集整理するシステムを、中世の日本が欠いていたことにある。だがそれだけでなく、先に述べたような、中国とは対等な関係をめざし、朝鮮を一段下に見るという伝統的な対外認識の枠組みが、朝鮮に生き生きとした関心を寄せるという心のありかたの妨げとなったことも推察される。

以上の考察から、われわれは、両国間の人的交流を深めることを通じて、おたがいをくわしくかつ正確に知りあうことが、友好的な両国関係を築くためのなによりの基礎となる、という教訓を導くことができる。それこそ申叔舟の遺志を現代に生かす道であろう。

注

(1) 石母田正『日本の古代国家』(岩波書店、一九七一年) 第一章。

(2) 村井章介「王土王民思想と九世紀の転換」(『思想』八四七号、一九九五年。村井『日本中世境界史論』岩波書店、二〇一三年、第Ⅰ部第一章に再録)。

(3) 以下、一・二節については、村井章介『アジアのなかの中世日本』(校倉書房、一九八八年) 第Ⅰ章・第Ⅱ章、同『東アジアのなかの日本文化』(放送大学教育振興会、二〇〇五年) 第2章を参照。

(4) 村井章介『中世日本の内と外』(筑摩書房、一九九九年) 第2章。

(5) 同右、第5章。

(6) 田中健夫『前近代の国際交流と外交文書』(吉川弘文館、一九九六年) 八一頁。

(7) 河宇鳳「申叔舟と『海東諸国紀』——朝鮮王朝前期のある「国際人」の営為」(大隅和雄・村井章介編『中世後期におけるアジアの国際関係』所収、山川出版社、一九九七年)。

(8) 橋本雄「「遣朝鮮国書」と幕府・五山——外交文書の作成と発給」(『日本歴史』五八九号、一九九七年)。

(9) 田中健夫訳注『海東諸国紀——朝鮮人の見た中世の日本と琉球』(岩波文庫、一九九一年)。同書では「海東」は日本・琉球を指すことばとして使われているが、朝鮮王朝はしばしばみずからをも「海東」の国と表現している。

(10) 河注(7)論文、七八頁。

(11)　中村栄孝「『海東諸国紀』の撰修と印刷」(同『日鮮関係史の研究・上』、吉川弘文館、一九六五年)三六〇―三六六頁。中村は、一四六一年朝鮮政府が琉球使に「琉球国図」を見ながら「扶桑・瀛州・羅刹国・大身・大漢・勃楚・三仏斉・黒歯・渤海・尾渠等国所在処」を尋ねた、という『世祖実録』の記事を示して、「『海東諸国総図』のわが国の東南に当たる海中に散在しているように記入された国々の名と対照すると、右上より順次に左下に向かってたどれば、まったく符節を合するがごとくに一致している」と指摘し、「当時航海者の間で使用されていた日本・琉球国図があって、それを持参したものであろう。本書の諸図に西南諸島中の島嶼に関して、かなり詳しく確かな記入の見られることから推して、そう考えて、さしつかえあるまい」と結論づける(三六三頁)。これについては、応地利明『絵地図の世界像』(岩波新書、一九九六年)一〇七頁以下に批判がある。また中村は、日本回礼使朴敦之が大内氏重臣平井祥助所蔵の日本図から模写した図が壱岐・対馬を欠いていたことを根拠に、「当時行なわれていた日本地図には、一岐・対馬両島の図がなかったと見られる。故に、……倭僧道安の地図にも、本来は一岐・対馬は記入されていなかったにちがいない」と述べる(三六六頁)。しかしながら、朝鮮をしばしば訪れていた道安の図に壱岐・対馬がなかったというのは不自然だし、『海東諸国紀』所収「日本国一岐島之図」「日本国対馬島之図」には、本国・九州・琉球図と同様、道安の情報によると思われる航路とその目的地の記載がある。

(12)　これらの多くは『山海経《せんがいきょう》』にまで遡るという(応地注(11)書、一〇五頁)が、「黒歯」については『魏志倭人伝』にも見える。

(13)　黒田日出男『龍の棲む日本』(岩波新書、二〇〇三年)。

(14)　応地注(11)書。

(15)　同右、八八―八九頁。

(16)　秋山謙蔵『日支交渉史話』(内外書籍、一九三五年)五四二頁。藤田元春『日支交通の研究・中近世篇』(冨山房、一九三八年)一八七頁。

(17)　田中健夫『中世海外交渉史の研究』(東京大学出版会、一九五九年)一二三頁。

(18)　橋本雄「中世日朝関係における王城大臣使の偽使問題」(『史学雑誌』一〇六編二号、一九九七年)。米谷均「一六世紀日朝関係における偽使派遣の構造と実態」(『歴史学研究』六九七号、一九九七年)。

(19)　村井章介「壬辰倭乱の歴史的前提――日朝関係史における」(『歴史評論』五九二号、一九九九年)。本書Ⅰ―4。

4　壬辰倭乱の歴史的前提
——日朝関係史における

はじめに

豊臣秀吉の朝鮮侵略がどのような歴史的前提のもとに生起したか、というテーマについては、古くから議論されてきており、さまざまな説が出ている。それらは、①日本の国内的要因の発展として対外戦争を位置づける説、②朝鮮側の内部事情をもふまえて日朝の相互認識を重視する説、③明を中心とする国際社会の状況のなかで日朝両国の行動を理解しようとする説など、いくつかに分類することができる(1)。

このうち、①の立場からは、中世から近世への移行という、日本史上まれにみる大変動の重要な一部をなすものとして、この戦争を理解する必要がある。また、③の立場からは、明清交代という世界史的な変革にいたるひとつのステップとして、この戦争を位置づける必要がある。いずれも短い紙幅で論ずることはむずかしい。

そこで本章では、②の立場から問題にせまってみたい(2)。開戦の時点で、もし朝鮮側が、日本のなかで起きている事態を正確に把握していたなら、そして充分な防御策を施すことができていたなら、わずか一か月たらずで首都を明け渡すような事態にはならなかっただろう。緒戦で日本軍に手痛いパンチを浴びせることができていたら、あれほど長期の戦争にはならなかったのではないだろうか。

誤解のないよう断っておきたいが、朝鮮側の内部事情をとりあげるからといって、壬辰倭乱が日本軍による朝鮮侵略戦争であったという歴史的本質を、おおいかくす意図はさらさらない。戦争を始めたのは、明らかに日本側の一方的な行為であって、弁護の余地はない。しかし、このような世界史的事件の意味は、道徳的非難に終始していては見えてこない。客観的な歴史分析が必要である。そうした試みのひとつとして本章を検討いただければさいわいである。

一　一五世紀日朝関係の光と影

一四世紀倭寇の後遺症

一四世紀なかばから、倭寇が朝鮮半島の南岸を中心に激しい海賊行為を行なうようになる。朝鮮側の記録では、一三五〇年を倭寇の始まった年として特別に記憶し、この年の干支をとって「庚寅以来の倭賊」と表現している。以後、倭寇の活動は、回数がふえるだけでなく、地域的にも、朝鮮半島の北部にまで、また海岸部から内陸部にまで、拡がりをみせる。そのピークは、日本の九州地方が大規模な戦乱状況に陥った一三七〇年代にある。

以後、倭寇は朝鮮史の展開に大きな影を落としていく。ただし、高麗王朝滅亡の原因を倭寇に求める説は正しくない。高麗末期には倭寇はすでに軍事的にほぼ封じこめられていたからだ。一三八〇年と八三年には高麗軍の大勝利が記録されており、とくに一三八九年に朴葳《パクウィ》が対馬に攻撃を加えたのち、倭寇の回数は目に見えて減少する。

しかし、朝鮮王朝の建国者李成桂《イソンゲ》が頭角を顕わしたのが、倭寇や女真との戦いを通じてであったという意味では、倭寇と高麗の滅亡とは間接的に関係している。やがて一三九二年、李成桂は臣下の推戴を受けて即位し（太祖）、朝鮮王朝が成立する。

太祖は倭寇問題には神経を使った。その基本方針は、倭寇の投降者に優遇措置を施して国内に住まわせたり、平和的な交易者に転身することを促したり、という懐柔策だった。この政策転換に応じて、一五世紀、日本からさまざまな勢力が使節を朝鮮に送り、朝貢貿易を行なうようになる。

この貿易は、朝鮮側にとってみれば、利をあげるのが目的ではなく、倭寇を未然に防止するための政治的コストと考えられていたから、日本側に利益が大きかった。このことは、日本側には経済的な合理性を超える利益を求める姿勢をもたらし、朝鮮側には増大する国家支出を抑制する必要性を認識させた。双方のねらいがまっこうから衝突することはいうまでもない。このように、一見はなやかな善隣の時代にみえる一五世紀の日朝関係は、底に矛盾をはらんだものだった。

朝鮮人民のなかでそのしわよせをもろに受けたのが、倭人たちの献上品（貿易品）を三浦《さんぽ》から（3）ソウルまで運ぶ沿道の住民たちだった。一五四二年の記録は、かれらの苦しみをつぎのように描いている（『中宗実録』三七年八月壬午条）。

住民は、人民も役人も無償で輸運に駆り出された。つぎつぎに倭人が大量の物をもちこむので、荷物が道に連なって、休む暇もない。成年男子だけでなく妻子にまで輸運の苦しみがあり、荷の重さに耐えかねた牛たちがバタバタと倒れてゆく。「倭人さえやってこなければ人も馬もすこしは休めるのになあ」という嘆きの声が、民の口からもれる。倭人はといえば、朝鮮の国家が交隣の義をもって厚く接待してくれることに味をしめて、ちょっとでも思い通りにならないことがあると、守令（地方役人）を罵ったり下人を殴ったりして憚らない。

またその矛盾は、三浦の人口増加としても現われた。三浦にはそれぞれ「倭館」という接待所兼商館が設置された。やがておもに対馬から来て三浦に住みつく倭人がふえ、近海における漁業権も認められて、事実上の居留地になっていく。一四三六年には人口が六百人を超え、朝鮮政府は人口の上限を定めて、それを超える分を対馬へ返させたうえで、残った倭人の居留を合法化せざるをえなかった。

居留の合法化には、定数以上の居留を禁じるねらいがあったが、それはほとんど実効がなかった。対馬は可耕地も仕事も不足し、生産力に比して過剰な人口を抱えていたから、三浦への人口流出はとまらなかった。最盛期の一五世紀末には、法的上限の数倍、三千人以上を抱える一大「都市」にふくれあがってしまう。

朝鮮政府は、三浦の倭人が海賊化することを恐れて、強制力の発動を控えているうちに、既成事実のつみかさねを認めざるをえなくなる。一五〇三年、薺浦を視察したある官僚は、これを「おなかのところに腫瘍ができてしまって、いまにも崩れそうな状態」と表現している（『燕山君日記』九年三月壬辰条）。

申叔舟の遺訓

朝鮮の領議政兼礼曹判書という要職にあった申叔舟《シンスクチュ》は、一四七一年に『海東諸国紀』という本を著した。(4) 朝鮮にとっての「海東諸国」である日本および琉球について、国の歴史や地理、あるいはどのような通交者が朝鮮を訪れているかを述べ、かれらを処遇する基準を示した本である。申叔舟は、その序文で、「隣国との外交や異民族の接待にあたっては、かならずその実情を知ってこそ、礼を尽くすことができ、礼を尽くしてこそ、その心を尽くすことができる」と述べている。

全北大学校の河宇鳳《ハウボン》は、かれを「文化相対主義」に立つ「国際人」と評価している。(5) たしかに、ほかの儒者たちが、倭人や女真人を「人面獣心（顔は人だが心は獣）」「喜人怒獣（喜ばせれば人だが怒らせれば獣）」（『宣祖実録』六年正月乙巳条）といった眼で見ていたのに対して、かれは「倭もまた人であるから、どうして人の心がないだろうか」という開かれた眼をもっていた（『成宗実録』四年一〇月丙戌条）。

『海東諸国紀』は、以後、日本との「交隣外交」のバイブルとなる。一五〇四年にはこれにならって女真人接待の基準を定めた「西国諸蕃記」も作られた（『燕山君日記』一〇年三月辛未条）。一四九九年に承旨鄭眉寿《チヨンミス》は「西国諸蕃記」の編纂を提案してつぎのように述べている（『燕山君日記』五年正月己卯条）。

『海東諸国紀』は申叔舟の撰述にかかる。日本国の道路の遠近、風土、国王の族系、使節の接待などのことが、絵入りでつぶさに記され、立派な序文もついている。ゆえに国家はこの書にのっとって接待の礼を行なってきた。北方は野人の地である。鎮帥があいついでそこに出入りしたが、みな武人なので、族系や風土などのことを知る者がいない。ただ、李克均と李季仝だけはそれを知っている。『海東諸国紀』の例にならって編纂させてはどうだろうか。

しかし、一四七五年に申叔舟が死んだ後、日朝両国の関係は、かれが願った方向には進まなかった。倭人は、自己を畜生視する相手の態度を逆手にとって、要求が通るまで理屈ぬきでがんばる姿勢をとった。朝鮮側は、「まともな論理の通用する相手ではない」といっては、ずるずると倭人の要求を飲んでしまうことをくりかえした。

たとえば、一四九八年七月に三浦に入港したある倭使は、朝鮮政府が銅を買ってくれないことに抗議して、八か月も港にとどまったまま、ソウルへ上ろうともせず、国に帰ろうともしなかった（『燕山君日記』五年三月丙寅条）。倭使の滞在費は朝鮮側が負担するきまりだったが、政府はそれがかさむことに音《ね》をあげて、結局は特例として公費による銅の買い取りを認めてしまう（同月己巳条）。

一五四二年、「日本国使」が八万両もの銀をもちこんで、朝鮮側が対応に苦しんだことがあった。そのとき司諫院は、貿易を許した場合の弊害をこう指摘している（『中宗実録』三七年四月甲戌条）。

もし貿易を許したら、倭人は利益の大きいことに味をしめて、あとからやってくる者のもたらす量は、いまの倍になるだろう。一度端を開いてしまうと、もはやかれらの果てしない欲に応じることはむずかしくなる。最初から退けておけば、かれらを失望させたとしても、その怒りはまだしも浅かろう。要求に応じきれなくなってから貿易の中止をいいわたすのでは、かれらの怒りはますます深く、害もまたかならず大きくなるだろう。

まことに筋の通った正論である。しかし最後に朝鮮朝廷の下す決定は、倭人の怒りを恐れて、その身勝手ないいぶんに大幅に譲歩したものになるのが通例だった。

倭人の側に申叔舟の信頼にこたえるだけの誠実さが欠けていたことは明白である。しかし、朝鮮側の貿易に対する姿勢のなかにも、倭人の横暴をひきだしてしまう要因があった。「たがいが利をわけあう」という経済的合理性にもとづいて貿易に臨むのではなく、倭人を手なずける政治的道具として貿易を位置づける姿勢がそれである。

こんな状態では、申叔舟の遺訓も生かしようがない。明宗朝（一五四五―六七年）に倭人接待の任にあたった金安国に対して、「おまえが倭人によい待遇を与えすぎたから、ますます倭人を驕らせることになった」という非難があびせられた。「安国は国のために交隣の道を尽くしただけで、かれのせいで倭人が驕るようになったわけではない」という弁護論もあったが（『宣祖実録』七年四月丁卯条）、倭人を見る朝鮮側の眼は冷たくなるいっぽうだった。

二　商業資本の成長と国家による抑圧

倭物にむらがる人々

朝鮮側にとって、三浦のはらむ問題は人口増だけではなかった。三浦の倭人たちが、境界を越えて村里に入りこみ、さまざまな経済活動を展開して、周辺地域をその渦にまきこみ始める。

一六世紀初めのある史料は、「山で木を切るとか仏を拝むとか称して、深く内地へ入ってくるばかりか、商売のために衣服や言語を朝鮮風に変えて、諸郡を横行する」と述べている。朝鮮側は倭人居留地を「関限」という壁あるいは垣根のようなもので囲いこんで、倭人の活動を封じこめようとしたが、倭人がためらいもなくこれをのりこえてしまうので、実効はなかった(6)（『中宗実録』四年四月癸亥条）。

一五四二年には、薺浦に近い熊川《ウンチョン》の住民九十人が、倭人との密貿易に関わったとしてとりしらべられた。そのさい、連座制でこの九十人の八寸（八親等の縁者）まで処罰するとしたら、熊川の全住民が対象者になってしまうばかりか、累は隣邑にまでおよぶだろう、と予測されている（『中宗実録』三七年一一月乙丑条）。

こうした法外の接触は、三浦倭人と周辺住民との間だけにとどまらない。一五〇九年、司憲府監察朴詮は、国王にたてまつった意見書でこう指摘している（『中宗実録』四年三月丙辰条）。

ソウルの富豪や商売人が、熊川や東萊《トンネ》（富山浦に隣接）の城外の民家に長期に滞在し、倭人と親しくなって禁物を売買し、二―五倍もの利益をあげている。商人と倭人をひきあわせるのは、たいていは駅の役人である。いまや南道の居民は、農業を放りだして貿易の利をむさぼるようになり、安東《アンドン》の蚕繭や金海《キメ》の麻糸などの特産品が、みな倭人の手に渡ってしまう。

朝鮮政府にとってこの問題が深刻だったのは、密貿易の手引きをする者が、多くは上の意見書にみえる駅吏のような、国家機構の末端につらなる役人だったからである。

そうした連中としてまず挙げられるのが、三浦に設置されていた倭館の書吏・庫直・庫子などと呼ばれる人たちである（『中宗実録』三五年六月丁亥条）。書吏は貿易取引の記録係、庫直・庫子は倭人との貿易品を保管する倉庫の番人であろう。かれらは、自分が倭物をもって商人と交通するだけでなく、倭人を導いて、夜は足場を組んで墻《かき》をのりこえさせ、昼は門を開いて公然と外に出させ、朝鮮商人と相対《あいたい》でとりひきする機会を提供していた。

つぎには、倭人との会話のなかだちをする通事である。一五二八年、商人と思われる金仲良ら五名は、おのおの木綿五百同ずつを出しあって、あるいは倭通事に託してひそかに禁物を買い、あるいは赴京通事のところに黄金や銀をつけ送って倭物の入手をはかった（『中宗実録』二三年二月壬子条）。そればかりか、通事がソウルの商人を倭館の近所の家に導いて倭物を買わせ、それをソウルに運ぶのに、公の品だと偽って自分がつきそって運ぶ、という例さえある（『中宗実録』三九年九月壬戌条）。

また、ほんらい倭人の不正をとりしまるのが仕事の辺将も、富商から貨物をひそかに買いとり、その代価を公費で支払い、倭物と交換して大儲けする、といった不正行為を行なっている（『中宗実録』三四年五月乙亥条）。

一五一〇年、三浦の倭人が、自分たちをきびしく締めつけた担当官の罷免を要求して、対馬の宗氏の援軍を得て武装蜂起し、あっさり敗退するという事件が起きた。「三浦の乱」と呼ばれる。これによって三浦の倭人は多く殺され、残りも対馬へ追い払われた。対馬と朝鮮との関係も断絶する。一五一二年、対馬の必死の努力によって関係は復活したが、対馬に許された通交の規模は、乱の前にくらべて格段に小さくなった。

以上の動きのなかに、日明関係とも共通する公的通交の減退傾向が見てとれる。しかしそれは、対馬（あるいは日本）と朝鮮とのさまざまな形態での通交が、総体として減退したことを意味しない。むしろ通交の形態が、密貿易を中心とするものへとシフトしていったのである。この動きは、倭人側の必死の努力によって生みだされたものだが、朝鮮側にも助長する要因があった。民間の経済力が増大し、国家主導型の対外関係の枠内に収まりきらなくなってきたことがそれである。

「富商大賈」の経済力

倭館の役人や通事や辺将、あるいは三浦周辺の住民が倭物の密貿易に関わったとはいっても、それはあくまでなかだちにすぎない。倭物の最終的な買い手は、朝鮮人の商人であり、なかでもソウルを中心とする商業資本（「富商大賈」）だった。一五三〇年、司諫院が国王に呈した上申書はこう述べる（『中宗実録』二五年二月己卯条）。

富商大賈が海島に入って、ひそかに倭物を買いつけた。ことが露れて、いまちょうど慶尚道《キョンサン》観察使崔世節《チエセジョル》がその富商大賈を囚禁してとりしらべているところだ。世節は、中央の刑曹に通報して、富商大賈の党のソウル住民を、不意を襲ってつかまえ、囚禁するように求めた。ところがいまだにそれが実行されていない。富商大賈が南方に往来して、倭人と交わり密貿易を行なっているのは、目下の大患である。

このころから、日本の銀が大量に朝鮮にもちこまれるようになる。一五三八年に少弐氏の使者を名乗る者がもちこんだ三七五斤の銀を、公貿易でどれくらい買いとるかが議論になったとき、議政府・礼曹・戸曹は、「公貿易で買いとった残りの銀について、もし私貿易を許せば、富商大賈が中国の品を買いつける原資とするため、かならず高値で銀を買いとって、大きな弊害が生じるだろう」と述べている（『中宗実録』三三年一〇月己巳条）。また、一五四二年に倭人がもちこんだ品物のうち銀以外の商品について、「国家が必要としない物を民間で買うことを許可すれば、一、二日の内に富商大賈がぜんぶ買いとってしまうだろう」と予測されていた（『中宗実録』三七年七月甲子条）。

こうした富商大賈の行動が示しているように、一六世紀、朝鮮の民間資本は、政府財政をうわまわるほどの経済力を蓄えつつあった。国家が倭物密貿易の横行を根絶することが困難だったのは、倭人の側にだけ原因があるのではない。商品流通の発展を軸とする朝鮮社会の変貌が、国家による規制にもかかわらず、富商大賈を密貿易にかりたてた。そうした社会的動因が存在するかぎり、密貿易拠点としての居留地は壊滅させられても、倭人と富商大賈は別の接触の場を見つけだすだろう。

こうした富商大賈のエネルギーを、倭物の密貿易といった非合法の領域へ追いやらずに、自由に経済活動を行なわせたとしたら、朝鮮の経済は同時代の日本に負けないくらい活発になったかもしれない。ひいてはそれが、秀吉の侵略戦争をはねかえす「民間活力」を生んだのではないだろうか。戦国の乱世から統一権力が生まれてくる時期の日本において、戦国大名や秀吉・家康ら「天下人」の台所を支えたのが、京都や博多の豪商であったことは、よく知られている事実である。

儒教主義と冊封関係の重圧

ところが当時の朝鮮社会には、民間資本の自由な発展を抑圧する要因があった。そのおもなものはふたつである。

第一に、儒教思想に伝統的に流れる、商業を卑しむ考えかたである。一四八五年、朝廷で、民間による私貿易を許すかどうかが議論された。そのとき保守派官僚は、「朝鮮王朝の歴代が従ってきた貿易の法は、夷狄に餌をやって手なづける計略にすぎず、利益をあげるのが目的ではない」と述べている（『成宗実録』一六年二月丁卯条）。

対日通交の規模は、王朝創立当初よりはるかに大きくなり、商業的様相を強めていた。国王である成宗自身、こうした議論のなかで「わが国に緊要な物は、みな倭国からやってくる。貿易してなんの害があるか」と述べている（『成宗実録』二三年五月甲申条）。しかし官僚たちの多くは、貿易を経済的な観点から見ようとはせず、政治的・軍事的必要からやむをえず許しているもの、という認識にとどまっていた。

またかれらは、貿易の相手である夷狄を、自分たちと同様のまっとうな人間とは認めていなかった。「島夷（対馬島人）は性来おちつきのない連中で、喜ばせれば人だが怒らせれば獣になってしまう。だからかれらを接待するさいには、慎重を期する必要がある」（『宣祖実録』六年正月乙巳条）といったことばがよくそれを示している。こうした優越意識は、外交交渉によって相手を自己の利益になるように動かす、といった理性的対応から、みずからを遠ざけてしまう。そして優越感の裏に貼りついていたのは、自己の論理で対応できない者に対する、いたずらな恐怖感だった。

第二に、朝鮮が明の冊封を受けて臣下となっていることによる抑圧がある。日本では、一五三〇年代から銀の生産が爆発的に増えるが、これはじつは朝鮮から密貿易ルートで伝わった新しい精錬技術（灰吹法《はいぶきほう》）によるものだった。(7)

朝鮮では、はるか以前から灰吹法による銀精錬が中国から伝わって、定着していたのである。

ところが一六世紀の朝鮮では、銀産がふえるどころか、生産は抑制され銀山が閉鎖されていた。このころ朝鮮は、「わが国には銀は産出しない」と主張して、明への銀の貢納を免除してもらっていた（『中宗実録』三五年七月甲寅条）。この主張を裏づけるために、朝鮮は「禁銀の令」を発し、民間で銀を採掘することも売買することも、いっさい禁止せざるをえなかった。

この「貢銀」は、明との冊封関係に伴って朝鮮に課された義務である。他方日本も、かたちのうえでは明の冊封を受けていたが、その規制力は朝鮮とくらべてはるかに弱かった。いくらたくさん銀を産出しても、貢納の命令が明からくる心配はなかった。

その結果朝鮮は、日本からもちこまれ、自国を通過して明に流入していく銀を、どうあつかうかに頭を悩ませるという、皮肉な結果となる。一五四〇年ころの状況を、ある史料はこう述べている（『中宗実録』三五年七月甲寅条）。

倭銀が流入して朝鮮の市場に充満するようになり、これを北京に赴く人が公然と馬の背で運んで、ひとりのもたらす量が三千両を下らない。このまま放置すると、明から、「以前、おまえの国では銀を産しないと称していたが、さいきんどんどん入ってくる銀は、いったいどこから涌いてきたものなのか」と、責められる恐れがある。

このように、朝鮮では、せっかくすぐれた銀精錬技術をもちながら、それを生かして銀産を拡大する条件を欠いていた。民間の資本力に鉱山をゆだねれば、日本で起きたような爆発的な増産もありえたかもしれない。しかし明との冊封関係という国際的圧力は、そうした猶予を朝鮮政府に与えなかった。また伝統的政治思想にしばられた朝鮮政府自身にも、民間活力の導入といった発想は生まれにくかったであろう。むしろ国王の発言にそうした発想の芽ばえが見られたのは、興味ぶかい事実だが、それも臣下たちの「諫言」によって、たちまち潰されてしまう。

これに対して日本では、まったく逆の状況が見られた。技術的な遅れが密貿易ルートによる伝播で克服されると、たちまちのうちに驚くべきペースで増産が実現されてしまう。その理由は、第一に、明からの抑圧という国際的阻害要因がまったくなかったこと、そして第二に、戦国大名や統一権力という国家サイドが、鉱山を自分の手に確保して増産を助成する方向で動いたことだ。しかも統一権力の登場によって、生産力を効果的に運用できる体制が実現された結果、一七世紀前半には、世界の銀産の三分の一を日本銀が占めるという状況にまでいたるのである。

三　一六世紀倭寇と情報ルートの局限

水賊・倭賊・済州人

朝鮮王朝の伝統的な海賊対策は、対馬に海賊のとりしまりや倭人通行の統制を行なわせることだった。ときには、一四一九年の己亥東征（応永の外寇）のように軍事的威圧を加えたり、一五一〇年の庚午倭変（三浦の乱）後のように断交という措置をとることもあった。これらは、ある時期までは有効な手段だったが、しだいにこれでは手におえない事態があらわれてくる。

すでに一四七〇年代より、朝鮮政府は、全羅道《チョルラ》に出没する海賊が「水賊なのか倭賊なのか」弁別するのに頭を悩ませていた。水賊というのは朝鮮人の海賊のことで、水賊なら国内問題として処理できるが、倭賊なら外交問題となる可能性があったからだ。ところがかれらの実体は、「本国の頑民が貢賦を逃れようとして倭賊の姿をしている」（『成宗実録』八年一〇月己酉条）とか、「倭服・倭語でもって海浦に出没し、船を襲って人を海に放りこんでは、また島かげに隠れる」（『成宗実録』一九年三月丙寅条）とかいった存在だった。そもそも水賊か倭賊かの区別がきわめてむずかしい境界的な人々だったのである。

もちろんこうした境界的な性格は、対馬の倭人ももっていた。この時期の特徴は、そこにあらたな要素が加わることによって、問題がより複雑になってきたことである。

あらたな要素の第一は、済州島人《チェジュド》である。一四七七年ころ、済州島の「豆禿也只」と呼ばれる海民集団が、慶尚道の泗川《サチョン》・固城《コソン》・晋州《チンジュ》などの海岸に船を繋いで住んでいた。かれらは「衣服は倭人に似ているが、言語は倭語でも漢語でもない。あやつる船は堅牢で足が速く、釣魚や海草とりで生活していて、郡県は労役を課することができない」といういかにも境界的な人たちだった（『成宗実録』八年八月己亥条）。また、一四九二年にも、水賊の正体は「沿海頭無岳」と呼ばれる済州島の海民にちがいない、といわれている（『成宗実録』一三年二月己酉条）。

第二に、全羅道の一般住民が海賊集団に身を投じたことである。一四七二年に全羅道南辺の楽安《ナガン》・順天《スンチョン》・玉山《オクサン》などの人三十余人が、四艘の船で海賊行為を働いたが、そのさいかれらは「いつわって倭人となり、あるいは済州人となった」という（『成宗実録』三年二月甲午条）。一四八六年には、「全羅道の島々は水賊のために無人になってしまったが、賊を避けてどこかへ行ってしまったのか、それともかれら自身が水賊になってどこかに隠れているのか、わからない」という事態が報告されている（『成宗実録』一七年一二月辛卯条）。

こうして、朝鮮半島南岸で活動する海民集団あるいは海賊に、あらたな要素が加わっていったが、外から見るとそれぞれの要素がますます弁別困難になっていった。それは、事実としてかれらが似かよった生活実態をもっていたからでもあるが、全羅道の住民が偽って倭人や済州人になった、という例からわかるように、かれら自身が意識的に区別をあいまいにしたこともてつだっていた。

そうなれば、三浦の倭人が全羅道の水賊の正体だと疑われても、さほど不思議はない。一五〇二年、朝廷の会議で、ある官僚はこう提議した（『燕山君日記』八年一一月壬申条）。

> 三浦の倭人は船をもって家としている。全羅道の水賊はかれらのしわざだ。かれらの持ち船に朱漆を塗って目印を刻み、他と区別がつくようにすれば、海賊行為を働けなくなるだろう。

そうしたおりもおり、一四九七年に鹿島《ロクト》、一五〇〇年に馬島《マド》と、全羅道南部の多島海域で、あいついで倭船による朝鮮水軍襲撃事件が起きた。鹿島では四艘の賊船が、将官・兵士三十人ほどを殺した。馬島では十一隻の賊船が、軍人十一名を殺し二十七人を傷つけた。そのいずれもが、三浦倭人のしわざにちがいない、と断定されている。「釣魚禁約」により、鹿・馬両島にほど近い孤草島《コチョド》（いまの巨文島《コムンド》）に出漁していた三浦倭人が、その行き帰りに賊を働いたものとみなされたのである。(8)

しかし、三浦の倭人に訊問した結果は、「わが徒の所為ではない」「三浦からあんな遠いところまで行って賊をなすはずがない」と否定され、三浦倭人のしわざとの確証は得られなかった（『燕山君日記』三年四月甲申・丙申条）。客観的に見ても、そう断定するほどの根拠はなく、そもそも倭人なのか、水賊なのか、それ以外の人たちなのか、正確に弁別することが可能だったかどうか自体が疑わしい。

新しい交易主体の登場

一六世紀に入ると、事態はますます複雑さをましてくる。一五四四年、忠清道《チュンチョン》藍浦《ナムポ》の近海に正体不明の船があらわれ、藍浦僉使は賊倭とみなして、火砲を放ち追い払った。ところがこれは福建の明人で、銀を買うために日本へむかう途中、嵐に吹き流されたものだった（『中宗実録』三九年六月辛卯・壬辰条）。この船については、明側の史料にも、「福建省漳州の民李王乞らが貨を載せて通蕃しようとし、嵐にあって朝鮮へ流され、朝鮮王は三十九人を捕獲して遼東都司に械送した」と見えている（『明世宗実録』嘉靖二三年一二月乙酉条）。

一五三〇年代から始まる日本銀の増産は、日本列島と中国の江南とを結ぶ太い交易ルートを生みだし、そこを往来する船がしばしば朝鮮半島にもあらわれるようになった。朝鮮ではこうした船を「荒唐船」と呼んでいる(9)。荒唐船が朝鮮政府を悩ませたのは、明人なのか倭人なのか、見た目では区別がつかない点だった。明人ならば、冊封を受けている国の義務として、海賊であっても丁重に送り返さなければならなかったのである。

一五五五年には、全羅道の達梁《タリヤン》周辺で、七十余艘の船団による大規模な倭寇事件が発生した（乙卯達梁の倭変）。その実体は、西九州方面を根拠地とする海賊が、明の沿海で賊を働くついでに、朝鮮半島の南辺にもあらわれたもので、その民族的構成は、中国人が主導権を握り、それに平戸や五島の倭人たちが従うというかたちだった。

荒唐船や達梁の倭寇は、そもそも多民族混成であることが特徴で、明人か倭人かの弁別は、無理だったといわざるをえない。またこれらに対馬人が関与していた証拠はなく、むしろ対馬は海賊の情報を朝鮮に流していた。このように、明や対馬との公的関係に頼った朝鮮の海賊対策は、大きな壁につきあたっていた。

さらにはこうした倭寇集団に、朝鮮人が加わる動きが出てくる。済州島や全羅道の人が水賊に加わったことの延長線上においてみれば、別に不思議なことではない。

一五五六年、対馬の使者が朝鮮人として送還してきた子供がいたが、この子は倭語しか話せなかった。この件に関して、「沿海の鮑作干などの海民には、辺将に漁の邪魔をされて困りはて、倭に身を投じてひと息つくような者がいる。そういうなかで大きくなったのなら、この子が倭語しか話せなくても不思議はない」という意見があった（『明宗実録』一一年五月辛未条）。倭寇にさらわれたのでなく、みずからの主体的な判断で倭寇集団に身を投じる朝鮮人民の姿を見ることができる。

また、壬辰倭乱もまぢかい一五八七年にはこんな例がある（『宣祖実録』二一年一〇月丙寅条）。全羅道の損竹島《ソンジュクト》で倭寇にさらわれた金介同という人が、五島に連行された。すると、珍島《チンド》生まれの沙介同という人物が倭寇集団におり、「この島は風俗や人心がとても好く、住みやすい。朝鮮では賦役が重くて、鮑をとってもぜんぶもっていかれてしまうので、ここに移り住んだ。倭寇を損竹島に先導したのは私だ」という話を聞かされる。五島はひとめぐりが数日ほどかかる大きさで、人口は稠密であり、朝鮮人の被虜もたくさん住んでいる。船も五百余艘ある。こののち金介同は、南蕃国（ルソンか）に転売され、逃げ出して中国に密入国し、北京に護送され、朝鮮の謝恩使にともなわれて、翌年朝鮮へ帰ることができた。

金介同は、全羅道南方の多島海で倭寇にさらわれ、五島につれていかれ、さらにルソンに転売され、逃げ出して中国に密入国している。こうした体験自体が、国家の別を超えた多民族集団のかたちづくる海域世界の存在を前提としている。また沙介同という朝鮮人海民は、朝鮮の重い賦役をきらい、倭寇集団に身を投じて、五島を根城としている。

そこは海民にとって理想郷のような場所で、人口も船も多くある。ここに、国家支配に対抗的な海域世界が、自立して存在していることが認められよう。

このように、当時の東シナ海をとりまく地域では、根本的に新しい事態が起きていた。一五二〇年には、北京から帰った通事を通じて、「一五一一年にポルトガルがマラッカ王国を滅ぼし、ひきつづき明と国交を結ぶ交渉をして失敗した」という情報も朝鮮に入っている（『中宗実録』一五年一二月戊戌条）。やがてポルトガルは、倭寇集団の一員として東アジアにあらわれることになる。一五四〇年代、日本列島に鉄砲とキリスト教という新しい要素をつけくわえたのも、こうした倭寇集団の一員としてのポルトガルだった[10]。

日本列島における戦国の動乱から統一権力の誕生へという変動も、そうしたアジア規模における新事態の一部をなすものだった。そして、それと共通する事態は、中国大陸の東北部からも生じていた。すなわち、女真族にヌルハチという英雄があらわれて、精強な軍事国家後金《ごきん》（のちの清《しん》）を形成し、朝鮮半島にも侵入し、やがては中華世界の主をもって任じた明を滅ぼしてしまう（一六四四年、明清交代）。

こうした新しい局面に対して、貿易の利益を餌に倭人や野人（女真）を羈縻《きび》する、という伝統的な朝鮮王朝の外交戦略は、もはやまったく無力だった。しかしそのことを当時の朝鮮政府が正確に認識していたとは思えない。

対馬の情報操作

一六世紀、朝鮮は日本列島の情報をどのように入手していただろうか。

日朝通交のかなめの地位にかげりが出てきた対馬は、積極的に海外情報を朝鮮に流すことで、恩を売るようになる。一五四〇年のある史料に、「五島の倭人は朝鮮人の送還をおのれの功とするが、対馬島の倭人は見聞をもっておのれの功とする」とある（『中宗実録』三五年一〇月辛巳条）。このころから一五五〇年代にかけて、対馬が売りこんだ情報には、倭寇の明襲撃（『明宗実録』八年閏三月丙辰条）、鉄砲の製法（『明宗実録』九年一二月乙酉条）、薩摩海賊の済州島襲撃計画（同）などがあった。

一五五六年には、倭寇王として有名な王直について、「平戸で三百余人を率いて大船に乗っている。いつも緞子《どんす》の服を着ていて、その党類は二千人あまりを数える」という情報をもたらした（『明宗実録』一一年四月己丑条）。

また、一五七五年には、対馬島主宗義調《よししげ》が朝鮮に書契を送って、「今春賊徒が多くの船を用意しているが、どこの国を襲うつもりなのかはわからない。もし貴国を襲うようなら、ただちにお知らせする」と告げている（『宣祖実録』八年三月丙辰条）。

しかし対馬のもたらす情報は、役に立つものばかりではなかった。対馬にとって有利なように変形されていただけでなく、意識的に虚偽を伝えることもしばしばだった。たとえば、三浦の乱後、断交状態の解消や貿易の拡大を求めて、ひんぱんに「日本国王使」が朝鮮を訪れた。そのほとんどは、室町将軍の送ったものではなく、対馬が自分のつごうで出したものだ。当時の対馬は、「日本国王」の印を偽造してもっていたのである(11)。

しかも、一六世紀なかばには、対馬以外から日本情報を伝えるルートが、ことごとく消えていった。「日本国王使」は右に述べたような状態だったし、対馬とならぶ重要な情報源だった大内氏は、一五五一年に滅んでしまう。そのほかにも日本の諸勢力の名義を名乗る使者が朝鮮を訪れたが、これらも大部分は対馬のしたてたにせものである。かれらの伝える日本情報は虚偽にみちており、朝鮮を混乱させるだけだった(12)。

逆に朝鮮から使者を送って情報を得る試みは、一五世紀前半までは積極的に行なわれたが、一四四一年を最後に、対馬まで行った者を除いて、日本本土を訪れた朝鮮の使者はいない。一四八〇年代に通信使を送る計画があったが、「夷狄の地」に赴くことをいやがる風潮が強かったうえに、情報操作が明るみに出るのを恐れた対馬が、日本国内情勢の不穏さを意図的に強調したため、結局実現しなかった(13)。

大内氏の滅亡後、日本では戦国の動乱が収束にむかい、かつてない強大な中央集権的権力が生まれようとしていた。しかし朝鮮では、秀吉の出現にいたるこの重大な事態を、正確に把握していなかった。対馬の工作が妨げとなったことは事実だが、使者を日本へ送って情報をつかむ試みは、決断次第で可能だったはずだ。

それがなされていれば、秀吉の権力の本質がより正しく理解され、国家の防衛に力を注ぐことも考えられただろう。そうすれば、一五九二年にいきなり国内深くふみこまれる結果にはならなかったかもしれない[14]。

注

(1) 中村栄孝「対外戦争における豊臣秀吉の目的」(同『日鮮関係史の研究・中』第三章、一九六九年)、北島万次「豊臣政権の朝鮮侵略に関する学説史的検討」(同『豊臣政権の対外認識と朝鮮侵略』第一章、校倉書房、一九九〇年)、など参照。

(2) 本章は、一九九八年一月一六日に韓国慶尚南道晋州《チンジュ》市の国立晋州博物館で開かれたシンポジウム「壬辰倭乱と晋州城戦闘」において口頭で発表し、同年三月刊の『南冥学研究』(慶尚大学校南冥学研究所)第七輯に韓国語で掲載された(翻訳の労をとられた畏友張源哲氏に感謝する)同題の論文を、改稿したものである。叙述の材料は、多く村井章介『中世倭人伝』(岩波新書、一九九三年)でとりあげた史実から得ている。なお、典拠はほとんどが『朝鮮王朝実録』なので、書名を略して本文中に簡潔に標記した(例、『朝鮮王朝実録』中宗大王実録→『中宗実録』)。

(3) 三浦とは、一五世紀初頭以降、倭人の入港地に指定された慶尚道南岸の浦所で、はじめ富山浦《プサンポ》(釜山市)・薺浦《チェポ》(鎮海市)の二か所だったが、一四二六年に塩浦《ヨンポ》(蔚山市)が追加されて、三浦と総称されるようになる。

(4) 田中健夫訳注『海東諸国紀——朝鮮人の見た中世の日本と琉球』(岩波文庫、一九九一年)参照。

(5) 河宇鳳「申叔舟と『海東諸国紀』——朝鮮王朝前期のある「国際人」の営為」(大隅和雄・村井章介編『中世後期における東アジアの国際関係』山川出版社、一九九七年、所収)。

(6) 村井章介「三浦の鎮城と関限——薺浦を中心に」(同『国境を超えて——東アジア海域世界の中世』Ⅲ—二、校倉書房、一九九七年)。

(7) 以下の銀生産・貿易に関する記述は、村井章介「中世倭人と日本銀」(竹内実ほか共著『日本史を海から洗う』南風社、一九九六年、所収。村井『日本中世境界史論』岩波書店、二〇一三年、第Ⅲ部第一章に再録）による。
（8）長節子「孤草島釣魚の変容」（『年報朝鮮学』創刊号、一九九〇年）。
（9）高橋公明「一六世紀の朝鮮・対馬・東アジア海域」（加藤榮一ほか編『幕藩制国家と異域・異国』校倉書房、一九八九年、所収）。同「一六世紀中期の荒唐船と朝鮮の対応」（田中健夫編『前近代の日本と東アジア』吉川弘文館、一九九五年、所収）。
（10）村井章介『海から見た戦国日本――列島史から世界史へ』（ちくま新書、一九九七年。『世界史のなかの戦国日本』と改題・増補して、ちくま学芸文庫、二〇一二年刊）第四章。
（11）田代和生・米谷均「宗家旧蔵「図書」と木印」（『朝鮮学報』一五六輯、一九九五年）。
（12）米谷均「一六世紀日朝関係における偽使派遣の構造と実態」（『歴史学研究』六九七号、一九九七年）。
（13）米谷均「漂流民送還と情報伝達からみた一六世紀の日朝関係」（『歴史評論』五七二号、一九九七年）。
（14）高橋注（9）論文、「一六世紀の朝鮮・対馬・東アジア海域」。

5　抑留記・漂流記に一六―一七世紀の北東アジアを読む

はじめに

日本で統一政権が登場する一六―一七世紀は、北東アジア全体においても、文禄・慶長の役や明清交代を軸として、ヨーロッパ勢力との接触をもふくみつつ、巨大な歴史のうねりが生じた時代であった。このうねりは、個々人の予想や意図や願望をはるかに超えて人々をほんろうした。そのような変動の内実を語る史料として、体験者自身の残した記録にまさるものはない。本章では、そうした記録群のなかから、一六世紀末の慶長の役（丁酉倭乱）において全羅《チョルラ》道から日本に連行された朝鮮人の抑留記二篇（『看羊録《かんようろく》』(1)と『月峯海上録《げつぽうかいじようろく》』(2)）、一七世紀なかばに沿海州南端部に漂着して明清交代直後の大陸状勢を目撃した北陸商人の『韃靼漂流記《だつたんひようりゆうき》』(3)、一七世紀末に慶尚《キヨンサン》道から利尻《りしり》島に漂着してアイヌ社会の貴重な観察を残した一朝鮮人の『漂舟録《ひようしゆうろく》』(4)、以上四つの作品を紹介したい。

一　儒教イデオローグの見た「倭賊」――姜沆『看羊録』

一五九七年九月二三日、全羅道霊光《ヨングワン》郡出身の姜沆《カンハン》（一五六七―一六一八）は、全羅道で軍務に就いていて、霊光の沖合で藤堂《とうどう》高虎の水軍に捕われた。その後伊予国大洲《おおず》や伏見で抑留生活を送り、その間同族のあいつぐ死に遭いつつ

宗谷
利尻島
羽幌
石狩湾
積丹
江差
松前
ポシェット湾
奉天
北京
ソウル
寧海
蔚山
東萊
釜山
全羅道霊光
対馬
名護屋
三国浦新保村
江戸
伏見
大坂
上関
徳島
大洲
薩摩

図1　北東アジア地図

も、関ヶ原合戦の前夜、一六〇〇年五月に釜山《プサン》に帰還した。生家は高麗から朝鮮にまたがる儒学の名門で、かれ自身も一五八八年に二二歳で科挙に及第し、一五九六年には刑曹佐郎まで昇進していた。

姜沆は、抑留中から帰還直後にかけて、朝鮮国家が「倭賊」に対すべき姿勢をくりかえし国王に献策し、地理・制度・風俗・人物などの日本情報を本国にもたらした。『看羊録』はそれらの文章を集成したもので、書名は、漢の蘇《そ》武《ぶ》が匈奴《きょうど》に使して一九年間も抑留され、北海上で羊の番をさせられながら節を曲げなかった、という故事にもとづく。大洲から大坂にむかう船中で詠んだ詩に、「等死（死を待つこと）須《すべか》く海上に羊を看るべし」の句がある。伏見で儒僧舜首座《しゅそ》（のちの藤原惺窩《せいか》）と親しく交遊し、江戸時代の儒学に大きな影響を与えたことはよく知られている。

『看羊録』は連行のようすをこう描いている。

> 幼な子龍と妾女愛生はみぎわに打ち捨てられた。潮が満ちて体が浮き上がり、泣き叫ぶ声が耳に満ちたが、やがて聞こえなくなった。私は齢三十にして初めて子を儲け、妻の妊娠中に水中に浮かんでいる児龍の夢を見て龍と名づけたが、かく水中で死ぬなどとだれが思ったろうか。浮世の万事は予め決まっていないことはない。ただそれを人が悟らないだけである。賊は私の乗る船を船尾に繋ぎ、順風をえて矢のように南へ走り、九月二十四日、務安《ムアン》県のとある海岸に至った。その名を落頭といった。賊船数千艘が海港に満ち、紅白の旗が日に照り映えていた。船中はわが国の男女が大半を占め、両縁《へり》には屍が手荒く山のように積まれていた。泣き叫ぶ声は天にまで届き、潮騒《しおさい》もすすり泣くかのようであった。（「渉乱事迹」）[A](5)

大洲には、前後にさらわれてきた朝鮮人が一千余人もおり、新来の者は朝な夕な街に群れをなして泣き叫んでいるが、古く来た者はなかば倭と化して帰国の計も絶え、連れ帰ろうと必死に説得を試みたが、応ずる者はなかった（「賊中封疏」）。また、伊予に着いて下船したあと、大洲までの途上つぎのような経験をした。

> あまりにも飢え疲れていたので、十歩の間に九度倒れるという体《てい》で、歩けなくなった六歳の娘を、妻と妻の母が

かわるがわる背負って行った。ある川を渡ったときには、水中に倒れ起き上がる力もなかった。岸にいたひとりの倭人が涙ながらに助け出し、「ああなんたることだ。太閤はこの人たちを拉致して、何に使おうというのか。天道というものはないのか」と言って、自分の家に急いでつれていって、わが家族に飲食させてくれた。それでやっと耳が聞こえ、目が見えるようになった。倭奴にもかく至性の者がいる。かれらが死を好み殺を喜ぶのは、ただ法に駆られてそうしているにすぎない。（「渉乱事迹」）［B］

姜沆は抑留中も日本情報を怠りなく収集した。たとえば、対馬について、「女子の多くはわが国の衣裳を着、男子はほとんどわが国の言語を解する。倭国を呼ぶのにかならず日本と言い、わが国を呼ぶのにかならず朝鮮と言い、自分の居場所をけっして日本とは言わない」［C］などとあり、島津氏の領国について、「地は大唐および琉球・呂宋《ルソン》などの国に近く、唐船・蛮船の往来が絶えない。天朝方面や南蛮に往来する倭人たちは、かならずここを経由するので、唐貨・蛮貨が市場にあふれ、唐人・蛮人が店をならべ軒をつらねている」［D］などとある（「賊中聞見録」）。両所の境界的性格がよく伺える記事である。

では、以上のような貴重な経験と認識は、姜沆の政治的実践にどう生かされたであろうか。俘虜に告げる檄と銘打った文章で、かれは倭賊への対抗策として、渡海して日本へ攻めこみ、その王を虜にするよう呼びかけている。

……思いがけなくも、祖逖《そてき》が川を渡る中流で楫《かじ》を撃ち中原平定を誓った如きわが志も空しく、文天祥《ぶんてんしょう》が五坡嶺《ごはれい》で虜となったように突然捕らわれてしまった。囚われの文天祥が夷狄に仕えるのを拒み八日間食を断ってなお息が絶えないのを恨めしく思ったように、片時でも生き長らえようといささかも顧み惜しむことがあろうか。顧みるに、私が死ななかったのは、まさに何かすることがあると思ったからである。しかも、わが身を殺してもなお恥を拭い去るには足りない。予譲《よじょう》が匕首《あいくち》を持って橋下に隠れ趙襄子《ちょうじょうし》を刺そうとはかったように、仇討ちを期し、張良《ちょうりょう》が鉄椎を以て始皇帝を博浪沙《はくろうさ》で狙撃したように、憤りを雪ごうと誓った。秦の敗北を陣の後ろで叫んだ囚われびと襄陽《じょうよう》刺史朱序《しゅじょ》のひそみに倣って故国への帰還を遂げようとし、金に対抗するため西夏の援軍を関西に乞うた宋の酈延《そえん》副将の壮志に倣うことを願った。これはもとより心中に暖めてきた考えで、諸鬼神に質されても恥じるところはない。ましてや、秦の昭王《しょうおう》が十五の城と易えようと持ちかけた璧が藺相如《りんしょうじょ》の勇気ある使者行によってなお趙の恵文王《けいぶんおう》の手許で保全され、蘇武《そぶ》が漢の天子から授けられた符標が健在なのだからなおさらである。雄羊が乳を出さず十九年も抑留生活を送った蘇武になりたいものだ。たとえ飼い馬が山に満ちても、匈奴に降って数万人の主となった衛律《えいりつ》のような変節者にはなるまい。……願わくは、義あるものが勝つためのはかりごとが成就し、人々の力がひとつにならんことを。銭があれば鬼をも使役できようから、東海には架け橋がないと憂えることがあろうか。波を通わせるのもむずかしくはない、西風が必ずや力を貸してくれよう。馬を使うように船が使える人がどうしていないだろうか。賊を虜にしようと思うなら王を虜にするのが先決だが、それもまた難事ではない。漢に背いた呂《りょ》氏に味方するほど、たれが順逆の区別に昧《くら》いだろうか。管仲《かんちゅう》のおかげで衣服を左前に着るような蛮俗に陥らずにすんだように、ともに尊皇攘夷の志を奮い立たせよう。幸いにも、遠く異国をあてにする必要はない、皆、義は前生・現生・後生の三生よりも重いことを念ぜよ。勝敗は天が決めることで、予見はできないとしても、真心は日をも貫いて、きっと功は成るであろう。私に二言はない、あなたたちは力をひとつにせよ。ああ、伯夷《はくい》は、武王《ぶおう》が仁をもって暴君紂《ちゅう》を伐とうとするのを諫めて容れられず、西山に逃れて餓死した。趙の魯仲連《ろちゅうれん》は、秦は礼を棄てて武功を尊ぶ国だからそれを帝とするくらいなら私は東海に入って死ぬのみだ、と言った。向日葵《ひまわり》でさえ顔を太陽にむけるというのに、人がどうして草に劣ることがあろうか。吉了という鳥が蛮夷の山に入らないのは、中華の風俗を蛮俗に変えることを恥じるからである。わが言葉は意を尽くさないが、この檄が到達したら、文章の通りに立ち上がれ。（「告俘人檄」）［E］

この勇ましい構想を導く論拠は、中国の故事のおびただしい引用でしかなく（正確な現代語訳は不可能で、上記はおおよその意味を取ったにすぎない）、同時代の朝鮮社会の現実は眼中にない。また、みずからが「華」の側にいることは自明の前提であり、「夷」たる倭賊との共通項の認識は皆無である。中国人の眼に朝鮮がそんなにも明瞭な「華」と映るかどうか、疑わしく思えるが、姜沆のなかにそのような問いが芽生えることはない。

その結果、提案は具体性を欠き、あくなき博識のひけらかしと、いたずらな大言壮語ばかりが目につく。そもそも、「倭賊」の俘虜になっている人に倭王を虜にせよと訴えることに、どれほどの現実性があるだろうか。このような点に、儒教イデオローグの認識の限界が強く感じられる。

二　交じりあう人と文化――鄭希得『月峯海上録』

一五九七年九月二七日、全羅道咸平《ハムピョン》に住む鄭慶得《チョンギョンドウク》・希得《ヒドウク》兄弟の一家が、避乱の途上、霊光郡七山島《チルサンド》付近の海上で蜂須賀家政の武将森忠村に捕えられ、やがて阿波国徳島に連行された。捕われた場所と時間、連行先が四国であったこと、その途上同族や同行者が多く死亡したことなど、姜沆との共通点がたいへん多い。第二次朝鮮侵略（慶長の役）の目的が、占領地の確保もさることながら、人の連行（人的能力の略奪）に重きがあったことをうかがわせる。

弟の希得は、一五九九年六月に日本から帰国する明使の船で釜山に帰還するまでの足かけ三年間（二五―二七歳）の抑留体験を、漢詩をちりばめた日記の形式で記録した。『月峯海上録』は、この日記を主要な材料として、後孫が一八四六年およびその翌年に刊行した木活字本で、そのさいに日録と漢詩とが切り離されて別の部に配置された。本節では、それを元のかたちに復元して引用している。つぎの例では、一―三行が第一巻の日録、四―八行がそれに対応する第二巻の漢詩からの引用である。

万暦二十五年（一五九七）十二月八日。船は進んである場所に到泊した。烏の啼く声が聞こえる。はじめは、この長い夜のなかには鬼方の景色や風物があるにちがいないと思っていたが、いま草木の色を見禽獣《きんじゅう》の声を聞くと、みなわが国のものと似ている。それらが眼にふれるたびに、悲痛の心がますます募るばかりである。

ある場所に到り鳥の啼《な》くを聞いて感あり
日を覆う朝の霞が碧山を鎖している
小さな岩の間から鳥の啼き声がしてすぐやんだ
逢う人の話す言葉がいつも異なるのが恨めしい
嬉しいのはおまえの寒々とした声が故郷と似ていることだ［F］

咸平鄭氏は、姜沆の家ほど名門ではないが両班《ヤンバン》階層に属し、希得は連行時には未及第だったが、帰国後の一六〇三年に進士となっている。中華思想に基づいて日本を「鬼域」「鬼方」と見る視線は『看羊録』と共通しており、上の引用のように、対馬に着いて草木の色や禽獣の声が朝鮮と変わらないことに驚いたりしている。また『看羊録』と同様、蘇武の看羊の故事にしばしば言及する（万暦二六年二月二六日条ほか）。『月峯海上録』の版行にさいしても『看羊録』が強烈に意識され、「自賊倭中還泊釜山日封疏」の後半と「（日本）風土記」は『看羊録』の丸写しである。

しかし、本書の魅力は、そうした制約がありつつも、倭乱によって生じた民族雑居の状況を伝えたり、あるいは日本の風俗について外国人ならではの観察を加えたりした部分にある。まずは日本で暮らす朝鮮人たちのようすから見ていこう。

a　万暦二六年三月四日条

橋の上で河天極に逢った。阿波徳島の城下には長江があり、そこに虹形の橋が架かっている。その橋の上で逢う人の十人に八、九人はわが国の人である。河君は晋州の名族であるが、倭のために召使や草刈をさせられている。わが国の人は、月夜に橋の上に聚まり、歌ったり詩吟したり胸中を吐露したり呻吟して泣き叫んだりし、深夜になるまで罷まない。この橋の上に座る人の数は百余人にもなるだろうか。

橋上で河天極に逢う

橋上で逢う人はみな漢歌をうたう

今日はまた何と漢人の多いことだろう

西に流れる川の深さが一杖もあるのを怪しむなかれ

人々のそそぐ恨みの涙が寒い波にそそいでいるのだ［G］

b　万暦二六年一二月条

九日。早暁に発船、暮に名護屋城下に到って宿泊した。天かける楼閣が数十層も重なり、城壁や堀も高壮である。聞いてみると、壬辰年に秀吉がここに来住して戦争を指揮したとのことだ。

名護屋城下に到って泊宿する

飛ぶような楼閣は天にむけ数十層ものびる

孤城にはいちめんに夕煙がたゆたっている

人は言う凶酋秀吉がかつてここに留まったと

はるかな過去をたれに頼って問おうか

十日。風浪に阻まれて逗留。市で逢う人の大半はわが国の人である。かれらが口々に言うには、倭奴が敗れて帰ってきてからは、朝鮮への通路が絶えてしまい、渡海はむずかしい状況だ、と。

糧米が底をついて船を下り米を乞う

さかんな高城が海辺を圧し

逢う人のなかばは故郷の人だ

今後は夷と夏とおのずから別々だ
この人生に親をお助けする道がない［H］

c　万暦二七年正月条
十二日。殊仙と会った。殊仙はわが国の童子であるが、天叟・慶讃の寺で僧となっている。天叟・慶讃の二僧が来て、主僧玄規と壁を隔てて坐話した。殊仙も来てわれらに会った。天叟は自号を応谷といい、慶瓚は自号を玉崗という。
十八日。天叟が殊仙を使いとして酒一桶と餅一榼を持たせた。この子供は語が故郷に及ぶごとに涙を流して咽《むせ》び泣く。まことに憐れで痛ましい。……［I］

d　万暦二七年三月一二日条
諸友とともに古壇に登った。その前で花を摘む女はみなわが国の人で、鬱屈した恨みと悲痛の懐《おも》いに堪えず、声をあわせて歌っている。これはいわゆる痛哭よりも甚だしいものだ。この日天叟が手紙をよこして、私たちに一緒に花見に行こうと請うたので、倭僧や倭人の男女大勢といっしょに来て花を見、あるいは歌ったり舞ったり詩を賦したり述歌して大声で笑ったりした。まるで夢の中で珍しい情景を見るようだった。

諸友と古壇に登り花摘み女の歌を聞いて感あり
奇樹名花が古壇を護っている
登臨すれば旅人の情懐は果てしがない
壇の前で花を摘む女は多くのことを知っている
故国の歌声で歌われる一曲は哀しい［J］
徳島の城下にある太鼓橋には百人以上の朝鮮人が集まり、夜ふけまで歌唱や詩吟や議論に興じていたという（a）。

帰国の旅で訪れた名護屋の城下町では、逢う人のなかばが朝鮮人だった（b）。同様の情景は対馬府中でも見られた。また同所の醴泉院《れいせんいん》には殊仙という朝鮮人の童子がおり、話が故郷に触れるたびに涙を流し嗚咽した（c）。さらに同所の「古壇」の前で哀歌を歌いながら花を摘む女はみな朝鮮人で、まわりには倭人が集まって歌舞や賦詩の声が賑やかだった（d）。

一五九八年に徳島で見た端午の節句では、菖蒲を細かく切って盃に浮かべて飲んだり、家ごとに紅白あるいは五色の旗を立てたり、児童が大小の木刀を佩《は》いて川の両岸に陣を張り石合戦をするなど、日本の習俗を珍しがっていたが、翌年には対馬で、朝鮮人の男女が綱の長さ百尺もの鞦韆《チユチヨン》（ブランコ）に興じ、倭人が奇観としているのを見て、「七年に及ぶ戦争を経て、華風の一半が醜虜（倭人のこと）に受容されているのは、痛ましいことだ」と歎いている（万暦二六・二七年の五月五日条）。このとき希得の賦した詩。

懐を記して諸君に示す
街に喧笑が満ち三盃の酒が酌み交わされる
樹には鞦韆の百尺の絲が掛けられた
七年にわたる戦争よりのち
草の衣をまとう夷にも華風の一半が入った［K］

しかし、対馬に朝鮮の文化が流入したのはずっと以前からのことである。一五九八年一二月二二日、希得は船を下りて倭人の家に泊まったが、主人の彦衛は以前から貿易のために朝鮮へ往来しており、よく朝鮮語を解した。かれは門を開いて希得を迎え入れるなり、七年におよぶ兵乱搶攘のことを語ったという。その内容は惜しいことに記されていない。

希得は、嘉靖の大倭寇時代にさらわれて来た中国人にも出会っている。讃岐境に近い阿波のある村で会った一五五三年の被虜人朱自明、対馬府中で「守直倭」として働いていた一五五九年の被虜人呉東川は、いずれも中国浙江省温州の出身であった（万暦二六年一一月二四日・二七年五月二七日条）。呉東川と言葉を交わしたのち、希得は感慨をこう記している。

その人をよく見ると、気丈ななかに温かみがあり、談笑の態度は物静かだったので、始めて中国の人物と知れた。しかしながら倭風に染まって余りにも長くなってしまったことが、嘆かわしく惜しまれる。さらにこの人とくつろいで対話した。

守直の倭が「私は大明温州の人で名は呉東川です」と言った
異郷で初めて大明の人と会った
気丈ななかに温かみがあり雰囲気は春のよう
一場の談笑が平穏なことを惜しむなかれ
これもまたたったひとり故郷を憶う人なのだ［L］

なお、鄭兄弟の抑留と帰還は、一四二〇年の日本回礼使宋《ソン》希《ヒ》璟《ギョン》の作品『老松堂日本行録《ろうしょうどうにほんこうろく》』の伝来にも深く関わっている。[6] 同書の木活字本に付した趙平《チョピョン》の序（一六二五年）によると、慶得は日本の僧が『老松堂』の古写本を持っているのを見て、「この小冊は汝にとって重宝ではないから、百金と交換してくれないか」と請うた。だが僧はこれを容れず、やむなく慶得はこれを筆写し、一五九九年携えて帰国した。『月峯海上録』の、本国への帰途周防上関《かみのせき》に到着した日の記事に、「宋老松希璟は、かつて使臣として日本に入り、日本行録を残した。そのなかに上関の詩がある」とある。また別の個所に、「倭僧を通じて先輩の所作を見るを得た。宋老松希璟には別に一集があるが、ここには紹介することができない」とある。「別の一集」というのが慶得の筆写本を指すものと考えられる。日本僧の手許にあった古写本は東京に現存して重要文化財となっている。他方慶得の筆写本の系統を引く木活字本は朝鮮で開刊され、そのいくつかは近代に日本にもたらされた。

三　明清交代を目撃した北陸廻船商人──『韃靼漂流記』

一六四四年四月、越前国三国浦新保《しんぼ》村で廻船業を営む竹内藤左衛門以下五十八人は、船三艘に乗りこんで松前をめざしたが、佐渡を出てから嵐に遭い漂流すること十余日、六月にポシェット湾（現ロシア領沿海州南端）と思しき海岸に漂着した。かれらは商人らしく、高麗人参を獲得してひともうけしようとしたが、誘い出されて藤左衛門以下四十三人が殺される事態となり、生き残った国田兵右衛門以下十五人が、清朝の保護下に奉天・北京・ソウルを経て、一六四七年三月対馬に帰還した。ときあたかも清軍の北京入城（一六四四年五月）直後であり、かれらははからずも明清交代という世界史的事件を目撃する結果となった。

一六四七年八月、生還者は幕府役人の尋問に対して、漂流・送還の経緯をはじめ、「韃靼《だったん》国」の風俗・制度・言語の概要や、王族の主要メンバーの人物像などを口述した。この口上書がやがて『韃靼漂流記』『韃靼物語』『異国物語』などの名で流布し、朝鮮事情を通俗的に紹介した木村理右衛門著『朝鮮物語』(7)（一七五〇年刊）にも利用されている。江戸時代人の対外観を形成するうえで無視できない影響力をもった記録であった。

漂着地の人々（女真人であろう）との出会いを漂流記はこう描いている。

陸より一里ほど沖に船を停めたところ、三尋《ひろ》ほどの小舟にひとりずつ乗って六十艘程がやってきて、何か声を掛けてきたが、言葉がわからないので返事もしないでいると、みないったん陸地へ戻り、今度は三艘だけが戻ってきた。日本の者どもは、「一大事にもなるまいから、かの者どもを船に乗せてみよう」と談合して、招き寄せ「お乗りなさい」と物まねをして見せると、三人は乗りこんできた。酒食をふるまおうとしたが受けとらなかった。遠慮しているのだろうと思い、私たちも食べて見せたところ、それを見て食べた。それから銘々の船に戻り、人参を三把持ってきて、料理鍋と交換して帰っていった。このとき私たちは一計を案じて、「このような物はたくさんあるのかと物まねで問うてみれば、このような物はあの山にありますと物まねで答えるだろう。どこへ行くのも商いのためだから、あの者どもをたらして、人参のありかを教えさせ、取りにいこう」と談合し、かの者どもに、「米を上げるから人参のありかを見せてくれ」と言うと、合点《がってん》をして、「朝、鳥のさえずり始めるころにここへ来ましょう」と、鳥の鳴くまねをして帰っていった。［M］

言葉が通じない異民族が出会ったときに生じる、身ぶりを中心とした意思疎通の試みが興味ぶかく描かれている。また「かの者ども」「日本の者ども」という対比的表現もおもしろい。異民族に直面して始めて、新保村人や越前衆とはレベルのちがう「日本人」に帰属することが明瞭に意識化されたのである。

いっぽう、この記録で理解しがたいのは、漂着地の人々が商人たちを殺した動機である。翌朝現れた三人に案内されて四十四人が山へ入ったところ、萱原で三十一人が射殺され、船に残った十四人も二人を除いて殺されてしまう。この殺戮の理由も、十五人を生かして捕虜とした理由も、不明である。外来の異人と交易の可能性があるばあい、つぎに見るアイヌがそうであるように、普通はいきなりだまし討ちにしたりはしない。このばあいは、商人たちの心中が「あの者どもをたらして、人参のありかを教えさせ」と描かれているように、人参という高価な商品がからんでいることを考慮すべきかもしれない。

現地人とは対照的に、清朝政府の対応は好意的だった。大陸事情を箇条書きにした漂流記後半部分で、治安がきわめて良好であることを述べた後に、「ただし日本人を殺した土地は、遠国ゆえご法度も行きわたっていないことが、穿鑿のようすから伺われ、そのことにことのほかご立腹のようすに見えた」［N］とつけくわえている。またおなじ部分に、「一、北京人の心は韃靼人とはちがって、盗人もおり嘘も申し慈悲もないかに見受けられるが、韃靼人の申すには、今は韃靼王が北京に入られたので韃靼人も多く居住し、ご法度も万事韃靼式になったので人の心もよくなるだろう、とのことだった」［O］ともあり、新興国家清の規律正しさが強調されている。

三十五日目に大きく広い所へ着いた。後になって聞いたが、ここが韃靼の都であった。そこの奉行所らしい所へ連れられて行った。何者が連れられて来たのかと不審の念を抱かれたように見えた。そのときかの三人（漂流者を連れてきた女真人）を召し出し、種々詮索するようすだったが、何を言っているのかわからなかった。また私たちにお尋ねのようすは、身ぶりをされて種々にまねしてお見せになった。そのようすは大体理解できた。「日本の者どもが盗みに参ったので殺した」とおっしゃるらしい身ぶりだったので、私たちは「大風に吹き流されて漂着しましたが、盗みをしたことはまったくございません」と、これも種々まねをして見せたところ、よく理解下さり、「その通りなのであろう」と、これも身ぶりでお見せになった。そのとき右の在所から私たちを連れてきた三人を引き出し、着物を脱がせうつむきに寝させ、大竹のいかにも頑丈そうなのを削って、その竹で尻や腰を五十回ずついかにも強く叩いた。尻はさんざんに破れて出血し、半死半生になったように見えた。［P］

このように、「韃靼の都」奉天に着くと、役人たちが殺戮事件を厳密に取り調べ、商人たちを連れてきた三人は尻叩き五十の刑に処された。その後の送還においても、朝鮮の領域もふくめて、漂流者たちはきわめて手厚い待遇を受けている。

朝鮮の都でお振舞下さった次第は、大きさが三尺に五、六尺ほどの膳を一人の前に二膳ずつ据えて、一膳には肴の類をいろいろ高盛りにして、作り花を立て、生の鱒を始め魚鳥の類は丸ごとならべた。そのほか牛・羊・魚・貝の類を数々高盛りにして、一膳に六、七十種類もの肴があったと思う。また一膳には餅・饅頭やその他の菓子の類を、結構に積みならべて置いた。これも六、七十種類もあったと思う。この二膳を据えた後に酒を出すが、肴を数回盛り直した後に酒を持ってきて膳を引いた。……汁は五つ、菜の数は二つの膳で五、六十もあったと思う。都でのお振舞はこんな具合だったが、都を出てからの大名衆のお振舞もおおよそは同様であった。もっともそれなりに軽重もあった。そのほか人々の馳走の次第はことのほか手厚く、そのようすは懇実に見えた。[Q]

長期に及んだ滞在中に、かれらが韃靼語や北京語を習得していった情景も興味ぶかい。

韃靼へ来た始めは、言葉を聞き知ることができず、双方が身ぶり物まねで理解しあったが、詳しくは聞き取りにくかった。のちにはしだいに聞き馴れて言葉を聞き覚え、日本人の言うこともわかってくれたので、自由に理解ができたけれど、韃靼の言葉を話すことはできなかった。しかしながら、のちにはおおよそ言葉を使えるようになり、物の名前もやりとりの言葉も大方は覚えた。国田兵右衛門と宇野与三郎の両人に、韃靼語・北京語で言葉を出させ、それを聞けば大方は自由に理解できるが、それを書記しようとすると、清濁や品詞を書き分けるのがむずかしいので、物の名前だけをこの奥に書き付けるに留める。[R]

始めは身ぶり物まねで相互に合点しあっていたが、後にはおおよそは言葉が使えるようになり、物の名も会話の言葉も大方覚えたという。しかしその細部を日本語の表記で記述するのは困難であった。その結果、大陸事情を述べる記事のかなりの部分は、「汁を韃靼ではしゆしかと言い、北京ではたんという」などのように、一種の三語対照小辞典になっている。十五人の内では、口べたで物覚えの悪い草履取りの少年が、異国語をもっとも自由自在に操れるようになり、清の奉行衆からは「あぢきとくそう（童通詞）」と呼ばれ、仲間たちからは「前世には韃靼・大明の衆生《しゅじょう》だったのだろう」と冷やかされた。

漂流記の記す大陸事情は、とりもなおさず幕府が知りたかった情報でもあった。「ご法度も作法万事もことのほか公明正大に見えた。上下ともに慈悲深く正直で決して嘘を言わない。金銀が取り散らしてあっても盗み取る気配もない」という統治状態のよさは、明の復興支援を考慮していた幕府にとって、ブレーキとなっただろう。また、軍事情勢についてもつぎのような記事がある。

a　奉天から北京への道は山もあるがおおむね平らで、幅は七、八間から十間ほどはあり、しっかり造られている。道中の宿も日本ほど結構ではないが、大方は整っている。三十五、六日の間に海辺を通ったのは一日ほどであった。小川などはあったが、船で渡るほどの川はなかった。北京の手前のとぐちよという所に幅二町ほどの川があり、船橋が架けられている。道筋の脇には大明の居城がいくつもあった。日本の者どもが北京へ参る三十五、六日間の道中、韃靼より引越す男女が引きもきらなかった。[S]

b　北京より南京までの道は、急げば三十日で到達する由である。その間に大河があるという。南京も韃靼国に切り取られ、討手の軍勢は北京へ帰還した。ただし一頭は南京に残っているとのことである。その後南京の人たちが北京へ礼に参ったのを、私たちはたしかに見た。南京の人も皆々頭を剃り、韃人のさまになって参った。[T]

以上のように、漂流者たちは明清交代という世界史の変わり目に身を置き、貴重な証言をわれわれに残した。それと同時に、明復興の支援を考慮していた江戸幕府に、清がよく統治された国家であることを伝え、幕府が冒険的な軍事行動を自制するのに貢献したのである。最後に、清政府の側も、旧中国に比して日本を自己と共通の特徴をもつ国家として認識していたことを示す記事を掲げて、この項を閉じることにしよう。

一、御奉行衆が日本の者どもにまねと言葉でおっしゃるには、「日本人は義理も堅く武辺も強く、慈悲もある由を伝え聞いているが、韃靼国もそれに似ている」という仰せであった。「それゆえに日本人を手厚くもてなすのだ」とも申されたきようすだった。[U]

四　漂着朝鮮人の見たアイヌ社会と和人――李志恒『漂舟録』

一六九六年四月末、朝鮮慶尚道東萊《トンネ》（現・釜山市内）に住む軍官李志恒《イジハン》（五〇歳）は、所用で慶尚道寧海《ヨンヘ》に行こうと漁船に便乗して嵐に遭った。同船者は釜山浦の魚商人三人と蔚山《ウルサン》の漁師四人で、志恒は八人のリーダー格として奮闘し、一二日間大海を漂ったすえ、全員無事に利尻島に漂着した。現地のアイヌから食糧をもらって餓死を免れたが、言葉が通じず、場所もわからず、穀物がなく魚ばかりの食事に閉口した。

帰還をめざして、まず東から南へと続く「小有我《ソユア》（宗谷）」という大きい陸地へ渡った。ここでは朝鮮服や装身具をアイヌたちの魚や毛皮と交換し、顔なじみともなったが、やはり穀物はなかった。「麽子麽耳《マツマイ》（松前）」めざして陸伝いに南下し、金の採掘に来ていた「松前人新谷《しんたに》十郎兵衛」に遭い、筆談し米飯を摂ることができた。七月初め、蝦夷国と日本の境をなす大海（石狩湾か）を越えて「石将浦《ソクチャン》（積丹《しゃこたん》か）」に至り、さらに「曳沙時《イエサシ》（江差）」に着いた。官舎には守辺将がおり、五百余戸の住家と賑わう市場があった。七月末に松前に到着し、漂流の経緯や朝鮮事情について尋問があり、饗応や贈物など手厚いもてなしがなされた。

李志恒の手になる漂流記には、一九一四年刊の『海行摠載』刊本に収められた『漂舟録』と、韓国国立中央図書館および東京大学附属図書館が所蔵する写本『李志恒漂海録』の二系統がある。前者のほうが分量が多いが、たがいに出入りがあり、両者は兄弟関係と考えられる。そのほかに、後者の系統に属する所在不明の善本を末松保和が筆写した本が、岩生成一の遺品中にある[8]。これら諸本の成立した年代や経緯は明らかでない。記事の圧倒的部分は北海道に関するもので、八月末に松前を出、江戸・大坂を経て、翌年三月対馬から釜山へ帰るまでの記述は、きわめて簡略である。一七世紀の北海道におけるアイヌ社会の状況と和人の活動および両者の関係を知るまたとない史料である。

> 第九日の夜八時ころ、また西風が大いに吹いて、舟人はひどく憂い懼れた。占ってみると大吉の卦が出た。真夜中に風が止んだが、東方がすでに明けるころになって、風が西むきになった。志恒は喜んで衆にこう言った、「私はかつて日本地図を見たことがある。また日本へ往来した人の言によると、大坂城から東北に進んで江戸までは十六、七日ほどだという。いま船は東へ進んでいる。さすれば海の尽きる所は日本にちがいない」と。衆の

ある者は信じある者は疑った。そうして東にむかって進んだが、三日経っても陸を見なかった。舟中の人は皆泣き叫んで言った、「十日も進んだのについに陸を見ないからには、大海に出てしまったにちがいない」と。志恒は言った、「卜兆は大吉なので、明日は陸に着く。諸人よ憂うるな」と。この夜一〇時ころに大風がまた起こり、湧き立つ波が船に触れ雷のような音を立てた。人はみな舟中に伏し、もう死ぬかと思った。明けがたに大風は止み、風はまた西むきになった。舟は東北東にむかって進んだ。[V]

志恒はかつて日本地図を見たことがあり、東海のむこう側が日本に属する陸地で塞がっていることを知っていた。それで船が東へ流されても、他の人たちのようには動揺しなかった。かれの見た日本地図は、朝鮮半島の東側の海が日本列島によって閉じられていることがわかるような図であったらしい。今のところ一七世紀の朝鮮にそのような地図があったことは知られていない。

志恒の予測どおり、漂流一二日目に船はある陸地に漂着した。そこには大きな山があり、腰より上は雪に覆われていた。利尻山（一七一九メートル）の聳える利尻島であろう。苦労して船を接岸し、濡れた衣裳で寒さに震えながら一夜を明かした。翌朝、遠くの崖下に粗末な草屋が二十軒ばかり見えた。行ってみると人影はなく、架けてあった乾物を蒸したり炙ったりして飢えを満たした。翌日、船で西へ十余里ほど移動し、製塩所らしい村に至って、始めて人と接触した。衣服も容貌もはなはだ異で、倭人に似ていなかった。見れば、人を殺せそうな武器はなく、鎌・斧と小さい弓矢があるだけだ。対面すれば、拱手するようすはうやうやしく、悪意は感じられない。村中には干魚が林のように架けてあり、鯨の干肉が山積みにされている。言語は通じず文字も見られない。指で腹を指して飢渇の状を示すと、小さな器に魚のスープを入れて持ってきたが、飯を供するようすはなかった。

このとき志恒は、「天下の人俗はみな食穀を知っているのに、この類だけは人の姿をしていながら食穀は知らないとは、たいへん不思議なことだ。もしかして米が惜しくて客に飯を供したくなくて、炊いてくれないのだろうか」と疑って、いくつかの家を巡覧してみたが、どの家も炊飯せず、食べるものは魚だけだった。船に積んだ食糧が尽きたので、飯椀を見せて米を求めたが返事はなく、手で米を掬って見せたが相手は首を振るだけだった。ついに志恒は諸人に言った、「食糧は乏しくなり、ここの住民は飯を供しないので、餓死は必至だ。もし土地の広い所へ行けば、帰路を探ることも、飯を食べることもできよう」と。こうしてかれらは一小海を渡り、北海道本島の宗谷地方へ移動する。

漂着した陸地に暮らす人々が文字を知らず、倭語でない言葉を使い――漂流者のひとり金白善《キムペクソン》は釜山の人で、若干倭語に通じていた――、米穀を食さない文化であると知って、漂流者たちは餓死をも覚悟しなければならなかった。ここにかれらの文明と未開の区別についての観念を見ることができる。文字と米穀こそ文明の証であった。その後出会ったふたりの倭人のひとり新谷十郎兵衛が名前を漢字で書き、米を食べさせてくれたことで、文明社会への生還を確信する。

新谷は答えて言った、「私は南村府の倭で、採金のためにここに来ている。大いに仮屋を作り、同来者は五十余人いる。その居住地まではなお数日の路程である。倭人の首領が、遠方の人がこの地に漂到して資粮がもう尽きていると聞いて、私を慰問に遣わし、白米三斗と塩・醬油およびタバコ五塊を贈るよう命じた」と。また書一封をくれた。倭の文字だったので読めなかったが、その下に真書（漢字）で一行、松前人新谷十郎兵衛とあった。ここに至って同行の諸人はやや心が平安になり、夢から醒めたようであった。ただちにふたりの倭人と舟に乗った。かれらは飯を炊きスープを作ってくれた。餓えに苦しんで久しかった同行者は、みな飽食することをえた。五月九日に食糧が絶えて以来炊食できず、同月二十九日にはじめて飯を食べることができた。その間飯を口にしなかったのはおよそ二十八（二十一？）日間である。［W］

新谷は、松前藩主の命により十年前から金を採掘し、三年に一度松前に金五十両を納めている、と語っている。その場所は羽幌《はぼろ》あたりらしく、和人の経済進出が蝦夷地奥深くに及んでいたことがわかる。

新谷が語ったアイヌの姿は、禽獣と等しい身体能力をもつ略奪者だった。新谷のアイヌ像には『和漢三才図絵』と共通する部分があり、「文明社会」の偏見がふくまれていることが指摘されている。[9] 漂流者たちに「私たちが漂着した場所はどこか」と問われて、新谷はこう答えている。

> そこは蝦夷境で、ここから二千余里、松前から三千六百里隔たっている。その地は四方とも海で、わが北方の絶域の地であって、その土地の長さは三千七、八百里とも四千余里ともいう。その幅は遠いところで七百余里、近いところで四百余里ある。住民にはもともと王がおらず、太守もいない。文字もなく、穀物もなく、俗は耕作を知らず、ただ海魚のみを食する。狐・兎などの獣を狩って（その毛皮で）寒さを防ぎ、暑さは木の皮を織った布で凌ぐ。日本に属するけれども土貢はなく、ただ熟鰒一万余同を松前に献ずるのみである。正月元日には、村ごとに首長がひとり来て、松前太守に謁して帰る。その人は禽獣のように言語が通ぜず、通訳がいてその言語を習い、松前太守に伝える。（太守は）毎年一度だけ侍者を遣わし、悪人を取り調べる。その俗は、一村の長老を選んで長となし、村中の不善者はともに捕まえ、その罪の軽重を論じ、鉄製の鞭で大きさが掌大のをもって、背中を二、三回鞭打ってやめる。もっとも重罪の者は鞭打ち五回である。自分たちでは処断しきれない凶悪人は、捕らえて松前に至り斬罪を論じる。その性は強捍で、履物を脱いで山谷を進むことができ、荊棘を凌いで疾走する。高い崖の上で熊を射、狐を伐り、小舟に乗って海中で大鯨を刺す。雪や霜に耐えて寒さに震えず、湿った土に処ることは禽獣と異ならない。昔南土の商船がこの地に漂到したとき、この連中は（乗船者を）殺して所持物を奪った。松前太守はその党をことごとく捕らえ、父母妻子もろともに炙り殺した。近ごろはこの患いはない。貴兄はいまかの地に至り、その害を免れえたのは、もっけの幸いではないか。[X]

アイヌたちは松前に熟鰒を毎年一万同納めており、元日には各村の長が太守に拝謁するのだという（これはウィマムに言及した早い史料である)。また松前は、使者を年一度派遣したり、村長に委ねたりするかたちで、アイヌに対して検断権を行使しており、重罪人は太守の面前で火炙りに処されたという。

しかし、漂着者を迎えたアイヌたちのじっさいの姿は「野蛮」とはほど遠いもので、家に案内して無償で食事をふるまってくれ、人が殺せるような武器は持っておらず、交換財として毛皮を惜しげもなく差し出した。

志恒が魚を見て手でさわっていると、その人はマスを二十尾あまり投げてよこした。その長さはみな一尺余りあった。貂《てん》の毛皮を着た人が、志恒の着ていた藍染の紬の胴着を指さし、貂の服を脱いで指さして、なにか言った。交換したいという気持ちを察して、すぐに脱いでとりかえたら、その人はたいへん喜んだ。次の日は毛皮の衣服を持ってきて交換を求める者がはなはだ多かった。舟中の諸人は衣服が尽きて交易の手段がなかった。ある人は銅の椀を以て(毛皮に)易えた。志恒は貂の衣九領尺を得、水晶の纓子《えいし》(首飾りか)を以て毛皮と交換した。皮一枚を珠一個と替えて皮六十余枚を得た。さらに狐や獺《かわうそ》の皮を持ってきてなにかの物と換えたいという者がたいへん多く、同行者たちは所持品をはたいてそれに応じた。[Y]

松前に着いてからの日々、「文明人」同士のつきあいを象徴するものは、なによりも漢詩のやりとりであった。ある日太守(松前藩主)が侍者をよこしてようすを伺い、唐紙十幅を送って伝語して言うには、「貴方は江差からの道中を観賞されているが、願わくばうるわしい詩を拝見したいものだ」と。そこで絶句六首を書いて返した。その四首目に曰く、

玉露のような雲が空に横たわり目に白々と明るい
楚の空を行く雁は寒声を送る
客館の燈火は消えかかり憂いの余り睡れない
河は寒ざむと西に流れ夜は明けようとする

聞くところでは太守は詩画を好み、江戸の僧瑞流と起居をともにし、詩画を論じて飽きないという。志恒の詩の二首目に押韻して曰く、

　利殖の道だの善政の噂だの騒ぐのも厭わしい
　小舟は波に乗って桃源郷を尋ねた
　帰郷して家人の語に再会したとき
　手を握ってなお疑うだろう夢ではないかと

のちにまた紙を送って書を求めてきたので、唐詩を走り書きして返したところ、筆画が乱れにじんでいるのを見ては、むやみに称めてくれる。ここに至って諸倭がつぎつぎに紙をもってきて詩を求めた。断らずに紙の長短に応じてみな書き与えた。太守は、書を求める者が多いと聞いて、精製した白兎の毛の筆を志恒に贈ってくれた。筆には大中小の三等があった。松前に滞在した五十日間に書いたものは百余巻にもなった。[Z]

新谷は、李志恒らを発見する前から、越前の商船を通じて漂流船の情報を得、探索を始めていた。江差から松前までは陸路で漂流者が送られ、船は別に和人の手で回漕された。以後、江戸・大坂・対馬を経て釜山まで、すべて幕藩制の漂流民送還システムが作動して、手厚い保護が加えられている。かれらの乗船も廃棄されることなく朝鮮に届けられ、行き届きすぎた扱いに朝鮮側が不審を抱くほどであった。

注

(1) 姜沆著・朴鐘鳴《パクチョンミョン》訳注『看羊録——朝鮮儒者の日本抑留記』(東洋文庫四四〇、平凡社、一九八四年)。
(2) 「影印・月峯海上録」(『朝鮮学報』二三・二五輯、一九六二年)。「月峯海上録・補影」(『朝鮮学報』二六輯、一九六三年)。那波利貞《なはりてい》「月峯海上録攷釈」(『朝鮮学報』二一・二二合併特輯、一九六一年)。中村栄孝「「月峯海上録」について」(『朝鮮

学報』二五輯、一九六二年）。
（3）園田一亀『韃靼漂流記』（東洋文庫五三九、平凡社、一九九一年）。
（4）池内敏a「李志恒「漂舟録」について」（『鳥取大学教養部紀要』二八号、一九九四年）。b「一七世紀、蝦夷地に漂着した日本人」（同『近世日本と朝鮮漂流民』臨川書店、一九九八年、第五章）。c「異文化情報源としての漂流記」（『日本海学の新世紀2　漂流する文化と美』角川書店、二〇〇二年）。河宇鳳《ハウボン》「漂着朝鮮人の日本認識」（前掲『日本海学の新世紀2』）。
（5）以下、大文字のアルファベットは章末の「史料原文」に対応。
（6）中村栄孝「『月峯海上録』と『老松堂日本行録』」（『日本歴史』一七三号、一九六二年）。宋希璟著・村井章介校注『老松堂日本行録――朝鮮使節の見た中世日本』（岩波書店、第三刷、二〇〇〇年）。
（7）園田注（3）書に抜粋収録。
（8）筆者の手許にコピーがある。標題は「李志恒漂海録」。本章における現代語訳はこのテキストを底本とした。
（9）池内注（4）c論文、一八四頁以下。

史料原文

【看羊録】

［A］稚子龍及妾女愛生。遺置沙際。潮回浮出。呱呱満耳。良久而絶。余年三十。始得此児。方娠夢見児龍浮水中。遂以為名。孰謂其死於水中也。浮生万事莫不前定。而人自不悟矣。賊以余所乗船。繋其船尾。従風南下。船往如箭。二十四日。至務安県一海曲。名曰落頭。賊船数千艘充満海港。紅白旗照耀天日。我国男女太半相雑。両辺積尸狼藉如山。哭声徹天。海潮嗚咽。

［B］飢困已甚。十歩九顚。小女年六歳不能自行。与妻及妻母更負。負渡一川。頓臥水中。無力不能起。岸上有一倭人。垂涕扶出曰。噫其甚矣。大閤俘致此人等。将欲何用。豈無天道哉。急走其家。取稷糠茶飲。以饋吾一家。耳目始有聞見。倭奴中有至性如此。其好死喜殺。特法令駆之耳。

［C］其女子多着我国衣裳。其男子幾解我国言語。称倭国必曰日本。称我国必曰朝鮮。未嘗専以日本自処。

［D］地近大唐及琉球呂宋等国。唐船蛮船往来不絶。倭之来往天朝方及南蛮者。路必由此。唐貨蛮貨充牣市肆。唐人蛮人列廛比屋。

【E】不意中流之撃楫。遽成五坡之就擒。片時偸生。豈容鴻毛之顧惜。八日不食。猶恨一息之尚存。顧不死欲将以有為。而殺身未足以滅恥。伏匕首於橋下。期復趙孟之讎。奉鉄椎於沙中。誓雪張良之憤。呼秦敗於陣後。擬遂襄陽刺史之来帰。乞夏師於関西。願效鄜延副将之壮志。此其素所蓄積。堪可質諸鬼神。況趙璧之猶完。而漢節之尚在。羝羊不乳。可作十九年之蘇卿。馬畜弥山。豈忍数万衆之衛律。……幸義勝之謀成。而人衆之力済。有銭可使鬼。東海豈患無梁。通波非難図。西風想必借力。使船如使馬。豈無其人。擒賊先擒王。亦非難事。為呂氏右袒。誰昧逆順之分。微管仲左衽。共厲尊攘之志。幸無遠托異国。皆念義重三生。成敗由天。縦未逆覩。精誠貫日。定有功成。百無二言。爾可一力。嗚呼。武王以仁而伐暴。伯夷猶餓西山。嬴秦棄礼而上功。仲連欲踏東海。葵藿猶傾白日。可以人而不如草乎。吉了不入蛮山。恥用夏而変於夷者。詞不尽意。檄到如章。

【月峯海上録】

【F】十二月八日。船行到泊一処。聞烏啼声。初意鬼方物色必是長夜之中。今見草木之色・禽獣之声。皆似我国。尤増触目悲痛之懐矣。

到一処聞烏啼有感

掩日朝霞鎖碧巒。断鴉啼了小巌間。逢人毎恨郷音異。喜爾寒声似旧山。

【G】四日。……橋上逢河天極。阿波城下有長江。江上有虹橋。橋上毎逢十人八九我国人也。河君晋州名族。服倭廝蕘之役。我国人月夜聚橋上。或歌或嘯或論懐抱或呻吟哭泣。夜深而罷。此橋上可坐百余人。

橋上逢河天極

橋上逢人摠漢歌。是何今日漢人多。莫恠西流深一杖。人人奞涙灑寒波。

【H】九日。早暁発船。暮到郎古耶城下泊宿。有飛閣数十層。城隍高壮。問則壬辰秀吉来住于此而督戦云云。

到郎古耶城下泊宿

飛閣中天数十層。孤城漠漠暮烟凝。人道凶酋曾住此。悠悠往事問誰憑。

十日。阻風浪留宿。市上逢人太半我国之人。皆謂倭奴敗還之後。絶不通路。勢難渡海云。

糧米絶尽下船乞米

隠隠高城圧海湄。逢人半是故郷人。夷夏自今区自別。此生無路奉偏親。

【I】十二日。見殊仙。殊仙乃我国童子。而為僧於天叟・慶讃之寺。天慶二僧来。与主僧玄規隔壁坐話。而殊仙来見我等矣。天叟自号応谷。慶瓚自号玉崗云。

十八日。天叟使殊仙持一桶酒一榼餅。此児語及故郷毎垂涕嗚咽。最可憐惻。……

[J] 十二日。与諸友同上古壇。壇前採女皆我国人也。不勝冤鬱悲痛。歌而和之。此所謂甚於痛哭。是日天叟致書邀請我等。往見則倭僧及倭徒男女許多人共来看花。或歌或舞或賦詩述歌喧笑。恰似夢中奇観。

　与諸友登古壇聞采女歌有感

奇樹名花護古壇。登臨無限客情懐。前程採女知多少。故国歌声一曲哀。

[K] 五日。聞満街喧笑。我国男女為秋千（鞦韆）之戯。聚会喧譁。秋千倭俗本不知。我国被擄人為。倭徒以為奇観。非但此也。自七載兵戈之後。一半華風入於醜虜。痛咄。

　記懐示諸君

満街喧笑三盃酒。掛樹鞦韆百尺絲。自従七載兵戈後。一半華風入卉夷。

[L] 二十七日。夜守直倭曰。我大明温州人而名呉東川也。己未年（一五五九）被擄而来去。居此今四十年云。余不勝驚嘆。更察其人。則気岸温温談笑穏静。始知上国人物。然而染於倭年深歳久。可嗟可惜。仍与之従容討話。

　守直倭曰我大明温州人而名呉東川云

異郷初見大明人。気岸温温別有春。莫惜一場談笑穏。伶仃倶是憶郷人。

【韃靼漂流記】

[M] 陸より一里ばかりの沖に懸り申候処、三尋斗有之小舟に壱人宛六十艘程参り、呼はり申候得共、互に詞不聞知候故、返答も不申候得ば、皆陸地へ帰り申候て、又右の船三艘参り候。日本の者とも談合申候は、替儀も有間敷候間、彼者共を舟に乗せ可申と談合にて、招寄乗り候へと仕方を致し見せ候へば、三人乗申候。酒食を給《たべ》させ候へ共給不申候。定て気遣ひを仕候と存、我等も給候て見せ候得ば、夫《それ》を見候て給申候。夫より名々の船に乗、人参三把持参候而、料理鍋を見候て、人参に取かへて帰申候。其時我等共申候は、此様なる物は沢山に有之候やと、仕かたを致問候へば、此様成物はあの山に御座候と真似し見せ候。我等共談合には、何方《いづく》へ参るも商の為に候間、あの者共をたらし、人参の有所を教させ、取に可参と談合申、彼者共に、米を取せ可申候間、有所を見せ申候へと申ければ、合点仕、暁の鳥のうたひ候はゞ是迄可参と、鳥のなくまねを致し帰候。

[N] 一、御法度万事の作法、ことの外明に正しく見へ申候。上下共に慈悲深く、正直にて候。偽申事一切無御座候。金銀取ち

らし置候ても盗取様子無之候。如何にも慇懃に御座候。但日本の人を殺候処は、遠国故御法度も聞請不申候。御穿鑿之様子、左様に相見へ、殊外御立腹の体に相見へ申候。

[O] 一、北京人の心は、韃靼人とは違ひ、盗人も御座候、偽も申候。慈悲も無之かと見へ申候。去ながら、唯今は韃靼の王北京へ御入座候に付、韃靼人も多く居申候。御法度万事韃靼の如くに仰付候て、人の心は能成候はんと韃靼人申候。

[P] 三十五日めに大きに広所へ着申候。此所を後に承候へば、韃靼の都にて候。其所の奉行と覚しき所へ召連参候。いか成者を召連参候と不審立申様に見へ申候。其時彼の三人を召出し、種々せんさくの様子に見へ候へ共、何事を申やらん不聞分。又我等共に御尋の様子は、仕形を被成種々にまねして御見せ候。其様子大かた合点仕候。日本の者共盗に参候に付殺し候と御申候まねにて御座候に付、我等共申候は、大風に吹流着申候、盗仕候儀はすこしも無之候と、是も種々まねをいたし見候へば、能合点申され、其通りにて可有之と、又仕形にて御見せ候。其時右の在所より召連参候者三人を引出し、着物を脱せうつむきにねさせ、大竹のいかにも性の厚きを削て、其竹にて尻腰を数五十宛いかにも強くたゝき申候。尻さんざんに破、血出半死半生に成申候体に見へ申候。

[Q] 一、朝鮮の都にて御振廻被下候次第。膳の大さ三尺に五六尺ほどの膳を一人の前に二膳づゝすへ申候。一膳には肴の類色々高盛にして、作花を立、生鱒其外魚類鳥共は丸ながら居申候。其外牛羊魚貝類数々高盛にして、一膳に六七十色も御座可有候。又一膳には餅饅頭其外茶の子の類、結構に積並置候。是も六七十いろも可有御座候。此二膳を居候て後、酒を出し、数篇盛返し酒納候て膳を引申候。……汁五つ菜の数は二膳に五六十も可有之と存候。都にて如此御振廻被下候。都を出大名衆の御振舞も大かた同事にて候。尤も軽重も御座候。其外馳走の次第、人々殊外馳走いたし、其ふり懇実に見へ申候。

[R] 一、韃靼へ参候時、始は詞を聞知候事成不申候。しかたまわをして双方互に合点仕候へ共、委は聞合難く候。後は次第に聞馴して詞を聞覚へ、日本人申事をも聞知申候ゆへ、自由に合点仕候。去ながら韃靼の詞を申事は成不申候。然れ共、後には大かた詞もつかひ申候。物の名も差合の詞も大かた覚申候。国田兵右衛門・宇野与三郎両人に、韃靼北京共に詞を申させ聞候へば、大かた自由に成候間、書付申度候へ共、すみ濁り詞の品、書分難申候間、物の名斗此奥に書付候。

[S] 一、韃靼の都より大明の北京迄、道平に御座候。山有之所も御座候。道の幅七八間十間斗宛在之、結構に作り置候。道中の宿、日本の如く結構には無之候得共、大方よく候。三十五六日路の間、海辺を通り候事、一日路程御座候。小川共は御座候得共、船渡し程の川は無御座候。北京より前方に、とくちよと申処に、幅弐町程の川有之、船橋を懸け申候。道筋の脇に大明の居城いかほども御座候。日本の者共北京へ参時分、韃靼より引越候男女、三十五六日路の間、引も切不申候。

[T] 一、北京より南京迄の道、急ぎ候へば三十日にて参り候よし申候。此間に大川有よしに候。南京も韃靼国へ切取申候。討手の軍勢北京へ罷帰候。但し一頭は南京に残り候よし申候。其後南京の人共、北京へ礼に参候を我等共慥に見申候。南京の人も皆々頭を剃、韃人の如くに仕候而参候。

[U] 一、御奉行衆、日本の者共に、まねと言葉にては御申候は、日本人は義理もかたく武辺も強く、慈悲も有之よし伝聞候。韃靼国も似候よしに被仰候。夫ゆへ日本人を御馳走被成との御申様にて候。

【李志恒漂海録】

[V] 第九日夜初更時。又西風大吹。舟人尤憂懼。卜之得益卦甚吉利。三更風止。及東方已曙。風転而西。志恒喜謂衆曰。「曾見日本地図。又聞往来人言。自大坂城東北行至江戸十六七日程。今船始(イ)向東行。則海尽処。西是日本。」衆或信或疑。然向東往又三日不見陸。舟中人皆哭曰。「十日之行終未見陸。是必通大海。」志恒曰。「卜兆甚吉。明当止泊。諸人勿憂。」是夜二更。大風又作。海濤騰湧。触船如雷。人皆伏舟中。謂並死矣。五更大風止。風又転而西。舟向寅卯間。

[W] 対以。「南村府倭。因採金到此。大作仮屋。同来共五十余人。其所留地尚且行数日可至。領倭聞遠方人漂到此地資粮已湯。遣我訪問贈以三斗白米・塩醤及南草五塊。」又授書一封。乃倭書不可識。其下有真書一行。云松前人新谷十郎兵衛。於是同行大小人下心稍安。如夢乍醒。即与両倭乗舟炊飯作羹。困餓日久。同行皆得大飽。自五月初九日絶粮不得炊食。此至月二十九日始得飯喫。其間飯飢(イ)不嘗飯者。凡二十八日。

[X] 彼乃蝦夷境也。距此二千余里。距松前三千六百里。此地四方皆海。我北方絶域乃地。其地長三千七八百里。或四千余里。其広遠或七百余里。近或四百余里。所居之人本無治王。又無太守。無文字。無禾穀。俗不知耕作。但食海魚。猟狐兎諸獣。以禦寒。暑則取木皮織布衣之。雖属日本亦無土貢。但献熟鰒万余同於松前。至正月元日。毎村首一人来。謁于松前太守而帰。其人若禽獣言語不通。有訳人習其言。以伝于松前太守。毎年一遣侍者。察治其悪而已。其俗択一村之老。以為長。村中不善者。共執之。議其罪之軽重。以鉄為鞭。其大如掌。鞭其背二三下而止。其尤重者至五下。有捍悪不可自治者。執詣松前論斬。其性強捍。脱鞋襪而能行山谷。凌荊棘而馳走。射熊伐狐於高崖之上。乗小舟刺大鯨於海中。耐雪霜不寒慄処湿土。与禽獣無異。昔有南土商船漂到此地。此属共殺取其物。松前太守悉捕其党。並与父母妻子炙殺之。近无此患。君今至彼。得免其害。豈非幸歟。

[Y] 志恒見魚以手拊之。其人投松魚二十余尾於前。其長皆尺余。貂衣者就志恒指所着藍紬襦。解其貂衣指説。度其意換。即脱而易之。其人甚喜。次日持毛衣而来。求換衣者甚多。舟中諸人衣尽而無可易。或易以銅盂。志恒得貂衣九領尺。以水晶纓

子易換皮。而毎皮珠一介換得六十余皮。又有持狐獺皮求易物者甚多。同行傾儲相換。

［Z］一日遣侍者問候。送十幅華牋伝語曰。「尊自曳沙峙既有観賞。願得見佳什。」仍書六絶以還之。第四篇云。「玉露横空素目明。楚天帰雁送寒声。客堂残燭悄无睡。河寒西流夜五更。」聞太守喜詩好画。与江戸僧瑞流同起居。論詩画不怠。次志恒詩六首其第二云。「応厭利門名政喧。扁舟駕浪問桃源。帰郷又遇家人語。把手猶疑是夢魂。」後又送紙求書。草書唐詩還之。看筆画乱潤。称之不已。於是諸倭持紙来求者甚多。不辞随紙長短皆書与之。太守聞求書者衆。精製白兎毛筆遺志恒。筆有大中小三等。在松前将五十日。所書百余巻。

Ⅱ　東アジア文化交流と禅宗社会

1　日元交通と禅律文化

はじめに――三つの史料から

兼好法師は、一三三〇年ころに書いた『徒然草《つれづれぐさ》』一二〇段で、貿易船の往来を皮肉ってこういっている。

中国の物産は、薬以外はなくても困らない。書物などは、日本に多く流布しているから、それを書写すればよい。中国とのあいだの困難な航路を、無用の物ばかり積みこんで、所せましと渡してくるのは、たいへん愚かなことだ。「遠くからの物を宝としない」とか、「得がたい貨を貴ばない」とか記した古典もあるとか聞く。

当時中国との航路は、兼好がいうほど困難なものではなかった。ひねくれ者の兼好ですら、薬品など必需品の輸入は歓迎している。むしろこの文章からは、京都周辺に「遠くからの物」や「得がたい貨」があふれかえっていたようすが読みとれる。

本章の主役ともいうべき禅僧中巌円月《ちゅうがんえんげつ》は、一三四二年（康永元）ころ、かつて中国で学窓をともにした物外可什《もつがいかじゅう》から青磁の香炉を贈られて、謝意を詩に託した（『東海一漚集《いちおう》』一、詩）。

ちっぽけな王国（日本）は戦乱に苦しみ
貿易船が通わなくなってもう十年にもなる
江南の物の値はなにもかも天井知らず

まして陶器はもっとも運搬しにくい物なのに元弘・建武の動乱のため、十年も貿易船が来ず、中国の物産が暴騰していたという。

図1　金沢貞顕像
（称名寺所蔵．神奈川県立金沢文庫保管）

モンゴル族の元《げん》が中華の主だった時代、東シナ海を貿易船がひんぱんに往来し、「唐物《からもの》」がどっと日本社会に流れこんでいた。当時の日本は、想像以上に中国経済とかたく結びつけられていたのである。そして流入した「唐物」は、薬品にせよ書物にせよ陶磁器にせよ、たんなるモノではなく、文化をもる器でもあった。

さらにこの時代には、中巌や物外がそうであったように、代表的な知識人である僧侶が、貿易船に便乗して、われもわれもと往来した。文化はモノとしてだけではなく、直接人に体現されて海を渡った。代表的なのは禅僧だが、京・鎌倉を往来して兼好とも接触のあったらしい俊如房が、武州金沢《かねさわ》称名寺の使者として「唐船」に乗りこんだ〔五味 一九九七、一四九―一五〇頁〕ように、律宗寺院の対外活動もさかんだった。

一三三〇年〔元徳二〕、元から来た禅の高僧明極楚俊《みんきそしゅん》が、内裏に召されて後醍醐天皇と対面した。明極が鎌倉に到着して建長寺住持となってから、このことを知った金沢貞顕《かねさわさだあき》は、息子の六波羅探題貞将《さだゆき》にあてた手紙にこう書いている〔『金沢文庫古文書』第一巻四二四号、以下「金文一―四二四」のように略す。なお〔筧 二〇〇一、三六四―三六五頁〕参照〕。

> 唐僧が内裏に召されて御対面があり、さまざまに御問答があったと聞く。人々は「よくないことだ」と言いあっているようだ。……〔高時は〕「唐にまで名の聞こえた人に会ったぞ」とばかり申していて、心躍る心地でいるようで、すぐに〔建長寺〕長老に任じられた。〔天皇との〕御対面はよくないことだと思う。唐僧の参内《さんだい》のことをど

うして知らせてくれなかったのだ。もし知らなかったというのなら、これほどの事を□□□□（破損）後醍醐は、天皇にとってタブーだった外国人との対面をためらわずに実行し、幕府関係者はそれに不安と不快感を覚えている。いっぽう得宗高時はいたって能天気でいる。渡来僧の到来が、京・鎌倉の思想状況の逆転と混沌をあらわにしていた。

右の三つの史料を導入として、本章では、一三―一四世紀の東シナ海をまたぐ世界の躍動を、貿易と仏教文化交流を軸に見ていくこととしたい。

一 「元」という時代

戦争と貿易の共存

中国史上で「元代」というと、一二七九年の南宋滅亡から一三六八年の明朝成立までの九〇年間で、中原の文明が漠北の遊牧民族に制圧された暗黒時代とされることが多かった。しかしこれは、漢民族中心の王朝交代史観の枠内にモンゴルの「元」をむりに押しこめた見方であり、「大モンゴル」の歴史は時間的にも空間的にも、その外側へゆたかに拡がっていた。

政治面だけ見ても、一二〇六年にチンギスがモンゴリアを統一し、三四年にオゴデイが華北にあった女真族の王朝金を滅ぼし、六〇年にクビライが高麗を従属下におき、七一年に「大元」という国号を建て、七六年一月に南宋の都臨安（杭州）を陥れた。この時点で南宋は滅びたとみなすべきであり、事実翌年六月には、鎌倉に「宋朝滅亡、蒙古統領の間、今春渡宋の商船等、交易に及ばず走り還る」という情報が到着している（『建治三年記』）。宋皇帝の血をひく幼児が広州の海に沈んだ一二七九年をもって南宋の滅亡とするのは、漢民族王朝の消滅を惜しむ名分論にすぎない。

またモンゴルは、一三六八年明軍に大都を奪われてのちも、モンゴリアに退いて「北元」王朝を継続させ、八八年王朝が滅びたのちも、その末裔を名乗るエセンが一四四九年に明の正統帝を捕虜にする（土木の変）など、漢民族王朝明にとって、北からの脅威であり続けた。

日本史とのかかわりで元が特筆されるのは、もちろん「元寇」と呼ばれる戦争である。一二七四年（文永一一）と八一年（弘安四）の二度の戦役だけでなく、その前後長期にわたって日本は軍事的緊張を強いられ、幕府はいつ起こるかわからない侵略に備えた措置をとった。しかし一見奇妙なことに、おなじ時期に、東シナ海をひんぱんに貿易船が往来し、僧侶や文物が行き交っていた。たとえば、両度の戦役にはさまれた一二七七年、元は金をもたらして銅銭と換えようとした日本の商人に貿易を許可し（『元史』日本伝）、翌年も沿海の官司に「日本国人の市船（貿易船）」のうけいれを指示した（『元史』本紀）。じっさい、一二七八年秋に渡来僧西澗子曇《せいかんすどん》が中国に帰り（『大通禅師行実』）、同年末に北条時宗が「俊傑の禅伯」を招くために二僧を中国に派遣し（『円覚寺文書』）、これに応じて無学祖元《むがくそげん》が翌年日本に渡来している（『仏光国師語録』巻九）ことから、貿易船の往来が確認できる。

南宋を滅亡させた結果、版図が南海に開くことになった元は、間をおかずに「海上帝国」への転身をはかる〔杉山 一九九五、一八四頁以下〕。福建省泉州で宋の「提挙《ていきょ》市舶《しはく》」（市舶司の長官）に任じていたムスリム商人蒲寿庚《ほじゅこう》は、一二七七年に宋の幼帝を伴って泉州に逃れてきた張世傑の傲慢に立腹し、泉州在住の宗室を多く殺害して元に降った〔桑原 一九八九、二四八頁〕。同年、元は泉州・慶元（寧波）・上海・澉浦《かんぽ》の四か所に市舶司を建てて、海上貿易の管理に乗りだした（『元史』食貨志・市舶）。一二八一年、福建省左丞にとりたてられた蒲寿庚に二百艘の海船の建造が命じられたが、これは日本征討のために建造が進められていた戦艦六百艘の一部と考えられる〔桑原 一九八九、二八四頁〕。

このように、元の海上展開は、蒲寿庚をはじめとする貿易商人のとりこみによって支えられており、かれらに貿易の利益を得させることが成否を決する条件になっていた。そして、この時期日本との間を往来していた貿易商人は、史料上に「日本商人」と見えてもその意味は〝日本から来た商人〟であり、多くは中国人であった〔榎本 二〇〇七 第一部第二章〕。上記した貿易船うけいれは、このような条件のもとで展開された政策の一環であり、戦争と貿易との奇妙な共存がこうして続くことになった。

ユニークな元代

野蛮が文明を圧倒した暗黒時代と見られがちだった元代は、むしろ漢民族王朝の正統的な見方に縛られない自由奔放さに満ちた時代であった。たとえば、漢民族とは反対に「右」を「左」より上位とする観念が官制にまでもちこまれ、しばしば紛議を呼んだ。一三三五年の改元にさいして、クビライの治世の年号「至元」をふたたび採用したことも、きわめつけの異例である。

クビライが国家事業として開版した大蔵経は「弘法寺版」として世に知られるが、これは歴代大蔵経中もっとも多くの経典を収めているだけでなく、その配列も「開元釈教録」を基準とする伝統的な方式によらず、全経典を統一的な分類基準で再編成したものだった。さらに弘法寺版は、版式の点でも、宋・元代に江南で開版された諸蔵と大きく異なっている。後者が一紙につき一七字詰・三〇行を五折するのに対して、前者は字詰は同じだが約四割も横長の紙に四二行を収め七折している〔村井 一九八八、第X章〕。

図2　泉州のイスラム碑文

元代の画期性は焼物の歴史においても見られる。宋代に完成した白磁焼成技術の上に、イラン産のコバルト顔料を使って器面に

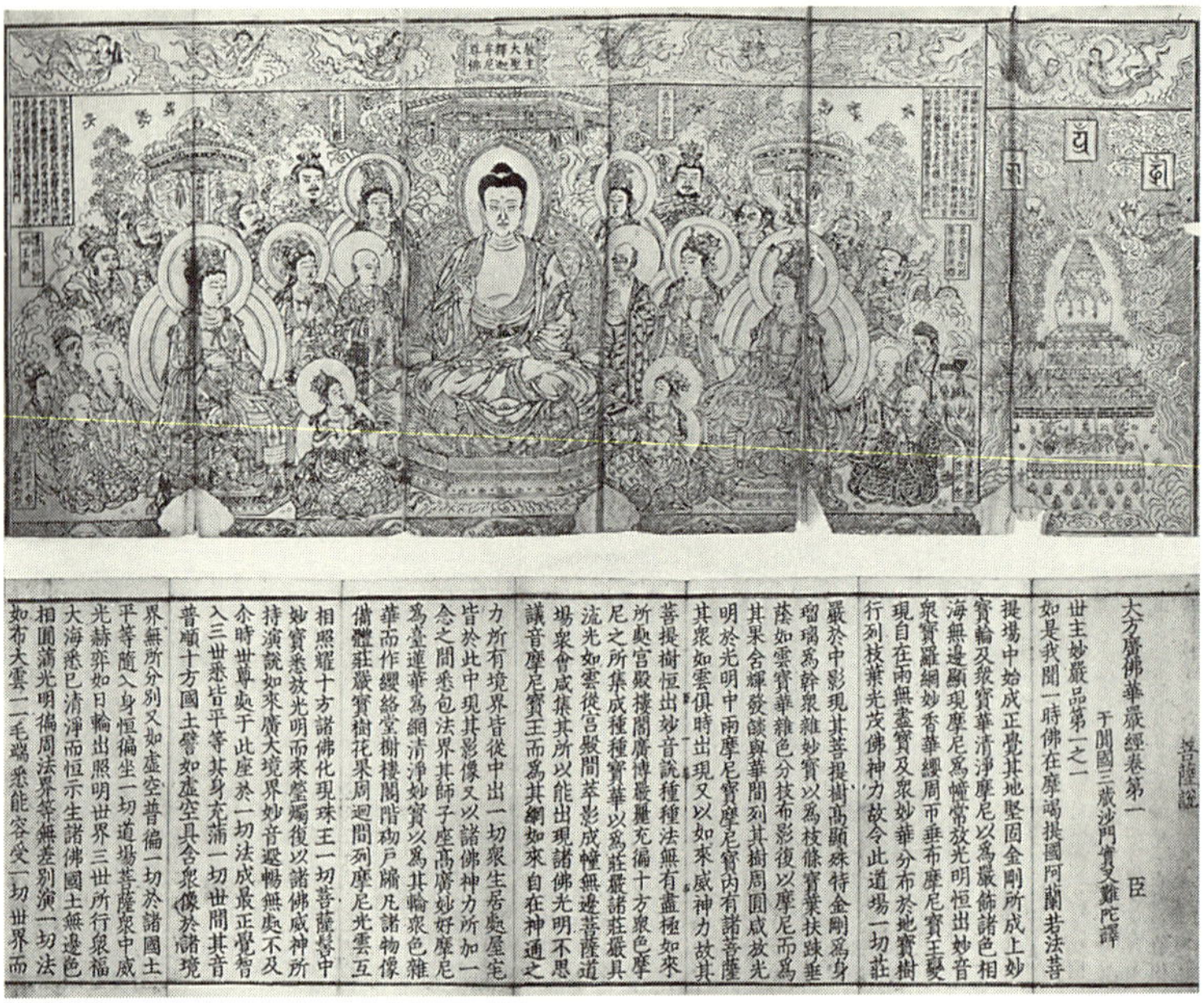

図3　東泉寺華厳経

（千字文帙号と特異な版式からみて，弘法寺版の遺存例と判断される．長崎県立対馬歴史民俗資料館寄託，東京大学史料編纂所架蔵写真）

青色の絵を描くことが始まったのは、一四世紀初頭の景徳鎮においてである。モンゴルが中国とイランをひとつの帝国のもとに統合したことがそれを可能にした。こうして生まれた「青花」は、純白の白地に華やかな西域風の図柄を描き出して、宋代までの無地の焼物（龍泉窯・耀州窯の青磁や定窯の白磁など）を最上とする美意識を一変させ、中国陶磁史を華麗な文様や豊饒な色彩を好む時代へと転換させた。青花は世界中でもてはやされ、中国特産品の切り札となるとともに、景徳鎮を世界最大の窯業都市におしあげた。日本では、やや遅れて室町時代以降、「染付《そめつけ》」の名で珍重されるようになる。

北京が中国の首都の地位を得た初めは、クビライが一二六六年に建設を始めた大都である。大都は、世界の中心たる中華王朝の国都、古代以来いまだ実現したことのない帝都の理想像を、まったくのさら地の上に築こうとした純計画都市であった。いっぽうで大都は、夏の都上都に

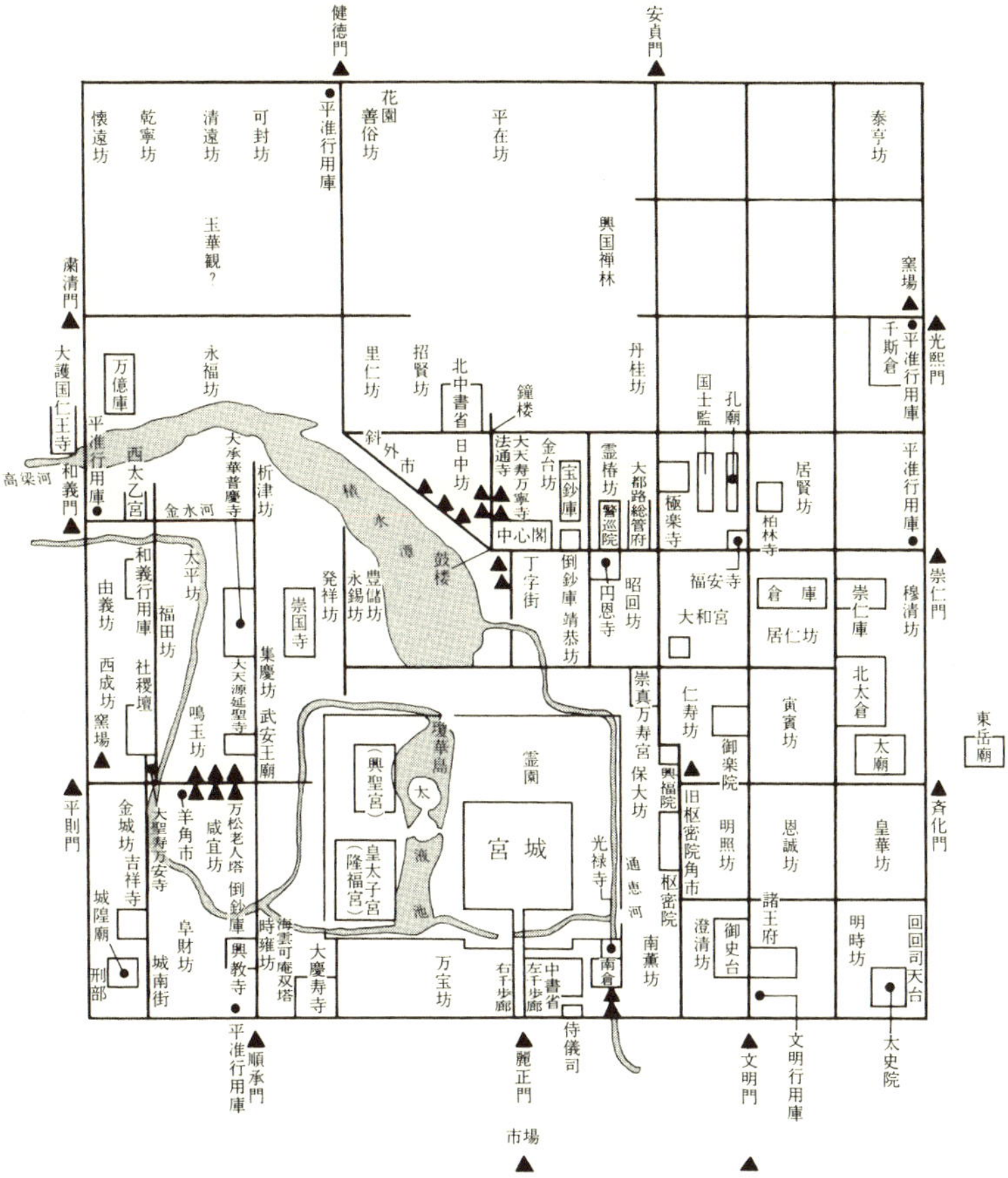

図4　大都

対する冬の都として築かれ、移動する軍団の幕営地という本来の性格を留めていた。その中央部には太液池《たいえきち》・積水潭《せきすいたん》と呼ぶ湖水と、それをとりまく緑地が広がっており、水辺の草地と都市とがくみあわさったモンゴル型の都城パターンが看取される。さらに、積水潭は都城にとりこまれた港湾として機能し、南中国からインド、西アジアにいたる海上の道の始点となっていた。積水潭から五〇キロメートル東方の通州までは三七メートルの比高差があり、これを一〇か所の閘門《こうもん》によってクリアした。また大都を中心に東アジア全域にむけて公路が放射状に延び、上都には内陸アジアを通るすべてのルートが集中していた。このように大都・上都をふくむ「首都圏」は、北の陸上帝国と南の海上帝国とを統合する交通・物流の中心となるべく、人為的・計画的な配置のもとになりたっていた〔杉山　一九九五、一四三頁以下〕。

自由狼藉の世界

ところで、後醍醐天皇の推進した「建武の新政」は、社会の現実や先例・故実を無視した政治の暴走として、きわめて評判が悪い。南北朝後期の保守派貴族などは、後醍醐の乳父《めのと》吉田定房が家格を超越して内大臣に昇進した例を引いて、「後醍醐院の御行事、この一事に限らず、毎事物狂の沙汰等なり、後代あに因准（準拠）すべけんや」と罵倒しているほどである（『後愚昧記』応安三年三月一六日条）。しかし、施策の内容を見ると、日本史の文脈では異常に映っても、元代と共通するものを多く見いだすことができる。

まず、悪政の代表のように言われる大内裏造営計画は、王権の中枢たるべき天子の居所が、「里内裏」というかたちに矮小化されてしまっている現実を、つきやぶろうとしたものであり、大都の建設に通じるものがある。また、おそらくこれと連動して立案されたのが、「乾坤通宝」という名の銅銭を鋳造し紙幣と併用するという、通貨発行である。いわゆる「改銭の詔」は、『易経』および周の武王と漢の文帝の故事の引用から始まって、日本の現状を「これ（銭）を外国に求めて、擅《ほしいまま》に俗間に敷き、官法忘るるが如し、頗る彝典《いてん》に違ひ、復《ま》た政令を枉《ま》ぐ」と批判し、「今新化（新貨を含意）を以て旧幣（旧弊を含意）を除かんが為、始めて官銭を造る、須《すべか》らく天下に頒《わか》つべし」と高らかに宣言する（『建武記』）。貨幣の発行権を不可欠の属性としてもつ中国の帝王に範を求めたもので、とくに紙幣という着想は元代の「鈔」から得たものにちがいない。

また虎関師錬《こかんしれん》は、「天下の僧服を黄色にしたい」という後醍醐の発言を聞いて、「最近凡庸な僧侶らが帰国するたび

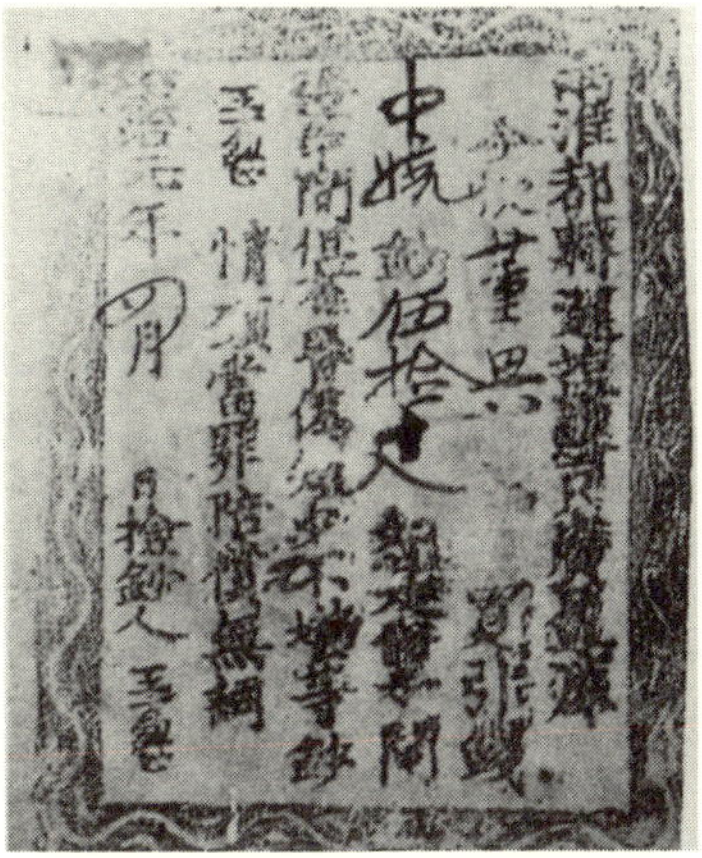

図5　鈔

図6　虎関師錬像（海蔵院蔵）

に、大元では僧服が黒から黄色に代わっていると吹聴するので、みながそれに同調しているが、一朝革命の元主の考えを、百王同姓（万世一系の意）のわが国で採用するのは不可である」と進言した（『海蔵和尚紀年録』）。こんな細かいところまで元の動向に敏感な後醍醐の性向が見てとれるとともに、中国の思想や歴史に通じた当代一流の学問僧虎関が、後醍醐とは対照的に保守的な心情に囚われているのは皮肉である。

さらには、『二条河原落書』が「京・鎌倉ヲコキマゼテ、一座ソロハヌエセ連歌、在々所々ノ歌連歌、点者ニナラヌ人ゾナキ、譜代・非成ノ差別ナク、自由狼藉ノ世界也」と描き出した、新政期の社会一般の風潮こそ、中国史における元代のユニークさを思い起こさせる。

渡海熱と情報

右の僧服の件でいまひとつ注目したいのは、元の情報が渡海僧の口から伝えられた点である。このころ日本の僧侶の間に〝渡海フィーバー〟が蔓延していた。虎関の伝記『海蔵和尚紀年録』の正安元年（一二九九）の記事に、「最近、わが国の凡庸な僧侶らが、熱に浮かされたように元土に押しかけているが、これはわが国の恥を遺すものだ」とあり、雪村友梅《せっそんゆうばい》の伝記『雪村大和尚行道記』の徳治二年（一三〇七）の記事に、「時に本邦の僧たちは先を争って元土に入り、知識に参じて大事を決している」とある。

人ばかりでなく書物や通信も貿易船に乗って海を渡った。虎関はかねてより「いまわが禅刹に流布する『叢林公論』という中国渡来の新書は、二十三葉目に脱簡があるのではないか」と指摘していたが、一三〇三年に元朝から到来した善本を見たところ、まさしくそのとおりであった（『海蔵和尚紀年録』）。遠渓祖雄《えんけいそゆう》は、在元中の一三一五年、「めでたい夢を見たから早く帰ってきなさい」という母からの手紙が「商船」に託されて届き、師匠の中峰明本《ちゅうほうみょうほん》に帰郷の意を告げた（『遠渓祖雄禅師之行実』）。また不聞契聞《ふもんかいもん》も、在元中の一三二三年、鎌倉から師匠東明慧日《とうみんえにち》（北条貞時の招きで一三〇八年渡来した曹洞僧）の帰国を促す手紙が「商估《しょうこ》入海者」に託されて届き、泣く泣く杭州浄慈寺《じんずじ》の霊石如芝《りんしいによし》のもとを辞去して、「回船に付して東帰」した（『不聞和尚行状』）。

二　にぎわう東シナ海

『中巌月和尚自歴譜』は語る

ひんぱんな僧侶の渡航の背景には、東シナ海における貿易船の恒常的な往来があった。かれらの渡航手段は、判明するかぎりすべて、「商船」「商船」などと呼ばれる貿易船への便乗であった。僧侶の伝記史料がこの時期の貿易を復元する有力な史料となるのはこのためである。もっとも内容豊富なものとして、まず中巌円月（一三〇〇―一三七五）が生涯の足跡をみずから書き記した『中巌月和尚自歴譜』（以下『自歴譜』と略称）の関係部分を紹介しよう。

一三一八年（文保二）、一九歳の中巌は、鎌倉の円覚寺から博多に至り、江南へ渡ろうとしたが、「綱司」（中国人の船持ち貿易商人）に乗船を断られ、空しく帰った。京都の万寿寺・南禅寺、越前の永平寺、鎌倉の浄妙・建長・円覚寺などで修行を重ねたあと、一三二四年（正中元）春、ふたたび筑紫へ赴いて「出唐之船」を待ったが得られず、夏にいったん豊後に赴いて守護大友貞宗とまみえ、同国万寿寺で名僧のほまれ高い闡提正具《せんだいしょうぐ》に参じた。ついで博多に戻ったが、京都の混乱（正中の変）のため「商船」が出港しなかったので、冬には豊後に帰った。念願かなって江南にいたったのは翌年の九月であった。在元八年、一三三二（正慶元）年に「倭船」に乗って帰国し、博多東郊の多々良に闡提を開山として大友貞宗が開いた顕孝寺で、夏から冬を過ごした。日本の禅宗界にうけいれられなかった中巌は、一三四二年（康永元）の夏にまた渡航を志して鎮西に赴いたが、「官司」が文書を発して乗船を禁じたので、出国することができなかった。

中巌が最初の渡航の試みに失敗したのは、渡航費用が調達できなかったためと思われる。一三一〇年代に渡航した清渓通徹《せいけいつうてつ》の伝記は、久しく南遊の志を抱いていたが、「行李の資」がなくなかなか実現しなかった、と述べている（『清渓和尚行実』）。中巌の渡航が六年後に実現したのは、こののち生涯大友氏の外護を受けることになることからみて、貞宗に渡航費用を出してもらったのだろう。中巌の作品集『東海一漚集《いちおう》』（法常寺本）に収める貞宗の塔を祭る文に、「我れ曩《さき》に図南し（中国渡航を志し）、道を筑紫に借る、険は前に在り、鯨濤《げいとう》万里、小《すこ》しく遠志を草し、公に済《すく》ひを頼む矣」とある。

また、中巌が往きに乗った船は、『自歴譜』には「商船」とあるが、建長寺造営料唐船（建長寺船）と呼ばれるものであり〔柴 一九三二〕、挫折した二度目の渡航計画のとき乗ろうとした船も、天龍寺造営料唐船（天龍寺船）であった。これら「寺社造営料唐船」の実体については、第三節でくわしく論じることとしよう。

日元貿易の消長

中巌の入元船が正中の変のあおりで遅延したことは、政治や社会の状況が貿易船の動向に少なからず影響を及ぼすことを物語っている。従来、私をもふくめて、日元貿易がどの時期にもいちように隆盛であったかのごとく考えてきたが、最近の研究によって、そこにも顕著な波動があること、とりわけ――上の例は日本側に原因があったが――中国における「倭寇」事件と中国側の対応策が原因となって、交流に減少または空白期が生じていることが、解明された〔榎本 二〇〇七 第二部第一章〕。

まず弘安の役（一二八一年）後に長期の空白があり、渡航船が復活するのは一二九二年ころからである〔木宮 一九五五、四一一頁〕。この年明州に到来した船は、貿易を目的としていたが、船中から武器が発見されたため、異図を恐れた元政府は都元帥府を立てて海道を固めさせた（『元史』本紀）。

一二九〇年代後半以降ようやくにぎやかになった往来は、一三〇九年明州で起きた「倭寇」事件によって警備体制が強化され、下火となる。龍山徳見《りゅうざんとくけん》の行状が大徳一一年（一三〇七）に懸けて叙述するこの事件が一三〇九年の誤りであって、一三〇七年には「倭寇」事件はなかったことが、最近の研究で解明されている〔榎本 二〇〇七、第二部第一章〕。とばっちりは在元中の日本僧に及び、「諸寺を巡検して倭僧を捕ふ」という事態になった。天童山では数十人が捕えられ、船で大都に送られたが、龍山もそのひとりであった（『龍山和尚行状』）。雪村友梅も、蔵主《ぞうす》として滞在していた道場山に近い湖州の獄に囚われてしまう（『雪村大和尚行道記』。〔今谷 一九九四、六六頁以下〕では一三〇七年の事件のあおりとして叙述するが、一三〇九年としたほうがすっきり解釈できる）。

ついで一三二七、八年ころにも明州で「倭寇」事件があり、その影響で、入元僧不聞契聞が武昌で投獄されて親友の中巌が救援にむかったり、前例のない福州への倭船入港があったりした。この船には、日本僧士林得文《しりんとくぶん》が明極楚俊を迎えるために乗っており、帰りに明極および竺仙梵僊《じくせんぼんせん》・懶牛希融《らいぎゅうきゆう》という三人の渡来僧をともなって、一三二九年（元徳元）博多に帰着した。

さらに一三三〇年代に空白期がある。天龍寺船が準備されていた一三四一年（暦応四）の文書に、「宋船往来の事、

図７　雪村友梅像（宝林寺蔵）

その沙汰あり、元弘以後中絶、十个年を経て興行せらる」とあり（『天龍寺造営記録』、①とする）、元弘三年（一三三三）に帰国した住吉社造営料唐船以後、約一〇年間「宋船往来」が途絶していたことがわかる。また、おなじころ中巌が詠んだ詩に、「貿易船が通わなくなってもう十年にもなる、江南の物の値はなにもかも天井知らず」とある（「はじめに」で紹介、②とする）。この間にふくまれる空叟智玄《くうそうちげん》の入元（一三三四年）と帰来（一三三九年）に関する記事は疑うべきであるが、正堂士顕《しょうどうしけん》の帰来（一三三五年）は事実とみられる。以上より、①は「公許船」にかぎっての中絶であり、一般の貿易船は一三三五年から天龍寺船の渡航した一三四二年まで中絶していたことになる。この中絶と復活の原因としては、一三三五―三六年ころに明州で倭寇事件が起きて貿易禁止措置がとられ、それが一三四〇年ころに解除されたことが、元の官僚の伝記史料に記されている〔榎本 二〇〇七 第二章第一節〕。

天龍寺船以後はしばらく順調な往来が続くが、一三四八年に方国珍が浙江省で反乱を起こしてから不穏な状況となり、五山も「径山《きんざん》・霊隠《りんにん》・浄慈・天童等みな席を虚しうし、単地に安んずるなく、多く賊曹（盗賊取締官）の為に衣《え》盂《う》（衣鉢）を奪い去らる」というありさまで、無文元選《むもんげんせん》は一三五〇年に兵を避けて帰国した（『無文選禅師行業』）。翌年愚中周及《ぐちゅうしゅうきゅう》・性海霊見《しょうかいれいけん》の帰国と元僧東陵永璵《とうりんえいよ》の渡来があったのを最後に、しばらく僧侶の往来は見られない。一三五六年に方国珍、一三五七年に張士誠が元朝に帰伏して江南の戦乱が収まると、一三五七年から六四年にかけて往来が復活する。しかし一三六六年には朱元璋による江蘇・浙江攻撃が始まり、六八年の元室の大都退去へと至る。

「新安沈船」の遺物

日元間を往来した貿易船にはなにが積まれていたのだろうか。それを語るもっとも雄弁な資料は、一三二三年に明州から博多へむかう途中、朝鮮半島西南近海で遭難したいわゆる「新安沈船」の遺物である。『新安海底遺物・綜合編』によって、調査の概要を記す。

調査は一九七六年一〇―一一月に一一二点の遺物を引き揚げた第一次から始まり、同年一一―一二月の第二次で遺物の点数は一八八四点と急増、七七年の第三次で四九〇六点、七八年の第四次で五〇四六点が回収された。八〇年の第六次から船体片の引き揚げが始まって、調査は第二段階に入り、八四年六―八月の第一〇次でほぼ完了した。同年九月に「最終確認」、八七年四―五月に「確認調査」が行われ、八二点の遺物と銅銭若干が追加されて、すべてを終了した。

筆者は二〇〇一年五月三日に沈船発見現場を船で訪れることができた。史跡第二七四号「宋元代遺物埋蔵海域」は、全羅南道《チョルラナムド》木浦《モッポ》市から西北に四〇キロメートルほど行った、東経一二六度五分六秒、北緯三五度一分一五秒に位置する。北の荏子島《イムジャド》と南の曾島《チュンド》に挟まれたかなり広い海域で、水深は約一八メートル、多島海のなかというよりは外海から多島海への入口というべき場所である。潮流はきわめて速く、海底の泥が巻きあげられるのか、海面は比較的澄んだところと薄茶色に濁ったところが斑になっていた。遺物の調査は、海底に一マスが二メートルの方眼からなる鉄のグリッドを沈め、潜水夫がどの区画から遺物を回収したかを記録する、という方法で行なわれた。視界の利かない海中で、潮流が止まるわずかな時間をねらっての調査だったので、海軍の協力が不可欠だったという。現場から東南方約二・七キロメートルの曾島西端の岬に記念碑が立っている。

遺物の種類と総数は、まず陶磁器としては、青磁一万二三七七点、白磁（青白磁をふくむ）五三一一点、黒釉五〇九点、雑釉二三〇六点、白濁釉一八八点。さらに金属類が七二九点と石製品が四五点、その他が五七五点で、ここまでの合計は二万二〇四〇点になる。これ以外に銅銭が二八トンと一九・六キログラム（第九次までがトン表示、第一〇次以降がキログラム表示）、紫檀木が一〇一七本、船体片が四四五片である。

積荷の中心は陶磁器と銅銭である。前者では龍泉窯系の青磁と景徳鎮窯の白磁・青白磁が優越し、青花（染付）は一点もなかった。いまだ日本市場で受容される段階ではなかったものと推察される。青磁・白磁は、方形の木箱に同形のものが積み重ねられて、しっかりと梱包されていた。木箱は「その他」に入れられているが、側面に「大吉」という墨書のあるものもある。遺物に陶磁器の完形品が多くふくまれているのは、こうした梱包のままで海底の泥砂に埋もれていたからである。

図8　新安沈船発見海域の風景

磁器の種類や器形は日本における寺院伝世品や中世遺跡出土品とよく一致し、「慶元路」という銘のある秤《はかり》のおもりが出たこととあわせて考えると、慶元すなわち明州を出港して博多をめざす途中遭難したことが明らかである。当初は高麗青磁や、鉄斑の入ったいわゆる飛《とび》青磁（東南アジア方面で多く出土）

図９　新安沈船遺物の青磁・青白磁
（韓国国立中央博物館蔵）

図10　「大吉」銘木箱
（韓国国立中央博物館蔵）

図11　伝金沢顕時墓出土青磁
（称名寺蔵，神奈川県立金沢文庫保管）

があったことから、朝鮮半島やフィリピン群島に寄港する航路をたどる船だとの説もあったが、それらの数はきわめてすくなく、積荷のすべてが日本むけと判断される。大量の銅銭の存在（サシの状態で見つかったものも多い）も、一四世紀の中国周辺で中国銭が全面的に流通していた地域が日本だけであることから考えて、右の判断を支持する。紫檀は家具になるような巨木ではなく、おそらく寺院などで使用する香木であろう。

鎌倉にあふれる唐物

海に沈んでしまうことなく、日本にたどり着いた品に目を移そう。鎌倉の東方江戸湾に面した景勝地（現、横浜市金沢区）に、北条氏の一族金沢実時《かねさわさねとき》が建てた律宗寺院称名寺と蔵書閣金沢文庫に伝えられた文物は、その典型例といえる。一九七七年に神奈川県立金沢文庫で開かれた特別展「宋元文化と金沢文庫展」の展観資料目録によって、一瞥してみよう。

まず目につくのが、宋・元代に撰述あるいは印刷され、金沢文庫・称名寺の所蔵に帰したおびただしい漢籍（阿部一九七二）・仏書である。本目録には金沢文庫に現存するものだけでなく、散逸して各所の所蔵に帰したものも収録しており、後者のほうがずっと数が多い。漢籍・仏書ともに、宋代に撰述あるいは印刷された本が、あまり時をおかずに輸入されているケースが多い。

周知のように、金沢文庫にはおもに称名寺に伝来した大量の中世文書（典籍の紙背文書をふくむ）が所蔵されている。そのなかに漢籍・仏書の名が出てくることも多い。たとえば、九月二二日の日付をもつ僧恵翁《えおう》書状に、「仰せを蒙り候所の十王次第、異説を加へ注進せしめ候、列子宋本幷風土記、尋ね出され候はば、廻使に附して給ふべく候」とある。そして、十王次第・列子・風土記の文字に合点が付され、「給ふべく」の脇に「追て進《まい》らすべく候」、差出書「恵翁」の脇に「貞秀」と書き入れがある。合点と書き入れは受取人長井貞秀の筆である（金文二一八六七）。称名寺の僧侶と御家人との間で、宋本をふくむ書籍のやりとりと研究が行なわれていたようすがうかがえる。

このほか目録には、「宋元版の影響をうけて日本で出版された主な仏書」「宋元仏教の影響をうけて日本で撰述された主な仏書」「宋人によって書写された仏書」「その他、宋元仏教と関係あるもの」という項目もあり、広範囲かつ多彩な中国文化の影響が看取される。書籍以外の美術工芸品としては、陶磁器・仏画・肖像画・仏教彫刻があり、国宝・重文に指定されているものが多い。国宝になっている金沢氏四代（実時・顕時・貞顕・貞将）の肖像画も、宋元の仏教社会における肖像画の伝統をうけついで成立したもので、実時・顕時は法体で描かれている。陶磁器には新安沈船の遺物と酷似する例が見られる。

また、目録に紹介されている古文書からも、鎌倉に唐物があふれていたようすを見ることができる。金沢貞顕は称名寺方丈にあてた手紙で、「明日評定以後、参ずべきの由思《おぼ》し給ひ候、唐物等

図12　金沢実時像
（称名寺蔵，神奈川県立金沢文庫蔵）

開かれ候へかし、拝見仕り候はむと存じ候」と依頼し（金文一―一五七）、見せてもらったあとで「唐物等一見仕り候、悦び入り候、但し重宝にはこれなく候、歎き存じ候」と文句を言っている（同二七九）。右の第一の手紙には、「極楽寺物は何様御沙汰候や、市立てせらるべきの由聞こえ候ひしは、一定《いちじょう》候か、承るべく候」ともあって、寺の獲得した唐物が市場に出されていたこともわかる。

一四世紀初頭の某書状に「俊如房唐へ渡の時、本□んを一ふく渡し候はんために、金を少しあつらへたる事候」とあって（金文四―二九四三）、貿易に投ずるための原資を調達する動きがみえる。別の貞顕書状には「狼藉の事、唐船物ども着き候て、いささか左様に候らん、返すがへす歎き存じ候、厳密の御沙汰候べく候、鎌倉中狼藉申す計りなく候」とあり（金文一―四三五）、唐物に群がる鎌倉人の喧噪がうかがえる。とくに、貞顕が嫡子貞将にあてた手紙の「唐物・茶のはやり候事、なをいよいよ勝りて候、左様の具足（道具）も御用意候べく候」というくだりは、犬追物に使用する「犬の箱」への言及などとともに、終末期の幕府周辺を語る史料として、しばしば引用される（金文三―二三七九）。

五島で遭難した唐船

では日本からはどんな品が中国へ運ばれただろうか。一二九八年（永仁六）四月、五島列島の樋嶋《ひのしま》（現、長崎県新上五島町日島郷）の地内で、中国をめざして航行中の「唐船」が難破し、同島の「在津人百姓」や「島々浦々船党」が積荷を運び取るという事件が起きた（瀬野 一九八六）。略奪されたのが「関東方々御物」だったので、鎮西探題から近隣の御家人たちに荷物を回収して返付するよう命がくだった。「関東方々」とは関東・葛西殿・大方殿・浄智寺の四者で、関東は得宗北条貞時、葛西殿は貞時の祖父時頼の後家、大方殿は貞時の父時宗の後家、浄智寺は貞時の従兄弟かつ女婿である師時の菩提寺である。いずれも当時の得宗家の中心メンバーであった。荷主ごとに記された四通の積載品目録が『青方文書』に遺されていて、幸運にも中国へむかう貿易船になにが積まれていたかを知ることができる。

得宗分の注進状は、端裏に「関東御使義首座《しゅそ》所進注文案」とあって、前半で遭難と略奪の状況を記したあと、後半に「御物以下所持金帛《きんぱく》員数」として、砂金一三七切《きれ》・円金《まとめかね》二〇〇切を挙げ、続いて「水銀・銀剣・白布ならびに細々所持具足等、注進に遑《いとま》あらず」と記している。従来、この義首座なる禅僧は「葛西殿・大方殿のような得宗有力荷主よりその売却方を依頼され乗船していた者で、そこから関東御使の称が与えられたものと考えられ」てきた〈瀬野 一九八六、三八一頁〉。たしかに、被害状況の報告は船全体を代表して行なっている可能性があるが、後半の品目リストは他の三通の注進状と横ならびであり、金の数量の多さから考えて、「関東」とは得宗自身を指すと解すべきであろう。そう考えることで、荷主に得宗自身の名が見えない不自然さも解消する。

図13　日島の曲墳墓群
（新上五島町教育委員会提供）

つぎに、葛西殿の分は、全文ひらかななので解釈がむずかしいが、漢字を当てて意味をとればつぎのようになろう。砂金二百四十両〈四匁〉、円金六十切、細絹《ほそぎぬ》百一端〈二十尋《ひろ》の布四十三端・十三尋二十端・三十尋二十五端・四十尋十三端〉、水銀《みずかね》二樽、紫皮縅《おどし》の金胴《かなどう》一領、赤皮縅の腹当《はらあて》一領、目貫《めぬき》を金で透かしアザラシ皮の尻鞘《しさや》で包んだ太刀一腰、束《つか》と鞘の尻を笛籐《ふえどう》で巻き目貫を金で透かした刺刀《さすが》二、梨子地《なしじ》に金の襞を蒔いた茶杯《ちゃつき》の台・梨子地蒔絵の小さな半插盥《はんぞうたらい》、ぐるりを梨子地に蒔いた「すゝはこ」〈鈴箱・硯箱などと読まれているが、数珠《じゅず》箱か〉、裏地つきで表は格子の綾模様の奥紫の

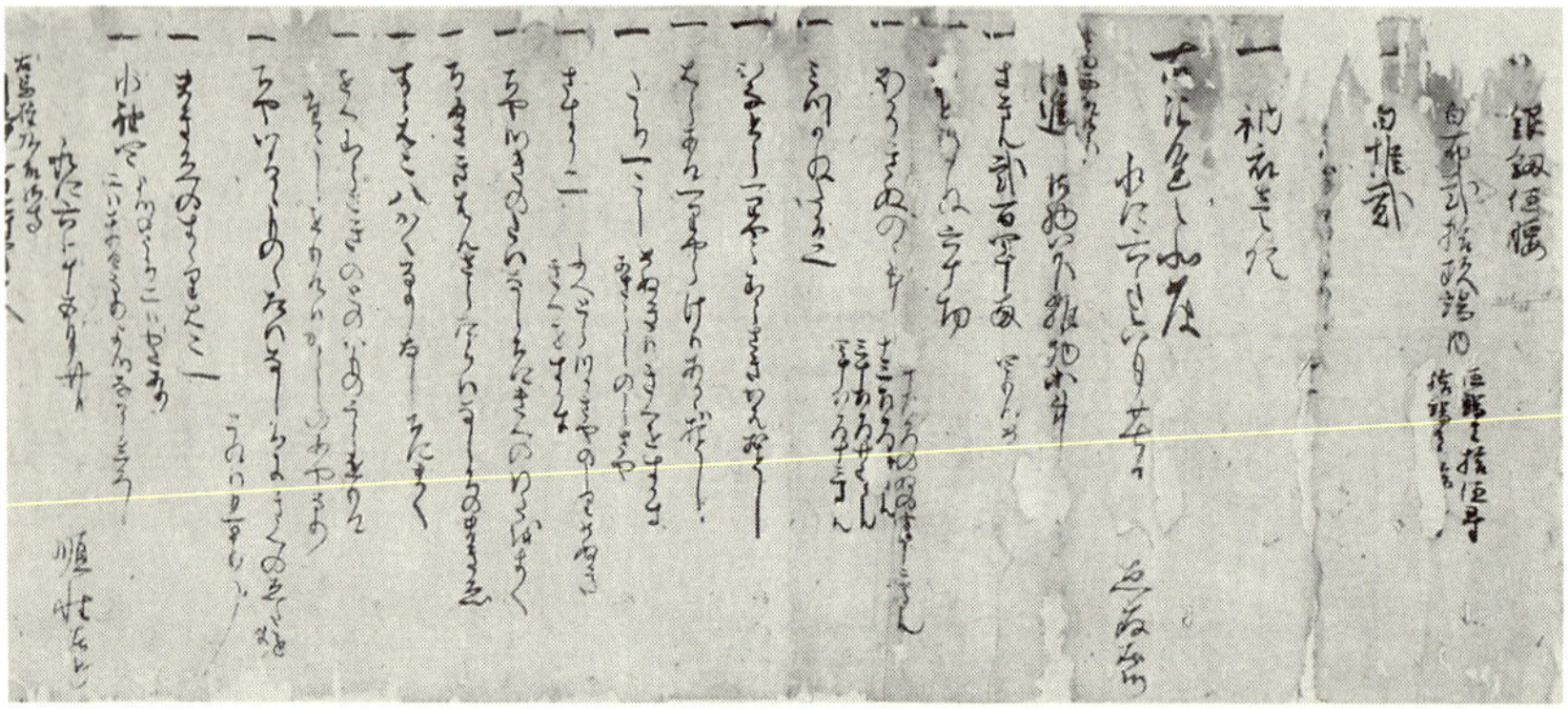

図14　「青方文書」永仁６年６月29日注進状（長崎県立図書館蔵）

宿直物《とのいもの》（夜具）、梨子地に金の襞を蒔いた茶入れの台、蒔絵の硯箱一、白の小袖四〈二は綿入、二は袷〉。

最後に、大方殿の分は、金百二十八切〈円金三十五・砂金九十三〉、水銀十七筒、銀剣五腰、白布二十九端〈十五尋が五端・一□尋が十端〉（計算合わず）、白帷二、唐紗《とうしゃ》袈裟一条、衲衣《のうい》一領、浄智寺の分は、円金・砂金あわせて百二十四切五両〈皆三十匁〉、銀剣十腰〈円蒔共〉、珠一結〈大小五嚢〉、水銀四｜貫である。

品目はつぎのようにまとめられる。①貴金属類として、砂金・円金というふたつの形態の金の地金と、樽や筒に入れた水銀、②布帛類として、絹の反物（一反の長さは種々あった）、紫の夜具、白小袖、白帷、③工芸品類として、鎧・太刀・刺刀・銀剣などの武具、袈裟・僧衣・珠などの法具、蒔絵（金銀粉で装飾した漆器）の茶道具・文房具。①②の中心は金・布という通貨的機能をも担いうる品で、貿易取引の決済手段として使われた可能性がある。③は詳しい説明から一級品らしいことがうかがえるが、磁器とは異なって、大規模な生産組織や高度な工業技術を必要とする品ではない。以上から、一次産品を輸出して陶磁器・銅銭という加工品を輸入するという貿易形態が基本だったことがわかる。なお金・布やアザラシは陸奥の得宗領からもたらされたものであろう。

図15　梨子地蒔絵硯箱（熊野速玉大社蔵）

三　貿易の構造——再考「寺社造営料唐船」

「新安沈船」から考える

一四世紀前半の対外関係史を特徴づける「寺社造営料唐船」は、朝廷や幕府から認可されて貿易の利潤の一部を寺社の造営費用に充当する貿易船である。川添昭二によれば、「大寺社がその巨額な造営費を得るために、朝廷・幕府の許可・保護の下に中国に派遣した貿易船」と定義される（川添 一九九四、一三二頁）。この定義からは、日本の主体性のもとに特派される貿易船で、たんなる商船とは異なるもの、というイメージが得られるが、これにはすでに述べた事実から疑問を抱かざるをえない。第一に、『自歴譜』が建長寺船を「商船」と呼んでいたこと、第二に、新安沈船が、「東福寺造営料唐船」の性格をもついっぽうで、中国人貿易商によって運営される民間の貿易船であったことである。ただし後者のような解釈は定説ではないので、少し敷衍しておく（村井 一九九五、二五五頁以下。川添 一九九三も参照）。

この沈船はジャンクと呼ばれる中国式の外洋帆船で、船材となった樹木は中国南部に生育する種である。この事実によって、船が日本列島で造られたとか、船籍地が日本だとかいった説は否定される。また三六〇点ほど見つかった荷札木簡から、多くの事実が判明した。①沈没年代が至治三年（一三二三）であること、②もっとも数の多い木簡に「綱司私」の文字があって、船の運営主体である中国人は綱司と呼ばれ、自分荷物を積載していたこと、③ついで数の多い木簡に「東福寺公用（または公物）」の文字と銭貨の金額が記されていて、貿易船の目的のひとつが東福寺造営費用の獲得にあったと考えられること、④日本の寺社や個人の名前を記した木簡もあり、東福寺以外の荷主も存在し

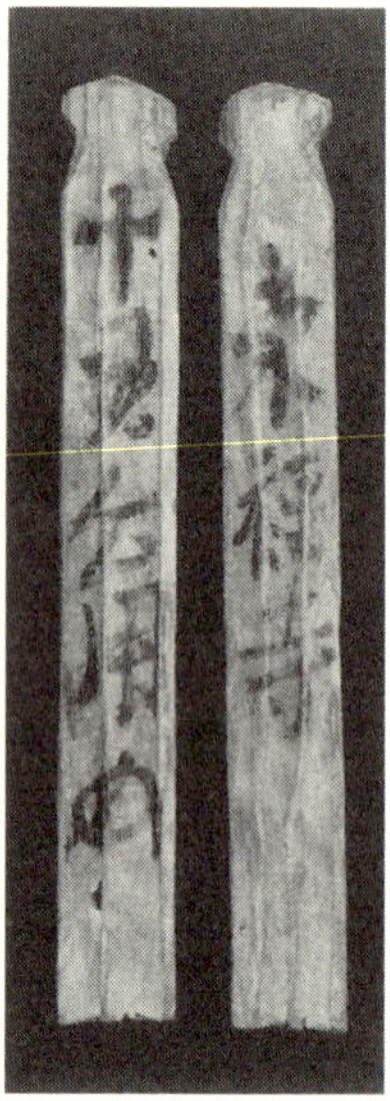

図17　「東福寺公用」銘木簡

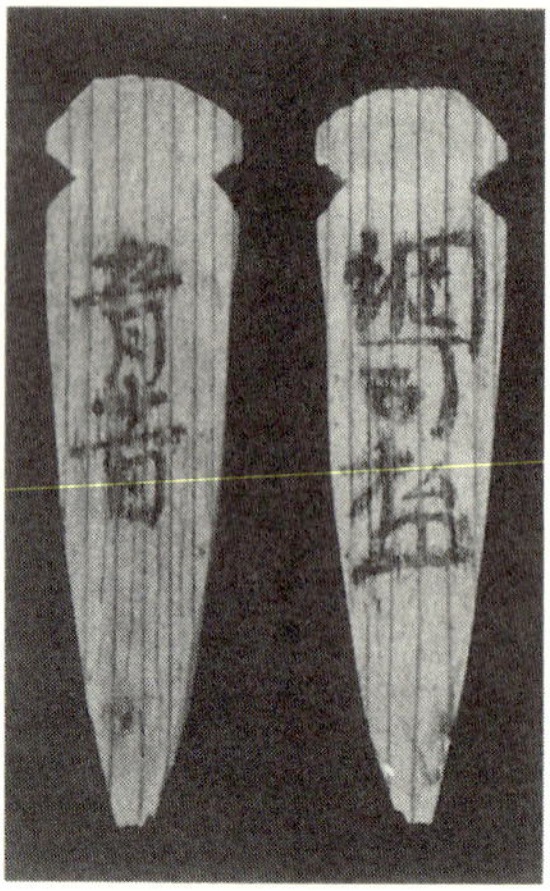

図16　「綱司私」銘木簡
（韓国国立中央博物館蔵，図17・18も）

たこと。

右に示した論点のうち、もっとも論議が多いのは②の「綱司」の解釈である。多数説は、一五世紀の遣明船の役職「綱司」に日本の禅僧が就いている例をさかのぼらせて、新安沈船の「綱司」を同様に解釈し、新安船を「日本船」と解する有力な根拠とする（岡内 一九八六、亀井 一九八六、一八二頁以下）。

だが、木簡の示す「綱司」のプレゼンスは乗員の役職のひとつといった軽いものではない。清渓通徹の伝記は、一三一〇年代に入元したときの状況を、「俄かに海舶に附す」の割注として、「綱状の貴ぶ所と為り、船子喜びて舟中に迎ふと云ふ」と記している（『吉祥庵清渓和尚行実』）。「綱状」を綱司に通ずる「綱使」の誤記と考えれば、綱司—船子の統属関係がみてとれる。また、船の建造地や様式から考えて、日本側の主体性を強調するのは無理な解釈である。船の運営主体は、中国・日本双方の港町（代表的には明州と博多）に拠点をもつ中国人貿易商と解するのが自然だと思う（とはいっても、以下に述べるように、私は新安沈船の「船籍」が中国だと主張しているのではない）。

以上より、新安沈船は、ある面では「東福寺造営料唐船」であり、中国人貿易商が運営する民間の貿易船に、日本の公権力が「東福寺造営」という看板を掲げることを許し、一定の優遇措置を与える見返りに造営費用を納めさせる

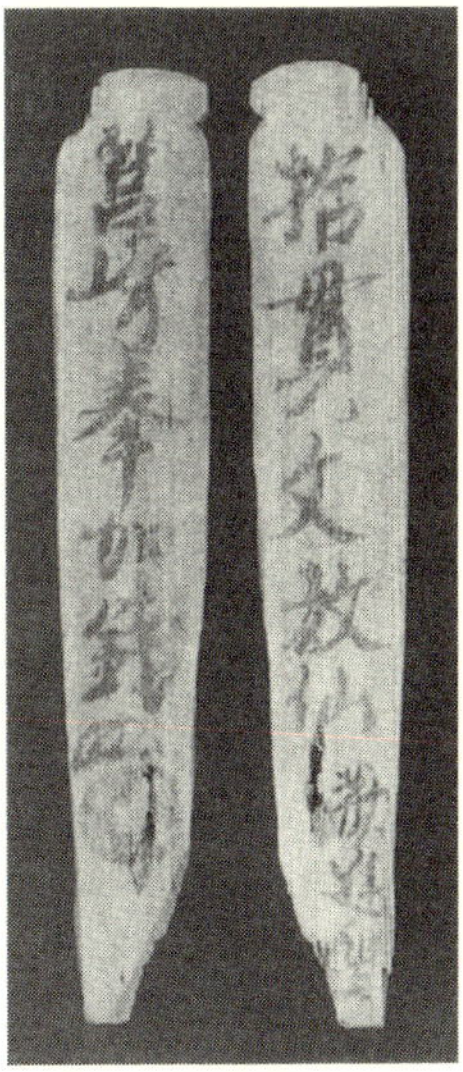

図18　「筥崎奉加銭」銘木簡

もの、と考えられる。日本側から見ると、この貿易は寺社造営のための勧進の一形態であって、事実、木簡のひとつに「筥崎奉加銭」「勧進聖」の文字をもつものがあった。また他の遺物からみて船員の多数は日本人だったことが明らかである。

倭船と唐船

『自歴譜』は中巌が帰国のさい乗った船を「倭船」と表記しており、一二九九年元の国使として来日した一山《いっさん》一寧《いちねい》が乗った船も「日本船」であった（『一山国師行記』）。先学はこれらを「日本船」と解するが（木宮 一九五五、四一五頁、玉村 一九七六、三五九頁）、これらのことばの意味は〝日本から来た船〟という以上ではない。そう考える根拠は、博多に拠点をもつ中国人貿易商、いわゆる「博多綱首」が中国の港に入ったとき「日本商人」と呼ばれた例（榎本 二〇〇七 第一部第二章）や、対馬の使者としてやってきた朝鮮人が「倭人」と呼ばれた例（村井 一九九三、三七頁）からの類推にある。

多くの史料は、「どこから来た船か」という以上に船を区分する関心をもっていないので、「日本（倭）船（舶）」「唐（宋）船（舶）」といった表現のみから、その船の運営主体や、まして「船籍」を読みとるのは容易ではない。日本史料にみえる「唐船」にいたっては、中国に行く船も中国から来る船も表現することのできる、はなはだ困ったことばなのである。とはいってもこの時期には、宋代までのような中国人商人の圧倒的なプレゼンスは後退しつつあり、日本の商業資本が関与した例や、九州で造船が行なわれた例も見いだされることは、のちに述べるとおりである。ようするに、多民族がかかわって、複数の国家領域にまたがる場で活動する貿易船や貿易商人を、「国家への帰属」という観点で弁別しようという近代的発想を、これらの史料は拒絶しているのである。

貿易を担う組織

では貿易の組織はどうだったか。まず注目すべきは、鎮西探題が五島で遭難した船を「藤太郎入道忍恵《にんえ》唐船」と呼んでいたことである。忍恵という人物は、船を所有する商人とも、船の運航を指揮する船頭とも考えられるが、いずれにせよ貿易に日本の商業資本が深く関与していたことはまちがいない。

ついでおなじ船の登載荷物のうち、浄智寺分の注進状を見よう。

右馬権頭殿御寺

自浄智寺方丈道覚房持渡員数事

（品目リストは前述したので省略）

此外私所持物者不知候也。

永仁六年六月廿三日

道覚房は浄智寺方丈からリストの品を託される一方で、注進状に記されない「私所持物」も携えていた。後者は自分の才覚で貿易するための品と考えられ、前者・後者の関係は、新安沈船木簡の「公用」と「綱司私」との関係に対比されよう（むろん道覚房の地位は「綱司」ではないが）。この注進状の作成者は、「道覚房の私所持物については知らない」と述べているから、道覚房とは別人であるが、他の三通は、「御物以下所持金帛」（関東分）・「御物以下雑物等」（葛西殿分）・「御物以下所持物」（大方殿分）のように、「私所持物」もふくめて注進している。このことから、それぞれの注進者である義首座・順性・恵存という僧侶たちも、道覚房と同様、それぞれの荷主から委託を受けて乗船していた貿易代理人と考えられる。

右のような代理人として、従来より知られていたのが、『金沢文庫古文書』にあらわれる俊如房・円琳房・道妙房らである。まず俊如房については、称名寺僧で諱《いみな》を快誉といい、「称名寺造営料唐船」と呼ぶべき船の責任者として元に赴き、一三〇六年（徳治元）四月ころ帰還したことが、詳細に考証されている〔前田 一九八六〕。

円琳房については、一三一五年（正和四）ころと推定される一〇月二四日付頼照書状に、「円琳房来春渡唐の為、極楽寺より上洛し候、先づ船を造らんが為、近日筑州へ下向せらるべきの由、承り及び候」とあって（金文三―二二一四、『神奈川県史』資料編2古代・中世(2)、一九八一号）、極楽寺の代理人として筑前へ赴いて造船し、ついで中国へ渡航する予定だったことがわかる。

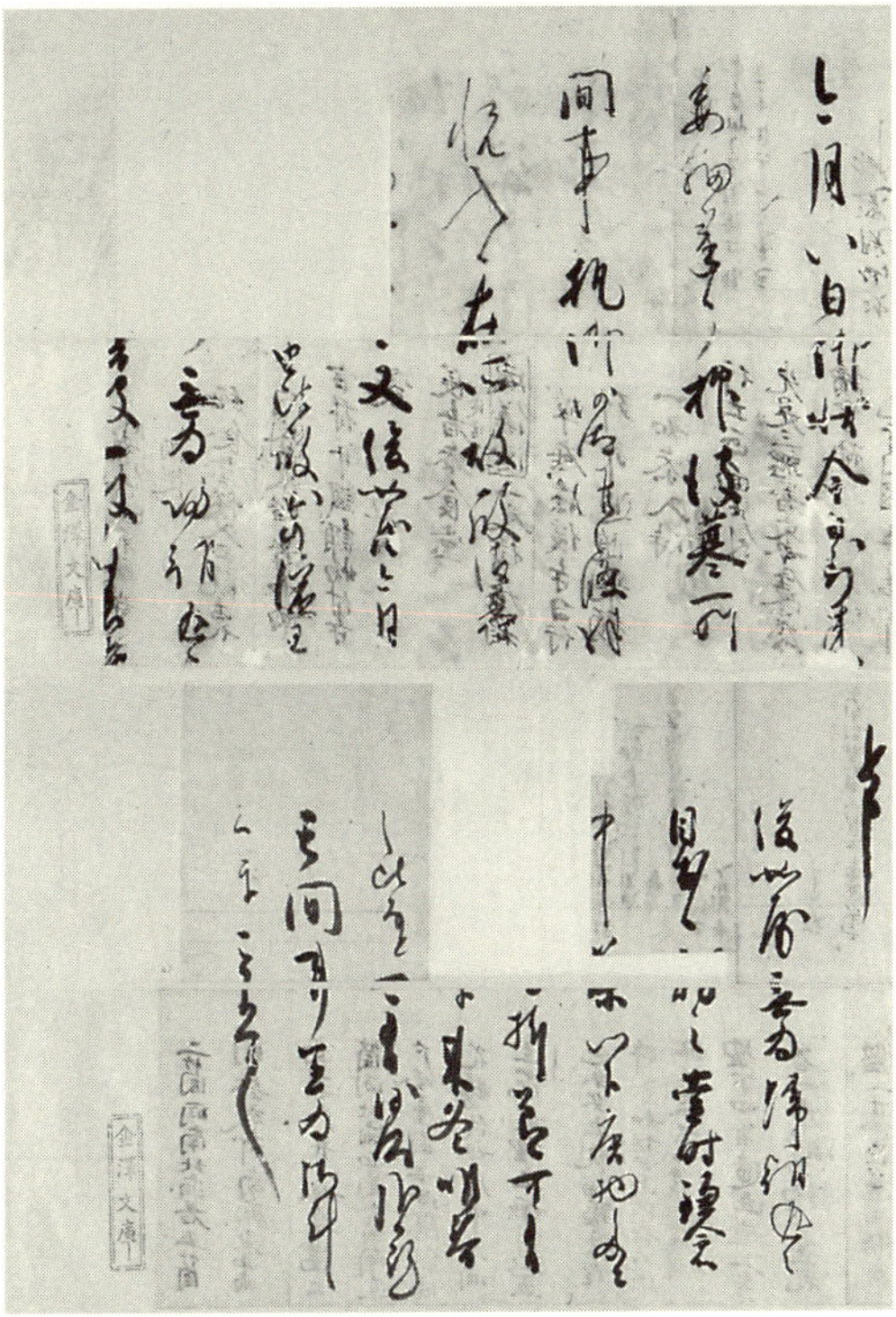

図19　金沢貞顕書状

道妙房については、推定一三二九年（元徳元）一二月三日の六波羅探題貞将あて貞顕書状に、「関東大仏造営料唐船事、明春渡宋すべく候の間、大勧進名越善光寺長老御使道妙房、年内上洛すべく候」とあって（『神奈川県史』資料編2古代・中世(2)、二七八八号）、当該唐船の大勧進を勤める善光寺長老のエージェントとして上洛しようとしている。ついで同年末か翌年初めの貞将妻あて貞顕書状に、「唐船渡り候はば、今にも道妙房着きてぞ候はんずらんと覚え候」「善光寺よりの唐船、いつ頃に一定にて候はむずるやらん、道妙御房のわたらせ給ひ候はむずるから、細かに承り候べく候」とあって（金文一―四七五）、京都で唐船派遣の準備にあたっていることが知られる。

看板としての「寺社造営」

右の一二月三日貞顕書状については研究史がある。かつて森克己は、精密な考証を経てこの書状の年代を一三二八年（嘉暦三）に比定し（森　一九七五、三四三頁以下）、ついで百瀬今朝雄がさらに厳密に森説を批判して翌一三二九年（元徳元）に修正した（百瀬　二〇〇〇、二六九頁）。これを一三二九年のものとすると、同年九月二一日の貞将あて貞顕書状に「進物の事、忩々御用意あるべく候、薫物《たきもの》は男女大切の事に候、唐船帰朝の間、事安く候らんと覚え候」とある（『神奈川県史』資料編2古代・中世2、二七六七号）「唐船」との関係が問題となろう。

一三二九年に来た「唐船」といえば、明極楚俊・竺仙梵僊・雪村友梅・天岸慧広《てんがんえこう》らが同乗して漢詩の唱和に興じた船が思い浮かぶ。『竺仙和尚行道記』に「己巳（一三二九年）五月、福建を離れて海を度《わた》り、六月、本国関西（九州）に至る」とあるから、九月までに情報が鎌倉に届いたとみて、時間的にもあう。そしてこの船は、もともと北条高時の命で士林得文が明極を招来すべく乗りこみ、一三二八年に福州に入港した船にほかならない。

以上の船はすべておなじ貿易船だったのではないか。来日をためらう竺仙を「この船はひとたび去っても明年にはまた来ますから、（帰国されるのも）御意のままです」と説得した士林のことば（『竺仙和尚語録』住建長寺語録）が示すように、この船は日中間を毎年のように往来していた。そのような貿易船が、一三二九年末にたまたま中国へむかおうとしている機会をとらえて、北条政権がこれに「関東大仏造営料唐船」のタイトルを付与したのではないか。「寺社造営料唐船」とは、東シナ海を往来する「商船」が日本の朝廷や幕府のお墨付きを得て掲げた看板以上のものではなかった。これが私のたどりついた結論である。

四　禅律文化の国際性

中巌円月の足跡

〝渡海フィーバー〟にのってかの地に赴いた禅僧たちは、どこを訪れ、だれと会い、なにをしていたのだろうか。一三二五年（正中二）から三二年（正慶元）まで中国に滞在した中巌円月に例をとって、その『自歴譜』から足跡をたどってみよう〔村井 二〇〇一、蔭木 一九八七参照〕。

鎌倉に生まれた中巌は、生後まもなく父母に捨てられ、鎌倉のいくつかの寺を遍歴しながら子供時代を送った。一五歳のとき、円覚寺住持であった渡来僧東明慧日（一二七二―一三四〇）に師事した。一度目の渡航計画が挫折したのち、鎌倉に戻って建長寺で東明（同寺一七世）および霊山道隠《りんざんどういん》（一二五五―一三二五、一三一九年渡来して同寺一八世となる）に参禅した時期がある。東明は中国が日本にむけて開いていた窓、明州の生まれ、霊山は南宋の旧都杭州の生まれである。中巌と東明・霊山との出会いは、中国文化受容の先頭を走っていた鎌倉と、その発信地江南とを結ぶ文化交流の道を象徴するできごとであった。

二六歳となった一三二五年、ようやく便船を得て「江南に到」った。おそらく明州に入港したであろう（以下の中国での足跡は図参照）。到着後すぐに明州西郊の雪竇《せっちょう》山資聖寺で冬の安居《あんご》（一〇月一五日から九〇日間、寺院に禁足して修行に励む）を過ごし、同寺の中岩菴で旧友の全珠侍者と出会って、ともに嘉興府に至り、天寧寺の霊石如芝に参じた。

翌一三二六年春、江蘇省蘇州の霊岩山秀峰寺にしばらく滞在したあと、建康府（南京）に赴いて保寧寺で古林清茂《くりんせいむ》（一二六二―一三二九）にまみえた。古林は中国内外の禅僧に絶大な人気のあった名匠で、とくに偈頌《げじゅ》（仏教的漢詩）の名手として名高く、そのエコールは「金剛幢下《こんごうとうか》」と呼ばれて繁茂し、日本の禅宗界にも大きな影響を及ぼした。さらに中巌は、江西省洪州（現、南昌市）の西山雲蓋寺で夏安居《げあんご》（四月一五日から九〇日間）を過ごし、冬に蘇州の虎丘《くきゅう》山

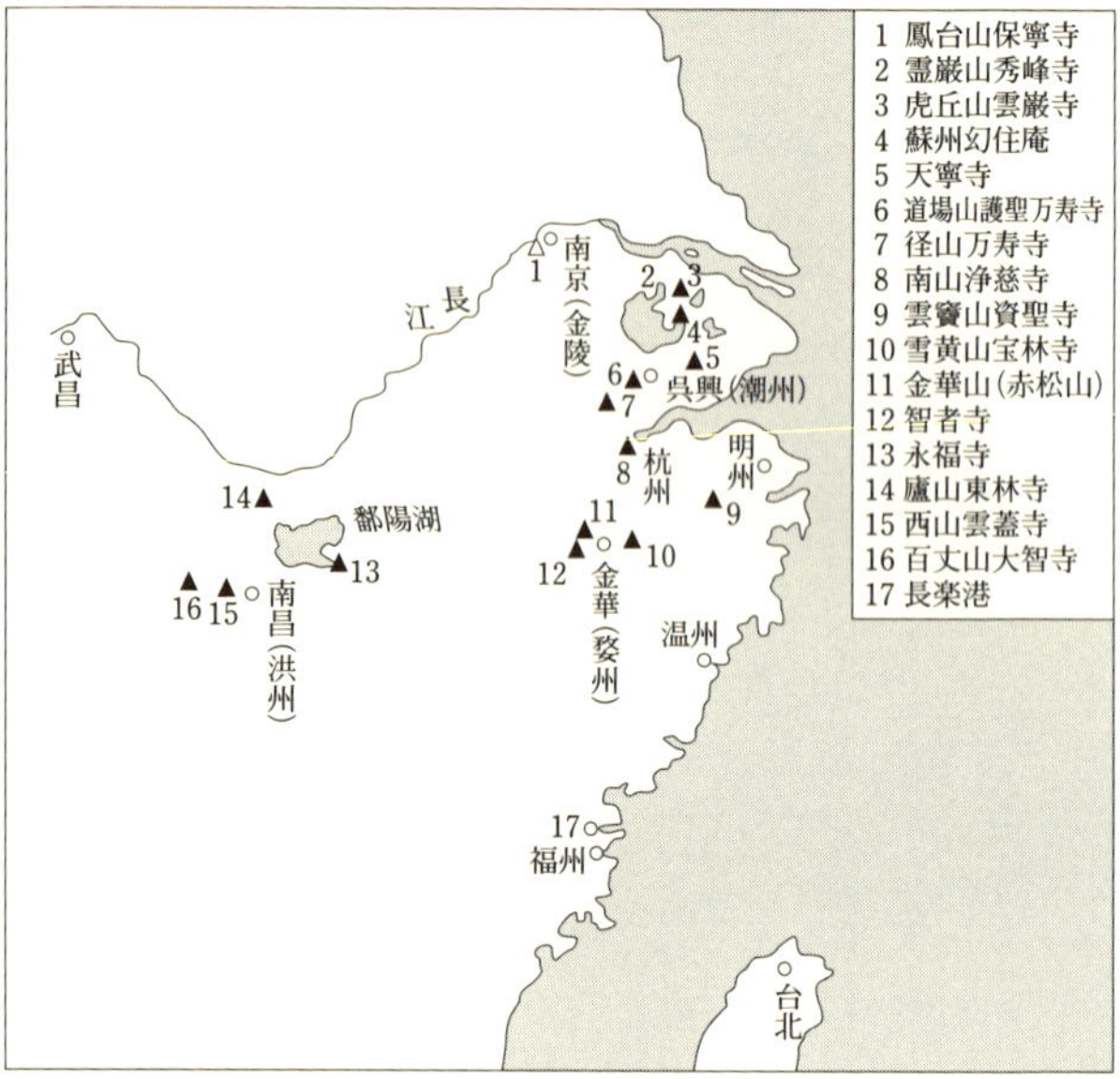

図20　中巌円月の足跡

雲巌寺で済川若檝《さいせんじゃくしゅう》の門下に連なった。ときにこの寺の単寮（独りで住む寮舎）には、一三〇五年以来中国に滞在し、古林の高弟となった龍山徳見（一二八四―一三五八）がおり、中巌は「郷の尊宿」として朝夕龍山の門を敲《たた》いた。中巌はその後この人と親交を結び、龍山示寂の翌年に行状を執筆している。

一三二七年は夏安居を雲巌寺で過ごしたあと、秋に保寧寺へ行ってふたたび古林に参じ、冬は蘇州の幻住庵に赴いて、庵主絶際会中《ぜっさいえちゅう》より温顧を受け、越年した。

一三二八年、蘇州から浙江省湖州の道場山護聖万寿寺に赴いて夏安居を過ごしたが、のち一三五一年に足利直義に招かれて渡来することになる曹洞僧東陵永璵や、一三〇七年以来中国に滞在中の文学僧雪村友梅が同寺におり、知遇を得た。秋には杭州の浄慈寺に赴き、住持となっていた済川若檝にふたたび参じ、冬安居を過ごした。

一三二九年、杭州を発って閩《びん》（福建省）に入ったが、福州の長楽港に「倭船」が入港中だった（前節の最後にふれた「唐船」である）ので閩には留まらず、江西に転じ、洪州の兜率《とそつ》寺に住持となっていた龍山のもとを訪れて夏を過ごした。さらに、友人の不聞契聞が逮捕されたと聞いて、湖北省の武昌へ往ったが、不聞はすでに赦免されていたので、

図21　廬山の風景

江西へ戻り、廬山《ろざん》の東林寺に赴いて、みたび古林に参じた。古林は中巌に書記になるよう求めたが、受けず、冬に洪州の百丈《はじょう》山大智寿聖寺に至った。

一三三〇年、百丈山の東陽徳輝《とうようてひ》の門下にあって書記を掌った。百丈山ではたまたま法堂《はっとう》が落成して、上層に百丈懐海《えかい》の像が安置され「天下師表閣」と名づけられたので、書記として上梁文を作製した。冬至節に秉払《ひんぽつ》を勧めたあと職を解かれると、百丈山をあとにして廬山を訪れ、龍岩徳真《りゅうがんとくしん》・柏壑《はくがく》という隠逸の僧に会い、さらに鄱陽湖《はよう》（江西省にある中国五大湖の一）をよぎって、湖東畔の永福寺に竺田悟心《じくでんごしん》に参じ、歳を過ごした。

一三三一年、春は浙江省婺州《ぶしゅう》に金華山の佳景を尋ね、夏安居を近辺の双林（雲黄山宝林寺）で過ごし、秋は婺州西方にある智者寺に滞在した。

一三三二年、三三歳となった中巌は、春、杭州の浄慈寺に赴き、日本僧大弁正訥《だいべんしょうとつ》を伴って径山に登り、湖州の霅渓《とうけい》を経て、蘇州の幻住庵に絶際会中と再会しようとしたが、絶際はすでに逝去していたので、祭文を作ってささげた。そして四月、日本僧一峯通玄《いっぽうつうげん》をともなって浙東（明州であろう）に至り、「倭船に下りて帰郷」した。

渡海動機の形成

以上述べた中巌の足跡をベースに、かれ同様鎌倉で禅に接し、やがて渡海した僧たちの例を加えながら、その歴史的意味を考えてみよう。まず、かれらの渡海への動機はどのように形成されたのだろうか。伝記史料から「鎌倉」と「渡海」をキーワードに表1に掲げた一八例を検出した（玉村　一九八三）を指針としたが、史料の検索が充分でないので、あくまでサンプルの域を出ない）。これらを通観すると、幼時に生地に近い天台・真言の寺院に入れられ、少年期までに鎌倉の禅寺で修行を始め、そこで渡来僧や渡海僧の教化に接するなかで、やがて渡海の志を抱く、というパターンが看取される。くわしく推移が追える中巌の例だけを述べておく。

鎌倉に生まれた中巌は、八歳で寿福寺に入って僧童となる。寿福寺は禅寺だが密教的色彩の強いところで、その後しばらくは鎌倉の天台・真言寺院で仏教の基礎や儒学・算術などを学んだ。一四歳のとき、寿福寺にあって禅宗諸家の語録を読み、文章能力を身につけるとともに、博多の聖福寺を退いて寿福寺の客となった嶮崖巧安《けんがいこうあん》（渡来僧大休《だいきゅう》正念《しょうねん》の弟子）や、八年間宋に滞在し当時建長寺の住持であった約翁徳倹《やくおうとくけん》（渡来僧蘭渓道隆《らんけいどうりゅう》の弟子）、さらに翌年には万寿寺の雲屋慧輪《うんおくえりん》（渡来僧無学祖元の弟子）と出会って、その文才を認められた。そして同年、円覚寺の住持であった東明慧日（曹洞宗、一三〇八年渡来）を受業の師としたことが、最大の転機となる。その後曹洞宗の奥義に到達しようとしてかなわず、一九歳で「江南に出でんと欲」したのである。かれの渡航動機の形成に、鎌倉という国際都市の雰囲気と、渡来僧、渡来僧の弟子、渡海僧らへの師事が、大きく作用したことは推察にかたくない。

一八例の渡海僧の出身地は、やはり鎌倉を中心に東国が多い（西国出身の渡海僧は京都の建仁寺や東福寺で修行するばあいが多い）が、越前や九州にも例がある。渡海時の年齢は一八歳から四八歳に及ぶが、さすがに十代は直翁《ちょくおう》と雪村のみで、二十代が大半を占める。三十代は嵩山《すうざん》と大拙《だいせつ》、四十代は天岸と椿庭《ちんてい》で、渡海年代が下がるほど高くなる傾向がある。渡海前に渡来僧やその弟子、あるいは帰国渡海僧と接触のなかった例は皆無であり——とはいえ当時の禅寺ではそうした接触のないほうが珍しかったろうが——、とくに渡来僧への直接の師事が転機となる例が圧倒的に多い。なんといっても蘭渓道隆が一二五三年（建長五）に建長寺の開山となったことが大きく、その前年に渡海した無象《むぞう》

表1　禅僧が渡海を志すまで

名	生没年	生地	鎌倉および渡来僧・渡海僧との関わり	渡海の時期と年齢	
南浦紹明	1235-1308	駿河国安倍郡	建長寺に蘭渓道隆に参ず	正元年間(1259-60)	25-26
桃渓徳悟	1240-1306	九州	建長寺に蘭渓道隆に参ず	不明	不明
直翁智侃	1245-1322	上野	建長寺に蘭渓道隆に参ず	弘長年間(1261-64)	17-20
約翁徳倹	1245-1320	鎌倉	建長寺・建仁寺に蘭渓道隆に参ず	文永年間(1264-75)	20-31
龍山徳見	1284-1358	下総国香取	寿福寺に入り，円覚寺に一山一寧に参ず	1305	22
雪村友梅	1290-1346	越後国白鳥郷	一山一寧の侍童となる	1307	18
嵩山居中	1277-1345	遠江国吉最(吉美？)県	白雲慧暁・南浦紹明・無象静照・鏡堂覚円らに歴参ののち，建長・円覚両寺に一山一寧・西澗子曇に参ず	1309	33
古先印元	1295-1374	薩摩	円覚寺の桃渓徳悟(蘭渓の弟子)に奉侍	1318	24
別源円旨	1294-1364	越前	円覚寺に東明慧日を尋ね，執侍すること12年	1320	27
天岸慧広	1273-1335	武蔵国比企郡	建長寺に無学祖元に参ず	1320	48
無涯仁浩	1294-1359	出羽	寿福寺・建仁寺に鉄庵道生(大休正念の弟子)に参ず	1321	28
清渓通徹	1300-1385	相模	寿福寺で侍者となり，周防香積寺に石屏子介に参ず	不明	不明
中巌円月	1300-1375	鎌倉	(本文参照)	1325	26
不聞契聞	1301-1368	武蔵国河越	円覚寺・建長寺に東明慧日に参ず	1325	25
性海霊見	1315-1396	信濃	建長寺で出家，建仁寺に清拙正澄に参ず	1342	28
南海宝洲	1321-1382	上野国世良田	円覚寺に竺仙梵僊・不聞契聞に随侍	不明	20余歳
大拙祖能	1313-1377	鎌倉	寿福寺に大川道通(大休正念の弟子)に随侍し，建長寺に東明慧日の侍者となり，円覚寺に大川の侍者となる	1344	32
椿庭海寿	1308-1401	遠江	竺仙梵僊のもとで出家し，南禅寺に竺仙に随侍	1350	43

静照《ぞうしょう》（一二三四―一三〇六）は、北条一族の出身にもかかわらず、京都の東福寺に赴いて修行している。それに対して、表1の最初の四人（南浦《なんぽ》・桃渓《とうけい》・直翁・約翁）は、みな蘭渓の圧倒的な影響下に渡海を決意した。東明慧日も蘭渓にならぶ四例（中巌・別源《べつげん》・不聞・大拙）が確認され、一山一寧の三例（龍山・雪村・嵩山）と竺仙梵僊の二例（南海・椿庭）が続く。いっぽうやや意外にも、無学祖元は天岸の例に見えるだけで、それも、天岸は無学の弟子の高峰顕日《こうほうけんにち》に嗣法したこと、一二八六年に無学が没して三四年後の渡海であることからみて、直接の影響とは認めがたい。

偏参と観光

八年におよぶ在元中（一三二五―一三

二）の中巌円月の行動は、なによりもすぐれた師匠を求めて各地の名刹を遍歴すること（これを当時「偏参《へんさん》」といった）に費やされたが、これは渡海僧の多くに共通する行動パターンである。『自歴譜』には、天寧寺の霊石如芝、保寧寺ついで東林寺の古林清茂、雲巌寺ついで浄慈寺の済川若檝、蘇州幻住庵の絶際会中、大智寺の東陽徳輝、永福寺の竺田悟心の六名が見える。

同時期の類例をいくつかあげてみよう。中巌が草した別源円旨（一三二〇―三〇入元）の『塔銘』に、「商舶に乗り江南に往き、諸老に参訪す、鳳台古林（清茂）・天童雲外（雲岫《うんしゅう》）・天目中峯《ちゅうほう》（明本）・本覚霊石（如芝）・華頂無見（先《せん》覩《と》）・東林古智（慶哲）・円通竺田（悟心）・妙果南楚（師説《しえつ》）・龍岩真（徳真）首座・般若誠（古心世誠）菴主、皆是れ一代の宗匠なり」とある（『東海一漚別集』、「鳳台」「天童」等は寺名ないしその異称）。古先印元《こせんいんげん》（一三一八―二七入元）の行状は、まず訪れた尊宿として無見先覩・中峰明本・古林清茂、古林の住する金陵保寧寺の「社中名勝」として了庵清欲・仲謀良猷・東明慧日・大道□蹊・竺仙梵僊、その後歴参した「諸大尊宿」として霊石如芝・月江正印・笑隠大訢《だいきん》・断江覚恩・別伝・無言承宣をあげ、そのほか古心世誠と清拙正澄《せいせつしょうちょう》の名も見える（『古先和尚行状』）。中巌の友人不聞契聞（一三二五―三三入元）の行状には、まず訪れた尊宿として無見先覩・東嶼《とうしょ》徳海・霊石如芝、ついで竺田悟心と古林清茂、古林に随侍していた「一時名師」として月江正印・断江覚恩・竺源妙道が見える（『不聞和尚行状』）。中巌と同郷の平田慈均《へいでんじきん》（入元時期不明）は、まず古林清茂、ついで中峰明本・月江正印、さらに霊石如芝・竺雲正曇・無言承宣・清拙正澄・常・詠を訪れた（『平田和尚伝』）。

以上をまとめよう。中巌は六名、別源は一〇名、古先は一四名、不聞は八名、平田は九名の中国僧に参じており、重複をのぞいた延べ人数は二九名になる。そのうち、五人ともが参じたのが古林清茂・霊石如芝の二名、三人が参じたのが中峰明本・月江正印・無見先覩・竺田悟心の四名、二人が参じたのが古心世誠・断江覚恩・清拙正澄・無言承宣の四名である。なお、中峰は中巌・不聞の入元の二年前、一三二三年に寂しており、中巌にとっての絶際会中は中峰の代りであったろう。

このように、渡海僧はむやみに多くの中国僧に参ずる一方で、人気が特定の師匠に集中する傾向があった。また、古先の訪問先に、のちに日本に渡来することになる東明慧日・竺仙梵僊・清拙正澄の三名がふくまれていることも注目される。その竺仙は、一三二九年の日本渡航に際して、師匠の古林清茂のことばを思い出していた。かつて金陵（南京）保寧寺の会下《えか》に日本僧が三十二人もいたことを戯れて、「これじゃ私は日本の国師だよ」と言ったというのである（『竺仙和尚語録』住建長寺語録）。

また、『自歴譜』によれば、中巌は在元中、全珠・龍山徳見・雪村友梅・不聞契聞・大弁正訥・一峯通玄ら多くの日本僧と交遊している。こうした記事は、他の僧たちの伝記史料にはほとんど見られない。『自歴譜』には洩れているが、物外可什《もつがいかじゅう》とは浄慈寺で学窓をともにした。とくに龍山には中国の宗匠に準じて師事し、不聞の危機にははるばる武昌まで駆けつけるという友情を示した。渡航後まもなく、中巌は霊石如芝から「今年は何人日本から浙江へ来たか」と問われて、「二十数人です」と答えている（『東海一漚集』四、藤陰瑣細集）。

さらに中巌は、江南の各地でじつに多くの寺を遍歴している。そこで夏冬の安居を過ごしたという記事からは修行ぶりがうかがえるが、なかには廬山・鄱陽湖・金華山などのように、名勝観光の色彩が強いものも少なくない。在元の終わりころにそれがめだつことも興味ぶかい。はやく木宮泰彦は、かれらの入元の目的にふれて、つぎのように述べていた〔木宮 一九五五、四六九―七〇頁〕。

> 江南の叢林生活を実際に経験しようとしたばかりでなく、彼地の山川風物の美を慕ひ、その風趣を心ゆくばかり味はをうとしたからで、半ば観光的漫遊的の気分に駆られたからである。このことは禅そのものの研鑽からいへば、或は邪道に陥つたものといへるが、一般文化の移入といふ面からいへば、寧ろ幸福であつたともいへるであらう。彼らによつて齎された元の文化は、詩文学・儒学・史学・書道・絵画・印刷・茶道等より日常の衣食住に

至るまで、頗る広汎に亘つてゐる。

木宮も紹介する別源円旨のつぎの詩は、「江南」の語を六回も畳ねることにより、追慕の情をあらわにする（『東帰集』。別源・不聞・白石は渡来僧東明慧日の弟子たち）。

　僧の江南に之《ゆ》くを送る

聞兄（不聞契聞）昨日江南より来り、珣弟（白石契珣）今朝江南に去る、故人（知人）又是れ江南に多し、況んや我れ曾て江南に在りて住むをや、江南に一別して已に三年、相憶ふ江南は寐寤《びご》（寝ても覚めても）に在り、十里の湖辺蘇公の堤、翠柳青烟細雨に雑《まじ》る、高峰の南北法干の家（寺院）、朱楼白塔雲霧より出づ、雪屋銀山（雪景色をいう）銭塘《せんとう》の潮、百万の人家首《こうべ》を回《めぐ》らして顧《み》る、南音北語驚歎して奇しむ、呉越の帆飛び西興《せいこう》（浙江省の河港の名）に渡る、我れ重遊せんと欲して是れ何年《いくとせ》ぞ、人を送り只だ空しく追慕するを得るのみ、

華北へ赴いた僧たち

ここまで日本僧たちと江南との深い関わりを見てきた。たしかに、南宋が金ついでモンゴルと対峙していた時代には、日本僧が華北へ赴くことは物理的に困難であった。元が南宋を併呑して以降は華北への旅も可能になったが、依然として僧たちの大半は江南の名刹や仏教聖地を目的に渡航した。しかし、一四世紀に入ると、少ないながら華北へ赴いた例も見られるようになる。渡海僧が華北と無縁であるかのように述べてきたこれまでの研究は、私のものもふくめ訂正を要する。とはいえ、「大量の日本留学僧の足跡は、江南にとどまらず、北中国にもおなじように広がっている」〔杉山　一九九七、二八〇頁。傍点は村井〕というのはいいすぎであろう。

雪村友梅　一三〇七年（徳治二）に入元した雪村は、最初の二年間を「京国観光」に費やし、華北にも足をふみいれている〔今谷　一九九四、五五―六二頁〕。大都では、南郊の法源寺観音閣に登って「古閣稜層晩空に倚《よ》る、蓬瀛《ほうえい》（日

本のこと）咫尺《しせき》（近いこと）天風を隔つ、紅塵到らず西軒の上、一抹の青山錦綉の中」という詩を詠んだ（『岷峨集』）。ついで南下して、石家荘あたりで五臺山から流下する滹沱《こだ》河を渡り、趙州の柏林寺、邯鄲《かんたん》、懐州、孟津の渡しを経て嵩山に至り、少林寺や法王寺を訪れた。浙江省湖州の道場山にもどって蔵主となっていた一三〇九年、明州で勃発した倭寇事件のあおりで中国滞在中の日本僧が捕縛される事態となり、雪村も湖州の獄に繫がれてしまう。一三年に陝西《せんせい》省長安南郊の翠微寺に移されて幽居し、三年後には険しい蜀の桟道をたどって四川省成都に移され、十年を過ごした。二六年ようやく大赦に浴して四川をはなれ江南に戻り、二八年夏には道場山にいて中巌円月と会っている。同年九月、文宗が即位すると長安の翠微寺住持に任じられ、ついで宝覚真空禅師の号を授けられたが、じっさいに長安へ赴いてはいないようである。

龍山徳見　これは特殊な例だが、一三〇九年の倭寇事件で日本僧が捕縛されたとき、天童山では数十人が難に遭い、船で大都へ護送された。そのひとり龍山は、大都からさらに河南省洛陽の白馬寺に移された。当時「北地禅苑」はきびしい公案禅を特徴としており、一夏《いちげ》九〇日間に一則すら話《わ》せずに退く者も多く、三―五則から十則もできれば上等とされていたところ、龍山だけは百則以上をこなして、群衆を驚かせかつ忌ませたという（『龍山和尚行状』）。かれ以外にも数十人が大都の土を踏んだことになる。

東洲至道と祖庭□芳　東福寺円爾の法嗣《はっす》東洲は大都で大覚寺を開創していたが、法兄《ほうひん》の南山士雲は一三二一年（元亨元）に弟子祖庭□芳を元に遣わして、東福寺再建のため東洲を帰国させようとした。祖庭は大都にいたって帰国を促したが東洲は応じなかった。この祖庭の渡航は、東福寺造営料唐船すなわち新安沈船の派遣と重なるものかもしれない〔川添 一九九三、三一一―三一三頁〕。

古源邵元《しょうげん》　東福寺円爾の法孫で、一三二六年（嘉暦元）入元し、はじめは江南を遍歴していたが、やがて北上して五臺山に赴き、玉泉寺で首座となり、ついで少林寺に移ってここでも首座を勤めた。さらに大都へ行き、宮廷で大

図22　息庵禅師碑拓本

蔵経を転読すべき百人のひとりに選ばれ、その後水月寺にいたが、母の夢を見て郷念を発し、一三四七年（貞和三）帰国した。一三四一年、在元中の師匠息庵《そくあん》義譲《ぎじょう》（一三四〇年寂）の行実碑・道行碑の文章を作り、後者については文字も揮毫した。前者は河南省の少林寺、後者は山東省の霊巌寺に現存、ともに元代の華北で屈指の大寺である〔玉村 一九八三、杉山 一九九七、二七六―二八一頁〕。

仲剛□銛　俗系・法系とも不詳。一七歳のとき入元。一三三九年の帰国にさきだって、江蘇省平江から大都にむかったことが、元の文人の複数の詩に見える〔榎本 二〇〇七 第二部第一章〕。

無我省悟　花園天皇の皇子。一三四八年に三九歳で入元し、江南の各地を訪れたあと、四九年五臺山に登って、仏菩薩の示現を感得し、一心妙戒を授受した〔玉村 一九八三〕。

寺院社会のなかの唐人

日元交通に参加した仏教勢力は禅宗ばかりではない。近年民衆救済、土木、療病、金融など社会活動の面が注目されている律宗の対外活動にも、見のがせないものがある。金沢文庫に伝来した律宗寺院称名寺の史料群は、この面でも重要な史料である。

当時「禅」と「律」とはひじょうに近い関係にあった。金沢文庫蔵の称名寺開山審海《しんかい》画像は、禅宗社会で盛行した肖像画「頂相《ちんそう》」に近い様式で描かれ、右上の余白に渡来禅僧一山一寧の賛がある（特別展図録『蒙古襲来と鎌倉仏教』二〇〇一、一八頁）。審海の没する一三〇四年（嘉元二）の直前に著賛されたと考えられている。背もたれに袈裟を掛けた椅子に腰かけ、前の台に脱いだ沓が置かれる点は頂相様式にかなっているが、手になにもたず、上部に賛のための余白をとっていない点が異なる。一山と称名寺長老との関係については、「五大功能《くのう》」をめぐって一山が問い長老が答える記事が、比叡山の学僧光宗の著『渓嵐拾葉集』巻七八に発見された（高橋 一九七二）。

また称名寺では、禅寺と同様、寺内に渡海僧がいて文化活動を行なっていた。本堂前に懸かる鐘の正安辛丑（一三〇一）改鋳銘の作者である「入宋沙弥円種」（金文九―六七九九）は、「金沢隠倫円種」の名で漢詩を詠じたり（同六八四四）、「在家信士」「仏家貧人」「入宋少僧」「入僧求学」などと名のって仏書に点を加えたり（金文十―識語五二九・五六二・六三八、十一―識語一四六五・一九三一・二二七一）している。その年代は文永から嘉元にいたる長きにわたっており、そうとう学殖を積んだ僧だったらしい。しかしかれ以外に「入宋」を標榜する人がみあたらないことも、記しておくほうがよいだろう。

つぎに、寺院内で活動する「唐人」の姿を紹介する。まずつぎの経典奥書を見よう（「胎蔵界行法次第」奥書、金文十一―識語一五七八）。

図23　審海像
（称名寺蔵．神奈川県立金沢文庫保管）

永仁五年太歳丁酉十月六日辰時書之畢、
書写唐人道妙

これと対になる「金剛界行法次第」もあって、その奥書の署名は「執筆道妙」である（同識語七五二）。この道妙は、前述した関東大仏造営料唐船に善光寺長老の代理人として乗りこんだ道妙房と――年代の隔たりが大きいのが不安材料だが――同一人ではないだろうか。この推測があたっていれば、称名寺内で経典の書写を仕事としていた中国僧が、日中の媒介者として貿易業務にも携わったことになる。

寺院の日常活動と対外活動とが同一人によって担われていた例として、「唐人」ではないが、これもさきにふれた円琳房をあげることができる。かれは、「多宝寺円林房」と呼ばれて、おなじ律宗の和泉国久米田《くめだ》寺に使者として赴いたらしい（金文三―一三六五）。また称名寺領加賀国軽海《かるみ》郷に深い係わりをもち、現地に赴いたり（金文二―一六八九）、代官を派遣したり（金文七―五四七〇）、一三三九年（暦応二）分年貢の進未注文をうけとったり（同五四七九）している。同郷に対するかれの立場は、名主職を補任した例があるから、給主と考えられる（同五四八八号）。また、「新度末文」つまりあたらしく中国から渡来した仏書を保有していた（金文三―二五一四）ことは、対外活動とのかかわりをうかがわせる。

道妙のほかにも能筆を買われた唐人は多い。「大華厳経疏」「華厳経随疏演義抄」には、「執筆宋国京人智恵」が久米田寺で書写した旨の永仁三（一二九五）―六年の奥書をもつものが多数あり（金文十―識語五〇三・五〇七・五〇八）、うち一巻のみは「執筆大唐国行在臨安《あんざい》府小堰門保安橋居洪三官人書」という署名である。「華厳経七科章」には「浄財を宋人に与え、花文を殺青（紙のこと）に写し、即ち校合を致す」という称名寺三代湛睿《たんえい》の奥書がある（同識語五二三）。「金剛界伝法灌頂作法」の永仁四年奥書には、「唐人常心をして書写せしめ了んぬ」とある（同識語七六五）。前述した鐘銘の字は「宋小比丘慈洪」の書したものであった。

また漢詩にかかわって登場する者もいる。称名寺二代釼阿《けんな》の筆で、「或る寺の方丈、流罪唐人の用途を訪らはる事」という説明のついた五言絶句（「始めて謁す異朝の客、誰か孤哀を哀しまざらん、小賤の恥を懐くと雖も、只憐れむ身資無きを」）と、それに返した「彼唐人」の七言絶句が写されている（金文九―六八四〇）。また、御家人長井貞秀と釼阿の唱和のあとに、前出の「大宋浪人慈洪」の「謹送恵公大隠題梅一絶」と題する七言絶句が記されている（同六八四三）。

図24　称名寺鐘

おわりに――「日本文化の粋」と輸入文化

一般常識では、茶の湯、生花、書画、建築など室町時代を代表する諸文化は、禅宗を母胎として生まれ、「わび・さび」「枯淡の美」などということばで象徴される「日本文化の粋」というべきものだ、と思われている。しかし、本章で述べたように、禅宗が日本に定着し始めたころの日本人にとって、禅文化ほど日本的でない文化はなかった。博多・鎌倉・京都などにつぎつぎと建てられた禅宗寺院は、周囲の「日本」から隔絶された異空間だった。禅文化はもっともハイカラな輸入文化だったのである。

喫茶も明らかに禅宗が中国から輸入した文化であるが、初期の茶は利休が完成させた「茶の湯」とはおよそ異なったものだった。磚《せん》を敷いた床にテーブルと椅子がおかれ、フルコースの料理と酒がふるまわれ、最後には歌舞まであった。喫茶そのものも、賞品を賭けて銘柄をあてる「闘茶《とうちゃ》」が中心で、茶の効能を吹聴したのにちっともあたらないで怒りだす人や、成績がよくて奢りたかぶる人もいた（『喫茶往来』『禅林小歌』）。

禅僧がもちこんだナマの中国文化は、禅寺の内部にとどまらず、ひろく中世社会に浸透していった。一三三六年（建武三）に室町幕府の成立を告げる法令『建武式目』が公布されたが、その一条に茶寄合《ちゃよりあい》の流行がふれられている。あるいは茶寄合と号し、あるいは連歌会《れんがかい》と称し、莫大な賭けに及んで、費やす金は数知れない。

室町文化を代表する連歌が賭博の対象となっていることも興味深いが、賭を伴う「茶寄合」とは、禅僧が中国からもちこんだ闘茶にほかならない。一三三四年の『二条河原落書』にも、「寄合って十種類の茶を飲み分け、十種類の香を嗅ぎ分ける遊戯は、はじめ鎌倉で流行っていたにすぎないが、いまは都でも倍増の勢いだ」という一節がある。

室町時代を特徴づける「寄合」の文化は、『落書』の詠いあげる「自由狼藉の世界」の重要な構成要素だったが、その一角に、中国文化もたしかな位置を占めていた。

史料

『青方文書』一（『史料纂集古文書編』）瀬野精一郎編、続群書類従完成会、一九八六年（改訂増補版）
『一山国師行記』（『続群書類従』九上）続群書類従完成会、一九一五年
『円覚寺文書』（鎌倉市史編纂委員会編『鎌倉市史』史料編二）吉川弘文館、一九五六年

『遠渓祖雄禅師之行実』（『続群書類従』九下）続群書類従完成会、一九二五年
『海蔵和尚紀年録』（『続群書類従』九下）続群書類従完成会、一九二五年
『神奈川県史』資料編2古代・中世(2)　神奈川県、一九七三年
『金沢文庫古文書』一～九（古文書編）神奈川県立金沢文庫、一九五二―五六年
『金沢文庫古文書』十～十二（識語編）神奈川県立金沢文庫、一九五六―五八年
『喫茶往来』（『群書類従』一九）続群書類従完成会、一九三二年
『建治三年記』（伊藤一美校注『建治三年記注釈』）文献出版、一九九九年
『元史』（『百衲本二十四史』）
『元史日本伝』（石原道博『訳注中国正史日本伝』）国書刊行会、一九七五年
『建武記』（日本思想大系22『中世政治社会思想下』）岩波書店、一九八一年
『建武式目』（日本思想大系21『中世政治社会思想上』）岩波書店、一九七二年
『後愚昧記』一（『大日本古記録』）岩波書店、一九八〇年
『古先和尚行状』（『続群書類従』九下）続群書類従完成会、一九二五年
『竺仙和尚行道記』（『続群書類従』九下）続群書類従完成会、一九二五年
『竺仙和尚語録』（『大正新脩大蔵経』八〇）大蔵出版、一九九二年
『新安海底遺物・綜合編』韓国文化公報部・文化財管理局、一九八八年
『清渓和尚行実』（『続群書類従』九下）続群書類従完成会、一九二五年
『雪村大和尚行道記』（玉村竹二編『五山文学新集』三）東京大学出版会、一九六九年
『禅林小歌』（『続群書類従』一九下）続群書類従完成会、一九二五年
『宋元文化と金沢文庫展資料目録』神奈川県立金沢文庫、一九七七年
『大通禅師行実』（『続群書類従』九上）続群書類従完成会、一九二五年
『中巌月和尚自歴譜』（玉村竹二編『五山文学新集』四）東京大学出版会、一九七〇年
『徒然草』（岩波文庫）岩波書店、一九六五年（改版）
『天龍寺造営記録』（『大日本史料』第六編之六）

『東海一漚集』（玉村竹二編『五山文学新集』四）東京大学出版会、一九七〇年
『東海一漚別集』（玉村竹二編『五山文学新集』四）東京大学出版会、一九七〇年
『東帰集』（上村観光編『五山文学全集』一）思文閣出版、一九七三年
『二条河原落書』（日本思想大系22『中世政治社会思想下』）岩波書店、一九八一年
『仏光国師語録』（『大正新脩大蔵経』八〇）大蔵出版、一九九二年
『不聞和尚行状』（『続群書類従』九下）続群書類従完成会、一九一五年
『平田和尚伝』（『続群書類従』九下）続群書類従完成会、一九二五年
『岷峨集』（玉村竹二編『五山文学新集』三）東京大学出版会、一九六九年
『無文選禅師行業』（『続群書類従』九下）続群書類従完成会、一九二五年
『蒙古襲来と鎌倉仏教』（特別展図録）神奈川県立金沢文庫、二〇〇一年
『龍山和尚行状』（『続群書類従』九下）続群書類従完成会、一九二五年

著書・論文

阿部隆一「金沢文庫の漢籍」『金沢文庫研究』一九六号、一九七二年
今谷明『元朝・中国渡航記　雪村友梅の数奇な運命』宝島社、一九九四年
榎本渉『東アジア海域と日中交流――九～一四世紀』吉川弘文館、二〇〇七年
岡内三眞「新安沈船を通じてみた東アジアの貿易」『朝鮮史研究会論文集』二三号、一九八六年
筧雅博『蒙古襲来と徳政令』（日本の歴史10）講談社、二〇〇一年
蔭木英雄『中世禅者の軌跡　中巌円月』法蔵館、一九八七年
亀井明徳『日本貿易陶磁史の研究』同朋舎、一九八六年
川添昭二「鎌倉末期の対外関係と博多――新安沈没船木簡・東福寺・承天寺」大隅和雄編『鎌倉時代文化伝播の研究』吉川弘文館、一九九三年
川添昭二『九州の中世世界』海鳥社、一九九四年
木宮泰彦『日華文化交流史』冨山房、一九五五年

桑原隲蔵『蒲寿庚の事蹟』東洋文庫五〇九、平凡社、一九八九年（初出一九二三年）
五味文彦『『徒然草』の歴史学』朝日新聞社、一九九七年
柴謙太郎「鎌倉幕府の遣外船建長寺船について——特に後の天龍寺船派遣計画との脈絡」『歴史地理』五九巻四号、一九三二年
杉山正明『クビライの挑戦　モンゴル海上帝国への道』朝日新聞社、一九九五年
杉山正明「はるかなる大モンゴル帝国」杉山正明・北川誠一『大モンゴルの時代』（世界の歴史9）中央公論社、一九九七年
瀬野精一郎「鎌倉時代における渡唐船の遭難にみる得宗家貿易独占の一形態」『日本古文書学論集』5中世Ⅰ、吉川弘文館、一九八六年（初出は一九七五年）
高橋秀栄「金沢長老と一山一寧——特に一山の審海画像着賛の機縁をめぐって」『金沢文庫研究』一九八号、一九七二年
玉村竹二『日本禅宗史論集』上、思文閣、一九七六年
玉村竹二『五山禅僧伝記集成』講談社、一九八三年
福島金治『金沢北条氏と称名寺』吉川弘文館、一九九七年
前田元重「金沢文庫古文書にみえる日元交通資料——称名寺僧俊如房の渡唐をめぐって」『日本古文書学論集』5中世Ⅰ、吉川弘文館、一九八六年（初出は一九七八年）
村井章介『アジアのなかの中世日本』校倉書房、一九八八年
村井章介『中世倭人伝』岩波新書、一九九三年
村井章介『東アジア往還　漢詩と外交』朝日新聞社、一九九五年
村井章介「国際社会としての中世禅林——東アジアの文物交流を支えた人びと」『遼寧省・京畿道・神奈川県の文物展　名宝にみる文化交流の軌跡（神奈川県立歴史博物館図録）』二〇〇一年
百瀬今朝雄『弘安書札礼の研究——中世公家社会における家格の桎梏』東京大学出版会、二〇〇〇年
森克己『増補日宋文化交流の諸問題』国書刊行会、一九七五年

2 東アジアにひらく鎌倉文化
――教育の観点から

はじめに――蘭渓道隆から中巌円月へ

鎌倉という都市は、日本で禅宗が早い時期から本格的に根づいたところとして知られる。そして日本の初期禅宗文化は中国直輸入の性格が強い。才能ある若者たちは、鎌倉の禅宗世界において、どんな薫陶を受けながら禅僧として育ち、やがて中国への渡航参学を志すにいたったのか。そうした教育史の観点から鎌倉をとらえるならば、今でいえば上級学校がもつ機能を、鎌倉の禅寺が果たしていたことが浮かびあがってくる。

子弟たちが出生地や鎌倉でどんな教育を受けたのかを語ってくれるのは、禅宗史料、なかでも禅僧たちの生涯を簡潔にまとめた伝記史料である。中国宋代の官僚や僧侶の社会では、門人や弟子たちが師匠の作品集を編纂することが広く行なわれていた。こうした作品集を「語録」というが、その最終巻には、「行状」「行実」「塔銘」「年譜」「伝」などと呼ばれる簡潔な伝記的記述が置かれるのが習いであった。禅宗文化が日本に輸入されるにともなって、日本の禅林にも「語録」編纂の営みが導入され、ここでいう伝記史料がたくさん生まれることになった。ほとんどの伝記史料は、本人が書いたものではなく、弟子たちが師匠の死後、その事績をまとめて記すというかたちで作られた。

鎌倉について上記のテーマに迫るさいには、以上述べた伝記史料群のなかから対象を絞りこむ必要がある。その選択の規準は、①伝記に記された人物の生まれが鎌倉ないし東国であること、②鎌倉で修行したことが明らかなこと、

図1　中巌円月像（霊源院蔵）

③中国への渡航経験をもっていること、という三点においた。①については、西日本出身者が鎌倉で修行した例もあるが、東国における教育の中心という鎌倉の性格を考慮して、とりあえず東国出身者に限定した。この条件からはずれる例も若干とりあげているが、それぞれの場所でふれたいと思う。

鎌倉で禅の修練を積んだ子弟たちが、中国渡航を志す動きをひきおこした最大の功労者は、蘭渓道隆《らんけいどうりゅう》（一二一三—一二七八）であった。かれのはたらきによって、鎌倉という都市が、日本の教育界のなかで一種の「中心地」になった。そこで、本章の前半では、蘭渓とその弟子たちの足跡をたどりながら、蘭渓の画期性について考えてみたいと思う。

蘭渓は宋の西蜀（四川省）に生まれ、一三歳で出家し、のち臨済宗楊岐派松源派の無明慧性《むみょうえしょう》の法を嗣いだ。日本僧月翁《げっとう》智鏡《ちきょう》から日本で仏教がさかんなことを聞き、一二四六年博多にいたった。その後鎌倉を訪れ、北条時頼の帰依を受けて、一二四九年鎌倉に建長寺を開いた。約十年後に同寺を退き、京都建仁寺の住持となった。一二六一年には鎌倉にもどり、政争による浮き沈みはあったが、基本的に建長寺や寿福寺で学問・教育に従事した。一二七八年みたび建長寺の住持となったが、同年六六歳で死去した。

本章後半の軸になる伝記史料は『中巌月和尚自歴譜』である。中巌円月《ちゅうがんえんげつ》（一三〇〇—一三七五）は初期五山文学を代表する文学僧のひとりとして知られる。この史料の特長は、「自歴譜」の名のように、中巌自身がみずからの生い立ちを書き残した点である。数ある禅僧の伝記史料のなかでも、屈指の分量を誇ると同時に、自分のことを書いているという意味で、他には求めがたい貴重な情報がもりこまれている。そこでこれをたて糸としつつ、他の伝記史料を適宜おりこみながら、入元僧の行動を追っていきたいと思う。

中巌は鎌倉に生まれ、鎌倉の寺院で教育を受け、一三二五年から三二年まで入元して江南の各地を遍歴した。帰国後は、鎌倉の崇福庵と上野利根荘の吉祥寺を往復する生活が長く、晩年京都万寿寺や建長寺に短期間住持した。一三七五年、七六歳で死去。作品集に『東海一漚《いちおう》集』がある。

材料的には以上のような史料を用い、子弟たちが鎌倉における教育を通じて、どのようにして東アジアにまなざしを開いていき、その結果、中国に渡って修行するに至ったのか、その「学び」の姿を追いかけることが、本章のおもな筋となる。

一　東国生まれの子弟の教育

基礎学としての天台・真言、儒術・算術

禅僧たちの伝記史料を見ていくと、あるパターンがあることに気づく。いきなり禅宗に接するよりは、その前提として共通の基礎になる学問があったように見える。その核をなすのが、平安初期に成立した天台宗・真言宗であった。全国にネットワークを張りめぐらせていた天台・真言系寺院は、仏教の特定宗派の修行場というよりも、この時代の基礎的な教養を身につける場という性格をもっていた。いいかえれば、地方の子弟に初等教育を施す学校として機能していたのである。

実例として、中巌円月の生い立ちを見よう。かれは鎌倉で生まれ、父親は幕府御家人だったが、なにかの政争にか

らんで流罪にされてしまう。その後、母にも捨てられてしまって、祖母のもとに残されることになる。こうしたばあい、中世では寺に養育を委ねることが多く、中巌も鎌倉亀谷《かめがやつ》の寿福寺に入れられて僧童になった。寿福寺は禅宗寺院であるが、開山の栄西自身が鎌倉ではもっぱら真言僧と見られていたように、純粋な禅宗というより密教色が強かった。子弟が最初寿福寺に入れられる例は、後述のように、他にも見いだすことができる。したがって、寿福寺の僧童になったことは、純粋な禅宗にふれたというよりは、基礎的な教養としての天台・真言系の文脈で理解できるだろう。

じっさい、中巌はその後大慈寺や池房《いけのぼう》という鎌倉の寺で勉強しているが、これらは天台・真言系の寺院であった。そこで学んだ事柄は仏教だけではなく、池房では、道恵という師匠について、孝経・論語を読むなど儒教の初歩を学び、また九章算法という算術も学んでいる。ついで一三歳のとき、鎌倉の詫間谷《たくまがやつ》にあった三宝院で真言密教を学び、宝篋印塔や弘法大師像を拝んだ。さらに翌年には、密教の学習が胎蔵・金剛二部に至り、かつ諸尊法という密教の祈禱を行なっている。以上のように、中巌はある時期までは、平安時代以来つづいている基礎的な教養を身につけながら、すごしていたと考えてよい。

東国出身の禅僧たち

おなじことは中巌円月以外の禅僧についてもいえる。

南浦紹明《なんぽじようみよう》（一二三五—一三〇八）は駿河国安倍郡の生まれで、本姓は藤原である。建穂寺《たきようじ》という地元の古い真言宗寺院で、浄弁という僧に師事して勉強をはじめ、「出世の法」という仏法の基礎を勉強している（『円通大応国師塔銘』）。**直翁智侃**《ちよくおうちかん》（一二四五—一三二二）は上州の生まれで、本姓は源氏である。幼くして出家して僧となり、若くから台教（天台）を聴き、兼《ま》た密宗（真言）を学んだという（『東福十世勅賜仏印禅師直翁和尚塔銘』）。

龍山徳見《りゅうざんとくけん》（一二八四―一三五八）は総州香取の人で、千葉氏の出である。幼くから聡敏で、儒術を学んだが、俗と混住することを喜ばず、一二歳のとき父母によって鎌倉の寿福寺に送られた。寿福寺では寂庵上昭《じゃくあんじょうしょう》という禅僧に師事したが、学んだのは、天台宗の根本経典である法華経を始めとして、内典・外典を問わず片端から読破したという。二二歳で龍山が中国渡航を志したとき、師寂庵は「密かに秘訣を付す、而《しか》るに知る者無」かったというから、寂庵の教育は禅宗の要素が薄く、真言・天台系が中心だったようである（『真源大照禅師龍山和尚行状』）。

別源円旨《べつげんえんし》（一二九四―一三六四）は、「越州（越前）平氏之子」で、七歳のとき父に連れられて国府の忨山寺《こうざんじ》に参詣したさい、観音像を仰ぎ拝んで随喜し、また僧を見れば欣然として懐《なつ》いたという。家に帰ってから父母に出家の許しを求め、母は宿縁と悟ってこれを許した。ただ、忨山寺は旧仏教寺院だったと思われるが、かれが入ったのは、「仏種寺の竹庵圭《ちくあんけい》和尚に依りて童行《ずんなん》（童子行者）と作《な》る」とあるから、禅宗寺院仏種寺であった。一四世紀に入ったこのころには、地方でも禅宗にふれる機会が得られたことがわかる（『日本故建仁別源和尚塔銘幷序』）。

清渓通徹《せいけいつうてつ》（一三〇〇―八五）は、相模国を本貫とする名族三浦氏の出で、幼少時から栄西の法流を受ける禅僧寒潭慧《かんたんえ》雲《うん》に師事し、まず鎌倉の寿福寺に名を連ねた。寒潭は前出の寂庵上昭の法孫であるから、その教育は旧仏教色の強いものだったと想像される（『吉祥庵清渓和尚行実』）。

以上を通覧すれば、いずれも若いころに生地に近い旧仏教寺院、あるいは禅宗寺院であっても旧仏教色の強い寺院（仏種寺はくわしい性格が不明）で、基礎的な学問を身につけていたことがうかがえるだろう。

文学の修養

そうしたなかで、中巌円月のばあいは、密教を学ぶのをやめてしまい、より純粋な禅宗に傾倒していくようになる。『自歴譜』によれば、一四歳のときに「師寛通円首座《かんつうえんしゅそ》の寮に往来して、諸家の語録を読」んだという。まだ日本人の禅僧の語録がたくさんある時代ではないので、かれの読んだ語録の多くは中国人禅僧のものだったろう。

若い中巌は、語録の内蔵する「禅意（禅宗の深い意味）」までは会得できなかったけれども、ことばをもてあそぶ、つまり難解な言葉をちりばめて漢詩を作ることは巧くなった。あるとき、博多の聖福寺を退いて寿福寺に客分として留まっていた嶮崖巧安《けんがいこうあん》という老僧が、漢詩を二首作り、それに「諸方の名勝」が競って韻を和した。韻を和すとは、相手の作品とおなじ韻字を使って自分の漢詩を作ることで、連歌と似たような文学のつきあいの様式である。一四歳の中巌がこれに交じって韻を和したので、嶮崖はたいへん喜んで建長寺の約翁徳倹《やくおうとくけん》に語り、約翁も「年少なのに希異なことだ」と感心した。

その後、中巌は一六歳で円覚寺に所属して、正式に禅僧への道を歩み始めるわけだが、そのころからたくさんの作品を残しており、作詩・作文の修養を積んで、名の知れた文学僧として成長していくことになる。

二　蘭溪道隆の画期性

東福寺円爾から建長寺蘭溪へ

一三世紀なかばから一四世紀にかけては、日本から中国に渡って、本場の師匠のもとで修行を積む、あるいは中国の各地を遍歴するという動きが、禅僧たちの間でブームとなった時代である。かれらのことを海を渡った僧、「渡海僧」と呼んでいる。他方おなじ時代に、中国から日本に渡来して禅寺に所属した僧侶たちが集中的にあらわれる。これを「渡来僧」と呼び、確認できるだけでも三〇人ほどの名前を見いだすことができる。この時代の禅宗世界における日中交流は、双方向的だったのがなによりの特徴である。

本章でとりあげる鎌倉の子弟教育においては、渡来僧が有力な禅寺のトップにいるという状態が、門下生に中国への眼を開かせたという点において、たいへん大きな役割を果たした。そして、渡海僧たちの伝記史料を見ていくと、一三世紀なかばの建長寺開創（建長元年〔一二四九〕創建、同五年落成）を境に、顕著な変化を見いだすことができる。建長寺以前では、たとえば山叟慧雲《さんそうえうん》（一二一七―一三〇一）は、武蔵国飯沢《はんざわ》（埼玉県児玉郡）出身――「姓丹治氏」とあるから武蔵七党榛沢《はんざわ》氏の出身であろう――で、一七歳で剃髪し、一二四五年上洛して東福寺の円爾《えんに》（一二〇二―八〇）に嗣法し、一二五八年入宋した（『仏智禅師伝』）。また鎌倉出身で北条氏一族と推定される無象静照《むぞうじょうしょう》（一二三四―一三〇六）も、弱年で出家のあと、東福寺で先人の書を博く学び、一二五二年、一九歳で渡海した。中国では、南宋の都があった杭州郊外の山上にある、禅宗五山第一の径山《きんざん》寺へ赴き、石渓心月《しっけいしんがつ》のもとで修行して、悟りを開いた（『浄智第四世法海禅師無象和尚行状記』）。

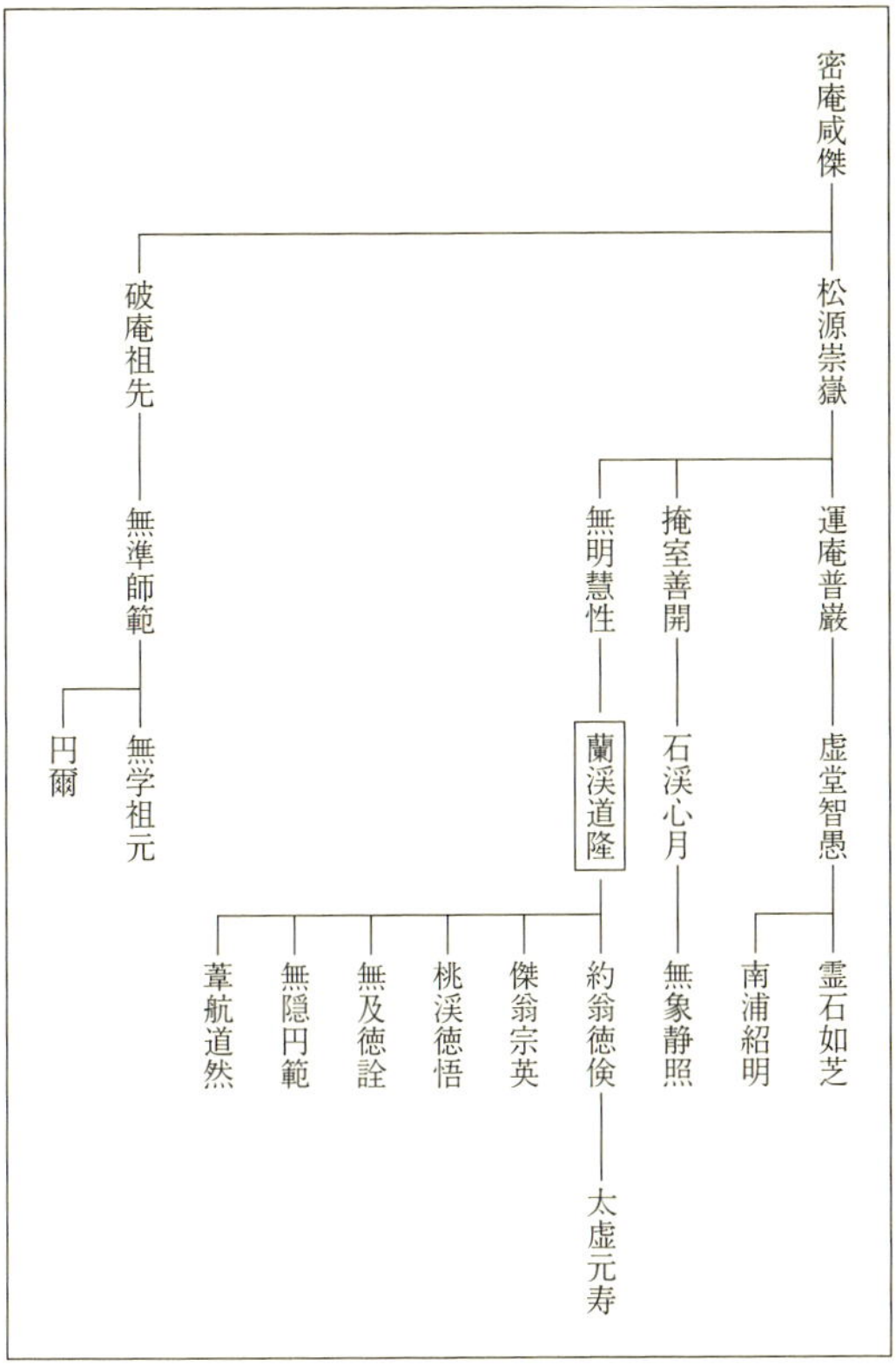

図2　蘭渓道隆を中心とする法系図

東福寺の開山円爾は、一二三五年から四一年まで入宋し、名僧無準《ぶしゅん》師範《しぱん》の法を嗣いで帰国、摂関家の外護を得て東福寺を開いた。禅宗は輸入仏教だから、もっとも禅宗らしいものにふれたければ、自身中国に渡るか、渡航経験をもつ僧に師事するかしかない。だから、山叟や無象は

図3　聖一国師像（天授庵蔵）

東福寺に赴き、帰国後まもない円爾に師事した。そこで学ぶうちに、中国に行きたいという気もちが強くなり、ついに渡海する。無象の場合印象的なのは、北条氏の出なら鎌倉で教育を受けるのが自然だと思うが、あえて上洛したことである。このように、当時は、本場の禅宗にふれるためには、渡海僧円爾の開いた東福寺に赴くことがもっとも有効だったらしい。

建長寺開創以後、こうした状況が大きく変わる。遠隔地の人までが最初から鎌倉をめざすようになった。調べたところ、東国出身者が多いのはたしかだが、桃渓徳悟《とうけいとくご》（一二四〇―一三〇六）のように、九州出身なのに京都へは行かず鎌倉に来た人もいる。鎌倉へ行けば、最新の禅宗文化、つまり中国文化そのものにふれられるし、中国に渡航するチャンスをつかめる可能性も大きい。それがわかっていたのである。建長寺開創を画期として、鎌倉が、それ以前には学問の圧倒的な中心だった京都に対して、匹敵するとまではいえなくとも、相当程度対抗できるレベルに達していたといえよう。

このように、円爾から蘭渓へとターゲットが移っていったわけだが、じつはふたりは個人的な手紙をやりとりする親しい間柄だった。一二四九年六月、蘭渓が円爾に「今後華京並びに西州に何か新聞あらば、見示を惜しむなかれ」と依頼した（『東福寺誌』所収六月初十日蘭渓道隆尺牘）のに応えて、円爾は門下の僧十人を建長寺に遣わして叢林の礼を行なわせた（『聖一国師年譜』己酉条）。円爾の高弟蔵山順空《ぞうざんじゅんくう》（一二三三―一三〇八）は、九州の出身だが、円爾に三年服侍したあと、蘭渓の道誉を聞いて鎌倉へ赴き、弘長二年（一二六二）入宋している（『元亨釈書』巻八順空）。さきの十人のひとりかもしれない（『建長寺史』編年史料編第一巻）。一三世紀なかばから急速に高まった禅僧たちの渡海熱の背後には、両人の連携プレイがあった。

蘭渓の弟子たち

建長寺を開いて以後、蘭渓道隆は弟子たちとどのように出会ったのだろうか。

さきにふれた南浦紹明は無象の一歳年下であるが、建長元年（一二四九）一五歳で剃髪受戒して、駿河から鎌倉に赴き、開かれたばかりの建長寺で蘭渓に師事した。そして正元年間（一二五九―六〇）に渡宋している（『円通大応国師塔銘』）。

これも前述した直翁智侃も、生地の上野で「教外別伝《きょうげべつでん》の旨（禅宗のこと）ありと聞き、衣を更《か》えて遊方し」、建長寺の蘭渓に参じた。蘭渓はひと目で直翁の器を認め、身のまわりの世話をさせるうち、直翁は渡海の志を懐くようになり、師のもとを辞して入宋した。なん人もの名僧のもとで修行したが、結局、中国へ行っても仏法の本質にちがいはないと悟って帰国し、ふたたび建長寺で蘭渓に仕えた。つまり蘭渓以上の先生はないと考えたのである（『東福十世勅賜仏印禅師直翁和尚塔銘』）。

図４　蘭渓道隆座像（建長寺蔵）

さらに約翁徳倹《やくおうとくけん》（一二四五―一三二〇）は、鎌倉郡の生まれで、嬰児のとき道端に棄てられていたのを、「郡の著姓」が拾って養育した。幼くから普通の子供の遊びはせず、僧を見ればかならず敬い、仏を見ればかならず拝んだ。一三歳のとき義父に従って建長寺に詣り、蘭渓にその鋒骨を認められ、童子となって教育を受けることになった。やがて文永年間（一二六四―七五）に渡海することになる。帰国後、きびしい蘭溪の指導のもと、数ある弟子のなかでも一番弟子というべき人物に成長していった（『仏燈国師約翁和尚無相之塔銘』）。

もうひとり活躍した弟子に、前述の桃溪徳悟がいる。かれは九州出身で、最初密教にふれて「灌頂の法」などを学んだ。ところが、蘭溪が日本に来たと聞いて、禅宗に転じる。ついで渡宋して、明州（現在の寧波《ニンポー》）郊外にある禅宗五山第五位の阿育王寺へ行き、頑極行彌《がんきぎょうみ》の法を嗣いで一二七八年に帰国した。その後桃溪は、現在の横浜市磯子区杉田に東漸寺を開いた（『東漸寺住山録』ほか）。この寺には国際的な人づきあいを語る貴重な文化財が残されている。堂内の鴨居に掛けられた二枚の板で、墨を塗ったうえに漢詩が彫りつけられている。これを見ると、東漸寺に、渡来僧や渡海僧を交えた禅僧たちが集まって、詩の交わりを楽しんでいたことがわかる（「東漸寺詩板」『五山文学新集』別巻一所収）。そのホスト役が、蘭溪の弟子のひとり、桃溪徳悟だったのである。

このように、主として東国出身の子弟が、鎌倉の建長寺で、蘭溪の教育によって中国への眼を開かれるというコースが、定着していったことがわかる。こうして、蘭溪のもとにたくさんの弟子がつどい、その多くは蘭溪の法を嗣いだ。この弟子たちを通じて蘭溪の法流が日本に広まっていく。その中心となった建長寺を本山として、「建長寺派」あるいは「大覚派」（大覚禅師は蘭溪の法諡）という宗派が生み出されてくる。これは現在でも、とくに東日本で有力な臨済宗の一派を形成している。

無学祖元の来日と蘭溪

弘安元年（一二七八）、先ほど紹介した桃溪徳悟が帰国するさい、鎌倉の禅宗を考えるうえで蘭溪道隆とならんで落とすことができない人物、無学祖元《むがくそげん》（一二二六―八六）が、おなじ船に乗りあわせて日本にやって来た。この無学招聘の経緯にも、じつは蘭溪が大きな役割を果たしていた。

あるとき、北条時宗が建長寺の蘭渓に、中国ですぐれた僧を探し出して連れてきてほしい、と依頼した。このときに使者に立った人物が、ともに蘭渓の弟子である無及徳詮《むきゅうとくせん》（生没年不詳）、傑翁宗英《けっとうそうえい》（生没年不詳）のふたりである。かれらは無準師範の高弟として令名高かった無学に白羽の矢を立てた。

さて、この無及徳詮はとても興味ぶかい人物である。無学の作品を集めた『仏光国師語録』には、時宗と無学の問答がたくさん見られる。時宗の質問は、おおよそは禅の修行にかかわることだったが、同時に、政治家としての心構えに関する内容もふくまれていた。無学は、日本に来て日本で亡くなるわけだが、日本語を習得しなかったらしい。ふたりはどういう言語でやりとりをしたのか。『仏光国師語録』には、無及について、「以後も常に無学に随侍し、時には北条時宗の参禅に立ちあって、通訳を務めた」と書かれている。無学・時宗の対面の場で通訳したこともあったかもしれないが、通常は、時宗の質問を中国語に訳して無学に伝え、無学が中国語で答えたのを時宗のところに帰って日本語で話す。そういうやりとりだったらしい。

図５　無学祖元坐像（円覚寺蔵）

前に述べた東福寺開山円爾との深い交際と、今述べた無学招聘へのただならぬコミット。これらは、蘭渓の法流と東アジアのかかわりを考えるさいの、重要なポイントになる。円爾と無学はともに無準師範の法を嗣いでおり、兄弟弟子の関係だった。無学のあとを「仏光派」といい、円爾の後を「聖一派」といい、それぞれ日本で大きな勢力をなしていく。室町時代になると、両派は日本禅宗界の第一位、第二位といっていいほどの勢力をもつようになる。そのかげの立役者が蘭渓道隆だったことは、見のがせない事実である。

無学の日本での活動期間は一〇年に満たない。かれが詠んだ漢詩のなかに、故郷（現在の寧波のあたり）の山を懐かしんでつくった、胸を撃つ作品がある。日本に慣れ親しんだとはいえ、やはり望郷の念は抑えがたかったようだ。これに対して蘭渓の場合は、すでに中国で確立していた名声を後ろ盾に来日した無学とは異なり、日本で地位を築いた。活動期間は六六年の生涯のちょうどうしろ半分である。ことばの面で言っても、かれは日本語を完全にマスターしたと考えていいだろう。人格的な直接の影響を見ても、無学よりもはるかに大きいものがあったように思われる。

一三世紀なかばからの約一世紀、日本の禅宗界には「渡海ブーム」というべき状況が起きていた。その間、日中を往来して活躍した僧侶はたくさんおり、それぞれが重要な役割を果たした。その始点に建長寺の開創と蘭渓道隆の名前を置くことができる。かれは、日本の若者に中国への目を開かせ、積極的に送り出し、その波紋や影響をだんだんに広げて、渡海ブームをひきおこした。そういう意味で、まさに画期的な働きをした人物だったと評価することができる。

三　渡来僧の薫陶

一山一寧と東明慧日

蘭渓の影響下に渡海した世代よりも一、二世代おくれる僧たちに、大きな影響を及ぼした渡来僧として、一山一寧《いっさんいちねい》（一二四七―一三一七）と東明慧日《とうみんえにち》（一二七二―一三四〇）のふたりをあげることができる。

弘安二年（一二七九）北条時宗の招きで来日し、同五年に円覚寺を開いた有名な無学祖元については、日本での活動期間が短かったことや日本語を習得しなかったこともあって、その影響で渡海を志した人を見いだすことができない。ただし、武蔵国比企（埼玉県）の伴氏出身の天岸慧広《てんがんえこう》（一二七三―一三三五）が、一三歳で建長寺の無学の童行《ずんなん》となり、やがて渡海している。

図6　一山一寧像（南禅院蔵）

図7　東明慧日像（白雲庵蔵）

しかし無学の死は天岸一四歳のときで、渡海はその三四年後だから、無学からの直接の影響とは認めがたい。

龍山徳見（前出）・雪村友梅《せっそんゆうばい》（一二九〇—一三四六）というふたりの著名な渡海僧のばあい、一山一寧とのめぐりあいが渡航動機の形成に大きな影響を与えていた。ここで一山について簡単に紹介しておくと、中国浙江省舟山諸島にある補陀落《ふだらく》山観音寺の住持であった一二九九年、元皇帝成宗の使者として日本に渡航した人物である。その目的は、鎌倉幕府と交渉して元に正式な使節を送らせ、両国間に正式の国交を開くことにあったが、幕府はこれを相手にせず、一山を伊豆の修善寺に幽閉してしまう。しかし、優れた文化人でもあったかれは、まもなくその能力を認められて鎌倉に招かれ、建長寺の住持になる。文学だけでなく、朱子学、書道、絵画も得意とするなど、多彩な能力のもちぬしで、その後の日本に禅宗文化を開花させるのに大きな力を発揮した。

龍山徳見は、前述のように下総香取の生まれで、一七歳になる正安二年（一三〇〇）、一山が円覚寺住持となったことを聞いて、そのもとへ赴いた。このとき同時に弟子入りを求めた者が四十人以上いたという。一山は試験場を開き、縄林《じょうしょう》（イスの一種）を指さして「これを題に詩を作れ、好くできた者を合格させよう」と言った。この試験で首席を取ったのが龍山であった。いくばくもなく一山の請客侍者《しんか》（住持の賓客を応接する役）を勤め、職解けて中国渡航の志を懐き、二二歳のときに渡航を遂げ、四六年ものあいだ在元した（『真源大照禅師龍山和尚行状』）。

雪村友梅は越後国白鳥郷（新潟県長岡市）の人で、父は一宮氏、母は信濃の須田氏である。童子として一山にまみえ、僧侶への道を歩み始めた。同時に入室した三人の童子に一山は三友（松竹梅）の名をつけたが、松と竹は世に顕われなかったという。その後円覚寺・建長寺で一山に随侍し、一八歳の徳治二年（一三〇七）に入元、二三年の長きにわたって滞在した（『雪村大和尚行道記』）。『宝覚真空禅師語録』『岷峨集』にすぐれた詩作品が多く収められている。

東明慧日は中国浙江省定海県（舟山諸島をふくむ）に生まれた曹洞宗宏智《わんし》派の僧で、延慶二年（一三〇九）に北条貞時の招きで来日し、翌年円覚寺の第一〇代住持に迎えられた。前出の別源円旨が一六歳で剃髪したさい、師匠の仏種寺竹庵圭和尚は、「なんじの根器を観るに、村院に久滞すべきではない。私の聞くところでは、最近東明和尚が元朝から来て、曹洞の宗風が関東に盛行しているとのことだ。鎌倉へ往って礼拝するがよい」と諭した。別源はこれに応じ、東明に入室を許され、執侍すること一二年、二七歳の元応二年（一三二〇）に渡海している（『日本故建仁別源和尚塔銘幷序』）。

不聞契聞《ふもんかいもん》（一三〇一―六八）は、「武州河越人、父平氏」というから、御家人河越氏の出であろう。伯父の禅僧に伴われて鎌倉の円覚寺に詣ったところ、住持の東明は「その奇偉なるを眉睫の間に識《し》り」、僧童として随侍させた。不聞は六日間で法華経の七軸までを暗記し、誦させてみると一字の誤りもなかったという。一九歳のとき、東明が建長寺に移籍するとこれに従い、請客侍者として仕えた。二四歳の正中二年（一三二五）、中巌円月とともに入元した（『不聞和尚行状』）。

大拙祖能《だいせつそのう》（一三一三―七七）は鎌倉の人で、九歳のとき相模善福寺住持大川道通《だいせんどうつう》の勧めで出家し、大川の住したいくつかの寺で随侍したが、元徳三年（一三三一）建長寺に籍を置いた。建武三年（一三三六）東明が同寺の住持になるとその会下《えか》に請客侍者を勤め、やがて渡海の志を起こして、一三四四年入元、五八年まで滞在した（『前住建長大拙和尚年譜』）。

別源・不聞や中巌円月ら東明の門下生たちは、ことに仲間意識が強かったようだ。中巌は在元中の一三二九年、元政府による日本僧とりしまりで不聞が湖北省武昌の獄に繋がれたと聞いて、はるばる江蘇省の雲巌寺から駆けつけている。また中巌は帰国後東明の法を嗣がず、東明の門人たちの憤激を買ったが、なお別源の死後その伝記『日本故建仁別源和尚塔銘并序』を書いたのは中巌だった。かれらの間にみなぎっていた中国への憧れは、別源の作品「僧の江南へ之《ゆ》くを送る」（『東帰集』所収）に余すところなく表現されている。別源の在元は一三二〇—三〇年、不聞の帰国は一三三三年。不聞といれかわりに入元した白石契玽《はくせきけいじゅん》も東明の弟子である。

聞兄（不聞契聞）昨日江南より来り、玽弟（白石契玽）今朝江南に去る。故人（知人）又是れ江南に多し、況んや我れ曾て江南に在りて住むをや。江南に一別して已に三年、相憶ふ江南は寐寤《びご》（寝ても覚めても）に在り。……

中巌円月の渡海まで

少年期から中巌円月の生涯をたどっていくと、重要な人物との出会いにぶつかる。それが中巌一〇歳の年に来日した前出の東明慧日である。中巌は一五歳で円覚寺の住持であった東明に弟子入りした。翌年正式に円覚寺のメンバーとなり、東明のもとで修行を始めた。東明は宗派的には曹洞宗に属し、中巌も曹洞の宗旨を学んだが、「心粗にしてその密意に達すること能はず」という状態だった。文保元年（一三一七）に東明が寿福寺に移ったあと、中巌は円覚寺に席を置きながら渡海を志し、翌年博多へ赴いて乗船しようとしたが、綱司《こうし》（中国人の船長兼貿易商）に乗船を許されず、京都の万寿寺や越前の永平寺を訪れたのち、文保三年（一三一九）鎌倉に帰った。鎌倉では東明が建長寺住持になっていたので、中巌も建長寺に所属した。

このように、渡来僧東明慧日に仕え修行を重ねるなかで、中巌のなかに渡海の意思が芽生え、固まっていったと思われる。しかし、中巌にそのような影響を及ぼしたのは東明ひとりではなかった。むしろ中巌は、東明から学んだ曹洞の宗旨にしっくりしないものを感じていたらしいし、八年に及ぶ中国滞在（一三二五―一三三二年）を終えて帰国した後、東明ではなく中国の百丈山《はじょうさん》で出会った尊宿東陽徳輝《とうようてひ》（臨済宗大慧派）の法を嗣ぐと宣言して、東明の弟子たちの憤激を買い、命まで狙われている。そこから想像されるように、中巌には東明から一歩距離を置く姿勢が認められる。

中巌の少年時代にもどれば、一四歳のとき、寿福寺でかれの詩を誉めてくれた嶮崖巧安は渡来僧大休正念《だいきゅうしょうねん》の弟子であり、嶮崖からそのことを聞いて感嘆した建長寺の約翁徳倹は、前述のように蘭渓道隆の弟子の渡海僧であった。翌年には鎌倉の十刹万寿寺で雲屋慧輪《うんおくえりん》の会下に連なり、多くの漢詩を作って奇と称されたが、この雲屋は渡来僧無学祖元の弟子である。中巌一八歳の文保元年（一三一七）、東明が寿福寺に去ったあとの円覚寺住持に着任した南山士雲《なんざんしうん》は、渡海僧円爾の法を嗣いだが、渡来僧の大休や無学にも参じている。この南山は、中巌が建長寺に属していた元応二年（一三二〇）に同寺住持に転任してきたが、かつて円覚寺で相識だったとして中巌を異愛し、中巌が漢詩を作るたびに賞めてくれたという。さらに、一度目の渡航企図が破れて建長寺の東明のもとに帰った年（一三二九年）の一〇月、建長寺住持に着任した霊山道隠《りんざんどういん》は、前年に来日した渡来僧であるが、中巌はこの人にも「朝夕入室参問」している。

以上のように、鎌倉の諸寺院で学ぶ中巌のまわりには、東明だけでなく多くの渡来僧、渡海僧、あるいはそれらの弟子たちがひしめいていた。かれらからの影響がおりかさなるところで、中巌の渡海への志は育まれていったであろう。そして、そのような環境に身を置くことに恵まれたのが、中巌ひとりでなかったことはいうまでもない。

渡来僧とバイリンガル世界

以上、鎌倉にかかわる渡海僧の経歴を見てきたが、蘭渓道隆、一山一寧、東明慧日ら渡来僧の影響がたいへん大きかったことがわかる。かれらの存在が、鎌倉の禅宗寺院を、あたかも日本のなかに中国を切りとってきたかのような異空間にした。そこでは直接にナマの中国の禅宗文化を体験することができた。『沙石集《しゃせきしゅう》』などの作品を残した文学僧無住《むじゅう》は、『雑談集《ぞうたんしゅう》』のなかで、建長寺のことを「唐僧渡り唐国の如し」と形容している。

渡来僧のひとり竺仙《じくせん》梵僊《ぼんせん》（一二九二―一三四八）は、北条高時の招きで元徳元年（一三二九）渡来し、鎌倉の浄妙寺・浄智寺や京都の南禅寺の住持となった。一山一寧と同様文化的能力に優れた人物で、日本の禅宗文化に大きな足跡を残すことになる。かれの日本渡航は、同門の先輩明極《みんき》楚俊《そしゅん》（一二六二―一三三六、建長寺・南禅寺・建仁寺に住す）とその弟子懶牛《らいぎゅう》希融《きゆう》（生没年不詳）、帰国する渡海僧雪村友梅（前出）・天岸慧広（前出）・物外《もつがい》可什《かじゅう》（一二八六―一三六三）らと同船で、かれらが船中唱和した詩が今に伝わっており（『来々禅子東渡集』『明極和尚語録』ほか）、それ自体が文化史上の一事件であった。

『竺仙和尚語録』に、竺仙が浄智寺の住持だったとき椿庭海寿《ちんていかいじゅ》という日本僧と交わした禅問答が記録されている。日本人の椿庭が渡来僧の竺仙のもとで修行していた日々の一場面である。問答の内容は省くが、禅問答だから相手を驚かせるような質問が発せられ、それに対してうまく切り返すことが、問答者の能力を証明することになる。問答のなかで興味ぶかいのは、「是の時、寿（椿庭）その舌音を却転し、日本郷談を作《な》して云ふ」とある部分である。これはト書きで、椿庭がいきなり日本語に切り替えて竺仙にことばを発した、という意味である。ここから、それまでは中国語で問答が進行していたことがわかる。これを受けた竺仙もすぐさま日本語で応じたという。

ほかにも、中国語でやりとりされていた事例が相当数ある。とくに渡来僧が住持している寺では、中国語をある程度覚えなければろくに修行ができなかっただろう。当時の日本の禅寺における中国語の地位は高く、「バイリンガル」

ということばどおり、日本語と中国語の両方が日常的に通用していたといえよう。そこでもまれるなかで、本場の中国に渡って、中国人の師匠について修行したいという気もちが強くなっていったと考えられる。

四　鎌倉から博多、そして江南へ

九州大名と中国人貿易商

ここからは渡海僧が中国に渡ったときのようすを見よう。中巌円月の場合、文保二年（一三一八）一九歳のとき最初に渡海を志して、円覚寺から博多に行った。目的地の江南は禅宗の本場であった。とくに、南宋の故都杭州と日本との往来がさかんだった明州の二都市を中心に、中国の禅宗は栄えており、そこをめざしたのである。

ところがこのときは綱司に乗船を拒否されている。理由は記されていないが、おそらく資金が足りなかったのだろう。当時の渡航手段は例外なく貿易船（当時のことばで商舶・商船という）への便乗で、定まった運賃があったとは思われないが、ある程度まとまったお金を払わなければ乗せてもらえなかったことは、他の例から想像される。

中巌は二五歳の正中元年（一三二四）に再度渡海を試みる。ふたたび筑紫へ行き、中国行きの船を待った。このとき大事なのは、豊後を訪れて守護の大友貞宗と出会ったことである。また豊後府内の万寿寺では闡提正具《せんだいしょうぐ》（?—一三二九）に参ずることができた。闡提は貞宗の篤い帰依を受けた禅僧で、隠遁の気が強いながら、中国をめざす多くの禅僧たちの敬慕を集めていた。さて博多にもどって船を待っていたとき、京都で後醍醐天皇が鎌倉幕府を倒そうとした正中の変が起こり、中国行きの船が出なくなってしまう。

中巌の中国渡航が実現したのは翌正中二年（一三二五）の秋であった。その背後には貞宗の経済的なバックアップがあったものと推定される。というのは、中巌は元弘二年（一三三二）に帰国すると、博多東郊の多々良に貞宗が闡提を開山として開いた顕孝寺に入っている。その後中巌は、建武四年（一三三七）に鎌倉の藤谷《ふじがやつ》に住むことになるが、そこは大友氏の邸があった場所である。さらに暦応二年（一三三九）中巌は大友氏の所領上野国利根荘（群馬県川場村）に吉祥寺を開いた。これらの点から、中巌と大友氏との深いつながりがうかがわれるが、その起点は正中元年の豊後訪問にあったと考えられる。

禅宗輸入の初期は、鎌倉の北条氏が禅宗の中心的な外護者で、渡来僧の多くも幕府の招請に応じて日本にやってきていた。しかしこのころになると、北条氏の影響を強く受けつつも、西国の守護大名のなかに、禅宗をみずからの領国に独自に根づかせようとする動きが出てくる。大友貞宗と闡提正具の関係はその先駆的な例である。そのことが、渡海僧たちの中国渡航においても大きな意味をもってくる。

中巌のばあいと似た事態は、中国滞在最長記録保持者の龍山徳見にもみられる。かれは在元中に大友氏から、豊後万寿寺の住持が欠員になったので、帰国して住持を勤めてくれという要請を受けている。このときかれは断ったのだが、大友氏が禅宗を積極的に保護しようとする姿勢は明瞭である。

つぎに、おびただしい禅僧たちが海を渡る「渡海ブーム」を支えた、この時期の船の往来に目をむけてみよう。伝記史料からかれらの中国渡航時の記事を拾っていくと、例外なく貿易船が日本から中国に渡航する機会をとらえて、それに便乗して渡航を実現させている。帰国時もまたしかりである。この時代になると、かつて鑑真《がんじん》が失敗を重ね失明という代償を払ってようやく日本に至ったころとは異なって、日中間の航路ははるかに安定的かつ恒常的なものになっていた。渡航費用を用意して博多に行き、船を待ってさえいれば、中国渡航が実現する可能性はきわめて高かった。ある程度定期的に貿易船が往来しているという状態が、かれらの渡海熱に現実味を与えていた。

そうした船の往来状況に加えて、船を運行する中国人貿易商と日本の諸権力との関係も、「渡海ブーム」を支える重要な条件だった。ブームが頂点に達した一四世紀前半は、貿易の利益の一部を寺社造営費用にあてる「寺社造営料唐船」が、日中間をさかんに往来した時代である。その実態について、詳細はつぎの章に譲って結論だけいえば、「寺社造営料唐船」とは、中国人の経営する貿易船に日本の権力が寺社造営費用の拠出を条件に与えた看板以上のものではなかった。貿易船は日本の権力の意思とは離れたところで独自に往来しており、それが日本に寄港した機会をとらえて、幕府や朝廷が船の運営主体と契約を結び、その船を「寺社造営料唐船」に指定するのである。

その実態が史料的にくわしく追えるのは、康永元年（一三四二）に出発した天龍寺船（天龍寺造営料唐船）であるが、その渡航をとらえて多数の禅僧たちが中国をめざしたことを、禅宗史料から知ることができる。そして、中巌円月や不聞契聞が一三二五年に乗りこんだ船は建長寺船（建長寺造営料唐船）であった。しかし伝記史料からはそうした性格をうかがうことはできず、もっぱら「商舶」ということばで表現されている。

尊宿偏参と同郷交遊

渡海僧たちは中国に行ってなにをしていたのだろうか。「尊宿偏参《へんさん》」とは耳なれないことばだが、当時の中国の禅宗社会で名の知られた高僧たちのもとを経めぐって修行することをいう。有名な師匠のもとには、中国人はもちろん、日本や高麗からも多くの弟子たちが集まって、一種の学校を作っていた。そうした「尊宿」は中国各地の禅寺に散在していたから、渡海僧はひとりの師匠のもとに長く留まることは少なかった。また有名な寺院は多く景勝地にあったから、観光旅行の要素も多分にあった。

まず例によって中巌円月のばあいを見よう。かれは入国した一三二五年に浙江省嘉興の天寧寺に行って霊石如芝《りんしいにょし》に参じ、二六年には建康（南京）の保寧寺に古林清茂《くりんせいむ》を訪ね、ついで蘇州の雲巌寺のメンバーとなって済川若檝《さいせんじゃくしゅう》にまみえ、二七年秋にはまた保寧寺に古林を訪ね、冬には中峰明本《ちゅうほうみょうほん》の開いた蘇州幻住庵へ行って、中峰の弟子絶際会中《ぜっさいえちゅう》の温顧を受け、新年を迎えている。二九年、江西省廬山《ろざん》の東林寺に移っていた古林にまた参じた。このとき古林から書記となるよう請われたが受けなかった。冬には同省の百丈山大智寺に至り、東陽徳輝に参じた。このとき一度顔を合わせただけの東陽の法を、中巌は嗣ぐことになる。三〇年、江西省鄱陽《はよう》湖畔の永福寺に竺田悟心《じくでんごしん》に参じた。

このように中巌は、江南の各地でじつに多くの寺を遍歴している。そこで夏冬の安居《あんご》を過ごしたという記事からは修行ぶりがうかがえるが、なかには廬山・鄱陽湖・金華山などのように、名勝観光の色彩が強いものも少なくない。在元の終わりころにそれがめだつことも興味ぶかい。さきに引いた別源円旨の詩「僧の江南へ之くを送る」の後半部分は、さながら江南の観光パンフレットの趣を呈している。

図8　北高峰より西湖を望む

……十里の湖辺蘇公の堤、翠柳青烟細雨に雑《まじ》る。高峰の南北法王の家（寺院）、朱楼白塔雲霧より出づ。雪屋銀山（雪景色をいう）銭塘《せんとう》の潮、百万の人家首《こうべ》を回《めぐ》らして顧《み》る。南音北語驚歎して奇しむ、呉越の帆飛び西興《せいこう》（浙江省の河港の名）に渡る。

中巌が訪ねた六名はみな「尊宿」の名にふさわしい人々である。他の渡海僧の伝記にも眼を広げると、別源円旨は一〇名、古先印元《こせんいんげん》は一四名、不聞契聞は八名、平田慈均《へいでんじきん》は九名の中国僧に参じており、重複を除いた延べ人数は二九名になる。そのうち、五人ともが参じたのが古林清茂・霊石如芝の二名、三人が参じたのが中峰明本・月江正印《げっこうしょういん》・無見先覩《むけんせんと》・竺田悟心の四名、二人が参じたのが古心世誠《こしんせせい》・断江覚恩《だんこうかくおん》・清拙正澄《せいせつしょうちょう》・無言承宣《むごんしょうせん》の四名である。中峰明本は中巌・不聞の入元した二年前に死去していたが、その筵席に連なった人々は、中国・日本を問わず強い仲間意識でつながれていた。この点は、「金剛幢下《こんごうとうか》」と呼ばれた古林清茂の会下も同様だった。

このように、渡海僧はむやみに多くの中国僧に参ずる一方で、人気が特定の師匠に集中する傾向があった。有名なたくさんの師について勉強したことが、日本でのかれらの地位を支えてくれる大きな要素になったのではないか。明治時代、ヨーロッパに行って帰国すれば、たいへん箔《はく》がついたといわれるが、この当時は、中国に行くことがかれらの経歴を飾る大きな要素だったのである。

また中巌は在元中、多くの日本僧と交遊している。上陸直後に訪れた寧波の雪竇《せっちょう》山資聖寺では旧友の全珠《ぜんしゅ》侍者に会った。一三二六年には雲巌寺で単寮をあてがわれていた龍山徳見に会い、故郷の尊宿として朝夕門を敲《たた》いた。二八年には浙江省道場山万寿寺で雪村友梅および後年渡来する東陵永璵《とうりんえいよ》に会っている。二九年にはふたたび龍山のもとを訪れて夏を過ごし、ともに渡航した不聞契聞の危機を救うため、はるばる湖北省の武昌へ赴いた。帰国の年一三三二年には、大弁正訥《だいべんしょうとつ》を連れて杭州に近い径山《きんざん》に登り、ついで一峯通玄《いっぽうつうげん》をともなって浙東をよぎり寧波に至った。なお『自歴譜』には洩れているが、物外可什と杭州の浄慈寺《じんず》で学窓をともにしたことが『東海一漚《いちおう》集』に見えている。

これらは、他の僧たちの伝記史料にはほとんど見られない中巌ならではの記事だが、他の伝記史料では省略されているだけで、渡海僧一般に見られたことと考えてよいだろう。古林清茂の弟子の竺仙梵僊は、一三二九年日本に渡航するに際して、師匠が生前語ったことばを思い起していた。保寧寺の会下に日本僧が三二人もいることを戯れて、「これじゃ私は日本の国師だよ」と言ったという（『竺仙和尚語録』住建長寺語録）。また渡航後まもなく、中巌は霊石如芝から「今年は何人日本から浙江へ来たか」と問われて、「二十数人です」と答えている（『東海一漚集』四藤陰瑣細集）。

「渡海ブーム」と禅宗肖像画

中世には、背もたれのある椅子に脚を組んで座り、前の台に靴を置いて、手に棒のようなものを持っている、という姿で描かれた禅僧の肖像画が、数多くある。「頂相《ちんそう》」と呼ばれるこの様式では、かならず絵の上部に「賛」と呼ばれる詩文が入る。禅宗では師匠から弟子への「嗣法」が特別に重視されるが、そのさい、しばしば師匠の姿を描いた絵が弟子に渡された。もっとも典型的なのは、師匠自身が筆を執った賛（自賛）が入るパターンである。こうして成立した絵と賛は、師弟に発する法流のなかで、たいへん重要な宝物として伝えられていく。たとえば、円爾の開いた東福寺には、円爾の師匠である無準師範の肖像が寺宝として伝えられている。

ここで紹介する蘭渓の晩年を描いた肖像画（建長寺所蔵・重要文化財）のばあいは、やや趣きがちがう。賛を見ると、九行にわたってむずかしい漢文があり、その左に二字ほど下げて「建長開山大覚禅師蘭渓和尚絵像、直下の師孫元寿蔵主讃を請ふ、古杭（杭州）南山浄慈八十四歳老衲霊石如芝賛す、時に己巳歳良月既望也」と書かれている。蘭渓直系の孫弟子である元寿蔵主すなわち太虚元寿が、亡き師匠の絵を絵師に描かせ、それをあるところへ持参して「賛を書いてください」と頼んだ。それを受けて、杭州は西湖のほとりにある、禅宗五山第四位の浄慈寺に住持していた、霊石如芝という八四歳の老僧が、一三二九年一〇月一六日に賛を書いたことがわかる。霊石は、前述のように渡海僧にもっとも人気のあった尊宿のひとりである。

つまり、蘭渓の没後五〇年以上ものちの作品なのである。そんな年数がたってから、太虚元寿は自分の属する建長寺派の始祖である

図9　蘭渓道隆像（建長寺蔵）

蘭渓の絵を携えて船に乗り、中国の有力な禅寺を訪れて、名僧に賛を加えてもらって持ち帰った。その絵が蘭渓の開いた建長寺にいまも伝えられている、ということになる。ちなみに、太虚は前述の約翁徳倹の弟子で、霊石の師虚堂《きどう》智愚《ちぐ》（南浦紹明の師でもある）は蘭渓にとって法系上の従兄弟にあたる。

この賛が書かれた一三二九年の前後には、日中間でこのような交流がひんぱんに行われていた。その主役が禅僧である。太虚元寿とおなじように、海を渡って中国へと往来した僧侶、すなわち渡海僧はおびただしい数にのぼる。ここまで述べてきた南浦紹明以下の僧たちは、みなそうした渡海僧であった。当時の禅宗文化の内容を見ると、中核に禅問答などのいかにも禅宗らしい要素がある一方で、周辺には多様な文化の「群れ」があった。渡来僧が身につけていた文化の内容も、まさにそういうものだった。たとえば、絵画、お茶、生け花、それからもちろん文学である。仏教を中心としながらも、文化の複合体とでもいうべきものが、渡来僧や渡海僧をつうじて伝わってきた。それゆえ、日本の文化に与えた影響にもひじょうに多面的なものがあった。

おわりに

鎌倉に根づいた禅宗文化は、日中禅宗界の双方向の交流を通じて、東アジアにひらかれた眼を育てていった。そこでとくに大きな役割を演じたのが、渡来僧の教育者としての活動だった。その教育に刺激をうけた若者たちは、さきを争って東シナ海を渡る船に乗りこんだ。中国への渡海参学は帰国後の出世への一階梯という性格もあった。その意味で、「渡来僧の世紀」とも称すべきこの時代は、洋行帰りが幅を利かせた明治時代にも対比すべき、特徴ある時代であった。

しかしこの動きが、日本社会全体のなかに国際性をはぐくむ結果となったかといえば、かならずしもそうはいえない。中巌円月は、帰国後すぐに起きた幕府滅亡、建武政府樹立にふるいたって、「原民」「原僧」「上建武天子書」などの政治的建白を試みたけれども、後醍醐天皇の政治にそれがなんらかの影響をおよぼした形跡はない。本場中国じこみの「ひらかれた国際性」は、鎌倉の禅林社会の外にはさほどひろがらず、一四世紀後半の明朝成立以降、日中間の僧侶の往来が衰えるにともなって、しだいに薄れていった。そして、「わび」「さび」をキーワードとするような、もっとも日本らしい文化と西洋人が誤解している「禅」が、その変質のなかから生まれてくる。

であればこそ、初期禅宗文化のもっていた「国際性」の諸側面——一方では国家や民族の相違を超えた交流や「世界」にむけてひらかれた視野があり、また一方では純中国的なほど評価が高くなるという倒錯や「洋行帰り」が箔となるスノビズムがある——を考察することで、「日本的なるもの」という固着観念からぬけだす道すじが見えてくるかもしれない。それはまた、明治の文明開化がなぜ偏狭な日本至上主義へ転形せざるをえなかったのかという、近代史の問題点を考える手がかりとなるかもしれない。

参考文献

蔭木英雄『中世禅者の軌跡　中巌円月』法蔵館、一九八七年
木宮泰彦『日華文化交流史』冨山房、一九五五年
玉村竹二『日本禅宗史論集・上』思文閣出版、一九七六年／『同・下之一』同、一九七九年／『同・下之二』同、一九八一年
玉村竹二『五山禅僧伝記集成』講談社、一九八三年
東京国立博物館編『鎌倉——禅の源流　建長寺創建七五〇年記念特別展』日本経済新聞社、二〇〇三年
西尾賢隆『中世の日中交流と禅宗』吉川弘文館、一九九九年
葉貫磨哉『中世禅林成立史の研究』吉川弘文館、一九九三年
村井章介『東アジア往還——漢詩と外交』朝日新聞社、一九九五年
村井章介『国境を超えて——東アジア海域世界の中世』校倉書房、一九九七年

村井章介『北条時宗と蒙古襲来――時代・世界・個人を読む』日本放送出版協会、二〇〇一年
村井章介編『日本の時代史10　南北朝の動乱』吉川弘文館、二〇〇三年

3 寺社造営料唐船を見直す
——貿易・文化交流・沈船

はじめに——通説への疑問

一四世紀前半には、建長寺・関東大仏・住吉社・天龍寺などの寺社の造営費用を、対中国貿易の利潤の一部でまかなうために、東シナ海を往来した貿易船が、集中して見いだされる。日本史学界では、これらの船を「寺社造営料《じしやぞうえいりよう》唐船《とうせん》」と総称している。「建長寺造営料唐船」「造勝長寿院幷建長寺唐船」「関東大仏造営料唐船」「造天龍寺宋船」などの史料上の表記をふまえた術語である。

川添昭二は、寺社造営料唐船を「大寺社がその巨額な造営費を得るために、朝廷・幕府の許可・保護の下に中国に派遣した貿易船」と定義する(1)。おなじく川添が執筆する『国史大辞典』の「寺社造営料唐船」の項目では、「民間では日本商人の能動的な貿易が展開していた。このような情況の中で寺社は巨額な造営費を求むべく、朝廷・幕府の許可のもとにみずから貿易船を組織して海外に派遣するようになった」、と説明されている(2)。また川添は、「鎌倉末期以降、大陸沿岸に倭寇が頻発する中で、それと区別するため寺社造営料唐船が相次いで発遣された」とも述べている(3)。

右のような通説は、かつて森克己が『日宋貿易の研究』(4)で述べた見解をほぼ踏襲したものである。その内容はつぎのようにまとめられよう。——①寺社造営料唐船とは、伽藍造営の必要の生じた大寺社が、その費用を貿易利潤でまかなうべく、みずから貿易船を組織し、朝廷や幕府の許可をとりつけたうえで、中国に派遣したものである。②船の経営主体としては民間の日本商人が想定される。③中国入国時には、日本で公的許可を得ていることが海賊船でないことの証明となった。

①では、幕府だけでなく朝廷も唐船派遣の認可者に数えられている。その根拠のひとつと思われるのが、摂津国住吉社の造営に関わる七月三〇日付（推定元弘三年〈一三三三〉）の後醍醐天皇綸旨《りんじ》である（『住吉神社文書』）。後醍醐はこの文書で、住吉神主に宛てて、「当社造営料足の事、唐船用途を以て、来月中、弐十万疋（二千貫文）を先づ其の足《あし》（費用）に付さるべし、此の旨を存じ、料木以下の事用意せしむべし」と命じている（原漢文、以下漢文史料は原則として読み下して引用する）。明記はされないものの、文書の内容からみて、この「唐船」は住吉社造営料唐船とみてよいだろう。帰国が一三三三年七月以前であるから、この船が日本を発ったのは同年五月の幕府滅亡より前である。ゆえに、早く三浦周行が指摘するように、認可者が幕府であった可能性も少なからずある。(5) また、天龍寺船の渡航に北朝の認可があったとする説も根づよいが、これも三浦が、「勅裁を仰ぎしものと解すべきにあらず」と喝破している。(6) となると、朝廷が認可者であったことが確実な例はひとつも残らない。

③の説にいたってはひとかけらの根拠も示されていない。森は、天龍寺船のような公許船ですら元の港湾管理官から賊船とみなされたのだから、「政府の公認を得ない民間貿易船が元朝官吏より如何に苛酷な待遇を受けたかは、想像するに難くない」とし、だから寺社造営料唐船が日本政府の公許を求めたのは、元から「武装商人団（所謂倭寇）」と誤られないためだった、と論じる。(7) しかし、天龍寺船のケースから読みとるべきは、元の港で貿易や上陸の許可を得ようとしたさいに、「公許」がなんの効果も発揮しなかった、という事実であろう。これは「公許」が元にうけいれてもらうためのお墨つきではなかったことを示すもので、森の論理が逆立ちしていることは明らかである。(8)

通説のその他の部分は、天龍寺船の根本史料である『天龍寺造営記録』のつぎのような記述をおもな根拠とする。天龍寺住持夢窓疎石《むそうそせき》に宛てた暦応四年（一三四一）一二月二三日付の書状で、足利直義《ただよし》はこう述べている。

宋船二艘の事、当寺造営要脚の為、免許せらるる所なり。早く用意を致し、明年秋に放洋《ほよう》（出帆のこと）せらるべきの由、綱司《こうし》に仰せらるべく候。

綱司とは貿易船の経営者である商人のことである。二日後の二五日、天龍寺が推挙した「至本御房《しほん》」に対して、直義は「造天龍寺宋船壱艘の事、本寺の吹挙《すいきょ》に任せ、綱司として沙汰致さるべきの状、件の如し」という御教書を発し、同日、至本が「造天龍寺宋船壱艘の事、綱司として渡宋すべく候由、申し請け候上は、商売の好悪《こうお》を謂はず、帰朝の時、現銭伍千貫文を寺家に進納せしむべく候」という請文《うけぶみ》（受諾書）を提出した。

一見すると、通説のように、天龍寺が造営要脚確保のために貿易船派遣を計画し、直義＝幕府の「免許」を得て、商人至本を綱司に推挙して貿易船を組織し、帰国後五千貫文を納入することを条件に、中国へ送りだした、かにみえる。しかしこのような解釈には、四点にわたって疑問を懐かざるをえない。

①直義書状の前にある『天龍寺造営記録』の地の文によれば、元弘以来十年間中絶していた宋船往来を復活させるについて、「度々評定あるも群議一揆せず、諸人謳歌区々《おうかくく》」という状況があり、明経道《みょうぎょう》・明法道《みょうぼう》の人々に意見を徴したがみな否定的で、藤原有範《ありのり》のみが「問題なし」との回答だった。この議論が、天龍寺の寺家ではなく、幕府内部で行なわれていることは明瞭である（有範は直義側近の儒者で幕府の禅律方奉行）。結局夢窓が「苦しからず候由、これを執り申され」、「智者（夢窓）の遠慮（行き届いた考え）に任せて、免許せらるべきの由」が決まった。ここでの夢窓は、天龍寺の代表者としてよりは、幕府のブレインとして発言している。また、関東大仏船の大勧進《だいかんじん》は名越《なごえ》善光寺長老であったが、善光寺は船の発遣主体ではなく、同寺長老はむしろ幕府の意をうけて活動している(9)。このように、唐船発遣の発意者は寺社よりもむしろ幕府であった(10)。

②右のことから、寺社が幕府に貿易船派遣の許可を求め、幕府がそれを認めたという解釈も疑わしくなる。直義の「免許」とは、天龍寺造営要脚のために宋船二艘を送ることの決定そのものを指していると解すべきである。寺社

造営料唐船と俗権力との関係でたしかなのは、建長寺船のケースで、船の往来の警固や輸入貨物の運搬を御家人に命じるというかたちで、幕府が保護を与えているという事実のみである。これが、寺社造営費の拠出の見返りに貿易船が享受した便宜であった。寺社造営料唐船はしばしば「公許船」と表現されるが、その派遣について俗権力側の許可制度があったかのような想像は、根拠がない。

③幕府の免許を得た寺社が主体的に貿易船を組織したというたしかな証拠はない。天龍寺船のばあい、直義の「免許」のわずか二日後に至本の請文が出ており、「免許」以前から「綱司」の候補者として至本の名があがっていたことは確実である。至本は天龍寺の推挙を得てはいるが、契約はあくまで至本と直義との間で交わされている。貿易商人との接触についても、むしろ幕府に主体性があったと考えるべきだろう。

④貿易船の経営主体に関して。三浦周行が天龍寺船の「綱司」至本を「有数なる支那貿易家」と解して以来、寺社造営料唐船の経営者も日本人商人だと思われているが、これまたさしたる根拠はない。当時の史料にあらわれる「日本商人」を日本人の貿易商と解し、日本側の能動性を強調する森克己説は、現在きびしい批判にさらされており、当時の貿易船は中国人商人が依然として主導権を握っていたことが明らかになりつつある。(11)

このように、寺社造営料唐船に関わる記録・文書史料だけからでも、通説は再検討が必要なことが明らかである。加えて、幕府が「免許」した船、というのは実存した貿易船のひとつの顔にすぎない。寺社造営料唐船と同定できる船の姿は、禅僧の日中往来を語る禅宗史料や、船をうけいれた中国側の史料にもあらわれているが、そこではおなじ船がちがった顔をみせてくれる。さらに、この時代日中間を往来した船の実物資料である「新安沈船」(後述)は、ある面では「東福寺造営料唐船」にほかならなかった。この事例は、寺社造営料唐船の実像をさぐるうえできわめて有力な材料となる。

以上のように、寺社造営料唐船は、禅宗史料・中国史料・考古資料をもふくめて、総合的に見直す必要にせまられている。そのさい留意すべきことがいくつかある。

ひとつは、貿易という営みがもつ境界性である。たとえば、中国史料に「日本船」とみえる場合、「日本」の文字に〝日本から来た〟という以上の意味はなく、経営主体が日本人であることや、まして「船籍」が日本であることを示すものではない。経営者が中国人であっても、日本の港町に有力な拠点を構えていたり、船員の多くが日本人であったり、荷主が日本の勢力であったりする。複数の国家や地域にまたがる海を活動の場とする以上、境界的であることはむしろ貿易船の本質である。この境界性と、資史料の語りうる限界を充分にふまえて、考察を進めなければならない。

ふたつめは、貿易船と港町との関係である。かりに船が荷物を積んで海に浮かんでいる状態を完璧に知りえたとしても、それだけで貿易船のすべてがわかったことにはならない。その船が出入りする港町の商人は、たんなる取引相手にすぎないのか、それとも船の経営主体とかさなるのか。船は、港町を領有する領主や、そこを管轄する役人とどのような関係を結ぶのか。さらには、港町における住人構成や居住形態は、貿易のありかたをどのように反映するのか。寺社造営料唐船の活動した一四世紀前半に即してわかっていることはきわめて少ないが、港町論とリンクさせることによって、貿易船の実像にすこしでも接近することを心がけたい。

一　寺社造営料唐船のさまざまな顔

この節では、おもに文献史料を使って、寺社造営料唐船の四つの例（建長寺・関東大仏・住吉社・天龍寺）から、その多様な姿を浮かびあがらせてみたい。その前提として、モンゴルの日本征討軍の船を除いて、南宋末から元代にかけて東シナ海を往来した船の多くが、「商舶」「商船」と呼ばれていることを確認しておこう。前述のように、この時期

表1　禅僧の便乗した「商舶」「商船」

年代	僧名	史料の記述	典拠
1168	明庵栄西	年二十八，夏五月，乗**商舶**到明州	明庵西公禅師塔銘
1223	道元	貞応二年春二月，随**商舶**入宋，著明州界	道元禅師行録
1235	神子栄尊	嘉禎元年乙未，師歳四十一，与弁円相共乗**商舶**，出平戸，経十昼夜，直到大宋明州	栄尊和尚年譜
1238	神子栄尊	宋嘉熙二年，歳四十四，辞径山乗**商舶**，出明州也	栄尊和尚年譜
1246	蘭渓道隆	以淳祐六年，乗**商舶**，著宰府	蘭渓和尚行実
1249	無本覚心	建長己酉春，附**商船**入宋	本朝高僧伝 20
1254	無本覚心	建長六，師四十八歳，……跨**商舶**以帰，……尋至博多津焉	円明国師行実年譜
1258	山叟慧雲	正嘉之二，乗**商舶**入宋国	仏智禅師伝
1260	兀庵普寧	屢附**商舶**，時時聘招，景定二年庚申，泛滄海，順帆不艱，速達博多	元亨釈書 6
1269	大休正念	咸淳六（五の誤り）年夏，乗**商舶**入此土，文永六歳也	元亨釈書 8
1279	白雲慧暁	適附**商舶**帰（仏照禅師塔銘に「已卯復回本国」）	元亨釈書 8
1299	一山一寧	我**商舶**薄明州，太元国主……欲聘有道衲子，勧誘以為附庸……遂附日本船……著于博多，本朝正安元也	一山国師行記
1305	龍山徳見	時師方二十二歳，遂去附**商船**抵四明	龍山和尚行状
1311	孤峰覚明	応長元年辛亥春，歳四十，附**商舶**入元土，以大元至大二年，舶適到温州	孤峰和尚行実
1315	遠渓祖雄	復留三年于玆，時日本慈母託于**商舶**寄書	遠渓祖雄禅師之行実
1319	寂室元光	三十，有南詢之志，……遂附**商舶**，達于元朝	寂室和尚行状
1320	別源円旨	元応二年庚申，師二十七歳，乗**商舶**往江南	別源和尚塔銘并序
1325	中巌円月	正中元年甲子，……秋帰博多，**商船**未可起碇，……二年乙丑，秋九月到江南	中巌月和尚自歴譜
1325	不聞契聞	二十五歳，附**商舶**到明之定海，復買小舟，到台州寧海	不聞和尚行状
1333	不聞契聞	三十三歳，東明日（慧日）附書於**商估入海者**招師，師得書泣辞石（霊石如芝），付回舶而東帰	不聞和尚行状
1342	愚中周及	暦応四年（正しくは康永元年）……上皇創天龍寺，遣**商船**求大蔵経於元国，於是喜而託之，秋発博多，到明州	愚中和尚年譜
1344	大拙祖能	康永三年甲申，師卅三歳，是年秋，師与同志輩数十人倶，附**商舶**，汎重溟凡十数日，達于福州長楽県	大拙和尚年譜
1349	龍山徳見	**買舟**崑山，以至博多，実日本貞和五年歳次己丑	龍山和尚行状

日中間を往来した禅僧の伝記史料は、貿易船の姿をかいまみせる有力な情報源であるが、かれらが利用した船はたいがい「商舶」「商船」と呼ばれている（表1）。その船が寺社造営料唐船に同定できる船であってもなくても、表現に変化はない。いずれの船も、かつての遣唐使船のような特別仕立ての船ではなく、ごくふつうの民間の商船であった。

建長寺船の場合

正中二年（一三二五）七月、筑前国守護代は、元へむかう「建長寺造営料唐船」を警固せよという幕府の命を、同国御家人に伝達した（『広瀬氏蔵中村文書』）。翌嘉暦元年九月、薩摩国守護代は、「造勝長寿院幷建長寺唐船」のもたらした「勝載物《しょうさいもつ》（積荷）」を京都まで運送する「兵士」役を負担せよという幕府の命を、同国御家人に伝達した（『比志《ひし》島《じま》文書』）。「特派された公許船」というイメージの形成には、この二通の文書も大きく貢献している。しかしこれらが語るところは、幕府が、建長寺船に対して、配下の御家人を動員して特別な保護・優遇を与えているという事実以上ではない。船の側からみれば、その代価が建長寺造営費用の拠出だったわけである。(12)

建長寺船に同定しうる船で渡海した禅僧に、中巌円月《ちゅうがんえんげつ》・不聞契聞《ふもんかいもん》がいる。『中巌月和尚自歴譜』には、この船がつぎのようにみえる。

正中元年甲子（一三二四）春、建長を起ち、再び筑紫に往き、以て出唐の船を待つなり。……秋博多に帰る。商船未だ起碇すべからず。京師の乱を以てなり。……二年乙丑秋九月、江南に到る。……

不聞の伝記にも、「二十五歳（一三二五年）、商舶に附して明の定海に到る」とある（『不聞和尚行状』）。いずれの場合も、たまたま中国へ渡航しようとしていた（「出唐の船」という表現に注意）「商船」「商舶」と理解されており、特別な船だったようすはうかがえない。さらに注目されるのは、一三二四年に予定されていた出帆が、「京師の乱」すなわち後醍醐天皇の討幕計画の露見（正中の変）によって延期されたことである。建長寺造営が唯一の目的ならば、混乱状態の日本からすみやかに去るほうが賢明であろう。民間の貿易船だからこそ、政治情勢の帰趨を見定めてから出発する必要があった、と考えられる。

一三二六年六月、中国僧清拙正澄《せいせつしょうちょう》が、弟子の永鋹《えいき》や日本僧古先印元《こせんいんげん》・無隠元晦《むいんげんかい》・業海本浄《ごうかいほんじょう》・明叟斉哲《みょうそうせいてつ》・石室善玖《せきしつぜんきゅう》らと同乗した船が元を発し、八月に博多に着いている(13)。建長寺船の勝載物を京都へ運ぶことが命じられたのが九月初めであるから、清拙らの乗った船は建長寺船とみてよいだろう(14)。『大鑑禅師塔銘』に「海東の檀信使を遣はし至る」とあり、『古先和尚行状』にも「日本枢府相公、遠く檄命を馳せ、具礼敦請す」とあるように、清拙は北条高時のたっての招請に応えて日本へ来たのであった。つまり建長寺船はある面では「清拙正澄招請船」でもあったわけである。

関東大仏船の場合

『金沢文庫文書』年欠一二月三日付金沢貞顕《かねさわさだあき》書状によれば、貞顕は息子の六波羅探題貞将《さだゆき》に宛てて、「関東大仏造営料唐船」が「明春」渡宋する予定なので、大勧進の名越善光寺長老の使者として道妙房が年内に上洛するはずだ、と告げている(15)。この書状の年次については、かつて森克己が嘉暦三年（一三二八）に比定し、その後百瀬今朝雄が森説を厳密に批判して、一年後の元徳元年に修正した(16)。百瀬の考証はたしかなものなので、一三二九年末にこの書状が書かれ、翌年春に「関東大仏造営料唐船」が出帆する手はずになっていたことを、史実として確定することができる。ただし、この船が無事帰航して大仏造営費用を納入したかどうかは確認できない。

さて、一二月三日付金沢貞顕書状が元徳元年のものだとすると、その二か月あまり前の九月二一日、おなじ貞将宛に書かれた貞顕書状(17)に「薫物《たきもの》男女大切候、唐船帰朝之間、東安候覧と覚候」とみえている唐船が、一二月初めまでの間に、幕府によって「関東大仏造営料唐船」に指定された、という経緯を推定しても、さほど無理はあるまい。

元徳元年（一三二九）九月をさほど遡らない時期に「帰朝」した「唐船」といえば、中国僧明極楚俊《みんきそしゅん》・竺仙梵僊《じくせんぼんせん》が、天岸《てんがん》慧広《えこう》・雪村友梅《せっそんゆうばい》・物外可什《もつがいかじゅう》らと同乗して日本に渡来した船が思い浮かぶ。『竺仙和尚行道記』によれば、船は己巳（一三二九年）五月に福建を離れて海を渡り、六月に日本の関西（九州）に至っている。『雪村大和尚行道記』にも、天暦二年（一三二九）五月に福州を出発し、己巳年すなわち本朝元徳元年の夏中に日本の博多の岸に到着したとある。船中、かれら日中の禅僧たちは、「洋中漫成」「苦無風」「禱風」「喜見山」「到岸」などと題する天岸の詠に唱和し、それらを軸装して「滄海余波」と名づけ、天岸が序を撰した（『続禅林墨蹟』『禅林墨蹟拾遺』）。六月に博多に帰着した唐船の情報が、鎌倉にいる貞顕の耳に届き、九月に貞将あての書状に記された、という流れは時間的にも自然であろう。

一三二九年五月以前に福州にいた船となれば、日本の禅僧士林得文《しりんとくぶん》が、北条高時の命で、杭州郊外の径山《きんざん》にいた高僧明極楚俊を招聘したさい、「郷船福州に在り」といっていた「郷船」がそれにあたる（『竺仙和尚語録』）。おなじ船は『中巌月和尚自歴譜』にも姿をみせており、中国に滞在中の中巌は、己巳年（一三二九）の春に「銭塘を起ちて閩《びん》に入」ったが、「倭船」が長楽に入港中だったので、閩中には留まらず、すぐに江西へ転じたという。長楽は福州から閩江を下って海に出る地点にある港である。

一三二九年春に福州にいた船は、前年に日本から渡海したことが推定されるが、はたして『元史』文宗本紀天暦元年（一三二八）一一月丁卯（一二日）条に、「日本舶商の福建に至り博易する者をば、江浙行省、廉吏を選びて其の税を征《はた》らしむ」とあって、一一月一二日以前に福州に入港していたことを知る。士林得文はこの船で福州に上陸し、その後径山に赴いたのである。

以上に述べた船はすべて同一の船であったと、私は推定する。この船を「商舶（船）」と呼んだ史料は見いだせないが、「舶商」という『元史』の表現は、この船が商船であることを示している。元徳元年九月二一日の書状で金沢貞顕が、京都にいる貞将に「唐船が帰朝したので薫物はたやすく手に入るだろう」といっていることからも、この船が香料を積載していたことがわかる。さらに、日本渡航をしぶる竺仙に対して、士林が「此の船一たび去るも明年即《すな》便《わち》又来る。但《た》だ意に随はんのみ（この船はいったん日本へ去っても来年にはまた来ますから、帰りたくなったらいつでも帰れますよ）」と説得していることから、毎年のように日中間を往来していた船であることがわかる。

一三二八年にこの船が日本から中国へ渡航したさい、北条高時は士林を乗りこませ、明極を招請させた。船はこの時点で「明極楚俊招請船」になったわけである。そして翌年、明極の渡来が実現し、その翌春に船が中国へ回航することになっていた機会をとらえて、幕府はこの船を「関東大仏造営料唐船」に指定し、貿易利潤の一部を大仏造営費用に宛てようとした。この行為は、責任者の名越善光寺長老が「大勧進」と呼ばれていたことからわかるように、「勧進」の範疇でとらえられていた。

住吉社船の場合

住吉社船が日本を発ったのは、帰着の前年の元弘二年（一三三二）である可能性が高いが、同年四月には中巌円月が帰国している。『中巌月和尚自歴譜』に「夏初、玄一峯《げんいっぽう》（通玄）と偕《とも》に淛東を過《よぎ》り、倭船に下りて帰郷す」とある。この船が中国へ回《かえ》るときに「住吉社造営料唐船」に認定された可能性がある。大朴玄素《だいぼくげんそ》は「元応間（一三一九—二〇）」に渡航し、一三年間在元ののち帰国した（『延宝伝燈録』巻二三）。一三三一—三二年の帰国となるから、中巌と同船だった可能性がある。

中巌の親友不聞契聞は、在元中の一三三三年、鎌倉にいる師匠東明慧日《とうみんえにち》（北条貞時の招きで一三〇八年渡来した曹洞僧）から、帰国を促す手紙が「商估入海者」に託されて届き、杭州浄慈寺《じんず》の霊石如芝《りんしいにょし》のもとを辞去して、「回船に付して東帰」した（『不聞和尚行状』）。東明の手紙が託されたのは住吉社船の渡航時、不聞が帰国に利用したのは同船の帰航時の可能性がある。また、至順四年（一三三三）三月一日、渡海僧「海東の徳蔵主《とくぞうす》」は、帰郷にさいして杭州霊隠寺《りんにん》の竺田悟心《じくでんごしん》から餞別の語を贈られている。[18] 住吉社船の「帰朝」は同年七月末であるから、時間的にみて、徳蔵主はこれを利用した確率が高い。

右にふれた数船の同定はやや不確実さを残すが、同定されたと仮定して話を進めると、ここでも東シナ海を往来する「商估」の船が、日本から中国への一往復に寺社造営料唐船の看板を掲げた例とみなすことができる。

ところで、『天龍寺造営記録』暦応四年（一三四一）条に「宋船往来の事、その沙汰あり、元弘以後中絶、十か年を経て興行せらる」という記事がある。「中絶」前最後の「宋船往来」の例こそ、住吉社船にほかならないだろう。三浦周行は、中絶していたのは「造天龍寺宋船と同一性質の宋船にて、一般の商船の謂に非ず」と述べ、[19] これを受けて木宮泰彦も、一三三二・三三・三四・三九・四一年に禅僧が往来した事例を示して、「商舶の来往が頻々として絶えなかったこと」が明らかだから、「元弘中絶以後といふのは、天龍寺船の如く特殊な事情のもとに派遣された商船の中絶を意味する」と解する。[20]

しかし、一三四二年ころ中巌円月が鎌倉で詠んだ詩に、「粟散の王国は乱離（元弘・建武の動乱）に苦しみ、十年貨売を通ずるを見ず、江南の物は皆価翔《たか》し、陶器況んや最も運載すること難し」とある（『東海一漚《いちおう》集』）。[21] 江南産品の価格暴騰という経済現象は、「特殊な」商船のみならず日中間の貿易船の往来そのものが断絶していなければ生じえない。したがって三浦・木宮説は再検討の余地がある。

まず、一三三二・三三両年は元弘年間であるから、「元弘以後中絶」と矛盾しない。住吉社船の渡航から天龍寺船の渡航計画まではちょうど足かけ一〇年である。祖庭芳《そていほう》の「癸酉歳」（一三三三年）の入元（『聖一国師年譜』）、白石契《はくせきけい》珣《じゅん》・竹《ちく》上人の同年の入元[22]は、住吉社船が看板をはずして中国へ回るさいに乗りこんだものか。つぎに無文元選《むもんげんせん》・元通《げんつう》らが一三三九年に入元したというのは、一三四三年の誤りであり（『無文選禅師行業』）、大朴玄素が一三三九年帰朝したというのは、前述のように一三三一―三二年の誤りである。『大通国師語録』に記された一三四一年の愚中周及《ぐちゅうしゅうきゅう》入元は、後述のように一三四二年に訂正すべきである。

結局、「中絶」期間にふくまれる禅僧の往来は、空叟智玄《くうそうちげん》の入元（一三三四年）と帰国（一三三九年）、および正堂士顕《しょうどうしけん》の帰国（一三三五年）の三例しか残らない。空叟の入元・帰国年は、『名刹由緒書』『平田寺草創記』という江戸時代の寺誌が典拠である。正堂の帰国年は、嘉暦三年（一三二八）に友山士偲《ゆうざんしさい》とともに入元した正堂が「在元八年」に及んだ、とある「友山和尚行状」（『友山録』上所収、友山の弟子某の編という）の記述が典拠である。（補注）いずれもまったく孤立した史料であるうえ、その信頼度は中巌の詩という同時代史料を凌駕するものではなく、疑ってしかるべきである。

「天龍寺船」の場合

根本史料である『天龍寺造営記録』の記載が、かならずしも寺社造営料唐船の通説的イメージを支持するものでないことは、第一節で述べた。ここでは、他の史料も参照しながら、天龍寺船の実像にせまってみよう。

一三四二年の秋に博多を出帆した天龍寺船は、初冬の一〇月に明州に到着した。性海霊見《しょうかいりょうけん》の伝記『性海和尚行実』に「海船に便りして、元国に入る、冬十月、明州漢江に達す」とある。また、『愚中周及年譜』にはつぎのように記されている（『大通禅師語録』六所収）。

> 今茲に上皇（光厳）天龍寺を創むるに、商船を遣はして蔵経を元国に求む。是に於て（愚中は）喜びて之に託す。秋博多を発し、冬明州に到る。大守鍾《しょう》万戸、以て賊船と為し、舳艫《じくろ》（船のこと）数千、海上に防ぐ。商主書を通じ以て陳ずるも、（鍾は）疑怒して已まず、愈《いよ》いよ禁防を厳にす。

この年譜は、博多出発を誤って暦応四年（一三四一）秋に懸けているが、単純に一年あとにずらして読めばよい。また、「光厳上皇が天龍寺を開創し、大蔵経を求めるために大龍寺船を遣わした」という理解は誤りである。しかし、天龍寺船が「商船」、綱司至本が「商主」と呼ばれていることは、他の例とも齟齬せず、依拠してよい情報であろう。

一〇年ぶりとなる貿易船の中国渡航は、渡海の機会に飢えていた禅僧たちに、夢を実現するチャンスを与えた。渡来僧竺仙梵僊の作品集『竺仙和尚偈頌《げじゅ》』に、漢詩の連作二五首が収められ、その序にこう書かれている。当時竺仙は京都の南禅寺にいた。

壬午秋、海舶既に発す。春夏の間、南遊せんと欲する者、競ひて贈行（餞別の詩）を乞ふ。師（竺仙）乃ち筆を信《と》りて之に応ず。若干首あり、今一類を以て之を録す。

壬午は一三四二年だから、この「海船」は天龍寺船とみてまちがいない。竺仙が詩を贈った二五人（泉侍者・関禅人・頓侍者・裔節《えいせつ》書記・洲侍者（南海宝洲《なんかいほうしゅう》）・瑞侍者明極和尚小師（裔瑞《えいずい》）・宗侍者・裔訓《えいくん》侍者・策侍者・雲禅人・裔沢《えいたく》蔵主（雲夢《うんぼう》裔沢）・璵《よ》侍者（玄璵《げんよ》）・裔翔《えいしょう》侍者・苗禅人・楚侍者（裔楚《えいそ》）・椿侍者・喜侍者・裔翰《えいかん》侍者・柔侍者・充書記・広侍者・恢知《かいし》客《か》・古知客・裔龍《えいりゅう》知客・忠蔵主）には、かれの「小師」（弟子）と明記された者が六名ふくまれており（傍線の人物）、それ以外もかれの教えをうけた人々であろう。そのほか天龍寺船で南遊を志したことが確認できる禅僧に、無《む》格良標《かくりょうひょう》・謙渓《けんけい》令裕《れいゆう》・森侍者・天然興雲《てんねんこううん》らがいる。(23)

天龍寺船は、のちに述べる紆余曲折はあったものの、予期どおりの利益をあげて帰国できた。この後貿易船の往来はもとどおりひんぱんとなり、禅僧の渡海も多数確認される。これを元側からみると、「島夷悦服して、深く柔遠（遠地の蛮夷を和らげ懐けること）の礼を得たり」という表現となる（程端礼《ていたんれい》『畏斎集《いさいしゅう》』巻四）。

以上の検討から、寺社造営料唐船とは、東シナ海を往来する商船が、幕府のお墨つきを得て掲げた看板である、と定義できよう。(24)この「唐船」が「郷船」「日本舶」と呼ばれていたからといって、〈日本船籍〉の船などと即断してはならない。日本の商業資本が経営する船であった可能性は排除できないが、とりあえず、文献史料からは経営主体が中国側にあったか日本側にあったかはわからない、としておくのが穏当である。

二　新安沈船から見た寺社造営料唐船

一九七六年に韓国全羅南道新安郡の海底で沈没船が発見された。この「新安沈船」については、いくどか言及したことがあるので[25]、本章に必要なかぎりの情報を簡潔にまとめておく。

この船は中国江南に生育する樹木で造られた中国式外洋船のジャンクで、至治三年（一三二三）六月に、慶元で膨大な青磁・青白磁、銅銭、紫檀材などを積みこみ、博多へむかう途中、嵐に遭って本来の航路から北にそれ、朝鮮半島西南端の多島海に迷いこんで難破した、と推定される。

船の様式や船材からいって、船の所有者は中国人貿易商と考えられる。いっぽう、三六四点発見された荷札木簡のうちで、もっとも数の多いのが「綱司」の文字があるもので一一〇点、ついで「東福寺」の文字のあるものが四一点あり、その他「筥崎」「釣寂庵」など博多の寺社の名や、「道阿弥」「随忍」「いや二郎」「衛門次郎」など日本の僧俗の名の記されたものもあった。これらは荷主を示すと考えられ、船主である綱司の荷が相当部分を占めるいっぽう、東福寺を筆頭とする多数の荷主の荷が混載されていたことがわかる。

積荷以外の遺物としては、中国式の炊事用具、高麗式の匙、日本製の鏡・硯箱・漆絵椀・将棋の駒・下駄・刀の鍔・古瀬戸の瓶など、さまざまな生活用具があった。乗組員は中国・朝鮮・日本の三民族混成で、その中心は日本人だったらしい。

「綱司」木簡の多くには「綱司私」のように「私」の字が入っていた。これに対して、「東福寺」木簡には裏に「十貫公用」等の文字があった。藤原摂関家の氏寺というべき京都の東福寺は、一三一九年に大火に遭い、再建事業が進められていた。「東福寺」木簡の付された荷の内容は、「十貫」という単位が示すように銅銭であり、この銅銭は東福寺の再建費用に宛てられるべきものだったと考えられる。この貿易船にとって、東福寺との関係が「公」と認識されていたのは、この船が「東福寺造営料唐船」だったからだと考えると理解しやすい。新安沈船が寺社造営料唐船に新たな一例を加えるものだという解釈は、筆者をふくめて以前から唱えられてきたが、今ではほぼ学界の共通認識になった。たとえば、新安沈船研究の現段階を手ぎわよくまとめた佐伯弘次『モンゴル襲来の衝撃』も、「さまざまな史料から、この新安沈没船は東福寺造営料唐船であると推定されている」と述べている(26)（以下で引用する佐伯説はすべて同書により、頁数を本文中に注記する）。

それでは、一四世紀前半に東シナ海を往来した貿易船のタイムカプセルともいうべき実物資料は、文献史料から解明されてきた寺社造営料唐船の像に、どのような修正を迫るのであろうか。

佐伯は、新安沈没船を「東福寺造営料唐船を主体とする寄合船という性格を持っていた」と性格づけつつ、「東福寺—綱司のラインで中国船をチャーターしたものと考えられる」と述べる（二三四頁）。東福寺のチャーター船という評価を、多数の荷主の荷を混載した「寄合船」という事実に適合させるには、東福寺以外の荷主は東福寺に交渉して荷を載せさせてもらった、という想定が必要となる。それよりは、この貿易船にとって東福寺は最大かつ「公的」な荷主ではあったが、あくまで多数の荷主のひとりにすぎなかった、と考えたほうが、積荷の状況としっくりくるのではあるまいか。佐伯説は、寺社造営料唐船における寺社の主体性を強調する通説にひきずられて、せっかく出現した実物資料が包含するゆたかな情報を、せまい枠のなかに押しこめてしまってはいないか。

私は逆に、多数の荷主の荷を混載した貿易船という新安沈船の姿を、他の寺社造営料唐船にもおし及ぼして、見直しを進めるべきだと考える。「寺社造営料唐船」の名は、その貿易船のすべてを尽くしたものではなく、かぎられた期間と特定の部分において、その貿易船がおびる一属性にすぎない。その意味で「看板」という比喩は有効であろう。

日中間を不断に往来して通常の貿易を営んでいる商船が、日本↓中国↓日本という一往復の航海をかぎって、幕府から「寺社造営料唐船」の看板を与えられ、一定の優遇と保護を享受し、その見返りに貿易利潤の一部から造営費用を拠出する。あくまでベースにはごくふつうの商船の日常的な活動があり、「寺社造営料唐船」である間も、その寺社以外の荷主や乗客にとっては、一般の商船とかくべつ異なるものではない。そう考えるべきではないか。

寺社造営料唐船の名を載せる文献史料からは、その看板しかみえなかった。『天龍寺造営記録』に、貿易船の天龍寺造営に係わる部分しか記されないのは当然である。幕府が、造営費用負担の見返りとしての保護・優遇を命じた文書に、貿易船の「寺社造営料」以外の側面があらわれるわけもない。新安沈船というトータルな実物資料の出現によってはじめて、看板のかげに隠れた実像が見えてきたのである。

佐伯は、日元貿易船一般についてではあるが、「貿易船には、日本の船が主に利用された。博多付近で造船したという例もある」とも述べている（二一〇頁）。ここでの「日本の船」は日本で造られた船という意味らしいが、新安沈船の事例はこのような常識をくつがえすものだった。かの船は江南で生育する樹木を使って（おそらくは江南で）造られた中国様式の船だから、その経営主体は中国人の貿易商人だとするのが、すなおな解釈であろう。文献にあらわれる「唐船」「日本船」といった文字から、船が中国・日本のいずれに所属するかを知ることは不可能であるが、実物資料である新安船の遺物は、船の経営主体が中国人であったことを告げているのである。すなわち、新安沈船の船主として多量の自分荷物を積んでいた「綱司」は、十中八九中国人であった。このことはただちに、天龍寺船の「綱司」至本を日本人商人だとする通説に見直しを迫るであろう。

いまかりに至本が中国人だったとする。かれは日中間の貿易船の往来が途絶していた元弘以後の一〇年間を日本ですごしたはずで、その間に幕府ないし天龍寺という日本の支配層にしっかり食いこんでいた。そのいっぽうで、一三三五—三六年ころ起きた倭寇事件によって中国当局が日本から慶元に入港する船を海賊船とみなしていた(27)ことを知らなかった。こんな状態で中国の港にあらわれたとき、民族的には中国人であったとしても、中国側は彼を「日本商人」と呼んだにちがいない[28]。

いっぽうかれが民族的に日本人だったとして、状況に根本的なちがいがあるだろうか。佐伯が指摘する、一二九八年に五島で沈没した「藤太郎入道忍恵唐船」の例や、一三一五年ころ鎌倉の極楽寺が中国渡航船を筑前で造ろうとしていたという例（二〇九―二一〇頁）が示すように、この時代、日本人が日中貿易に関与する度合は増してきていた。日中貿易という国境をまたぐ企業活動《エンタープライズ》に、中国人も日本人も競いあいながら参入していた、というのが実情ではないか。

そこで活動する船が中国籍か日本籍かなどという問題は、現代の歴史家や考古学者が気にしているだけで、中世人には関心の外にあった。船に対するかれらのおもな関心は、〈どこから来た船か〉にあり、船に冠された国や地域の名も、この関心に沿って選ばれた。そもそも船籍という概念が普及するのは、国民国家が普遍的な存在となった近代以降であるから、中世の史料が船籍を語ってくれるはずがない。佐伯は、新安沈船の「船籍については難しく、日本船籍説も根強く残っている」というが（二三一頁）、そんなことで思い悩むのは徒労というべきである。

三　大智は新安沈船の乗客か

新安沈船は、文献史料にまったく姿をあらわさないと言われてきた。佐伯も「新安沈没船に関しては、文献史料がまったく見つかっていないという問題点がある」と述べる（二三四頁）。しかし、他の例を参照すれば、当時東シナ海を往来した貿易船が、日中の禅僧たちを乗せていなかったとは考えられない。まして前節で述べたように、新安沈船は禅寺東福寺の造営料唐船の性格をもつ船であった。この船に乗っていたはずの禅僧に関わる記録が、ほんとうにひ

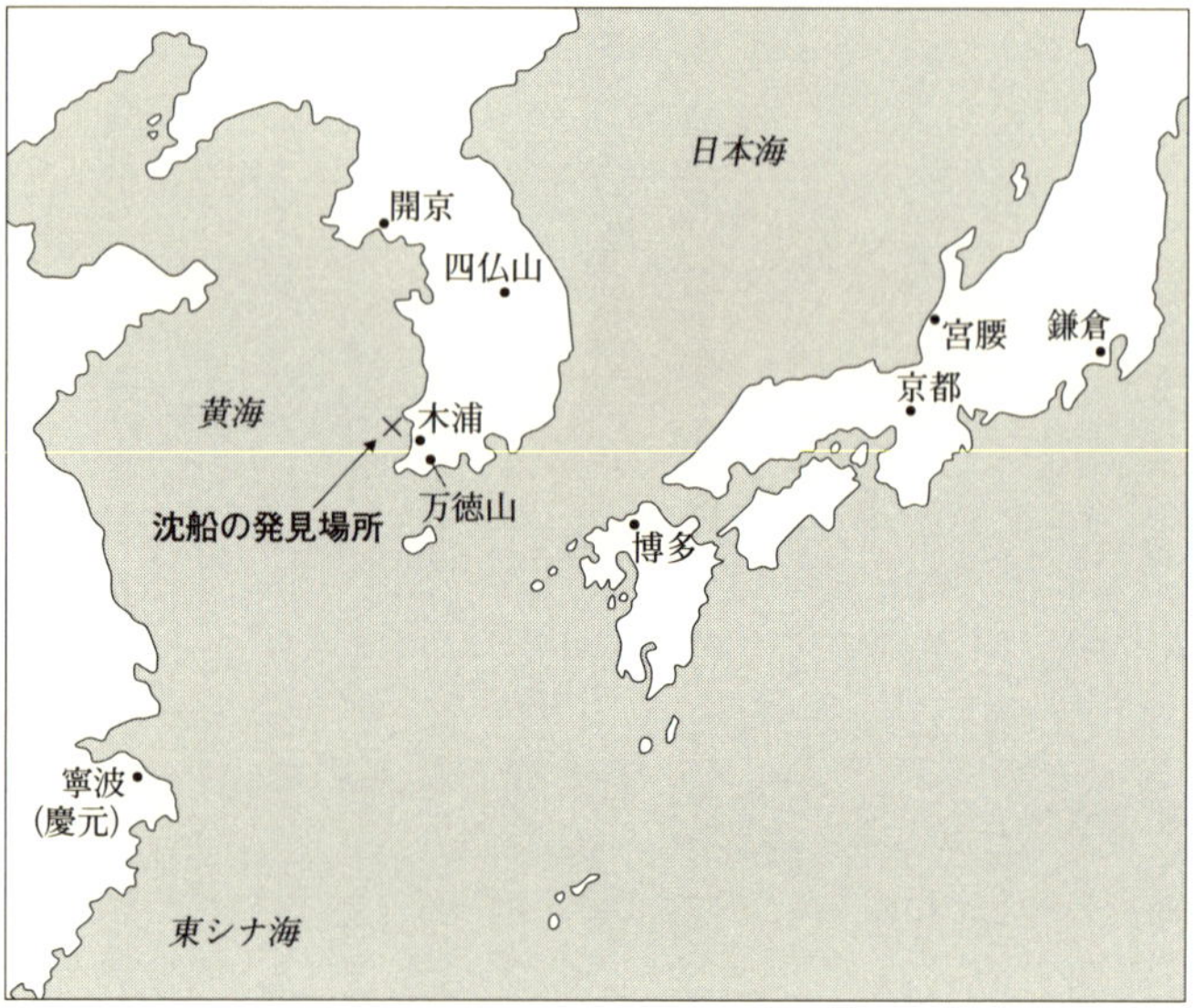

図１　新安沈船関係図

しつも残っていないのだろうか。これを本格的に探索した研究者や論文があるという話を、寡聞にして知らない。

かねてより気になっていたのが、道元の六世法孫である曹洞僧大智《だいち》（一二九〇―一三六六）という人物である(29)。かれは肥後国宇土郡に生まれ、加賀大乗寺に赴いて瑩山紹瑾《けいざんじょうきん》の門下となり、元へ渡海して高僧に歴参し、帰途に船が高麗で難破したが存命して帰国し、晩年菊池氏の後援で肥後国玉名に広福寺を開き、肥前国高来《たかぎ》郡加津佐の水月庵に寂した。

中世に成立した大智の伝記史料としては、別源円旨《べつげんえんし》筆の大智寿像讃と天菴懐義《てんあんかいぎ》撰の「祭大智禅師文」があるが（『祇陀《ぎだ》大智禅師逸偈及行録《あんろく》』所収）、いずれも簡単なもので徴すべき記事はない。江戸時代の版本に収められた伝記史料は、七点が管見に入っている（表2）。

そのなかでもっとも早い延宝六年（一六七八）刊の『延宝伝燈録』巻七・大智伝には、「元に留まりて年久し。将《まさ》に帰らんとするに、詔差して本国の船に駕せしむ。……高麗に飄泊して舟楫破る。……王、船を与へて郷に回らしむ」とあるが、帰国の年代は記されていない。ところが、享保三年（一七一八）刊の『祇陀大智禅師逸偈及行録』に収める同二年「後学肥後州沙門某甲」撰の「祇陀大智禅師行録幷序」（以下「行録幷序」と略す）に至って、その年代

表2　大智（1290–1366）の伝記史料

書名	項目名	撰者	成立
延宝伝燈録	巻七・加州鳳凰山祇陀寺祖継大智禅師	卍元師蛮	延宝六年(1678)
続扶桑禅林僧宝伝	巻三・祇陀大智継禅師伝	高泉性潡	貞享三年(1686)
日域洞上諸祖伝	巻上・祇陀寺大智禅師伝	湛元自澄	元禄六年(1693)
本朝高僧伝	巻三十四・賀州祇陀寺沙門大智伝	卍元師蛮	元禄十五年(1702)
祇陀大智禅師逸偈及行録	祇陀大智禅師行録幷序	不明	享保二年(1717)
日本洞上聯燈録	巻二・加州獅子山祇陀寺大智禅師	嶺南秀恕	享保十二年(1727)
大智禅師偈頌	大智禅師伝	梵丁	文政元年(1818)

が記され始める。

英宗詔差駕本国舶。師呈偈謝之。実泰定改元甲子也。既而解纜。帰程将半。黒風簸船。檣傾檝摧。身命殆危。飄泊高麗。師偈乞憐於其王。王哀感其意。艤舟送之。仍得帰帆著加州石川郡宮腰津也。是国朝正中元年也。

〔英宗詔差して、本国の舶に駕せしむ。師、偈《げ》を呈して之を謝す。実に泰定改元甲子（一三二四）なり。既にして纜《ともづな》を解き、帰程将《まさ》に半ばならんとして、黒風船を簸《あふ》り、檣《ほばしら》傾き檝摧《かいくだ》け、身命殆んど危ふくして、高麗に飄泊す。師偈もて憐みを其の王に乞ふ。王其の意を哀感し、舟を艤《ぎ》して之を送る。仍《よつ》て帰帆して加州石川郡宮腰津《みやのこしのつ》に著するを得たるなり。是れ国朝正中元年（一三二四）なり。〕

年代が判明した理由は、「行録幷序」の撰者が肥後広福寺の什物を調査して、かれの帰国年代を記した文書を見いだしたことにあった[30]。

右、奉当伽藍地幷山野寄進元者、大智上人、去正中元年甲子従宋土帰朝、占択閑寂之地、早擲俗塵名利之境、可伝霊山・少林・永平之古風於尽未来際志願、堅固之間、寂阿不勝感嘆ニ、随喜之至、以当山限永代所奉寄附大智上人也。

〔右、当伽藍地幷びに山野を寄進し奉る元は、大智上人、去正中元年甲子宋土従《よ》り帰朝し、閑寂の地を占択し、早く俗塵名利《みょうり》の境を擲《なげう》ち、霊山（釈迦）・少林（達磨）・永平（道元）の古風を尽未来際に伝ふべき志願、堅固の間、寂阿（菊池武時）感嘆に勝《た》へず、随喜の至り、当山を以て永代を限り大智上人に寄附し奉る所なり。〕

大智が乗って難に遭った船こそ新安沈船ではないかと思ったが、この着想をさえぎる壁があった。「行録幷序」や、文政三年（一八二〇）刊『人智禅師偈頌』所収「大智禅師伝」（文政元年起草、大智の伝記としてはもっとも流布したもの）は、大智が帰国のため元を発った年を泰定改元甲子（一三二四）と記している。ところが新安沈船の慶元出帆は、木簡の記載により至治三年（一三二三）六月と推定される。わずか一年とはいえ新安沈船のほうが早い。至治三年に船積みしたが、なんらかの理由で出帆が翌年に延びたとでも考えれば、きりぬけられなくもないが、我田引水のそしりはまぬかれまい。

あれこれ考えあぐねているうち、奇妙なことに気がついた。詔を発して大智を船に乗せてくれた英宗シディバラは、一三二三年八月、高級将官テクシらによって暗殺され、英宗の祖父の兄の子であるモンゴリア王イスン・テムルが、テクシらにかつがれて帝位についた(31)。翌年より年号が泰定と改まったので、イスン・テムルは泰定帝と呼ばれる。すなわち、英宗が詔を発したという泰定改元甲子（一三二四）には、英宗はすでにこの世の人ではなかったのである。

ゆえに「行録幷序」や「大智禅師伝」の記事は、皇帝名と年代のいずれかに誤りがあることが確実である。「泰定帝」を「英宗」と誤った可能性も絶無ではないが、それよりも、「行録幷序」を編んだ江戸時代の僧が、大智の帰国した正中元年（一三二四）を単純に元の年号に置き換えて、親切心から「実に泰定改元甲子なり」と書き加えた、というほうが、はるかに無理のない想像ではあるまいか。

この想像は、大智が元を発って帰国するまでの経緯を精査することで、裏づけられる。大智は、朝鮮半島沿岸で船が難破したあと、高麗の都開京に赴いて忠粛王に面会している。そのさい王に呈した「破船の時高麗王に呈す」と題する偈頌に、「端無くも帰家の路を失卻《しつきやく》し、空しく望む扶桑に日出づる時」とあって、一時は帰郷が絶望的だったようすがうかがわれる。またかれは、双谿《そうけい》大師という高麗僧と知己になって、「咫尺《しせき》却《かえ》りて千里の隔と成る、再来相見恐らくは期無からん」という惜別の詩を贈っているし、全羅道康津の万徳山あるいは慶尚道尚州の四仏山にある白蓮《びやくれん》社《しや》を訪れて、人里離れた寺で修行に励む僧たちの姿を詠ってもいる(32)。その後、王の用意してくれた船で日本海を横切って、加賀国宮腰津（金沢市）に着いた。帰国が正中元年（一三二四）であったことは、前引『広福寺文書』に明記されている。

当時中国から東シナ海を渡って日本をめざす船は、季節風の関係で正月や二月に出帆することはなく、ピークは五月、六月であった（新安沈船の場合も六月上旬）から、年末までに残された時間は長くても一〇か月たらずである。その時間内に、初度の航海、破船と救助と養生、かなり長期に及んだらしい高麗滞在と高麗国内の長距離移動、[33]そして再度の航海を収めなければ、大智は泰定元年に元を出発して正中元年に日本に着くことができないのである。そんな無理を冒すよりは、至治三年に出発して、高麗で年を越し、翌年日本に帰着したとみるほうが、ずっとゆとりのある旅になるだろう。

以上の推察があたっていれば、大智は新安沈船の乗客になることができる。そしてかれの偈頌や伝記史料のなかに、新安沈船の姿をとらえることができることになる。

破船のことが詠われた偈頌は、「破船の時高麗王に呈す」と題する七言絶句のみである。後半の二句をさきほど引用したが、前半に「曠劫《こうごう》より生死《しょうじ》の海を飄流《ひょうりゅう》し、今朝《こんちょう》更に業風《ごうふう》の吹くを被《こうむ》る」とある。江戸時代の伝記史料は『日域洞上諸祖伝』を除いてどれも破船にふれているが、前引の『延宝伝燈録』についで古い『続扶桑禅林僧宝伝』（貞享三年〔一六八六〕刊）巻三・大智伝と、享保一二年（一七二七）刊の『日本洞上聯燈録』巻二・大智伝とには、「帰りて海中に至るに、忽ち石尤起《た》ち、高麗に吹き入れて船破る」とある。前にふれた『大智禅師偈頌』所収「大智禅師伝」（一八一八年）には、「既にして纜を解き、半途俄かにして石尤起ち、檣傾き檝摧け、身命殆んど危ふくして、高麗に飄泊す」とあり、これは前引「行録幷序」の表現をほぼ踏襲しつつ、「黒風」を「石尤《せきゆう》」（逆風のこと）[34]に置き換えている。大海に乗り出したところで逆風に遭い、操船が思うに任せず、高麗に吹き流されて破船したのである。この航海に高麗への寄港が予定されていなかったことはいうまでもない。

四　「渡来僧の世紀」の慶元と博多

のちに「関東大仏造営料唐船」の看板を掲げることになる貿易船は、一三二八年冬に福州長楽港に入港していた。福州に日本からの船が入るのは異例のことだが、その背景には、一三二七―二八年ころに慶元で倭寇事件が発生し、当局が日本からの船の慶元入港を禁止していた事実があった。この事例をふくめて、一三世紀なかばからの「渡来僧の世紀」における貿易船往来の消長に、中国側の倭船対策が大きく影を落としていたことを、榎本渉が明らかにしている。(35) その対策のうちで、もっとも大きな効力を発揮したのが、港町慶元における入港規制であった。

その規制をこうむった倭船の状況をもっともくわしく知りうるのが、じつは天龍寺船のばあいである。(36) 従来、天龍寺船は「宋朝へ宝ヲ被渡《わたされ》シカバ、売買其利ヲ得テ百倍セリ」(『太平記』巻三四)という大成功をおさめ、天龍寺造営に貢献したことのみが強調されてきた。しかし『愚中周及年譜』の暦応四年(一三四一年、正しくは一三四二年)条には、天龍寺船が慶元で受けた苛酷な扱いが語られている。

冬明州に到る。大守鍾《しょう》万戸、以て賊船と為し、舳艫《じくろ》(船のこと)数千、海上に防ぐ。商主書を通じ以て陳ずるも、(鍾は)疑怒して已《や》まず、愈《いよ》いよ禁防を厳にす。……年を踰《こ》えて猶ほ岸に上るを許さず。(この間、愚中らの雨乞いの成功を記す)鍾氏之を奇とし、独《た》だ商人に貿易のみを許す。

慶元の防衛を任務とする蘄《き》県翼上万戸府達魯花赤《ダルガチ》謌勒哲図(オルジェイトゥ)は、一三三四―三五年ころに慶元で起きた「倭寇」を鎮圧し、民から父母と慕われた(程端礼『畏斎集』巻六、行状)。かれは一三三〇年以来この職にあり、四四年に浙東道都元帥に昇進したので、「鍾万戸」とはこの人であろう。また、おなじ程端礼の書いた浙東道都元帥府掾史朱子中の離任を送る序(『畏斎集』巻四)によれば、先年の事変以来、「都元帥米公」(オルジェイトゥの前任の浙東道都元帥であるが、フルネームは不明)は禁令を一新して交易流通を禁止していたという。鍾万戸はこの禁令に基づいて天龍寺船を処置したのであった。

天龍寺船の「商主」至本は、嘆願書を呈して賊船ではないと陳じたが、交渉は難航した。年を越してようやく商人の貿易のみは許されたが、禅僧たちの上陸はなお不法行為とされた。このときの状況を伝える中国側の史料に、右の朱子中の離任を送る序があるが、そこでも「仁にて孚《はぐく》み威にて慴《おど》し、島夷悦服す、深く柔遠の礼を得ること、亦多く君（朱子中）より之を発す」とあり、恩恵として貿易を許したと述べるのみである。「寺社造営料唐船」という日本における看板は、至本がそのことを強調した形跡もなければ、元側がそれを考慮した形跡もなく、つまるところなんの効力も発揮していない。

上陸を拒否された愚中は、「密かに一商人を引き、求法の為《ため》来たるを告ぐるに、彼慨然《がいぜん》として、夜小舟に棹さして邀《むか》ふ。師（愚中）直に明州（慶元）を過ぎ、泝《そ》（溯におなじ）江して上る。月江（正印）の曹源に退居せるを聞き、兼程《けんてい》（大急ぎで行くこと）して進謁す。江、其の遠来に感じ、慈を垂れて提誘せり」という（『愚中周及年譜』至正二年〔二三年〕の誤り〕条）。しかしかれのような成功はむしろ例外で、『愚中周及年譜抄』には悲惨な目に遭った例がみえる。『年譜抄』は愚中の弟子一笑禅慶《いっしょうぜんけい》が一四二六年に著した『愚中周及年譜』の注釈書で、「直過明州」の語句につぎのような注釈が施されている。

明州は鍾氏所管の地なり。故に潜かにここを過《よ》ぐるなり。凡そ本朝より同船せし求法僧と称するものは六十余人なり。唯だ師の同行十一人のみ、明州を過ぐるを得たるなり。その故は、大鑑（清拙正澄）の徒弟十七人、師とともに謀りて別の舟に乗り、まさに岸に近づかんとして、忽ち厳兵の捉ふる所となる。鍾氏大いに嗔《いか》りて一時にこれを殺しき。その余の船中に在りし者、これを聞きて皆本朝に還帰せしなり。

なによったものかはわからないが、ここからは従来知られていなかった多くの情報をひきだすことができる。①天龍寺船に便乗して求法をめざした僧の数が六十余人であった。②そのうち上陸に成功したのは愚中の一行十一人のみであった。③渡来僧清拙正澄の弟子たち十七人は、密入国しようとして警備兵に捕まり、怒った鍾万戸に皆殺しにされた。④天龍寺船に残留していた三十余人の僧たちは、これを聞いて全員日本へ帰国した。

一三〇九年に慶元で日本商人と慶元路の役人が衝突し、城内が多く焼失するという「倭寇」事件が起きて以来、元側の「倭寇」を理由とする倭船入港規制が、寺社造営料唐船が集中する時期にかさなって、断続的にくりかえされていた。この時期、経済的には貿易拡大の要因が存在したことは、日本における貨幣経済の本格的浸透や、「もろこし舟のたやすからぬ道に、無用の物どものみ取り積みて、所せく渡しもて来る」という『徒然草』の証言、さらに貿易船往来の途絶が江南産品の価格騰貴を招いていたという中巌円月の詩などから、明らかに読みとれる。しかし政治的・軍事的には、南宋時代にくらべて、貿易に対する規制は強まりつつあった。そこにモンゴルの日本征討戦争が影をおとしていることはいなめない。

同様の状況は、——事情がある程度わかるのは博多にかぎられるが——日本側の港町においても起きていた。博多における中国商人の「住蕃貿易」のピークは、出土する中国陶磁の量からみて、一二世紀である。文献的には、むしろその後一三世紀前半に、謝国明を筆頭として、いく人かの「博多綱首」の固有名詞が確認できる。そこではかれらは、博多近辺の寺社に所属して身分的特権を獲得したり、宗像氏等近郊の有力氏族と婚姻関係を結んだり、土地に対する権利を獲得して日本側の領主と争ったり、自己の建立した寺に獲得した土地を寄進したり、等々という多彩な社会的活動を展開していた（佐伯、二七頁以下）。

ところが一三世紀後半になると、そうした動向が史料上からパタリと姿を消してしまう。貿易船の往来自身は、一三世紀前半よりむしろひんぱんになったようだが、「唐房」に中国人が居留して貿易活動を展開するような形態は、衰退していったと考えざるをえない。むしろ、「唐房」の衰退と貿易船往来の増加は正の相関関係にあるらしい。「中国商人は日本に貿易に来ることはできても、日本に居住することが難しくなったため」（二〇二—二〇三頁）、つねに貿易船を動かしていなくてはならなくなったのではないか。そうなった原因もまた、モンゴルと日本との戦争に求められよう。

もちろん平安時代の王朝国家は、貿易船の到来頻度の規制（年期制）、日本人の渡海禁制、銅銭流通の禁止など、一見強硬な規制を実施していたが、それらは相当程度タテマエ上の規制であり、到来する貿易商人にとって具体的なはどめとなるようなものではなかった。一三世紀前半までの鎌倉幕府も、積極的にそうした規制にのりだした形跡はない。それが蒙古襲来後一転して、対外交通や貿易を規制する具体的な措置をとり始める。

弘安の役直後の弘安四年（一二八一）九月一六日、幕府は「他国より始めて来入せる異国人等の事、制止を加ふべし」という法令を発した（『中世法制史料集』第一巻、鎌倉幕府追加法四八八条）。佐伯のいうように、「博多などの貿易港では多くの宋人が居住、来航していた。そうした貿易港では外国人が新たにやってくることは日常茶飯事であった」（一五七頁）。そこに新来外国人の排除が加えられたとき、博多の中国人居留地は衰退の道をたどらざるをえなくなるだろう。

ついで正安二年（一三〇〇）、幕府は、鎮西探題に評定衆・引付衆を設置して組織整備を図るのと並行して、「牒使来着時、在所幷問答法」につき「先例に任せて斟酌せしむべし」と鎮西探題に命じた。前年、一山一寧《いっさんいちねい》が元の外交使節として到来したことをきっかけに、鎮西探題に外交窓口としての機能を付与したのである。あわせて幕府は、得宗被官の大蔵恵広《おおくらえこう》・依田行盛《よだゆきもり》を鎮西に派遣して「異賊防禁条々」を伝え、探題本来の任務である軍事機能のひきしめをはかった（以上、鎌倉幕府追加法七〇一条）。寺社造営料唐船の保護・警固の命令も、鎮西探題を経由して九州各国に伝達されたであろう（現存するのは守護代の御家人あて文書で、幕府→探題→守護代という伝達経路が考えられる）。

こうして博多にはしだいに公権力の支配が浸透していった。中世の博多市街は、博多浜と息浜《おきのはま》という平行するふたつの砂州上に展開していた（息浜の方が海よりにあり、遅れて形成された）が、南北朝期以来、博多浜は九州探題・宗氏・大内氏など支配者が転々とし、息浜は大友氏に一貫して支配された。これは都市博多の一体性を阻害したであろう。また博多は、一二七四年の蒙古合戦、一三二〇年の大火、一三三三年の鎮西探題滅亡と、三度にわたって大焼亡を経験した。その復興には、鎌倉時代ならば鎮西探題、室町時代ならば九州探題や大友氏といった公権力が関与しなければ不可能であったろう（二三五―二三九頁）。

天龍寺船の渡航にさいして、博多の「公府」「官司」が、乗船者の選定に一定の関与をしていたことが確認できる。竺仙梵僊が一三四二年に餞偈を贈った二五人のうち、「洲侍者」に比定される南海宝洲[37]の伝記『正統下南海和尚伝』に、「十八（一三三八年）にして渡唐の志有り。時に月書記中岩和上帰朝して幾ばくならず、潜かに師（南海）の志を識《し》り、切に相率ゐて再び江南の行あらんと欲す。蓋し師と忘年（年齢の隔たりを忘れて親しく交わること）の故あるを以てなり。既に九州の地に到る。俄かに流言あり、公府より両人の渡唐を留めらるるなり」とある。

中巌は一三三二年に元から帰国したが、日本の禅宗界とソリが合わず、いつしか再度の渡航を望むようになった。『中巌月和尚自歴譜』には、「康永元年（一三四二）壬午。夏、鎮西に下る。官司の文書下り、乗船を禁ず。故に再出を得ず」とみえる。中巌は嗣法問題のこじれから渡来僧東明慧日《とうみんえにち》の弟子たちの恨みを買い、一三三九年には殺されかけている。南海のいう「流言」はこのことに関係するのかもしれない。いずれにせよ、おそらく九州探題と思われる「公府」「官司」が、問題のある人間の乗船を拒絶するという規制を加えていたことはたしかである。

貞和六年（一三五〇）三月一五日、息浜に龍山徳見《りゅうざんとくけん》以下十八人の日本人僧侶と船主以下十一人の中国人を乗せた「宋船」が着岸した。軍陣にあった九州探題一色直氏は、息浜代官から報告を受け、一七日付で帰国僧の名簿を添えて、室町幕府に報告した（『園太暦《えんたいりゃく》』観応元年四月一四日条）。この例からも、探題が出入国の管理機能をはたすために、都市博多への規制力を強めていったようすがうかがわれる。

おわりに――「寺社造営料唐船」の時代

以上の考察を、港町博多の歴史に即してまとめておこう。

平安後期から鎌倉前期の博多は、「博多綱首の時代」と呼ばれている。綱首、〝白磁の洪水〟、唐房などのことばで特徴づけられる住蕃貿易の基地として栄えた時代である。これに対して、蒙古襲来をはさんで、鎌倉後期から南北朝内乱のなかばころまでを、「寺社造営料唐船の時代」と呼ぶことができよう。

この時期、「唐房」と呼ばれた中国人街は衰微し、本国へ帰還した者と、土着して日本人化していった者とに分かれたであろう。その原因は、モンゴル・日本戦争を画期とする権力的な通交規制の強化により、外国人の自由な居住が困難になったことにあった。貿易船の往来は「博多綱首の時代」にもましてひんぱんだったが、それには中国人商人が長く博多に滞留することなく、取引がおわれば早期に船を回《かえ》したことが手伝っていた。また、日本経済の活況にともなって、日本側の資本も日中間の貿易にのりだし、一定の競合関係が生じていたと考えられる。

そうしたなかで、貿易商人が少しでも有利な条件で参入するために、積極的に日本の政治権力との提携を求める動きが生じる。それに応えて幕府が用意したのが、寺社造営料唐船という看板であった。寺社造営料唐船の渡航目的は寺社造営費用の捻出にあるといわれる。それはまちがいではないが、寺社造営の必要はどんな時代にも存在し、けっして一四世紀前半に特有のことではない。にもかかわらず寺社造営料唐船が一四世紀前半に集中する理由は、寺社の側にあったのではなく、住蕃貿易が困難になってあらたな貿易形態を模索していた貿易商人の側にこそあった。

この時代の終焉は、一三六八年の明朝成立におくことができる。明は宋元時代のような民間商人が主体性をもって行なう貿易を認めず、外交使節の入明に付随して行なわれる朝貢貿易のみを合法的な貿易形態とした。そのさい、諸国の国王が派遣する有資格船であることを示す証明書として、「勘合」を諸国に交付した。こうして始まった日明勘合貿易において、仕立てられた貿易船のなかに、相国寺・三十三間堂・大乗院・天龍寺・伊勢法楽舎《ほうらくしゃ》・博多聖福寺・大和多武峯《とうのみね》などの寺社の名を冠したものがある。これらも、寺社造営費用を貿易の利益でかせごうとしたという意味では、「寺社造営料唐船」といえる。しかしそこにおける商人側の主体性は、「寺社造営料唐船の時代」のそれからははるかに後退し、「日本国王」である室町殿を戴く幕府に、大もとを押さえられたものにすぎなかった。

注

(1) 川添昭二『九州の中世世界』（海鳥社、一九九四年）一三三頁。
(2) 『国史大辞典』第6巻、吉川弘文館、一九八五年。
(3) 川添昭二「海にひらかれた都市——古代・中世の博多」『よみがえる中世1　東アジアの国際都市博多』（平凡社、一九八八年）。
(4) 『新編森克己著作集1　新訂日宋貿易の研究』（勉誠出版、二〇〇八年〔初出一九四八年〕）三七一—三七三、三八六—三八八頁。
(5) 「余は其（=住吉社船）鎌倉幕府の保護の下に渡航せしこと、建長寺船と同じかりしを信ぜんとす」（三浦周行『日本史の研究』第一輯下、岩波書店、一九二二年、六八一頁）。
(6) 「伏敵編以下此入元船（=天龍寺船）の渡航につきて或は北朝の允准を経たりといひ、或は北朝が明経、明法博士に下して議せしめられたりといふ。これ皆天龍寺船(ママ)造営記録の「御文談之次被レ訪二明経明法両道人々一畢、其又太略異儀也、有範朝臣独不レ可レ有二子細一之由被レ申レ之」云々の文に拠れるものなり。然れどもこは直義（若しくは尊氏）が唯非公式に北朝の明経、明法両道の人々に諮りし迄にて、勅裁を仰ぎしものと解すべきに非ず」（三浦注(5)書、六七六頁）。なお、有範朝臣すなわち藤原有範は幕府の禅律方頭人であった（佐藤進一『日本中世史論集』岩波書店、一九九〇年、一九三頁）から、直義の諮問を受けた「両道人々」も、北朝の廷臣ではなく幕府に仕えていた儒者グループである可能性が高い。
(7) 森注(4)書、三八六頁。
(8) この点についても、三浦の「幕府が渡航の許可を与へし事それ自身は別に特権視すべきこと、も覚えず。余は此船の警固こそ実に幕府の保護に値ひするものにして、至本の納銭はこれに対する報償なりしと言はんとす」という見通しのほうが、のちの諸学説よりよほど正鵠を射ている（三浦注(5)書、六七三頁）。

(9)　幕府の要人金沢貞顕は、六波羅探題として赴任中の息貞将に宛てて、「関東大仏造営料唐船の事、明春渡宋すべく候の間、大勧進名越善光寺長老の御使道妙房、年内上洛すべく候」と知らせている（『金沢文庫文書』推定元徳元年（一三二九）一二月三日貞顕書状。『神奈川県史』資料編2、二七八八号）。

(10)　この点についても三浦の指摘に立ちもどるべきであろう。「天龍寺は幕府の命令の下に多少の自由を与へられ、綱司の如きも自ら推挙するを得たりしが、其船数、渡航の時期等は共に幕府の定めしところにして、綱司の任免亦其権内にあり。即ち或意味に於て幕府の発遣と見るも敢て不可なし」（三浦注(5)書、六六六頁）。

(11)　榎本渉「宋代の「日本商人」の再検討」（『東アジア海域と日中交流――九―一四世紀』吉川弘文館、二〇〇七年）第一部第二章。

(12)　注(8)に引いた三浦の記述を参照。

(13)　木宮泰彦『日華文化交流史』（冨山房、一九五五年）二四四頁。関係史料は、『大鑑禅師塔銘』のほか、『本朝高僧伝』元晦・斉哲・印元伝、『円応禅師行状』などがある。『大鑑禅師塔銘』には「間《しば》し耽羅・高麗・新羅等国に游ぶ。題詠有り、別録に載す」とあって、途中済州島や朝鮮半島南岸に寄ったかのように記すが、「別録」に相当する『禅居集雑著』に収める「東海に游ぶ」という題詠には「長風・巨艦は共に嬉を邀《むか》へ、耽羅・高麗は吾が左に在り」とあって、済州島南方の通常のコースを通ったことがわかる。『塔銘』の作者が詩の解釈を誤ったのであろう。この点、『対外関係史総合年表』（吉川弘文館、一九九九年）一〇一四頁の補注による。

(14)　『元史』本紀泰定三年（一三二六）七月戊午（一六日）条に、「日本僧瑞興等四十人を遣はして国に還らしむ」という記事があるのも、日付は食いちがうものの、同一の船の可能性がある。

(15)　注(9)におなじ。元徳元年末か翌年はじめの貞将妻あての貞顕書状（『金沢文庫文書』）に「唐船渡り候はば、今にも道妙房着きてぞ候はんずらんと覚え候」「善光寺よりの唐船、いつ頃に一定にて候はむずるやらん、道妙御房のわたらせ給ひ候はむずるから、細かに承り候べく候」とあって、道妙房が京都で唐船派遣の準備にあたっていることが知られる。

(16)　百瀬今朝雄『弘安書札礼の研究――中世公家社会における家格の桎梏』（東京大学出版会、二〇〇〇年）二六九頁。

(17)　『金沢文庫文書』。『神奈川県史』資料編2、二七六七号。この書状には「元徳元十五、兼冬帰洛便到」という、六波羅到着時の書き入れがあって、元徳元年のものであることが確実である。鎌倉から京都まで半月を要している。

(18)　松下家蔵竺田悟心墨蹟（『禅林墨蹟拾遺』中国編89）。

(19)　三浦注(5)書、六七九頁。

(20)　木宮注(13)書、四一九—四二〇頁。

(21)　村井章介『東アジア往還——漢詩と外交』（朝日新聞社、一九九五年）九九—一〇一頁。

(22)　別源円旨の『東帰集』に収める「送僧之江南」と題する詩に、「聞兄（不聞契聞）昨日江南来、珣弟（白石契珣）今朝江南去」とあって、白石の入元が不聞の帰国した一三三三年であることがわかる。また、同書所収の「送竹上人入江南兼簡旧友」と題する詩に、「一別東帰僅四年、江湖旧事已茫然」とあり、別源の帰国は一三三〇年であるから、竹上人の入元は一三三三年となる。

(23)　木宮注(13)書、四五六頁によれば、一三四二年、金剌満貞の子で雪村友梅の弟子の無格良標が、元へ渡航したが帰国の途上船中で歿しており、謙渓令裕が、船中で無格の追悼詩を作っており、竺仙梵僊から「送森侍者南詢」の一詩を贈られた森禅人が、元で等持寺の古先印元とともに『古林清茂語録』の刊行に尽力している。また、玉村竹二『五山禅僧伝記集成』（講談社、一九八三年）、三一八頁によれば、性海霊見・雲夢裔沢と同船で渡航した僧に天然興雲がいる。

(24)　村井章介編『日本の時代史10南北朝の動乱』吉川弘文館、二〇〇三年、一三八頁。

(25)　村井注(21)書、二五五頁以下。村井編注(24)書、二二四—二二六、二三二—二三四頁。村井『東アジアのなかの日本文化』（放送大学教育振興会、二〇〇五年）第10章「看板としての寺社造営料唐船」。図録としては、『国立海洋遺物展示館』（韓国国立海洋遺物展示館、一九九八年）、『東アジア中世海道——海商・港・沈没船』（国立歴史民俗博物館、二〇〇五年）等がある。

(26)　佐伯弘次『日本の中世9　モンゴル襲来の衝撃』中央公論新社、二〇〇三年、二三三頁。

(27)　榎本渉「順帝朝前半期における日元交通——杜絶から復活へ」（榎本注(11)書、第二部第一章「元朝の倭船対策と日元貿易」の一部）。

(28)　榎本注(11)論文。

(29)　広瀬良弘「曹洞宗史上における大智禅師の位置」（『宗学研究』一五号、一九七二年）。なお、大智の伝記史料の閲覧について、広瀬氏および駒澤大学図書館に格別のご配慮をいただいた。心より御礼申し上げる。

(30)「菊池武時寄進状案」『熊本県史料』中世篇第一所収『広福寺文書』四号。「行録幷序」に一部が引用されている。
(31) 杉山正明『モンゴル帝国の興亡・下』（講談社現代新書、一九九六年）二〇二―二〇四頁。
(32)『大智禅師偈頌』。水野弥穂子による注釈と現代語訳が『日本の禅語録』九（講談社、一九七八年）に入っている。白蓮社の所在地は『新増東国輿地勝覧』巻三七・二八によった。四仏山の同社を万徳山のと区別して「東白蓮」と呼んだという。
(33) 日本の着岸地が宮腰であったからには、高麗の日本海岸から乗船したにちがいない。とすると、最小限〈黄海側の破船地点→開京→白蓮社→日本海側の港〉と移動したことになる（開京と白蓮社は逆順の可能性もある）。なお、この時代の日本海横断航路を示す史料はきわめてまれで、その意味からも注目される例である。村井章介「中世の北〝海〟道――宮腰津・放生津・直江津」（青柳正規・ロナルド＝トビ編『日本海学の新世紀2・環流する文化と美』角川書店、二〇〇二年）参照。
(34) 石尤について、岩波文庫『唐詩選・下』の注釈（前野直彬）を引いておこう。「伝説によれば、石氏の娘が尤という男に嫁いだ。しかし夫が旅に出たまま帰らないので、石氏は思い詰めたあまり病死したが、臨終にあたり、自分は大風となって、天下の婦人のために旅人の行く手をはばもうと誓った。以来、逆風のことを石尤風とよぶようになったという。」この語は、早く南朝・宋の武帝の「丁都護歌」に使われ、以後の詩歌にもよく見えるというが、日本人が知るようになったのは、司空曙のつぎの詩が『唐詩選』に収められたからであろう（下段は井伏鱒二による「超」現代語訳）。『唐詩選』は、江戸時代の日本で、漢籍としては『論語』に匹敵する大ベストセラーであった。

別盧秦卿　盧秦卿に別る
知有前期在　前期の在る有るを知れども　ソレハサウダトオモッテヰルガ
難分此夜中　分れ難し　此の夜《や》の中《うち》　コンナニ夜フケテカヘルノカ
無将故人酒　故人の酒を将《も》つて　サケノテマヘモアルダロガ
不及石尤風　石尤風に及ばずとすること無かれ　カゼガアレタトオモヘバスムゾ

したがって、中世段階で成立したであろう大智の原・伝記史料にすでに石尤の語があったとは考えにくく、『唐詩選』でこの語を知った『続扶桑禅林僧宝伝』の編者がしゃれて使ってみたのだろう。とすれば、『続扶桑禅林僧宝伝』の成立した貞享三年（一六八六）には『唐詩選』が日本に紹介されていたことになる。これは、『唐詩選』の流行を「正徳・享保のころ」からとする通説（目加田誠『唐詩選』新訳漢文大系19、明治書院、一九六四年、六頁）に一石を投じるものかもしれない。

(35)　榎本渉「日本遠征以後における元朝の倭船対策」(榎本注(11)書、第二部第一章「元朝の倭船対策と日元貿易」の一部)。

(36)　以下もっぱら榎本注(27)論文による。なお、榎本は元側の倭船対策の変化が貿易船の往来に大きく影響したことを強調するが、少なくとも至本が天龍寺船の綱司をひきうけたさい、そのことが影響した形跡はない。天龍寺船の慶元入港時、元側は倭船を海賊船とみなして打ち払うという方針を堅持していたが、至本はそれを知らなかったらしい。貿易船往来の途絶で充分な大陸情報を得られなかったのだろう。天龍寺船の渡航に関する限り、おもな判断材料は日本の内乱状況の沈静化だったと思われる。

(37)　木宮注(13)書、四五七頁。

(補注)　榎本渉は、注(11)書の一七二―一七三、一七五頁で、正堂士顕の一三三五年帰国を疑った私見を批判し、以下の五点を根拠にその史実性を主張した。①正堂と親しかった友山の行状の内容を疑うべき理由を見いだせない。②正堂の在元期間として確認できるのは一三三〇年一二月―三四年冬である。③『天龍寺造営記録』が住吉社船の帰国から「十ケ年を経て」天龍寺船が送られたというのは、あくまで公許船の中断であって貿易船のそれとはかぎらない。④中巌円月の詩で十年貿易船が来なかったというのは文学的修辞であって、七、八年をそのように表現することはありうる。⑤寛政二年版『大鑑録(清拙和尚語録)』に収める法語に、元僧「何山貞蔵主」が一三二五年に清拙正澄を訪問し、清拙は自身の来日以来一〇年目の再会を喜んだことが記されている。意を尽くした批判であり、従うべきであろう。これにより貿易途絶期間は二年縮まって一三三五―四三年となる。

4 肖像画・賛から見た禅の日中交流

一 「渡来僧の世紀」と肖像画・賛

一三世紀、栄西《えいさい》、道元《どうげん》、円爾《えんに》らによって中国から禅宗が輸入され、ついで蘭渓道隆《らんけいどうりゅう》、無学祖元《むがくそげん》、清拙正澄《せいせつしょうちょう》ら中国の禅僧があいついで渡来すると、日本に移植された禅宗社会で、同時代の中国の禅文化が盛行するようになった。そのような文化のひとつに頂相《ちんそう》がある。試みに『広辞苑』を引くと、「禅宗の高僧の肖像。画像は写実的で像主自身の讃のあるものが多い。嗣法の際に証拠として与えた。」とある。

自賛を加えた肖像画が嗣法にさいして授受されるのは典型的なケースで、じっさいの作例には、後述するようにさまざまなバリエーションがある。しかしいずれにせよ、肖像画という「絵」と賛という「字」の二要素の組み合わせでなりたっているのが、頂相のなによりの特徴である。以下、絵のみを指す場合は「肖像画」の語を用い、「頂相」は絵と字の複合体を指すこととするが、史料上では絵のみを指して頂相と言っている例も少なくない。

賛というのは一種の韻文であって、形式・内容ともに文学と呼んでおかしくない。じっさい禅僧の語録を開くと、その僧の手になる肖像画の賛が、「真賛」などの名称をもつパートに集成されているのを見る。絵から切りはなされたかたちでも、賛は文学作品として扱われていたことがわかる。そして、頂相が嗣法と密接に関わる芸術であり、かつ中国僧から日本僧への嗣法がしばしば行なわれたことから、中国で著賛《ちゃくさん》された中国僧の頂相が多数日本にもたらされることになった。また、日本僧の肖像画を中国へ運んで中国僧の賛をもらい持ち帰ることも流行した。こうして肖像画の賛は、日中間の禅宗文化の交流のなかで、「海を渡る文学」と呼ぶにふさわしい特徴をおびることになった。

　ただ、賛の一字一句を文学として解きほぐし味わうことは、私の能力の及ばぬところである。せっかく作品を紹介するのだから、せめて読み下しくらいはと思ってつけてはみたが、じつはわからない部分が多い。そんなわけで、賛の文学的内容を咀嚼した上での論述にはならず、賛の本文よりもむしろその後書き部分を、自分のフィールドである日中文化交流史の史料として扱うほうが主になってしまった。

　さて「渡来僧の世紀」というのは私の造語で、一三世紀なかばからの約一〇〇年間をいう。この時代、日中間にひんぱんな禅僧の往来があった。その大きな特徴は、日本から大挙して海を渡ったこともさることながら、それとは逆に中国から、私たちが渡来僧と呼んでいる禅僧たち――そのなかにはかなりの大物までふくまれている――が海を渡って来日し、主要な禅寺の住持になるというかたちが、この時代にかぎって集中的に見られる点である。

　そのころのようすを語る史料として、まず無住《むじゅう》撰の説話集『雑談《ぞうたん》集』巻三・愚老述懐に収められた、北条時頼が建長寺を開いた話を見よう。

　故最明寺ノ禅門……建長寺建立シ、唐僧渡リ如二唐国一。禅院ノ作法盛ナル事、併《しかしなが》ラ彼ノ興行也。……天下ヲ自在ニ成敗セラレシカバ、只如二国王一。王ト云ハ自在ノ義也。承久ノ後ハ、関東ノ計トシテ院・国王ヲモ遠キ嶋へ奉レ移、公家ニハ関東ヲ御心ニマカセズ。

承久の乱後、天下を自在に成敗して国王のごとき存在となった北条氏が、建長寺を建立して、その初代住持に有名な渡来僧蘭渓道隆（一二一三―七八）を据えた。その結果、建長寺はまるで日本のなかに唐すなわち中国が出現したような空間となり、その禅院で行なわれるさまざまな作法、営みも、もっぱら中国式のものになった（図1）。

　その蘭渓を描いた国宝の自賛頂相が建長寺にあるが、これは「朗然居士」なる俗人（北条時宗かといわれている）に与えられたもので、嗣法の場に即した典型例とはいえない。そこでここでは、建長寺にも関わりのある典型例として、京都市正伝寺蔵の兀庵普寧《ごったんふねい》（一一九七―一二七六）像を挙げておこう。賛文は『兀庵和尚語録』巻下・自讃のほか、『東巌安禅師行実』にも収められている。（「／」は改行を示す。〔 〕内は私案による読み下し。紹介する頂相作品に①②③……の通し番号をふった。法量はタテ×ヨコ、単位はセンチメートル。）

① 兀庵普寧像　自賛　京都市正伝寺蔵　111.5 × 49.7　重文（図2）

生縁於西蜀、非独遊日本、／十方国土中、当頭倶坐断、／咦、且緩々、

〔西蜀に生縁し、独り日本に遊ぶのみならず、十方国土の中、当頭（即座に）倶《とも》に坐断（完全否定）す。咦《いい》、且つ緩々。〕

京城正伝寺住持東／巌長老慧安御房求／讃、信筆為書、前建長／寺宋朝伝法兀庵叟宗覚禅師　普寧

兀庵は蘭渓と同郷の西蜀（四川）生まれで、蘭渓や円爾の誘いを受けて一二六〇年来日し、時頼によって建長寺二世に据えられた。六二年、かれの指導のもと悟りを開いた時頼に印可を与えたが、翌年時頼が死去してのち、日本禅宗の低水準に倦み、六五年に帰国してしまった。『東巌安禅師行実』によれば、兀庵は鎌倉から帰国の途次に経過した京都で、かれの法を嗣いだ日本僧東巌慧安《とうがんえあん》に、自身の法衣と頂相を与えた。頂相の絵は時頼の生前に鎌倉で画僧長

図1　建長寺（村井撮影）

図2　兀庵普寧像

図３　東福寺龍吟庵方丈の再現

嘉が描いたもので、賛はこのとき京都で加えられた。東巌が開いた正伝寺に伝存する。

　では頂相はどんな場で用いられたのだろうか。二〇〇二年、国立歴史民俗博物館で「中世寺院の姿と暮らし」という企画展があり、私も企画に参加した。そのなかで、古い建築が残っている東福寺龍吟庵方丈の内部の儀式空間を再現し、そこに頂相の複製を掛けて展示した。すなわち、頂相は禅宗寺院で儀式を行なうさいに壁面の中央に掛けるもので、そのことを掛真《けしん》と呼ぶ（真とは肖像画のこと）。頂相を掛けることによって、そこが描かれた人物の現前する場となった。だからこそ肖像は写実的でなければならなかったし、自賛があることで、その人物のことばまでもがその場にあらわれることができた。だからこそ長い年月を経て、こういう作品がだいじに伝えられてきたのだろう（図３）。

二　嗣法と頂相

つぎに、頂相が嗣法と表裏一体で生みだされる状景を、いくつかの法流に即して見ていきたい。

A　法燈派（興国寺）

月林師観―無門慧開―無本覚心（以下に掲げる法系図において、日本僧に傍線を付した。）

　まず、京都市妙光寺蔵の宝祐二年（一二五四）著賛、無門慧開《むもんえかい》（一一八三―一二六〇）像を見よう。もと、無本覚心《むほんかくしん》（一二〇七―九八）が開いた法燈《ほっとう》派本山、和歌山県由良の興国寺の秘宝で、その後、弘安八年（一二八五）無本が花山院師継を檀越として洛西宇多野に開いた妙光寺に移された。妙光寺は現在は法燈派を離れ、建仁寺末になっている。

② 無門慧開像　自賛　京都市妙光寺蔵　84.3×45.8（図4）

用迷子訣、飛紅爐雪、一／喝当鋒、崖頽石裂、有時／方便、以無字為鉄帚、帚／蕩四衆疑、有時拍盲、似／有意揮麁拳、頭結千聖／舌、化生蛇作活龍、点黄金／為鈍鉄、去縛解粘、抽釘／抜楔、更将仏祖不伝機、／此界它方倶漏泄、

〔迷子の訣（迷子を導く方法）を用《もっ》て、紅爐の雪を飛ばす。一喝鋒に当れば、崖頽《すた》れ石裂く。有時《うじ》の方便《ほうべん》、無字を以て鉄帚と為し、四衆の疑を帚蕩す。有時の拍盲（無知・盲目）、有意を似て麁拳を揮ひ、千聖の舌を頭結す。生（死イ）蛇を化して活龍と作《な》し、黄金を点じて鈍鉄と為す。縛を去り粘を解き、釘を抽き楔《くさび》を抜く。更に仏祖不伝の機を将《もっ》て、此界它方（邦イ）倶に漏泄す。〕

日本覚心長老、絵予陋質／就請着語、宝祐二年、／西湖護国禅寺開山／賜対仏眼老僧慧開書、

図4　無門慧開像

無門慧開は、楊岐《ようぎ》派に属する月林《がつりん》師《し》観《かん》の法嗣で、公案集の双璧のひとつとされる『無門関』の撰者である。『無門関』は、江戸時代に日本禅宗に大きな影響を与えた本として知られるが、最初の将来は鎌倉時代であった。無本覚心が中国に渡航し、無門に師事してその法を嗣ぎ、帰国して由良に興国寺を開く。かれは帰国にさいして無門から『無門関』を与えられ、日本に持ち帰った。これは文学史上重要なできごとではないかと思う。

読み下しのなかで対校に用いた異本は、つぎに述べる興国寺蔵『法燈国師縁起』所引のテキストである。詩句を逐一解釈することは手に余るが、禅の本質を語ろうとしていることはまち

がいない。たとえば、黄金を鈍鉄とするという逆説的な表現がある。常識では、鈍鉄をはるかに価値が高い黄金に転じるのが勝れた営みということになるが、あえてそれを逆転させている。そうした表現を通じて、「縛を去り粘を解き、釘を抽き楔《くさび》を抜く」というように、すべての束縛から解き放たれた境地へと入っていく。

それでは、右の頂相はどんな場で生まれたのか。無本の伝記史料であり、興国寺の開創を語る史料でもある興国寺蔵『法燈国師縁起』（『和歌山県史』中世史料二所収）から、それを眺めてみよう。

> 師（無本）四十八歳、宋宝祐二年三月二十七日、重ねて護国（無門）に謁し、回郷の意を告ぐ。無門、達磨・寒山拾得・系譜、共に三幀を以て之に付す。同廿九日、末後の句を示すを請ふ。門曰く、「次便了」。師、香を炷《た》きて礼拝す。門、復《ま》た月林録幷びに無門関を以て之に授く。幷びに偈に曰く、……仍《な》ほ頂相に讃を需《もと》む。讃に曰く、「（前掲におなじ）」。師曰く、「予、法の為に身を惜しまず、万里の波濤を凌ぎて宋国に来り、首尾六年間、処々を遍歴す。爰に宿縁有るの故、護国寺仏眼禅師（無門）に参じて、心境を定め畢んぬ。七十余の師範、生前後拝観《ママ》すべからず。」別涙衣を湿《うるお》し、礼して辞出せり矣。

無本は六年間宋で処々を遍歴ののち、西湖のほとりの護国寺で無門の法を嗣ぐことを表明して、帰国の途についた。そのとき無門は三つの軸物を持たせた。第一に禅宗の開祖達磨《だるま》、第二に禅の境地を体現した人物として有名な寒山《かんざん》・拾得《じっとく》、第三に釈迦から始まって無門に至る法の流れを系図にした系譜である。さらに、無門の師匠月林師観の語録『月林録』と、さきに紹介した無門自身の『無門関』という、法系において重要なふたつの書物を授けた。それに加えて、「仍ほ頂相に讃を需む」とあるように、無本が師匠の肖像画を携えて師匠のもとを訪れ、賛をもらった。その「讃に曰く」とあって、頂相から読みとった賛文とおなじものが、全文引用されている。師匠の肖像画を用意してその上に師匠の賛を求めるという行為は、法を嗣ぐという瞬間と密接に関わっていることがわかる。

B　聖一派（東福寺）

破菴祖先—無準師範—円爾—正堂俊顕

もうひとつ、②とよく似ているがはるかに有名な事例を紹介しよう。東福寺蔵、嘉熙二年（一二三八）著賛の無準《ぶしゅん》師範《しぱん》（一一七七—一二四九）像である。

③　無準師範像　自賛　京都市東福寺蔵　124.8 × 55.2　国宝（図5）

大宋国日本国、天無／垠地無極、一句定千差、／有誰分曲直、驚起南／山白額虫、浩々清風／生羽翼、

〔大宋国日本国、天に垠《かぎ》り無く地に極《きわま》り無し。一句定めて千差あり、誰か曲直を分つもの有らん。驚起す南山の白額虫、浩浩たる清風羽翼に生ず。〕

日本久能爾長老、／写予幻質請賛、／嘉熙戊戌中夏、住／大宋径山無準老僧□、

駿河の久能山にいた天台僧円爾（聖一《しょういち》国師、一二〇二—八〇）は、鎌倉で栄西の弟子行勇《ぎょうゆう》から禅を学び、一二三五年渡宋。禅宗五山第一位の径山《きんざん》で住持を勤めていた楊岐派下破菴《ほあん》派の名僧無準師範の法を嗣いで、四一年日本に帰り、摂関家の帰依を得て東福寺を開いた。この賛では「日本久能爾長老」と呼ばれている。円爾は、中国で描かせた師匠の肖像画に自賛をもらって、日本にもち帰った。その頂相がかれを開山とする東福寺の寺宝として伝わる、という典型的な事例である。「大宋国日本国、天に垠り無く地に極り無し」といった賛文に、中国と日本を対比させつつ、その間に本質的な違いはない、という世界観が表現されていることも注目される。

図5　無準師範像

右の賛文のテキストは、円爾の伝記史料『聖一国師年譜』にも見いだすことができるが、そこには無門慧開—無

本覚心のばあいとおなじような記述がある。

暦仁元年（一二三八）戊戌宋嘉熙二年五月、仏鑑（無準）の頂相を絵《えが》きて以て賛を求む。仏鑑自賛して曰く、「（前掲におなじ）」。

弘安三年（一二八〇）五月二日、俊顕本智房を召して常楽菴の事を付して云ふ、「仏鑑の頂相、仏鑑の親書、宗派及び法語・法衣・直裰《じきとつ》・券書等、一一領受し、敢えて遺墜する勿《なか》れ。但だ宜しく叢林を勃興し、能く宗風をして永永不断ならしむべし。」

径山で無準の著賛を得た嘉熙二年の三年後、円爾は帰国した。後半の記事は、さらにその三九年後、円爾がみずからの後継者に選んだ正堂俊顕《しょうどうしゅんけん》に後事を託したことを述べる。そのとき手渡された物が傍線部に列挙されているが、じつにその冒頭に無準の頂相が挙げられている。それとあわせて、無準自筆の書（日本では墨蹟の名で呼ばれる）がある。以下はおそらく円爾自身に係わるもので、宗派図、法語を収めた語録、法衣・直裰という衣服、券書という土地の権利証のようなもの、と続く。円爾は、以上をセットとして正堂に与え、東福寺の勃興を図り、無準・円爾の宗風を永続させるよう諭している。このように、法の流れを伝えていくことと頂相の伝来とは密接な関わりがあった。だから今まで、東福寺にこの絵が大切に保存されてきたのである。

C　大応派（大徳寺・妙心寺）

松源崇嶽―運庵普巌―虚堂智愚―南浦紹明―宗峰妙超―関山慧玄

ここでとりあげる大徳寺蔵の三点・一連の頂相は、嗣法の場と密接に関わりつつも、②③の事例とはやや趣きを異にしている。楊岐派下松源《しょうげん》派の宋僧虚堂智愚《きどうちぐ》（一一八五―一二六九）の法を嗣いだ日本僧南浦紹明《なんぽじょうみん》（大応国師、一二三五―一三〇八）に発する大応派からは、南浦の弟子に宗峰妙超《しゅうほうみょうちょう》（大燈国師、一二八二―一三三七）が出て大徳寺を開き、さらに宗峰の弟子に関山慧玄《かんざんえげん》（一二七七―一三五〇）が出て妙心寺を開いた。「応燈関」と呼ばれるこの法脈は、室町末期以降勢力を急速に拡大し、五山派を圧倒していく。

④ 運庵普巌像　自賛　京都市大徳寺蔵　86.5×41.0　重文（図6）

如在転処、密在汝辺、絵予／面目亡中乖、偏踏飜却謝／郎船、不擭萬象、火冷灰寒、／我有半子分、誰道不実企、十／分狼藉難収拾、微風吹動／碧琅玕、

〔如在に処を転じ、密かに汝の辺に在り。予が面目を絵《えが》きて亡中乖《そむ》く、偏踏飜却す謝郎の船。萬象を擭《と》らず、火冷たく灰寒し。我れ半子の分有り、誰か不実の企と道《い》はん。十分の狼藉収拾すること難し、微風吹動す碧き琅玕《ろうかん》（玉の名）。〕

徒弟智密副寺画于／頂相求賛、時嘉定十／一年戊寅結制後三日、／住道場運菴普巌書、

⑤ 虚堂智愚像　自賛　京都市大徳寺蔵　156.5×71.0　重文（図7）

紹既明白、語不失／宗、手頭簸弄、金圏／栗蓬、大唐国裏無／人会、又却乗流過／海東、

〔紹（継承）は既に明白、語は宗を失はず。手頭に簸弄《はろう》（ふるいにかける）し、金圏栗蓬（金剛圏・栗棘蓬、脱出不能の囲いと呑み下せない物）。大唐国裏に人会無く、又却りて流れに乗り海東を過ぐ。〕

紹明知客、伺□／滋□、忽起還郷／之興、絵老僧陋／質請賛、時咸淳／改元夏六月、奉／勅住持大宋浄／慈虚堂

図6　運庵普巌像

図7　虚堂智愚像

図8　南浦紹明像

叟

⑥ 南浦紹明像　自賛　京都市大徳寺蔵　156.6×73.2　重文（図8）

口呑仏祖、眼蓋乾／坤、水月莫比、松栢／難論、咦、一段光明／画不就、寥々千古／鎮長存、

〔口は仏祖を呑み、眼は乾坤を蓋《おお》ふ。水月比ぶる莫《な》く、松栢論じ難し。咦《いい》、一段の光明画《えが》けども就《な》らず、寥々として千古鎮長《とこしなえ》に存す。〕

空証禅人絵于／陋質請賛、時／正応改元戊子／解夏後三日、住／勅賜万年崇福／禅寺南浦紹明賛、

まず④の賛の後書き部分に注目すると、楊岐派下松源派に属する運庵普巌《うんあんふがん》（一一五六—一二二六）の肖像画を、運庵の弟子「智密副寺《ちみつふうす》」が持参して賛を求めた、とあり、「時嘉定十一年（一二一八）戊寅結制後三日」という日付があって、最後に「住道場運庵普巌書」という署名がある。道場とは浙江省湖州にある道場山という寺院で、このとき運庵がその住持をしていた。この頂相自体は日本と無関係であることに注意しておきたい。

つぎの⑤は、運庵の法嗣になる虚堂智愚（一一八五—一二六九）の像で——④に出る智密と虚堂の関係は、系字「智」が共通するので法兄弟と推定されるが、もしかしたら同一人物かもしれない——、この絵を携えて虚堂のもとを訪れたのが、日本から渡航した南浦紹明である。賛の後書きに、「紹明知客」が国に帰りたいという気もちを起こして、虚堂の絵を画いて賛を求めてきたのに対し、咸淳元年（一二六五）六月に虚堂が賛を加えた、と記されている。場所は杭州は西湖のほとりにある浄慈寺《じんず》という、禅宗五山第四位に数えられる名刹で、このとき虚堂が住持を勤めていた。すこしだけ賛文（『虚堂和尚語録』巻一〇・真讃に収む）にふれると、冒頭に「紹既明白」という語句があり、「紹」「明」

という頂相を与えられた人物の名前が入っている。像主、求請者、法系上の重要人物などの名前を詩句中に織りこむことは、肖像画の賛のテクニックのひとつである。この頂相を携えて南浦は日本に帰ったわけだが、おそらくそのときに、虚堂の師匠になる人物の頂相④も持ち帰ったものと思われる。

さらに⑥の南浦紹明像も、正応元年（一二八八）に南浦の弟子である「空証《くうしょう》禅人」が持参した肖像画に、大宰府の崇福寺住持であった南浦が賛を加えるという、おなじような経緯で成立した。この絵について注目すべきことがある。これを⑤の虚堂像とくらべてみると、法量がほぼ一致するうえ、色はちがうが、顔の部分を除いて輪郭や物の形（かたわらに立ててある棒や衣装の襞《ひだ》など）がまったくおなじである。そして顔の部分には塗り直しの跡が明瞭に認められる。つまり、⑤の虚堂の肖像画の寸分たがわぬコピーを作って、顔の部分だけを南浦の顔に入れ替えてできたのが⑥なのである。図9をよく見ると目が四つ見えるが、新しく塗った部分が剝落して下の絵が出てきてしまった結果である。大胆なやりかたといわざるをえないが、師匠との一体化を希求する気もちのあらわれと解釈していいのかもしれない。その希求が南浦・空証いずれのものなのかは、議論の余地があろう。

以上の三幅がセットとして伝来したことは容易に推察されるが、じつはこれらは最初から大徳寺にあったものではなく、もともと南浦の塔所《たっしょ》（遺骨を納めた墓に相当する寺院）である建長寺天源庵に伝わったものだった。その後戦国時代に、建長寺から流出して後北条氏の手に入り、さらに小田原征伐後豊臣秀吉の手に移って、秀吉から大徳寺に寄贈された。大徳寺派の由来を語る重要な什物にもかかわらず、最初から大徳寺にあったわけではない、という事実は注目にあたいする。室町から戦国にかけて禅宗界の勢力分布が大きく塗り替わり、大徳寺系統が急伸長をとげる。そういうなかで秀吉から大徳寺にこれらの頂相が入った背景には、みずからの正統性を語るべき物証に弱点の

図9　南浦紹明像(部分)

図10　虚堂智愚像

あった寺側からの、積極的な働きかけがあったのではないか。

　大応派の最後に、⑤とおなじ虚堂の像で、妙心寺派本山妙心寺にある宝祐戊午（一二五八）著賛のものを見よう。

⑦　虚堂智愚像　自賛　京都市妙心寺蔵　104.8 × 51.2

重文（図10）

春山万畳、秋水／一痕、凛然風彩、／何処求真、大方／出没兮全生全／殺、叢林悱悱兮／独角一麟、

〔春山万畳、秋水一痕。凛然たる風彩、何処にか真を求めん。大方に出没して全生全殺、叢林に悱悱《ひひ》（心を口に出せないさま）せる独角の一麟。〕

本立蔵主絵／老僧陋質請賛、／宝祐戊午三月、／虚堂叟知愚書于／育王明月堂、

　妙心寺派は、大徳寺派よりさらに遅れて擡頭して臨済宗を席捲し、江戸時代には同派が臨済宗の大半を占めるまでになる。しかし、派祖の関山慧玄のころにはそれほど大きな勢力ではなかった。賛文（『虚堂和尚語録』巻四・真讃に収む）に見える「本立《ほんりゅう》蔵主」は法系未詳で、関山との関係はおろか、日本人かどうかもわからない。この頂相は妙心寺派が大きくなって以後、どこかから探し出したものだろう。関山が持っていたものとはとうてい思われない。じつは、虚堂智愚は大応派の席捲した日本臨済宗界ではきわめて重要な人物だったので、頂相にせよ墨蹟にせよ、残っている作品の点数がたいへん多い。なので努力すれば入手できる確率は高かったものと思われる。

D　幻住派（高源寺）

無準師範―雪巌祖欽―高峰原妙―中峰明本―遠谿祖雄

最後にとりあげる幻住派も無準師範の流れを汲む。無準から三代目の中峰明本《ちゅうほうみょうほん》（一二六三―一三二三）がカリスマ的な人物で、諸方を放浪しながらなん箇所かで庵を結び、それらをすべて幻住庵と呼んだ。蓬髪を蓄えた風貌といい、笹の葉にたとえられる字体といい、独特の雰囲気をもっていた。国際的にも人気が高く、鎌倉末から南北朝初めにかけて中国に渡航した日本禅僧の多くが、中峰やその後継者の幻住派僧をめあてとした。そのなかで、とくに日本に幻住派を移植するのに尽力した人が遠渓祖雄《えんけいそゆう》（一二八六―一三四四）である。その遠渓が開いた兵庫県丹波市青垣町の高源寺に、遠渓が浙江省西天目山の幻住庵で中峰から授与された頂相が伝わっている。

⑧ 中峰明本像　自賛　兵庫県高源寺蔵　122.0×54.5　重文（図11）

破情裂識、知雄守雌、笑／瞿曇尚存諸見、嫌老氏／猶帯群凝、争似渠儂単／提所、参訪嘗処絶玄微、縄／床終日坐堆々、誰将仏法掛／唇皮、風前有問明何事、／笑指春潮漲遠谿、

〔情を破り識を裂き、雄を知り雌を守る。瞿曇《くどん》（釈迦）を笑ひて尚諸見を存し、老氏を嫌ひて猶群凝を帯ぶ。争《いかで》か似る渠儂《きょのう》（呉の方言で彼の意）単提《たんてい》（媒介手段なく法を伝えること）の所、参訪す嘗て玄微を絶つ処。縄床（縄で作った丸い座布団）に終日坐すること堆々《たいたい》（久しく座して動かない形容）、誰か仏法を将《もっ》て唇皮に掛けん。風前に問有るも何事か明らかならん、笑指す春潮の遠谿に漲《みなぎ》るを。〕

図11　中峰明本像

遠谿雄上人求賛幻相云、／西天目山幻住道者明本書、

この賛は文学的になかなか優れたものではないかと思う。とくに最後の四句は、禅の語る法はいったいどうやって伝えられるか、ことばで伝わるものでもない、聞かれても意味のある答えができるわけでもない、ただ笑って遠い谷間に漲る春の潮を

図12　白雲慧暁像

指さすだけだ（ここに遠渓の名前が入れてある）、といった内容で、なかなか味わい深い作品である。

三　師像への著賛を唐僧に求む

以上で紹介したのは、いずれも嗣法にともなって成立した作品で、像主の自賛があった。ところが頂相の世界を見ていくと、そうではない作品も少なくなく、時代が降るほどその割合が多くなるようである。ここでとりあげるのは、日本の著名な禅僧の死後、弟子たちが遺像（死後に描かれた肖像画）を絵師に描かせ、それを中国へ持っていき、しかるべき禅僧に賛を描いてもらって日本に持ち帰る、というパターンである。つまり、一往復の渡海を経験した作品ということになる。

⑨　白雲慧暁像　中峰明本賛　京都市東福寺栗棘庵蔵　117.0×49.1　模本（図12）

八字眉横、三角眼小、未具丹／青、何曾欠少、十年走唐土、／飽叢林不受羅籠、一旦帰故／郷、東福寺慣打之繞、鉄鞭／怒撃珊瑚枝、鯨海接天青／渺々、臘月二十五、高唱無生、来与／去如是而了、要見仏照禅師／麼、水和明月流、天共白雲暁、

〔八字の眉横たはり、三角の眼小さし。未だ丹青を具せざるも、何ぞ曾て欠少せんや。十年唐土に走り、叢林に飽きて羅籠《らろう》（網や籠、煩悩や妄想のたとえ）を受けず、一旦故郷に帰り、東福寺慣打の繞たり。鉄鞭怒撃す珊瑚の枝、鯨海天に接して青渺々たり。臘月二十五、無生を高唱し、来と去と是の如くして了る。仏照禅師に見《まみ》えんと要《ほっ》せん麽《か》、水は明月と和《とも》に流れ、天は白雲と共に暁し。〕

仏照暁和尚遺像、其神足／了偉侍者請賛云、西天目山／幻住明本拝手、

像主の白雲《はくうん》慧《え》暁《ぎょう》（一二二八―九七）は円爾の弟子で、一二六六年から七九年まで中国に遊学した。この頂相を蔵する東福寺栗棘《りつきょく》庵の開山である。現存するのは室町時代の模写で、残念ながら本物は伝わっていない。賛の字も、⑧に見られるような中峰独特の字体をまねて書いているが、あまり成功していない。白雲の死後、弟子の傑山了偉《けつざんりょうい》が師の遺像を携えて中国に渡航し、さきほど紹介した中峰明本（⑧の像主）に頼んで賛を書いてもらい、日本に持ち帰った。像主と著賛者との関係は、左の法系図に見るようにかなり近く、著賛者の選択にさいして、知名度のほかに法系も考慮されたようである。

無準師範─┬─雪巌祖欽─高峰原妙─**中峰明本**
　　　　　└─円爾─**白雲慧暁**─傑山了偉

この頂相について、瑞渓周鳳《ずいけいしゅうほう》の日記抄『臥雲日件録抜尤』寛正五年（一四六四）五月九日条におもしろい記事がある。この日瑞渓は聖寿寺で白雲の頂相を観る機会があり、日記に賛の全文を書き写した。その観覧にさいして、雪窓《せっそう》慧照《えしょう》が「此像未レ画之先賛レ之、故有下未レ具二丹青一之語上、然旧時入唐、已相見、故能記二面目一、有二八字眉横、三角眼小之句一也」という所見を述べたという。すなわち、賛に「未だ丹青（絵画）を具せず」とあるから、この賛は絵が描かれる前に書かれた。けれども、かつて白雲が入唐したとき、中峰は白雲とまみえたことがあり、その容貌を記憶していた。だから「八字の眉横たはり、三角の眼小さし」と表現できた、というのである。

うがった推察だが、中峰は白雲より三五歳も年少で、白雲が帰国の途についた時点で一七歳にすぎなかった（高峰原妙に師事して西天目山で出家したのが二四歳）から、二人の接点はほぼありえない。「未だ丹青を具せず」とは、未彩色で白描の絵だったことをいうのかもしれず、それならば眉や眼のかたちは充分わかったであろう。とはいえ、中世に頂相という芸術がどのように享受されていたかをかいま見せる貴重な記事ではある。

図13　蘭渓道隆像

⑩　蘭渓道隆像　霊石如芝賛　鎌倉市建長寺蔵　124.3×52.3　重文（図13）

鍾岷峨秀気、攬山沢丰神、／握拳透爪、齩牙没齦、竹篦／頭掀翻海岳、禅床角簸弄／乾坤、会東山意於無明／言下、提破沙盆為松源資／孫、三董望刹、坐断要潢、淬礪／学者、嵬頑揞紳、是謂、播揚／大教於扶桑国内、超今邁古、／絶類離倫、天岸横翔五色麟、

〔岷峨《びんが》（蜀の名山の名）の秀気を鍾《あつ》め、山沢の丰神《ふうしん》（美しい姿）を攬ず（手に取る）。拳を握り爪を透かし、牙を齩《か》み齦《はぐき》を没す。竹篦《ちくへい》の頭に海岳を掀翻《きんはん》（揚げ翻す）し、禅床の角に乾坤を簸弄《はろう》す。東山（五祖法演？）の意を無明（慧性）の言下に会し、沙盆（すり鉢）を提破して松源（崇嶽）の資孫と為《な》る。三たび望刹に董し、要潢を坐断す。学者を淬礪《さいれい》（錬磨）し、揞紳を嵬頑《かいこう》（山が険しく水が深いさま）す。是に謂ふ、大教を扶桑国の内に播揚せしこと、今を超え古に邁《す》ぎ、類を絶ち倫を離る。天岸横《ほしいま》まに五色の麟を翔《か》く。〕

建長開山大覚禅師／蘭渓和尚絵像、直下／師孫元寿蔵主請讃、／古杭南山浄慈八十四／歳老衲霊石如芝賛、時／己巳歳良月既望也、

蘭渓道隆の頂相としては、国宝になっているもっと若い時代の絵がよく知られているが、こちらは遺像で、⑨ときわめてよく似た経緯で成立した。蘭渓の法孫の太虚元寿《たいきょげんじゅ》が、蘭渓の遺像を携えて中国に渡航し、己巳歳（一三二九年）に、当時令名の高かった霊石如芝《りんしいにょし》（一二四六―？）という禅僧から賛をもらい、日本に持ち帰った。それが蘭渓の開いた建長寺に伝存する、というケースである。像主と著賛者との関係も、⑨と同様、法系上比較的近いところに位置している。

松源崇嶽─無明慧性─**蘭渓道隆**─約翁徳倹─太虚元寿
　　　　└運庵普巌─虚堂智愚─**霊石如芝**

以上、⑨⑩の二例は、著賛者の選定に法系が考慮されている点で、ひとつのグループをなすが、そのような形跡が認められない事例もある。

⑪　春屋妙葩像　楚石梵琦賛　京都市鹿王院蔵　105.3×52.2（図14）

図14　春屋妙葩像

生縁甲州、雅号春屋、天性淳粋、／道機円熟、参従伯父夢窓国師、／接太祖翁、逕山正続、其侍竺僊／和尚於浄智也、金雞拍翅啼一／声、其見清拙禅師於南禅也、宝／蔵流光五千軸、兜率天宮法已／宣、雲居庵主人皆伏、禅衲満堂、／天龍推轂、宗亦通説亦通、福亦／足慧亦足、此是扶桑大導師、六／六元来三十六、

〔甲州に生縁し、春屋と雅号す。天性淳粋にして、道機円熟たり。伯父夢窓国師（疎石）に参従し、太祖翁に接し、正続（正続院、円覚寺内の無学祖元の塔所）に逕山《けいさん》す。其れ竺僊和尚（梵僊）に浄智に侍するや、金雞翅《はね》を拍《う》って啼一声。其れ清拙禅師（正澄）に南禅に見《まみ》ゆるや、宝蔵に流光す五千軸。兜率《とそつ》天宮に法已《すで》に宣し、雲居庵（天龍寺内の夢窓の塔所）主に人皆伏す。禅衲《ぜんのう》堂に満ち、天龍に推轂《すいこく》す。宗亦た通じ説亦た通ず、福亦た足り慧亦た足る。此は是れ扶桑の大導師、六六元来三十六。〕

日本天龍春屋葩禅師寿像、小／師中郁侍者請賛、／楚石道人梵琦謹題、

⑫　春屋妙葩像　祖芳道聯賛　京都市相国寺光源院蔵　117.0×55.0　重文（図15）

道重丘山、行昭日月、以大／海為境界者、七十八年、将／萬像作弁舌兮、熾然演説、／黒竹篦不立聖解、凡情烹／金爐、鍛尽頑銅鈍鉄、千載／振其高風、四衆仰其芳烈、／磊々落々、作師／日本天王、巍々堂々、飛声／大明天闕、止所謂天柱中、／立狂瀾障、

図15　春屋妙葩像

回象王行、処孤／踪屛絶者是矣、

〔道は丘山より重く、行は日月より昭《あか》し。大海を以て境界と為すこと、七十八年、萬像を将て弁舌を作《な》し、熾然演説す。竹篦を黒くして聖解を立てず。凡情を金爐に烹《に》て、頑銅鈍鉄を鍛尽す。千載其の高風を振ひ、四衆其の芳烈を仰ぐ。磊々落々、日本天王に師と作《な》り、巍々堂々、声を大明天闕に飛ばす。所謂天柱の中に止まり、狂瀾の障を立て、象王の行を回《かへ》す。孤踪の屛絶する処の者は是なり矣。〕

智覚普明国師春屋和尚／遺像、其徒弟昌繕請賛、／永楽二年歳在甲申春正／月初八日、武林浄慈住山／拙逸叟道聯書、

右二例の像主春屋妙葩《しゅんおくみょうは》（一三一一—八八）は、かの夢窓疎石《むそうそせき》の俗甥で、足利義満から僧録に任じられるなど、室町幕府とたいへん密接な関係を結んで、夢窓派を維持発展させた功労者である。中国渡航の経験はないが、かの禅宗界と親密な交際があり、よく名を知られていた。五山版と呼ばれる出版事業や、梵唄《ぼんばい》という宗教音楽でも名をなした。

⑪は、春屋の生前に、弟子の「中郁侍者《ちゅういく》」が師の寿像（生前に描いた肖像画）を携えて中国に渡航し、楚石梵琦《そせきぼんき》（一二九六—一三七〇）の賛をもらって日本に持ち帰ったもので、春屋の塔所鹿王院に伝わる。そのかぎりでは、寿像である点を除いて⑨⑩と共通するが、異なるのは像主と著賛者の関係である。ともに楊岐派に属するとはいえ、楚石は大《だい》慧《え》派の元叟行端《げんそうぎょうたん》の法嗣、春屋の属する夢窓派は虎丘《くきゅう》派の流れを汲むから、両者間の法系上の距離は遠い。そのいっぽうで、『智覚普明国師行業実録』に「琦楚石・金西白の輩、元朝名師、咸《みな》詩文を以て相通ずること甚夥なり矣」とあって、両者に親密な交際があったことがわかる。それは法系とは関係なく、日中の文化人同士のつきあいという性格の強いものだった。

楚石は元末、日本では南北朝の前半ころにたいへん人気があって、その会下《えか》には日本や高麗からおびただしい僧たちが押しかけた。『楚石梵琦禅師語録』全二〇巻にはその関係の記事が豊富に見いだされる。そうした関係から、楚石に関わる著賛作品や墨蹟は日本に多数残されており、⑪もそのひとつに数えられる。すなわち、著賛者に楚石が選ばれた最大の理由は、その時代でもっとも名の知れた人だったことにあるのではないか。そうなると賛の内容も、あたかも顕彰碑の碑文のように、対象者をほめたたえる通り一遍の讃辞で占められ、文学的な香味のとぼしいものになってしまう。⑪の賛においても、生地と夢窓との俗縁、竺仙梵僊《じくせんぼんせん》・清拙正澄ら渡来僧から受けた薫陶、天龍寺住持としての功績などが羅列されるのみである。

⑫は、春屋の弟子の昌繕《しょうぜん》という者が、師の遺像を携えて中国に渡航し、永楽二年（一四〇四）に、五山第四位の浄慈寺で住持を勤めていた祖芳道聯《そほうどうれん》から賛をもらって帰ったもので、春屋の法嗣元容周頌《げんようしゅうじゅ》（相国寺二八世）の塔所である相国寺光源院に伝わる。⑪と同様祖芳は大慧派、春屋は虎丘派だから、両者は法系上遠い。このあたりになると、「千載其の高風を振ひ、四衆其の芳烈を仰ぐ、磊々落々、日本天王に師と作《な》り、巍々堂々、声を大明天闕に飛ばす」というような、対句を多用してかたちを整えつつ、大仰な讃辞をちりばめていく、といった趣きのものになってくる。

⑬ 無本覚心像　一山一寧賛　和歌山県由良町興国寺蔵　174.8×84.2　重文（図16）

生身日域、伝仏心宗、見無／門而深入此門、還郷国而化／行郷国、君王之所崇敬、衲／僧之所帰伏、九十二歳、遊戯／人間、霊鷲山中帰蔵得／所、赫々声光常不泯、綿々／枝葉茂無窮、一方香火／日昌隆、万古声名常煒燁、／心開長老邀渠真、永与宗／門作妖孽、

図16　無本覚心像

〔日域に生身し、仏心宗を伝へ、門無きを見て深く此の門に入る。郷国に還りて郷国に化行《けぎょう》し、君王の崇敬する所、衲僧《のうそう》の帰伏する所。九十二歳、人間に遊戯し、霊鷲山中帰蔵所を得たり。赫々たる声光常に泯《ほろ》びず、綿々たる枝葉茂りて窮まり無し。一方の香火日に昌隆し、万古の声名常に煒燁《いよう》（輝くさま）たり。心開（鉄関）長老渠《か》の真を邈《かたど》り、永く宗門の与《ため》に妖孽《ようげつ》（災い）と作《な》す。〕

正和乙卯九月望日、南／禅唐沙門一山一寧、為／心開長老讃、

最後の事例は、著賛を求めた相手が唐僧は唐僧でも日本にいる渡来僧の場合である。それゆえ「海を渡った」わけではないが、参考のためふれておきたい。像主は前出の無本覚心で、無本の開いた法燈派の本山興国寺に伝わる。著賛年代は一三一五年で像主の十七回忌にあたる。絵が描かれたのもそれをさほどさかのぼらないだろう。賛を求めた心開鉄関《しんかいてつかん》は無本の弟子、賛を書いた一山一寧《いっさんいちねい》（一二四七―一三一七）は一二九九年に元朝が日本に入貢をうながす使者として遣わしてきた人である。一山は外交的な使命は果たせなかったが、一流の禅宗文化を伝えた。建長寺・円覚寺・浄智寺・南禅寺といったおもな日本の禅寺で住持を勤めており、この時点では南禅寺の住持であった。

賛の内容は、無本はたいへんすぐれた僧で、日本に禅宗を広めるのに功績があり、九二歳という高齢で亡くなったけれども、その影響は滅びることなく今なお続いている、といったものである。無本―心開と一山とは法流上かけはなれた位置にいるから、心開が一山に賛を求めたのは、当時の日本禅宗界を代表する高僧だったからであろう。

以上、一三点の頂相作品を紹介しながら、嗣法と頂相の関係や、像主と著賛者の関係を見、賛の文学性にもいくらか言及した。そこでなにか結論があるのかと問われれば、しりたてていないと答えざるをえない。絵と字とがくみあわさった頂相という作品群が、いったいどういう環境のもと、どんな人々の営みのなかから生まれ、どのように使われ、享受されたか。また、日中間の禅宗文化の交流にともなって、賛という文学作品が肖像画とツレのかたちで、どのよ

うに海を渡って往き来したのか。その姿を追いかけることで、「海を渡る文学」の一端でも照らし出すことができたなら、私の目的は充分に達せられる。

参考文献

田中一松「建長寺大覚禅師の画像について」『国華』八四三号、一九六二年
『秘宝　大徳寺』講談社、一九六八年
竹内尚次「法燈派の肖像画について――新出・無門慧開像など」『MUSEUM』二〇八号、一九六八年
平田高士『禅の語録一八　無門関』筑摩書房、一九六九年
竹内尚次「禅林美術史稿――夢窓派教団の美術について」『東京国立博物館紀要』一一号、一九七六年
京都国立博物館編『日本の肖像』中央公論社、一九七八年
『解説版・新指定重要文化財　絵画1』毎日新聞社、一九八〇年
『大徳寺墨蹟全集1』毎日新聞社、一九八四年
梶谷亮治「無本覚心の画像」『MUSEUM』三九四号、一九八四年
井手誠之輔「中峰明本自賛像をめぐって」『美術研究』三四三号、一九八九年
萱場まゆみ「頂相と掛真――興国寺本法燈国師像からの考察」『美術史研究』第三三冊、一九九五年
『国宝・重要文化財大全1　絵画上』『同2　絵画下』毎日新聞社、一九九七・一九九九年
梶谷亮治「僧侶の肖像」『日本の美術』三八八号、一九九八年
『特別展・肖像画賛――人のすがた、人のことば』大阪市立美術館、二〇〇〇年
鹿王院文書研究会編『鹿王院文書の研究』思文閣出版、二〇〇〇年
井手誠之輔「日本の宋元仏画」『日本の美術』四一八号、二〇〇一年
村井章介『北条時宗と蒙古襲来――時代・世界・個人を読む』日本放送出版協会、二〇〇一年
『中世寺院の姿とくらし――密教・禅僧・湯屋』国立歴史民俗博物館、二〇〇二年
東京国立博物館・日本経済新聞社編『鎌倉――禅の源流』日本経済新聞社、二〇〇三年

村井章介「対外関係を語る肖像画賛の収集」科研報告書『八―一七世紀の東アジア地域における人・物・情報の交流――海域と港市の形成、民族・地域間の相互認識を中心に・上巻』東京大学大学院人文社会系研究科、二〇〇四年

5　十年遊子は天涯に在り
——明初雲南謫居日本僧の詩交

はじめに

一四世紀末から一五世紀初めにかけて、中国西南部の高地雲南に、日本人の禅僧たちが謫居していた。まず、かれらの望郷の詩を二首、読んでみよう（『滄海遺珠』巻四）。

楡城聴角　　　　　楡城に角を聴く　　天祥
十年遊子在天涯　　十年遊子は天涯に在り
一夜秋風又憶家　　一夜秋風に又家を憶ふ
恨殺葉楡城上角　　恨殺す葉楡城上の角
暁来吹入小梅花　　暁来れば吹き入る小梅花

聞笛　　　　　　　笛を聞く　　機先
夜深吹笛是誰家　　夜深く笛を吹くは是れ誰《た》が家ぞ
独倚高楼月欲斜　　独り高楼に倚《よ》れば月斜めならんと欲す
塞上春情無頼甚　　塞上の春情は頼みなきこと甚し
那堪又聴落梅花　　那《なん》ぞ堪へん又落梅花を聴くに

図１　雲南と日本

城塞や人家から響きくる角（つのぶえ）や笛の音が異邦人の心を悩ませる。「小梅花」は大角、「落梅花（梅花落）」は笛の曲名で、ともに唐代の古曲。「秋風」「恨殺」「春情」「無頼」の詩語が切実である。「楡城」「葉楡」は大理の雅名で、天祥《てんしょう》はいにしえ大理国が都をおいたこの地にいた。他方機先《きせん》には、雲南の中心地昆明周辺の「滇陽《てんよう》六景」を詠んだ詩があり（『滄海遺珠』巻四）、住地は昆明だった。大理は洱海《じかい》、昆明は滇池《てんち》という大湖に畔《ほとり》しており、ともに大陸の奥地ながら水に恵まれた土地柄である（図1・図2）。

『滄海遺珠』を始めとする、明代雲南で編まれた詩文集や地方志には、日本僧の詠んだ詩や日本僧に贈られた詩が、かなりの数見いだされる。今のところ、私は前者を三一首、後者を二三首確認している[1]（日本僧から日本僧に贈られた詩が二首あるので、総数は五二首）が、探索をひろげればもっと見つかるだろう。日本僧で名の伝わる者は、右の天祥（諱《いみな》不明）・機先□鑑に、大用克全《たいようこくぜん》・斗南永傑《となんえいけつ》・恒中宗立《こうちゅうそうりゅう》・石隠宗璵《しきいんそうよ》・此宗曇演《しじゅうどんえん》・桂隠《けいいん》（諱不明）を加えて、八名である。大理にいたのは天祥・桂隠のふたりで、残りは滇城の雅名をもつ昆明で暮らしていた。

かれら雲南の日本僧たちは、古くから注目されてきたが、とくに最近日中両国で関心がたかまっており、専門論文だけでなく訪問記やブログ記事などでもしばしばふれられている。なかでも重要な研究として、伊藤幸司「日明交流と雲南——初期入明僧の雲南移送事件と流転する「虎丘十詠」[2]」と、王宝平「明代雲南に残した日本人の漢詩——その二『滄海遺珠』所収日本人の漢詩の研究」[3]がある。前者は史料を博捜して日本僧が雲南に謫居した歴史的事情を明らかにし、後者は日本僧に関わる詩の紹介と解釈、さらに享受の歴史に重点がおかれている。双方ともに日中の多数の先行研究が引用されているので、本章では研究史を割愛した。

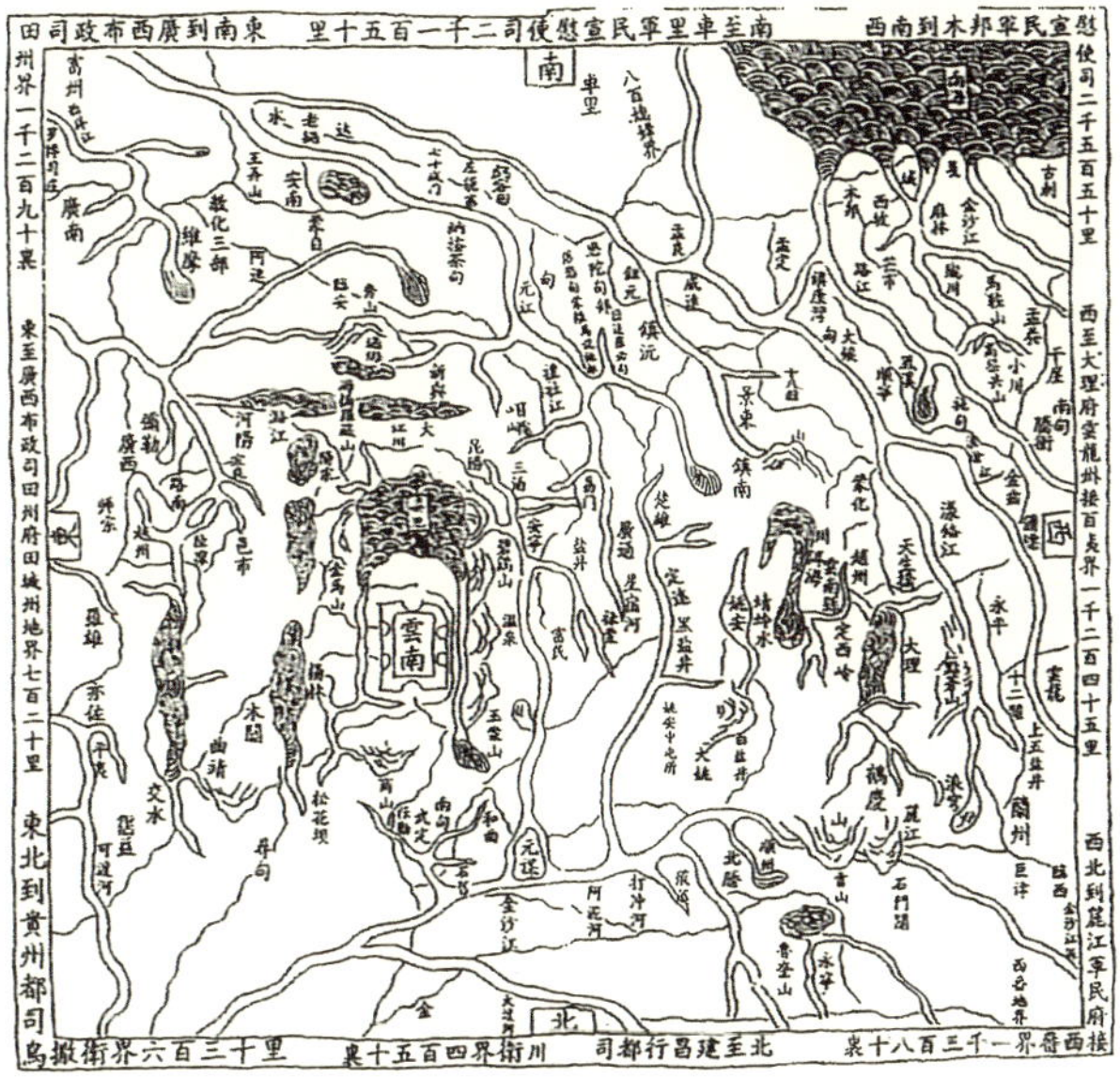

図2　雲南地里至到之図

天祥は前掲の詩で大理に住んで一〇年といい、大用は昆明の文人逯《りよく》光《こう》古《こ》への挽詩で交友が三〇年におよんだという(『滄海遺珠』巻四)。かれらはなぜかくも長期にわたる異境での生活を強いられることになったのか。その間に、明人とどのように交わり、雲南の風物をどのように見たのか。以下、それらの問題を詩から読みとっていきたい。

一　波乱の日明外交と日本禅僧の雲南謫居

胡惟庸・林賢事件のあおり

明の建国から一三年目の一三八〇年、洪武帝の右腕だった左丞相胡惟庸《こいよう》が、明朝転覆の陰謀をめぐらしたという嫌疑で捕縛され、連座者一万五千人が処刑されるという一大政変となった（胡惟庸の獄）。謀叛の準備過程で惟庸は、北元と日本を味方につけて南京を挟撃する計略をめぐらし、日本へは寧波衛指揮林賢《りんけん》を送りこんで日本国王の援軍を調達しようとした。しかし、四百人の精兵を率いた日本国王使如瑤《じょよう》が明に至ったのは、惟庸が誅戮された翌年で、帝は倭兵たちを雲南に発遣して守禦に就かせた。越えて一三八六年、林賢の陰謀関与が発覚し、怒った帝は林一族を皆殺しにし、日本との国交を断絶した（『御製大誥《ぎょせいたいこう》三編』指揮林賢胡党第九）。

この胡惟庸・林賢事件については議論が錯綜しているが、いま注目したいのは、明初の不安定な対日関係のなかで日本人の雲南送致が行なわれたこと、しかもそれは林賢事件が発覚して日本国王の関与が明るみに出る前だったことである(4)。そして、日本の使者の不遜な言動は、一三八〇年以前からめだつようになっていたから、そうした措置は、兵士だけでなく明国内を遍歴していた禅僧たちもふくめて、いくどか行なわれた可能性がある。当時雲南は明が北元勢力と対峙する最前線で、明の将軍沐英《もくえい》が元の梁王から大理を奪取したのが一三八二年、北元がいったん滅亡するのは一三八八年であった。

雲南の日本僧に関わる遺跡として、大理にある「日本四僧塔」が知られている。『嘉靖大理府志』巻二に「日本四僧塔、龍泉峯比（北）澗《ほとり》の上に在り。逯光古・斗南、其の二人は其の名を失ふ。皆日本国人なり。元末大理に遷謫せらる。皆詩を能くし書を善くす。卒《つい》に仏化を学びて去る。郡人憐れみて之を葬る」とある。この記述と符合する場所に、今も大きな無縫塔が立つ（図3）。ただし、四僧のうちふたりの名を逯光古・斗南とするが、逯光古は明らかに明人だし、斗南は楼璉《ろうれん》の「鏡中照上人を送り兼ねて斗南和尚に柬《かん》す」という詩に「円通の客」とあり（『滄海遺珠』巻二）、昆明の円通寺で過ごしたと考えられるから、いずれもあたらない。とはいえ、日本僧の墓だとする伝えまで否定することもあるまい。

中国を遍歴する日本僧

元代に日本僧を風靡した渡海ブームは明初まで尾をひき、一三七七年以前に南京・天界寺に日本僧を軟禁するなど、統制色が強まってはいたが、依然としてかれらは明各地に滞在していた。試みに、天祥のあしどりを詩作から追ってみよう。「虎丘《くきゅう》寺に題す」の頷聯《がんれん》では「楼台半ば落つ長洲苑、簫鼓時に来たる短簿祠」と、呉の都蘇州の旧跡を詠う（『日本図纂』附日本貢使詩）。長洲苑は呉王が遊猟した古苑、短簿祠は虎丘山にある晋・王珣《おうじゅん》の祠廟である。「長安春日の作」からは唐の都長安を訪れたことがわかる（『滄海遺珠』巻四）。「僧の重慶に帰《ゆ》くを送る」では、頸聯《けいれん》・尾聯《びれん》に「江は巴子の国に長く、地は夜郎の城に入る、昔我が経過せし処、君に因り遠情を動かす」とあって、四川や貴州地方にまで脚を延ばしたことを想起する（同）。

夢裏湖山為孫懐玉作　　夢裏湖山　孫懐玉の為に作る（同）

杭城一別已多年
夢裏湖山尚宛然
三竺楼台晴似画
六橋楊柳晩如烟
青雲鶴下梅辺墓
白髪僧談石上縁
残睡驚来倍惆悵
可堪身世老南滇

杭城に一別せしより已に多年
夢裏の湖山　尚ほ宛然たり
三竺の楼台は画似《よ》りも晴《あか》るく
六橋の楊柳は烟如《よ》りも晩《くら》し
青雲の鶴は下《お》る梅辺の墓
白髪の僧は談ず石上の縁
残睡驚来（覚める）すれば倍ます惆悵（嘆き悲しむ）たり
堪ふべきや身世《しんせい》（一生涯）の南《なん》

図3　大理・日本四僧塔

滇《てん》（雲南）に老ゆるを

西湖を抱く杭州は日本人が夢にまで見る憧れの地だった。この作品では、三天竺寺の楼台や蘇堤の六橋にふれ、「青雲の鶴は下る梅辺の墓」の句は林和靖《りんわせい》を想わせる。和靖は西湖中の孤山に隠居し、梅を妻、鶴を子としたという。以上のように名所を歴訪した天祥も、上の詩の末句にあるように、ある時期以降雲南に釘づけにされた。

大用克全は、『滄海遺珠』巻四に「逸光古を挽《ばん》す」と題する一詩を残すにすぎないが、文学者・書家として名高い陶宗儀《とうそうぎ》の『書史会要』巻八・外域に、つぎのように名が見える。

曩《さき》に余、其の国（日本）の僧の克全と曰ひ大用と字《あざな》する者と、偶たま海陬《かいすう》の一禅刹中に解后《かいこう》す。頗る華言を習ふ。云はく、「彼の中に自ら国字あり、字母僅かに四十有七にして、能く之を通識し、便《すなは》ち其の音義を解すべし」と。因りて写一過を索《もと》め、就《すなわ》ち叩くに理を以てす。……

かな文字が初めて中国人の眼に触れたシーンとして、国語史上有名な事件である。宗儀が雲南を訪れたことはないので、「海陬の一禅刹」は江南のどこかであろう。この件は日本でもよく知られており、横川景三《おうせんけいさん》の『補庵京華《ほあんけいか》前集』に収める文明六年（一四七四）の「江山小隠図詩の後に書す」という文章につぎのようにある。

天台陶九成（宗儀）の著書史会要、洪武丙辰（九年、一三七六）梓に鏤《え》りて以て世に行はるるを按ずるに、其の末に謂ふありて曰く、「傑斗南・巽権中は虞永興（世南）の書を宗とす。全大用は国字仮如〔名カ〕を造る」と。而して此の三高僧は皆な我が国の産なり。

ここに「三高僧」と称えられた日本僧のうち、権中中巽《けんちゅうちゅうそん》は一三七二年明使仲猷祖闡《ちゅうゆうそせん》らの通事として帰国し、斗南永傑と大用は雲南に送られた。権中から後事を託された規外周模《きがいしゅうも》も斗南らと運命をともにしたらしい[5]。このように天祥・大用・斗南・規外らはみな、中国国内を経廻していたが、ある時期に雲南に送致され、そこで永く留められた。

日本との往来

日本僧たちは完全に自由を奪われたわけではなく、それなりに故国との関係を保つことができた。『滄海遺珠』巻四に収める機先の「長く相思ふ」という二九行の古詩は、「扶桑」に残してきた「美人」への想いを直截に詠いあげる異色作だが、日中間の書信を伺わせる史料としても貴重である。中間の一部を引用する。

去時遺我瓊瑤章　去りし時我れに遺す瓊瑤《けいよう》の章
蛮牋半幅双鴛鴦　蛮牋半幅鴛鴦《えんおう》双ぶ
鴛鴦不飛墨色改　鴛鴦飛ばず墨色改まる
攬涕一読三断腸　涕《なみだ》を攬《ぬぐ》ひ一読すれば三たび腸を断つ
前年寄書呉王台　前年書を寄す呉王台（姑蘇台のことか）
西湖楊柳青如苔　西湖の楊柳青きこと苔の如し
今年東風楊柳動　今年東風に楊柳動けども
鴻鴈一去何当回　鴻鴈（書信）一たび去りて何ぞまさに回《かえ》るべき

美人の「瓊瑤の章」を携えて海を渡った機先は、「前年」蘇州の呉王台から手紙を書き送ったが、「今年」東からの風が吹いても、いっこうに便りがこない、と歎いている。

かれらの多くは雲南に客死したであろうが、なかには帰国を許される者もいた。機先の「僧の石城に帰《ゆ》くを送る」と題する詩にこうある（『滄海遺珠』巻四）。

月照空山鶴在松　月は空山を照らし鶴は松に在り
夢中猶聴石城鐘　夢中猶ほ石城の鐘を聴く

今朝又向江頭別　今朝又江頭に向《お》いて別れ
目断孤雲意万重　孤雲を目断すれば意は万重

石城は博多の雅名なので、これは博多に旅立つ日本僧を送る詩と考えられる。旅立ちの報に接した機先は、かつて聞いた博多の寺の鐘声を夢で聞いたのだろう。

斗南永傑は「日本四僧塔」の被葬者とされているので、大理で客死したと考えられている。しかし先述のようにかれは被葬者とは考えがたい。いっぽう日本禅宗の法系図に〈明極楚俊―春谷永蘭―斗南永傑〉という法脈が見え[6]、またかれを京都市右京区にある臨済宗妙光寺の住持とする説がある。先にふれた楼璉が斗南に贈った詩の首聯《しゅれん》に、「旧《もと》は扶桑第幾山に住せしも、偶然なる踪跡人間《じんかん》に落つ」とあって、日本五山派の相当な地位にあったことがうかがえる。そのことに免じて帰国を許されたのかもしれない。

二　明人との詩の交わり

禅僧どうしの贈答・唱和

雲南謫居日本僧の詩交を見てゆくと、中国人禅僧とのつきあいは意外に少なく、ほとんどが士大夫層とのもので占められる。とくに政治的中心地昆明に居住した僧にその傾向が強い。しかし、大理に住んだ天祥には、「上人の居処は僻にして、心は石泉と与《とも》に清し、道在りて俗に違《そむ》きて従《よ》り、身閒《しず》かにして名を用ゐず」といった作がある（「南珍に寄す」首・頷聯、『滄海遺珠』巻四）。「惟心の寄せらるるに次韻す」という詩題からは、唱和への参加が明らかになり、とくにつぎの詩は「詩の結社」の存在が伺えて注目される（同）。

呈同社諸友　同社の諸友に呈す

君住峰頭我水濆　　君は峰頭に住み我は水濆（みぎわ）に
相思只隔一孤雲　　相思へば只だ一孤雲を隔つのみ
夜燈影向空中見　　夜燈の影は空中に向《お》いて見え
晨磬声従樹杪聞　　晨磬《しんけい》の声は樹杪（こずえ）従《よ》り聞こゆ
咫尺誰知多役夢　　咫尺《しせき》誰か多く夢に役《ひ》かるるを知らん
尋常心似遠離羣　　尋常　心は遠く羣を離るるが似《ごと》し
今朝偶過髙栖処　　今朝偶たま髙栖の処を過《よ》ぎり
坐接微言到夕曛　　坐して微言（奥深い言葉）に接し夕曛《せきくん》（たそがれ）に到る

「晨磬」は朝を告げる磬（打ち石）、「役夢」は『漢語大詞典』に「牽引夢魂」と語釈する。「咫尺」「尋常」はともにわずかな距離の意。「諸友」とはいっても呈した先は個人のようだが、峰頭の寺に集う唱和のメンバーに、天祥も加わっていたのだろう。

これは日本僧どうしの関係になるが、機先は昆明西方の山寺に住む石隠宗璵に、「碧雞山上の雪、想へば岩房を埋むべし、老僧は凍ゆるも死せず、焼葉は微陽に生ゆ」（「西山の石隠に寄す」首・頷聯、『滄海遺珠』巻四）、あるいは「古木蒼烟を積み、空山夜悄然たり、遥かに知る崖上の月、独り病中の禅を照らすを」（「石隠に寄す」全文、同）といった詩を寄せている。禅僧間で贈答される詩にふさわしい雰囲気が感じられる。

士大夫との贈答

士大夫とのやりとりであっても、機先の「天涯も又索居（寂居）し、歳晏《さいあん》（老年）の近きを何如せん、遠水蒼茫の外、空山寂寞の余」（「仲翔外史に寄す」首・頷聯、『滄海遺珠』巻四）や、天祥のつぎの作品（同）などは、禅僧に対するものと共通の気分が漂っている。

　贈李生
異域無親友　孤懐苦別離
雨中春尽日　湖外客帰時
花落青山路　鶯啼緑樹枝
従今分手後　両地可相思

　李生に贈る
異域親しき友なく　孤懐別離に苦しむ
雨中春尽くる日　湖外客帰る時
花は落つ青山の路　鶯は啼《な》く緑樹の枝
今従《よ》り手を分ちて後　両地にて相思ふべし

平易な表現ながら、親友との別れのせつなさが身に沁みる。しかしおなじ別れの詩でも、機先のつぎの作（同）になるとがらりと雰囲気が変わる。

　送別
天書召賈生　匹馬出滇城
白首相逢処　青雲送別情
山経巫峡尽　水到楚江平
好献治安策　殷勤答聖明

　送別
天書賈生を召し　匹馬滇城を出づ
白首（老人）相逢ふ処　青雲送別の情
山は巫峡《ふきょう》を経て尽き　水は楚江《そこう》に到りて平らかなり
好し治安の策を献じ　殷勤《いんぎん》に聖明に答へよ

賈なにがしという役人が、帝命を蒙って昆明を発ち上洛するのを送る詩で、巫峡は長江三峡の一、楚江はここでは長江の下流をいう。雲南から南京へのルートである。「天書」で詠い出し「聖明」でしめくくる結構や、良吏たれと励ます尾聯からは、皇帝の絶対権力に対して恭順な姿勢が目につく。

大理の白《ペー》族士人の大理府訓導蘇楫が、同地の感通寺（現存）にいた日本僧桂隠につぎのような詩を寄せている（『蕩山志略』巻下）。伊藤は桂隠を日本僧にあらずとしたが[7]、首句から日本僧と認めてよいだろう。

　寄寓感通僧桂隠　　感通に寓せる僧桂隠に寄す

一苹浮来自日東
夙縁相契得相逢
游心物外禅機熟
精律詩中語句工
運笔有時還泣鬼
講経無処不降龍
感通勝概名伝遠
樟木禅房倚碧空

一苹浮かびて日東より来たる
夙縁（前世の因縁）相契りて相逢ふを得たり
心を物外に游ばせて禅機熟し
律を詩中に精《と》ぎて語句工みなり
運笔すれば時に還《ま》た鬼を泣かすあり
講経すれば龍を降ろさざる処なし
感通の勝概名遠きに伝ふ
樟木禅房は碧空に倚《よ》れり

苹は浮き草で小舟のこと。日本僧はしばしば中国で能筆を称えられるが、この詩も例にもれない。また霊能ある僧は龍を降して鉢に閉じこめるという。おなじ白族の大理太和県訓導蘇正には、「蕩山の南江《なんこう》・桂隠に寄す」と題する作（『蕩山志略』巻下）があり、首聯に「聞道す二公感通に居ると、怪来す近日相逢ふこと少なきを」とあって、南江も感通寺にいたことがわかる。南江も日本僧の可能性があるが、確証を欠くので数えていない。

挽詩の応酬

長年雲南で暮らした日本僧は、親しくなった明人の死に逢うことがあり、自身が明人から哀悼されることもあった。その結果、死者を悼む挽詩が数首見いだされる。まず天祥の「宋士熙《そうしき》を哭す」の首・頷聯に「衆山落日に揺れ、那《なん》ぞ忍びん先生を哭するを、老眼涙なきに非ず、深交最も情あり」とある（『滄海遺珠』巻四）。

誤って「日本四僧塔」の被葬者とされた逯光古（諱昶《ちょう》）は、河南・懐慶の出身で、洪武初年に雲南で軍務に就き、そのまま定住した。経術に通じ詩賦を能くし、『方外集』『逯光古集』『逯光古詩集』などの著作がある。永楽八年（一四一〇）以降に没した。(8) かれの死にさいして、大用は「逸光古を挽す」、機先は「逸光古先生を挽す」という詩を捧げている（『滄海遺珠』巻四）。前者の頷・頸聯に「冥鴻漢（銀河）に沖《のぼ》る志、野鶴塵を出づる姿、筆勢に雲烟起ち、詩名は草木すら知る」とあり、後者の首・頷聯に「昨日来りて我を過《よぎ》りしに、今朝去《い》きて君を哭す、那《なん》ぞ堪へん談笑の際、便《すなわ》ち死生の分を作《な》すを」とある。

他方、昆明で客死した機先に対しては、同地に謫居中の文人胡粋中から、(9) つぎの挽詩が呈された（『滄海遺珠』巻三「鑑機先和尚を挽す」）。

曾将一葦渡瀛洲　曾て一葦（小舟）を将《もっ》て瀛洲《えいしゅう》（日本の雅称）より渡り
信脚中原万里遊　脚を中原に信《まか》せて万里に遊ぶ
日出扶桑極東処　日は出づ扶桑極東の処
雲帰滇海最西頭　雲は帰る滇海最西の頭《ほとり》
経留髹几香猶炧　経は髹几（漆塗りの机）に留まり香は猶ほ炧《くすぶ》る
棋斂紋楸子未収　棋は紋楸（碁盤）に斂《おさ》まり子《し》（碁石）は未だ収めず
老我飄蓬江漢上　老いたる我は江漢（銀河）の上に飄蓬たり
幾回中夜惜湯沐　幾回か中夜に惜《いた》みて湯沐（遺体に湯を灌ぐ）す

『日本図纂』附日本貢使詩は、機先の「滇陽（ママ）八景」詩から「碧雞秋色」を選んで掲げる。撰者の鄭若曾は、その詩に加えた序のなかで、「国初日本僧の入貢せる者、多く譴せられて滇南（雲南）に謫居す」と述べたつぎに、上の詩の頷聯を引用し、「機先の滇に没するを知るなり」と付言している。頸聯の対句は、さきほどまで故人が香を焚いて読経し、碁を打っていた部屋を写して哀切である。

雲南都督沐昂との唱和

三〇首もの日本僧の詩と、七首の日本僧に贈られた詩（二首重複で実数は三五首）を収める『滄海遺珠』という詩集は、雲南を平定した沐英――その後裔は明滅亡まで雲南を世襲支配した――の三男で雲南都督に任じた沐昂《こう》（一三七九―一四四五）が、雲南に謫居した人々の作品を集め、作者ごとに排列したものである。(10) 巻末に置かれた日本僧の作品群は本書でのみ知られる。(11)

さて、その『滄海遺珠』を編んだ沐昂には自身の詩文集があり、『素軒集』という。なかに日本僧との交際を示す詩が九首あり、一首は斗南永傑、三首は恒中宗立、(12) 五首は大用克全に与えたものである。(13) 巻六の「立恒中の詩韻に和す」を掲げる。

参透玄関得悟深　　玄関（要諦）に参透して得悟深し
還従湖海会朋簪　　湖海従《よ》り還りて朋簪《ほうしん》（幼なじみ）と会す
三生已覚安禅意　　三生　已に禅意に安んずるを覚り
一世唯能養道心　　一世　唯だ能く道心を養ふのみ
歌句成詩追古作　　歌句詩と成りて古作を追ひ
遊方到処動高吟　　遊方到る処高吟を動かす
佳章此日来呈我　　佳章此の日来りて我れに呈す
亭館春風散梵音　　亭館の春風は梵音を散らす

頸・尾聯で「歌句」「古作」「高吟」「佳章」「梵音」と、うるさいくらい詩の縁語をちりばめ、禅風に染まった詩の交わりが強調される。このように、昆明に住んだ日本僧は、雲南の王者というべき沐氏一族と、漢詩を唱和するような親しい関係を結んでいた。「僧大用の詩韻に和す四首」は清・情・晴を韻字とする叙景詩で、九月の秋晴れの日、沐昂が大用をつれて郊外の禅寺に遊んだときの作である。「秋日の郊原は気色清し、楼に登り聊か閑を遣《や》る情を得たり」（一首目前半）、「梵刹孤高にして露気清し、青燈黄巻情を留むるに好《よろ》し」（二首目前半）、「万里の秋旻《びん》（秋空）点翳もなし、一声好鳥　新晴を弄ぶ」（三首目後半）、「雲霄を望断すれども鴻雁なし、唯だ栖鴉《せいあ》ありて晩晴に噪《さわ》ぐのみ」（四首目後半）といった佳句がある。鴻雁は栖鴉と正反対に、はるかな故郷に便りを届ける鳥である。

日本僧建立の堂舎に詩を寄す

ここでとりあげるのは、昆明の寺院内に日本僧が建てた堂舎に寄せられた題詩で、直接日本僧と明人との交際を語るものではないが、創建者の生前に贈られたと考えられるので、充分検討の対象にはなるだろう。

第一の事例は、昆明市中、現在の雲南省人民政府の位置にあった五華寺内の聚遠楼である。『大明一統志』巻八六に「聚遠楼。五華山寺内に在り。日本僧曇演建つ。滇南の景を一覧するを以て名づく。本朝都督沐昂重脩す。潘仁の詩」とあって、「楼前の風景は中華の似《ごと》し、楼外の峯巒《ほうらん》は海涯に際《いた》る」で始まる七律が引用されている。伊藤は楼の命名者を沐昂とするが、[14]かれは重修者だから楼の創建はもっと前になる。「本朝（明）都督沐昂」という書き方からすると、元代かもしれない。さらに詩の作者潘仁《はんじん》は、唐代の『陸宣公奏議』に注釈を加えた人で、その活動年代は一四世紀前半である。[15]

以上によれば、曇演を明初の雲南謫居僧とは考えにくくなるが、いっぽうで、『滄海遺珠』巻一に曾烜《そうけん》の「日本僧演此宗に贈る」、巻二に平顕《へいけん》の「演此宗に寄す」という詩があることは、伊藤・王の指摘するとおりである。[16]となると、ありうる選択肢は、(1)曇演と演此宗を同一人とみて、『滄海遺珠』に元代の作品がふくまれていると考えるか、(2)曇演と演此宗は別人で、前者は元代の渡海僧、後者は雲南謫居僧だと考えるか、(3)一四世紀前半の潘仁とは同名異人の潘仁が明初にいたと想定して、なお此宗曇演を明初謫居僧と考えるか、のいずれかとなろう。

第二の事例は、五華寺にほど近い円通寺（図４）内の翠微深処軒と古木回岩楼である。『景泰雲南図経志書』巻一・寺観に、「円通寺。城中螺山の下に在り。城近き諸寺にて、其の高阜の勝に据《よ》る者、五華に如《し》くは莫し。而して盤谷の幽を得る者、円通に如くは莫し焉。其の内に軒ありて翠微深処と曰ひ、楼ありて古木回岩と曰ふ。皆な日東僧の建つる所なり」とあって、これに関連する定遠王・都事呉存敬《ごそんけい》・僧宗泐《そうろく》の詩各一首が引用されている。定遠王とは沐昂の兄晟《せい》（一四三九年没）で、季潭《きたん》宗泐の生没は一三二八―九一年だから、こちらは明初謫居僧の創建とみて問題ない。沐晟と季潭の作はともに翠微深処軒を詠んだ題詩で、うち季潭のもののみ掲げる。

図４　昆明・円通寺

翠微深処乱山中　　翠微深処は乱山の中《うち》
築室閑依桂樹従　　室を閑依に築き桂樹従ふ
夜榻泉鳴一澗雨　　夜榻《やとう》に泉は鳴る一澗の雨
暁園花落満林風　　暁園に花は落つ満林の風
窓含細靄衣常湿　　窓は細靄《さいあい》を含みて衣常に湿り
橋擁浮槎路未通　　橋は浮槎《ふさ》（舟）を擁《いだ》きて路未だ通ぜず
異域十年天万里　　異域十年　天万里
幾番帰夢海雲東　　幾番の帰夢（帰郷の夢）海雲の東

季潭宗泐は浙江・台州の出身で、明初杭州・天竺寺や南京・天界寺で活動した著名な禅僧である。雲南に来たことはないと思われるから、翠微深処軒の創建者とは江南で知りあい、創建のしらせを聞いて、祝意をこめてこの詩を送ったのだろう。

呉存敬の詩は題が伝わっていないが、円通寺に関わりのある日本僧に贈ったものである。

上人生自扶桑国　上人は扶桑国より生まる
結屋雲山第幾重　屋を雲山に結び第《しな》幾重ぞ
黄葉有時迷去路　黄葉　去路に迷ふ時あり
青山無処認来踪　青山　来踪（来し方）を認《したた》むる処なし
一天雨過龍帰鉢　一天雨過ぎて龍は鉢に帰り
半榻風清鶴在松　半榻（小さな腰掛け）風清く鶴は松に在り
借問此中何所事　借問《しゃもん》す此の中何所《いづく》の事ぞ
楞伽読罷悟真空　楞伽《りょうが》（経典の名）読み罷《おわ》りて真空を悟る

「上人」の実名がわからないのは残念だが、円通寺に居たことが確実な日本僧は斗南永傑のみである（前述）。かれなら、日本五山派ですすでに相当の地位にいたようだから、日本僧が軟禁された南京・天界寺に住持する季潭と知りあっていいて不思議はない。

おわりに

以上、日本僧と明人との詩交に焦点を絞って詩を読み解いてきたが、作品の相当部分を占める叙景詩には、ほとんどふれる暇がなかった。そこで、機先の七律連作「滇陽六景」（『滄海遺珠』巻四）についてのみ、少しくコメントを加えて、本章のしめくくりとしたい。まず作品を一首だけ掲げる。

玉案晴嵐　玉案晴嵐

山如玉案自為名
卓立天然刻画成
白昼浮嵐濃且淡
高秋畳翠雨還晴
陰連太華千尋秀
影浸滇池万頃清
杖策何当凌絶頂
滇南一覧掌中平

山は玉案の如く自《おのずか》ら名と為る
天然に卓立して刻画《こくかく》（彫刻）成る
白昼　嵐を浮かべて濃く且《ま》た淡く
高秋　翠《みどり》を畳んで雨ふり還《ま》た晴る
陰は太華に連なり千尋《せんじん》秀で
影は滇池を浸し万頃《ばんけい》清し
杖策（つえ）何ぞまさに絶頂を凌ぐべけん
滇南一覧掌中に平らかなり

玉案は昆明市西方にある山の名で、山脈は滇池西岸の高山太華へと連なる。頸聯にその山と湖が対置され、山頂に立てば雲南の全景は掌に載る、と詩は結ばれる。

機先の「六景」は金馬朝暉《ちょうき》・碧雞《へきけい》秋色・玉案晴嵐・滇池夜月・龍《りゅう》池《ち》躍金《やくきん》・螺《ら》峯擁翠《ほうようすい》だが、沐昂の『素軒集』巻一〇に「滇南六詠、陶給事に贈る」という七絶連作があり、金馬朝陽・魚池躍金・螺峯積翠という小異を除いて、順番まで一致している。また同巻七には、これに官渡《かんと》漁燈・商山樵唱《しょうしょう》を加えた八首の七律連作もあり、まとめて題を付すならさしずめ「滇陽八景」（図5）というところか。機先の叙景はなかなか雄大で爽快な気分にしてくれるが、すべてが作者の創案というのではなく、瀟湘《しょうしょう》八景や近江八景と同様、あくまで

図5　滇陽八景にちなむ金馬碧雞坊

所与の題に枠づけられた文芸のいとなみであった。

注

（1）後文で紹介する論文（注（3））で王宝平は、『葉楡稗史』弘聖寺東瀛僧天祥から天祥の詩を四首紹介する（一八六―一八五、一七一頁、頁数は逆順）が、この書物を収める『大理古佚書鈔』に偽書説があるうえ（同一七一頁）、詩自体にも押韻や内容（建文帝蒙塵伝説など）に疑点が多く、天祥の他作品といちじるしく格調を異にするため、ここでは数に入れなかった。
（2）『仏教史学研究』五二巻一号、二〇〇九年。
（3）『日本漢文学研究』（二松学舎大学21世紀ＣＯＥプログラム「日本漢文学研究の世界的拠点の構築」機関誌）六号、二〇一一年。
（4）伊藤注（2）論文（二八頁）が引用する一五六〇年版『嘉靖寧波府志』巻二二・海防書には、「賢を極刑に処し、夷兵は雲南に発して守禦せしむ」とあるが、事態の推移については事件発覚直後に書かれた『御製大誥三編』に拠るべきである。
（5）伊藤注（2）論文、三四―三五頁。
（6）玉村竹二『五山禅林宗派図』思文閣出版、一九八五年、五八頁。
（7）伊藤注（2）論文、四六頁。
（8）王注（3）論文、一八〇―一八二、一七一頁。
（9）浙江・山陰の出身で洪武年間に昆明に左遷され、永楽初年に『元史続編』を著した。王注（3）論文、一八二頁。
（10）王宝平「明代雲南に残した日本人の漢詩――その一『滄海遺珠』書誌学研究」（『日本漢文学研究』五号、二〇一〇年）。
（11）例外は前述の『日本図纂』に収める天祥の「虎丘寺に題す」一首だが、これもほんらいは『滄海遺珠』にあったらしい。王注（3）論文、一八六頁。
（12）恒中宗立と既出の石隠宗璵は、ともに博多妙楽寺開山月堂宗規《がつどうそうき》の弟子で、中国渡航後、派祖虚堂智愚《きどうちぐ》（虚堂―南浦紹明―月堂とつながる）の墨蹟「虎丘十詠」を妙楽寺にもたらすことを念願していたが、果たせぬまま雲南謫居の身となり、一四一二年と一五年に客死した。「虎丘十詠」は、その後虚堂の法系につながる昆明五華寺前住雪谷宗戒《せっこくそうかい》のはからいで、一四七八年帰国の第一三次遣明使に託され、妙楽寺に送られた。伊藤注（2）論文、三六―四三頁。

（13）巻一〇の「僧大用の詩韻に和す四首」の第四首のみ、王注（3）論文、一八〇頁に紹介がある。
（14）伊藤注（2）論文、三一―三二頁。
（15）谷口明夫「潘仁『唐丞相陸宣公奏議纂註』刊行考」（『中国中世文学研究』三二号、一九九七年）。
（16）一七七七年に書かれた『滄海遺珠』「提要」によれば、収録された詩の作者は「皆な明初雲南に流寓選謫せし者」であるが、一四三六年の楊子奇《ようしき》「原序」にはそのような説明はなく、「皆な前選に及ばざる所の者」とあるのみである。元代の作品がふくまれる可能性は否定できない。

6　室町時代の日朝交渉と禅僧の役割

はじめに

中世の対外関係を理解するさいに、禅宗あるいは禅僧の問題をさけては通れない。現在は、外交官という専門家が国家を代表して諸外国との交渉にあたるというシステムになっているが、日本の中世では、室町幕府とかかわり深い禅寺群、なかんずく京都五山に属する禅僧たちが、国家外交の担い手になる。外交官として相手国に赴く者も禅僧なら、かれらが携えていく外交文書――「日本国王」の名前で出される文書がもっとも権威が高く、「国書」と呼ばれた――の文章を練って原案を作る者も禅僧だった。

なぜそうなったのか。当時の外交文書は、中国人に見せても恥ずかしくないような正統派の漢文で書かれる。それも日常語ではなく、四六駢儷体《しろくべんれい》というような、特定のルールに従うたいへん凝った文体が多用され、さらに中国の故事がもりこまれる。つまり、深い学識がなければとうてい作れるようなものではなかった。

中国や朝鮮で外交をになった官僚集団はそういう能力をもっていた。科挙という官吏登用のための文章試験があり、合格するにはちゃんとした文章を作る能力がなければならなかった。ところが、中世の日本には科挙がない。貴族層はいても科挙に合格して官僚になっているわけではないので、漢文の文章力が充分ではなかった。かわりにその役割を果たしたのが五山の禅僧たちである。

鎌倉時代から南北朝・室町にかけての五山では、のちに五山文学と総称された漢詩文がさかんに行なわれた。そこで作られる文章や詩は、もちろん仏教的な要素が多分にもりこまれているが、基本的には、中国の官僚層に備わった教養と共通の基盤のうえに立つものだった。その成果が五山文学で、膨大な作品が現在に伝わっている。そういう文筆能力がそのまま外交の場に応用された。こうして、国家外交を担う人間集団として禅僧、禅寺が存在したことが、中世外交の大きな特徴になった。

一　対朝鮮外交と禅僧

さて、もう少し対象を限定して、朝鮮との外交に照明をあててみたい。というのも、日本の禅宗と外国とのかかわりとなると、とうぜん禅宗がそこから伝わって来た中国との関係があり、それに仏教の発祥地インドを加えて、中世語でいえば天竺・震旦と本朝との関係が、メインのテーマになるだろう。しかし中世外交のじっさいの姿をみると、朝鮮との関係もけっして無視できるようなものではない。

当時の中国との関係を見ると、遣明使が一五〇年間に一九回渡航した。逆に使者がやって来たのは七回にすぎない。最初はたがいに往来があったが、ある時期以降行くだけになってしまう。それにともなって勘合貿易（遣明船貿易ともいう）が行なわれたが、それもせいぜい一九回の使節行に付随した貿易である。それに対して朝鮮との関係となると、日本から使者が赴いた回数でいえば、くらべものにならないくらい多い。

遣明船貿易は、明から足利将軍（正確には足利家の家長「室町殿」）に認められた「日本国王」の名義がなければ行なうことができない。もちろん末期になると、細川氏や大内氏がやっている、あるいはその背後にいる堺や博多の商人がやっている、といってもよい状態になるが、なお名義はあくまで日本国王である。その日本国王に明皇帝から与えられ、国王認定の貿易船であることを示す資格証明書、それが「勘合」である。

では朝鮮との関係はどうか。もちろん日本国王も朝鮮に使者を派遣しているが、それ以外の勢力、たとえば、西国の大守護大名大内氏、大宰府に伝統的な勢力をもつ少弐氏、対馬の宗氏、肥後の菊池氏や相良氏、豊後の大友氏、薩摩・大隅の島津氏などが、朝鮮通交に参加して独自に使者を送っている。とくに対馬は朝鮮のすぐそばなので宗氏が圧倒的に多いが、それについで大内氏がめだつ。さらにもっと下のレベルの人々、たとえば肥前国松浦《まつら》――秀吉が城を築いた名護屋や、平戸や五島などがふくまれる――や壱岐に盤踞する松浦党の武士たちもさかんに使者を送っているし、博多等の商人の名前もあらわれてくる。このように対朝鮮通交はたいへん多様で、ひとつの評価だけで括りきれないさまざまな勢力が、参加しているという特徴がある。

そして、さきほど中世外交に果たした禅僧の役割について述べたことは、対朝鮮外交にもあてはまる。室町幕府や大内氏など上級の勢力が朝鮮に派遣する使者は圧倒的に禅僧である。ただ、中国外交にかかわった禅僧たちとは、あまり重ならないという特徴がある。日本の禅宗社会の外国観としては、中国の位置づけがひじょうに高い反面、朝鮮に対しては格段に落ちるのが現実である。中国に赴く禅僧たちの出自を調べてみると、朝鮮に行く者と比べると、地位の高い者が選ばれている。それは室町幕府が中国と朝鮮をどう位置づけていたかの反映でもある。

この落差は使者が上洛したときの扱いに露骨にあらわれた。朝鮮からの使者への待遇はひどく粗末だった。『老松堂日本行録』という、朝鮮から室町幕府に遣わされた使者宋希璟《ソンヒギョン》という人物が、一四二〇年にソウル・京都間を往復したときの一種の旅行記を見ても、かれは京都で、将軍足利義持になかなか会ってもらえなかった。ある寺に長いこと放置されて、さんざん蚊に刺されたなどと書いている。

また、第三節で紹介する文渓正祐《もんけいしょうゆう》という禅僧は、朝鮮の世宗《セジョン》時代の『実録』や諸種の文集にひんぱんに現われ、そこでは一流の儒者・僧侶・文化人とまじわり、詩の唱和に興じている。かれの詩や文に対する朝鮮側の評価はきわめて高く、「昔聞く、日域に高僧出づると、今見る、文渓の果して未曾なるを」といった詩句（『独谷先生集』巻下「送日本文渓禅人還帰」）からは、日本を代表する文化人という印象さえうける。ところが、日本側の史料には、貴族の日記に一か所見えるだけで、禅宗史料にはまったくあらわれない。むろん文渓が、世宗朝の盛代を象徴する殊俗の来朝として、じっさい以上にもちあげられたことは想像にかたくない。それにしても、朝鮮と日本におけるかれの評価の落差は、異様に感じられるほどである。

われわれが対朝鮮外交において禅僧の果たした役割を調べようとするとき、大きな障害にぶつかる。そこにはふたつの要因があった。第一に、前述のように、日本の幕府や五山禅林が朝鮮を低く位置づけていたために、朝鮮外交の担い手には素性のわからない人が圧倒的に多い。第二に、対朝鮮外交は、京都の幕府だけでなく、とくに大内氏を中心とする西国の勢力が、独自に専門家集団としての禅僧を使って行なっていた。そのため、京都を中心とする世界で成立した五山文学等の史料にはなかなか姿を現わしてくれない。かれらは京都と多少のかかわりがあっても、多くのばあい博多や周防・長門の寺を拠点に活動していたのである。

さて、以前私は『東アジア往還――漢詩と外交』という本に「中世日朝交渉のなかの漢詩」という論文を収めた。なぜ漢詩か。中世の東アジア外交のなかで、外交文書をとり交わす行為がもちろん中心になるが、それに付随して、相手方の担当者と赴いた外交官との間で、あるつきあいが行なわれた。その主要な中身が漢詩のやりとりであった。もちろん茶を飲んだり歌舞を楽しんだりもあったが、いちばん重要な文化的能力として外交官に期待されたのが、漢詩を創る力だった。だから、その場に臨んでちゃんと創れなかったら、本人の失点になるだけではなく、国家の体面に泥を塗ることになりかねない。それだけの重みを漢詩はもっていた。そして日本の中世のばあい、その場に臨むのも禅僧であり、その禅僧の詩文集に外交の場で創られた漢詩が相当数収められることになる。さきの論文では、そうした作品を紹介しながら、日朝外交における漢詩の役割を考えた。

ただ、さきほど述べた事情によって、五山文学を中心とする禅宗史料のなかには、対朝鮮外交を物語る作品はそれほどたくさん残されていない。他方、本章で頻出する史料に『朝鮮王朝実録』というものがある（以下『実録』と略記）。これは一三九二年に高麗にかわって登場して、二〇世紀初頭まで続く李氏朝鮮王朝が、国家の事業として編纂したひじょうに詳細な記録で、時間の順を追って記されており、一字一句読むとしたら一生かかりそうなほどのボリュウムがある。そのなかに、朝鮮に赴いた日本の禅僧たちが当局との間で交渉を行なうかたわら、漢詩を創ったり相手の漢詩をもらったり、という記事が相当数ふくまれている。だから『実録』によって、日本中世の禅宗社会のある一面を照らし出すことができる。

さて、いま述べたような研究領域で最近急速に研究が進歩した。参考文献として掲げたなかに伊藤幸司・上田純一・橋本雄・米谷均という名前があるが、かれらがあいついで論文を発表して、まさしくこの分野であらたな貢献をなした。そこで私が気づかなかった史料だとか、あらたな史料の見方だとかが、どんどん出てきている。本章ではこれらに学んで、以前書いたものより一歩でも前進できればと思っている。

二　博多・承天寺と大内氏の朝鮮通交

ここでは、朝鮮外交と禅宗・禅寺・禅僧のかかわりを語る好例として、伊藤幸司『中世日本の外交と禅宗』に導かれながら、大内氏と博多の東福寺派寺院承天寺《じょうてんじ》との関係を見ていきたい。まず、朝鮮初期の大蔵経求請をめぐる動きから見よう。

大蔵経というのは仏教経典の全集で、六千巻くらいのボリュウムがある。朝鮮では、高麗時代に彫った板木《はんぎ》で印刷した版本大蔵経が各地の寺院にたくさんあった。八万枚にもおよぶ板木自体も、慶尚南道の海印寺《ヘインサ》に健在だった。ところが、高麗時代には鎮護国家ということで国家が仏教を手厚く保護していたけれども、朝鮮時代になると、国家が儒教中心主義に大きく転換したため、仏教は冷飯を食わされることになった。ちょうどそのころに、先述のようにさまざまな勢力が日本から朝鮮に渡海して外交を行なう状況が生じた。かれらがもっとも朝鮮から獲得したかった物こそ大蔵経であった。

その背景には、朝鮮側の国家思想の転換という事情だけでなく、中世の日本には大蔵経をぜんぶ板木に彫って大量の部数刷るだけの能力が備わっていなかったことがある。日本で大蔵経全部が印刷されるようになるのは、江戸時代の初め、天台僧天海によってである。したがって日本の中世の仏教社会では、大蔵経を手に入れて什物にしたいと思うと、輸入に頼るしかない。輸入先としてはもちろん中国があり、宋代以来、元・明にかけて何種類もの大蔵経が印刷されている。それとならぶ有力な輸入先が朝鮮であった。朝鮮では仏教に対する保護姿勢が失われてしまっていたので、大蔵経を比較的気軽にくれる見こみがあるということで、日本から使者がさかんに送られた。

たとえば、日本国王を戴く国家的な主体室町幕府が、朝鮮国王に使者を送るというもっとも公的な外交でも、真の目的はたいていのばあい大蔵経の獲得だった。そして大内氏以下の諸勢力もまた大蔵経をめあてに使者を送っていた。大内氏の場合、大蔵経を求める使者に起用した禅僧としては、博多にある鎌倉時代以来の禅寺、承天寺の僧が多かったようだ。

『朝鮮定宗実録』二年（一四〇〇）八月是月条に、「博多城承天禅寺住持誾公の使人、礼物を献じて蔵経を求む」という記事がある。李氏朝鮮のごく初期に、博多の承天寺の住持であった「誾公」（諱の二字目が誾）の使者が、土産物を献じて、見返りとして大蔵経を求めた。大内氏が筑前守護職を獲得するのはこれよりのちの持世の代であり、しかも一三九九年の応永乱直後でもあるから、大内氏との関連はうすいだろう。ここでは、承天寺の朝鮮外交へのかかわりを示す早い事例として、注目しておきたい。

その七年後にはつぎのような史料がある（『興隆寺文書』）。

日本国防長豊州刺史大内多多良徳雄、　端粛奉二書

朝鮮国議定府左右政丞閣下一。

連年猥辱二書訊一、兼拝二礼貺一、感媿無レ已。矧乎所二以撫教甚、其無二以加一レ焉。少白、賤者無状、久抱下造二蔵経一之志上、志与レ力違、力与レ時違、遂欲レ果二其素一之意、鬱乎尚未レ熄矣。今茲発レ舶、特差二系末僧通文・通玉・仁方等一、不レ避二干冒之誅一、往諭二所レ求之誠一。願達二宸扆一、仰二于特旨一、以降二有司一、頒二賜一蔵一。苟俾三賤者遂二其志一、何幸亦加レ之。茲嚮左京兆大内侯義弘之所レ拝者、迺大国梓伝之善本也。今更望、賜二閩浙之印本一、将下採二彼之所一レ余、以補二此之不一レ足、交相求而一中其致上焉。然後参二考異同一、併行二于世一、則天下之至宝、莫下愉二於此一者上也。蓋此鴻釐不三啻謝二聖恩一、抑亦祉二兆民一、両朝修好、四夷族レ罪必也。是又非二吾仏教之陰翊而陽報一邪。如レ此区々之私、非二言可一レ諭、情溢辞蹙、不レ知レ所レ裁、亦惟少憐察、幸甚幸甚。不腆土宜、具在二別箋一、幸二容納一。即辰稍熱、万乞二為レ国自重一。不宣。

応永十四年（一四〇七）四月　日　　　　大内□□□徳雄

別幅

環刀二十把　関王刀十支　長鎗十支　扇子百柄　胡椒五十斤　白檀五十斤　丹木五百斤　屏風二張　泥金研函一　硯五十枚　筆百筦　果盆五十口

徳雄すなわち一五世紀初頭の大内氏当主盛見が、朝鮮国議定府左右政丞という朝鮮の高級官僚にあてて出した外交文書である。私人間でやりとりされる中国風の手紙の形式を採っているが、内容は公的な色彩が強い。この手紙はなにを朝鮮に求めているのか。

盛見の先代は応永の乱で足利義満に滅ぼされた義弘だが、その代から大内氏は積極的に高麗あるいは朝鮮にアプロ

ーチして、一度大蔵経を獲得したことがあった。一三九六年に「通竺・永琳両禅和」を送り、倭寇の俘虜を返還して大蔵経を求めた（『太祖実録』五年三月是月条）。残念ながらどの寺に関係するかは明らかでない。「大国梓伝之善本」とあるから高麗版である。

それを下敷きにして盛見は言う。今度は「閩浙之印本」すなわち中国南部で刷られた別系統の大蔵経がほしい。それをもらったら、前のものとの異同をチェックして、より正確な本文を確定して、世の中に流布させたい……。大蔵経を無心する文章にはなはだ学問的な理由が述べられているところがおもしろい。

別幅に品物の名前と数量が列挙されているが、これが大内氏の使者が携えていった品物のリストで、朝鮮との貿易の内容が示されている。ここに胡椒・白檀・丹木というような東南アジア方面の産物が出てくるのが注目される。大内氏は、おそらく琉球からこういった品を手に入れて、それをさらに朝鮮への輸出品とする、という中継貿易を行なっていた。こうした活動は、当時朝鮮に赴いた使者たちにかなり共通するものだった。

さて、本章のテーマに関わって注目したいのは、本文一一三行目のところに「通文・通玉・仁方等」という三人の僧侶の名前が出てくる。かれらがじっさいに朝鮮に赴いて外交官の役割を果たした禅僧である。正使と考えられる通文に関して、岐陽方秀《きようほうしゆう》の『不二遺稿』巻之上・賛に「承天中和文禅師」という作品があり、その後記に「師名通文、中和と号す。恵日（東福寺）に在りて後堂首座《ごどうのしゆそ》に転ず。秉払《ひんぽつ》の後承天寺に住す。師高麗に往きて帰る。瑞泉寺に示寂す。承天に引清軒あり」と記されている。通文は字を中和といい、東福寺で後堂首座に昇り、おそらくは朝鮮渡航の時点で承天寺住持であった。のち同寺の塔頭引清軒の塔主になっている。副使以下の通玉・仁方も、通文とともに「系末僧」と呼ばれているから、東福寺ないし承天寺の関係者であろう。

このときかれらが獲得した大蔵経は、承天寺でなく周防の興隆寺に納められた。大内氏は、承天寺がもっている外交上のノウハウを利用して対朝鮮通交を行ない、氏寺興隆寺のための大蔵経を獲得したのである。

正木美術館蔵伝周文《しゅうぶん》筆の水墨画「山水図」に、「懶真道人無涯」「関西従隗」「十里松下白雲帰処太樸処淳」と称する三人の禅僧の賛がある。「無涯」は応永外寇後の一四二〇年に「請経使」として朝鮮に渡った無《む》涯《がい》亮《りょう》倪《げい》で、博多妙楽寺の大応派僧である。従隗《じゅうかい》と太《たい》樸《はく》処《しょ》淳《じゅん》はともに承天寺住持になっている。とくに従隗の人事は大内持世の推挙によるもので、博多の禅宗社会と大内氏のふかい関係がうかがわれる。画僧周文も一四二四年に朝鮮渡航の経験をもつが、本作は周文の真筆とは認めがたい。しかし専門家はこの絵に対する朝鮮画の強い影響を指摘している（以上、四—b参照）。

一四八三年、大内政弘は禅僧春《しゅん》湖《こ》清鑑《せいかん》につぎのような書契を託して朝鮮へ送り出した（『成宗実録』一四年九月癸卯条）。

朝鮮国礼曹大人足下。……今通信使定林寺住持清鑑等を遣はし、謹んで啓す。僕の治内筑の承天寺は、草創歳久しく、而して頽敗日に随ふ。修補の意有りと雖も、綿力（微力）覃《およ》ばず。故に興復の助を貴国に求む。……

このとき清鑑は周防国の定林寺住持であったが、朝鮮渡航の目的は承天寺の修理造営費用の獲得だった。一四〇七年の興隆寺と承天寺との関係とちょうど逆で、大内氏の本拠地の禅僧が承天寺のために朝鮮外交に尽力したのである。翌年、清鑑は博多聖福寺《しょうふくじ》の住持となり、大内氏の聖福寺掌握と博多支配に貢献することになる。

帰国時、清鑑に渡された礼曹の答書に「清鑑、進むる所の胡椒・銅鉄の直《ね》、心に満たざるを以て、（回賜を）辞して受けず」とある（同年一〇月戊子条）。貿易品としてもっていった胡椒と銅が思った値段で売れなかったので、清鑑は回賜品のうけとり拒否という非常手段に訴えた。遣明使節とそっくりの外交活動である。

三　文渓正祐の活躍

つぎに、対朝鮮外交に活躍したひとりの知られざる禅僧を紹介したい。この文渓正祐という名前は、拙著『東アジア往還』で初めて大きくとりあげられた。その後得た知見をふくめて、かれの事跡を年代順に見ていこう。

Ａ　一四一九年五月、文渓ら四人は「九州節度使（九州探題渋川満頼）」の使者としてソウルに来て、諸君所で接待をうけた。礼曹からの返書が「平万京」に充てられており、卞《ピョン》季《ゲ》良《リャン》の辞にも「平氏に托され以て来遊す」とある（いずれも後述）から、厳密には探題の博多代官平（板倉）満景が派遣主体と考えられる。とうぜん使節行の背後には博多商人がついていたであろう。接待にさいして「国家対馬島を討つの意」を告げられたが、かれらは驚動しなかったという（『世宗実録』元年五月丁卯・癸酉条）。

文渓は在京中、「義を慕って留まらんと欲し」、世宗の許可を得た（同月癸酉条）。すなわち朝鮮への帰化を求めたわけで、国家や民族のはざまに生きる人間類型に属する人物といえる。六月、文渓が「山川勝処を遊覧するを願」ったので、王は「鞍馬・衣服を賜」った。文渓は詩や書にたくみで、詩一篇を賦し、闕に詣でて謝恩した。その後「興天寺に寓居して終日端座し、頗る出塵の思ひ」があった。以上のことは、礼曹が「石城府管事平万京」すなわち九州探題の博多代官板倉満景に宛てた「報書」にも、「正祐、我が国に留まり、師を尋ね道を学ぶを願ふ。上、命じて興天寺に住せしめ、仍ほ鞍馬・僕従を給ふ。足下（満景）の輸誠を重んずる所以《ゆえん》なり」と述べられている（六月甲戌・丙子条）。

興天寺はソウル城内にあった太祖の正妃神徳王后を葬る貞陵の東に、太祖によって建立された寺である。境内の舎利殿が有名だったので「舎利殿寺」とも呼ばれたらしい。

『世宗実録』二二年（一四四〇）五月辛酉条によると、この年、文渓の弟子の知融《ちゆう》が、興天寺の舎利殿を遊覧し、七言絶句一首を賦したが、その序に「舎利殿寺は廼《すなわ》ち是れ朝鮮第一の勝概なり。吾が師文渓老衲、十五年前、山中に錫留するも、纔かに五紀（六〇日）にして力窮まり、未だ参ぜざるに稍《つい》に又東帰す」とあり、続けて独谷老人《トツコク》（成石璘《ソンソンニン》、一三三八―一四二三）が文渓との別れに臨んで賦した詩が引用されている。これに従えば文渓は一四二五年にも朝鮮を訪れていたことになるが、独谷はその二年前に没している。じっさいは、文渓が興天寺に滞在したのは一四一九年六月で、独谷の詩も一四二〇年閏正月の作と考えられる。

一四一九年六月、「国家対馬島を討つの意」が実行に移される。「応永の外寇」、すなわち朝鮮軍が対馬を倭寇の根拠地とみなして攻撃し、一定の戦果を収めてひきあげたという事件である。そのあおりで文渓の朝鮮に留まりたいという望みはついえてしまう。

このあたりまでの文渓の事蹟は、かれの帰国を見送る詩をまとめた詩巻に付された序文、「日本天祐上人の還帰を送る序」の前半に記されている（『東文選』巻九二）。作者は不明。文渓の諱が正祐でなく「天祐」になっているが、序の内容は『実録』から知られる文渓の事蹟と符合するから、同一人であることは疑いない。誤写であろう。

禅学之士、往二返乎数千里一、游レ方訪レ道、固其志也。然時有二治乱一、道有二通塞一、亦冥行而暗趨、触レ危而抵《イタル》レ険、故終二其身一而志莫二之遂一者、夫豈少哉。幸今　殿下（世宗）即祚、文治興武、備修二交隣一、以道二四方一無レ虞。為二参訪一者不二亦楽一乎。己亥之夏、日本国遣レ使来聘。沙門祐公（正祐）随至。蓋欲下托二行事一而実訪中乎名山上者也。其為レ人也、端潔有二道気一、字画詩律倶有レ可レ観。　殿下嘉二其慕義納款一、命二有司一館待既隆。及レ将レ還也、祐上人進二言於朝一曰、「金剛山霊異之迹、擅二名於天下一。吾禅而遊者、以レ不レ到二是山一為レ嫌。願留レ錫以観レ之」。仍賦レ詩達二其志一、使レ転二告於吾　君一。於レ是命二礼官一、従二其願一レ留。又特　賜二鞍馬一而待レ之益隆。其年秋、使下乗レ伝以訪二所レ謂金剛山一、極中其游観之美上。随《ママニ》遇随記、其為レ文、無慮万言矣。予借一読レ之。詞綵（詩文の美）曄然溢《アフル》レ目、非二禅寂者所一レ能也。

文渓は、己亥すなわち一四一九年の夏に朝鮮へ至ったのち、秋に天下の景勝金剛山に赴いて、「その優観の美を極め」、「無慮万言」の文章を作った。Bでふれる「行録」とはこの文章を指すとみられる。字画詩律に見るべきものがあり、その作品は「曄然目に溢れ、禅寂者の能くする所に非ざるなり」と称えられている。使命に託《かこつ》けて名山を訪ねるのが目的だったと見なされていることは、対馬攻撃の意図を知らされても驚動しなかったことと符合するか。世宗の即位まもないころで、王はその慕義納款を嘉し、手厚く館待した。文渓は「霊異の迹として天下に名高い金剛山に留錫したい」という志を詩に托して王に献げ、特別に鞍馬を賜わった。金剛山へは駅伝を利用しての旅行が認められるという、破格の待遇をうけた。

また、「徳行之高、学術之精」(『世宗実録』二四年六月辛亥条)を讃えられた儒臣尹祥《ユンサン》(一三七三—一四五五)の『別洞先生集』巻一・詩につぎの作品がある。なお、以下で詩は冗長をさけて原文の紹介にとどめる。

次日本文渓韻

道人心志淡渓流。跡与浮雲任去留。昔日乗槎縁底事。今朝飛錫向何遊。金風玉露郵亭夜。黄菊丹楓海岸秋。離席奚囊《ツツム》珠玉爛。愧余無句称師求。

正確な年代は不明だが、「跡は浮雲と与《とも》に去留に任す」「今朝錫を飛ばして何《いず》くに向きてか遊ばん」「金風玉露郵亭(宿駅)の夜」といった詩句から考えて、文渓が駅伝を利用して金剛山に遊んだ時期のものではないか。とすれば、これが朝鮮の官僚と日本の使者との間で行なわれた詩のやりとりの初例となる。

B　一四一九年六月の「応永外寇」後、日本の幕府は、なぜ朝鮮が対馬を攻めたかを探るべく、大蔵経を求める「請経使」という名目で、禅僧無涯亮倪を使者として朝鮮へ送った。この人は第四節でもとりあげることになるが、その無涯が翌年初めにソウルに到着して、対馬攻撃の意図を尋ねた。これに対して朝鮮は、倭寇問題の解決が目的で、国家としての日本を敵とするものではない、と説明した。無涯の帰国に同行して、朝鮮からは宋希璟が回礼使として日本へ送られ、文渓もこの一行に加わって日本へ帰ることになる。

『世宗実録』二年閏正月乙亥条に、「亮倪及び正祐等、将に本国へ還らんとし、亦朝列に在りて行礼儀の如し。……祐、自ら行録を述して以て進め、文士の贐行《じんこう》（餞別）の詩を求む。文臣に命じて製贈せしむ」とある。文渓は出立にさいして、自作の「行録」を朝鮮側に見せて文士たちの送別の詩を求め、世宗はこれに応じて詩を作らせた。Ａに前半を掲げた「日本天祐上人の還帰を送る序」は、前述のように、このとき文渓に贈られた詩巻の序文である。その後半を引用する（合わせて全文となる）。

留二載、又進レ言曰、「吾道雖レ曰二辞親割愛一、然有二老母一而無二他兄弟一、願レ得レ帰。」観朝之文士咸嘉二其志一、皆詩レ之贈二其行一、俾三余題二其巻首一。予之所レ学儒也、道不レ同、安能言哉。然竊聞レ之、睦州蹤公嘗編二蒲屨一以給二其親一。慈明園公乃以二白金一遺二若母一。後世称二唐宋諸師道行之著一者、必曰二睦州・慈明之二師一。豈外二乎道一哉。抑所レ謂絶愛辞親一意二乎道一者、价公之所三以不レ帰也。然而終有三以報二其親一焉。今上人、既篤二於其道一又攻二乎文芸一。嘗在二其国一而為三其君所二器重一、至下賜二号文渓一以寵中異之上。則事レ親固不レ待二於編蒲・遺金一而有下足二以滫瀡一者無中他日上。洞山之所三以報二其親一者、吾又望二於文渓一。文渓其勉之哉。

「愛を絶ち親に辞《わか》れて、一《もは》ら道を意《おも》ふ」ことをむねとする出家の身ながら、母ひとり子ひとりの老母に孝養を尽くす志を吐露し、儒学者たる詩序の作者を感心させている。才気煥発で機を見るに敏、スタンドプレイも上手だったことがうかがわれる。

なお、母への孝行の故事が引かれているが、いずれも中国の著名な禅僧のものである。睦州蹤公は睦州道蹤《ぼくしゆうどうしょう》、唐の人で黄檗希運《おうばくきうん》の法嗣。雲門文偃《うんもんぶんえん》を開悟させた。慈明園公は慈明楚円《じみょうそえん》、宋の人で臨済第七祖。法嗣に黄龍《おうりょう》派・楊岐《ようぎ》派の祖慧南《えなん》・方会《ほうえ》が出た。价公・洞山は洞山良价《とうざんりょうかい》、唐の人で曹洞宗の開祖。睦州は蒲鞋《ほあい》（わらじ）を編んで母を養ったので、「陳蒲鞋」と称されたという。滫瀡《しゅうずい》は米の磨ぎ汁で食材を柔らかくする調理法を指し、父母舅姑の恩に報いることのたとえ（『礼記』内則）。

礼曹判書、芸文館大提学などを歴任し、とくに外交分野で活躍した卞季良（一三六九―一四三〇）の『春亭先生詩集』巻一・辞に「天命を維《つな》ぐの辞」という文章がある。長文なので文渓の出る部分のみを引用する。

我邦之与二扶桑一兮、只一水之相隔。今吾王之字《イツクシム》レ小兮、諒《マコトニ》超二軼（超過）乎前昔一。敦二恩信一而懐柔兮、欲三幷納二於仁寿（仁徳長寿）之域一。有二文渓之上人一兮、托二平氏（平満景）一以来遊。厥気清而辞雅兮、心豈弟而温柔。
紛《オオク》既有二此美質一兮、又修《オゴル》レ之以二詩章一。命二攸司一以優待兮、俾レ加二等於尋常一。
其来慕レ義而去思レ親兮、余益重二其為一レ人。名雖レ托二於浮屠（仏教）一兮、校二其行一則厚レ倫。充二此心一以臻《イタル》レ極兮、可レ堯二舜其君民一。
想二一島之林林（群衆）一兮、如二文渓一者能幾。愛レ之不レ可レ留兮、聊贈レ言以相示。多文渓之年富兮、始発二軔（旅立つ）乎千里一。

厳密な製作年代は不明だが、作者の没年からみて、文渓の一四一九―二〇年の朝鮮訪問に関わるものとみて誤りない。文渓の事蹟に直結するような内容はないが、「天命を維ぐ」といった王権に関わる言辞のなかに、対日本関係のキーパーソンとして、文渓の名があらわれることは、注目してよいだろう。また、仏僧なのに親恩に報いる気もちが強いと称えていることは、詩序の後半と共通する。

一四二〇年閏正月、無涯・文渓らを慰労する宴で文臣たちが製《つく》ったと推定される送別の詩が、文集のなかに残されている。まず、太宗朝に数次にわたって領議政（首相）を務めた成石璘の『独谷先生集』に九首がある。

送日本文渓禅人還帰（巻上・詩）

皆吾兄弟孰疏親。認妄為真豈是真。已喜清標照衰朽。更聞軟語接咨詢。頂摩松偃還山日。手種梅開渡海春。誰道扶桑隔千里。雁飛猶到漢江浜。

送日本文渓禅人還帰（巻下・詩）

昔聞日域出高僧。今見文渓果未曾。故国鯨波幾千里。客窓鍾暁一孤燈。
日湧東溟雲錦紅。布帆高掛飽長風。一弾指項萱堂下。須信孝誠能感通。
竹房爐火夜深紅。一縷香煙一棒風。問答何須管城子。主人公已点相通。
読罷新詩面発紅。紫芝千載起清風。自従坐対商山路。不許他人一線通。
独叟雖非過去僧。初心不願学何曾。肩輿最好尋山寺。歯杖猶思拝仏燈。

復次文渓禅人還帰詩韻（巻下・詩）

講席花飄天上紅。禅床棒根劫前風。雖云平等無高下。敢問三途与六通。
一箇雲蹤物外僧。無心誰復記先曾。欲知老子懐人処。独夜高斎雨洒燈。
懶惰無心事仏僧。操存敢道慕知曾。漫為温飽昇平老。日在欹眠不点燈。

最後の三首の題に「復《ま》た文渓禅人還帰の詩韻に次ぐ」とあって、文渓が製った詩の韻字を用いた詩であることがわかる。こういう詩のつきあいを唱和といい、作品を次韻とか和韻とかいう。この例だと、第一首目の一・二・四句目の最後の字が「紅《ホン》」「風《フォン》」「通《トン》」で「オン」という音が共通しており、第二・三首目の「僧」「曾」「燈」も同然である。文渓の詩でもおなじ位置におなじ字が使われていたにちがいない。まんなかの五首もいずれかの韻字をもっているから、これらも文渓の詩に対する次韻である。

つぎに、一五世紀までの名文を集めた『東文選』巻一〇・五言律詩に、釈卍雨《マヌ》の「日本僧文渓を送る」と題する詩が見える。

相国古精舎。洒然無位人。火馳応自息。柴立更誰親。楓岳雲生屐。盆城月満闉。風帆海天闊。梅柳古郷春。

卍雨は高麗末、朝鮮初に活躍した禅僧で、朝鮮曹渓宗の祖太古普愚《テゴボウ》の弟子幻庵《ファナム》の法嗣である。文集に『千峯集』がある。成俔《ソンヒョン》（一四三九―一五〇四）の『慵斎叢話』（『大東野乗』の内）巻六に載せる略伝に、「幼自《よ》り力学し、内外経典、探討して其の意を精究せざるは無し。又詩を能くし、詩思は清絶にして、牧隠（李穡）・陶隠（李崇仁）諸先生と相酬唱す。……日本国使僧文渓詩を求む。縉紳の作者は数十人、師（卍雨）も亦命を承けて詩を賦す。詩に曰く」とあって、さきの詩が引用されている。卍雨の活動年代から見て、文渓との接点は一四一九―二〇年の朝鮮使行中しかありえない。とすれば一四二〇年閏正月の餞別宴が製作の場と考えられる。

C　一四二〇年三月、文渓は京都へ赴く途上の宋希璟と、博多で詩を唱和した。希璟が日本行の記録として著述した『老松堂日本行録』には、希璟の和韻四首がみえる。

和文渓韻

平生志業厭奇巧。毎向空門尚友賢。今日扶桑天万里。最憐師語嚼芳鮮。

次文渓感鳩韻　二首

本国白鳩一双、亮倪与陳吉久求来。

鳩鳥春風逐両郎。垂翎東海路何長。華籠日養恩情重。只憶飛鳴処々桑。

春風御命繡衣郎。古寺淹留日更長。危坐正如籠裏鳥。帰心日夜向柴桑。

亮倪・文渓請予於妙楽房煎茶。次其韻。

沓々蓬萊漢水浜。扶桑万里作遊人。両師半面知何幸。鼎坐吟詩絶域春。

「文渓の韻に和す」と題する一首目からは、「芳鮮」すなわち魚鳥獣などの新しい肉で作った料理をともに食しつつ、唱和したことがわかる。四首目では、無涯と文渓の二人が博多にいたとき、妙楽寺という禅寺に希璟を招いて茶をふるまった。会食や喫茶もつきあいの作法のひとつだが、そのさいにも詩がやりとりされていることがわかる。「文渓の感鳩の韻に和す」と題する二首目、三首目では、無涯亮倪と副使陳吉久（明人陳外郎と日本女性との子）が朝鮮で買い求めたつがいの白鳩を、文渓が詩に詠み、それに希璟が和韻して、籠のなかの鳥にみずからをなぞらえている。

D　一四二五年、日本国王使圭籌《けいちゅう》・梵齢《ぼんれい》が朝鮮に来て大蔵経の板木を求めた。副使梵齢は、帰国にさきだって、自分の居室の号「松泉幽処」を題とする送別詩を贈られることを願った。できあがった詩巻に加えた集賢殿修撰権採《クオンチェ》の序に、「我が殿下即位の初め、倪上人・祐文渓の徒有りて、踵を継いで来る。亦皆な韻釈（詩僧）なり。今齢上人も亦求法に因り、歳壬寅（一四二二）自《よ》り乙巳（一四二五）に至る四年の中、我が国に奉使する者三《こと》たびなり矣。殿下其の義を嘉《よみ》し、攸司《しょし》に命じて郊労・館穀を加等す焉」と記されている（『世宗実録』七年五月庚辰条、『東文選』巻九三・序「日本国使齢上人松泉幽巻（処カ）詩序」。小異あるが、序の筆者名は『実録』、本文は『東文選』に拠った）。かつて無涯亮倪と文渓正祐があいついで朝鮮に来たことが——じっさいとは順番が逆であるが——想起されている。Aでふれたように、文渓の弟子知融が、師が一四二五年に朝鮮を訪れたかのように語ったのは、この梵齢の事蹟と混線したのであろう。

E　一四四〇年、知融が興天寺舎利殿を遊覧し、七言絶句一首と短引（序）を寺僧に贈った。その序に、Bに引用した独谷老人成石璘が文渓に贈った詩、「昔聞く日域に高僧出づると、今見る文渓の果して未曾なるを、故国鯨波幾千里、客窓の鍾暁一孤燈」が引かれ、これをよすがに名刹を尋ね祖塔を拝し独谷老の遺跡に詣でたとあり、つぎの詩を興天寺の「諸兄弟」に呈して唱和を希った（『世宗実録』二二年五月庚辰条）。

満山美景水雲濃。孤錫参禅扣室中。独谷高蹤是何処。袈裟撩乱立西風。

独谷の詩に「文渓」、知融の詩に「独谷」の語が詠みこまれており、この時点で独谷は故人ではあるが、詩の贈答の作法がわかる。以上D・Eの二例では、文渓は朝鮮を訪れたわけではなく、記憶として語られる存在である。

F　一四四六年、対馬に使いして帰った上護軍尹仁甫《ユニンボ》（この時期通訳として活躍）は、復命書のなかでつぎのように述べた（『世宗実録』二八年九月甲戌条）。

癸亥年（一四四三）、国家遣使して日本新王を慰めんと欲するも、其国使光厳の言に因りて行はず。去年（一四四五）秋、又其の使正祐の説を以て、未だ報聘を果さず。臣竊かに謂ふに、通信・回礼は古今の通礼なり、廃すべからざるなり。

右に見える一四四三年の事例は、『世宗実録』二五年一一月己巳・辛未・癸酉の各条に、日本国使僧の光厳・祐椿らが、またしても大蔵経板を求めて朝鮮に至ったと見えている。さらに一四四五年の秋には、文渓が日本国使として到来し、朝鮮が日本へ使節を送らないよう説いたという。しかし、一四四五年（世宗二七年）の『実録』には、文渓・正祐の名も、他の名義の日本国使も見えない。疑いを存しつつ、しばらく掲げておく。

G　一四四八年、文渓は日本国王源義成（足利義政）の国書を携えて、南禅寺に納める大蔵経の賜与を願った。『世宗実録』三〇年記には、四月壬午条から九月甲申条にかけて、文渓に関わる詳細な記事がある。伊藤幸司はそれを丹念に読んで、以下のような重要な事実を指摘した（「日朝関係における偽使の時代」）。

⑴　文渓は宣慰使（接待役）姜孟卿《カンメンギョン》に、渡航目的について、二年前に死去した世宗の正室昭憲太后のために進香することと、大蔵経を求請することとの二点だと告げていた。ところが後日提示した義成の国書には、進香のことが記されていなかった。しかも進香のための祭文は義成でなく文渓自身の名義になっていた。

⑵　今次の使船は三艘からなっていたが、壱岐に使命で赴いて使船は一艘のみとの情報を得ていた皮尚宜《ピサンウィ》は、他の二艘は博多商人が商売目的でしたてた船なので、国王使と同等の待遇を与えてはならない、と献策した。

⑶　文渓がもたらした義成の国書には、明年号「正統十一年」と「日本国王」号が用いられており、干支表記・日本国某というこの時期の通例に照らして、異例中の異例である。

以上の三点にもとづいて、伊藤は、文渓が義成の意を受けた使節（真使）であることは事実だが、博多に至った時点で、文渓と博多商人の合意のもと、使船の追加と国書の改竄が行なわれた、と推定し、偽使の「類型Ⅱ」すなわち真使便乗型に位置づけた。そして、博多商人の偽使創出の動機を、一四四三年の癸亥約条で縮小されてしまった対朝鮮通交の回復に求めている。

結果からみると、双方にはげしいやりとりはあったものの、大蔵経の獲得も故王后への進香も実現しており、(2)の点も国王使と博多商人がともに使節の宿所「北平館」で接待されることになった。文渓の必死の努力と強弁は功を奏したのである。

故王后の廟への進香にさいして、文渓は「乾琢《けんたく》」の名でしたためた祭文を捧げた。これは、世宗の「遠人進香、自ら是れ国家の美事なり」ということばが示すように、りっぱな外交行為だった。その祭文をつぎに掲げる(『世宗実録』三〇年六月乙亥条)。日本の禅宗社会の生んだ作品が『実録』のなかにあらわれた例である。

南贍部洲日本国正使沙門文渓乾琢、欽《ツツシム》奉二国命一、虔《ツツシム》備二菲薄(粗末な)之奠於朝鮮貴国先太上皇后尊廟下一、以告二同盟相恤之誠一。謹率二僧侶一、同音風二演大仏頂万行首楞厳神呪一。所レ鳩《アツマル》善利、奉二為《おんため》尊廟荘厳一報レ地。伏願、処二生死流一、驪珠《りしゆ》(龍の頷の下にある玉)独耀二於蒼海一、踞《カガマル》二涅槃岸一、桂輪(月)孤朗二於碧天一、覆二蔭後昆(子孫)一、国家永泰。右、伏請二三宝証明、諸天洞鑑一。謹疏。

一四四八年八月末、帰国にさいして文渓は詩一篇を賦して宣慰使姜孟卿に贈り、有位者たちに唱和を求めた。人々はみな詩を成して、朴彭年《パクペンニョン》(一四一七—五六)に序の製作を委ねた。「日本釈文渓の使還を送る詩序」と題された序文が彭年の作品集『朴先生遺稿』文に収められている。作者は、集賢殿学士中の俊英として知られ、世祖《セジョ》によって死に追いこまれた少年王端宗《タンジョン》に殉じた「死六臣」のひとりである。

人有下処二同室一而志不二相通一者上。又有下一二交臂一而其志可レ信者上。至二於居処相阻、談論不レ接、而有下可二以相通相信一焉者上、則以二所レ可レ知者一在レ焉耳。我国家与二日本一脩好、愈久無レ斁《ヤブル》。今上(世宗)在レ祚三十年間、文徳誕敷、声教遠被、殊方異俗、梯航款附、項背相望。今年夏、日本釈文渓者、奉レ使而来、以講二隣好一、且致二祀礼一、併請二釈典一。其徒凡若干、上命二有司一、迓候（出迎え）・館穀、礼数有レ加。及二其事完而還一、賦二詩一篇一、贈二館伴姜侯（姜孟卿）一、以求二言於薦紳（有位者）間一。聞者咸詩レ之、而委レ僕為レ叙。蓋使命重事也。自レ古固難二其人一。当二春秋列国時一、朝覲・聘問・征伐・蒐狩（狩猟）之際、行李（使節）往来、殆無二虚歳一。其人皆一国之選也。出二一言語一、係二国重軽一、樽俎（公宴）従容、相与賦レ詩、以観二其志一。而事浚《マツ》二成敗一、皆可二徴不一レ誣。為二使者一至レ此、亦不レ可レ謂二之易易一也。今則天下同文、両国交歓、毎以二信義一相要。使价之行、不レ過レ尋二旧好一而已。是何難之有哉。然文渓仏者也。而特受二国主之知一、持二玉節一、淡《タダヨウ》二滄溟一、奉三使吾邦一者再。拝三伏闕下一、挙止閑雅、進退陟降、無レ有二缺失一。其亦為二　国之選一乎。又能感レ旧叙レ懐、発為二詩篇一。所レ求不下過二文墨之間一而止上、則其亦知二古行人之体一者矣。居処雖レ阻二於千万里一、談論雖レ未二嘗与レ之一接一、而其為レ人可レ知レ已。奚怪二夫相信之意之篤一也。詩以為レ別、眷恋不レ已者、其在レ是歟。僕又嘗聞二古人之言一曰、「苟有二明信一、澗渓沼沚之毛（水辺の草や浮草）、潢《コウ》汚《オ》行潦《コウロウ》之水（道路の溜り水）、可レ薦《ススム》二於鬼神一、可レ羞《ススム》二於王公一。君子結二二国之信一、行レ之以レ礼。」僕敢粛《ウヤマウ》二使者一而誦レ之、以当二縞紵《コウチヨ》（友人間の贈物）之意一焉。

朝鮮と日本との修好を強調して、「今則ち天下同文、両国交歓、毎《つね》に信義を以て相要《もと》め、使价の行は旧好を尋ぬるに過ぎざる而已《のみ》」と謳いあげるいっぽうで、「文徳誕《おお》いに敷き、声教遠く被《およ》ぶ」世宗朝の盛代にあって、競って来朝した殊方異俗のひとりとして文渓を位置づけている。「其の人は皆一国の選なり。一言語より出でて国の重軽に係り、樽俎に従容と相与に詩を賦し、以て其の志を観る」というあたりは、使節にとっての詩の重みが語られている。「吾が邦に奉使すること再びなり」の一句は、作者の生年からみて、文渓の一四四五年と一四四八年の使節行に相当すると思われる。そうだとすれば、さきに疑問を呈したFの事例も史実性を増してくる。文渓の挙措を「闕下に拝伏するに、挙止閑雅にして、進退陟降、缺失有る無し。其れ亦一国の選為らん乎」と賞めちぎるが、『実録』にみえる生臭いやりとりは欠片もうかがえない。末尾の引用は『春秋左氏伝』隠公三年条による。

朴彭年の序が付された詩巻のうちと思われる一首が、成三問《ソンサンムン》（一四一八—五六）の『成謹甫先生集』巻一・詩に見いだされる。

送文渓西堂還日本

吾聞扶桑俗。発文唯有僧。禅窓足余閑。往往詩以鳴。師来一見之。所見如所聴。叙懐詩一篇。清新人見称。観光前後再。世道属文明。有礼主無択。用世須通経。専対端合使。誰謂墨其名。贈言非敢仁。聊以抒中情。

成三問も「死六臣」のひとりである。冒頭の「吾れ聞く扶桑の俗、文を発するもの唯だ僧有るのみ、禅窓は余閑に足り、往往詩を以て鳴る」という部分は、日本における禅僧の文士としての役割を見ぬいている。「観光すること前後再びなり」の一句は、朴彭年の序の「吾が邦に奉使すること再びなり」とおなじ意味である。

徐居正《ソゴジョン》（一四二〇—八八）の『四佳詩集』巻四・詩類にはつぎの作品がある。

送日本釈文渓

曾向三韓訪道遊。曹渓卓錫久淹留。重来面目渾如旧。白髪偏驚歳月遒《セマル》。
東平館裏月三円。故国帰心満日辺。昨夜文渓来入夢。四風安穏送回船。
蓬莱地勝老烟霞。水国微茫路自賒。正毎秋風香柚橘。片帆和月落誰家。

作者は後年『経国大典』『東文選』『東国輿地勝覧』の編纂を指導した大学者となった。文渓の帰国にさいして——作者の生年と一首目の「曾向三韓」「重来」の語からみて一四四八年であろう——催された惜別の宴で作られた詩である。このような詩を携えて帰るのがすでに作法になっていた。二首目の「四風安穏に回船を送る」の一句は、いかにもそれにふさわしい。「東平館裏に月三たび円《まろ》し」からは、文渓が東平館に三か月滞在したことがわかる。

文渓が日本国使として「真使便乗型」偽使の創出に成功した背景には、博多の九州探題の関係者だったことに加えて、京都とのつながりがあった。京都との縁は博多とのそれに先行する可能性もある。Bで一四二〇年の作と考証した釈卍雨の詩の首聯に「相国の古精舎、洒然たり無位の人」とあって、文渓が相国寺にいたらしいことがわかる。日本国使に起用された一四四七年の時点では、中級貴族万里小路《までのこうじ》家の菩提寺である白河建聖院の住持であった（『建内記』文安四年一一月二六日条、橋本雄の教示）。

白河建聖院当住文渓和尚、為二南禅寺蔵経渡朝御使一、下二向高麗一。仍其間之留守職事、申二置慶雲院主允登西堂一。仍為二其使一登胤入来。

この「文渓和尚」が文渓正祐であることは、「南禅寺蔵経渡朝御使として、高麗に下向す」とあることで確実である。今のところ唯一日本側の史料にあらわれた文渓の姿で、しかもその出自をさぐる手がかりになりそうでもあるが、万里小路家の周辺に文渓の影を見いだすことはまだできていない。

四　詩画軸をめぐる交流

つぎに詩画軸という芸術を材料として、日朝交流の姿を考えてみたい。詩画軸というのは、縦長の料紙の下のほうに水墨画を描いて、上のほうの余白に水墨画の画題に即した漢詩を記す。つまり、絵と詩（ことば）からなる総合的な芸術である。詩画軸が生まれるのは禅僧たちのつきあいの場である。そこで絵が鑑賞され、その場で上部の余白に詩を書く、という順序で成立し、だいたい軸物になっている。こういうものが一五世紀の前半期、「応永」という長く続く年代を中心に流行した。かなりの数の作品が残されていて、「応永詩画軸」というジャンル名称が与えられている。

そして一五世紀前半期というのは、日朝関係のなかでも、とくに朝鮮から人が日本にひんぱんにやって来た時代である。そして、水墨画といえばだいたいが中国系統の文化であることは否めないけれども、この時代には、朝鮮からの影響がかなり大きく水墨画の世界に浸透していったということが、従来から指摘されている。そこで詩画軸を材料として、五つの例を順次紹介していきたいと思う。

a　東京国立博物館蔵「芭蕉夜雨図」（図1）

この作品の下辺にある絵を見ると、山が見え、その下に小さな小屋が建っていて、その庭に芭蕉の木が生えている。時間は夜で雨が降っている。芭蕉は葉が大きいので、雨があたるとかなり大きな音がする。賛のひとつに「雨は芭蕉に滴り秋夜深し」とあり、秋の夜長にその音が聞こえてくるような詩である。そういった情景を念頭において、一三人の作者が詩を作った。それが絵の上部に三段にわけて記されている。

注目されるのは、一三人の作者のなかに、梁需という、朝鮮から来てたまたまこの時に京都に滞在していた外交使節がいることだ。年代は、梁需自身が自作のあとに「永楽八年八月日」と書いていて、西暦一四一〇年、日本の応永一七年である。「永楽」というのは明の年号で、当時朝鮮は明の年号を使っていた。

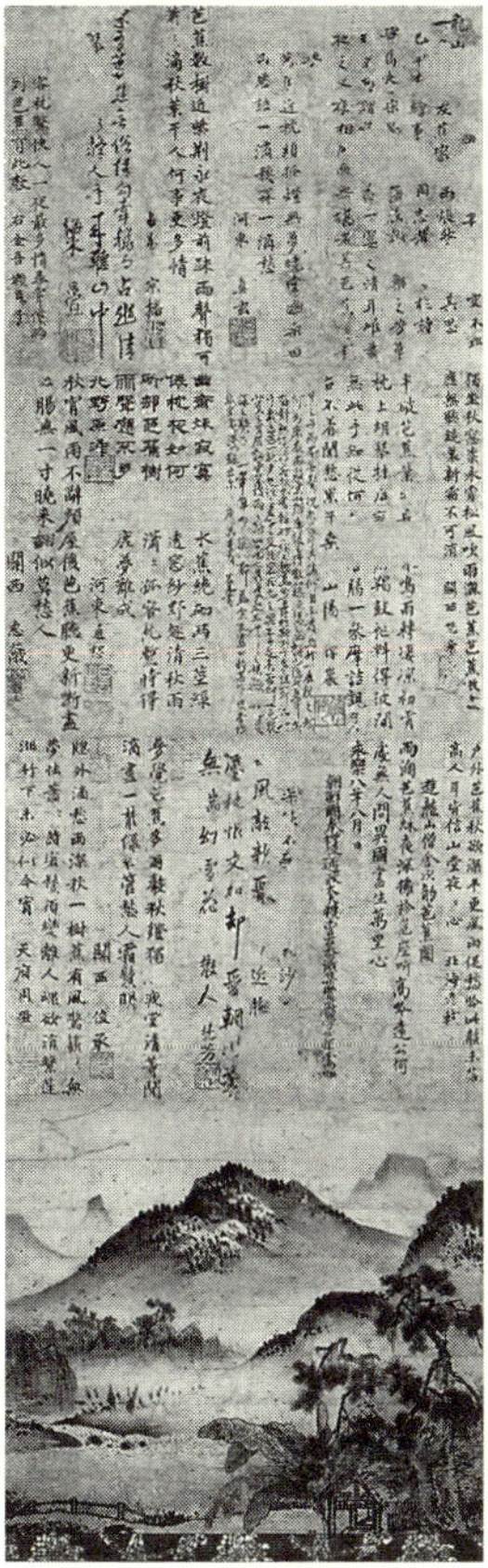

図1　「芭蕉夜雨図」

ここで梁需が詠んだ詩は、そのひとつ前に敬叟彦軾《けいそうげんしょく》という日本の禅僧の作った詩があるが、その詩に和韻したものである。そのもうひとつ前に鄂隠《がくいん》慧奯《えかつ》という日本の禅僧が作ったおなじ韻の詩がある。逆にいうと、最初に鄂隠という五山文学の世界で名の知れた禅僧の作った詩があり、それに和韻して敬叟が詩を作り、さらに梁需という朝鮮の使者がおなじ韻で詩を作った。一五世紀初頭にひんぱんに朝鮮からやってきた使者と、それを迎える日本の禅宗社会との間で、密接な文化交流がくりひろげられていて、それを媒介したのが、詩の唱和という営みだった。それも、絵の主題を機縁として詩をつくるというかたちで、絵と詩が融合してひとつの作品が生み出される。こうして詩画軸という複合芸術のなかに、当時の日朝交流の姿があらわれることになった。

この作品は重要文化財に指定されているが、詩の作者は著名しているからぜんぶ名前がわかるのに対して、絵の作者がわからない。じつは、詩画軸をふくむ一五世紀前半期の水墨画で確実に絵の作者がわかるものは少ししかない。一五世紀後半になると、有名な雪舟などが出てきて、絵に自分の名前を書きこむようになるけれども、この時代では画家はそういうことをしない。画家も詩人も禅僧だが、詩僧にくらべて画僧の地位は低かった。画家は、詩の機縁としての絵を作って、詩のつきあいの場に提供するだけで、独立の価値をもつ芸術家としては認知されていなかった。その後世紀の後半になって変化が起きて、その代表的な存在が雪舟だと、そういう流れになる。

さてこの絵については、専門家から朝鮮風の要素が強くあらわれていると指摘されている。昔の学説では、梁需がもってきた朝鮮画だとされていたが、この説は賛との間で矛盾があって成立しない。賛を総合すると、梁需が来る前にすでにこの絵はあって、いくつかの詩が作られており、それに梁需の作品がつけくわえられた、という経緯が読みとれる。しかしこの時期、とくに一四一〇年までの一五世紀初頭の一〇年間は、ひじょうにひんぱんに朝鮮から使者がやってきていたので、そういう密接な往来のなかで、朝鮮の絵も持ちこまれていたにちがいない。本作は朝鮮で描かれた絵ではないとしても、朝鮮の影響を大きく受けて日本人の画家が描いたものである可能性は大いにある。

b　正木美術館蔵伝周文「山水図」（図2）

さて、そういう観点で注目されているのがbの作品である。これは「伝周文」となっている。周文といえば、室町水墨画の巨匠のひとりとして、雪舟についで有名である。ところが、周文の作と伝えられるものはたくさんあるが、確実なかれの作品となると、厳密にはひとつもないというのが現状である。「周文」という落款が捺された作品は多いが、後代に周文が有名になってから捺したものらしい。先述のように、周文の時代には画家の地位が低かったので、絵の上に作者の名前を入れるという習慣そのものがなかったのである。したがって、本節で周文作と伝えられる作品をふたつ紹介するけれども、いずれも真作とは断定できない。とくにbは周文のものとはとうてい考えにくいものである。

この絵の特徴は、太田孝彦という美術史の専門家によると、「白と黒の明確な対比によって、墨調の薄暗さを刷新したかのような清明な画面」であって、それは「朝鮮画の影響のもとにあるであろう可能性を示唆する」のだそうだ。こういう文章は素人にはやっかいなもので、そうなんだろうな、という域を出ないけれども、絵についての専門家の指摘と、絵の上にある賛の内容とは、よく符合する。

図2　「山水図」

賛を書いた三人の禅僧のひとりは、さきほど紹介した無涯亮倪である。博多の妙楽寺の僧で、応永外寇の直後、一四二〇年に室町幕府の外交使節として朝鮮に赴いた。二番目の従隗《じゅうかい》は賛に「関西従隗」と署名している。この「関西」等というのは、地名《ちみん》といって、その僧侶の出身地を示すことばである。当時「関西」というと九州のことなので、従隗が九州の出身であることは確実である。

これにくわえて、室町幕府の外交部局という性格をもつ相国寺蔭凉軒主の日記、『蔭凉軒日録』の一四三〇年代の記事に、従隗という僧が出てくる。まず永享八年（一四三六）八月一五日条を見ると、「諸公文御判遊ばさる矣」とあるつぎに、割注で「建長寺宗甘西堂」以下一〇名の僧名がならんでいる。将軍が禅宗寺院の住持以下の役職を任じる「公文」（辞令）に「御判」（花押）を据えたという記事で、この日発令を受けた僧のなかに「聖福寺亮倪西堂」と「広厳寺従隗首座」が見える。前者は無涯亮倪にちがいない。後者の「広厳寺」は摂津兵庫にある寺で、その公文を従隗が交付された。

永享一〇年（一四三八）六月二七日条では、その従隗を博多承天寺の新しい住持に任じるなど三件の人事案が、将軍足利義教の目に入れられている。この人事は「大内吹嘘」すなわち大内持世の推挙によるものだった。二日後、三つの人事を発令する「公文」三通がでている。つまり従隗も博多を本拠とする禅僧で、大内氏の息のかかった存在であった。さらにもうひとり賛を書いている太樸処淳《たいはくしょじゅん》も、九淵龍賝《きゅうえんりゅうちん》の『九淵遺稿』に収める「雨後遊七里灘在博多聖福寺作」と題する七絶の後記に、「築之承天寺太樸和尚、詩僧也」とあって、時期は不明ながら承天寺に住持したことがあった。「十里松下白雲帰処太樸処淳」という署名にある「十里松」が箱崎海岸の松林の名であり、また承天寺または聖福寺の「十境」のひとつでもあることからも、博多との関係の深さがわかる。

そうなると、この三人ともが博多をベースに活動している、博多の禅宗文化圏のなかの存在であることになる。かれらが朝鮮風の色彩の強い、もしかしたら朝鮮で描かれたのかもしれない絵に、賛をならべて書いている。この作品は、画僧のメッカであった京都の相国寺とは、——たとえば承天寺は東福寺派の徒弟院《つちえん》である——一味ちがう世界で成立した。そこから、朝鮮との交流は、幕府と直結した禅宗社会からはやや離れ、むしろ大内氏と関わりふかい世界で営まれていたことを、うかがうことができる。

c　静嘉堂蔵伝周文「蜀山図」（図3）

この作品自体に朝鮮との関係があるわけではなく、「周文」の名が見える『世宗実録』の記事との関わりで見ていきたい。『世宗実録』六年（一四二四）正月己亥・壬寅条に「画僧周文」が見えるが、これが水墨画家周文が文献史料に姿をあらわした初めである。

この年、室町幕府が朝鮮に派遣した外交使節圭籌《けいちゅう》・梵齢《ぼんれい》に随行して、周文は朝鮮へ行った。周文の名が記録されたのは、朝鮮に対して問題発言をしたからである。朝鮮政府が使節一行に付けた通訳の尹仁甫について、周文は「仁甫が朝鮮の国政をなんでも牛耳っているようにみえるぞ」といったことを口ばしり、そのために尹が処罰されてしまう事態に発展したのである。

図3　「蜀山図」

それとならんでもうひとつ注目すべきは、「圭籌・梵齢、所持せる山水画及び道号に賛と詩とを求む」とある部分である。圭籌・梵齢はこのとき携えていた一幅の山水画に賛と詩をほしいと願い出て、集賢殿につどう文臣の魚変甲《オビョンガプ》が賛を絵に加え、もう三人が詩を賦した。そのほか、竹軒・梅窓・雪庵という三つの道号（うちふたつは圭籌・梵齢のものか）に寄せる詩と、観音画像の賛も製贈された。その全文が『実録』に収められている（正月壬寅条）。魚変甲の「山水図賛」と兪尚智《ユサンジ》・兪孝《ユヒョ》通《トン》・申檣《シンジャン》の「山水図詩」を掲げる。

層巒万仞。流水千回。雲嵐樹梢。楼閣巌隈。隠映出没。方壺蓬莱。上人意匠。逈奪天機。模写之妙。莫究其微。嗚呼、豈所謂観摩詰（王維）之画、画中有詩者歟。（賛）

烟水雲山淡又濃。参差楼閣樹重重。盤回石径無尋処。転入岧嶢第幾峰。（詩1）

有客来携山水図。乍看無乃写方壺。層巒隠見雲千畳。古寺微茫樹数株。（詩2）

樹林蓊鬱蔭層楼。万頃波頭一葉舟。絶壁遥岑相隠映。看来却訝在丹丘。（詩3）

こういう賛は、絵に描かれた景物を機縁として作られる。ということは、記された賛のことばから絵の内容が想像できることになる。四首を総合すると、この「山水図」はまさにcのような絵だったのではないか。cは周文筆と伝えられ、上部に五山僧江西龍派《こうさいりゅうは》（一三七五―一四四六）と一条兼良（一四〇二―八一）の賛がある。兼良の賛は後書きで、江西の寂した一四四六年以前、おそらくは一四三五年前後の作と考えられている。『実録』に見える「山水図」と約一〇年の時間差である。

cの絵には、湖が描かれていて、舟が一艘浮かんでいる。その背後に急峻な峯がならび、右手の峯からは流水が落ちている。湖に臨んだ崖の上に楼閣がひとつある。楼閣を松の大樹がかこみ、それを貫いて小道が右に曲がっていく……。といったような要素がすべて詩のなかに読みこまれている。たとえば、詩1の「参差《しんし》（軒をならべる）なる楼閣樹重重、盤回（曲がりくねる）せる石径尋ぬる処無し」や、詩2の「層巒（重山）隠見す雲千畳、古寺微茫たり樹数株」や、詩3の「樹林蓊鬱《とううつ》として（繁茂）層楼を蔭《おほ》ふ、万頃《ばんけい》の波頭一葉の舟、絶壁・遥岑《ようしん》（遠山）相隠映す」というあたりが典型的である。

もちろん、cそのものを見て作った詩ではないが、『実録』の「山水図」がcときわめて類似した作品であったことはまちがいない。しかもこのcが「伝周文」、周文の作だといわれている。そうなると、ここで圭籌と梵齢が持参して賛をもらった絵の作者が、この使節に同行していた周文である可能性はかなり高いのではないか。賛の「上人の意匠、迥《はる》かに天機を奪ひ、模写の妙、其の微を究むる莫し」は、周文画の評言としてまことにふさわしいものに感じられる。

そうすると、初期水墨画の重要史料として『実録』のこの記事は使えるし、また周文が自らのスタイルを作っていくさいに、使節にともなって赴いた朝鮮での経験がかなり大きな役割を果たしたであろう。これは従来から周文研究で言われていることだが、日本の水墨画の成立にかかわった朝鮮の役割はけっして小さいものではなかった。

d　香雪美術館蔵雪舟等楊筆「山水図」(図4)

図4　「山水図」

これは確実に雪舟等楊の作品として認められているものである。この作品で注目すべきは、上にあるふたつの賛の作者はいずれも朝鮮の地方官だということである。名前を李蓀《イソン》・朴衡文《パクヒョンムン》という。問題は、賛がいつ、どこで書き加えられたかである。なぜ雪舟の作品に朝鮮人の賛があるのか。雪舟は中国に行ったことはあるが、周文のように朝鮮に行ったことはない。そうなると、雪舟が中国に行って描いた絵はけっこう残っているが、そういうケースではないことになる。

古い美術史の研究では、このふたりは使者として対馬まで来た人だとする。正使が対馬で病死してひき返した、そういう使節行が一四七九年にあることに注目し、使節が来たときにこの絵が対馬にあって、そこで使節の一員だった二人が賛を加えた、というのである。これを前提に、この作品が一四七九年ころの雪舟の画風を示す標準資料とされてきた。これが従来の雪舟研究におけるこの絵の扱われかたであった。

私はこの説はまちがいだと思う。なぜならば、第一に、李蓀・朴衡文のふたりが使節の一行にいたという証拠がなにもない。かれらが朝鮮南部の対馬に近い地域である時期役人をしていたことは事実だが、一四七九年に対馬に来たことはなかったと思われる。というのは、使節の顔ぶれのうち、正使・副使のみならず主だったメンバー六人の名前がわかっているのに、かれらの名が見えない。そんなかれらに、重要人物をさしおいて賛を頼むだろうか。第二に、使節が来たときにたまたま対馬にこの絵があったというが、それを証拠だてるものもなにもない。あまりにも偶然に頼りすぎた推論ではないか。

私はこう考えた。大内氏が一五世紀後半にたびたび朝鮮に使者を送っている。そのいずれかが雪舟の作品を携えて朝鮮に赴いた。そのとき、朝鮮南部で地方役人をやっていたふたりに、その絵を見せて賛をもらって帰った。ではそれはいつのことか。大内氏の使者が行った年で、しかもふたりがともに朝鮮南部で役人をしていた期間となると、ふたつの候補に絞られてくる。ひとつは一四八五年にソウルに来た元粛という使僧、もうひとつは一四八七年にソウルに来た鉄牛という使僧のいずれかである、というところまでしぼれるが、どちらであるかは、二年しか差がないので残念ながら確定できない。しかし、いずれにしても一四八〇年代のなかばすぎということだから、従来の見解よりもかなり後にずれる。つまり、雪舟の晩年の作品であることになって、かれの絵の編年に一定の影響をおよぼすことになるだろう。

e　正木美術館蔵拙宗等揚筆「破墨山水図」（図5）

最後の作品eも雪舟研究のなかで著名なもので、ちょっとややこしい話になるが、雪舟とよく似た名前の「拙宗等揚《せつしゅうとうよう》」という画僧が、ほぼ同時代に活動していた。この画家が雪舟とどういう関係なのかが、昔から論争になってきた。両者は同一人物で、雪舟が「雪舟」と名乗る以前に「拙宗」と名乗っていたというのが、ひとつの説である。それを批判して別人説が唱えられている。その焦点になっているのが作品eである。

これは「拙宗等揚」作の「破墨山水図」というもので、「破墨」というのはていねいに風景を描くのではなく、かなり荒い筆の動かし方で描く技法である。dとeをくらべるとそのちがいが感じとれよう。賛が上のほうに三つならんでおり、「林下清鑑」「龍松周省」「雲起山寿棟」という署名がある。このうち寿棟はよくわからない人だが、春湖《しゅんこ》清鑑《せいかん》と以参周省《いさんしゅうしょう》はかなり有名で、いずれも大内氏とかかわり深い外交僧である。一四八三年に長門国定林寺住持だった清鑑が、大内政弘によって、博多承天寺の修理造営費用の獲得のために朝鮮に派遣されたことは第二節で述べた。また、山口保寿寺住持だった周省も、一四九七年に大内義興が朝鮮国礼曹参判に

図5　「破墨山水図」

充てた書簡二通を起草している。すなわち、この書簡を引用する外交文書集『続善隣国宝記』において、二通目の末尾の注記に「右二篇の疏語、牧松和尚之を製する也」とあるが、この牧松和尚は以参周省の通称である。『蔭涼軒日録』文明一六年（一四八四）八月二七日条に、公帖五通の受取人として「相国寺梵徳西堂・梵怡西堂・周省西堂・筑前国聖福寺清鑑西堂・真如寺清越西堂」とあり、周省と清鑑の名がならんでいる。清鑑は博多の聖福寺でじっさいに住持している可能性があるが、周省の相国寺は座公文であろう。

つまりこのふたりは大内氏の朝鮮外交を中心的に担った存在といってよく、かれらの署名がともにある作品eも、大内外交と無縁ではないだろう。そこでこの絵が描かれた年代が問題となるが、通説では、eは雪舟が「雪舟」の名で活躍したのとおなじ時代の作だとする。拙宗と雪舟はおなじ時代に出てくるのだから、拙宗が雪舟に名前を変えたとは考えられない、というのが別人説の根拠になっている。

しかし私はもっと成立時期が上がるのではないかと思う。清鑑はもともと臨済の僧侶ではなく、曹洞宗だった。eの賛の「林下清鑑」という自称は、曹洞僧であった時代のものと考えられる。また以参はeの賛で「龍松周省」と名乗っているが、かれの名乗りとして有名なのは、『続善隣国宝記』にもあった牧松のほうで、龍松はそれより以前の名乗りと考えられる。つまりeの年代は、清鑑が臨済僧に転じた時代や、周省が牧松と名乗りを変えた時代よりも古く、従来考えられているよりもさかのぼるのではないか。したがって、拙宗等揚が雪舟等楊に名前を変えたという意見に傾くことになる。

おわりに

以上のように、詩とか水墨画とか、文化的な交流が室町時代を通じて日本の禅宗界と朝鮮の官界との間で結ばれてきたわけだが、それは文禄・慶長役の時代になっても基本的には変わっていない。天荊《てんけい》や景轍玄蘇《けいてつげんそ》という禅僧が、朝鮮に使節や従軍僧として行って、見聞を記録に残している。それを見るとさかんに詩のやりとりをしている。そんな人間が同時に文禄・慶長の侵略戦争に従軍し協力している。景轍玄蘇にいたっては、日本軍を代表する人物のひとりとして朝鮮側に記録されている。

詩のやりとりはいかにも禅林らしいうるわしき姿だけれども、それが切れ目なく侵略戦争につながっていってしまう。そこに大きな断絶がない。戦争はある意味日常の延長線上にあるわけで、秀吉自身の意識のなかでもそうだった。戦国時代の分裂を克服して日本を統一する。それがそのまま外に溢れだしていく。だからかれの意識のなかでは、決定的に日本の内と外がわかれていたわけではなかった。そして禅僧たちの意識も同様だったのではないか。

室町外交のなかで、丁々発止と詩のやりとりをする。そういう世界がそのまま引き続いていって、戦争のなかで敵側に意思を伝えるためにかれらは使われる。そこでかれらは専門技能を発揮して、日本軍が有利なようにいろいろな策略をめぐらすことになる。そういう連続性を強く感じるという感慨をむすびとして、本章を閉じることとしたい。

参考文献

伊藤幸司『中世日本の外交と禅宗』吉川弘文館、二〇〇二年
同　「日朝関係における偽使の時代」『日韓歴史共同研究報告書・第2分科篇』日韓歴史共同研究委員会、二〇〇五年
上田純一「妙楽寺と博多商人」地方史研究協議会編『異国と九州』雄山閣、一九九二年
同　「書評・村井章介著『東アジア往還』」『日本史研究』四〇七号、一九九六年
同　「曹洞宗禅僧の対外交流」『年報中世史研究』二二号、一九九七年
太田孝彦「正木美術館蔵無涯亮倪ら三僧題詩の山水図について」『美術史』一二四号、一九八八年
島田修二郎・入矢義高監修『禅林画賛――中世水墨画を読む』毎日新聞社、一九八七年

須田牧子『中世日朝関係と大内氏』東京大学出版会、二〇一一年
同「『韓国文集叢刊』に見る日本関係記事」北島万次・孫承喆・橋本雄・村井章介編『日朝交流と相克の歴史』校倉書房、二〇〇九年
橋本雄「「遣朝鮮国書」と幕府・五山」『日本歴史』五八九号、一九九七年
同「室町・戦国期の将軍権力と外交権」『歴史学研究』七〇八号、一九九八年
村井章介『東アジア往還——漢詩と外交』朝日新聞社、一九九五年
米谷均「史料紹介・東京大学史料編纂所架蔵『日本関係朝鮮史料』」『古文書研究』四八号、一九九八年

Ⅲ　異文化接触としての戦争

1　一〇一九年の女真海賊と高麗・日本

はじめに

寛仁三年（一〇一九、顕宗一〇）、「刀伊《とい》」と呼ばれる女真人の海賊が対馬・壱岐・筑前・肥前を襲った。さほど大規模なものでもないが、異民族との戦闘の少なかった日本の前近代史のなかでは、「刀伊の入寇」の名で、たいがいの通史的叙述にとりあげられる著名な事件である。これについては、はやく池内宏が朝鮮史上の関心から広い視野で検討を加えており、(1) また土田直鎮が日本側の史料を縦横に使いこなして京都の朝廷や北九州のようすを描き出している。(2) また最近は、この事件と深いかかわりのある「渡海制」をめぐる議論が活発である（後述）。

本章では、この事件の中心的な史料である『小右記《しょうゆうき》』を、その史料的な特徴をおさえながらじっくりと読みこむことを通じて、『小右記』の裏書として残された希有の文書二通をあらためて紹介するとともに、王朝貴族の高麗観の内容とその問題点を考えてみたい。史料の引用はすべて読み下しにし、ルビや語注を加え、ときには思いきった意訳をほどこしている。

一　刀伊国兵船、北九州を襲う

寛仁三年三月末、見なれない兵船五十余艘が対馬にあらわれ、殺人・放火をほしいままにした。対馬守遠晴はかろうじて逃れ、三月二八日付で発した対馬島解《げ》が、四月七日大宰府に到着した。また壱岐島分寺講師の常覚も、おなじ日に大宰府に至って、壱岐守藤原理忠《まさただ》以下の島司や人民がみな殺されたことを告げた。兵船は同日には早くも筑前の海岸に出現し、博多西方の怡土《いと》・志摩・早良《さわら》三郡が被害にあった。そのさい志摩郡住人文室忠光《ふんやのただみつ》は多くの賊を射殺す戦功をあげている。

この兵船は、日本側に保護された高麗人被虜が通事に告げたところでは、「刀伊国」のものであった。「刀伊」とは高麗人が女真人を蔑んで呼んだもので、夷狄の意味である。行動は機動的で荒々しく、「迅《はや》きこと隼のごとし」といわれた。一六日付の大宰府解は七日の戦闘のようすをこう伝えている（『朝野群載《ちょうやぐんさい》』巻二〇異国・寛仁三年四月一六日大宰府解、以下寛仁三年のものは年号を略す）。

筑前国怡土郡に襲来し、志摩・早良等の郡を経て、人物を奪ひ、民宅を焼く。その賊徒の船は、或いは長さ十二箇尋《ひろ》、或いは八九尋、一船の檝《かい》は三四十許《ばか》り、乗る所は五六十人、二三十人、刃を耀かして奔騰す。次に弓矢を帯し楯を負ふ者七八十人許り、相従ふこと此の如し。一二十隊は山に登り野を絶やし、馬牛を斬食し、また犬肉を屠す。叟媼《そうおう》児童は皆悉く斬殺せられ、男女の壮者を追ひ取りて船に載すること四五百人。また所々より運び取る穀米の類、その数を知らず。

四月八日、刀伊軍は博多湾内の能古島《のこのしま》に陣を構え、翌九日、博多の警固所に攻撃を加えたが、攻めきれずに能古島に退いた。一〇日・一一日は強い北風のため鳴りをひそめていたので、その間に大宰府では三十八艘の兵船を準備する暇を得た。刀伊軍は一二日の未明に行動を開始し、早良郡をかすめて志摩郡の船越津《ふなこしのつ》に至った。同日夕刻より、待ちうけていた日本側の精兵と激しい戦闘となり、四十人以上の刀伊兵が矢にあたって死に、ふたりが生捕られたが、うちひとりは女であった。博多から少弐平致行《むねゆき》・前少監大蔵種材《たねき》・大監藤原致孝《むねたか》以下の府官が、さきに準備した兵船を率いて追撃した。刀伊軍は西に逃れて、翌一三日肥前国松浦《まつら》郡に至り、村や町を荒らしたが、前肥前介 源 知《みなもとのしる》が郡内の兵士を率いて防戦し、ついに刀伊軍は北へ退いて本拠地へ帰っていった。(3)

こうして博多周辺では一週間の戦闘で刀伊軍は撃退されたが、被害は甚大だった。対馬では死者三六、さらわれた者三四六。壱岐では死者一四九、さらわれた者二三九を数え、生存者は三五人にすぎなかったという。筑前の志摩・早良・怡土三郡と能古島では、死者一八〇、さらわれた者七〇四であった。死者よりさらわれた者が三・五倍も多く、女子供が成人男子の約三倍にのぼっている。そのほか食べられてしまった牛馬が三八〇頭あった（『小右記』六月二九日条）(4)。

防戦の指揮をとったのは大宰権帥《だざいごんのそつ》藤原隆家である。隆家は藤原道長と権勢を争って敗れた藤原伊周《これちか》の弟で、権勢におもねらない剛毅な性格で知られていた。かれは四月七日と翌八日、京都に飛駅使《ひやくし》を送って急を告げた。使者は一七日にあいついで到着し、ここに朝廷ははじめて事件を知ることになった。

翌一八日、内裏で二通の府解について公卿による対策会議（陣定《じんのさだめ》）が開かれた。そこでの決定は、大宰府に飛駅使を発して、要害の警固、賊の追討、勲功者への行賞を行なわせること、種々の祈禱を行なうこと、山陰・山陽・南海・北陸道の要害をも警固すること、などであった。この会議の席で、右大臣藤原公季《きんすえ》が、飛駅による急報は天皇への奏状の形式をとるべきなのに、今回の府解が太政官への報告書の形式であることを問題とし、大宰府に下す勅符にもこのことを書き加えることになった。公季の意見は公式令《くしきりょう》の飛駅式条を根拠としている。また、大宰府に遣わす飛駅使に馬寮《めりょう》の馬を使わせるかどうかが議論となり、書記官の外記《げき》に尋ねたところ「所見なし」の返事が返ってきた。大納言藤原実資《さねすけ》は、後日「飛駅式」を見て――これは公式令の飛駅式とは別の法令らしい――、発遣のときには寮馬を給うとあるが、返遣のときの規定はないことを確認し、「発遣の例に准じて給ふべきか」との意見を日記に書き留めている（『小右記』四月一八日条）。こうした議論は、事態の緊急性や柔軟な対応よりは先例の遵守に重きをおく当時の貴族社会の風潮をよく伝えている。(5)

この後も隆家からは、戦闘終結後の四月一六日を始め、六月二一日、七月一三日、八月某日、九月某日と、府解が送られ、到着するたびに朝廷で会議が開かれている。しかし戦闘の終結を知っては貴族たちの熱もさめてしまい、六月二九日の会議では、大納言公任《きんとう》・中納言行成のふたりから、戦功者に賞を与える必要はない、という意見まで出るほどだった。ふたりの議論は、「戦功者に賞を与えるという勅符は四月一八日付で出されているが、じっさいの戦闘は勅符が大宰府に届く前に終ってしまっており、賞を約束されて挙げたものでない戦功に行賞の必要はない」という詭弁であった。さすがにこの会議を主催した実資は、「勅符の到達の日付など問題ではなく、約束がなくとも功あれば賞すべきは当然」とたしなめ、賞は行なわれることになった（『小右記』六月二九日条）。しかし具体的な賞の内容までは議論されておらず、総指揮者として活躍した隆家に賞が与えられた形跡もない。

さてこのとき刀伊軍が攻撃を加えたのは北九州だけではない。この前後の時期、朝鮮半島の東岸はひんぱんに女真海賊の被害をこうむっており、とくに日本海中の鬱陵島《ウルルンド》にあった于山国《ウサン》は、一〇一八年、一九年、二二年と連続して女真に虜掠されている。一二世紀なかばころ、鬱陵島は村落の跡が七か所あるだけの無人の境になってしまっていた。(6)女真海賊の本拠はいまの咸鏡《ハムギョン》南道の咸興《ハムン》平野であり、(7)そこから朝鮮半島の東海岸を南下して、対馬にあらわれたのである。とうぜんかれらは高麗でも海賊行為を行なっており、日本側が捕獲した者に高麗人がいたのもそのためである。とりしらべに対して、高麗人は「高麗国、刀伊賊を禦がんが為、（自分を）彼の辺州に遣はすも、還つて刀伊の為に獲へらるるなり」と供述している（前引四月一六日大宰府解）。

また高麗は、刀伊軍が朝鮮半島東岸を北上して本拠に帰る途上の四月二九日、江原《カンウォン》道の元山《ウォンサン》に近い鎮溟浦《チンミョンポ》から兵船をもって攻撃を加え、被虜人を奪い返した。『高麗史』顕宗世家一〇年四月丙辰条につぎのようにある。

鎮溟船兵都部署張渭男等、海賊八艘を獲す。賊の掠むる所の日本生口男女二百五十九人を、供駅令鄭子良を遣はして其の国に押送せしむ。

このときの高麗海軍は、『高麗史』兵志二・鎮戍に「顕宗即位、戈船七十五艘を造り、鎮溟口に泊し、以て東北海賊を禦ぐ」とあるように、顕宗即位年（一〇〇九）に女真海賊に備えて鎮溟浦に配置されていた部隊であった。あとで紹介する「内蔵石女《くらのいわめ》等申文」によれば、刀伊軍の捕虜となった石女らは、このとき高麗軍によって奪回されたらしい（申文には記憶ちがいか「五月中旬」のことと記されているのだが）。その後石女らは、駅馬をもって、駅ごとに銀の器で供給をうけながら、一五日間かかって慶尚《キョンサン》道の金海《キメ》府まで送られた。このような厚遇を与える理由を、高麗の官使は石女らに、「偏《ひと》へに汝等を労はるには非ず、只日本を尊重し奉るなり」と説明している。石女らは金海府に六月の一か月間安置されて休養をとったが、その間も白布を衣裳として給与され、美食をふるまわれた。ここで家族の安否をたずねてやってきた対馬島判官代長岑諸近《ほうがんだいながみねもろちか》にともなわれ、七月九日対馬に帰還した。そのさい高麗政府は、帰国の糧として人別に白米三斗・干魚三十隻を給与し、さらに酒食をたまわった。

以上のように、この事件に関して高麗側の日本に示した態度はきわめて好意的なものだった。高麗は建国後一貫して日本と対等で友好的な関係を結ぼうとはたらきかけてきたが、その姿勢はこの件にもはっきりと認められる。

二　『小右記』の史料的性格とその裏書文書

「刀伊の入寇」に関するもっとも良質かつ豊富な史料は、大納言藤原実資の日記『小右記』である。そこにはこの件をめぐる朝廷での議論が詳細に記されているだけでなく、大宰府からのさまざまな情報が筆まめに書き留められ、到来文書がそのまま写されるケースもある。高麗側の史料がさきに引いた『高麗史』顕宗世家一〇年四月丙辰条しかないのときわめて対照的で、日本側の史料が、『高麗史』のような国家事業として整ったかたちに編纂された正史とは、きわだって異なる性格を備えていることがわかる。そこで、なぜ『小右記』に「刀伊の入寇」がくわしく記されるに至ったのかを考えてみよう。

実資は当時大納言という上級の公卿であったが、かれが九州の情勢を知り得たのは、かならずしもその公職に基づくものではなかった。かれは大宰府からの公式報告である府解を披見するほかに、大宰権帥藤原隆家からの私信をひんぱんに受け取っている。その回数は、寛仁三年の四月から九月までの間に、四月一七日・四月二五日・五月二四日・六月二一日・八月三日・九月一九日の六回に及ぶ。大半は府解を届ける使者に託したもののようだが、なかには五月二四日に届いた一〇日付の消息のように、「刀伊賊を追い打つの兵船未だ帰来せず、仍て重ねて言上せず、帰来の後府解を上るべし」とあって、非公式に速報した例もある。情報の内容は左のようになかなか重要なものであり、しかも歴史の機微に触れたところがある（『小右記』五月二四日条）。

兵船等壱岐より対馬に向かひ了《おわ》んぬ、てへり。その後案内《あない》を聞かず、疫癘《えきれい》まさに発してなす術《すべ》なし。但し万事を止めて兵船・戎具等を造らしめ、要害警固の事を勤行せしむ。刀伊を追ひ打つの官軍等、皆府のやんごとなき武者等なるに、今に帰来せず。太《はなは》だ以て鬱嘆なり。

隆家と実資をつなぐ太い情報ルートを支えていたのは、じつは両人の親しい個人的関係だったと思われる。隆家の妻の叔父で、隆家の留守宅の管理を委ねられていたらしい僧惟円《いえん》が、しばしば実資の小野宮第《おののみやてい》を訪れ、隆家からの情報をもたらしている。血縁上は、おなじ藤原氏とはいえ、隆家の父道隆と実資がともに藤原忠平を曾祖父とする、という程度の関係でしかなかったが、ふたりは道長の権勢ぶりに対する反骨精神を共有しており、ウマがあったらしい。長和元年（一〇一二）、三条天皇の女御《にょうご》娍子（故大納言藤原済時《なりとき》の娘）を天皇自身の希望によって立后《りつごう》することになったが、すでに娘妍子を立后させていた道長が、娍子の立后式の当日に妍子の参内をぶつけていやがらせをした。そのため大臣に儀式の上卿《しょうけい》（主催者）を勧めるものがなく、大納言の実資にお鉢がまわってきた。この儀式に参加した公卿は実資をふくめてわずか四人だったが、そのひとりが中納言隆家であり、この日娍子の皇后宮大夫《こうごうぐうだいぶ》に任じられている(8)。また、隆家の留守宅は小野宮第のすぐ近くだったらしい。刀伊の入寇が京都に伝えられる四日前の四月一三日、小野宮東町の「小人宅」で放火があり、隆家邸の宿直者が見つけて人に告げ、すぐに消しとめている（『小右記』(9)）。

以上のような個人的関係によって伝達された情報が、個人的関心に基づいて日記に記される。そのベースに上級の公卿という実資の社会的地位があったことはいうまでもないが、国家的な歴史編纂の過程ではまずふるい落とされてしまいそうな歴史情報が、『小右記』には豊富に記されていることも事実である。そんな情報のなかでもとりわけ希有なものが、さきに少しふれた刀伊船からの生還者内蔵石女・多治比阿古見《たじひのあこみ》という二女性の申文であろう。日本史史料の醍醐味は、こんなおもしろくてしかも信頼度の高い史料をナマのかたちで読むことができる点にある、と私はいつも感じている。

『小右記』八月三日条の、釈奠《せきてん》と相撲人《すまいびと》の記事の間に、「都督（藤原隆家）の書に、云々。府解幷内蔵石女申文案を副ふ。裏に注《しる》す」とある。この日、隆家からの書状がまた到来したが、実資は書状の内容は省略して、書状に副えられていた大宰府解と内蔵石女等申文という七月一三日付の二通の文書の写しを、日記の料紙の裏に全文写しとった。この裏書は八月一〇日条の裏から同八日条の裏にわたる非常な長文であるが、その吟味は本章の中核をなすので、以下に全文を読み下しで引用する(10)。

A太宰府解し　申し請ふ、、、。

言上す、対馬嶋判官代長岑諸近、高麗国に越え渡り、刀伊賊徒の為に虜せらるる女拾人を随身して帰参するの状。

二人は筑前国志摩郡安楽寺所領板持庄の人、即ち府に進む。

一人、船中に病みて参府せず。

八人は対馬嶋の人。

二人、到来の間、病悩して死去す。

五人、又病悩して本嶋に留む。

一人、府に進む。

副へ進む、賊に虜せらるる女内蔵石女等の申文。

右、対馬嶋去る六月十七日解状、同廿一日到来するを得るに偁《いわ》く、「管上県郡伊奈院司同十六日解状を得るに偁く、〈刀伊の賊徒到来の間、判官代諸近幷《なら》びに其の母・妻・子等虜せらる。而して賊船当嶋に還り寄るの日、諸近独身逃脱して本宅に罷《まか》り還る。然る間、昨日夜を以て小船を盗み取り、逃亡已に了んぬ。定めて知る、当嶋の厄を思ひて陸地に罷り渡るを為すか。早く大府に言上せられ、召し返されんことを将〔請カ〕ふ〉てへり。嶋内の人民賊の為に虜せられ、僅かに遺る所の民も又他処に渡る。若し召返さるるの定め無くば、愸《なまじ》ひに遺民跡を留むべからず。望み請ふらくは府裁して、管内諸国に仰せ下され、在所を尋ね、将《まさ》に糺《ただ》し返されんことを」てへり。而して又同嶋今月九日の解状、同十二日到来するを得るに偁く、「件の諸近去る六月十五日を以て跡を晦まし逃亡せり。仍て其の由言上先に了んぬ。而るに今月七日を以て諸近到来し、申して云はく、『刀伊の賊到来するの日、諸近の母・伯母・妹・妻・子・従者等幷びに十余人、賊船に取り乗せられ、慮外筑前・肥前等の国に往反す。但し賊徒還向するの次、対馬嶋に寄る。爰《ここ》に諸近独身逃脱して本嶋に罷り留まる。而して竊《ひそ》かに惟《おも》ふ、〈老母・妻・子に離れ独り存命すと雖も、已に何の益か有らん。老母を相尋ね、命を刀伊の地に委ぬるにしかず〉と。事の由を嶋司に申さんと欲するも、渡海の制重し。仍て小船を竊《ぬす》み取り高麗国に罷り向ふ。将《まさ》に刀伊の境に近づかんとし、老母の存亡を問はんと欲す。爰に彼の国の通事仁礼に罷り会ふ。申して云はく、〈刀伊の賊徒先日当国に到来し、人を殺し物を掠す。相戦はんと欲するの間、逐電して日本国に赴く。仍《より》て舟を艤し兵を儲け相待つの間、幾ばくも無く還向し、重ねて海辺を残滅す。仍て予め五箇所に於て舟千余艘を儲け、所々襲撃し、悉く以て撃殺し了んぬ。其の中に多く日本国の虜者有り。彼の五个所の内、且《かつ》がつ三箇所の進む所、三百余人なり。遺る二箇所の人の集まるを待ち、船に乗せ日本国に進めらるべきの由、已に公定あり。且がつ対馬嶋に還り此の由を申すべし〉てへり。爰に彼の賊虜中の本朝人等に罷り会ひ、老母の存亡を問ふに、即ち申して云はく、〈賊徒等高麗の地に到着するの間、強壮の高麗人を取り載せ、病羸尫弱《びょうるいおうじゃく》の者を以て皆海に入れ了んぬ。汝の母幷びに妻・妹等、皆以て死に了んぬ〉てへり。只伯母一人に会ふのみ。本土に罷り還らんと欲するの処、**本朝異国に向ふの制已に重し**。故無く罷り還らば定めて公譴に当たるべし。縦《たと》ひ書牒を得ると雖も、指せる証無くば更に信用せらるべからず。これに因り日本人を受け乞ひ、証件人となし、罷り還らんと欲するの由、申し請ふの処、高麗国且がつ賊虜十人を以て充て給へり。抑も諸近老母を思ふに依り、已に罪過を忍ぶ。母の死亡を知る今に至りては、身を公応〔庁カ〕に進め、左右《とこう》は裁定に随ふべし』てへり。**異国に投ずるが若きは、朝制已に重し。何ぞ況んや、近日其の制弥いよ重し**。仍て諸近が身を召し、件の女三人を相副へ、嶋使前掾御室為親を差して進上すること件の如し」てへり。謹んで案内を検ずるに、異国の賊徒、刀伊・高麗其の疑ひ未だ決せず。今刀伊の撃たるるを以て、高麗の所為ならざるを知んぬ。但し新羅は元敵国なり。国号の改有りと雖も、猶野心の残れるを嫌ふ。縦ひ虜民を送るも悦をなすべからず。若しや勝戦の勢に誇り、偽りて成好の便を通ずるか。抑も諸近の所為、先後不当なり。**異域に越え渡るは、禁制素より重し**。況んや賊徒来り侵すの後、誡めて云ふ、先に行く者を以て異国に与《くみ》する者となす、と。而して始めて制法を破りて渡海し、書牒無くして還る。若し虜者を将来するを以て優じて其の罪に坐すこと無くば、後憲ならざるを恐る。愚民偏へに法の緩きを思ひて輙く渡海せん。傍輩を懲らさんが為、其の身を禁候し、須らく高麗国使其の案内を申し上ぐるを待つべし。然れども来不《らいふ》知り難く、旬日移らんと欲す。下民の言誠に信じ難しと雖も、境外は黙爾《もくじ》（沈黙）すべきに非ずと云為《うんい》す。仍て在状を注し言上すること件の如し。

謹んで解す。

寛仁三年七月十三日

B内蔵石女等解し申し進むる申文の事。

注申す、刀伊の賊徒に追ひ取られ高麗国に罷り向ふ海路の雑事幷びに本国に帰参せる案内等の状。

右、石女は安楽寺所領筑前国志麻郡板持庄の住人、阿古見は対馬嶋の住人なり。而るに各賊船に追ひ乗せられ、日来の間其の案内を見き。所々合戦の日、石女等罷り乗る両船の内、矢に中《あた》る賊徒は五人なり。而して対馬の岸に着くの間、皆以て死に了んぬ。此の外傍類の船、疵《きず》を被《こうむ》りて死亡する者、追日断えず。爰に高麗国の岸に罷り着くの後、賊徒等毎日未明の間陸地に上り、海辺・別嶋等の人宅を滅ぼし、物を運び人を取るなり。昼は則ち嶋々に隠れ、強壮の者を撰び取り、老衰の者を打ち殺す。又日本の虜者の中、病羸の者は皆以て海に入れ了んぬ。夜は則ち各々漕ぎて忩《いそ》ぎ去るなり。此の如く廿余箇日を送るの程、五月中旬の比、高麗国の兵船数百艘、襲来して賊を撃つ。爰に賊人等、力を励まし合戦すと雖も、高麗の勢猛きに依り、敢へて相敵するの者無し。即ち其の高麗国の船の体は高大にして、兵仗多く儲け、船を覆《くつがえ》し人を殺す。賊徒は彼の猛きに堪へず、船中虜する所の人等を殺害し、或いは又海に入る。石女等も同じく又海に入れられ浪に浮く。仍て合戦の案内は見給〔終カ〕へる能はず。幾ばくも無く高麗船有りて扶《たす》け了んぬ。即ち労を加へて蘇生せしむる所なり。但し救ひ乗せらるる船の内を見るに、広大なること例船に似ず。二重に造り、上に櫓を立つ。左右各四枝なり。別に漕ぐ所の水手《かこ》は五六人、乗る所の兵士は二十余人許りあり。下に檝を懸く(11)。又一方は七八枝なり。船面に鉄を以て角を造る。賊船を衝き破らしむるの料なり。舟中に雑具を儲く。鎧甲冑大小鉾熊手等なり。兵士面々各々執り持つなり。又大石を入れて賊船を打ち破る。又他船も長大なること已に以て同前なり。合戦事畢《おわ》るの後、石女等一類卅余人、各駅馬を給して金海府に進むるの途中十五箇日、駅毎に銀器を以て供給す。其の労尤も豊かなり。官使仰せて云はく、「偏へに汝等を労はるには非ず、只日本を尊重し奉るなり」てへり。金海府に着するの後、先《ま》づ白布を以て各衣裳に充つ。兼《ま》た美食を以て石女等に給ふ。六月卅个日の間、彼の府に安置せしむ。爰に対馬嶋判官代長岑諸近、賊徒に追ひ取らるるの母・妻・子等を尋ね訪《と》はんが為、高麗国に到来す。母子の死亡を聞きて本朝に帰らんと欲す。仍て証拠として虜女十人を申し請ふ。離岸の日、彼の朝公家、帰粮料人別白米三斗・干魚卅隻を充て給ひ、兼た酒食を給ふ。但し金海府に召し集むる所の日本人幷びに三百余人、是れ三个所の軍船進むる所なり。残る二个所の人等来集するの後、使を差して返進すべきの由、且がつ公家に言上すてへり。往反の案内、言上件の如し。

寛仁三年七月十三日　多治比阿古見

内蔵石女

三　軍事的関心と高麗観

右の二通の文書には、刀伊の兵船に略取されるという、生死にかかわる痛切な体験が綴られている。まず対馬島判官代長岑諸近であるが、Ａの大宰府解の『　』の部分がかれの供述である。それによると、三月末に刀伊軍が対馬に現われたとき、肉親や従者とともに捕獲され、船に乗せられて対馬から筑前・肥前を往還し、帰途刀伊軍が対馬に寄ったとき、ひとり脱出して本宅に帰った。しかし家族と離れてひとり永らえても詮ないことと思いなおし、六月一五日、消息を尋ねようと小船を盗んで高麗へ密航した。高麗の金海府で通事の仁礼という者に出会い、

「高麗軍が五か所に準備した兵船をもって日本から戻ってくる刀伊船を迎え撃ち、大いにこれを破り、日本人をふくむ被虜人を奪い返したが、とりあえず三か所から送られてきた日本人は三百余人である」という情報を得た。これは『高麗史』の記す四月末の元山沖の海戦を指すのだろう。諸近は日本人被虜に家族のようすを聞いたが、「賊徒は高麗に到着すると、強壮な高麗人をさらって船に乗せ、病気や体力のない者をみな海にほうりこんだ。あなたの母・妻・妹はみなそうして死んだ」という返事で、身寄りは伯母がひとり生き残っていただけだった。落胆して対馬へ帰ろうとしたが、このまま帰っては「渡海の制」――これについてはつぎの節でくわしく検討したい――に触れてしまうので、証人として日本人を連れ帰ることを高麗に願い、一〇人の被虜人をともなって七月九日対馬に帰還した。

つぎに石女と阿古見であるが、Bの申文によると、刀伊船に追い乗せられてのち、五月中旬（四月下旬の記憶ちがいか）のころ高麗海軍の攻撃を受けた刀伊兵たちは、被虜人を殺害したり、海に投げこんだりした。石女らも波に浮いていたところを高麗船に救助された。その後前述のように金海府に送られて諸近と出会い、一〇人の証人に加えられる。一〇人のうちふたりは筑前国志摩郡板持庄の住人で、ひとりは船中で発病し、のこった石女だけが大宰府に至った。八人は対馬の住人で、ふたりは対馬に着くまえに病死し、五人は病気のため対馬にとどまり、残る阿古見だけが参府した。九死に一生を得た被虜人たちだったが、虜中に受けた苛酷なあつかいが響いたのか、健康を保ったのは二割にすぎなかったのである。高麗軍のとりもどした数百人の日本人も、なん割が故郷に帰れたであろうか。その意味でもこの申文は貴重な証言といわねばならない。

しかし忘れてならないのは、A・Bに記された情報は、諸近や石女が語りたかったことというよりは、とりしらべにあたった大宰府の役人たちが聞き出したかったことだ、という点である。この観点から史料を読みなおしてみると、とりしらべ官の主要な関心は、高麗の軍事力の程度を知るという点にあったことがわかる。石女らの証言をみると、長い間乗っていた刀伊の船についての情報はなく、救助してくれた高麗船について、つぎのようなくわしい観察がある。

乗せられた船のなかを見ると、通常の船よりはるかに広大であった。船体は二段になっていて、上段には櫓が左右に四本ずつ設けられている。漕ぎ手の水夫は五、六人で、兵士は二十人あまり乗りこんでいる。下段には櫂が懸かっていて、七、八本ずつである。船首には鉄の角をとりつけてある。これは賊船を突き破るためのものである。船中には色々な武器が設けてある。鎧・甲冑・大小の鉾・熊手などである。兵士が面々これらを手に持つのである。また大石を飛ばせて賊船を打ち破る。またその他の船も長大なことは同様である。

前述のように高麗側の対日姿勢はきわめて友好的だったにもかかわらず、なぜその軍事力がそんなに気になるのだろうか。そこでAの「謹んで案内を検ずるに」以下の部分、すなわち大宰府自身の意見を聞こう。

異国の賊徒が刀伊なのか高麗なのか、疑問であったが、いま刀伊が撃たれたことで、高麗の所為でないと知った。ただし新羅はもと敵国であり、国号が高麗に変わったとはいえ、なお野心が残っているかもしれぬ。たとえ被虜人を送ってきたとしても、悦んではいられない。もしかして勝ちいくさの勢いを買って、偽って通好の使者を送ったものかもしれない。

そしてこの観点から、諸近の渡航に不純な動機のないことを承知していながら、「もし被虜人を連れてきたことに免じてその罪を許せば、のちに悪例を残し、愚民らはただ法が緩んだと思ってたやすく渡海するだろうから、傍輩への見せしめとしてその身を拘禁する」という措置をとった。

このような高麗への猜疑心は、『小右記』の本文にも散見する。四月一六日付の大宰府解（『朝野群載』巻二〇）が二七日の陣定で議論されたとき、実資はつぎのような意見を呈した。

刀伊国の人と申す。しかるに獲得する者三人を推訊の処、申して云はく、「高麗国、刀伊賊を禦がんが為、（私を）彼の辺州に遣はすも、還つて刀伊の為に獲せらるるなり」と云々。数千人の刀伊賊の外、高麗人何ぞ必ず捕へらるるか。偽りて刀伊人と称するか。

一六日の府解には、生捕られた者がみな高麗人だったことが記されていたが、数千の賊がいたのになぜ高麗人だけが捕まったのか、賊は高麗人がいつわって刀伊人と称しているのではないか、というわけである。

五月二九日、未斤達という高麗人が筑前国志摩郡に漂着した。これは、前年に開京から康州（慶尚南道晋州の古名）に海路帰ろうとして風に遭い、宋の明州（いまの寧波）まで到り、この年五月二四日に出港して高麗をめざしたが、また逆風に遭って志摩郡に来てしまったもので、刀伊の入寇とはなんの関係もない偶然であった。しかし大宰府は「大疑あるにより禁固して訊問せしめ」ている（『小右記』六月二一日条）。このことを聞いた朝廷でも、六月二九日の陣定で公卿たちは大宰府の措置を是認し、「此の間流来の輩、事の疑ひ無きに非ず、別所に安置して重ねて尋問せしめ、言上を経べきの由、（大宰府に）下知せらるべきか」という意見を述べている（同二九日条）。

また、四月一六日の隆家書状を携えて同二五日に実資邸を訪れた惟円は、飛駅使の口上を伝えて、大宰府軍が兵船をもって刀伊軍を追撃したとき、隆家が「まず壱岐・対馬等の島に到るべし、日本の境を限りて襲撃すべし、新羅の境に入るべからず」と誡め仰せたことを告げた。隣国との無用な紛争を避けるための措置であるが、高麗が「敵国」新羅との連続性において理解されていることも見逃せない。

そして「異国」の襲来を聞いて先例として想起されたのが、九世紀末寛平年間の新羅海賊の北九州襲来であった。四月一八日に刀伊来襲の初報が伝えられたさいの陣定で、「山陰・山陽・南海道の要害を警固すべし」という右大臣藤原公季の意見に対して、実資が北陸道を加えるべきことを進言し、公季が「寛平外記日記」を引見したところ、はたして「北陸・山陰・山陽・南海等道要害に警固あり」とあった（『小右記』）。これは寛平六年（八九四）四月一七日、新羅の賊が対馬を攻めたという報を受けて、朝廷が大宰府に討伐を命じるとともに、北陸・山陰・山陽道諸国に警固を命じた先例を指している（『日本紀略』[12]）。また四月二四日実資は、「寛平六年新羅凶賊の時の宣命《せんみよう》」の小野美材《よしき》自筆による草本を思いがけなく入手し、源俊賢を通じて道長・頼通の上覧に入れる一方、書写して藤原公任に送っている（『小右記』）。五月三日には、摂政頼通から、大宰府に送る勅符に「農業懈怠すべからざるの由」を盛りこむよう指示があり、そのさい「新羅海賊を追討する事」を命じた寛平五年閏五月一六日勅符が参照されている（同）。六月二九日の陣定では、行賞の先例として、寛平六年に対馬島司文室善友《ふんやのよしとも》が新羅賊を打ち返してただちに賞を給わった事実が挙げられている（同）。

九世紀における新羅の脅威は、王朝貴族によってきわめて深刻に受けとめられ、排外主義の傾向が強まるいっぽう、日本の国土を不可侵の聖域とする神国観が声高に叫ばれるようになった[13]。承和九年（八四二）の官符は、それまでうけいれていた新羅人の帰化をいっさい拒否し、流来の場合とおなじように食糧を与えて放還することを命じている。これは宝亀五年（七七四）の官符が、帰化と流来を区別して後者のみ給粮放還としていたのを大きく転換させたもので、その理由づけを官符は「（新羅は）旧例を用ゐず、常に奸心を懐き、苞苴《ほうしょ》（贈物）貢せず、事を商賈に寄せて国の消息を窺ふ、方今《ほうこん》民は窮して食は乏し、もし不虞あらば何を用てか夭を防がん」と述べている（『続日本後紀』承和九年八月一五日条）。そして承和一〇年（八四三）に謀反の廉で捕えられた前筑前守文室宮田麻呂《ふんやのみやたまろ》は、新羅の巨大な海上勢力張宝高と私的な取引関係があり、貞観一二年（八七〇）にこれも謀反の疑いで拘禁された大宰少弐藤原元利麻呂は、新羅国王と通謀して国家を害せんとした、という告発を受けている。

そして元利麻呂の事件の前年、新羅の海賊船二艘が筑前国那珂郡荒津に到来して豊前国の年貢絹綿を掠奪して逃走した事件は、博多の鼻先で起きたためか、規模が小さいわりにはヒステリックなまでに反新羅意識を昂揚させた。貞観一二年（八七〇）二月の大宰府に下した勅は、「蕞爾《さいじ》の新羅、凶毒狼戻《ろうれい》」と口をきわめてののしりながら、たまたま入京した新羅商人について、「久しく交関を事とし、此の地に僑寄し、能く物色を候《うかが》ひ、我に備へ無きを知る、彼（新羅）に放帰せしめば、弱きを敵に示さん」ことを恐れ、従来より九州に居住している新羅人については、「外は帰化に似るも、内に逆謀を懐く、もし（新羅が）来たり侵すことあらば、必ずや内応をなさん」ことを疑い、ともに陸奥の空地に強制移住させることを命じている（『三代実録』同年二月二〇日条）。また同月に宗像大神にささげられた宣命は、「我が日本朝は所謂《いわゆる》神明の国なり、神明の助け護り賜はば、何の兵寇か近来すべき、また我が皇太神は、掛けまくも畏《かしこ》き大帯日姫《おおたらしひめ》（神功皇后）の、彼の新羅人を降伏し賜ひし時に、相共に力を加へ賜ひて、我が朝を救ひ賜ひ守り賜ふなり」と、神国日本を称揚している（同、二月一五日条）。

この後寛平五（八九三）、六年にあった新羅海賊の北九州襲撃については、正史も日記もない時期なのでくわしいことは不明で、博多の警固所に夷俘五〇人を増置することを命じた寛平七年三月一三日の官符に、「今新羅の凶賊しばしば辺境を侵すも、征に赴くの兵、勇士なお乏し」とある（『類聚三代格』巻一八）のが目につく程度である。しかし反新羅意識の昂揚が再現されたことは想像にかたくなく、実資が先例として参照した記録にもそうした雰囲気が満ちていたことだろう。それから一二〇年以上たった刀伊事件のころにも、九世紀のように極端ではないにせよ、新羅の後継国家高麗に対する警戒心、猜疑心はぬぐいきれないものがあったのである。

四　「渡海制」をめぐる問題

史料Aには、海外渡航の禁令を意味すると思われる「渡海の制」および類似の表現が、ひんぱんに登場する（太字部分）。まず諸近の供述に、

①諸近は肉親の消息を尋ねるために高麗渡航を決意し、その旨を対馬島司に報告しようと思ったが、「渡海の制」が重いので、小船を盗んで高麗へ密航した。

②諸近は肉親の死を知り対馬へ帰ろうと思ったが、本朝は「異国に向ふの制」が重いので、このまま帰っては公

の譴責をまぬかれないし、また高麗の「書牒」をもらったとしても、明瞭な証拠がなくては信用されないだろうと考えて、刀伊の被虜だった日本人を証人としてともない帰った。

つぎに対馬島より大宰府に宛てた解文に、

③ 異国に投ずるような行為については、かねてより「朝制」で禁じられている。ましてや近日その制はいよいよ重くなっている。そこで諸近の身柄を召しだし、かれの連れてきた証人をあい副えて、大宰府に送致する。

最後に大宰府自身の言として、

④ 諸近の行為は終始不当である。異域に渡航することはもとより「禁制」で重く禁じられている。ましてや今回賊徒が来侵したさい、「先に行く者を異国に与するものとみなす」という警告を発したのに、この「制法」を初めて侵して渡海したからである。

対馬島在庁官人の諸近、対馬島庁、大宰府という三つのレベルのすべてにおいて、この「渡海制」が強い拘束力をもつものと意識されており、しかも刀伊事件によってそれがいっそう強められた形跡がある。

平安時代のこうした渡海禁令については、森克己が、延喜年間（九〇一―九二三）に「鎖国」政策の一環として制定された、という見解を示し[14]、これがながく通説となっていた。ところが最近、山内晋次が森説をまっこうから批判し、延喜およびそれ以降に森のいうような法令が出された形跡はまったくなく、①―④にみえる「渡海制」の法源は、現存の『律』写本には脱落しているが唐律によって復元できる衛禁律《えごんりつ》の越度縁辺関塞条の規定、「諸《すべ》て縁辺の関塞を越度する者は、徒二年」にほかならない、と主張した[15]。これをきっかけに「渡海制」をめぐる議論がにわかに活発になった。榎本淳一は、山内の森批判には賛意を表しつつ、衛禁律には脱落条文はないとして山内説を否定し、④の「異国に与する」や③の「異国に投ずる」という表現が、養老賊盗律の疏が「謀叛」に「本朝に背かんと欲し、将に蕃国に投ぜんとす」と注しているのと符合することから、賊盗律謀叛条こそ「渡海制」の法源にほかならないとした[16]。また稲川やよいも、「渡海制」についてはほぼ山内説を踏襲しつつ、外枠としての「渡海制」によって保護されながら国内の交易管理をになう「唐物使」にも着目し、平安時代の国家による対外交通管理の開明性を強調した。[17]

右の山内・榎本・稲川三説は、相互に対立点をふくみつつも、森が一〇世紀以降の王朝国家の対外姿勢を「鎖国的」「退嬰的」と評価したことを批判する、という点では共通しており、平安期外交を律令時代以来の対外政策の継承あるいは完成としてとらえる視角をうちだしている。これらの学説は、一〇世紀外交の政策基調を、大陸の動乱状況にまきこまれるのを防ぐための「中央政府の主体的な情勢判断に基づいた積極的な孤立主義と規定」する石上英一説から大きな影響を受けている。[18]

しかし私のみるところ、これらの説にはふたつの問題点がある。ひとつは、律令時代からの展開を直線的にとらえすぎていることであり、もうひとつは、貴族層の対外政策を合理性・開明性の面でのみ評価することである。

第一の点について。山内・榎本両説のいうように、平安時代の対外政策の法源が律令にもとめられたことは充分考えられる。「先に行く者を異国に与するものとみなす」という「制法」の存在からみて、榎本の賊盗律謀叛条説に分がありそうにも思える。しかし榎本の山内説批判は、つぎの二点において完全なものではなく、越度縁辺関塞条が「渡海制」の法源であった可能性も残っている。①山内が、唐衛禁律の越度縁辺関塞条と直後の縁辺城戍条との不可分性をふまえて、日本律に後者が存在しながら前者を欠くことの不自然さを指摘したことは、[19]私のみるところ山内説の核心をなすものであるが、これにふれていない。②唐衛禁律越度縁辺関塞条を「陸上国境のみを問題にしている」という誤った前提のもとに解釈している。[20]さらに石井正敏は、「渡海制」を、延喜一一年（九一一）に外国商人の来航に年期を設けた「年期制」と、対外交通の国家的管理という面で共通するものととらえ、「なお延喜一一年の制度は、外国商人の来航だけでなく、日本人の渡航についても制限する出入国管理令のごときもので、『小右記』などにいわゆる「渡海の制」の法源はここにあるのではないかと憶測される」と述べる。[21]石井のように、今日の史料には残されていないが実定法として「渡海制」が存在した、とする見かたにも、まだ成立の余地があると思う。

しかしながら、平安時代の対外政策の法源が律令にあったとしても、その政策の内容や歴史的意義までが律令時代の単純な延長線上にあるということにはならない。古代から中世への移行期において、律令が一度も改廃されることなく生き続けたことはいうまでもないが、「准用」や「折中」という自在な法解釈技術によって、中世の現実にあわせた運用が行なわれたことも見のがせない。(22) さきに引いた貞観一二年二月二〇日の大宰府に下した勅に、流来の新羅人について、「仁を垂れて放還するは、尋常の事なり、奸を挟んで往来せば、まさに誅戮を加ふべし」という文章がある。ここでは、律令国家がほこらしげに語っていた、四夷が日本の徳を慕って群集する、といった〈中華〉の理念――それ自体多分にフィクションであったのだが――は投げ捨てられ、新羅に対する排外意識がむきだしになっている。(23) こうした態度は、けっして律令時代からの連続性でとらえきれるものではない。

第二の点について。王朝貴族が対外姿勢を選択するとき、かれらは石上らがいうほど理性的に相手かたを見ていただろうか。九世紀における対外姿勢の転換の基軸は、新羅との関係悪化にともなう蔑視と畏怖のアンビヴァレンスの増大にあった。ちょうど時をおなじくして、貴族社会に病的なまで増幅されたケガレへの畏怖が蔓延し、それが空間に投影されて、洛中を遠ざかるほどケガレの度合いは増し、国境の外ともなればケガレの充満した鬼の住む世界となる、という観念が成立した。(24)

このような九世紀の政治的・思想的転回は、貴族層の対外意識（とりわけ朝鮮半島に対するそれ）に深い刻印を残した。一〇世紀の東アジアの大動乱がおさまってあらたな国際秩序が模索され、高麗が日本との安定した関係の樹立をめざして友好的かつ積極的なアプローチを試みてきたとき、日本側の高麗を見る眼は、「新羅は元敵国なり。国号の改有りと雖も、猶野心の残れるを嫌ふ。縦ひ虜民を送るも悦をなすべからず。若しや勝戦の勢に誇り、偽りて成好の便を通ずるか」（史料A）という、猜疑心にみちたものだった。諸近の渡航のようなケースでさえ敵国との内通を疑って身柄を拘束する、というような過剰反応も、おなじ流れのなかにあった。

こうした硬直した態度は、貴族層の対外意識という領域におけるかぎり、いわば化石化したまま中世を通じて保持されていく。一〇世紀以降、国際秩序の安定化と民間レベルでの交易の活発化にもかかわらず、貴族層の基本的な態度は、中国とは対等の関係を保ちつつ朝鮮半島の諸国家を朝貢させる、という日本にとってあるべき国際関係の姿――それが客観的に実在したことは過去一度もなかったのだが――を追求するところにあり、それが相手によってうけいれられる見こみのない以上は、関係を結ばないことによって観念のなかで保存していく以外に方法はなかった。そうした態度は、現実の通交関係がひんぱんになればなるはどむしろ強固なものになる、という逆説的な関係が認められる。

院政期に日本の対外姿勢に一定の開明化が認められ、平氏政権になれば中核的な政策にまで反映されることは事実であるが、それは九世紀に退嬰化した対外姿勢との対決のなかで実現されていったものである。だがこれで貴族層の対外的な視野に真に新しい要素が生まれてきたとは言いがたい。朝鮮半島の諸国家に対するかたくなな態度は、はるかに時代をくだっても、先例に従うことを最高の行動準則とするかれらの思考様式に支えられて、平安期とほとんどおなじような姿で生きのびていった。たとえば、貞治六年（一三六七）に倭寇の禁圧を求めて到来した高麗使に対して、朝廷は持参した文書の形式が「無礼」だとして返事をしないことに決したが、その議論の過程で、大外記中原師茂は「異国牒状到来の時、返牒を略され、或いは将軍以下より遣はさるる例」を調べて報告した。その報告書には、応神天皇二八年（二一八）という極端に古い一例をのぞけば、長徳三年（九九七）以降の例が記されている（『師守記』貞治六年五月九日条）。

師茂の報告書からは漏れているが、刀伊事件後、高麗が日本人被虜を送還してきたときも、朝廷の態度は基本的には変わりがなかった。『高麗史』に見えていた送還使鄭子良らの一行は、八月末か九月初めに対馬に到着した。この旨を告げる九月四日付の隆家書状が、同一九日実資のもとに届いている（『小右記』）。翌日実資のもとに伝えられた道長の意向は、

　刀伊国の賊の為に虜さるる者二百七十人許りと云々〈男六（ママ）人、女二百余人〉。相送る者百余人と云々。只対馬に牒す。命じて云く、「絹・米等を給ひて返し遣はすべきなり」と。まず新羅国貢調の時に物を給ふ例を尋ね、行はるべきか。

というものだった（『小右記』九月二二日条）。二二日に陣定が開かれ、実資は犬が死んで穢に触れたので欠席したが、高麗国使を大宰府に召すことなど三点が決定された（同、九月二三日条、『左経記』九月二二日条）。翌朝前大納言源俊賢が実資に手紙を送ってきて、陣定の決定に文句をつけている（『小右記』九月二三日条）。

　数多の者（高麗使）小島（対馬）に着きて旬月を送らば、国（日本）の強弱を量り衣食の乏しきを知るべし。早く返すを以て先となすべし。……二百余人の男女、何ぞ異朝の謀作を阿容（同意）すべけんや。追々尋問せられれば自ら実否を知るべし。使久住のこと未だ意得《こころえ》ず。彼の朝謀略の旨に依り我が朝推行（探索?）せらるべきの有様、未だ思い得侍《はべ》らざれば、触穢《じょくえ》に依り僉議《せんぎ》（陣定）に預らざるの由を報ず。今案ずるに強いて（高麗使を大宰府に）召し問はるべからざるか。只使を差して虜を送るを以て其の志となすべし。物を給ひ早く返し遣はさるるが上計か。

　ここに見られるのは、日本の衰亡を高麗使に覚られることへの疑心にみちた怖れであり、そこから「とりあえず物を持たせて早く帰ってもらうのが一番」という判断が出てくる。こういうのを退嬰的な外交姿勢と言うのではないか。二四日にも俊賢は実資に書状を送り、「高麗使、二嶋（対馬・壱岐）を経歴して大宰府に参るは如何、秋に入るの後、風波静かならざるか、廻却の期は已に厳冬に及ぶ、彼の国対馬に牒し、使者は其の処（対馬）を指す、更に大宰府に召し上ぐれば、往還の間若しや漂没あらん、極めて不便なるべきか」と予言した（同、九月二四日条）。

はたして高麗使一行が大宰府に召されて博多へむかう途中、三〇人を乗せた船が沈み、二艘がようやく着いた。これを聞いた俊賢は、大晦日の夜、雨を衝いて実資に送った書状に、「対馬より帰されず府に迎へらるる事、極めて奇なる議なり、案の如く漂没、哀れむべし」と書いた。それみたことかと言わんばかりだが、実資は「件の事示す所尤も理《ことわり》なり」と俊賢の意見に賛同している。実資も俊賢も触穢を理由に陣定を欠席していながら、そこでの決定に「賢き卿相の定むる所なり」と嘲笑をあびせる（同、一二月三〇日条）。実資も俊賢も故実にくわしく、当代の賢者として知られた存在である（実資は小野宮流故実の大成者、俊賢は故実書『西宮記』の著者源高明の子）。そのふたりにして、日本の外交的対応を決定する場への関心は、この程度のものであった。

その後の経過は、『小右記』が寛仁四年（一〇二〇）の前半を欠いているのであまり明らかでないが、同年二月一六日の陣定で「高麗返牒の事」が論議され、「大宰府をして高麗国に牒せしめ、鄭子良等及び生虜・流来を発帰せしむる事」が議決されている（『日本紀略』・『左経記』同年四月一一日条）。返牒の内容は朝廷で決めるのに、表面は大宰府が独自に出したもののように装ったのである。この方法は、正式の国交を結ばないという原則を守りつつ意志を相手に通ずるために、この時期よく使われたものである。

注

（1）池内宏a「高麗に於ける東女真の海寇」（『満鮮歴史地理研究報告』第八冊、一九二〇年。同『満鮮史研究・中世第一冊』吉川弘文館、一九三七年に再録。引用はこれによる）。同b「刀伊の賊——日本海に於ける海賊の横行」（『史林』一〇巻四号、一九二六年、『満鮮史研究・中世第一冊』吉川弘文館、一九三三年に再録。引用はこれによる）。なお、同「刀伊の入寇及び元寇」（『岩波講座日本歴史』一九三四年）の刀伊の入寇の部分は、b論文の要約である。

（2）土田直鎮『王朝の貴族〈日本の歴史5〉』（中央公論社、一九六五年）三五〇—三七七頁。その他「刀伊の入寇」にふれたものに、森克己「日麗交渉と刀伊賊の来寇」（『朝鮮学報』三七・三八冊、一九六六年。同『続日宋貿易の研究』国書刊行会、一九七五年に再録）、石井正敏「日本と高麗」（『平安文化の開花〈海外視点日本の歴史5〉』ぎょうせい、一九八七年、所収）などがある。なお、この事件の関係史料は、『大日本史料第二編之十四』『同十五』に網羅されている。

（3）刀伊の入寇における日本側の武士団の性格を究明したものに、志方正和「刀伊の入寇と九州武士団」（『日本歴史』一四〇号、一九六〇年）がある。

（4）被害の数字は『大日本古記録・小右記五』の傍注に従って原文を修正してある。なお土田注（2）書、三六三頁の「刀伊の襲来による被害表」を参照。

（5）土田注(2)書、三五五―三五六頁。

（6）池内注(1)b論文、三一八―三二一頁。

（7）池内注(1)a論文、二九九頁以下。

（8）土田注(2)書、二八〇頁以下。

（9）吉田早苗「藤原実資と小野宮第」（『日本歴史』三五〇号、一九七七年）によると、小野宮第は大炊御門南・室町東の方一町を占めたが、これと烏丸小路をはさんで向かいあう東側の地が小野宮東町で、いまの中京区少将井町にあたる。ここは当時小野宮家の所有地で、家人たちの住む一画になっていた。火事のあった「小人宅」も小野宮家の家人宅と思われる。

（10）池内注(1)b論文、三一二―三一四頁および同a論文、二七九―二八〇頁に、内蔵石女等申文案の全文が紹介されているが、本章はそれと若干読みを異にする部分がある。また『小右記』のこの部分の底本には字の欠けた部分があるが、『大日本古記録・小右記五』の注記を参照しながら、欠けた字を補ったうえで読み下した。どれが欠けた字かは煩雑を避けて注記していないので、疑問があれば『大日本古記録』を参照していただきたい。

（11）この部分の原文「下懸檝」の「下」に『大日本古記録』本は「(不カ)」と傍注を加えており、通説は――本章の初出論文をふくめて――これに従って「檝ヲ懸ケズ」と読み下してきた。これに対して石井正敏は周到に検討を加え、「下」を「不」に訂す必要はなく、少し前にある「上立櫓」との対比で「下ニ檝ヲ懸ク」と読むべきことを指摘した（「『小右記』所載「内蔵石女等申文」にみえる高麗の兵船について」『朝鮮学報』一九八輯、二〇〇六年）。この他に石井は、少し後にある「入火石打破賊船」の「火」を「大」と読むべきことも指摘している。本章ではこの意見に従って翻刻・叙述を改訂した。

（12）『日本紀略』には南海道がみえないが、脱落であろう。

（13）以下、佐伯有清『日本古代の政治と社会』（吉川弘文館、一九七〇年）第十章「九世紀の日本と朝鮮」、山内晋次「古代における朝鮮半島漂流民の送還をめぐって」（大阪歴史科学協議会『歴史科学』一二二号、一九九〇年）、村井章介「九世紀の転換と王土王民思想」（『思想』八四七号、一九九五年。同『日本中世境界史論』岩波書店、二〇一三年に再録）第二節、など参照。

(14) 森克己『日宋貿易の研究』（国書刊行会、一九七五年）八三頁以下。

(15) 山内晋次「古代における渡海禁制の再検討」（大阪大学『待兼山論叢』史学編二二号）一九八八年。

(16) 榎本淳一「『小右記』にみえる「渡海制」について——律令国家の対外方針とその変質」（山中裕編『摂関時代と古記録』吉川弘文館、一九九一年、所収）。

(17) 稲川やよい「「渡海制」と「唐物使」の検討」（東京女子大学『史論』四四号、一九九一年）。

(18) 石上英一「日本古代一〇世紀の外交」（『東アジア世界における日本古代史講座7　東アジアの変貌と日本律令国家』学生社、一九八二年）一三六頁。

(19) 山内注(15)論文、八一—八二頁。

(20) 唐衛禁律越度縁辺関塞条の疏議には「縁辺の関塞は以て華夷を隔つ」とあるだけで、陸上の境界という限定はどこにもない。また同縁辺城戍条の疏議には「国境縁辺は皆城戍有り、……出でて化外に向ふに、或いは荒海の畔、或いは幽険の中、……」とあって、この「国境」は確実に海上のものをふくむ。越度縁辺関塞条も陸上・海上双方の国境を念頭に置いていると考えるべきであろう。榎本の解釈には、「唐のような大陸国家と違って、四面を海に囲まれ、基本的に陸上の国境をもたない日本は、あまりに国情が違う」（一六七頁）という文章にあらわれたような、島国日本の特殊性という思いこみがありはしないか。

(21) 石井正敏「一〇世紀の国際変動と日宋貿易」（『新版古代の日本2　アジアからみた古代日本』角川書店、一九九二年）三五四頁。

(22) 佐藤進一「公家法の特質とその背景」（『日本思想大系22　中世政治社会思想下』解説、岩波書店、一九八一年）。

(23) 村井注(13)論文、三三五頁。

(24) 村井章介『アジアのなかの中世日本』（校倉書房、一九八八年）第Ⅰ章。

2　蒙古襲来と異文化接触

はじめに

一三七一年（建徳二・応安四）、南朝方征西府の主として九州を抑え、大宰府に都していた懐良《かねよし》親王（後醍醐天皇の皇子）は、建国（一三六八年）直後の明から外交使節を迎えた。使者は名を趙秩《ちようちつ》といい、日本に対して、明の中華支配の正当性を認めて臣従の意思表示をするよう、促すのが任務だった。懐良は趙秩と問答を交わし、やがてその説得に応じて、「表箋を奉りて臣と称し、祖来を遣はし、秩に随ひて入貢」せしめた。これに接した洪武帝は、ただちに懐良を「日本国王」に封じた。この事件は南北朝内乱の性格を大きく変えることになる〔村井 二〇〇三〕が、それはさておき、ここでは両人の問答に注目したい（『明実録』洪武四年一〇月癸巳条）。

懐良　いま新天子が、蒙古のときと同様、中華を掌握して趙という姓の使者を送ってきた。さだめしなんじは昔の蒙古使の子孫であろう。心地よいことばで誘ってわれわれを襲うつもりだろう。

趙秩　私は蒙古使の後裔ではない。私を殺せば禍がなんじに降りかかるだろう。わが朝の一人の兵、一艘の戦艦は、蒙古軍の百にも相当する。礼をもってなんじを懐《なつ》けようとするわが朝と、なんじを襲った蒙古とを比べてみるがよい。

蒙古襲来の直前、一二七一年（文永八）と七二年（二度めを七三年とする説があるが誤り。〔朱雀 二〇〇八〕）の二度にわたって大宰府に来た蒙古の使者の名を、趙良弼《りょうひつ》といった。それと同姓の使者を迎えた懐良は、ただちに一〇〇年前の戦争の再現を連想した。蒙古襲来の記憶がいかに強烈なものであったかがわかる。

蒙古襲来は、前近代に日本の領土内で戦われた対外戦争として、希有なものである。それ以外に一〇一九年（寛仁三）の「刀伊《とい》の入寇」と一四一九年（応永二六）の「応永の外寇」とがあるが、戦争の規模はくらべものにならない。それだけに蒙古襲来は、同時代およびその後の日本に大きな刻印を残した。この点については、鎌倉幕府政治の推移、御家人制や惣領制の変質、流通経済の進展など、さまざまな観点から検討されてきたが、ここでは異文化との直接的な接触という角度から、蒙古襲来のもった意味を考えてみたい〔村井 二〇〇五ａ〕。

一　外　交

「戦争は外交の延長」という命題は、蒙古襲来についてもなりたつ。一二六六年（至元三）八月付の「大蒙古国皇帝」から「日本国王」あて国書は、高麗を介して、六八年（文永五）正月に大宰府に到達した。時間がかかったのは高麗の消極的抵抗による。国書は、蒙古が中華を領有したこと、高麗が蒙古と「義は君臣と雖も、歓は父子の如し」という関係になったこと、を述べたあと、国交を結んで相《あい》親睦するよう求めている。書出の「奉書」、書止の「不宣」ともにそれなりの礼遇を表現しており、さほど尊大な文言ではない。しかし「兵を用ゐるに至りては、夫《そ》れ孰《たれ》か好む所ならん」という一節は、東アジア外交に習熟しない日本側、とりわけ幕府にとって、大きな軍事的脅威と映っただろう〔杉山 二〇〇三〕。朝廷は、はじめ伝統的対外姿勢に従って返書を送らなかったが、六九年に到来した蒙古中書省牒〔張 二〇〇五〕に対しては、大宰府名義の返牒を送ることに決し〔荒木 二〇〇八〕、文案を作成した。しかし幕府の態度は一貫して武断的で、返牒を握りつぶし、異国警固番役の創設など、軍事的対応に終始した。そんななか、大宰府まで到達したものとしては二度めと三度めの使節が、かの趙良弼である〔佐伯 二〇〇三〕。

趙良弼と南浦紹明

蒙古使趙良弼は、二度めの到来直後に戦争が始まったことから、まがまがしい名として日本人の歴史的記憶に刻まれた。しかし生身の人間としてのかれは、女真族出身の文人でみずから対日外交の役目を買って出たことから想像されるように、高い教養を備えた境界人だった〔山本 二〇〇一〕。その政治的立場はけっして主戦派ではなく、二度めの使節行から帰ったかれは、元（一二七一年国号を立てる）皇帝フビライに対して、つぎのように日本征討の無益を訴えた（『元史』巻一五九・趙良弼伝）。

臣日本に居ること歳余。其の風俗を観《み》るに、狼勇にして殺を嗜《この》み、父子の親、上下の礼有るを知らず。其の地は山水多く、耕桑の利無し。其の人を得れども役すべからず、其の地を得れども富を加へず。況んや舟師海を渡るに、海風期無く、禍害測る莫《な》し。是れをしも「有用の民力を以て無窮の巨壑《きょがく》を塡《うず》む」と謂ふなり。

現在にいたるまで日本側は、蒙古襲来を〈蛮族の国が文明国日本にしかけてきた戦争〉というイメージで捉えてきた。それは同時代人も例外ではなく、一二七一年（文永八）良弼の初度来日に際して、大宰府の長少弐経資は、「蛮夷の者帝闕に参る事先例無し、牒状の趣承るべし」と応対して（『吉続記』文永八年一〇月二四日条）、良弼の上京を拒否した。だが良弼は逆に、儒教的礼義を知らず、征服しても得るもののすくない蛮国と、日本をみなしていた。じっさい、文永の役後に到来した元使を斬殺するという幕府の対応は、東アジアの外交慣例を無視したものであり、蛮国に似つかわしい行動とみなされ、再度の戦争を回避する可能性を、みずから閉ざすものだったと言わざるをえない。

日本に滞在中の趙良弼の事蹟として注目されるのが、大徳寺派・妙心寺派の祖、南浦紹明《なんぽじょうみん》（図1）との詩の唱和である。南浦は、入宋して名僧虚堂智愚《きどうちぐ》に嗣法し、一二六七年（文永四）に帰国、七〇年に博多西郊姪浜《めいのはま》の興徳寺（開

図1　南浦紹明像（興徳寺蔵）

基は北条時定）に住したあと、七二年に大宰府に近い横岳崇福寺《そうふく》（開基は少弐氏）の住持となった。『円通大応国師語録』偈頌《げじゅ》に「蒙古国信使趙宣撫の韻に和す」と題された二首がみえる（現代語訳は〔西尾　一九九九b〕のもの）。

(i)　遠公不出虎渓意　慧遠《えおん》が虎渓を出ることがなかったというわけは、
非是淵明誰賞音　陶淵明でなかったならば、誰がそのわけを解しようか。
欲話箇中消息子　その間の事情を申しあげたい、
蒲輪何日到雲林　がまで包んだ車輪の車に乗って拙寺に来られるのは、いつの日のことか。

(ii)　外国高人来日本　外国の高官が日本にやって来た。
相逢談笑露真機　出会って談笑してみると玄妙な働きを露わす。
殊方異域無差路　国を殊にしても真理に食い違いはなく、
目撃道存更有誰　一目見ただけで道を具えていることがすぐわかる、その上に誰があろうか。

西尾賢隆は、この唱和時に南浦がいた寺を、(i)に出る虎渓三笑の故事にふさわしい環境から崇福寺と推定し、唱和の年代を良弼の二度めの来日時と考定し、京上を許されず「大宰府で荏苒《じんぜん》と日を過す良弼を陶淵明のような自適へと誘わんとした偈とうけとりたい」と述べた。従うべき見解であろう。(i)は良弼が対面前に南浦のもとに送った詩に寄せた和韻で、(ii)は直接会って語りあったのちの唱和である。

(i)には、両人の関係を慧遠と陶淵明になぞらえる中国文化への憧憬と造詣がみられ、(ii)には、禅宗と儒教をつらぬく「道」に照らせば、国や地域の差異は本質的なものではないという世界観がもられている。緊張した国家間関係のなかにあっても、日本人の渡海僧と女真人の外交官という境界人相互には、思いのほか共感がかよいあっていた。帰国して戦争回避を説いた良弼の念頭に、南浦との邂逅《かいこう》があったと想像してみたくなる。

また、この会見における南浦の立場を、一私人ではなく国家外交の一角をになうものとみる説がある〔今枝 一九八六、伊藤 二〇〇二〕。蒙古襲来の直前に宋から帰国し、北条氏ゆかりの興徳寺と少弐氏ゆかりの崇福寺に歴住したかれの経歴を考えると、ありえない話ではない。もしそうなら、南浦は良弼から得た大陸情報を幕府関係者に伝達しただろうから、鎌倉幕府の外交的対応を武断的とのみ評価することは再考を要する。だがその情報が幕府の政策判断に反映した形跡はない。

三別抄の日本請援

蒙古襲来に対する従来の見かたは、蒙古・高麗という敵に対してわが鎌倉武士がいかに勇敢に戦ったか、という図式に偏っていた。いま眼をユーラシアにひろげて、諸地域がモンゴルの急激な膨張をどう受けとめたか、という視点に立つなら、ちがった歴史的現実が見えてくる。たとえば一二八〇年代には、伝統的に犬猿の仲だったベトナム・チャンパ間に、蒙古の脅威や侵略に対抗する国際的共同が成立した〔旗田 一九六五〕。そして同様の歴史的条件は東アジアにもあった〔村井 一九八八、第Ⅳ章〕。

蒙古軍が高麗への侵略を始めたのは、日本より四〇年以上も早く、一二三一年のことである。当時高麗で実権を握っていた武人政権（日本の幕府に類似）は、翌年、都を開京《ケギョン》から江華島《カンファド》に移して抵抗の姿勢を示した。その後三〇年間、六波におよぶ侵略に疲弊しきった高麗は、一二六〇年に従属的な講和を余儀なくされる。

「三別抄《さんべつしょう》」とは、徴兵制による「府兵」に代わって武人政権の軍事力の中核をになった精鋭部隊で、反蒙三〇年戦争のおもな担い手だった。一二七〇年、武人政権がクーデタで倒れ、王室が蒙古に完全に屈しようとしたとき、三別抄は「蒙古兵大いに至り、人民を殺戮す、凡そ国を輔《たす》けんと欲する者は、みな毬庭《きゅうてい》に会せよ」という檄を飛ばして、反乱に立ち上がった。反乱軍は王族のひとりをみずからの主に擁立し、政府機関を組織し、根拠地を朝鮮半島西南端の珍島《チンド》に移して、ゲリラ戦法で蒙古軍と高麗政府を悩ませた。

一二七一年、三別抄は「牒状」を日本に送って、援軍と兵糧を要請した。高麗の正統政府を自認する三別抄は、江華島から珍島への移動を「遷都」と言っている。また「漂風人護送」「遣使問訊」など平等互恵の関係を結ぶことを提案した。その視野には、日本との共同による蒙古への抵抗がとらえられていた。なお、牒状の発せられたのは、珍島が陥落する同年五月以前で、蒙古軍の将忽林赤《クリンチ》が開京から日本への出撃基地合浦《ハッポ》へ向かったのは同年八月である。牒状発信の時点で、合浦をふくむ金海府《キメ》は三別抄の勢力下にあった可能性が高い。「屯金海府之兵、先廿許人、送日本国事」という牒状の一節は、従来、私自身もふくめて、蒙古軍の動静を伝えたものと解釈されてきたが、李領のいうように、三別抄自身の行動（予定？）を述べたものであろう（李　一九九九）。

さらに、三別抄の外交活動が、日本への援助要請にとどまるものでなかったことが、近年の研究で明らかになった（太田彌一郎　一九九五、山本　二〇〇二）。趙良弼の生地である河北省賛皇県にある石刻史料「賛皇復県記」に、良弼の初度渡日について、「命を受け東のかた日本に使す。鯨海浩瀚《こうかん》にして、其の際を測る莫《な》し。叛賊耽羅其の衝を蔽《おお》ふ。」とある。一二七一年五月に珍島から済州島（耽羅）に移った三別抄が、良弼の外交活動を妨害したという。おなじ事実は、『元朝名臣事略』巻一一に収められた良弼の墓碑銘には、「既に（大宰府に）至る。宋人と高麗耽羅と、共に其の事を沮撓《そどう》す（阻み乱す）。（少弐氏が）公を太宰府に留め、専人守護す。」と書かれており、三別抄の妨害工作が大宰府で行われたこと、そこに宋人が一枚かんでいたこと、の二点が知られる。

良弼の大宰府到着は一二七一年（文永八）九月一九日で、同月三日から京都の朝廷では三別抄の牒状に対する対応が議論されていた（『吉続記』）。大宰府で良弼と接触した「耽羅」とは、この牒状を携えて渡航した使節団であろう。右に触れた、金海府から日本へ送られた二十人ばかりの兵士は、その護衛を任務としたとも考えられる。大宰府は正反対の任務を帯びるふたつの使節団が鉢あわせして、緊張に包まれただろう。

良弼への妨害工作には宋人も関与していた。「賛皇復県記」に「時に偽宋、海道の両浙を去ること遠からざるを以て、大いに之を畏れ」とあるように、南宋は良弼の説得が功を奏して日本が蒙古の陣営に加わることを強く警戒していた。蒙古からみれば、高麗の反蒙古勢力、南宋、日本の三者が連携することは、このうえない脅威であった。

南宋の工作は、良弼の再度の渡日にさいしても試みられた。「賛皇復県記」に「時に偽宋、……僧滕原瓊林《けいりん》等を遣はし、（良弼の）行を止むるを諜《はか》るを為す」とあり、良弼は日本人と宋の使僧に対して、宋人の浮偽無信を数えあげ、中国大陸の大半は蒙古の有となり、東南弾丸の地を余すのみだとまくしたてたところ、使僧は語に詰まって反論できなかったという。おなじことは良弼の墓碑銘にも「宋人使僧の瓊林と曰ふ者の、来りて渝平《ゆへい》（和平を攪乱する？）するに会し、故を以て和事成らず、公還る」とあって、こちらは日本を蒙古に従わせるという良弼の任務を使僧が妨害したことに主眼がおかれている。

南宋が日本へ送った使僧瓊林とは、日本からの渡海禅僧桂堂瓊林らしい。『延宝伝燈録』巻三と『本朝高僧伝』巻二三によれば、かれは文永年中（一二六四―七五）に入宋し、のちに杭州径山《きんざん》住持となった虚舟《こしゅう》普度《ふど》から臨済宗松源派の法を嗣いで、帰国後洛東の勝林寺に住した。帰国時に虚舟の法衣・頂相《ちんそう》を賜与され、嘉元年中（一三〇三―〇六）には舶来の『虚舟和尚語録』を募縁上梓したという。かれの師虚舟がいたのは蘇州や杭州など南宋中枢部にある寺院であり、その会下《えか》にいた瓊林のような渡海僧は、対日外交にもってこいの人材であった。

以上のように、文永の役直前、日本に対して三つの勢力が外交的働きかけを試みた。そのうちで南宋のみは、趙良弼の日本説得が成功しなかったという点で、成果をあげたといえる。対して良弼と三別抄による工作は、目的はまったく反対であるが、ともに不成功に終わった。ここでは三別抄についてのみふれておきたい。

牒状をうけとった朝廷は、亀山院のもとで会議を開いて対応を検討した。しかしそこでは、牒状が高麗の反蒙古勢力のものであることが、正確には理解されず、字づらの解釈を儒者たちが競いあうだけだった。いっぽう、北条時宗を首班とする幕府は、牒状に接して、九州に所領をもつ御家人に、その所領に赴いて、守護の指揮のもとに「異国の防禦」につくよう命じた。牒状は、蒙古の脅威を伝えたという文脈でのみ理解されており、自国の防衛を固めるだけで、三別抄の国際的共同の提案が考慮された形跡はない。

済州島に拠った三別抄はなお二年間抵抗を続け、一二七三年に元・高麗連合軍によって壊滅した。翌年、元は日本征討を実行に移す（文永の役）。戦争が思いがけない結果に終わった直後、幕府は「異国征伐」すなわち朝鮮半島への反攻にのりだす。そこには冒険的報復主義があるだけで、三別抄の立場への一片の理解も見られない。当時の幕府に「異国征伐」を敢行するほどの余力がなかったことは、むしろ幸いだったかもしれない。

二　戦　闘

蒙古合戦に参加した肥後国御家人竹崎季長《たけざきすえなが》は、文永・弘安両度の合戦のようすと、その中間に先懸けの功の認定を求めて鎌倉に赴いた経緯を、絵巻物に描かせ、文永の役の恩賞として拝領した肥後国海東郷の鎮守甲佐大明神に奉納した。これが有名な『蒙古襲来絵詞』（以下『絵詞』と略す）で、現在は宮内庁三の丸尚蔵館に所蔵されている。『絵詞』は、季長個人の眼を通して、蒙古合戦という世界戦争の一端を、同時代性と写実性をもって描き出した作品である。

対外戦争の経験のない日本の武士たちは、編成も戦法も武器もまったく異なる異国の軍を相手に、どのように戦ったのだろうか。主として吉田光邦〔一九七五〕・佐藤鉄太郎〔二〇〇五〕・太田彩〔二〇〇〇〕の仕事に拠りながら、鎌倉武士が蒙古合戦を通じてどのような異文化と接触したかをみていこう。

陸　戦

『絵詞』に描かれた蒙古軍の武器としては、火薬を使った兵器「てつはう（鉄砲）」（図2）が眼をひく。中空の陶球内に火薬と鉄片・陶片などを仕こみ、手持ちの投擲器を使って敵陣に投げこみ炸裂させるもので、敵軍の殺傷を主目的とするものではないが、煙幕と轟音による威嚇効果は抜群だった。『八幡愚童訓』（以下『愚童訓』と略す）は「逃ル時ハ鉄放ヲ飛シテ暗ク成シ、鳴音《ひびき》高レバ、心ヲ迷シ肝ヲ疱《つぶ》シ、目眩《くらみ》耳鳴テ、亡然トシテ東西ヲ不弁《わきまえず》」と表現する。退却のさいに使われたことは『絵詞』の絵と一致する。これに太鼓や銅鑼《どら》の音も加わって、ずいぶんとにぎやかないくさだったようで、『愚童訓』に「其ノ声唱立《おびただし》サニ、日本ノ馬共驚テ進退ナラズ」とある。

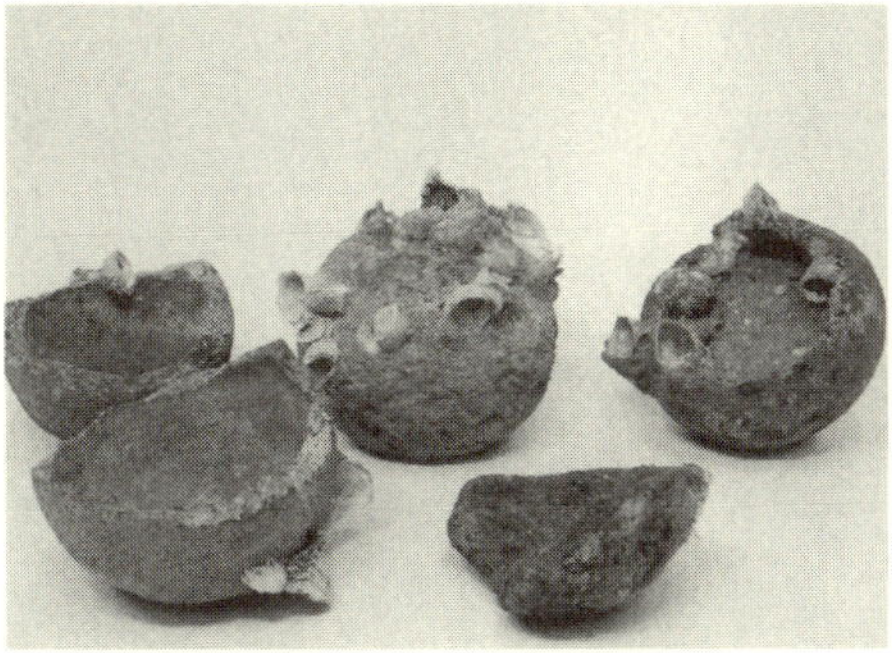

図2　海底出土の「てつはう」（『鷹島町文化財調査報告書　第6集　鷹島海底遺跡Ⅷ』2002年より）

弓矢は双方が使っているが、蒙古軍の弓は二種類あった。ひとつは宋式の短弓で、握りの部分がへこんだ形をしており、射程距離が長く、矢の根には毒が塗ってあったらしい。もうひとつは握りにへこみのない蒙古式の長弓である。また、蒙古軍の陣では、兵士の多くが槍や鉾《ほこ》をもっている。当時の日本ではあまり使われなかったから、ことのほか有効で、『愚童訓』も「鉾・長柄《ながえ》、物具《もののぐ》ノ鋳間《あきま》ヲ差テ不外《はずさず》」と述べている。このほか『愚童訓』が石弓と呼ぶ投石機もあった。

蒙古軍の陣には、大きな太鼓が三つと銅鑼がひとつ見えるが、これらは『愚童訓』に「引べキニハ逃鼓ヲ打、懸べキニハ責鼓ヲ叩クニ随テ振舞ヒ」とあるように、兵力を組織的に動かすための信号手段だった。鳴りものが象徴する集団戦法は日本軍をとまどわせた。『愚童訓』は、「一面ニ立並ビテ、寄ル者アレバ、中ヲ引退《の》キ、両方ノ端ヲ廻合《めぐりあわせ》テ取籠《とりこめ》テ、無残所《のこすところなく》討レケル」と述べ、またつぎのようにも描いている。

如日本戦《にほんのいくさのごとく》、相互名乗リ合テ、高名・不覚ハ一人宛《ひとりずつ》ノ勝負ト思フ処、此合戦ハ、大勢一度ニ寄合テ、足手ノ動《はたらく》処ニ我モ〳〵ト取付テ押殺シ、虜《いけどり》ケリ。是故懸入ル程ノ日本人、無漏者《もるるものこそなかりけり》。

「やああわれこそは……」と名乗っているうちに、よってたかって組み敷かれてしまうという悲喜劇に、合戦の作法のちがいがあらわれている。戦闘開始のときもそうで、『愚童訓』によれば、日の大将少弐景資が「箭合《やあわせ》ノ為トテ小鏑《こかぶら》ヲ射タリシニ」、蒙古の陣からどっと笑い声があがったという。鏑矢は飛ばすと音を発する儀礼用の矢である。

さて文永の役の初戦、竹崎季長は、先駆けの功を立てんとまっさきに蒙古の陣中へ攻め入り、鳥飼潟、現在の福岡市城南区鳥飼周辺で苦戦を強いられる。

a　凶徒は麁原《そはら》に陣を取りて、色々の旗を立て並べて、乱声《らんじやう》暇なくしてひしめきあふ。

b　季長はせむかふを、藤原太すけみつ申す、「御方は続き候らん。御待ち候て、証人を立て、御合戦候へ。」と申を、「弓箭の道、先をもて賞とす。たゞ懸けよ。」とて、をめいて（大声をあげて）懸く。

c　凶徒、麁原より鳥飼潟の塩屋の松のもとにむけ合せて合戦す。一番に旗指《はたさし》、馬を射られて跳ね落さる。季長以下三騎痛手負ひ、馬射られて跳ねしところに、肥前の国の御家人白石《しらいし》の六郎通泰《みちやす》、後陣より大勢にて懸けしに、蒙古の軍ひき退《の》きて麁原に上がる。

詞書がこう記す季長奮戦のシーンは、数ある『絵詞』の絵のなかでももっとも有名である。蒙古兵の矢に射られた乗馬からは鮮血がしたたり、季長の右膝にも矢が命中している。頭上には投げ槍が飛び、「てつはう」が炸裂する。左手には季長に矢を射かける三人の獰猛な顔をした蒙古兵がおり、そのうしろを一群の蒙古兵が退却していく……。

ところが、近年の研究によって、この絵には多くの疑点や問題点があることがわかってきた。佐藤鉄太郎と太田彩の分析結果を、私なりに総合して紹介しよう（詳細は、〔村井　二〇〇一〕。図3）。

中心をなす絵七は二紙からなり、右半の絵七Ⅰに騎馬の季長、左半の絵七Ⅱに背をみせて逃げる蒙古の歩兵が配置され、両紙の継目をはさんで季長に対峙する三人の蒙古兵が描かれている。しかしほんらい二紙は連続せず、三人の蒙古兵は追筆である（よくみると、この三人だけが他の蒙古兵とくらべて輪郭線、身なり、表情などの筆使いが異なることがわかる）。絵七Ⅰの右側にある絵六は、右側に季長の姉聟三井資長がいて馬上から矢を蒙古兵に射かけ、左側に蒙古兵が一〇人（うちひとりは騎馬）、資長に背をむけて逃げている。これを絵七Ⅰと絵七Ⅱの間に移すと、右から左へ蒙古兵が退却するようすが自然につながる（ただし間に若干の欠落がある）。絵七Ⅰの右につながることになった絵五には、馬を射られて徒立《かちだ》ちになった季長の旗指のうしろを、乗馬の旗指に先導された白石通泰の軍団が懸けるようすが描かれ、詞書cにある通泰が季長の急場を救った状況が明瞭になる。いっぽう絵七Ⅱの左に続く絵八では、網代や格子の楯を並べたうしろに蒙古兵が陣を布いており、これは詞書aを描いたものである。

この復原案では、詞書cに対応する絵が詞書aに対応する絵よりも前（右）に来て、詞書と絵が時間的に逆転する。それを必然としたのは、右端に白石通泰の騎馬軍団、左端に蒙古軍の陣という塊《マッス》を配し、中央右側で季長主従の孤軍奮闘、左側でそれに追われる蒙古兵を描くという、画面構成の論理である。これはまさしく「先懸けの功」の絵解きである。

日本側の戦法は、単独のリーダーに率いられた軍団が独自の意志で動く。軍団は大きいもので菊池武房や白石通泰の百余騎、小さいものでは季長のように数騎である。詞書bによれば、従者すけみつに味方の到着を待ち証人を立て

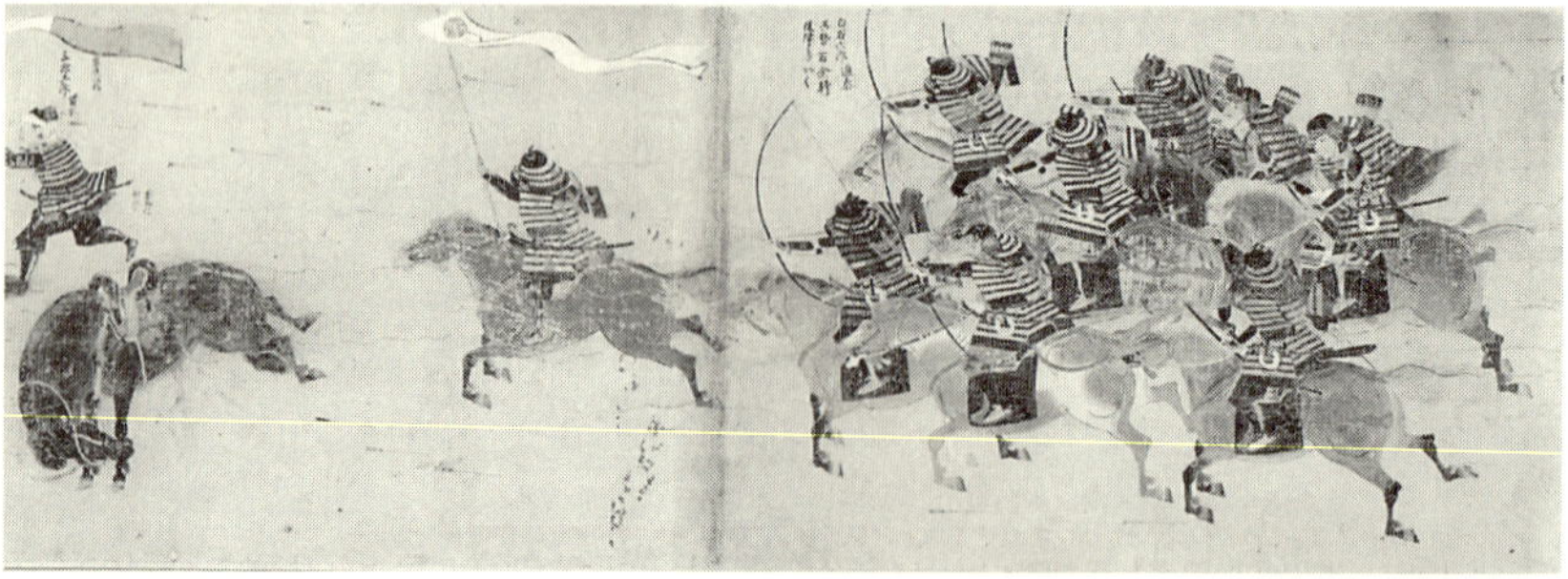

絵五（第一七・一八紙）

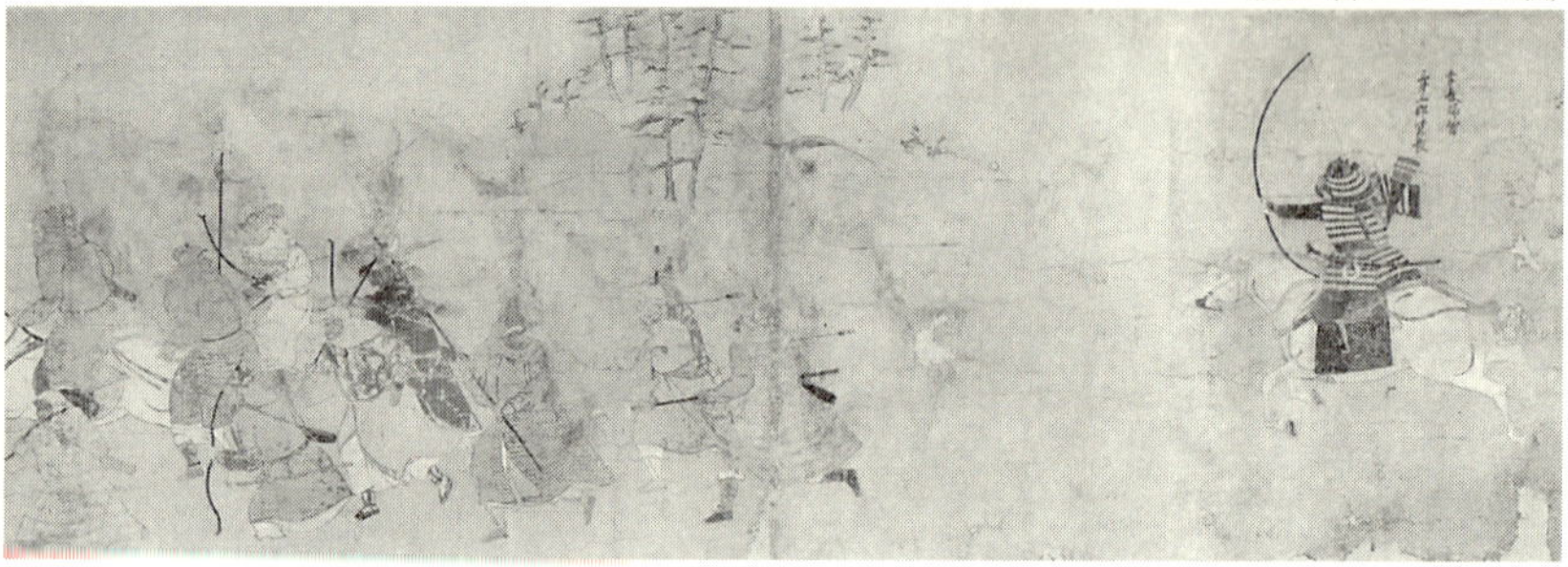

絵六（第二〇・二一紙）

絵七（第二三・二四紙）

図3　季長の奮戦と蒙古兵
（『蒙古襲来絵詞』宮内庁三の丸尚蔵館蔵）

絵八（第二七紙）

て戦うよう勧められた季長は、先懸けこそが弓箭の道だと言い捨てて、敵陣に突入した。ここにはふたつの戦いかたが示されているが、どちらも個人中心である点で共通している。先懸けのような冒険的行動は、戦闘全体の帰趨にとってはマイナスになりかねないが、当時の日本軍はそれを「賞」する以外の論理を持ちあわせていなかった。しかしいっぽうで通泰軍団は、騎馬武者たちがおなじ姿と向きをもつ塊として描かれ、統一的な意志を表象する。軍団の規模が大きくなれば、その内部で集団戦法の比重が大きくなるようである。さらに、すけみつが勧めた戦法には、個々の武士団を越えた集団戦につながる要素があり、だからこそ季長の「弓箭の道、先をもて賞とす」がきわだつのである。

海　戦

『絵詞』下巻はほとんどが弘安の役の海戦場面で占められる。中世の海戦をこれだけ克明に描いた絵は、国内の合戦についてもない。まずは船の描写からみよう。

日本側の兵船には大小の二種類がある。小は、草野・大矢野・秋月らの惣領が率い、おのおの一〇名未満を乗せる、刳船《くりぶね》に毛が生えた程度の船、大は、季長をふくむ肥後勢混成隊や少弐経資の手の者が乗る、やや大型の構造船である。後者の一艘の船尾には、敵船に乗り移るさいに使う小さな「端船《はしふね》」がつないである。季長が蒙古兵の首を掻き切る有名なシーンでは、そのやや大型のものを、季長の従者が敵船に熊手でひきよせている（図4上段）。

対する蒙古軍の兵船も大小の二種類がある。小は「走舸《そうか》」で、軽快な操船が可能なタイプ、いわば上陸用の船である。船上に居室をもたず、舷側に楯をならべて防御する。数隻が描かれており、そのひとつには舳先や楯に日本軍の放った矢が無数につきたっている。日本側の大船と同程度か、それよりやや大きいように見える。大は「闘艦」で、甲板があり船倉にも多くの人がはいれる。大きいものは船尾にも一室を設ける。舷上には網代の垣があり、甲板にい

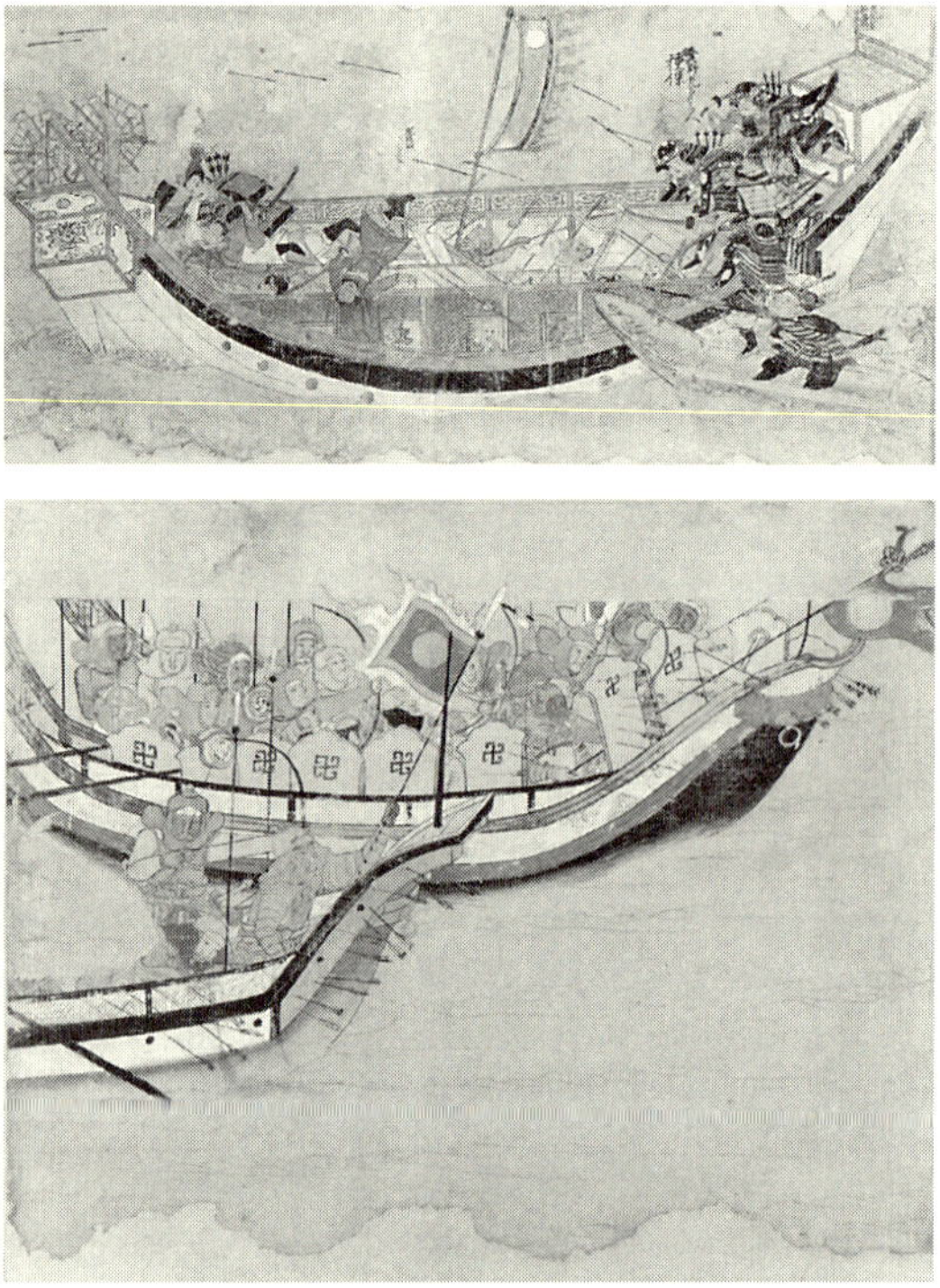

図4　『絵詞』に描かれる船
（上　絵一六，下　絵一七　宮内庁三の丸尚蔵館蔵）

ても半身を隠せるようになっている。舷側の孔からオールを突きだして漕ぐ。季長の乗り移った一隻やその左側に描かれた三隻がこれにあたり、ある船上では、兵士が太鼓を叩き銅鑼を鳴らしている。

日本軍は、船いくさも騎馬戦同様個人中心だった。弘安役の終盤、季長は蒙古の敗残兵のいる鷹島へ向かおうとするが、自分の兵船が回漕されてこず途方にくれていた。そこへ通りかかったたかまさという武士の船に、「守護のお召しがあります」と嘘をついて乗せてもらおうとするが、たかまさにたちまち見破られてしまう。拝みたおしてやっと季長本人だけ乗せてもらったが、兜は若党に預けたままになってしまう。季長が兜がわりに脛当《すねあて》を額に当てているのを見たたかまさは、かたわらにいた若党の兜を貸そうとするが、季長は「ありがたいおことばですが、兜をお着けにならずに討たれなさっては、季長のせいでこうなったと、妻子がお歎きになりましょう。そうなっては身の痛みですから、いただくわけにはまいりません。」と断る。事実『絵詞』には、激しい動きで季長の額から飛んだ脛当がしっかり描かれている〔藤本 二〇〇三。図4上段〕。

季長の例で注意すべき点がふたつある。第一に、各御家人は自前で船を用意しなければならなかった。第二に、どんな手段を使ってでも、身ひとつになってでも、がむしゃらに前進することこそ正義だった。合戦の翌朝、季長から戦功報告を受けた関東の使者は、「自船候はで、一度ならずかり事（虚言）のみ仰せ候て、船々に召され候て、御大事に会はせ給候御事は、大猛悪の人に候と、上《かみ》の見参に入《いれ》まいらせ候べく候」と約束している。「大猛悪」はあまりの勇猛ぶりにあきれた気もちをあらわす。また、若党をおきざりにたかまさの船に乗ったとき、季長はまたも「弓箭の道、進むをもて賞とす」といっている。

以上のような日本側の攻撃を迎える蒙古軍の戦法は、これまたあくまで組織的だった。草野次郎の夜襲で被害を被ったあと、かれらは「用心シテ船ヲ鏁合押廻《くさりあわせおしめぐら》シテ守護シ、寄スル者在レバ、大船ヨリ石弓ヲ下スニ、日本ノ船小クテ不被打破《うちやぶられずと》云事ナシ」という戦法をとった（『愚童訓』）。蒙古軍が船上で用いる楯は数種類あるが、船ごとには統一されており、軍団組織のありかたを示す。第一は、焦茶色の長方形の板で、上部に一隻は白丸、一隻は黒丸、一隻は黒い帳《とばり》のような模様が描かれる。第二は、上辺が雲形で「卍」の模様が描かれ、裏には可動式のつっかい棒がつく（図4下段）。卍模様は漢人の間で用いられたもので、宋代の兵器解説書『武経総要』によると、「皮漫」という生牛皮でつくる兵器の表面にもこの形が描かれていた。第三は、外形は卍をあしらった楯とおなじだが、卍の部分が四角い窪みになっている。第四は、一枚板ではなく網代や簀子を長方形に編んだ楯である。

弘安の役の江南軍は、職業軍人だけでなく、『愚童訓』が「今度ハ一定可勝《かつべし》、可居住《きよじゆうすべき》料トテ世路ノ具足、耕作ノ為トテ鋤鍬マデモ持セタリケリ」と述べるように、移民船団の性格も持っていた。大多数がそんな一般民衆から構成される一四万人は、大半が鷹島周辺の海に沈み、「海ノ面ハ算ヲ散《ちら》スニ不異《ことならず》、死人多重《おおくかさなり》テ如嶋《しまのごとき》タリ」という情景を呈した（『愚童訓』）。

三　仏教と貿易

蒙古襲来史料の多くは、仏教色の濃い日本中世の文化状況からして、僧侶の残したテキストになる。とくに日蓮のばあい、『立正安国論』の「予言」以来、対蒙古関係の推移がストレートに宗教的言説に反映したため、おびただしく残る遺文が、多くの情報をもたらしてくれる。それだけでなく、かれの対外的反応は他の僧侶や一般人とは対照的で、それ自体が異文化接触の特異なケースといえる。また、前近代の戦争においては、近現代とはちがって国家間の緊張が文化的・経済的交流の断絶に直結せず、戦争状態と貿易とはかならずしも相いれぬものではなかった。文永・弘安両役にはさまれた一二七八年、フビライが「日本国人市船」に貿易を許可したのは、その一例である（『元史』世祖本紀）。また、一二七六年の南宋首都臨安（杭州）陥落という大事件が、臨安をふくむ江南地域に根本的な社会変動をもたらしたようには見えない。さすがに弘安の役後には空白があるが、それをすぎると、戦争状態の継続にもかかわらず、日本・江南間の貿易船の往来は、開戦前よりさかんになる。

以上のような観点から、仏教と貿易をとりあげてみたい。

日蓮のユニークさ

日蓮にはいるまえに、蒙古襲来にきわだった反応を示したもうひとりの僧、東巌慧安《とうがんえあん》にふれておこう。洛外の臨済宗正伝寺住持だった東巌が、一二七一年（文永八）九月一五日に「八幡大士六十余州一切神等」に捧げた願文（『正伝寺文書』）は、奥に「すへのよの末の末までわが国はよろづのくにゝすぐれたる国」という和歌がしるされていて、敗戦前は皇国精神の発露としてもてはやされた。

しかしこの願文の「高麗は半ば蒙古に違背し本朝に随順す」という一節から、かれが三別抄の牒状を見ており、その反蒙行動に気づいていたことがわかる。ただせっかくの気づきも、神功皇后とその子八幡神への熱烈な祈りを介して、「二国和合し、衣冠一致す、両度の牒使は高麗人なり、顕然として疑ひ無し」というように、高麗を蒙古とひとしなみの敵とみる伝統的な観点に流しこまれてしまう。こうした傾向は当時の知識階層に通有のもので、中国とのつきあいが深い臨済僧——東巌の嗣法師は渡来僧兀庵《ごつたん》普寧である——も例外ではなかった。九月二一日に朝廷で議論された口宣案《くぜんあん》にも「西蕃（高麗）の使介有りて、北狄（蒙古）の陰謀を告ぐ」の文字があったが（『吉続記』）、その認識が外交判断に反映したようすはない。

日蓮（以下、〔川添 二〇〇八a・b〕参照）は、一二六〇年（文応元）に『立正安国論』を幕府に呈示して、法華経にひとえに帰依しなければ「他国侵逼難《しんぴつなん》」が生起すると予言していたが、はやくも五年後にそれが蒙古の脅威として現実化したことで、いっそう自己の使命に確信をもった。「経文の如くんば、彼の国より此の国を責むる事必定也。而《しか》るに日本国の中には日蓮一人、まさに彼の西戎を調伏するの人為《た》るべしと、兼ねて之を知る。」と豪語している（「宿屋入道許御状」『昭和定本日蓮聖人遺文』〔以下『定遺』と略す〕四二四—四二五頁）。

かれには幕府内に親しい情報提供者（おそらく信者）がいたらしく、民間の宗教者ではあるが敏速に蒙古関係の情報に接することができた。しかし幕府は、天台以外の諸宗派を過激に排撃する日蓮一派を、対外的脅威のさなかに結束を攪乱する不穏分子とみなし、その主張に耳を貸さないばかりか、かえって弾圧を加えた。三別抄の牒状に接した幕府は、一二七一年（文永八）九月一二日、九州に所領をもつ御家人に自身または代官の下向を命じ、異国の防禦と領内悪党の鎮圧を命じたが、有名な「龍口《たつのくち》法難」が起きたのはその前日だった。日蓮一派の言動は悪党に準ずるものとみなされたのである。

日蓮はこうした幕府の「謗法《ほうぼう》」が続くかぎり蒙古の侵略は不可避と考え、そのことを「蒙古国は雪山の下王のごとし、天の御使として法華経の行者（日蓮自身のこと）をあだむ人人を罰せらるるか」と解釈した（「異体同心事」『定遺』

八三〇頁）。幕府が蒙古の使者を斬ったことについても、「日本国の敵にて候念仏・真言・禅・律等の法師は切られずして、科なき蒙古の使の頸を刎られ候ける事こそ、不便《ふびん》に候へ」と、きびしく批判している（「蒙古使御書」『定遺』一一一二頁）。

「蒙古」の意味をこのように理解した日蓮は、神の与えた試練に苦しむ人々の姿をとらえた貴重なテキストを残した。

　去文永十一年太歳甲戌十月に、蒙古国より筑紫によせて有しに、対馬の者かためて有しに、宗摠馬尉（助国）逃ければ、百姓等は、男をば或は殺し、或は生取にし、女をば或は取集て、手をとをして船に結付《ゆいつけ》、或は生取にす。一人も助かる者なし。壱岐によせても又如是《かくのごとし》。（「一谷入道御書」『定遺』九九五頁）

　当時つくしへむかへば、とどまるめこ（妻子）ゆくをとこ、はなるるときはかわをはぐがごとく、かを（顔）とかをとをとりあわせ、目と目とをあわせてなげきしか、次第にはなれて、ゆいのはま（由比浜）・いなぶら（稲村）・こしこへ（腰越）・さかわ（酒匂）・はこねさか（箱根坂）、一日二日すぐるほどに、あゆみあゆみとをざかるあゆみを、かわ（川）も山もへだて、雲もへだつれば、うちそうものはなみだなり、ともなうものはなげきなり、いかにかなしかるらん。かくなげかんほどに、もうこ（蒙古）のつわもの（兵）のせめきたらば、山か海もいけどりか、ふねの内かかうらい（高麗）にて、うきめ（憂目）にあはん。（「富木尼御前御書」『定遺』一一四八—一一四九頁）

日蓮の眼には、「謗法」に与する日本の神祇はまったく無力であった。文永の役で筥崎《はこざき》八幡宮（図5）が焼けたことを「彼国の大王は此国の神に勝《すぐれ》たる事あきらけし」と断じ、努めを果たせなかった八幡神を「大科の神」だとまでいう（「諌暁八幡抄」『定遺』一八四一—一八四二頁）。先述した禅宗の東巌や、もっと有名な律宗の叡尊《えいぞん》が、日本国の守護神である八幡神に熱誠を献げ、法力で蒙古にたちむかおうとしたのに対して、日蓮は国家的正統派とは対蹠的な場所に立っていた（図6）。それだけに弘安の役の結末はかれにとって意外なものだったろう。不安に駆られた弟子からその意味を問われて、「此《これ》別《べつして》一門大事也、総《そうじて》日本国凶事也。……いつもの事なれば、秋風に纔《わずかな》水、敵船賊船なんどの破損仕て候を、大将軍生取たりなんど申、祈《いのり》成就の由を申候げに候也。又蒙古の大王の頸の参て候かと問給べし。」と答えたが、やはり強弁にすぎよう（「富城入道殿御返事」『定遺』一八八六―一八八八頁）。これを最後に消息から蒙古への言及は消え、一二八二年（弘安五）の死にいたる。

図5　箱崎宮の「敵国降伏」の勅額

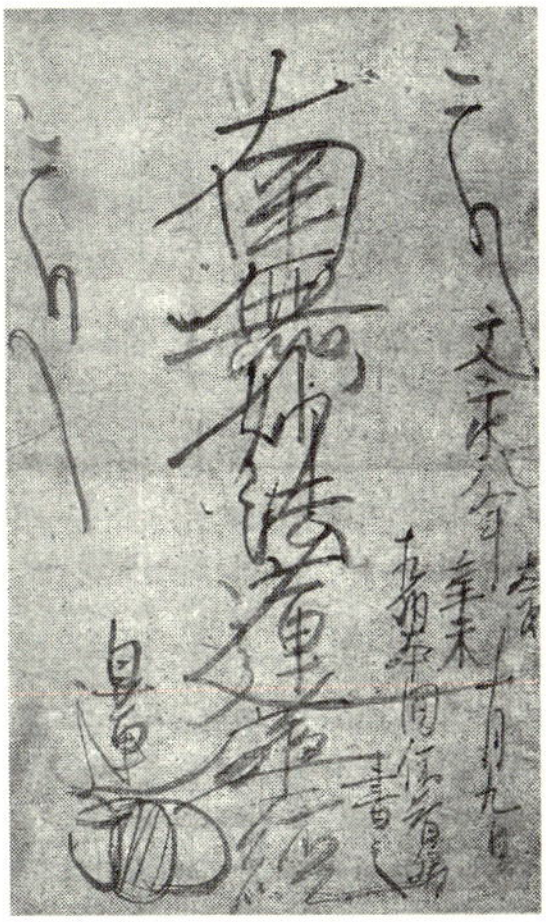

図6　日蓮曼荼羅本尊(立本寺蔵)

最後の遣使と五山文化の黎明

弘安の役後もフビライは日本征討をあきらめず、くりかえし戦争準備を命じたが、国内外に悪条件が重なって実行にはいたらなかった。しかし、働きかけの方法は戦争一辺倒ではなく、弘安の役後まもない一二八三年、国信使愚渓如智《ぐけいにょち》・王君治にもたせた日本国あての詔（『善隣国宝記』巻上）には、「和好の外に余善無く、戦争の外に余悪無し」とある。「かつて日本が使節を捕えて返さなかったので、問罪のため海軍を送った。交戦の合間には使者を送ったのに、日本は一言も返答しないで、わが軍に歯むかった」という主張は道理にかなっており、和好の求めを口先だけの甘言とかたづけるわけにはいかない。むしろ、武辺一辺倒の日本外交の硬直ぶりが浮き彫りになる。しかし、この年と翌年の二度試みられた交渉は、日本の中央まで達することなく終わった。

一二九四年にフビライが死に、跡を嗣いだ孫のテムルが九八年国交樹立を求める使節を日本へ送ったのは、フビライの硬軟両様のうち和好路線に則ったものといえる。このとき指名されたのが、舟山列島にある宝陀寺（普陀山）住持一山一寧《いっさんいちねい》で、発遣にさきだって「妙慈弘済禅師・江浙釈教総統」という肩書が付与された。使節の送達はたまたま慶元（寧波）に入港した商船に託された。普陀山は慶元から日本へむかう航路上にあり、開山の恵萼《えがく》は九世紀中葉に活動した日本人である。仏教と民間貿易に支えられた国家外交だったが、これを最後に元が日本に外交使節を送ることはなかった。

一山は一二四七年の生まれで、明州（寧波）や杭州の諸寺で天台・律・禅をはば広く学び、ついに禅宗五山二位の天童寺で簡翁居敬《かんおうきよけい》に嗣法した。仏教以外にも、文学・書・朱子学などに堪能なオールラウンドの文化人だった〔西尾 一九九九a〕。一二九九年（正安元）日本にいたった一山を、幕府では処刑せよとの論もあったが、「沙門は福田なり。有道の士は万物に心無し（何ものにもとらわれない）。元国に在りては元の福なり、我が邦に在りては我が福なり。」という観点から、北条貞時の決断で伊豆の修禅寺《しゆぜんじ》に幽閉することになった。ほどなく幽閉も解かれ、渡来僧が住するのが慣例だった建長寺の住持に据えられた。一三一七年（文保元）に七一歳で没するまで、円覚寺・南禅寺にも住し、北条得宗家や後宇多院の崇敬を受けた。ことに後宇多院は、一三一九年（元応元）に一山の頂相（肖像画）にみずから「宋地万人傑、本朝一国師」という賛を加えたという（『一山和尚行記』）。

一山に嗣法した日本僧に雪村友梅《せっそんゆうばい》（一二九〇―一三四六）がいる〔今谷 一九九四〕。雪村は一三〇七年から二三年間元に滞在し、同時代の中国文化を吸収した。日本の初期五山文学を代表する作家で、在元中の詩文集に『岷峨集《みんが》』、帰国後の作品集に『宝覚真空禅師語録』がある。一山に発する法系は大門派をなさなかったが、嗣法をともなわない場でかれの与えた文化的影響は絶大である。虎関師錬《こかんしれん》（一二七八―一三四六）は、一山から日本の高僧の事蹟を問われて即答できず、僧伝集の形態をとる日本仏教史『元亨釈書』を著した。夢窓疎石《むそうそせき》（一二七五―一三五一）は、一山を慕って京都から鎌倉へ下り、建長寺入寺を志願して偈頌《げじゆ》（仏教的漢詩）の試験で好成績を収めた。その後夢窓派は室町幕府・朝廷の外護のもとに、臨済宗の最大勢力を占めるようになる。龍山徳見《りゅうざんとくけん》（一二八四―一三五八）は、一山が円覚寺にいたとき偈頌の試験で首席をとった。一三〇五年から四五年間も元に滞在し、帰国後多くの文筆僧を育てた。作品集に『黄龍十世録』がある。

一山は、みずからが住持する寺に修行僧をうけいれるさい、偈頌を作らせ中国語で朗詠させた。寺内の日常生活でも一定度の中国語能力や中国文化の素養が要求された。学芸の方面でかれが日本の禅宗社会に与えた影響はきわめて大きく、「日本五山文学の祖」と評される。西尾賢隆は「わが国の禅家が幅広く読書人として中国の士大夫にも匹敵する素養をもつ一つのきっかけとなったのは、一山による偈頌の試験であったといって過言ではない」と指摘している〔西尾　一九九九ａ〕。

倭寇事件と貿易統制

弘安の役後、日元間の商船の往来はしばらくとだえていたが、一二九〇年（正応三）までには復活し、以後一四世紀前半には、宋代以上にさかんになった。商船を利用して渡海した禅僧たちに関わる史料から、そのようすが復元できる。この時代には集中して「寺社造営料唐船」、すなわち寺社の造営費用を貿易利潤によって稼ぎ出そうとする「勧進」の船が中国に送られたが、その実態は、日元間を往来する中国人商人経営の貿易船に対して、日本→中国→日本の一往復の航海にかぎって、日本の政治権力が付与したタイトルにすぎなかった〔村井　二〇〇五ｂ、本書Ⅱ―3〕。

一三〇九年に慶元で日本商人と役人が衝突し、城内が多く焼失するという「倭寇」事件が起きて以来、元側の「倭寇」を理由とする倭船入港規制が、断続的に行なわれた〔榎本　二〇〇七〕。この時期、経済的には貿易拡大の要因が存在したが、政治的・軍事的には、貿易規制が強まりつつあった。そこに蒙古襲来が影をおとしていることはいなめない。一三二八年冬、福州長楽港に日本から来た貿易船がおり、翌年日本へ渡航して、翌々年「関東大仏造営料唐船」の看板を掲げることになる。福州に日本からの船が入るのは異例のことだが、その背景には、一三二七―二八年ころに慶元で倭寇事件が発生し、当局が日本からの船の慶元入港を禁止していた事実があった。さらに、一三四二年冬に慶元に入港した天龍寺船のばあいからは、倭船規制の状況がくわしくわかる。従来、天龍寺船は大きな利益を得て帰国したことのみが強調されてきたが、じつは慶元で苦難にみまわれていた。

一三二〇年以来慶元の防衛に任じた鍾万戸《しょうばんこ》は、一三三四―三五年ころに慶元で起きた「倭寇」を鎮圧し、それ以来慶元を管轄する浙東道都元帥は、倭船の交易流通を禁止していた。鍾万戸はこの禁令にもとづいて天龍寺船を扱った。貿易責任者至本は賊船ではないと弁明したが、交渉は難航した。年を越してようやく貿易は認められたが、禅僧たちの上陸はなお許されなかった。渡海僧愚中周及《ぐちゅうしゅうきゅう》は、一中国商人の協力を得て、小船で慶元をすどおりし、著名な禅僧のいる寺にかくまわれたが、こんな成功はむしろ例外だった。榎本渉がみいだした抄物《しょうもの》史料『愚中周及年譜抄』から、つぎのような情報が得られる。①天龍寺船に便乗して求法をめざした僧の数は六十余人であった。②そのうち上陸に成功したのは愚中の一行十一人のみであった。③渡来僧清拙正澄《せいせつしょうちょう》の弟子たち十七人は、密入国しようとして警備兵に捕まり、怒った鍾万戸に皆殺しにされた。④天龍寺船に残留していた三十余人の僧たちは、これを聞いて全員日本に帰国した。

類似の状況は日本側の窓口においても起きていた。一二世紀―一三世紀前半の博多では、中国商人が「住蕃貿易」を営み、多彩な社会活動を展開していた。ところが一三世紀後半になると、そうした動向が史料上からパタリと姿を消す。「住蕃」の衰退と貿易船往来の増加は正の相関関係にあるらしい。弘安の役直後、幕府は「他国より始めて来入せる異国人等の事、制止を加ふべし」という法令を発した（『諸家文書纂十・野上文書』弘安四年九月一六日大友親時書下）。新来外国人の排除により、博多の中国人居留地は衰退の一途をたどり、日本居住がむずかしくなった中国商人は、つねに貿易船を動かしていなくてはならなくなったのであろう。

こうして蒙古襲来を境に、博多にはしだいに公権力の支配が浸透していった。一三四二年（興国三・康永元）の天龍寺船渡航にさいして、博多の「公府」「官司」は乗船者の選定に一定関与した。たとえば、中巌円月《ちゅうがんえんげつ》は再度の中国渡航をもくろんで博多に至ったが、「官司の文書下り、乗船を禁ず、故に再出を得」なかった（『中巌月和尚自歴譜』）。一三五〇年（正平五・観応元）、博多の息浜《おきのはま》に龍山徳見以下十八人の日本人僧侶と船主以下十一人の中国人を乗せた「宋船」が着岸した。代官から報告を受けた九州探題一色直氏は、帰国僧の名簿を添えて室町幕府に報告した（『園太暦《えんたいりゃく》』）。これらの例から、探題が出入国管理機能を果たすために、都市博多への規制力を強めていったようすがうかがわれる。

おわりに

中世の日本人にとって、蒙古襲来はまれにみる異文化接触の経験だった。それは日本人の対外意識に大きな痕跡を残した。ただしそれは、〈異なるもの〉への理解という方向でなく、日本を他国にすぐれた神聖空間として、〈異なるもの〉への蔑視と排除をともなう「神国思想」の定着という方向をたどった。「神が国を守る」という言説も、「敵」に関するなにがしかの理解をふまえて自己を再認識するというのでなく、国際社会では通用しない空疎なお国自慢を述べたてたにすぎなかった。

蔑視観の深まりについては、日本が新羅を朝貢国として従える歴史的起点とされてきた、神功皇后の三韓征伐伝説の変化からうかがうことができる。その元祖である『日本書紀』では、征伐の動機は財宝への欲望とされ、また、新羅を屈服させて馬飼とした、と書かれている。これが、蒙古襲来を経た鎌倉末の『愚童訓』になると、征伐の動機は仇討ちとなり――したがってその前段に新羅の日本侵攻が創作される――、馬飼の話は、皇后が弓の弭《はず》で岩に「新羅国の大王は日本の犬なり」と書きつけた、という話に変わる〔金 一九九九。図7〕。

図７　石に寺を刻む神功皇后（『神功皇后縁起』グリーブランド美術館蔵）

『愚童訓』には、三韓征伐で皇后につき従った者として、全国各地の神々の名がおびただしくあらわれる。かれらはみな、弓箭・甲冑を帯びて征伐に赴くつわものだった。同様に蒙古合戦も、人と人との戦いだったのと少なくとも同程度に、神と神との戦いだった。したがって、祈禱という戦闘行為に対して神領寄進という恩賞が求められた。対外戦争という希有の経験も国内合戦の論理でとらえられ、認識の変革にはつながらなかった。

では、蒙古襲来は民衆の意識になにを残したのか。一二六九年（文永六）に対馬まで来てひきかえした蒙古使は、塔二郎・弥二郎というふたりの島民をつれ帰った。燕京に送られたふたりに、フビライはみずから「爾国は中国に朝覲《ちょうきん》し、其の来れるや尚し矣。今朕の、爾国の来朝を欲するは、以て汝に逼るには非ざる也。但だ名を後に垂れんと欲する耳《のみ》。」と語りかけ、壮麗な宮殿を仰ぎみたふたりは「天堂・仏刹有りと聞くは、正に是れを謂ふ也」と奏した（『高麗史』元宗世家一〇年七月甲子条）。京・鎌倉はおろか博多さえも見たことがなかったかもしれない庶民の超絶体験は、どことなくファンタスティックな趣きがある。むろんこれが日本人の意識になんらかの痕跡を残したというわけではないが、そのような体験をした日本人がいたことは、記憶に留めておいてよいだろう。

いっぽう、民衆が異賊の侵略から受けた恐怖は、得体の知れないものを意味する「ムクリコクリ（蒙古・高句麗）」ということばに残った。井伏鱒二の小説『黒い雨』には、人々が広島の原爆雲を「ムクリコクリの雲」と呼んだという描写がある〔田中　一九八二〕。また、宮城県仙台市には「モクリコクリの碑」と呼ばれる中世の板碑があり、これを削った粉を呑むと百日咳に効くといわれている。得体の知れない威力をもつものにすがって疫病などの脅威に対抗しようという心性は、めずらしいものではない。

参考文献

荒木和憲「文永七年二月日付大宰府守護所牒の復元――日本・高麗外交文書論の一齣」『年報太宰府学』二号、二〇〇八年
李領「「元寇」と日本・高麗関係」『倭寇と日麗関係史』東京大学出版会、一九九九年
伊藤幸司「蒙古襲来をめぐる円爾と南浦紹明」『都府楼』三三号、二〇〇二年
今枝愛眞「中世社会と禅宗」『静岡県史研究』創刊号、一九八六年
今谷明『元朝・中国渡航記――雪村友梅の数奇な運命』宝島社、一九九四年
榎本渉『東アジア海域と日中交流――九―一四世紀』吉川弘文館、二〇〇七年
太田彩『絵巻・蒙古襲来絵詞〔日本の美術四一四〕』至文堂、二〇〇〇年
太田彌一郎「石刻史料「賛皇復県記」にみえる南宋密使瓊林について――元使趙良弼との邂逅」『東北大学東洋史論集』六号、一九九五年
川添昭二『歴史に生きる日蓮』山喜房佛書林、二〇〇八年a
川添昭二「蒙古襲来史料としての日蓮遺文」『九州史学』一五〇号、二〇〇八年b
金光哲『中近世における朝鮮観の創出』校倉書房、一九九九年
佐伯弘次『日本の中世9　モンゴル襲来の衝撃』中央公論新社、二〇〇三年
佐藤鉄太郎『蒙古襲来絵詞と竹崎季長の研究』錦正社、二〇〇五年
杉山正明「モンゴル時代のアフロ・ユーラシアと日本」近藤成一編『日本の時代史9　モンゴルの襲来』吉川弘文館、二〇〇三年

朱雀信城「至元八年九月二十五日付趙良弼書状について」『年報太宰府学』二号、二〇〇八年
田中健夫「ムクリコクリ」『対外関係と文化交流』思文閣出版、初出一九六七年、一九八二年
張東翼「一二六九年「大蒙古国」中書省の牒と日本側の対応」『史学雑誌』一一四編八号、二〇〇五年
西尾賢隆「元朝国信使寧一山」『中世の日中交流と禅宗』吉川弘文館、初出一九九〇年、一九九九年a
西尾賢隆「モンゴル襲来前夜の日元交渉の一面——趙良弼と大応」『中世の日中交流と禅宗』吉川弘文館、初出一九九九年、一九九九年b
旗田巍『元寇——蒙古帝国の内部事情』中公新書、一九六五年
藤本正行『鎧をまとう人びと——合戦・甲冑・絵画の手びき』吉川弘文館、二〇〇三年
松浦市教育委員会『松浦市文化財調査報告書第四集松浦市鷹島海底遺跡・総集編』二〇一一年
村井章介「高麗・三別抄の内乱と蒙古襲来前夜の日本」『アジアのなかの中世日本』校倉書房、初出一九八二年、一九八八年
村井章介『北条時宗と蒙古襲来——時代・世界・個人を読む』ＮＨＫブックス、二〇〇一年
村井章介『分裂する王権と社会』中央公論新社、二〇〇三年
村井章介『東アジアのなかの日本文化』放送大学教育振興会、二〇〇五年a
村井章介「寺社造営料唐船を見直す——貿易・文化交流・沈船」（歴史学研究会編『港町の世界史1　港町と海域世界』青木書店、二〇〇五年b（本書Ⅱ—3）
山本光朗「元使趙良弼について」北海道学芸大学史学会『史流』四〇号、二〇〇一年
吉田光邦「蒙古襲来絵詞に於ける武器について」『新修日本絵巻物全集』10、角川書店、一九七五年

3 「倭城」をめぐる交流と葛藤
——朝鮮史料から見る

はじめに

一六世紀末の東アジアをゆるがした豊臣秀吉の朝鮮出兵の過程で、日本軍は朝鮮の各地に城郭を築いた。これを学界では「倭城」と呼んでいる。倭城は、築造場所、戦略的意味、様式・構造などの観点から、対照的な二つのカテゴリーに分けられる(1)。

第一は、日本側の史料に「つなぎの城」「伝いの城」と見えるもので、開戦当初の目標に即して、①明に攻めこむさいの補給路を確保するため、②秀吉自身が出馬したさいの「御座所」とするため、釜山—漢城—平壌間に一日行程ごとの配置が計画された。恒常的な使用に重点をおくものではなく、朝鮮側の城に手を加えたばあいも多かったと思われる。一部はじっさいに築造されたが、明瞭な遺址はほとんど確認されていない。

第二は、日本側の史料に「御仕置の城」と見えるもので、明進攻の野望が挫折し、戦略目標が朝鮮半島南部の確保に変化した段階で、①朝鮮側の(とくに水上からの)攻撃に対する防御、②地域支配の拠点形成を目的に、主として慶尚南道の海岸部に密度こく築造された。日本式の築城技術を駆使した本格的な城郭で、戦争終了後近年まで手つかずで放置されたために、遺跡・遺構の残りはきわめて良好である(2)。

倭城の研究は近年とみにさかんである。容易になった現地調査と、日本側史料の探索・読解にもとづいて、主として城郭史の観点から、研究が蓄積されている。(3) シンポジウムの開催とその成果の刊行や、専門雑誌『倭城の研究』の刊行も特筆される。(4)

この隆盛のなかでとり残された感があるのが、朝鮮側史料の活用である。『朝鮮王朝実録・宣祖実録』を筆頭に、豊富な倭城記事があるにもかかわらず、それらを有効に使った研究は寥々たるものである。先駆的な仕事として、中西豪「朝鮮側資料に見る倭城――その観察と理解の実相」(5)と藤本正行「倭城の歴史」・「熊川城の歴史」(6)があるが、前者は文禄の役の平壌攻防戦をおもな対象としたもので、「御仕置の城」には及んでいない。後者は諸種史料に目配りを利かせたすぐれた概説だが、本格的な研究ではない。

しかし、朝鮮側史料には、倭城群の戦略的配置、守備軍の規模と指揮者、城郭自体の構造など重要な論点について、多くの貴重な情報がふくまれている。ところが、これらについては、ほとんど日本側史料のみにもとづいて研究されているのが現状である。たしかに日本側史料の倭城情報は豊富で、それだけでもかなり高度な研究が可能であり、中野等・黒田慶一・白峰旬らの研究書が、近年あいついで刊行された。(7) しかし、日本側史料だけにもとづく研究は、いかに精細をきわめたとしても、攻めこんだ側の論理にひきずられた歴史像を結んでしまうことになりはしないか。そこに朝鮮側史料を加えることは、史料の量的増加を意味するだけではない。侵略を受けた側の史料を用いることで、対象に注ぐ視線が複線化され、より公平な視点から戦争の真実に迫りうるのではないか。

いっぽう、倭城と朝鮮民衆との接触の姿については、福島克彦や太田秀春が、朝鮮側史料を多く用いた研究に着手している。(8) しかし紹介された事例はまだ少なく、用いられた史料も『朝鮮宣祖実録』にかたよっている。そこで李舜臣《イスンシン》の『壬辰状草』『李忠武公全書』にも注目し、(9) 日本側史料をあわせ用いながら、倭城の出現が朝鮮民衆にもたらしたものはなにかを考える必要がある。

本章では、以上のような観点から倭城を考察するが、とりあえず対象を上記の第二カテゴリー「御仕置の城」に絞り、それも、文禄の役から日明講和交渉期にかけて築造・利用された、いわゆる「文禄の城」に限定する。以下、右に示した四つの論点――倭城群の戦略的配置、守備軍の規模と指揮者、城郭自体の構造、倭城と朝鮮民衆との接触――を、それぞれ第一、第二、第三、第四節で論じる。

一　「御仕置の城」の普請と配置

「つなぎの城」から「御仕置の城」へ

一五九二年四月に始まった文禄の役は、わずか三週間余で日本軍が朝鮮の首都漢城《ハンソン》を占領し、その後平壌まで軍を進めた。しかし明軍の参戦により、早くも八月には和平交渉が始まる。義兵の蜂起や朝鮮水軍の制海権掌握もあって、形勢は逆転、翌年四月には漢城からも撤退し、日本側の戦略目標は朝鮮半島南部の確保へとシフトする。それにともなって倭城も「つなぎの城」から「御仕置の城」へと、性格を変えることになる。

「御仕置の城」につながる性格の築城例は、一五九二年七月、閑山島《ハンサンド》沖で日本水軍が李舜臣ひきいる朝鮮水軍に大敗を喫した時点までさかのぼる。肥前名護屋で敗報を聞いた秀吉は、水軍将脇坂安治・九鬼嘉隆・加藤嘉明に対して、「からいさん」（巨済島《コジェド》）に城(10)を拵え堅固に在番せよと命じた(11)。このとき、「からい山」と「同地続嶋」での築城がセットで計画され、岐阜宰相（秀吉の甥羽柴秀勝）が総指揮官として在城する手はずだった(12)。その戦略的目的は、朝鮮水軍の攻撃から出撃基地釜山《プサン》を防御することに求められよう。

翌年正月になると、軍《いくさ》奉行増田《ました》長盛ら五名からつぎのような報告が名護屋へ送られた(13)。①釜山・漢城間の「つなぎの城々」は、「互にすけあひ《（助合）》もなりかね可レ申」という危機的状況である。②「ふさんかい（釜山浦）湊口両方に城々無二御座一候て不レ叶所」につき、「城所」（城郭予定地）の絵図を送る。③朝鮮は国広く味方の兵数は不足しているので、

「海端・河へりに付て城々丈夫ニ被二仰付一、連々に静謐仕候様ニ可レ被二仰付一候」。

①については、三月までに「古都（尚州）より釜山浦迄之間伝城々《つたいのしろじろ》」のように大幅に縮小され、四月には「先」（最前線）を「古都」または「みりやき」（密陽《ミリャン》）まで退《ひ》いて、しかるべき場所に「後迄《のちまで》之城」を築くことが指示されている。(14) ②は日本軍の最重要拠点港湾である釜山浦防御のための築城を求めたもので、「湊口両方」は椎木嶋《しいのきじま》城（東《トン》三洞《サムドン》倭城）と迫門口《せとぐち》城（中央洞《チュンアンドン》倭城）に比定できる（毛Ⅲ九一九号、「文禄二年」七月二七日朱印状）。これに対して③は、「広い国」の確保のために、海・河の岸辺に堅固な城を築こうというもので、「御仕置の城々」につながる築城構想の初見である。

このころになると、朝鮮側史料にも倭城普請がとらえられ始める。一五九三年二月に漢城に届いた慶尚左道観察使韓孝純《ハンヒョスン》の馳啓に、「釜山・東萊《トンネ》・西平《ソピョン》・多大浦《タデポ》等の処に、地を画し城を築き、城基を設計す、周回は大概五十余里なり」と記されている（宣二六・二・癸卯）。(15) ②の「湊口両方」の城とは別に、釜山浦の防御を固める城郭普請が実施されていたのである。三月二三日付で秀吉にあてた浅野長吉書状に、「（毛利）輝元釜山浦へ相越、湊口番船押城五六个所相拵《こしらえ》之由」が記されていた（浅八五号、（文禄二年）四月二二日朱印状）のは、両方をふくめた城普請の状況を示すものである。

③の城郭群構想は、一五九三年三月より本格化する「もくそ城」（牧司＝晋州《チンジュ》城）攻囲戦の過程で具体化され、「御仕置の城」として概念化される。この語の初見史料である四月一二日付宇喜多秀家他二〇名・舟手衆・其外在陣衆あて朱印状に、「もくそ城於二討果一者、馬飼料不二出来一間ニ各令二相談一、よき所見計《みはからい》、御仕置之城々拵可レ申候」とあり、「釜山浦・こもかい（熊川《ウンチョン》）浦手ニ付て」二〇か所ほどの城を拵え、城内に蔵を建てて鉄炮・玉薬・味噌・塩・鰯・雑事・菜種を貯蔵することが指示されている（毛Ⅲ九二八号）。

そのねらいは、三月三日と推定される宇喜多秀家等一七名連署状に、「右両国（全羅・慶尚道）成敗仕候而、海端・

川筋に付て兵糧相届候所々ニ、城々丈夫ニ被二仰付一」とあり、(16) 四月一二日付浅野長吉あて朱印状に、「赤国・白国（慶尚道・全羅道）令二成敗一御仕置之城々可二相拵一候」とあるように、(17) 晋州城を陥して慶尚・全羅両道の「成敗」を達成し、その成果を恒常化するために、海岸や河川沿いの港湾を押さえて、朝鮮水軍の攻撃から防御し、兵糧の補給路を確保することにあった。

六月二九日、晋州城が陥落すると、「御仕置の城」普請は本格化する。七月二四日付で伊達政宗が生母に送った消息にこうある（伊Ⅱ六五〇号）。

> 高麗之うちニ日本より城をも御かゝへなく候ハヽ、から《（唐）》にておぢ《（怖）》候ハて、いかなるわかまゝをも申候へは、しよせん《（所詮）》なくおほしめし候て、海辺ニより城々十五所もたせられへきニさたまり、はや十日いせんより、所々普請御さ候。われらニは御ゆるし候へ共、申こい候て、いしかき《（石垣）》の普請仕候。

海辺に沿って一五か所の城郭予定地が定まり、普請が開始されていた。城普請にかける秀吉の意図（傍線部）と、同月一三日名護屋発の小早川隆景あて朱印状に「其表御仕置者、領知を為レ可レ被二相拘一にて無レ之候之間、海辺ニ付而可レ然所見計、城々普請丈夫ニ可二申付一候」とある（小Ⅰ三四九号）ことからわかるように、「御仕置」とは、城主に城廻りを領知として与えるものではなく、あくまで明を威圧して進攻を実現させるための措置だった。

「御仕置の城」の戦略的配置

じっさいの築城場所については、晋州攻囲戦最中の五月以降、徐々に選定が進められていった。五月一日の「朝鮮国城々仕置之事」と題する朱印状では、一八か所の城に配置すべき城主が定められているが、具体的に地名があがっているのは蔚山《ウルサン》だけである（旧Ⅱ一一一〇号）。同月二〇日の「もくそ城取巻人数之事」と題する朱印状になると、「釜山浦」「金海《キメ》よりもくそ城迄の間つなきの城」「とくねき（東萊）の城」「くちやん（機張《キジャン》）城」「から嶋（巨済島）」「か

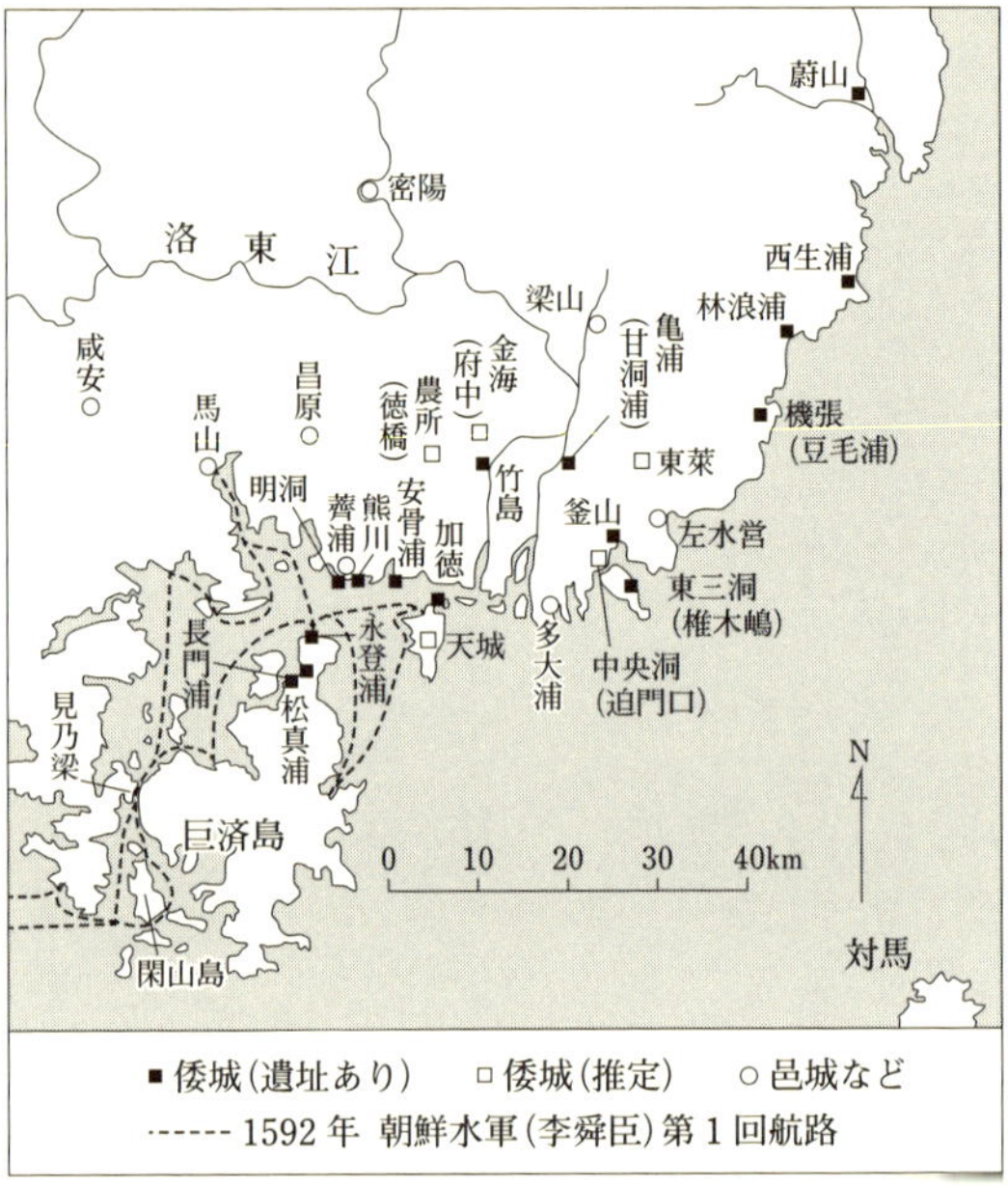

図1　倭城配置図（村井作成）

とく（加徳《カドク》）嶋」[18]での城普請が指示されている（島Ⅱ九五五号）。『楓軒文書纂』所収、同日付の「朝鮮国御仕置之城々覚」と題する朱印状[19]では、本城《もとじろ》として、「釜山浦」「こもかい（熊川）」「唐島内一个所」「唐島内二个所」「かとく嶋」および地名不記載五か所の計一一箇所、端城《はじろ》として釜山に属する「椎木嶋端城」と「地つゝきの御城端城」、「こもかい」の「端城」、および地名不記載の四か所の計七か所が列挙されている。ここに見える本城―端城という編成は、一日の朱印状に「赤国成敗之上ニ而、右一書之城丈夫ニ相拵、人数之依ニ多少ニ、城之大小所をも見計、それ〳〵に可レ持事」とあった条項を具体化したものであろう（旧Ⅱ一一一〇号）。

そして晋州城陥落後に城の場所と城主名が確定したらしい。やや信頼度は劣るが、「直茂公譜考補」[20]に、「晋州ノ城被ニ攻落一シ後所々城番」と題して、「西生浦《ソセンポ》」「セイクワン（林浪浦《イムナンポ》）」「機張」「釜山浦」「東萊」「カトガイ（甘洞浦《カムドンポ》＝亀浦《クポ》）」「竹島《チュクト》」「同繫」「熊川」「安骨浦《アンゴルポ》」「唐島」「同所」「同繫」の一三か所が列記されている。おなじ一三か所は、城主名に多少の相違があるものの、『豊公遺文』[21]所収の「朝鮮都引取り城々在番事」と題するリストにも掲げられている。この一三城から「繫」とされたふたつを除いた一一城が、『楓軒文書纂』所収朱印状のいう「もと城十一」にほぼ相当するだろう[22]。

では、朝鮮側史料はこの段階をどうとらえているだろうか。八月一四日に黄海道の黄州《ファンジュ》で明の提督李如松・副摠兵楊元が宣祖《ソンジョ》と面会した。「倭賊はいま釜山等八つの城に屯しており、新来の王子の親書と慶尚監司の書状にもそう告げている」という王の言に対して、李提督は「八城というのは虚語で、賊の拠っているのは西生浦だけだ。賊がまだ朝鮮国内にいるのは、明が朝貢を許すか否かを待っているのみだ」と語った（宣二六・八・乙未）。朝鮮側の認識のほうが正しかったことは、同月二二日の慶尚左道巡察使韓孝純の馳啓に、「本道の賊勢は、東萊・機張・釜山・蔚山地西生浦・梁山《ヤンサン》地下龍堂《ハヨンダン》（いわゆる亀浦）等の処に前の如く屯聚し、間間入帰（帰国）の賊あると雖も、留屯の倭は則ち顕かに雄拠の状あり、兇謀測り叵《がた》く、事定まるに期なし、為す所を知らず」とあることで確かめられる（宣二六・九・庚午）。韓孝純のあげた五か所は、みな日本側史料の「本城」にふくまれており、在番体制による兵の交代も朝鮮側に把握されている。

一五九三年九月二三日、秀吉は島津義弘・毛利秀元・同元康・吉川広家・立花宗茂・鍋島直茂・加藤清正・伊東祐《すけ》兵《たか》・筑紫広門ら朝鮮在陣の諸将にほぼ同文の朱印状を送り（これには石田三成・増田長盛の副状が付属していた）、つぎのように述べた（島Ｉ三九七号）[23]。

其方手前居城普請等之儀、度々如下被二仰遣一候上、弥入レ念丈夫ニ可二申付一候。大明無事之儀、惣別正儀ニ不レ被二思召一ニ付而、城々被二仰付一各在番候。九州同前ニ令二覚悟一、有付可レ有レ之候。東国・北国之者共令二在洛一、普請等仕儀校《くらべ》候へハ、其地者心安儀候。重而諸勢渡海之儀被二仰付一、赤国（全羅道）を始可レ被レ加二　御成敗一候。於二其上一大明御侘言申上候ハヽ、随レ其可レ被二仰出一候条、弥不レ可レ有二由断一候。

「大明無事の儀、惣別正儀に思し召されず」とあるように、秀吉は日明講和交渉に全面的に付託してはいなかった。城主たちは、居城の普請を継続し、城々の在番体制を堅持し、九州同前に心えて「有り付きこれあるべき」である。さらに軍を増派して慶尚道以下に成敗を加え、その上で明が和平を求めてくるならば、日本側もそれに応じる用意がある。「有付」とは「ある場所に住みつく。住居が落ち着く。安住する。」という意味であり（『日本国語大辞典』）、明への進攻を大前提とする戦略から、城主たちが九州と同様に定住して周囲を支配することに重点をおいた戦略への、大きな転換が読みとれる。翌年正月の朱印状で指示された、釜山浦に蔵を作って三万石以上の兵糧を常備しておくこと、城廻《しろまわり》に田畠を開墾していよいよ「有付」くべきこと、など（島Ⅰ四一九号）も、あらたな戦略にもとづく指示であった。一五九三年四月に、沈惟敬《しんいけい》と加藤清正・小西行長の間で合意された和平条件には、日本軍の釜山までの撤退(24)という一項が入っていた。倭城の面的展開という秀吉の方針がこれを逸脱していることは明らかである。それゆえ、その後の停戦・和平の交渉のなかで、倭城の破却が焦点のひとつになっていくのである。

朝鮮側の認識と対応

その後、倭城の配置に関する朝鮮側の認識や、それへの戦略的対応は、より精細なものとなっていく。

一五九三年閏一一月、朝鮮は明使に呈した「賊勢掲帖」のなかで、「今の賊の慶尚道に在る者、蔚山の西生浦也、東萊也、釜山也、梁山の上・下龍堂也、金海也、熊川也、昌原《チャンウォン》也。海中は則ち、加徳・天城《チヨンソン》也、巨済也、巨済の永登浦《ヨンドウンポ》也、場門浦《チャンムンポ》也」と、倭城の所在を列挙し、これに対抗して朝鮮は、「慶尚道の前に敵を受くる地」である「釜山・東萊・密陽・金海・多大浦・昌原・咸安《ハマン》等」では、城を増築し、壕塹を鑿深」しており、内陸部で城のない「大丘府《テグ》・清道郡《チヨンド》・星州牧《ソンジュ》・三嘉県《サムガ》・永川郡《ヨンチヨン》・慶山県《キヨンサン》・河陽県《ハヤン》・安東府《アンドン》・尚州牧《サンジュ》の如きは、悉く民を発して築城」させている、と述べた（宣二六・閏一一・甲午）。列挙された地名のうち、梁山上龍堂・昌原・天城（加徳島内にあり）では相当しそうな倭城の遺構が確認されていない。九州大学九州文化史研究施設所蔵の「倭城址図写・彼我城配《しろくばり》」の図では、昌原・天城に「朝鮮ノ城」があったことを記載している。(25)朝鮮側の山城・邑城を再利用した可能性も考えておくべきであろう。

一五九四年三月の宣伝官劉夢龍《ユモンヨン》が王に呈した啓でも、慶尚右兵使成允文《ソンユンムン》・同左兵使高彦伯《コオンベク》・防禦使金応瑞《キムウンソ》からえた情報として、「左道の賊勢は則ち、西生浦・林浪浦・豆毛浦《トモポ》・機張・東萊地城隍堂《ソンファンダン》・水営《スヨン》・釜山浦・梁山地仇法谷(亀浦)等の処、前の如く屯拠し、賊船の往来常なし。右道は則ち、金海竹島・徳橋《トッキョ》・熊川・熊浦《ウンポ》・安骨浦・薺浦《チェポ》・天城・加徳・巨済等処、亦前の如く雄拠し、賊船常に出入す」と報じている(宣二七・三・戊子)。水営は釜山浦のすぐ東北にある慶尚左水営で、朝鮮水軍の重要基地であったが、日本軍が奪取してそのまま使っていたのであろう。徳橋は金海の地内で、「農所《ノンソ》倭城」とも呼ばれる金海竹島倭城の端城がある。熊浦・薺浦は熊川倭城の端城である。

かなり降って、大半の倭城から日本軍が撤退した一五九五年七月に、接待都監が王に呈した啓には、「倭営地図」にもとづいて倭城の状況が記述され、〈本城―端城〉という倭城の編成が、「熊川四営」＝蔘浦《サムポ》(熊浦か)・熊川営・薺浦・安骨浦、「金海三営」＝徳橋・府中《プジュン》・竹島、「巨済三営」＝永登浦・場門(長門)浦・所津《ソジン》(松真)浦、というグループを識別するかたちで、ある程度認識されている(宣二八・七・乙未)。

以上のような観察をふまえて、朝鮮側は対応策を練っていた。一五九四年九月の備辺司の啓は、朝鮮の「疲残の弱卒、齟齬の器械」をもって陸地に屯拠する賊を破るのは困難であるが、水軍をもって海路を遮断し、日本軍の糧道を断つことで、賊勢を自縮させることこそ、「兵法の堅を避け瑕を攻むるの術」である、と前おきして、つぎのような「今日第一の奇策」を示し、宣伝官を派遣して水軍統制使李舜臣に通知することを提議して、王の承認をえた(宣二七・九・甲午)。

巨済は賊屯ありと雖も、形勢は単弱にて、特《た》だ金海・熊川の賊と、水を隔てて相望み、遥かに声援を為すのみ。然るに、巨済に賊あるを以て、故に我国の舟師、見乃梁を過ぎて東すること能はず。今宜しく巨済の賊を侵し撓《たわ》め、其をして、支へて熊川の賊と相聚まらざらしむれば、則ち舟師東向するの路に阻なからん。然る後、即ち諸道の戦艦を移し、永登の前に進泊し、出没攻勦し、多く旗幟を張り、金鼓相聞こゆれば、則ち岸上の賊、意を防

海に専らにし、必ずや皆下船せん。因りて陸地の諸将と約し、同時に並挙し、大いに疑兵を山谷林藪の間に陣し、
賊をして多少を測らざらしめ、間に精兵を出し、首尾を邀截《ようせつ》せん。

見乃梁は巨済島西端の本土との海峡に面する地で、釜山方面へ東進する関門をなし、慶長の役で巨済島四つめの倭城が築かれることになる。疑兵とは兵数を多く見せかけるための兵士の人形《ひとがた》である。巨済島に屯する日本軍の弱体を見ぬき、諸道の水軍を集結してまず永登浦の倭陣をたたき、対岸の金海・熊川にいる日本軍との連携を断ち、陸軍とも連絡をとりあって同時に日本軍を攻め立てる。それによって釜山方面への血路を拓こうというのである。日本軍が陸と島に倭城を配置して張りめぐらせた防衛線を充分に観察していなければ、このような作戦を立てることは困難であったろう。

二　倭城の守将と人数

在番体制の整備過程

以上のように造築・配置された倭城群には、だれの率いる兵力がどれくらいの規模で配置され、どんなシステムで運用されていたのだろうか。一五九三年三月、伊達政宗が名護屋から国元の小少将という女性に送った書状に、「かうらひ（高麗）のうち、日本よりの舟つきて、ふさんかい（釜山浦）と申ところニやうかい（要害）共いくつもなされ、つくしと四国・中国のしゆ（衆）さしこめられ、まつ〳〵あき（秋）中ニ御かへりなさるへきよし申候」とある（伊Ⅱ六四三号）。倭城の守備には九州と中国・四国の勢が配置され、伊達などそれ以外の地域の勢は工事が終われば帰国が許されたこと、九州・中国・四国の勢も約半年後の秋には交替が予定されていたことがわかる。このようなシステムを「在番体制」と呼ぼう。

先述のとおり、同年五月以降、在番体制のプランが、城名よりも在番予定者名が先行するかたちで、固められてい

った。同月一日に作成された初の網羅的な在番者リストでは、具体的な城名はたったひとつ、「蔚山之城壱个所」が見えるのみで、そこには宗義智の名が付されている（旧Ⅱ一一一〇号）。従来、蔚山城の築造は慶長段階とされているが、一五九五年二月の朝鮮側が作成したリスト（後述）にも、西生浦とは別に「蔚山」が見えているので、文禄段階から蔚山にある程度の築城がなされた可能性がある(26)。朝鮮側と対峙する最前線の蔚山に、日本軍の最先鋒を勤める対馬の宗氏が充てられたわけだが、じっさいには宗氏の蔚山城在番は行なわれなかったようである。

同月二〇日の「楓軒リスト」になると、記載される城名が格段に増加するとともに、各城主ごとの兵数も詳細に記されている。予定された在番体制の大概は、釜山城の本城・端城に毛利本家勢、熊川本城に小早川勢、同端城（安骨浦か）に久留米小早川・立花・筑紫・高橋の北九州勢、巨済島に蜂須賀・生駒・福島・長曾我部・戸田の四国勢、加徳島に九鬼・脇坂・藤堂ら水軍勢（「船手之衆」）という内容である。

後述する七月の史料とつきあわせると、任地未定分のうち、毛利吉成ら五名は林浪浦、加藤清正は西生浦、黒田長政は機張、鍋島直茂は金海竹島をわりふられていたものと思われる。島津義弘担当の本城、小西行長担当の本城、宗義智担当の端城、松浦鎮信《しげのぶ》・宇久純玄《すみはる》・大村喜前《よしさき》・有馬晴信四氏担当の端城については、文末に「所付無之分者（宜カ）見計、こもかいより西ニ付候て、此書立次第見計、城可相究」とあるように、熊川以西への配備が予定されていた。だがそれは戦況の悪化で実現しなかった。

晋州城陥落後の七月ころの状況を伝えるとされるのが、a「直茂公譜考補」とb『豊公遺文』所収のリストで、倭城の在番を記述する際にしばしば使われてきた史料である（傍線部はa、〔　〕内はb）。

西生浦　　加藤清正
セイクワン（林浪浦）　　毛利吉成・島津豊久・高橋元種・秋月種長・伊東祐兵
機張〔クチヤン〕　　黒田長政

釜山浦　毛利秀元
東萊〔トクネギ〕　毛利秀元・小早川秀包〔小早川秀包・中国衆〕
カトカイ（亀浦）　毛利秀元・立花宗茂・高橋直次〔小早川隆景・立花宗茂〕
竹島　鍋島直茂
同繋〔同出城〕　鍋島直茂〔同覚悟？〕
熊川　小西行長
安骨浦　九鬼嘉隆・加藤嘉明・菅達長・四国紀伊国船手衆〔記載なし〕
唐島（松真浦）　島津義弘
同所〔同城壱〕（長門浦）　福島正則・戸田勝隆
同繋〔同城壱〕（永登浦）　島津義弘・福島正則・戸田勝隆〔記載なし〕

より確実な史料で裏づけをとってみると、文禄二年（一五九三）七月二七日の朱印状で、毛利秀元が「釜山浦・とくぬき（東萊）の城・瀬戸口の城」の[27]、小早川隆景が「かとかい（亀浦）の城・同は城」の（小Ⅰ五〇九号）、吉川広家が東萊城の（毛Ⅲ九一九号）、島津義弘が「から嶋（巨済島）之内一城」の（島Ⅱ九五六号）、鍋島直茂が「きんむい（金海）の城・同はしろ」の（鍋五六号）普請を、それぞれ命じられている[28]。

右の対照から、a・bの在番表は、必ずしも全幅の信頼をよせることのできない史料であることがわかる。毛利一族の分担関係が正確に捉えられていないため、吉川・小早川の影が薄くなってしまっている。また、aの注記に、清正が西生浦の前に熊川に、直茂が竹島の前に西生浦に、それぞれ在番していたとあるが、これは他の史料でまったく裏づけがとれない。しかし、のちの史料と符合する点も多いので、注意して使っていきたい。

日本軍の支配地域の中心をなす釜山とその近辺（東萊・亀浦をふくむ）に毛利一族からなる中国勢と北九州勢を配置

し、それに隣接する巨済島に四国勢と島津氏、安骨浦に船手衆（ここは五月に船手衆を配置するとされていた加徳島をふくめて管轄したか）が配置され、その外延部に九州勢が展開する。すなわち、敵に対峙する最前線に、開戦当初にも先鋒を勤めた加藤清正（西生浦）と小西行長（熊川）がおかれ、その背後を固める位置に黒田長政（機張）と鍋島直茂（金海竹島）が布陣する。a・bには見えないが、小西勢でももっとも西よりの最前線明洞《ミョンドン》に対馬の宗義智がおかれていることは注目される（五月段階では宗氏は反対側の最前線蔚山への配置が予定されていた）。このような配置原則は、国内統一戦争で採用されていたものの応用である。

朝鮮史料に見る在番体制

このような在番体制が、朝鮮側の史料にとらえられてくるのは、一五九四年三月ころからである。この月、一倭兵を捕獲した明軍別将韓明璉から漢城に送られた報告に、「日本軍兵見住之数、西生浦五千、林郎浦三千、機張三千、東萊一千、釜山浦一万、梁山地仇法谷（亀浦）三千、左水営三百、金海一万八千、安骨浦二千、加徳七百、熊川薺浦四千、巨済七千余名」とある（宣二七・三・丙申）(29)。各倭城に配置された兵数については、日本側の史料に確実な数を記したものがない（「楓軒リスト」に記された兵数はあくまで予定数であり、しかも城名未定分が半分もあった）なかで、確実性に若干の留保が必要とはいえ、貴重な史料というべきである。ひと月後の接待都監の啓に「巨済之賊、大約五六千。熊川、大約四五千。金海龍堂（亀浦）・竹島之賊、視巨済似多。共通計数、可四五万矣」とあるのは、大きく隔たらない数字といえる（宣二七・四・乙丑）。

ついで、秀吉を「日本国王」に封ずるべき冊封使が北京を出発した一五九五年二月、明の遊撃陳雲鴻に随行して金海竹島や熊川の倭城を訪れた接伴使李時発《イシバル》の報告のなかに、「各営倭将の姓名、聞知を為さんと欲し、而して皆其の国の郷談に従ひ、字を合はせ書き出す（日本語の発音に漢字をあてて書き取る）」として、一五か所の倭城の在番者が列記されている（宣二八・二・癸丑。（　）内に日本語表記と比定される実名を記した(30)）。

竹　島：江江者加未（加賀守＝鍋島直茂）
甘同浦：也郎加臥（柳川＝立花宗茂）
加　徳：之凡〔几〕之（筑紫＝広門）
安骨浦：達三部老（月三郎＝秋月種長）
熊　浦：行長（小西行長）
薺　浦：平義智（宗義智）
巨　済：阿元老可未（阿波守＝蜂須賀家政）
又巨済：豹干〔于〕昆老加未（兵庫頭＝島津義弘）
永登浦：沙也毛隱老多有雨（左衛門大夫＝福島正則）
機　張：可仁老加未（甲斐守＝黒田長政）
東　萊：共加臥馬多時之（某又七＝？）
林郎浦：多加和時旧老（高橋九郎＝元種）
西生浦：清正（加藤清正）
釜　山：阿緊奴山小于（安芸宰相＝毛利秀元）
蔚　山：毛里有緊老加未（毛利壱岐守＝吉成）

さらに、日明講和交渉の進展にともなって倭城の破却・撤退が始まった一五九五年六月、倭営から帰還した冊封正使差官の楊賓が正使李宗城に稟帖を呈した。それを引用した接待都監の啓のなかに、各倭城の在番者と兵数が記されている（宣二八・六・己酉）。

接待都監啓して曰く、「昨日、倭営自《よ》り回来せる楊賓、其の聞見を以て、稟帖を大使に呈し、故《ことさ》らに其の帖を謄書して以て入る。各営の倭兵の数目。豆毛浦清正（加藤）二万二千、西生浦走兵太守《チユピヨン》（?）兵八千、機張営甲州太守（黒田長政）八千、釜山山（ママ）輝元（毛利）二万、龍堂（亀浦）隆景（小早川）四千、金海天天豊臣直政（鍋島直茂か）一万八千、加徳豊臣広門（筑紫）及び統益二千、安骨浦安治（脇坂）四千、薺浦行長（小西）一万・対馬島義智（宗）三千、巨済島三営義弘（島津）一万・士〔土〕州太守（長曾我部元親）八千・一正（生駒）六千、東莱莱〔出〕雲太守（吉川広家）八千。此爾日本原来の数目にして、向来盈縮一ならず。行長の一営を観れば、其の他を知るべし。具さに稟《もう》す〈已上総数十三万一千〉。」

最後に「此爾《これ》日本原来の数目にして、向来（これまで）盈縮（増減）一ならず」とあるから、この時点での現在数ではなく、すこしさかのぼる時点のものらしいが、清正がすでに豆毛浦に移っているから、さほど前ではない。豆毛浦は機張の別名だから、黒田長政が在番する機張営と重複してしまう。その理由は不明だが、いちおう加藤・黒田がともに機張（豆毛浦）にいたと解しておく。清正の跡に西生浦に入ったという「走兵太守」はだれを指すのか不明である。釜山は「輝元」とあるが、前記した理由でその養子秀元と解すべきだろう。統益《むねます》は大友氏の一族に臼杵統益がいるが、この人かどうか不明である。「薺浦」に行長・義智勢がいたとあるが、熊川本城に行長、端城明洞城に義智がいたのをこう記したのだろう。「東莱莱雲太守」は「東莱出雲太守」の誤記で、当時「羽柴出雲侍従」と呼ばれた吉川広家に比定できる。

在番体制の運用状況

では在番体制は具体的にどのように運用されていたのだろうか。在番は交代を前提とする体制だから、まず「番替《ばんがえ》」から見ていく。

一五九三年七月に伊達政宗が生母に送った消息に、「所々普請御さ候、われらニは御ゆるし候へ共、申こい候ていしかき（石垣）の普請仕候、(31)……こゝもとふしんさへすミ候ハヽ、つくし・四国しゆあいのこされ、われらなとハ帰朝のしゆ（衆）とつたへ承候」とある（伊Ⅱ六五〇号）。同年九月、熊川城の普請にあたっていた上杉景勝は、その完了にともなって帰国した（上八五五号、（文禄二年）九月二九日朱印状）。九州・中国・四国勢以外の軍役は城普請のみであり、完工後は帰国が許されたことがわかる。

一五九三年五月二〇日付「楓軒リスト」の「かとく嶋」の項に、九鬼嘉隆・加藤嘉明・菅達長・来島通総・得居通年・脇坂安治の組二七二三人と、藤堂高虎・堀内氏善・杉若氏宗・桑山一晴・同貞晴の組二七三六人とが、番替で勤務するようにとある。おなじことを、島Ⅱ九五五号の同日付朱印状では、「此船手之衆二組ハ、朝鮮御仕置之城々出来候迄、鬮《くじ》取仕、番替たるへく候也」と述べる。ほぼ同数のふたつの組に編成して、くじ引きで巡番を決めるという方式がわかる。この場合は二交代制だが、翌年一二月の毛利家臣にあてた朱印状に、「人数半分歟三分一召置、本国之用所下々替々可レ為二相叶一候」とあって、三分の一ずつ帰国させる場合もあった。(32) こうしたシステムは朝鮮側でも認識していた。すこし後年の例になるが、一五九六年末に朝鮮使黄慎《ファンシン》が手に入れた「倭書一紙」のなかに、「安骨浦一番森伊紀（毛利吉成）・二番黒田甲非守（長政）」とあった（宣二九・一二・辛卯）。安骨浦は加徳島より水軍基地の機能をひきついだ城である。

つぎに紹介する例は、対馬の清水山城が舞台と考えられるが、番替のシステムは倭城と同様であったろう。一五九四年正月、山崎家盛は「長々在番辛労」をねぎらわれ、「番替之人数」が「着岸次第」、ただちに帰国することが認められた。これを伝達したのが、普請・在番の「見廻」のため派遣された美濃部四郎三郎・山城忠久である。翌月、山崎は「其方為二番替一、池田伊与守弟喜兵衛被二差遣一候条、其方居所相渡、在番中申付候通、能々申聞、早々可二罷帰一」という命を受けた。(33)

一五九三年七月、釜山にいた毛利輝元に対して、去春遣わした同秀元と交代し、小姓らをつれて名護屋へもどるよう命があり、これに連動して「家中之儀ハ二番二分置、普請出来次第可二差返一候」という指示が与えられた（毛Ⅲ九一七号）。翌年五月、巨済島にいた島津義弘が受けた指示にも、「人数之儀、家中番替二申付、如二御掟一可二在番一候」とある（旧Ⅱ一一二二号）。毛利や島津のような大勢については、家中内部で交代制が行なわれていた。

在番勤務する城は、加藤清正の西生浦城、黒田長政の機張城、毛利輝元・秀元の釜山城、鍋島直茂の金海竹島城、小西行長の熊川城のように、長期にわたって異動のないケースが有名だが、任地が変わることもまれではない。島津義弘は一貫して巨済島の城を担当したが、九三年七月には松真浦、九五年二月には長門浦、同年七月にはふたたび松真浦（宣二八・七・乙未）、同年一一月には永登浦（宣二八・一一・庚午）と、島内での変動がある。また、これは倭城の破却にともなう異動であるが、九五年十一月、林浪浦の「将帥」だった毛利壱岐守（吉成）が帰国して、同地の守兵はその子豊前守（吉政）に率いられて安骨浦に移り、巨済永登浦にいた島津義弘は加徳島に移った（宣二八・一一・庚午）。これらは異動の瞬間を見ることのできたわずかな例であるが、表1の「在番表」を見ると、他にもこうした異動があったことがうかがわれる。

では在番体制はどのような手続きで運用されていたのだろうか。一五九三年八月、名護屋城の秀吉は、軍奉行浅野長吉・増田長盛・石田三成・大谷吉継にあてて、つぎのように指示した（浅七〇号）。

熊谷半次（直盛）・垣見弥五郎（一直）令二帰朝一、其元仕置城々普請無二由断一躰令二言上一、被二聞召届一候。
一城所之儀、従二其方一相越候如二絵図一、弥申付之由、尤思召候事。
一普請出来衆、城主一札を取、最前被レ遣候如二帳面一、番折申付、帰朝させ可レ申候事。
一釜山浦・こもかいへ相着候兵粮書付・同小帳到来、被レ加二披見一候。……

秀吉は、現地から送られた絵図によって「城所」（築城予定地）の状況を把握し、かつ監督のために特使を派遣して、

1593/7ころ 直茂公譜考補	1593/7？ 豊公遺文	1594/3/18 宣祖実録	1595/2/10 宣祖実録	1595/6/8 宣祖実録
毛利秀元	毛利秀元	10000	毛利秀元	毛利輝元20000
毛利秀元・毛利秀包	毛利秀包并中国衆	1000	共加臥馬多時之	吉川広家8000
黒田長政	黒田長政	3000	黒田長政	加藤清正22000・黒田長政8000
毛利吉成・島津豊久・高橋元種・秋月種長・伊東祐兵	毛利吉成・島津豊久・高橋元種・秋月種長・伊東祐兵	3000	高橋元種	
加藤清正	加藤清正	5000	加藤清正	走兵太守8000
			毛利吉成	
毛利秀元・立花宗茂・高橋直次	小早川隆景・立花宗茂	3000	立花宗茂	小早川隆景4000
鍋島直茂	鍋島直茂	18000	鍋島直茂	鍋島直茂18000
鍋島直茂	鍋島覚悟？			
		700	筑紫広門	筑紫広門・(臼杵？)統益2000
小西行長	小西行長	4000	小西行長	小西行長10000
九鬼嘉隆・加藤嘉明・菅達長・四国紀伊船手衆		2000	秋月種長	脇坂安治4000
			宗義智	宗義智3000
島津義弘	島津義弘	7000余	蜂須賀家政	島津義弘10000・長曾我部元親8000・生駒一正6000
福島正則・戸田勝隆	福島正則・戸田勝隆		島津義弘	
島津義弘・福島正則・戸田勝隆			福島正則	

表1　文禄倭城在番表（単位：人）

<table>
<tr><th>倭城名</th><th>別称1</th><th>別称2</th><th>1593/5/20
島津家文書</th><th>1593/5/20
楓軒文書纂</th><th>1593/7/27
島津家文書他</th></tr>
<tr><td>釜山本城</td><td>ふさんかい</td><td></td><td>毛利輝元3000</td><td>毛利輝元17060</td><td>毛利秀元5000</td></tr>
<tr><td>東三洞</td><td>椎木島</td><td></td><td></td><td>毛利輝元</td><td></td></tr>
<tr><td>中央洞</td><td>迫門（瀬戸）口</td><td></td><td></td><td>毛利輝元</td><td>毛利秀元1000</td></tr>
<tr><td>東莱</td><td>とくねぎ</td><td>城隍堂</td><td>前野長康922・加藤光泰1097</td><td></td><td>毛利秀元3000</td></tr>
<tr><td>機張</td><td>くちやん</td><td>豆毛浦，竹城里</td><td>亀井茲矩1336</td><td>（黒田長政5082）</td><td></td></tr>
<tr><td>林浪浦</td><td>せいぐはん</td><td></td><td></td><td>（毛利吉成・高橋元種・秋月種長・島津豊久・伊東祐兵3980）</td><td></td></tr>
<tr><td>西生浦</td><td>せつかい</td><td></td><td></td><td>（加藤清正6790）</td><td></td></tr>
<tr><td>蔚山</td><td></td><td></td><td></td><td></td><td></td></tr>
<tr><td>亀浦</td><td>かとかい</td><td>甘洞浦，梁山下龍堂，仇法谷</td><td></td><td></td><td>小早川隆景5000</td></tr>
<tr><td>金海竹島</td><td>きんむい</td><td></td><td>毛利重政520</td><td>（鍋島直茂7642）</td><td rowspan="2">鍋島直茂5000</td></tr>
<tr><td>農所</td><td></td><td>徳橋</td><td></td><td></td></tr>
<tr><td>加徳島</td><td>かとく</td><td></td><td>九鬼嘉隆等6人2723／藤堂高虎等5人2736</td><td>九鬼嘉隆等6人2723／藤堂高虎等5人2736</td><td></td></tr>
<tr><td>熊川</td><td>こもかい</td><td>熊浦</td><td></td><td>小早川隆景6600</td><td></td></tr>
<tr><td>安骨浦</td><td>あんかうらい</td><td></td><td></td><td>（毛利秀包・立花宗茂・筑紫広門・高橋直次8753）</td><td></td></tr>
<tr><td>明洞</td><td>かつうら</td><td>甘浦山，薺浦</td><td></td><td></td><td></td></tr>
<tr><td>松真浦</td><td rowspan="3">からいさん
から嶋</td><td>巨済，所津浦</td><td rowspan="3">蜂須賀家政4500・生駒親正2450／長曾我部元親2590・福島正則2500・戸田勝隆2340</td><td rowspan="3">（一ヶ所）蜂須賀家政4500・生駒親正2450／（二ヶ所）長曾我部元親2590・福島正則2500・戸田勝隆2340</td><td rowspan="3">（内一城）島津義弘2000</td></tr>
<tr><td>長門浦</td><td>又巨済，場門浦</td></tr>
<tr><td>永登浦</td><td></td></tr>
</table>

一元的に指示を与えていた。在番衆は普請完了の旨を記した「一札」を入れて、帰国の承認をえた。「番折」とは、山崎家盛にあてた朱印状に「帰朝之人数渡海船番折之儀、最前如レ被レ成二御朱印一、金山浦〔釜カ〕に百五十艘、対馬府中に弐百卅艘、壱岐虫生津《むしょうづ》に九十艘、段々に次舟《つぎぶね》被二仰付一候」とあり(34)、各港湾に配置されている船を順次回漕して、スムーズに輸送を行なうシステムをいうらしい。帰国船のスケジュールまでも秀吉が決定して「帳面」を送っていたことがわかる。倭城に届けるべき兵粮米についても、秀吉に「書付・同小帳」が送られていた。絵図や「一札」「帳面」「書付」「小帳」などの書面が名護屋と現地を行き来し、秀吉の意図の実現がはかられていた。

　このことを、番替に即して見ることのできる具体例がある（小Ⅰ三二六号）。

去十三日書状幷城所絵図到来、披見候。各以二相談之上一相究通、尤思召候。従二此方一者、凡以二御挍量一、熊谷・垣見被二仰遣一候間、唯今被二申越一趣可レ然候間、弥普請入レ念申付、城持共悉有付候て、此上者無二残所一之由、城主一札を取、各可二帰朝一之由、可レ被二申渡一候。則渡海舟番折之次第、被レ成二御朱印一候。其方事も、先此度被レ甘《くつろがれ》尤候。幸久留目侍従（小早川秀包）・柳川侍従（立花宗茂）なと有レ之儀候。其外人数相加残置、帰朝候て、来年三月比見舞候て、可レ為レ尤候。

一五九三年七月二七日、亀浦城にいた小早川隆景に対して、秀吉は以下のことを告げた。①書状と築城予定地の絵図をうけとり一見を加えた。②こちらから遣わした熊谷直盛・垣見一直に、「いよいよ入念に城普請をするよう申し付け、城主たちに基盤をしっかり固めさせて、もはやし残したことはない旨の一札を城主から取ったうえで、帰国せよ」と言いふくめてある。③「渡海舟番折之次第」についても指示を出してある。④小早川秀包・立花宗茂の勢に兵数を加えて残留させ、そなた自身は帰国せよ。

　在番体制の支えとなる兵糧の備蓄と補給はどのように行なわれていただろうか。

一五九四年正月、松浦鎮信・立花宗茂は「長々在番」を労《ねぎら》われ、現在の兵数と兵糧の高を報告するよう指示を受け、さらに「兵粮当春舟数相揃追々渡海」の予定を告げられている（松七五号・（文禄三年）正月二八日朱印状、立三二九号・同日朱印状）。同年五月一九日、在番衆は、任地に貯蔵中の「御蔵米」はしっかり備蓄し、すこしでも手をつけると罰せられること、ただし古米にならないように入れ替え、員数を一定に保つこと、という指示を受けた(35)。さらに同月二四日にも、古米の入れ替えについて念がおされ、奉行である福島正則・毛利高政の指示のもとに、「釜山浦幷かとかい・東萊・竹嶋」にある莫大な兵粮米について、「御城米引加、人数多少ニ付割符可ニ積加一候」と命じている(36)。一〇月になると、義弘・直茂に対して「従ニ最前一五个城ニ被ニ残置一候兵粮事、何茂手前請取分、当米ニ入替候而、其城へ可ニ詰置一候」という命が出ており、兵粮米を備蓄する城がひとつふえている（島Ⅰ四一三号、鍋八七号）。これは翌年六月の直茂あて朱印状に「釜山海・金海・こもかいなと四、五个城之事者、先被ニ残置一候」とあるのと符合する（鍋八三号）。

城内の施設・設備はどうなっていただろうか。対馬の清水山《しみずさん》城は、「在番千人宛可レ被レ為ニ入置一」という規模で、それに応じた兵糧・玉薬・塩・味噌が備えられた。城内の家は板屋で造り、兵粮米を備蓄する御蔵も建てられた(37)。島津家中にあてた石田三成の書状に、「御城米御番之儀、幷跡船ニ御米つミ着岸たるへく候条、可レ被ニ入置一御蔵、可レ被ニ相立一候」とあるように、倭城の蔵や備蓄米は在番衆の意のままになるものでなく、秀吉の持ち物として扱われた（島Ⅱ九六〇号・（文禄二年）九月一〇日三成書状）。このことは朝鮮側にも認識されている。一五九五年七月の接待都監の啓に、「関白各営に送る所の粮米は、其の人数を計り、定めて三年の食と為し、而して惟だ兵を動かすの日には、則ち関白の粮を喫し、兵を住《とど》むるの日には、則ち各将卒に令す」とある（宣二八・七・乙未）。

一五九三年八月、在番衆に倭城運営についての指示が与えられた(38)。前文に、武具・兵粮・塩・味噌・雑子などを帳面のとおり遣わすから、増田長盛・早川長政からうけとって、蔵に入れおくように、とあり、つづけて三か条が示されている。

一右帳面内炭事、其地山中ニて焼候事自由之旨候間、不レ被レ遣候、急度焼せ候て、城中ニ積、上をぬり候て可レ置候、尚以炭多焼候て、冬ニ成候者、こたつ《（炬燵）》・ろたつ《（炉燵）》をさし候て、下々へ可レ遣候、寒《ひえ》候て不レ煩様ニ可二申付一候、

一加子《かこ》共、隙明次第国本へ戻候て相休《あいやすめ》、来春可二召寄一候、若其方ニ置候加子於レ在レ之者、船ニてハひえ候ハん間、小屋をさし可二入置一候、

一普請出来候ハヽ、其普請衆一日薪をさせ、ばい木（意味不明、倍木↓へぎ、薄く削り取った木？）仕、にほ（堆、刈稲を円錐形に高く積み上げたもの）のことく城中ニつミ候て、上をぬり可レ置候、大雪なとにて薪不レ成時之為、被二仰付一事候也、

炭は現地で生産し、防水措置を施して城中に積みおくこと、現地に残留する水手《かこ》は城中に小屋がけして寝泊まりさせること、城普請終了後は労働者に薪を刈らせ、防水を施して城中に円錐形に積みおくこと、など越冬をにらんだ措置が、こまごまと盛られている。「冷えて風邪をひかないように、炬燵・炉達を支給せよ」などという心づかいが、秀吉自身の名で告げられる効果は、あなどれぬものがあったろう。

また秀吉は、これとほぼ同時に、在番衆間のトラブル発生を危惧して、「当城本丸へ不レ寄二誰々一、他之家中之者一切不レ可レ入之、然者二之丸ニ広間台所を立置、客人あひしらひ可レ申候、たとひ雖レ為二同国者一、他之家中者本城へ不レ可レ入、其気遣昼夜ともに不レ可二由断一候也」という指示を与えた[39]。もともと日本軍は各「家中」の独立性が高く、他の「家中」とのもめごとが起こりやすい体質をもっていた。それにしても、本丸には他の家中の者を絶対に入れるな、という指示からは、味方内部の緊張が容易ならぬきびしさだったことがうかがわれる。

三　倭城の構造——講和による破却と朝鮮側の視察

倭城の破却と戦線縮小

一五九五年初頭、小西行長と明の遊撃沈惟敬の間でまとめられた日明講和条件三か条には、日本軍は釜山周辺から撤退すること、日本は今後永く朝鮮を侵さないこと、という条項が入っていた。これがそのまま秀吉に伝わったわけではなかったが、同年五月、冊封使の求めに応じて、とりあえず秀吉は、一五か所の倭城のうち一〇か所の破却を、小西行長・寺沢正成に命じた(40)。しかし、六月末に在朝鮮の鍋島直茂に対して、秀吉は「大明・朝鮮色々無事之御侘言仕候間、御赦免候。乍《さりながら》レ去、釜山海・金海・こもかいなと四、五个城之事者、先被二残置一候」と説明している（鍋八三号）。講和は日本側の屈服ではなく、明・朝鮮の「侘言」を「赦免」してやるだけで、全面撤退は考慮の外だった。むしろ、外縁部の倭城にあった兵力を「釜山海・金海・こもかいなと四、五个城」に移動させた結果、これらの城では兵数が急増した。

双方の了解のくいちがいから、倭城の現状に対する明・朝鮮側の関心は高く、倭城の構造や地域社会におけるあり方について、貴重な観察記録が朝鮮側史料に残されることになった。それらを紹介する前に、城郭の空間構造の基本形と、倭城の破却、日本軍の撤退の状況についてまとめておきたい。

まず、前節の最後に引用した史料から、他の家中の者は入らせないという封鎖性をもつ「本丸」と、客人を接待する広間や台所をもつ「二之丸」という、空間の分節化があったことが知られる。本丸・二の丸などの曲輪《くるわ》（郭とも表記）は、高低差、竪横の堀、土塁または石垣などで明瞭にくぎられるのが、日本式城郭の大きな特徴である（典型例として、高田徹の作成になる金海竹島城の縄張図〔『倭城の研究』第三号付録〕を掲げておく）。これに対して明や朝鮮の城では、住民の居住区をもとりこんで城壁がめぐり、内と外の区分は明瞭だが、内部空間をくぎる意識はきわめて弱い。

こうしてくぎられた曲輪のなかに、四囲を遠望する櫓《やぐら》（その発達したかたちが天守閣である）、兵士を収容する板屋、兵粮や武具を納める蔵などが配置され、残った空間には炭や薪が積まれていたことは、前に引いた史料の語るところである。さらに、曲輪をとりまく土塁・石垣の上には土塀がめぐり、銃眼がうがたれていたこと、城壁の内外に多くの井戸が掘られていたこと、船つきとの連絡が強く意識されていたこと、大規模な城では、外部の集落・港湾などをとりこんだ「惣構え」が施されていたこと、などが従来より指摘されている。

倭城の破却を記した日本側史料はあまり多くない。一五九五年七月に小西行長が島津忠恒に送った書状に、「四国陳こほち（毀）被レ申候、さいもく（材木）之儀ニ付而、様子七右衛門尉ニ申付候」とある（旧Ⅱ一五七一号）。島津氏とともに巨済島を任地とした四国勢の城が破却され、用材の処理が問題となっている。また、翌月の忠恒あて寺沢正成・行長書状には、「唐嶋今日悉かとくへ御移之由候条、唐嶋わり（破）候奉行之儀、此者両人申付候。能々御念を被レ入候て御わら（破）せあるへく候。唐人見せ為レ可レ申、遊撃官人一人指遣候」とある（旧Ⅱ一五八七号）。巨済島にいた島津勢の加徳島移転にともなって、巨済島の「城破り」奉行に寺沢・小西が任じ、入念に破却すべきこと、その状況を検分させるために明軍の遊撃をひとりさし遣わすこと、を島津氏に告げた。一〇月に、国元に帰っていた島津義弘に朝鮮から送られた報告には、義弘の嫡子忠恒が加徳城に移動し、油断なく普請を行なっていること、加藤清正が機張に移り、機張にいた黒田長政は帰国し、毛利吉政が安骨浦に移った結果、清正のいた西生浦と吉政のいた林浪浦が空城になったこと、高麗中に残った城は釜山・東莱近辺の六か所となったこと、などが記されている（旧Ⅱ一六一一号・滝重政書状）。しかしその後も島津氏は巨済島を完全に放棄したわけではなく、同年暮れに豊久や忠恒が「から嶋」や「古城」に渡って鷹狩りに興じている（旧Ⅱ一六四三号・高麗入日々記）。

こんどは朝鮮側史料から撤兵状況を見よう。一五九五年四月、沈惟敬との会見後に海平府院君尹根寿《ユングンス》が王に呈した啓に、「倭、熊川・釜山・西生浦連陸の地より退くと雖も、而して加徳・巨済等の如き島は、賊尚ほ仍拠すれば、則

図2　金海竹島倭城全図（『倭城の研究』第3号付図1，城郭談話会，大阪）

ち遽《にわ》かに之を倭賊尽く回《かえ》ると謂ふべからず」とある。釜山撤退は誤報だが、島を拠点化する戦略はあったとみてよい。これにもとづいて根寿は、「都元帥及び沿海水陸の将官をして、加徳・巨済等の地の倭賊を哨探せしめ、陸に在るの賊退去の時、亦尽く退去すると否との状、登時馳啓せん」と提議した（宣二八・四・庚申）。

同年七月の接待都監の啓に、明使に随行した答応官の張万禄《チャンマンノク》が、熊川・巨済・釜山・金海の倭営を廻って帰り、「倭営地図」を見ながら通事南好正《ナムホジョン》に語った情報が記されている（宣二八・七・乙未）。

大概熊川四営の内、蓼浦の平（宗）義智の営（明洞城か）は已に焼尽し、義智は則ち行長に随行して熊川の営に在り、領する所の兵は則ち撤去す。薺浦・安骨浦は未だ撤せず。金海三営の内、徳橋の直政（鍋島直茂か）の営も亦已に焼尽すれども、府中及び竹島は未だ撤せず。巨済三営の内、永登浦・場門浦の両営は、已に撤して皆空なれども、焼かず。所津浦（松真浦）の義弘の営は則ち未だ撤せず。此れ皆目見の事なり。関白送る所の正成は、方《まさ》に機張・蔚山等の処に在り。

「目見の事」というだけあって、この情報は正確で、撤兵奉行寺沢正成の行動も把握されている。この時点で撤兵の済んだ明洞・徳橋は端城であり、巨済三営でも中心の松真浦からはまだ撤兵していない。前述のとおり、「熊川四営」「金海三営」「巨済三営」のように倭城を群として把握した希有の史料である。

九月二八日に宣伝官権鑊が漢城に帰還して、王から「賊勢は如何」と聞かれて答えたなかに、「東萊の賊酋平義智・平（柳川）調信は還上（出挙米）を督納す。清正は則ち西生浦より豆毛浦に移駐して、方《まさ》に城池を修繕すと云ふ。……大概十六営の中、居半は渡海し、時に存する者は、豆毛浦・東萊・釜山・竹島・加徳・安骨浦の六陣と云ふ矣」とある（宣二八・九・丁酉）。宗義智は、熊川城の破却にともなって東萊に移っていた。清正も豆毛浦（機張）に移駐したが、そこであらたに城を修築している。この時点で残った豆毛浦以下の六城が、「高麗中ニ城六个所相残申候」と滝重政が言った（前述）ものに相当しよう。

朝鮮側の観察した倭城

朝鮮側の得た倭城情報のうちで、築城のようすや内部構造が多少ともわかるものを紹介しよう。(41) 城普請のようすについては、九五年に清正が西生浦から移った直後の豆毛浦（機張）城で、「方《まさ》に城池を修繕すると云ふ。陣中の諸倭、土木の役絶えず、呼邪の声は処処に雷動す」とあり（宣二八・九・丁酉）、九七年に清正が再来した直後の西生浦城で、「目今営塁未だ就《な》らず、士卒新たに到り、搬石運材の倭、山野に散布す」とある（宣三〇・正・甲寅）。おなじく西生浦に関する兼三道防禦使権応銖《クオンウンス》の馳啓は、城濠の空間構造についての情報をふくんでいる（宣二八・三・壬寅）。

　蔚山郡守金太虚《キムデホ》、臣（権応銖）に馳報して曰はく、「西生浦の賊藪は前に比して減ずるなし。今年を始めとして、遍野を開墾し、運糧の船隻は前に倍して出来す。城子（石垣）は逐日加築し、前に排せる垓子《がいし》（堀）を改掘し、退《うし》ろに排せるは、垓子内辺に生松を柵木の如き様に裁植するなり。……」

　倭城での生活を維持するには、周辺の原野を開墾して穀物を生産することと、船を利用して食糧を運びこむことの、双方が必要だった。城普請については、石垣の増築と堀の改掘は当然だが、堀の内辺すなわち土塁や石垣の上に、松を柵木のようにならべて植栽したというのは、めずらしいやり方である。これらの工事に必要な労働力は、基本的に倭人でまかなっていたようだ。

　一五九五年一二月に清正の影響下にある倭城を探索した地方役人が、機張城でえた伝聞によると、すこし以前の西生浦はつぎのような状況だった（宣二八・一二・辛丑）。

　田畓より穫する所の稲・粟は、則ち刈り取り船運し、鎮内に積み置く者、三十六所あり、穀草を南辺に積み置く者、五十余所あり。軍兵の多きことは釜山に亞《つ》げども、市肆は則ち其の半ばに及ばず。海口に倭船の留泊せる者甚だ多く、我が国の板屋二大船も亦其の中に在り。諸《これ》を居民に問へば、則ち留倭の数は幾《ほとん》ど八千に至る。前日日本に入帰せる者も亦多し。糧器・雑物は、曾て已に分運し、日本に輸送せりと云ふ。我が国の附賊の人の陣傍に在る者、幾んど二百余戸に至る矣。

西生浦城には釜山に次ぐ八千もの兵がいるが、店の数は釜山の半分にも満たない。周辺の田地から刈り取った稲粟が、船で運ばれて城内三六か所に積みおかれ、城の南辺にも穀草を積み措《お》いた場所が五〇か所以上ある。海への出口に多数の倭船が繋留され、朝鮮の板張りの大船が二艘交じっている。一方で、日本に移送ずみの兵士や武器も多い。日本軍に帰順して城の傍に住む朝鮮人が二百余戸近くもいる。

南方の倭城については、一五九五年正月に、明の遊撃陳雲鴻に随行して金海竹島城と熊川城を訪れた、接伴使李時発の書啓にくわしい（宣二八・二・癸丑）。

金海竹島営に泊す。小将、船上に来見して飯を請ふ。仍りて其の所に宿す。其の営の基址は、広さは平壌に比して一般なり。三面は江に臨み、周《めぐ》らすに木城を以てし、重ぬるに土城を以てす。内に石城を築き、高台・傑閣は粉壁《ふんぺき》（白壁）絢爛《けんらん》たり。大小の土宇、弥満櫛比《びまんしっぴ》し、一片の空地もなきに似たり。量《かぞ》ふるに、万余の兵を容接するあらん矣。大小の船隻、城下に列泊し、其の数を記せず。投付せる我が民の、城外に結幕し、処処に屯結し、捉魚を生と為すあり矣。

金海竹島城の広さは平壌城とおなじくらいで、城の乗る丘陵の北・東・南の三面を洛東江の分流がめぐって流れ、城下には大小の船が数知れず繋留されている。今も残る石垣の外側に、木柵と土塁が二重にめぐっている。城内には白壁で塗られた台閣がそびえ、大小の土壁の建物がびっしりと建っていて、一万人以上の兵を収容できる規模である。日本軍に投降した朝鮮人が城外に小屋を造って集住し、漁業を生業としている。

この城については、同年一〇月に倭城を探索した金景祥《キムギョンサン》の観察記録もある（宣二八・一一・庚午）。こちらでは、釜山城と比較され、木柵は記述されず、城主鍋島直茂が居住する三層の閣（天守閣であろう）が言及されている。

竹島に到り探審す。則ち陣中の形止は釜山と一様なり。賊数は則ち大概七八千と云ふ。外は則ち土城、内は則ち石城にして、皆堅実なり。而して留陣せる江干道老（＝加賀殿、鍋島直茂）は、石城の内に三層の閣を作りて留在せり矣。船数は則ち百余隻なり。

陳遊撃の一行は、竹島城から乗船して、甘同浦（亀浦城）・天城（加徳島端城）・安骨浦城を船上から眺めつつ、熊川城へむかった。李時発は、途中の城について、「大小等しからざるも、城池の堅固なること、屋宇の稠密なること、略《ほ》ぼ皆相同じ」と述べている。

小西行長の在番する熊川城についての観察はつぎのようである。

営は海岸の一山を占む。山勢甚だ峻なり。繞《めぐ》らすに石城を以てし、上に木柵を添ふ。周囲は六七里なるべし。山を断ちて池を為《つく》り、鱗次（鱗が並ぶように）屋を架け、海を塡《ふさ》ぎて城を築き、鑿門《さくもん》を星列す。門は即ち船を泊するの所なり。遊撃は冠帯を具し、蟒龍《ぼうりゅう》の衣を着し、下船して営に入る。観光（見物）の男婦、街路に駢《なら》び闐《み》つ。長廊の両面に肆を列《なら》べ貨物を売買す。率《おほむ》ね海錯《かいさく》（海産物）多し。

「上に木柵を添ふ」というのは、石垣の内側に木柵を設けているのだろうか。とすれば竹島城と逆である。「山を断ちて池を為《つく》る」は堀切や竪堀の描写か。「海を塡《ふさ》ぎて城を築く」は海上から熊川城の偉観を眺めての実感であろう。船つきに接して門があり、すぐに城内に入ることができた。「蟒龍の衣」とは明皇帝から賜った正式の官服である。通路の両側に店が軒をならべ、海産物などを売っていた。市の立った場所を、福島克彦は「邑城と倭城の間の平坦地に広がっていた」と推定するが[42]、購買者は倭城滞在者であろうから、倭城の直下、船着場の近辺を考えたほうがいいのではないか。

倭城探審

一五九五年一〇月一三日より、朝鮮の訓錬主簿金景祥が、冊封使に同行予定の朝鮮使黄慎とともに、各所の倭城や日本軍駐屯地のようすを「探審」した。一一月二日に漢城に届いた書啓に、龍塘《ヨンダン》から東萊までの十数か所について、朝鮮人のようすや残存倭兵数、城の構造や日本軍の移動状況などが、詳細に報告されている（宣二八・一一・庚午）[43]。

十三日、黄慎と梁山の地龍塘に進み、賊勢を探審す。則ち同陣は曾て已に焼撤し、我が国人田を作り牟《むぎ》を種き茂盛せり矣。北辺に家四坐あり。伏兵称して云はく、「行長の小将三人、各おの七八の倭人を率ゐて留在し、還上を捧納せり矣。陣外の北辺に又倭家六坐あり、我が国人半ば入接を為す矣」と。

龍塘すなわち亀浦は、小早川隆景や立花宗茂が在番した本城であるが、この段階では完全に廃城となり、朝鮮人が農耕を営んでいた。ただし、城域の北辺にある家に、小西行長の部下三人が七、八人ずつの倭人を率いて駐在し、出挙米をとりたてていた。城域外の北辺にも倭家が六軒あり、朝鮮人が入りこんで接触していた。

小津を渡り漢亇島に進みて探審す。則ち我が国人の家百五十余戸居接す。又倭人の家を作るあり。伏兵称して云はく、「七八人留在せり矣」と。蚊頭島を探審す。則ち我が国人二百余家居接す。又伏兵倭人の家を作りて、六七人留在せるあり矣。金海の地亇飛乙山を探審す。則ち我が国人民三十余戸入接す。又倭賊三十余名あり、畓を作り四十余斗を落種し、時方《まさ》に秋収せり矣。十四日、徳島に到り探審す。則ち我が国人の家百余入接す。又伏兵倭六七人留在するあり矣。

漢亇島・蚊頭島・亇飛乙山・徳島は、いずれも『朝鮮王朝実録』全巻でこの記事にしか名の出ない地名である。亀浦と竹島の間にある洛東江の中島（砂洲）であろうが、こうした場所にも、朝鮮人の家に交じって、六、七人から三十余人程度の倭人が住んでいた。城郭があったとは考えにくい。

竹島に到り探審す。……（略、前引）金海府を探審す。則ち城中の倭等、竹島に合す。只収租の倭二三百あるのみ。将帥は則ち劉汝文にて、竹島に出入すと云ふ。同陣の官客舎は、石城を築き将帥入接す。外は則ち我が国人及び倭賊相雑り入接す。我が国人の家は六百余戸に至る矣。徳橋に進み探審す。則ち倭営は尽く焼きて、竹島に合し、余半は渡海すと云ふ矣。

竹島城についてはすでに述べた。竹島城の北に金海府（府中）と徳橋の二端城があり、「金海三営」を形成していた（前述）。金海府では、詰めていた兵は竹島に合流し、収税吏だけが二、三百人とどまっていた。城内に官客舎があり、石垣を築いて「劉汝文」なる「将帥」（実名未詳）が駐在した。これは朝鮮側の金海府の行政官庁を、若干の手を加えて再利用しているのではないか。収税機能だけが残されていることも、これと関係するだろう。(44) 徳橋城が破却・焼失していたことは、前述のとおりである。

安骨浦に到り探審す。則ち旧倭尽く渡海を為し、今は則ち林浪浦の倭陣来接し、柵房を重脩す。将帥は則ち毛利一岐守（吉成）にして、林浪より日本に入帰す。其の子毛利豊前守（吉政）、其の衆に代り、四小将を率ゐる。各おの四五百を領すと云ふ。加徳に到る。則ち同陣の倭尽く渡海を為し、今は則ち永登浦の倭将義弘（島津）来陣し、数二千余名を留むと云ふ。我が国人の家百余戸居接し、船数は則ち六十余隻なり矣。巨済に到り探審す。則ち永登・場門・所津の三陣、尽く焼き空虚なり矣。熊川の熊浦・森浦両陣、亦焼撤を為す。熊浦は居民二百余戸居接す。而して安骨の倭賊、毎に来りて侵掠す。故に金海・釜山等の処に移接すと云ふ矣。……

金景祥らは洛東江を下って海中に出、まず安骨浦城を見た。もといた倭兵はすべて帰国し、林浪浦から尾張の毛利（森）氏が移駐して、城柵や建物を修理していた。四人の小将が各四、五百人を指揮していたというから、兵数は千六百から二千である。ついで加徳島へ渡る。もといた倭兵はすべて帰国し、巨済島の永登浦にいた島津義弘が、二千余名の兵を率いて移駐していた。朝鮮人の家百余戸が城に接して居を構えており、城下に繋留された船の数は六十余隻であった。さらに巨済島へ渡ると、三営すべてが破却・焼失していた。また海を渡って熊川に至れば、熊浦（熊川城か）・森浦（明洞城か）の両城も破却・焼失していた。熊浦には二百余戸の人家があったが、倭兵が安骨浦から来襲して侵掠するので、金海や釜山に移住してしまったという。

釜山を探審す。則ち留賊尽く渡海を為す。行長陣を此に移し、下将六人を率ゐる。各おの数千を領し、或いは砲・剣手千余を率ゐる。船数は則ち六百八十余隻なり矣。……築く所の新城は、周回六七里にして、又市場を設く。倭賊の男女及び我が国の人民、日日物貨を交易す矣。東平《トンピョン》より凡川《ポムチョン》に至り、我が国人の居接する者、多く三百余戸に至る。佐子川《チャジャチョン》の近処に鮑作の居接する者、又百余戸あり。主山の上に石城を築き、三層の闕（閣）を作る。倭賊人に禁じて、入見を得ざらしむ。我が国人に問へば則ち曰はく、「軍器等の物を入れ置く故に、人をして入見せざらしむるなり」と。

さらに西行して釜山に至ると、もといた倭兵は撤退を終え、跡に小西行長が熊川城から移駐していた。行長配下の六人の下将は、ひとりあたり数千の兵と千余人の砲手・剣手を率いていたので、総兵力は三万を超えるだろう。城下の船も六百八十余艘の多きを数える。周囲六、七里の新城とは、湊を望む小丘陵にある子城台《チャソンデ》倭城のことだろう。城内に市場があり、倭人と朝鮮人が入り交じって日々物資を交易している。城域の北辺にあたる東平から凡川にいたる一帯には、朝鮮人三百余戸が居住している。佐子川の近くには百余戸のアワビ採りが住む村がある。子城台西方の山上にある本城には、石垣が築かれ、上に三層の天守閣が載る。兵器を蓄蔵しているからという理由で、本城への人の出入りは禁止されていた。倭城を中心に、釜山浦が空間的に拡大し、都市的発展をとげていたことがわかる。

東萊を探審す。則ち旧倭は尽数渡海し、今は則ち平義智、森浦より来陣し、軍数は則ち五百余名なり。平調信と合陣すれども、調信は則ち天使入来の奇を将て、十五日入帰せりと云ふ。城の内外、我が国人の居接する者三百余戸なり矣。

釜山の北に隣接する東萊では、もといた倭兵はすべて帰国し、跡に宗義智が森浦（明洞城か）から兵五百余名を率いて移駐した。義智は有力家臣の柳川調信《しげのぶ》といったんは合流したが、調信は到来した冊封使を接待するために、一〇月一五日に帰国したという。城の内外に朝鮮人三百余戸が居住していた。釜山・東萊の関係は、竹島・金海府の関係とよく似ている。東萊も金海府同様、朝鮮側の施設の再利用をメインとする倭城で、それゆえ城の内にも朝鮮人の家があったのではないか。

書啓の末尾にある西生浦・林浪浦・機張三城の記事は、西生浦から機張に移駐した加藤清正が、城への出入りを禁じていたので、「探審」ができず伝聞によっている。清正は、行長がまとめた講和自体に反対しており、撤兵に反対する抵抗勢力の中心だった[45]。西生浦の兵は機張に、林浪浦の兵は安骨浦に移ったが、まだ西生浦に五、六百名、林浪浦に四百名がとどまっているとのことであった。

そこで一一月一〇日、黄慎の命により、梁山の役人崔沂《チェグン》が、商人の身なりで三城に潜入し、状況を探索してこう復命した（宣二八・一二・辛丑）。

機張豆毛浦に到る。則ち陣中の倭人等、方に築城の役を興し、木を曳き石を輦《かつ》ぐの倭、道路に塡咽《てんいん》し、古県の城石を過半抜き出し、且《ま》た近処の巌石を取り、輸運して絶えず。門より入りて周りを観れば、則ち旧鎮の房屋稀疎なる処に、比比加造す。……（この間に、少し以前の西生浦城のようすが記されている。前引。）十三日、西生浦に到れば、則ち陣内の城柵・望楼、尽く已に破毀し、房屋も亦た已に撤去し、只大倭家三・小倭家六あるのみ。木柵を環設し、留倭僅かに五六十余あるのみ。諸《これ》を倭人に問へば、則ち畋猟《でんりょう》に因り去る者、三十余名と云ふ。同日林浪浦に回到す。則ち破毀の状、一《もは》ら西生浦の如く、只倭家十三処あるのみ。而して三処は則ち倭あるも、其の余は則ち皆空虚にして閉ぢず。留倭等、或いは田野に出づ。見る所は僅かに二千余名なり。

清正の移駐した機張では、城普請の最中で、県邑の城壁から抜いた石と近所で採れる石を運びこんで、石垣を積んでいた。城内では以前建物がまばらだった場所に、どんどん造築していた。西生浦城では、城内の城柵・望楼は全部毀され、住屋も撤去されて、大きな建物が三つ、小さなのが六つ残るだけだった。城柵（土塀か）を撤去した跡にあらたに木柵が設置されていた。城内に残る倭人は五、六〇人にすぎなかった。倭人に聞いてみると、三十余名が狩に出ているという。林浪浦では、破却の状況は西生浦と同様で、残る建物は十三棟、うち三か所にだけ倭人がおり、残りは無人で戸は開け放しだった。倭人には田野に出ている者もあり、残留数は二千余名といった見当である。

四　倭城の存立と朝鮮民衆

弾圧と統治

倭城は占領地域確保の軍事基地であり、そのため周辺住民に対して苛酷な暴力をふるった。倭城の占地・築造・存続は、多くの朝鮮人民の殺戮をともなった。しかし周囲を無人にしてしまっては倭城自体も存続しえない。そこから倭城は、朝鮮人民統治の拠点としての性格をもおびることになる。

開戦後半年あまりを経た一五九二年一一月一〇日、秀吉は在朝鮮の小早川隆景に対して、「来春者必被成御渡海、一揆原撫切ニ被仰付、可被為平均候条、其間之儀、居城者不及申、拘之城々迄も被入念、兵粮之蓄・要害等丈夫ニ覚悟、尤候事〔来春には私自身がかならず渡海するので、一揆どもを皆殺しにして、地域を平らげておきなさい。それに備えて、居城のみならず端城にいたるまで、念を入れて兵粮を蓄え、要害を堅固にしておくように〕」と述べる（小Ⅰ三四二号）。同日付で水軍将脇坂安治にあてた朱印状では、「一揆原」の部分が「一揆原番船已下」となっており、「縦敵船取懸候共、陸地へ取上り、指動不可有之条、城堅固相拘可有之候〔たとえ敵船が攻め寄せてきても、上陸して軍事行動ができないように、城を堅固に確保しておくように〕」と指示している[46]。

開戦当初の快進撃に酔った秀吉は、名護屋到着後すぐにでも朝鮮へ渡海し、そのまま明へ向かう心づもりだったが、大名たちの諫止にあい、さらに母大政所危篤の報により、いったん大坂にもどらざるをえなかった。母の葬儀をすませて名護屋にもどったのが一一月一日で、渡海の決意を固めなおし、そのための準備を急がせていた。その中核をなすのが、倭城を拠点に抵抗する者は皆殺しにする「撫切」戦術である。国内統一戦争において一揆的勢力をふみつぶしていったやり方をそのまま適用したものだった。

秀吉の渡海は結局実行されず、戦争は長期化して、日本側の目標は、朝鮮半島東南辺という既得地域の死守にすりかわる。倭城はその拠点として重要度を増した。一五九四年一月、辺境防備の任務を起点に国家権力の中枢を担うにいたった朝鮮の中央官庁「備辺司」は、宣祖王に呈した啓のなかで、慶尚右道防禦使金応瑞《キムウンソ》のもたらした報告を引用して、つぎのように述べている（宣二七・正・乙巳）。

近日長在慶州、体探於東萊・釜山、詳知賊情。有倭船大約五百余隻、来泊于海口、下陸分為五陣、散入于釜山・東萊等処。又於海辺、多種秋牟、亦多種蒜之処、我国投賊之民、倭賊使之分類作屯、以我国投降者為屯長、名之曰其兀、即我国如勧農之号、令主管各屯被脅之民。一屯雑以倭賊数十名、毎其兀入来、則倭将待之極厚、設為飲食。出入時、着赤馬尾笠、双牽馬、儼然官員模様。雖倭人、其在屯内者、皆令其兀治之、故倭人亦畏之。〔近日慶州に長期滞在して、東萊・釜山を探索し、詳しく賊情を知りました。大きな倭船が五百隻ばかり海口に停泊しており、上陸した兵は五つの陣に分かれて、釜山・東萊などに散開しています。また海辺に、秋麦や蒜（野菜）を多く栽培している場所があり、そこで倭賊たちは、賊軍に投降した朝鮮人を分類して「屯」を作り、投降者のひとりを「屯長」に任じています。屯長は「其兀（キオル?）」と呼ばれ、これはわが国の「勧農」という号にあたります。其兀は各屯に属する脅されて賊に投じた人民を主管しています。一屯につき倭賊が数十名混じっています。其兀がやってくると、倭将はこれをきわめて厚くもてなし、飲食の席を設けます。其兀は出入りのときは赤い馬の尾の笠をかぶり、ふたりに馬を牽かせて、いかめしい官員のようなようすです。倭人であっても、その屯に属する者はみな其兀に治めさせます。ゆえに倭人も其兀を畏れています。〕

東萊・釜山は倭軍の上陸基地であり、釜山本城を中心に、同子城・東萊城・椎木嶋城・迫門口城からなる倭城群が、緊密な連携のもとに配置されていた。付近の海辺には農場が設けられ、倭人・朝鮮人混成の「屯」という組織が耕作にあたっていた。其兀と呼ばれる屯長には朝鮮人が起用され、自己の屯に所属する者たちを、倭人もふくめて指揮していた。使役される朝鮮人の多くは倭城周辺の一般住民で、「脅されて賊に投じた人民」だと思われる。しかし、なかには積極的に日本軍に近づき、其兀にとり立てられて、権勢をふるった投降者もいたのである。日本軍はただ朝鮮人を殺すだけではなく、倭城周辺地域に統治者として臨もうとしていた。

築城・造船への動員

倭城の軍事機能を維持するために、築城や造船に朝鮮人民が動員された。

李舜臣は、一五九四年三月一〇日付の中央への報告のなかで、倭軍に囚われ通事として現われた「尚州接私奴希《ヒ》順《スン》」の供述を引用して、こう述べている（『壬辰状草』状六六・『李忠武公全書』巻四「陳倭情状」[47]）。

熊川之賊三陣以、毎陣或千余名、或八九百名。而病斃者数多叱分不喩。困於土木之役、還逃本土者、不知其幾許。……我国男女段、或入送日本、或因在使喚、本土女人乙、又多率来使喚為斉、賊倭日役段、或鉄丸打造、或築城造家。（熊川城の賊は三つの陣に分かれ、陣ごとにあるいは千余名、あるいは八、九百名がいます。しかし病に斃れる者が数多いだけでなく、土木の役に疲れ果て、本土に逃げ帰る者も数知れません。……わが国の男女は、ある者は日本へ送られ、ある者は（倭城に）留めて使役されています。また日本本土からも多くの女人を連れてきて使役しています。賊倭が日ごとに使役する目的は、あるいは鉄丸の打造であり、あるいは城を築き家を造ることです。）

築城については、技術的な問題があるからか、労働力の主体は従軍させた日本人労働者だったらしい。しかし、病に斃れる者が多く、本国に逃げ帰る者も数しれなかったので、不足分を補うためであろう、朝鮮人の男女や日本から連れてきた女人を、弾丸の製造や城の普請に使役した。

いっぽう、一五九三年八月八日、慶尚南道固城《コソン》の水軍陳新貴《チンシンギ》は、家の前に上陸してきた倭船に兄もろともさらわれ、同一九日に闇夜にまぎれて脱出するまでの間、巨済島の日本軍陣をつぶさに観察し、李舜臣の前で供述した（『壬辰状草』状三四・『李忠武公全書』巻三「陳倭情状」）。

巨済島永登浦帰到、則同浦貫革基・船滄辺・北峯下三処造家、多至二百余。又北峯良中、伐木削平、築土城、周回甚広、其中時方造家。倭人三分之中一分、則我国人相雑役事為白乎弥。自其国軍粮及過冬襦衣等載船、間二三日連続輸来。同浦留泊船隻段、出入無常。時存五十余隻、一帯連接。長門浦・松珍浦等処段置、削平峯頭、並築土城、々内造家。船隻段大中幷或百余隻、或七十余隻、列泊岸下叱分不喩。熊浦西峯・薺浦北山・安骨浦西峯等処、亦築土城、城内造家。留泊船隻等段、隔岸看望不得為白良置。薺浦船滄段、大中船無数列泊。其他自本土及加徳了指向熊川・巨済之船、連続不絶矣身段。倭人等只使樵汲之役。〔巨済島の永登浦では、貫革基・船滄（ドック）辺・北峯下の三か所で作事がなされており、その数は二百余の多きに至ります。また北峯で木を伐採して削平し、土城が築かれていますが、周囲ははなはだ広く、なかではちょうど作事の最中でした。わが国人が倭人の三分の一ほど交じり、使役されています。その国から兵糧や冬を過ごす衣服などを船に載せて、二、三日おきに次々と運んできます。同浦には常時船隻が出入りしており、その時は五十艘余が停泊中で、帯のように繋がれていました。長門浦・松真浦などの所でも、峯の頂部を削平して土城を築き、城内に家を造っていました。船隻は大・中船が併せてあるいは百余隻、あるいは七十余隻、岸下に列泊しています。熊浦の西峯、薺浦の北山、安骨浦の西峯などの所にも土城を築き、城内に家を造っています。停泊の船隻は岸に遮られて見ることができませんでした。薺浦の船滄には、大・中の船が無数に列泊しています。その他、日本本土から加徳・熊川・巨済にむかう船が、絶え間なく連続しています。私に関しては、倭人らはただ木こりや水汲みに使役するだけでした。〕

巨済島では永登浦・長門浦・松真浦の三か所に倭城が築かれていた。山を削平して土城を築き城内に家を造る工事に従事した労働者の、三分の一は朝鮮人であった。しかし、陳新貴のような新参者は木こりや水汲みだけをやらされたというから、築城工事にはある程度の熟練が必要だったのだろう。熊川倭城の近辺に複数の端城が築かれていたこと、日本から兵糧や衣服を運ぶ船が、巨済島・加徳島・熊川などに間断なく出入りしていたこと、なども、注目される情報である。

この供述について、李舜臣はつぎのようなコメントを加えている。

熊川三庫、巨済三庫、築城造家之言、与被擄逃還奉事諸万春之招、庶似刎合為白沙余良。自本土軍粮及衣服等連続輸来是如為白臥乎所、迷劣人所言、雖不可尽信、観其賊勢、顕有過冬之意、加于痛惋罔極為白乎矣。〔熊川の三か所、巨済島の三か所で築城・作事中との証言は、捕虜になって逃げ帰った奉事諸万春《チエマンチユン》の供述とほぼ符合しています。本土から兵糧や衣服を次々と搬入している件は、迷劣の人の言ですべてに信を措きがたいとはいえ、賊の状況を観察すると、明らかに冬を越す意図が見えます。痛嘆に堪えません。〕

倭城の大きな特徴のひとつは、海や川のほとりに位置し、船つきを備えていて、陸軍だけでなく水軍の基地としても機能したことである。本章一に引用した秀吉の脇坂らへの指示にそれがうかがえる。加藤清正が築いた日本海に面する西生浦城では造船が行なわれていた。一五九七年二月、都体察使李元翼《イウオニク》が都に送った書状に引用された、慶尚左水使李雲龍の報告書はつぎのように述べる（宣三〇・三・甲寅）。

附賊逃還人豆毛岳金淡孫等処訪問、則清正在西生時、附賊海尺河甘同称名人、以我国板屋船体制、一隻造給行用。河甘同捕捉推問、則清正在西生時、投附賊中、我国船体制、造給納招。〔賊に味方して逃げ帰った豆毛岳（済州島の海民の一種）の金淡孫《キムダムソン》らの居所に赴いて訊問したところ、「清正が西生浦城に居たとき、賊に味方した海尺（これも済州島の海民）で河甘同《ハガムドン》という者が、わが国の板屋船の様式で一隻を建造し、清正に贈った」と供述しました。そこで河甘同を捕えて責め立てたところ、「清正が西生浦城に居たとき、私はその陣中に投降し、我が国の製法で船を造って贈りました」と供述しました。」

これを受けて李元翼は、「事極駭愕、即令行刑事〔きわめて驚くべき事態です。ただちに刑事に行うべきです〕」と上申している。済州島の海民はもともと境界的な人々で、倭人と交じりあう要素が多分にあったが[48]、朝鮮式の船自体だけでなく、造船技術もろとも日本軍に提供した可能性がある。朝鮮側が日本軍の緒戦の勢いをはねかえしえたおもな要因として、水軍力の優位があった。この事件はそれをくつがえす端緒となりかねない。朝鮮側が大きな衝撃を受けたのも当然である。

事実、一五九五年末、慶尚道梁山の役人崔沂《チェグン》が商人に扮して探索したところによると、西生浦城の海口にはあまたの倭船が停泊しており、そのなかに朝鮮式の板屋船の大船が二艘混じっていたという（宣二八・一二・辛丑）。

農耕と貢納

倭城周辺地域の統治にあたっては、農耕を勧め貢納をとりたてることに力が注がれた。一五九三年五月の備辺司の啓は、「慶尚南道熊川城に拠る日本軍が、作物を育てて長期居住を図っている」と報告し、下女の「軍士の妻子や援兵の兵器を運んでくることになっており、その後全羅道を侵犯して回軍する」という自供を紹介したあと、つぎのように述べている（宣二六・五・甲戌）。

昌原住倭、耕種両麦、已尽除草、而三月晦時、皆自刈云。金海村民、皆附于賊、嶺南大小道路、幷為向導、郷吏金変虎書者裵仁等作倭将、毎於焚掠時、必先導。賊中留民、見此人等所為、皆変着倭服、而更無出来之意。〔昌原駐屯の日本軍は、大麦・小麦を耕作し、すでに除草を終えて、三月末に皆みずから刈り取ったということです。金海の村民はみな賊に味方して、慶尚道の大小道路のいたるところで道案内をします。郷吏金変虎《キムビョンホ》の下吏裵仁《ペイン》らは、倭将となって、焚掠のたびごとにかならず先導します。倭賊の勢力範囲に住む人民は、これらの人の行為を見て、みな身なりを倭服に替えておりまして、いっこうに朝鮮側にやってくる気配がありません。」

これによると、耕作・除草・収穫といった農業労働は、日本側の者が行なっているようである。これは、一五九四年正月の秀吉朱印状（島Ｉ四一九号、他に柳Ｉ三三二号・吉Ｉ七七〇号）に、「城廻田畠令開作、弥有付《ありつき》可申候（城の周辺に田畠を開作して、地域に根を下ろしなさい）」とあることと符合する。「有付」ということばは、単純な軍事制圧ではなく、現地住民への統治行為をつうじて恒常的に地域を確保するという意味あいで、よく使われている。

しかし、慣れぬ土地での耕作を日本側だけでやっていたはずはない。日本軍の先導を買って出る者がいるくらいだから、農業労働に使われる者もいたにちがいない。一五九二年九月に捕虜となり、翌年八月李舜臣の陣に逃還するまで、日本軍のようすをつぶさに観察した慶尚道固城在の訓練奉事諸万春は、梁山の蛇代島《サデド》について、「天城・加徳入防水軍無慮四百余戸居生。倭賊二十余名、称為酋長、耕農収穫有如平日（加徳島の）天城・加徳で防備にあたっていた水軍が無慮四百余戸も住みつき、二十余名の倭賊が酋長と称して（彼らを使役し）、耕農収穫することは、平時と変わりありません）」と報告している（『壬辰状草』状三七・『李忠武公全書』巻三「登聞被擄人所告倭情状」）。

朝鮮人からの収税については、一五九五年一〇月に倭城の破却状況を巡検した訓練主簿金景祥が、金海府城についてこう報告している（宣二八・一一・庚午。第三節に引用したので、ここでは現代語訳のみ掲げる）。

城中の倭兵はおおむね竹島城に移駐し、収租倭が二、三百人残留するだけです。……府の客舎に石城を築いて（倭軍の）将帥が占拠しており、城外にはわが国人と倭賊が雑居しています。わが国人の家は六百余戸に至ります。

また、一五九三年八月の側近官僚にあてた秀吉朱印状にはこうある（浅七一号、八月二〇日朱印状）。

朝鮮所々城下之百姓、当立毛相着之由候。然者年貢納所之儀、四つ物成御蔵納可申付候。残六つ成之儀者百姓ニ可遣候。有付候様ニと思召、如此被仰出候。右四物成之事、籾にて可納置候。到来春、種物ニ可被仰付ために候。此旨城主共ニ能々可申渡候。同百姓共ニも可申聞候也。（所々の倭城城下の百姓（朝鮮人民）が、今年の稲はよく実ったと申している由である。しからば年貢収納については、収穫高の四割を御蔵に納めさせ、残る六割は百姓のものとする。有り付くことができるようにと思って、このようにするのである。四割については籾のかたちで蔵に納めさせるように。来春になったら種物に用いるよう、命令を下すつもりだからである。この旨を城主たちによくよく申し渡しなさい。おなじく百姓どもにも申し聞かせなさい。〕

このように、再生産を不可能にするような収奪は避ける政策が採られていた。その結果、一五九五年三月ころには、つぎのような状況が生じていた。都元帥権慄《クオンユル》の状啓の一節である（宣二八・三・甲戌）。

伝聞、東萊・釜山・金海等処、耕犂満野、三分之二、皆為我国之民。而往往有剃髪・染歯、以従其俗者。又有遠処買売之人、各持其物往来、互市於賊陣、略無防範界限。事之寒心、無過於此。〔伝え聞きますところでは、東萊・釜山・金海などの場所で、野にあふれんばかりに耕作している者の三分の二は、わが国の民です。往々にして髪を剃り歯を染めて、倭の風俗に従う者までいます。また、遠方から商売目的でやってくる者がおりまして、おのおの品物を携えて往来し、賊陣で交易しています。ほとんど歯止めがきかない状態で、寒心に耐えません。〕

このように、倭城の城下は農業生産の場であり、同時に交易の拠点でもあった。そこを生活の場とする朝鮮人民は、生存のために倭城の維持に関わる仕事に携わり、また倭人たちにうけいれられやすい風俗や行為を選んだ。あえていえば、巨大な軍事施設の突然の出現は、一部の人にとってはビジネスチャンスとさえ映ったであろう。

食糧・物資の供給

倭城で兵士たちが生活していくには、周辺地域からの食糧・物資の供給が不可欠だった。たとえば、面高連長坊の「高麗入日記」文禄三年（一五九四）一二月二三日条には、巨済島の島津本陣に「浜の唐人」が二回魚を進上した、と記されている（旧Ⅱ一四四〇号）。一五九六年九月、都体察使李元翼は、釜山近辺に集結した日本軍の状況を述べるなかで、「近日潜商之徒、恣意出入、作為倭奴腹心、事多難処、故另行禁断矣〔最近潜商どもがほしいままに出入りして、倭奴の腹心となっており、その弊は日ごとに甚だしく、特別に禁断を加えている。〕」と述べた（宣二九・九・甲午）。

一五九五年正月、明の遊撃陳雲鴻に随行して倭城を巡検した接伴使李時発は、鍋島直茂の金海竹島城と小西行長の熊川城について、つぎのように報告した（宣二八・二・癸丑。第三節に引用したので、一部の現代語訳のみ掲げる）。

（金海竹島城について）城下には大小の船が数知れず繋留されています。日本軍に投降した朝鮮人が城外に小屋を造って、なん箇所かに群がり住み、漁業をなりわいとしています。

（熊川城について）城門は船を繋ぐ場所にあります。陳遊撃は冠帯を身につけ、蟒龍の衣服を着し、下船して城に入りました。見物の男女が街路にびっしり並んでいます。長い通路の両側に店が並んで、貨物を売買しています。貨物の多くは海産物です。

両城は倭城群のなかでも核となる大規模城郭である。城の戴る山は熊川城のほうがけわしく、水面からの比高も大きいが、全体としては共通した景観が見られる。物流の観点からは、城郭と港湾が一体となっていることが注目される。熊川城では、船着場と城門を結ぶ道路の両側に町場が形成され、主として海産物を商う店がならんでいた。その店主の多くは朝鮮人であっただろう。城外に住んで、漁業を営み、漁獲物を商う朝鮮人の取引相手が、一万人規模の人口を擁する倭城の居住者だったことは、想像にかたくない。

一五九五年二月、都元帥権慄は慶尚右兵使金応瑞《キムウンソ》から、「要時羅曰、……釜山・東萊・機張・林郎・西生浦賊陣、左道人以買売事、或百余人、或五十余人、連綿出入、互相言説曰、「講和之事、万無可成之理」云〔通事倭要時羅（与四郎？）が申しますには、釜山・東萊・機張・林郎浦・西生浦の倭城では、慶尚左道の人民が売買を目的に五十人、百人という規模で連綿と出入りし、講和のことは万に一つも成就するわけがない、などと噂しあっているとのことです〕」という急報をうけとって、中央につぎのように馳啓した（宣二八・二・癸酉）。

大概或托以誘引、或買売興販、出入者連続。多般禁抑、而但念若一切禁断、使不得出入、則必致賊酋之生疑。処置得宜極難矣。〔おおよそ、あるいは（降倭の）誘引にかこつけ、あるいは交易売買のために、（倭城に）出入りする者が連続しています。くりかえし禁止していますが、ただ思いますに、もしいっさい出入りを禁断してしまいますと、必ずや日本軍の将官の疑念を招く結果になるでしょう。適切な処置はきわめて困難です。〕

この状況に対して、備辺司は王につぎのように献策した。

左・右道人民等、出入賊営、買売自如、至以事関機密者、透漏無隠。極為駭愕。当一切禁断。〔慶尚左右道の人民らが、賊城に出入りし、思うがままに売買しており、機密に関わる重大事が漏れてしまっているに違いありません。きわめて驚くべき事態であり、いっさい（出入りを）禁断すべきです。〕

中央の認識は、機密の漏洩防止という軍事的観点から、倭城への出入りを禁断しようとするものだったが、その抑止力は倭城城下に住む朝鮮人にまでは及ばなかったようである。同年一一月、訓練主簿金景祥は釜山城探審の結果をつぎのように報告した（宣二八・一一・庚午。第三節に引用したので、ここでは一部の現代語訳のみ掲げる）。

新たに築かれた城は周囲六、七里で、市場を設け、倭賊の男女とわが国の人民が、日々物貨を交易しています。東平から凡川にかけて、（倭賊と）混住する朝鮮人の家が三百余戸もあり、佐子川の近くにはアワビとりが百余戸混住しています。

新城とは本城東方の低地に突出した小丘陵（子城台）を占める子城と考えられる。本城北方の凡川から東平にかけて倭人と混住する朝鮮人戸や、本城の南に隣接する佐子川（釜山直轄市東区佐川洞か）に混住する漁民戸は、明記されてはいないが、倭城ともちつもたれつの関係で生きていたのだろう。

さらに金景祥は、釜山城の北北東八キロメートルほどにある東萊城についても、「城内外、我国人居接者三百余戸矣〔城の内外に混住する朝鮮人戸が三百余ある〕」と報告している。東萊城は日本式城郭を新設したのでなく、朝鮮側の邑城を日本軍が再利用したものと考えられる。城の内部にも朝鮮人が居住していたのはそのためだろう。

以上、倭城と朝鮮人民との関わりを示す事例のいくつかを紹介した。葛藤あるいは朝鮮側の抵抗・受難にふれることと少なく、倭城と地域との共存の側面を強調しすぎたかもしれない。しかし、緒戦の快進撃が止まって講和交渉期にはいると、倭城ネットワークの整備とうらはらに、日本軍の陣中から「降倭」が続出するようになる。この現象の背後には、日本軍の厭戦気分だけでなく、朝鮮側からの積極的な誘引があった。先に引いた史料にも、誘引にかこつけて倭城に出入りする朝鮮人の姿があった。

おわりに

一五九六年九月、大坂城に冊封使を迎えた秀吉は、示された講和条件において、自身が獲得目標とした朝鮮南四道の割譲は無視され、あまつさえ朝鮮半島からの撤兵が入っていることを知り、激怒して冊封使を追い返し、戦争の再開を号令した。こうして始まった慶長の役では、文禄度に築造された倭城の再利用はもちろん、地域を北方向には蔚山・梁山、西方向には全羅南道の順天《スンチョン》にまで拡大して、あらたな倭城が造られた。

慶長の役では、中華の併呑という大目標は雲散霧消して、最初から朝鮮半島南部の占拠が目的となった。それゆえ、地域支配の拠点となるべき倭城の戦略的意味は、重いものとなった。文禄の役では、朝鮮水軍との海戦を別にすれば、倭城を舞台とする地上軍のつばぜりあいは、じつはほとんどなかった。これに対して慶長の役では、有名な蔚山籠城戦を始め、倭城そのものでおびただしい血が流された。

右のことからだけでも、「慶長の城」研究にはそれに即した観点が求められる。戦争終幕の泗川《サチョン》倭城における戦いについては、以前にいささか考えたことがある[49]が、全般を見わたした考察は、稿を改めることにしたい。

注

(1) 藤本正行「倭城の歴史」(『倭城Ⅰ――文禄慶長の役における日本軍築城遺跡』倭城址研究会、一九七九年)、長正統「倭城址図」(『文禄慶長の役城跡図集〔特別史跡名護屋城跡並びに陣跡3〕』佐賀県教育委員会、一九八五年)を始め、多くの論者が指摘する。

(2) 近年の急速な海面埋め立てや観光のための「整備・復元」によって、倭城はほんらいのロケーションから「岡に上げられ」、「現代化」が進んでいる。むしろ「きわめて良好であった」とすべきかもしれない。

(3) 太田秀春『朝鮮の役と日朝城郭史の研究――異文化の遭遇・受容・変容』(清文堂出版、二〇〇五年)序章に、日韓双方の研究文献の詳細な紹介がある。日本側史料の検索には、白峰旬「文禄・慶長の役における城郭関係の秀吉朱印状一覧」(『倭城の研究』三号、一九九九年)、「同補遺」(『姫路市立城郭研究室年報』一〇号、二〇〇一年)、「同補遺Ⅱ」(黒田慶一編『韓国の倭城と壬辰倭乱』岩田書院、二〇〇四年)が有用である。

(4) シンポジウムの記録には、「倭城研究シンポジウム」(『倭城の研究』三号、一九九九年)、黒田慶一編『韓国の倭城と壬辰倭乱』(注(3)既出)、倭城・大坂城国際シンポ実行委員会編『韓国の倭城と大坂城』(同委員会、二〇〇五年)などがある。『倭城の研究』は城郭談話会の編集で一九九七年に創刊され、現在第六号(二〇一〇年刊)まで出ている。

(5) 『朝鮮学報』一二五号、一九八七年。

(6) 両編ともに注(1)所引『倭城Ⅰ』所収。

(7) 中野等『豊臣政権の対外侵略と太閤検地』(校倉書房、一九九九年)。笠谷和比古・黒田慶一『秀吉の野望と誤算――文禄・慶長の役と関ヶ原合戦』(文英堂、二〇〇〇年)。白峰旬『豊臣の城、徳川の城』(校倉書房、二〇〇三年)。

(8) 福島克彦「「都市」を指向した倭城」(『倭城の研究』三号、一九九九年)。太田注(3)書、第四章・第五章。

(9) 二〇〇七年度の学習院史学会大会における講演「朝鮮から見た倭城」で、李舜臣軍の敵情探索を伝える『壬辰状草』『李忠武公全書』の記事を紹介した(『学習院史学』四六号、二〇〇八年)。

(10) 『朝鮮王朝実録・宣祖実録』二六年(一五九三)閏一一月甲午条(以下、「宣二六・閏一一・庚午」のように略記し、原文を本文中に引いた場合は本文中に注記する)は、巨済島所在の倭城を「巨済也、巨済之永登浦也、場門浦也」と列挙する。

ここから、たんに「巨済」という場合は松真浦城を指すことがわかる。従来、文禄段階の巨済島三倭城の中心は、漠然と規模が最大の永登浦城と考えられてきたが、再考の必要があろう。

(11)「脇坂文書」（天正二〇年）七月一四日朱印状（『兵庫県史』史料編中世一、一九四頁）。以下たんに「朱印状」というばあい、豊臣秀吉朱印状を指す。

(12)『高山公実録』巻四・天正二〇年七月一六日朱印状（上巻、六九―七〇頁）。「からい山」を「嶋之城」、「同地続嶋」を「陸之城」とも呼んでいる。後者は、『楓軒文書纂』所収、文禄二年五月二〇日朱印状（下巻、五六―五七頁）に見える「地つゝきの御城端城」で、椎木嶋城と並ぶ釜山城の端城である迫門口（瀬戸口）城に比定される。

(13)「金井文書」（文禄二年）正月二三日増田長盛等五名連署書状（『兵庫県史』史料編中世九・古代補遺、一二五―一二八頁）。

(14)立三二六号・文禄二年二月二七日朱印状。浅二六三号・文禄二年三月一〇日朱印状。毛Ⅲ九二八号・（文禄二年）四月一二日朱印状。

なおここで、ひんぱんに引用される日本側史料の典拠情報の示し方を説明しておく。東京大学史料編纂所編『大日本古文書』に入っている「島津家文書」「毛利家文書」「小早川家文書」「吉川家文書」「浅野家文書」「伊達家文書」「上杉家文書」については、「島Ⅰ三九七号」のように、〔文書群名の頭一字＋冊次（一冊本については省略）＋文書番号〕で表す。「立花家文書」については、福岡県編『福岡県史近世史料編・柳川藩初期（上）』により、〔立＋文書番号〕で表す。「鍋島家文書」については、佐賀県立図書館編『佐賀県史料集成・古文書編第三巻』により、〔鍋＋文書番号〕で表す。「松浦家文書」については、京都大学文学部国史研究室編『平戸松浦家史料』により、〔松＋文書番号〕で表す。「旧記雑録後編」については、鹿児島県編『薩藩旧記雑録後編』により、〔旧＋冊次＋文書番号〕で表す。「武家事紀」については、刊本中巻により、〔武＋ページ数〕で表す。以上いずれも、原文を本文中に引いた場合は、原則として本文中に注記する。

(15)なお、引用部分より前に「倭賊は、以前は所持の牛馬をことごとく売却していたが、正月二十日からは晋州攻撃に備えて昼夜錬兵し、以前売った牛馬を買い戻している」とある。日本側史料に晋州城攻めがあらわれるよりかなり前に、朝鮮側は情報をつかんでいた。

(16)『南路志』第五巻（高知県立図書館、一九九三年）。

(17)浅八五号。「加藤文書」一二号・四月一七日付加藤清正あて朱印状（『熊本県史料・中世篇第五』一六二頁）にほぼ同文がある。

(18) 宣二六・閏一一・庚午に「海中則、加徳・天城也」とあって、加徳島所在の倭城を二か所あげている。『中宗実録』三九年（一五四四）八月壬午条に「加徳鎮・天城堡」、同年九月甲子条に「加徳・天城両鎮」とあって、以前より加徳島には二か所の城砦があった。このうち加徳鎮を日本軍が改造したのが、従来より知られている加徳島倭城であろう。天城堡は加徳島の高所にあったと思われるが、倭城の存在は未確認である。

(19) 注(12)所引。以下これを「楓軒リスト」と呼ぶ。

(20) 佐賀県立図書館編『佐賀県近世史料』第一編第一巻所収。

(21) 日下寛編、博文館刊。

(22) そう考えたとき、注(19)で本城と判断した巨済島三城のうちのひとつが、注(20)文書で「繋」とされていることが問題となる。また、竹島城の「繋ノ城」（注(20)文書）・「出城」（注(21)文書）と呼ばれ、「コモカイノツナキ城也」と注記された城（注(21)文書）は、加徳島城に比定してよいだろう。

(23) 他に立花宗茂あて（立四一八号）、吉川広家あて（吉Ⅰ七五三号）、鍋島直茂あて（鍋六〇号）、加藤清正あて（『熊本県史料・中世篇第五』一七六頁）、伊東祐兵あて（『日向古文書集成』三三八号）、毛利元康あて（『萩藩閥閲録・第一巻』三三六頁）、毛利秀元あて（武五二一—二二頁）、筑紫広門あて（武五二二頁）の八通が残る。

(24) 朝鮮側の『懲毖録』に「還軍釜山」、日本側の「黒田家譜」巻七に「先釜山浦まで引取へし」（『黒田家譜・第一巻』文献出版、二四六頁）とある。

(25) 注(1)所引『文禄・慶長の役城跡図集』図Ⅴ—14。

(26) 太田注(3)書、一二五—一二六頁に、伊達政宗が蔚山に「砦か陣屋程度の比較的小規模の」城を築いた可能性が指摘されている。

(27) 「毛利秀元記」（『国史叢書』）。

(28) 東莱が重複しているが、病気のため急遽帰国を許された毛利輝元（秀元の父）に対して、「釜山浦ニハ侍従（秀元）、東莱ニハ吉川侍従（広家）、其外人数相加可ㇾ被二入置一候、迫門口之城、是又慥成者可二入置一候」という指示が与えられている（毛Ⅲ九一九号）ように、秀元は毛利一族を総括する立場で命を受け、じっさいの普請は吉川広家があたった。

(29) 藤本注(1)論文、三一頁に引用。

(30) 比定に問題をふくむものをまとめて記す。前述のように、巨済は松真浦、又巨済は長門浦に比定される。安骨浦の「達三《タルサム》部老《ブロ》」は、「達」を朝鮮固有語で同音の「月《タル》」に置き換えると、「月三郎」と変換され、秋月三郎種長に比定できる。東莱の「共加臥馬多時之《コンガワマタシチ》」は、一五九七年九月に鳴梁で戦死した水軍将来島通総が、朝鮮史料で「馬多時」と見える（北島万次『豊臣秀吉の朝鮮侵略』吉川弘文館、一九九五年、二二三頁）ことから、通総に比定できそうだが、通総の当時の官途は出雲守で、「又七」と呼ばれた形跡がなく、「馬多時」＝通総という同定自体が疑問である。一五九五年六月には吉川広家が東莱に在番しているので、「コンガワ」を吉川の音写と解する余地があるが、広家の当時の官途は侍従で、「又七」と呼ばれた形跡がない。島津豊久の通称が「又七」だが、「コンガワ」という姓との関連がつかない。釜山の「安芸宰相」は、官途だけで考えると参議だった輝元となるが、一五九三年七月に輝元は病気のため帰国し、毛利軍の指揮を養子秀元に委ねていたから、秀元に比定すべきか（『直茂公譜考補』には「毛利宰相秀元」とある）。

(31) 太田注(3)書、一四一頁以下によれば、政宗が石垣普請を手がけた城は金海竹島倭城である。

(32) 『福原家文書・上巻』一二月二〇日朱印状。

(33) 「家盛江之書札之写」（文禄三年）正月二八日・二月晦日朱印状（『備中成羽藩史料』）。

(34) 注(33)所引「家盛江之書札之写」八月一三日朱印状。

(35) 旧Ⅱ一一二二号・（文禄三年）五月一九日島津義弘あて朱印状に、「被レ越二置御蔵米一、無二手付一御蔵ニ可二入置一候、少も召遣候ハ、可レ為二曲事一候、但古米ニ不レ成様ニ入替、員数者無二相違一様ニ、堅可二申付一候」。他に、立花宗茂あて（立四〇五号）、高橋元種あて（『宮崎県史・史料編近世Ⅰ』四七頁）、毛利元康あて（『萩藩閥閲録・第一巻』三七頁）、吉川広家あて（吉Ⅰ七七七号）、鍋島直茂あて（鍋八〇号）、伊東祐兵あて（『日向古文書集成』三三七号）、松浦鎮信あて（松八〇号）の七通が残っている。

(36) 「福島家系譜」『広島県史・近世資料編Ⅱ』（義弘・福島正則・蜂須賀人数あて）、鍋九七号（鍋島直茂あて）。

(37) 注(33)所引「家盛江之書札之写」（文禄二年）六月一三日朱印状。

(38) 鍋五七号・文禄二年八月六日朱印状。他に、毛利秀元あて（武五二〇―五二一頁）、小早川隆景・同秀包・立花宗茂・高橋直次・筑紫広門の五名あて（小Ⅰ三三〇号）、生駒親正あて（『生駒家宝簡集』坤『新編香川叢書・史料編2』）の三通が残っている。

(39) 文禄二年八月七日朱印状。亀浦城・同支城を預かる小早川隆景あて（小Ⅰ五一〇・五一一号）、釜山城・東莱城を預かる毛利秀元あて（武五二一頁・吉Ⅰ七四八号）、金海竹島城・同支城を預かる鍋島直茂あて（鍋五八・五九号）、「から嶋」城を預かる島津義弘あて（島Ⅰ三九三号）の四通が残っている。
(40)『江雲随筆』（文禄四年）五月二二日朱印状。
(41)福島注(8)論文に若干の記述がある。
(42)同前、五三頁。
(43)同前、五二—五五頁にこの記事を使った記述がある。
(44)同前、五五頁。
(45)村井章介「慶長の役開戦前後の加藤清正包囲網」（『韓国朝鮮文化研究』一〇号、二〇〇七年）。本書Ⅲ—4。
(46)「脇坂文書」（『兵庫県史』史料編中世1、一九五頁）。
(47)『壬辰状草』（朝鮮史料叢刊第六所収）は、李舜臣が前線から都へ書き送った戦況・軍功報告書の控を七十余通収めたものである。文体は吏読《リト》を多用した朝鮮式漢文で、われわれには読みづらいものだが、吏読を省いて普通の漢文に書き改めたものが、『李忠武公全書』（影印標点韓国文集叢刊第五五所収）巻二—四に収録されている。後者には各状に表題が付されるいっぽうで、発給年月日は省略されている。とうぜん引用にあたっては前者を主とすべきである。
(48)高橋公明「中世東アジア海域における海民と交流」（『名古屋大学文学部研究論集』史学三三号、一九八七年）。
(49)村井章介「島津史料から見た泗川の戦い」（『歴史学研究』七三六号、二〇〇〇年、村井『世界史のなかの戦国日本』ちくま学芸文庫、二〇一二年に再録）。

4　慶長の役開戦前後の加藤清正包囲網

はじめに

文禄の役（壬辰倭乱《イムジンウェラン》）が開戦から四年目に入った一五九五年、小西行長と沈惟敬《しんいけい》の間で進められた日明講和交渉が、ようやくまとまり、正月すえに、秀吉を「日本国王」に冊封する使節団（正使李宗城・副使楊方亨）が、北京を出発する運びとなった。しかしこれは、秀吉の意を体したものではなく、前年すえ、行長配下の小西飛騨守（内藤如安《じょあん》）が北京に携行した偽作の「関白降表（降伏の願書）」にもとづき、明側が示した三条件——①日本は明に冊封を求めるが朝貢貿易は求めない、②日本軍は対馬をふくむ釜山周辺から撤退する、③日本は今後永く朝鮮を侵さない、——を如安がのむことで、ようやく実現したものだった。

いっぽうこのころ、釜山《プサン》周辺には日本軍が築いた城郭（倭城）が密集しており、なかでも西生浦城《ソセンポ》（蔚山《ウルサン》広域市蔚州《ウルジュ》郡西生面西生里）には、行長のライバル加藤清正が駐屯していた。清正は、今回の講和交渉は行長・惟敬の「姦偽」だと非難し、一年半前に秀吉の示した、①明の皇女を天皇の后妃とする、②日明勘合を復活させ官船・商船を往来する、③朝鮮南半の四道を日本に割譲する、④朝鮮の王子と大臣を人質として日本に送る、などの項目をふくむ七か条こそが、依然として和議の基本線だと主張した（『宣祖修正実録』二八年三月条）。

清正の存在は、行長や惟敬はもちろん、三条件の線で交渉をまとめて日本軍を撤退させ、軍事衝突を避けたい明軍や北京政府にとっても、大きな障害となっていた。いっぽう朝鮮政府は、交渉がみずからの頭ごしに進められることに焦燥感を抱きつつ、講和の実現可能性そのものを疑問視していた(1)。その判断の根拠は、日本の冊封要請を明が許すことを軸になりたっている和平案が、七か条に固執して撤兵の気配も見せない強硬派清正の存在と(2)、まったくあいいれないことにあった。

おなじころ、日本軍から朝鮮側に投降する兵士が続出していた。朝鮮側はこれを「降倭」と呼び、最初は問答無用で殺害することが多かったが、やがて、日本軍に動揺を与える効果と、鉄砲などの軍事技術の獲得をめあてに、積極的に投降をそそのかす方針に転じた(3)。「降倭」の続出は、長びく外国駐留で疲弊した日本軍の陣中に、撤兵・帰国を望む気分が蔓延していたことを示す。それを阻む最大の要因もまた、清正の存在だった。

一　降倭の清正暗殺計画

一五九五（宣祖二八）年二月二九日、管轄内に西生浦城を抱える慶尚左兵使（左道兵馬節度使）高彦伯《コオンベク》からの馳啓（急報）が、漢城《ハンソン》の国王宣祖《ソンジョ》のもとに届いた。そこには以下のような重大事が記されていた。以下、『宣祖実録』（以下『宣』と略記）二八年二月壬申条により、高彦伯の馳啓のみ逐語訳し、備辺司の回啓、王の伝、承政院の回啓はかいつまんで訳す(4)。なお〔　〕内は補充した語句、（　）内は説明注である。

二月二十日、士卒を閲兵していたとき、私（高彦伯）の座前に、降倭の「酒叱只」「鶴沙伊」らが駆けこんできて、人払いを願って、ひそかにこう言いました。

「われらはすでに本国に背いておりますので、朝鮮の人です。すでに朝鮮の人ですから、衣食も朝鮮にお世話になっています。それでは、行動についてはどうでしょうか？　われらは賊魁〔清正〕を滅ぼして、われらの志をあらわそうと思っています。われらが、林郎浦城《イムナンポ》〔ふつう「林浪」と書く。釜山広域市機張《キジャン》郡長安邑林浪里〕の守将の軍官として、清正の出入りのようすを見ましたところ、清正はわが守将と会合するときには、お供はいつも十余人にすぎず、いつもひとり馬に乗って来会し、酒を飲んで宴たけなわとなり、日暮れがたに急いで帰ることもよくあります。また、従兵と狩りをするときも、ひとり馬に乗って〔勢子たちの〕後に随い、ひとりで高い峯に立つことも普通です。この時をねらって、内応者と事を図れば、易きこと掌を返すがごときでしょう。兵使さまのお考えはいかに。」

私が耳を傾けるふりをして、「こんな重大事をどうして簡単にできようか。そのうえ、大明はさきごろ日本に和を許し、天使〔冊封使〕がまもなく来ようとしている。朝鮮は大明の属国だから、どうしてその意向に逆らうことができよう。また、汝らは投降してから日が浅く、口ではそんなことを言うが、かならずや当方の虚偽を験そうとしているのだろう。どうして真情から発していようか。また、内応者とは誰なのか。」と尋ねますと、降倭はこう答えました。

「おっしゃることはごもっともで、起たれないならそれまで。起たれるのなら、こうするつもりです。われらと一緒に投降した倭に「仇叱已」という者がおり、その従兄「古老非」は現在清正の軍官でもっとも側近くにいる者です。この従兄は清正と仲たがいをして、つねに従弟と謀ってこちらへ来ようとしていますが、機を逸して今はまだ清正の幕下におります。われらは、その倭〔「仇叱已」〕と通事の金古隠孫とを西生浦城に潜入させ、内応の倭〔「古老非」〕に話をもちかけ、血判をとって誓約を交わします。さすれば事ははなはだ簡単にすむでしょう。この好機を逸すれば、三月二十日ころには、「其応古沙馬《キウンゴサマ》」〔小早川隆景？〕(5)が兵を率いて渡海し、最初のように朝鮮を犯すでしょう。そうなったらどうやって支えるのですか？　そのうえ清正には、賊兵たちの怨みが集中しています。毎度関白に対して、兵の加増と渡海を求めているのも清正です。清正をなんとかしなければ、行長と講和したとしても、関白はかならずこの賊（清正）の言に従いますから、どうして簡単に撤兵するでしょうか。兵使さまがもし不可だとおっしゃるのなら、せめてわが計略を認めてくださるようお願いするのみです。」

私が大明の言を理由に返答を引き延ばし、まんざらでもない風をして、実行の戦術を問いただすと、こう答えました。

「われら十余人はめいめい鳥銃（鉄砲）を持って、西生・林浪の要害地点に潜伏します。つぎに、朝鮮の精鋭を前後の路傍に配置し、日没を待ちます。清正が林浪から帰ってくるとき、まず鳥銃をいっせいに発射し、弓の名手が左右の翼より射れば、清正がいくら勇敢でも、かならず首はわれらが手に落ちましょう。そののちに、内応者が西生浦城に駆け入って、兵たちを驚惑させるべく、〈わが将はすでに殺されてしまった。そのうえ朝鮮の大軍が包囲している。われらはどこへ行けばいいのか？〉とふれまわります。闇に乗じて陣中に手あたりしだい放火すれば、諸衆はかならず促されて船に乗ります。明くる日、朝鮮の左右（慶尚左右道か）の水軍が糧路を断つふりをすれば、諸鎮（の日本軍）はただちに撤兵するでしょう。そうせずに清正に悠然とこの土地に居させれば、十年たっても撤兵はおぼつかないでしょう。また、先日の慶尚右道巨済の戦役でも、もし（朝鮮側が）兵を退かなければ、諸鎮（の賊）はみな船に乗って帰りたがっていましたが、（朝鮮側が兵を退いたので撤兵は）結局実現しませんでした。これは恨めしいことです。また、三月三日には清正はかならず林浪へ行きます。その時こそ決行すべきです。」

そこで私はこう答えました。「もし事が成就すれば、国王殿下に奏上しよう。汝には高官が授けられ、子々孫々まで永く栄禄を受けられよう。しかして、今の話はすべて汝の真情なのか？」また、朝鮮はもとより約束はしない、ということばですかし抑え、もっぱら利をもって諭したところ、降倭らはみずからを突いて血を出し、誓書を作って差し出しました。

この馳啓を受けた王は、国防の責を担う備辺司に意見を徴し、備辺司は大意つぎのように回啓した。――三月三日まで数日しかありませんので、今から指令を発しても間に合わないでしょうし、またもし事が成らなかったら、賊の怒りを激発して、賊は「明には講和の意思がない」と思うようになり、禍いを速めることになりかねません。とはいえ、賊魁を滅ぼせる趨勢を明知しながら、首尾を畏れて起たないのも、臨機応変の策ではありません。そこで、降倭を厚待して信頼関係を築き、かれらが賊中に出入りして内応者と結び、賊魁を殲滅すれば、変事は賊の内部で起きたことのように見えて、わが国は疑われず、事が成就してもしなくても、トラブルにまきこまれることはないでしょう。もし降倭がわが国の射手の参加を強く求めたら、射手が倭に扮装して降倭に交じり、闇に乗じて潜伏し、賊に朝鮮人だと覚らせないようにするのも一策です。おおよそ、敵国の人をもって敵国をあざむくのが、兵家の勝算であります。わが国が、倭奴のずる賢さを疑うあまり、かれらと密約を交わしてわが用に役立てることもできないのは、はなはだ拙劣というべきです。この降倭の献策自効の意を高く評価して、疑惑の心をぬぐい去り、喜んで死地に赴くようしむけ、「事が成就したのちに手厚く爵賞する」と約束すれば、それを風聞して出降してくる倭は、一、二人には止まらないでしょう。

この回啓を見た王は、とりあえず絶対反対だと答え、あらためて大意つぎのような「伝」を承政院（王の秘書局）に下した。――清正について、備辺司はできることがありそうに言うが、どういう了簡なのか？　私はこの企てが激変を惹起するにちがいないと思う。いまわが国は危機一髪の状況で、今日まで数年をもちこたえられたのは、ひとえに明の顧護があったからだ。清正が死んだとしても、日本に別の清正がいないだろうか？　いたずらに秀吉の天を衝く兵勢を増すだけだ。卿らは秀吉がどんな人間だと思って、こんな計略を廻らすのか？　朝、清正を殺せば、秀吉は夕には渡海して、朝鮮の国土を血で真っ赤にする。ましてや明が日本冊封に決したのに、わが国がこんな挙に出たら、明の兵部尚書石星は激怒して朝鮮を見捨てるだろうし、その間にデマゴーグがあることないこと言いふらし、わが国がどうなってしまうか、目に見えるようだ。これは一清正を除いて国家滅亡の禍を買う、非常の奇策というべきではないか？　わが国人が倭に扮する策もお笑いだ。人の姿は変えられても、矢の形まで変えられるか？　倭人が矢を取って見たら、覚らないはずがあろうか。送りこんだ人が一、二人捕獲されることも、絶対にないとはいえまい。たとえ射手を遣わさず、倭だけを遣わして事を図ったとしても、隠しとおせるはずがない。卿らは深く考えて問題を放置せず、宣伝官を急派して、火急に兵使に伝諭せよ。また、国家存亡のかかる重大事について、枢要の職たる承政院としても、意見がないはずはなかろう。速やかに認めて啓上せよ。

この伝を受けて、承政院に属する左副承旨柳永詢《ユヨンスン》・同副承旨鄭淑夏《チヨンスガ》が回啓したが、その内容は王の見解をなぞり、阿諛《あゆ》の言辞を加えたものにすぎず、とくに紹介するまでもない。ただ、降倭の正体についてのこんな憶測だけが独自の発言である。——「清正は行長と仲が悪く、つねに和議の成就が行長から出ていることを憤っています。この賊（清正）は、わざと腹心の人を遣わして、降伏を乞うふりをさせ、陰謀をもちかけて、わが国情を探り、わざとトラブルを起こして、成就しようとしている和議を破ろうとしているのかもしれません。」この回啓に王は「啓に依れ」と伝し、これがとりあえずの結論となった。

しかし、ことの重大さゆえか、翌二月三〇日に、王が別殿に重臣たちを召集して、閣議が開かれた。領・左・右の三議政と戸曹・兵曹両判書を始め、漢城府、両司（司憲府・司諫院）、承政院、弘文館、芸文館の役人も出席する、最高レベルの会議である。以下、『宣』二八年二月癸酉条による。

三議政・両判書・漢城府判尹は備辺司堂上のメンバーで、前日の備辺司の回啓はかれらも同意したものだった。領議政柳成龍《ユソンヨン》は「万が一にも清正を除くことができるのなら、この機を失すべきではない」「もし清正が除かれれば、いくら秀吉が暴れ馬でも、かならず気落ちするだろう」と言い、左議政金応南《キムウンナム》は成龍の意見に同調し、右議政鄭琢《チヨンタク》は「清正ひとりを除くことは、十万の兵勢を減ずるのと同等だ」と発言した。行漢城府判尹金命元《キムミョンウォン》も、「清正が殺されたら、その徒党が散り散りになるのは必然だ」と述べた。

王の意見は、「清正を殺すなというのではなく、殺した場合に、日本を羈縻《きび》（手なづけること）しようとしている明の方針に背くことになり、かならず大事となる」というものだった。これに対しては、「明の羈縻策は行長をパートナーとするもので、清正は相手ではないから、朝鮮が清正を除いたとしても、明は特別なこととは思わないだろう」（金命元・戸曹判書金睟《キムス》）という意見もあったが、いっぽうで、「清正の排除を行長が喜ぶかどうかはわからず、もし行長が喜ばなければ、明もそれを非となすだろう」（行大司憲洪進《ホンジン》）という反論も出た。兵曹判書李恒福《イハンボク》は、備辺司堂上ではあったが、「たった五人（この数の根拠は不明）の倭で清正を捕らえることは不可能で、かならずわが軍の力をあてにするだろうが、それに応じてはならない」「行長が清正と不仲だといっても、秀吉が清正の死を聞けば、行長に復讐を命じるだろう、そうなったら行長は秀吉の命を聞かずにいることができようか」と、消極論を唱えた。

会議の最後に、王が、「明がこの挙を聞いたら、朝鮮の軍事を全部わが国に委ねて、国境の鴨緑江《アムノッカン》まで兵を退くだろう。そうなっては日本との和平もできなくなる。一清正を殺して事が終わるのならともかく、そうでないなら、熟慮を重ねるべきではないか。諸卿よ、さらに議論を尽くせ」と発言した。これを受けて、鄭琢が「最初は臣らの意見を申し上げましたが、昨日の王のご指示はきわめて妥当で、これ以外にはございません」と述べ、柳成龍が「兵法とは、変化に対応するもので、風を捕らえ影を捉えるようにして、もしかしたら成功を収めるかもしれません。今回の高彦伯の計は、成否はわかりませんが、兵法の観点からすると、乗ずべき機があるようです。しかし、明の羈縻策ゆえに困難です」と締めくくった。

さきに見たように、高彦伯の伝えた降倭の計画は、詳細かつ具体的であり、実現性が高いように見える。降倭らは、血判状を朝鮮側に差し出して、決意のほどをアピールした。別の降倭のケースに関してであるが、朝鮮のある高官は

「その書を見ると血痕があった。倭賊は、人から信頼を得たいときは、かならずこのようにする」と述べている。(6)朝鮮政府の首脳部が心を動かされたらしいようすは、さきに見た備辺司の回啓や閣議における高官たちの発言から、よくうかがわれる。

このころ、朝鮮海軍が制海権を掌握して、軍事的には朝鮮側有利の情勢を作りつつあり、朝鮮が自力で日本軍を撤退させることも不可能ではない、という雰囲気が生まれていた。ところがいっぽうで、前年九月・一〇月の交に、総力をあげて巨済島に拠る日本軍を掃討しようとした作戦(7)が、指揮官相互の意思疎通の不足により失敗に終わり(8)（この件には降倭も言及している）、当面は手づまり状態となっていた。それを一気に打破する妙案として、ふってわいたのが、清正暗殺計画であった。

朝鮮政府の結論としては、荷担しないことになったものの、そのことを伝える使者が三月三日までに現地に着くことはありえない。いっぽうで高彦伯は、言質は与えなかったが、計画の実行を阻止しないとほのめかしていた。政府首脳は、なにがしかの期待と一抹の不安を胸に、「予定日」を迎えたことだろう。しかし現実にはなにごとも起こらなかった。

「酒叱只」ら自身は、「林郎将軍官」と自称しているから、清正の直接の配下ではなかったと思われる。林浪浦城は、清正の西生浦城と黒田長政の機張城の中間に位置し、西生浦城からの距離は、直線で一〇キロメートルほどである。毛利吉成・島津忠豊・伊東祐兵《すけたか》・高橋元種・秋月種長らが在番したと伝えられるが、この時点での守将は高橋元種であった。(9)しかし、「酒叱其」（只《チ》と其《キ》は音が近い）が朝鮮側に投降したことを聞いた清正は、朝鮮側にその縛送を求めている（『宣』二八年三月甲戌（一日）条）から、清正の影響力は林浪浦にも強く及んでいたとみられる。事実、「酒叱只」が語るとおり、清正は林浪浦の守将のもとをひんぱんに訪れていたらしい。また、「酒叱只」自身が、清正の軍官「古老非」と、その従弟「仇叱巳」を介して繋がっていたことからわかるように、軍官レベルでも両城に連絡があっ

たらしい。(10)

「予定日」をかなり過ぎた三月二四日、ふたたび高彦伯の馳啓が漢城に届いた。それによると、彦伯は、「酒倭」（おそらく「酒叱只」のことだろう）を「内応の古老非」のところに行かせて、「たくさんの天使（冊封使一行のこと）が近々朝鮮にやってくるので、図るところの事は決してなしてはならない」とひそかに告げた。「所図之事」とは清正暗殺計画にちがいない。彦伯は、二月三〇日の閣議の決定にそって行動したのである。ところが意外にも、「古老非」は大いに怒ってこう言いはなった。「わが日本は、明から婚儀を求め、朝鮮の割譲がなったのちに、和を結ぶことになっている。そうでなければ、百人天使がやってこようとも、和がなるわけがない」（『宣』二八年三月丁酉条）。

この発言は、日明講和交渉に対する清正の態度そのままで、内応者らしいようすはまったくうかがえない。さきに見た承政院の回啓が疑っていたように、すべては清正自身から発する謀略だったのだろうか。だとすれば、王にへつらった秘書官の推測こそが、皮肉にも正鵠を射ていたことになるが、それにしては、降倭らの語りの発散するリアリティを、どう解したらいいのだろうか。それこそが「倭奴の譎詐」（備辺司の回啓に見える表現）だと言ってしまえばそれまでであるが。

私としては、暗殺計画は実在したが、期待したほど朝鮮側が積極的でなかったために、謀略グループから清正の軍官だった「古老非」が脱落し、保身のために清正にすりよった発言をしたもの、と考えてみたい。

二　行長の清正迎撃献策と李舜臣の罷免

前述の冊封使が大坂城で秀吉と会い、使者の告げた和議条件がまったく秀吉の考えていたものとちがっていたため、講和交渉がたちまち水泡に帰したのは、一五九六年（文禄五）九月初めである。(11) 清正は、講和交渉を妨害したかどで蟄居の身となっていたが、朝鮮再出撃の命を受けて、勇躍出陣した。

清正再来より前から、漢城では清正を迎え討つ計略がめぐらされていた。「行長が、おのれの功となるはずの講和が破れかけていることに、憤懣を抱いている」という情報が、「釜山体探宋忠仁《ソンチュンイン》」から慶尚右兵使金応瑞《キムウンソ》を経て漢城にもたらされ、一一月二七日、備辺司は王に「賊中行間」への留意を促した。これに対して王は、「もし行長が協力しなければ、清正は動けないだろう。この機会は失してはならないが、熟慮善処が肝要だ」と答えている。この計略をセットアップすべく、応瑞と行長の間を往来していたのが、行長幕下の通事「要時羅[12]」と、その「卒倭麻堂古羅」である（『宣』二九年一一月己未条）。

一二月五日には、王みずからが「清正は正月か二月にやってくるという。あらかじめ統制使に偵察させ、あるいは倭人に厚くまいないして、渡海の日をつきとめ、海上で迎撃するのが上策だ」、また「古人は用兵のさいに刺客を放つこともあった。いまの倭賊の暴威はもっぱら清正から発している。降倭を募ってやらせるか、こちらから人を送るかして、清正を図れば、その党は自解するだろう」と述べた（『宣』同年一二月丁卯条）。

二一日、通信使黄慎《ファンシン》が日本から漢城に帰着して書啓を呈し、名護屋で耳にした行長の言として、「清正は、肥後で広く戦士を募るさいに、〈朝鮮に至って五年農作すれば多大な糧穀が得られ、日本で禄を食《は》まずとも欠乏の憂いはない、なんじらは日本にいても寸土すら持たないが、朝鮮で功を立てれば領地がもらえるだろう〉と宣伝しているそうだ」という情報を伝えた。同日、王は黄慎を引見して、「行長は和平を主唱し、清正は戦争を主張して、角《つの》突き合わせているのはどういうわけか」と尋ね、黄慎は「清正は再航しても、蔚山・機張の間（すなわち西生浦）に駐屯して、大挙深入することはないだろうが、その意図は、和平を破って戦争に持ちこもうとするにある」という行長の言を披露した（『宣』同月癸未条）。二五日の閣議で、元領議政李山海《イサンネ》は「今日の急務は清正に再航させないことだが、もし上陸を許してしまっても、決死の兵を選んで左右に伏を設け、その帰路を窺って、清正が通過したら不意討ちして、殲滅すべきだ」と述べた（『宣』同月丁亥条）。この意見に当時の朝鮮首脳部の空気が代表されている。

年が明けて一五九七年（宣祖三〇）正月二日、王は行長工作に着手し、まず、黄慎から行長に伝えさせるべき文言の案を示した。その文中に、「足下は前日兵使金応瑞と面会して通好したので、わが国は天朝に日本冊封を斡旋し、使節を冊封使に同行させたが、はからずも面会を拒絶され、逆に悪口を加えられた。ただ、足下は信義を忘れず、まごころをもって初志を貫こうとし、わが国の人はみな足下の高見を知っている。もしあいともに清正を除けば、足下と修好したく思う。わが国と天朝とが、足下を救援しない理があろうか」とある。これを受けて備辺司は、「行長がこの工作を、朝鮮側を油断させる計略に逆用するおそれなしとしない」と、若干の危惧を表しつつも、機会を失することを恐れて基本的に同意した。あわせて、水軍をひきしめて夜襲を防ぎ意外の患に備えること、釜山営の虚実を熟知するのが急務であること、の二点に留意するよう求めた（『宣』三〇年正月癸巳条）。

四日、「降倭呂汝文・勝太善・仇老等」が兵曹判書李徳馨《イドクヒョン》に面会して、「慶尚左・右道の水軍をおのおの数百艘ずつ集結させ、左道・右道の間を往来して釜山近海に出没させれば、賊の進退の道が断たれ、釜山に留屯中の賊は孤立の状態となり、対馬島からやってくる船も警戒してたやすくは渡海できなくなります」と献策した。兵曹はこれを妙案とし、「日本は兵を動かすに巧みだが、二、三月に東風が吹き始めるまでは、けっして出来することはできない。賊の渡海前にすみやかに防備の策を尽くし、軍を整えて待ち受けるべきだ」と提言した（『宣』正月乙未条）。漢城にいた降倭が前線の戦況に通じていたことから、降倭と行長との間になんらかの連絡を想定することも可能であろう。

釜山にいた行長からの回答は、正月一一日に「要時羅」から慶尚右兵使金応瑞にもたらされ、それを伝える応瑞の状啓が漢城に届いたのは同一八日であった。回答の書き出しに、「清正は七千の軍を率いて、四日に対馬に到達しており、順風が吹けばすぐにでも渡海するだろう。前日約束のことは、すでに準備できているか？」とあるように、これ以前に双方で約束が交わされていた（『宣』正月庚戌条）。二一日の備辺司の啓によれば、さきに行長は「朝鮮水軍が清正軍を洋中で迎撃する」という策を示しており（『宣』正月壬子条）、全羅道兵馬節度使元均《ウォンギュン》の書状にも、「伏してお願いします、朝廷は水軍をもって賊を海上で迎撃し、上陸できないようにしてください」とある（『宣』正月癸丑条）。もって朝鮮側と行長の双方が同意した「約束」の内容が知られる。

一一日に行長があらたに示した策は、つぎのようなものだった。朝鮮側は、戦艦五十余艘を急ぎ機張方面へ回航して、慶尚左道の水軍と合流して陣を結び、清正軍が機張・西生へ直向するのを遮る一方、五、六隻を釜山が望める場所に遊弋《ゆうよく》させる。行長は清正に部下を送って、「朝鮮はなんじを仇敵として、無数の戦艦を整えて左右道に分泊させ、陸軍も近地に多数屯してなんじの出現を待ち受けているから、軽はずみに渡海しないほうがよい」と囁かせる。そうすれば清正はかならず渡海を延期し、その間に朝鮮は対応策を立てることができるし、行長も謀を廻らす余裕ができる（『宣』正月庚戌条）。

ところが、行長の回答の翌日、早くも清正軍は行動を開始した。一三日漢城着の黄慎書状に引用された宋忠仁の報告に、「十二日に、清正管下の倭船百五十隻が、一時に渡海して西生浦に到泊した。十三日に、清正自身が管下の倭船百三十余隻を率いて、雨を冒して渡海したが、風勢が不順なため加徳島《カドクト》に到泊した。十四日に多大浦《タデポ》に移泊し、西生浦に向かおうとしている」とある（『宣』正月甲寅条）。一方、機張県監の李廷堅《イジョンギョン》は、一三日に清正自身が先来船二百余隻を率いて多大浦に到泊した、と都体察使李元翼《イウォニク》に馳報し[14]、一五日にも、「倭の大船一艘に倭将喜八（金大夫）以下七十余名が乗りこんで釜山に直到し、〈慶長丁酉年正月十二日〉付で〈日本国豊臣秀吉臣加藤主計頭平清正〉という署名のある牌文を掲示した」と元翼に告げている（『宣』正月壬子条）。

清正軍の釜山到着を見た行長は、体探宋忠仁に「朝鮮のことは毎度こんな具合だ、この機会を失するとは、惜しんで余りある」と言ったという（『宣』正月癸丑条）。王みずからがリードした今回の計画は、こうして不発に終わったが、この蹉跌は、慶尚・全羅・忠清三道水軍統制使李舜臣《イスンシン》の罷免・断罪という、思わぬ副産物を生む[15]。

右の辺報に接した王は、憤懣やる方なく、二三日の閤議の冒頭で、「行長が掌を指すようにして清正を図る計を指示したのに、これを実行できなかったわが国は、じつに天下庸劣の国だ。果ては行長に、朝鮮のことは毎度こんな具合だと、嘲弄される始末。閑山島《ハンサンド》の将（統制使李舜臣）は安臥していて、なすすべを知らなかった（不知何以為之）」と発言した。閣僚からも舜臣批判があいつぎ、王は「今回舜臣は清正の首を取ることを望んだのだろうか？　ただ船上で武を輝かし、海上を巡回するだけで、ついになにもできなかったのは、まことに歎かわしい」とため息をついた（『宣』正月甲寅条）。

同日、黄慎は状啓を呈して、「清正はすでに上陸したとはいえ、現在築城は済んでおらず、士卒はどんどん到着し、石や木材を運ぶ倭が山野に散布しています。この機会に乗じて急ぎ水陸の軍備を整え、伏兵をもって襲撃することができます。また行長と厚く結んで、行長・清正がたがいに相手を図るようしむければ、わが志を得ることができましょう。もし巣窟が完成して敵勢が充実すれば、力を百倍にしても実行はむずかしくなりましょう」と言った（同）。清正に西生浦再入城を許すことの危険性が、王の周辺で認識されていたことがわかる。

二七日の閤議では、李舜臣の罪状糾弾が激しさを増した。判中枢府事尹斗寿《ユンドス》は、「舜臣は朝廷の命令を用いず、戦いに臨むことを回避し、閑山島に退保していたので、この大計を実行することができなかった。大小の人臣で痛憤しない者があろうか」と発言した。これに加えて、前年一二月一二日に、釜山の倭陣を夜襲して、家屋一千余戸・兵糧二万六千余石・船二十余隻・火薬・兵器・雑物等を焼き、倭人三十四名を焼死させた戦果を、舜臣が部下の功績として上申した（『宣』正月壬辰条所引の一二月二七日付書状）ことが、他人の功を盗んだものとして、糾弾の対象となった。舜臣と同郷の領議政柳成龍が、舜臣の人となりと過去の功績を説明して弁護したが、議論は元均との比較論となり、舜臣の旗色は悪かった（『宣』正月戊午条）。

翌日、元均を慶尚右水使兼統制使に任じ、当面は李舜臣と協心せよとの王命が発せられた（『宣』正月己未条）。三道水軍統制使から中核となる慶尚右道を外したのだから、事実上の解任である。二月四日になって、司憲府が「統制使李舜臣」を「恩に孤《そむ》き国に負《そむ》く罪」により「拿鞫依律定罪（取り調べて法により罪を定める）」ことを王に啓し、王は「おもむろに事を定めよ」と答えた（『宣』二月乙丑条）。三月一三日、王は舜臣の罪を、君を無みした、国に負いた、人の功を奪って人を罪に陥した、などと数えあげ、律により誅することを大臣に提案した（『宣』三月癸卯条）。その後、判中枢府事鄭琢《チョンタク》の助命嘆願により罪一等を減じられ、白衣従軍に処せられたが、七月の巨済《コジェ》島《ド》漆川梁《チルチョニョン》の海戦で元均が敗死したため、統制使に返り咲くことになる。

三　西生浦城焼討作戦

一五九七年（宣祖三〇）二月八日、日本冊封使の副使として日本から帰還した沈惟敬[16]が、漢城の崇礼門外に設けられた餞宴の席で、王と清正除去策について問答を交わした（『宣』三〇年二月己巳条）。

王　行長はわが国の辺帥と共謀して、ひそかに清正を除く計略をめぐらしたが、大人は行長とそうしたことがあったか？

沈　以前に乗ずべき機があったようだが、辺帥が自分で判断せず、つねに朝廷に報告してのちに行なったために、往復の間に事が滞って、座して機会を逸する結果になった。なすべき事は報告ぬきに実施するよう、あらかじめ体察使に指示しておいてはどうか？

王　日本軍の内部から清正を除去する動きがあるだろうか？　もしうまく除去されれば、行長と通好を篤くしようと思う。

沈　行長にも清正にも、ひそかに相手を除くはかりごとがある。軍営を焼く計画については、清正の陣だと言われており、私にもそれを行なう意思がある。(17)明の兵部尚書がかつて密書を私に遣わしたのも、またこの意である。私は現地へ行ってそのことを図ろうと思う。全羅道の才ある人を連れて行きたいと願っている。

「以前に乗ずべき機会を逸した」というのは、年初の清正軍迎撃作戦を指していよう。そして、ここで沈が口にした「軍営を焼く計画」（原文は「焼営之事」）は、ほどなく降倭によって実行される。(18)

三月一六日に漢城に届いた金応瑞の書状（『宣』三〇年三月丙午条）によると、「要時羅」が「馬堂古羅・信時老」と相約を結び、それを金応瑞に報告した。計略の目標は、西生浦城の軍器・軍糧を焼くことと、兵士を投降に誘引することの二点で、当面は、「馬堂古羅」が「信時老」に城を偵察させ、その「信時老」が膂力人に過ぎた友人の「馬多時之」を仲間に引き入れる、という予定であった。「要時羅」が首領格だったことは、「要時羅卒倭麻堂古羅」（『宣』二九年一一月己未条）・「要時羅奴倭信時老」（『宣』同月乙未条）などとあることからも明らかである。

ひと月あまりのちの金応瑞の馳啓（『宣』三〇年四月辛巳条）に、その後の推移が記されている。まず三月八日、応瑞は、配下の「釜山体探」宋忠仁と「帰順倭世伊所」とに、多くの銀両・虎皮などの物を託して、送り出した。宋忠仁は一一日に釜山に至り、「世伊所」と謀議をめぐらした。「世伊所」が「こんなことは私ひとりではできない。わが同類に「馬多時之」という、勇力人に過ぎた者がいるので、かれと謀をともにすれば、事は成就するだろう」というので、宋忠仁は「馬多時之」と会って、秘約を交わした。「馬多時之」が言うには、「清正はつねにわが身を危ぶんで、雑人の出入りをいっさい禁断しており、朝鮮人は門番がけっして入れてくれません。私がまず行って情況の可否を見ますので、そののちに行動を起こすのがよいでしょう。」当初清正自身の除去をねらっていたはずの計画が、「焼営」に変更されたのは、清正のガードが堅くなったためであろう。

三月一六日に清正の陣に送りこんだ「世伊所」と「馬多時之」が、二〇日に戻ってきて言うには、「放火はむずかしくありませんが、たまたま朝鮮使送の僧が陣中に来ていて、事の妨げになっています。倭賊の陣は板を張った上に黄土を塗っています。このところ雨続きで、助けとなる風もありませんので、たとえ火を放ったとしても、延焼は望めません。しばらく後日をまって再挙しましょう。」

『宣』に記す事の次第はここまでであるが、「世伊所」たちが連れてきた「清正軍官倭五名」の発言は衝撃的である。「われわれはみな清正と親近の人ですが、仕事は過重、命令は暴酷で、労苦に堪えられず、身ひとつで逃げてきました。このところの清正は士卒の心を大きく失っており、日本へ逃げ帰る兵士が日に百をもって数えるありさまで、兵勢はやせ細っています。」

「焼営」のじっさいの状況は、対馬に伝わった古文書で知ることができ、それによって登場人物の日本語表記も判明する（対馬志多留・武田家文書。中村栄孝『日鮮関係史の研究・上』五九八―六〇一頁に翻刻あり）。

「虎之助殿（清正）御陣所を朝鮮・大唐相談仕、本念を達し可申《もうすべし》と存候得共《そうらえども》、朝鮮国より虎之助殿御陣所に火を掛申事難成《なしがたく》、何卒《なにとぞ》下野殿（柳川調信）御分別を以、対馬守様（宗義智）に被仰上《おおせのぼされ》、虎之助殿御陣所を焼払被下《くだされ》候得かし」と、遊撃（沈惟敬）被申《もうされ》候。其時下野殿被申候は、「彼の虎之助殿御陣所、是非々々焼き度、大唐・朝鮮より存候はゝ、某《それがし》内之者共に申付、陣所に火を掛為焼《やかせ》、てんそう（天使＝楊方亨）・遊撃本意を晴らさせ申」と被申、則武田又五郎・又七、此両人に被申付、虎之助殿御陣所せつかゐ（西生浦）に罷越し、日数十日程見廻り候得共、御番稠敷《きびしく》候て、火を付け可申様無之《これなし》。漸く十一日に当る夜、火をつけ候得共、其夜風なき候故、御陣衆差寄、取消し被申、漸五拾軒斗《ばかり》焼き申候。

対馬宗氏の重臣柳川調信の命で放火を実行した「武田又五郎・又七」は、『宣』に出る「馬堂古羅」「馬多時之」に同定できる。[19] かれらは、調信が「某内之者共」と言っているように、対馬の倭人で、朝鮮から官職をもらった「受職人」でもあった。この文書を伝える志多留武田氏は、又五郎の子孫である。

明の天使とその副使沈惟敬、朝鮮の慶尚右兵使金応瑞、犬猿の仲のライバル小西行長、対馬の宗義智と柳川調信が計画の背後にひかえ、実行者として対馬出身の降倭が用いられる。結果的には、意図したほどのダメージを清正に与えることはできなかったものの、なお、沈惟敬が調信に「中々せつかゐ焼け申たる事、朝鮮人も申来り承り申候。さては貴所の内衆参り候て、焼申候哉。則其者共は、朝鮮・日本相談相済《あいすみ》申時、一廉《ひとかど》の被致官を可申《かんをいたされもうすべし》」と語っていることから、かなり評判にはなったらしい。

清正をとりまく包囲網は、日に日にきびしさを増していた。

注

(1) 中村栄孝『日鮮関係史の研究・中』(吉川弘文館、一九六九年)一九一―一九二頁。

(2) 文禄四年(一五九五)五月二二日、秀吉は冊封使の求めに応じて、一五か所の倭城のうち一〇か所の破却を小西行長・寺沢正成に命じた(『江雲随筆』同日秀吉朱印状写)。同年一〇月一三日より、朝鮮の訓錬主簿金景祥が、冊封使に同行予定の朝鮮使黄慎とともに、各所の倭城や倭軍駐屯地のようすを「探審」した。梁山《ヤンサン》地龍塘《ヨンダン》(亀浦《クポ》)から東萊《トンネ》までの十数か所については、朝鮮人のようすや残存する倭兵の数、城の構造や倭軍の移動状況などが詳細に報告されているが、「清正所属」の「林浪《イムラン》・西生《ソセン》・豆毛《トゥモ》三陣」については、「使不得出入、故未能探審」、伝聞によって軍の移動を記すにとどまった(『宣祖実録』二八年一一月庚午条)。Ⅲ―3―三参照。

(3) 北島万次『豊臣秀吉の朝鮮侵略』(吉川弘文館、一九九五年)一六八―一七二頁。

(4) 史料の原文は、韓国国史編纂委員会刊の影印本および同会のウェブサイト http://sillok.history.go.kr/main/main.jsp で検索できるので、ここでは割愛する。

(5) 「其応古沙馬」は「金吾様」の音写で、金吾は衛門の唐名。「金吾中納言」と呼ばれ、慶長の役で総大将を勤めた小早川秀秋(秀吉の正室の甥で秀吉の養子となり、さらに小早川家を嗣ぐ)を指すかとも思われるが、秀秋は文禄四年当時一四歳で、若年すぎるようである。その養父で「左衛門佐」を称する小早川隆景か。

(6) 村井章介「降倭の血判」(『古文書研究』五五号)二〇〇二年。

(7) 『宣』二七年一〇月乙卯条に見える都元帥権慄《クォンユル》の伝令に、「九月二十七日、水陸合勢、以図巨済之賊、抄択各陣諸将所率精鋭、定将入送」とある。

（8）宣祖二七年（一五九四）一〇月一五日、兵曹佐郎金尚寯《キムサンジュン》は王の質問に「時無体察使（尹斗寿《ユンドス》）号令、故仍留以待指揮」「体察使、亦以諸将之不従号令、為悶也」と答えており（『宣』二七年一〇月己未条）、同年一一月二一日の王の伝に、「巨済之役、喪師挫辱、如前所教。予所親聞之事、一一相符。敗衂如此、而統制使（李舜臣）・都元帥（権慄）・体察使（尹斗寿）、相与掩覆、匿不以聞、反肆張皇之説。其謂、有君上乎、有朝廷乎、有台諫乎。極為痛心。」とある（『宣』二七年一一月乙未条）。

（9）『宣』二八年二月癸丑（一〇日）条に、「各営倭将姓名、欲為聞知、而皆従其国郷談、合字書出（日本語の発音に従って漢字を宛てて書き出す）」として、一五か所の倭城の守将がリストアップされており、そのなかに「林郎浦多加和時旧老（高橋九郎）」とある。その後同年一一月初頭に、林浪浦の「将帥」だった毛利壱岐守（吉成）が日本へ帰り、守兵はその子毛利豊前守（吉政）に率いられて、安骨浦に移った（『宣』二八年一一月庚午条）。なお、一五九五年二月時点での倭城の守将は、本書Ⅲ―3、四一四頁に一覧表がある。

（10）『宣』二七年四月丁丑条に、「倭賊反覆姦狡、無退帰之理。且欺瞞中朝言、清正已還其国、其後仍拠西生浦。又其手下兵、分拠林郎浦。」とある。

（11）秀吉が怒り心頭に発したのは、通説でいうような明皇帝による「日本国王」冊封に対してではなく、朝鮮からの完全撤退が和平条件であることを、沈惟敬から聞かされた瞬間であった。佐島顕子「壬辰倭乱講和の破綻をめぐって」（『年報朝鮮学』四号、一九九四年）、金文子「慶長期の日明和議交渉破綻に関する一考察」（『人間文化研究年報（お茶の水女子大学）』一八号、一九九四年）参照。

（12）『宣』二九年一二月癸未条で「行長幕下小酋、微賤而怜悧者」と紹介される「要時羅（与四郎？）」は、『宣』の初出記事から、「通事倭」として、対馬の柳川調信や行長と、金応瑞の間を往来している（『宣』二八年二月癸酉条）。中村栄孝によれば、かれは対馬の「武田家文書」（後出）にみえる「梯七大夫」に同定できるという（『日鮮関係史・上』吉川弘文館、一九六五年、六〇二頁）。その根拠はやや薄弱であるが、対馬の柳川氏の被官であることはまちがいなさそうである。『宣』によってその行動を追ってゆくと、「至於要時羅、則屢言其国陰事、頗有験者」とあるように（『宣』二八年九月辛巳条）、朝鮮側にとっても貴重な情報をもたらす間諜だったことがわかる。

（13）冊封使に同行した朝鮮の使節黄慎の『日本往還日記』万暦丙申（一五九六）一二月七日条に、「平行長、自大浦（対馬豊崎郡）来到（釜山に）」とある。翌年四月一五日に北京から漢城に届いた告急使権慄の馳啓に「賊将行長・正成（寺沢）、已於冊使回還時、跟同過海、屯拠東萊・釜山旧営」とあって、行長が冊封使と同行して来たことがわかる（『宣』三〇年四月乙亥条）。したがって、行長の名護屋出発を慶長二年（一五九七）正月一三日とする『国史大辞典』「こにしゆきなが」条（松田毅一筆）の説は誤りである。

(14) この馳報は、上の宋忠仁報告とくらべると、清正の多大浦到来日時が一日早く、船数は七十隻ほど多いという齟齬がある。

(15) この事件については、元均とそれにつながる西人派のしくんだ冤罪とするのが通説である（北島万次「解説」〔同訳注『乱中日記3』、平凡社東洋文庫、二〇〇一年〕三二八頁、など）。だが『宣』によるかぎり、元均や西人派ではなく、王自身が舜臣弾劾の中心人物だった。舜臣の罪として挙げられた事項をみても、後述する倭軍釜山営焼打事件や元均子息誹謗事件についてはフレームアップの気配が漂うものの、弾劾の主因であった清正迎撃の王命を拒んだ件は事実であるから、冤罪とはいいがたい。

『宣祖修正実録』三〇年二月条は、清正迎撃計画を〈清正自身が、行長と示し合わせて、朝鮮軍の勢いを弱めようと、誘いをかけたもの（実与行長謀贏師以誘我）〉とみなす解釈に立って、舜臣の抗命を「海道艱険、賊必ずや伏を設けて以て待たん。多く戦艦を発すれば、則ち賊必ず之を知らん、小《すく》なければ則ち反りて襲ふ所と為らん」という合理的判断に基づくものとして、弁護している。しかし、行長と清正の反目はぬきさしならない深刻さだったし、降倭の続出が示すように、日本軍には厭戦気分が蔓延していた。それを背景に立てられた清正排除計画は、このときが最初ではなかったし、行長がそれに加担するのもなんら異とすべきものではない。そもそも、最初に計画をもちかけたのは朝鮮側であって、行長ではない。〈ふたりが示しあわせて朝鮮水軍をたたく陰謀を巡らした〉という『修正実録』の説が、的を射たものとは思えない。

いっぽうで、清正にやすやすと西生浦入城を許してしまったことが、丁酉再乱における朝鮮側の戦略的失敗だったことも、否定できない。かりに陰謀が事実だったとしても、清正軍に海上で打撃を加えておくことは、必要かつ有効な戦略だったと思われる。それを拒絶した舜臣の判断が正しかったとする『修正実録』の叙述には、仁祖《インジョ》反正後高まった舜臣顕彰が反映しているのではないか。

(16) 冊封正使李宗城は、一五九六年四月、日本渡航の危険を恐れて釜山から逐電し、翌月、副使だった楊方亨が正使、沈惟敬が副使に任命された。

(17) この一文、原文は「焼営之事、人言清正之事矣、俺亦有此意思」であるが、意味が取りにくい。

(18) 中村注(1)書、五九四―六〇四頁。

（19）中村栄孝は、さらに『宣』の「信時老」「世伊所」を、「武田家文書」の本文引用箇所以外の部分に見える「保家新十郎」「岡村清蔵」に同定する（中村注（1）書、六〇二頁）。しかしながら、『宣』三〇年三月丙午条に、「今欲図謀、銀子二十五両、先給信時老・牙兵宋忠仁等、一時入送。……信時老亦言曰、……我友馬多時〔之脱〕称名者、旅力過人、能為如此之事。欲与此人図之云云」とあるのと、同四月辛巳条に「戦士宋忠仁・帰順倭世伊所等、多給銀両・虎皮等物、去三月初八日入送。……世伊所答曰、如此之事、非一人所能爲之。我同類倭馬多時之称名者、勇力過人。若与此人同謀、則可以成事云」とあるのとを比較すると、「信時老」と「世伊所」とは同一人と考えざるをえない。「世伊所《セイソ》」を清蔵と読むのはともかく、「信時《シンシ》老《ロ》」と新十郎とはやや距離があり、「時老」は四郎と読むのが普通であろう。

初出一覧

序章「異文化交流と相互認識」 以下の文章に基づく書き下ろし。

a「中世韓日両国人の相互認識」（韓日関係史学会編『韓日両国の相互認識』国学資料院、一九九八年九月（韓国語、孫承喆訳））。／b「文化は貿易船に乗って——鎌倉時代の日元交流」（『日本の美術』四一〇号、至文堂、二〇〇〇年七月）。／c「多民族空間としての中世港町——博多を中心に」（東京学芸大学史学会『史海』四八号、二〇〇一年六月）。／d「国際社会としての中世禅林——東アジアの文化交流を支えた人びと」（図録『遼寧省・京畿道・神奈川県の文物展——名宝にみる文化交流の軌跡』神奈川県立歴史博物館、二〇〇一年一一月）。／e「中世の外交と禅寺・禅僧」（国立歴史民俗博物館編『中世寺院の姿とくらし——密教・禅僧・湯屋』山川出版社、二〇〇四年二月）。／f「国際社会としての中世禅林」（吉田光男編『アジア理解講座4　日韓中の交流——ひと・モノ・文化』山川出版社、二〇〇四年一二月）。／g「中世における禅宗の輸入と「日本化」」（鈴木靖民編『古代日本の異文化交流』勉誠出版、二〇〇八年二月）。

Ⅰ　自己意識と相互認識

1「天台聖教の還流——『参天台五臺山記』を中心に」（王勇・久保木秀夫編『奈良・平安期の日中文化交流　ブックロードの視点から』農山漁村文化協会、二〇〇一年九月）。

2「日本僧の見た明代中国——『笑雲入明記』解説」（村井章介・須田牧子編『笑雲入明記——日本僧の見た明代中国』（東洋文庫798）解説、平凡社、二〇一〇年一〇月）。

3「東アジア諸国と日本の相互認識——一五・一六世紀の絵地図を中心に」（小島孝之・小松親次郎編『異文化理解の視座——世界からみた日本、日本からみた世界』東京大学出版会、二〇〇三年四月）。「韓中の絵地図に描かれた日本列島周辺」（吉田光男編『アジア理解講座4　日韓中の交流——ひと・モノ・文化』山川出版社、二〇〇四年一二月）を編入。

4「壬辰倭乱の歴史的前提——日朝関係史における」（『歴史評論』五九二号、一九九九年八月）。

5「抑留記・漂流記に一六—一七世紀の北東アジアを読む」（『東アジア海域における交流の諸相——海賊・漂流・密貿易』九州大学21世紀COEプログラム（人文科学）「東アジアと日本：交流と変容」、二〇〇五年三月）。縦書きに変換のうえ、史料を追加。

Ⅱ　東アジア文化交流と禅宗社会

1「日元交通と禅律文化」(村井章介編『日本の時代史10　南北朝の動乱』吉川弘文館、二〇〇三年三月)。

2「東アジアにひらく鎌倉文化——教育の観点から」(五味文彦・馬淵和雄編『中世都市鎌倉の実像と境界』高志書院、二〇〇四年九月)。「蘭溪道隆の画期性」(安西篤子監修『中世の鎌倉を語る』平凡社、二〇〇四年七月)を編入。

3「寺社造営料唐船を見直す——貿易・文化交流・沈船」(歴史学研究会編・村井章介責任編集『港町の世界史1　港町と海域世界』青木書店、二〇〇五年一二月)。「大智は新安沈船の乗客か」(『日本歴史』六九四号、二〇〇六年三月)を編入。

4「肖像画・賛から見た禅の日中交流」(青山学院大学文学部日本文学科編『国際学術シンポジウム・海を渡る文学——日本とアジアの物語・詩・絵画・芸能』新典社、二〇〇七年八月)。わずかに増補。

5「十年遊子は天涯に在り——明初雲南謫居日本僧の詩交」(西山美香編『古代中世日本の内なる「禅」』〈アジア遊学一四二号〉勉誠出版、二〇一一年五月)。

6「室町時代の日朝交渉と禅僧の役割」(『駒澤大学禅研究所年報』一〇号、一九九九年三月)。増補のうえ、文体修整。

Ⅲ　異文化接触としての戦争

1「一〇一九年の女真海賊と高麗・日本」(東京大学文学部附属文化交流研究施設朝鮮文化部門『朝鮮文化研究』三号、一九九六年三月)。

2「蒙古襲来と異文化接触」(荒野泰典・石井正敏・村井章介編『日本の対外関係4　倭寇と「日本国王」』吉川弘文館、二〇一〇年七月)。

3「「倭城」をめぐる交流と葛藤——朝鮮史料から見る」:「朝鮮史料から見た「倭城」」(京都大学東洋史研究会『東洋史研究』六六巻二号、二〇〇七年九月)と、「倭城をめぐる交流と葛藤」(北島万次・孫承喆・橋本雄・村井章介編『日朝交流と相剋の歴史』校倉書房、二〇〇九年一一月)を統合。

4「慶長の役開戦前後の加藤清正包囲網」(東京大学大学院人文社会系研究科韓国朝鮮文化研究室『韓国朝鮮文化研究』一〇号、二〇〇七年三月)。

あとがき

本書の標題にある「日本中世」は九世紀から一七世紀までをふくみ、「異文化接触」は文化交流や相互認識を包みこむ概念である。ともに通常よりかなりひろい意味あいをもたせている。対外関係史の観点からすると、日本の支配層のなかに対外認識の鋳型が形成される九世紀から、幕藩制下の国際関係——いわゆる鎖国制——が確立する一七世紀前半までを、特徴ある一時代として括ることができる。また、中国・朝鮮・女真・蒙古などの「異文化」との接触を通じて、多様な内外の交流が生まれ、理解と反撥の共存する相互認識が形成された。中世の「日本文化」は、右のような相互作用の結果徐々に形づくられてきた。通時代的な「固有の日本文化」を安易に前提する文化論は、突きつめた歴史的思考の放棄と隣りあわせである。

本書は、右のようなスタンスのもとに、一九九〇年代後半からさまざまな場で発表してきた「文化交流」に関わる論考を、ひとつのまとまりある書物として再構成したものである。本書の構想は、本年三月に岩波書店から刊行した『日本中世境界史論』と同時並行的に形をなしてきた。その意味で両書は姉妹編といえる。

序章「異文化交流と相互認識」は、初出一覧に掲げた七つの文章をシャッフルして、四つのテーマに組み直したもの。一節で現在にまで繋がる問題性をはらんだ日朝の相互認識を論じ、二節で異文化接触の典型的な場として港町博多を観察し、三節で中世の国家や地域権力の外交実務をになった禅寺・禅僧の姿を概観し、四節で禅宗を「日本文化」としてとらえ直すための視点を示した。第Ⅲ部のテーマである戦争論にまでは及んでいないが、「文化」に臨む本書の姿勢は読みとっていただけよう。

第Ⅰ部「自己意識と相互認識」では、内外の往来を通じて、ひとはどのように外の世界を見、またどのように外から見られ、その相互作用を通じて「自己」がどう形成されていったかを論じた。

「1　天台聖教の還流」は、中国を代表する日中交流史家王勇氏の主催する「ブックロード共同研究」の一環として、二〇〇〇年一〇月一九日に国文学研究資料館で開催された研究会における報告に基づく論考で、成尋の渡宋日記をおもな素材として、中国で失われた天台聖教の写本が巡礼僧の手で日本から環流するようすを見た。

「2　日本僧の見た明代中国」は、『笑雲入明記』輪読会の成果を須田牧子氏と共同でまとめ、「東洋文庫」のシリーズに収めた訳注本に付した解説で、国家レベルの外交をになった僧の眼に映じた中国を紹介した。

「3　東アジア諸国と日本の相互認識」は、二〇〇一年一一月一七日、東京大学と日本国際教育協会の共催で東京国際交流館を会場に開かれたシンポジウム「東西交流と日本」における報告と、同年六月、吉田光男氏のお誘いで加わった国際交流基金アジアセンター企画の連続講座「歴史で見る日韓中の文化交流」の一回分とを、合体させた論考で、『海東諸国紀』『籌海図編』に収められた日本列島周辺の絵地図を材料に、朝鮮・明との相互認識をとらえようとした。

「4　壬辰倭乱の歴史的前提」は、学会誌の特集「中世東アジアの地域・交流・情報伝達」に寄せた論考で、一六世紀末の大戦争が日本軍の快進撃で幕を開ける背景を、情報伝達と相互理解（の欠如）の観点から論じた。

「5　抑留記・漂流記に一六―一七世紀の北東アジアを読む」は、二〇〇三年一〇月二五日、九州大学21世紀COEプログラムと九州国立博物館設立準備室の共催で、福岡市のアクロス福岡を会場に開かれたシンポジウム「海賊と漂流――異文化接触のさまざまなかたち」における基調講演をもとにした論考で、史料紹介に重点があったため、今回史料原文を追加した。なお、おなじ内容を同年一一月八日にカナダのブリティッシュ・コロンビア大学日本学研究センターで開かれたシンポジウム"Dimensions of Japanese Ethnicity Within and Without, 1543-1945"でも報告した。

第Ⅱ部「東アジア文化交流と禅宗社会」では、日中・日朝間の文化交流（貿易や外交をふくむ）を担った禅僧と禅宗社会にスポットをあて、国家間外交のなかった南宋―元代に、東シナ海をひんぱんに往来した貿易船を交通手段として、多彩で国際的な文化が花開いたことを、さなざまな文化財に語らせた。

「1　日元交通と禅律文化」は、シリーズ「日本の時代史」で私が編集した第一〇巻の各論のひとつとして執筆したもので、第Ⅱ部の総論的な内容に加えて、律宗文化も禅文化と共通する国際性をもっていたことに注目した。

「2　東アジアにひらく鎌倉文化」は、二〇〇一年一二月九日に鎌倉商工会議所ホールで開かれた「鎌倉学フォーラム二〇〇一」における報告に、二〇〇三年九月一八日の鎌倉女学院創立百年を記念する「鎌倉学セミナー」シリーズにおける講演「蘭渓道隆の画期性」を組みこんで再編成した論考。禅僧の伝記史料をおもな材料に、鎌倉の禅宗寺院群が東国出身の若者に東アジアへの眼を開かせる高等教育学校だったことを指摘した。

「3　寺社造営料唐船を見直す」は、『歴史学研究』の特集「港町と水陸交通―地域論の射程から」（同誌七五六・七五七号掲載、二〇〇〇年一一月・一二月）をベースに、羽田正・深沢克己両氏とともに構想を練ったシリーズ「港町の世界史」の第一巻に発表した論考に、雑誌掲載の小論「大智は新安沈船の乗客か」を組みこんで再編成した。一四世紀前半の日中交流を特徴づける「寺社造営料唐船」について、日本の武家政権が中国商人の経営する貿易船に掲げることを許した「看板」だったという新説を打ち出した。

「4　肖像画・賛からみた禅の日中交流」は、佐伯真一氏の企画により二〇〇六年九月二日に青山学院大学で開催されたシンポジウム「海を渡る文学」における報告。禅僧の肖像画とその賛をおもな材料に、日中をまたぐ嗣法関係等の人のつながりに即して、作品が海を渡りながら成立していく過程を追跡した。日本美術史の朝賀浩氏のお誘いで関係した大阪市立美術館の特別展「肖像画賛―人のすがた、人のことば」（二〇〇〇年一〇―一一月開催）を出発点とする研究で、収集した賛のテキストは「対外関係を語る肖像画賛の収集」（科研報告書『八―一七世紀の東アジア地域における人・物・情報の交流　上』東京大学大学院人文社会系研究科、二〇〇四年）として発表した。

「5　十年遊子は天涯に在り」は、西山美香氏の編になる「アジア遊学」の特集に寄せた論考で、明初の政変のおりで雲南に抑留された日本の禅僧たちが、現地の官僚・僧侶たちと結んだ交際を、地域で編まれた詩集を用いて紹介した。

「6　室町時代の日朝交渉と禅僧の役割」は、駒澤大学禅研究所の主催で一九九八年一〇月一六日に開かれた公開講演会における講演筆記に、大幅に手を加えて論文化したもの。日本側史料にはほとんど姿を見せない朝鮮渡航僧の文化交流を、韓国の公的機関が作製した『朝鮮王朝実録』『韓国文集叢刊』のデータベースを活用して、浮かびあがらせた。

第Ⅲ部「異文化接触としての戦争」では、中世の日本が経験した三つの対外戦争を、異文化接触という観点からとらえることを試みた。戦争＝非文化という通念からは異和感があるかもしれないが、戦争こそ異文化へのむきあい方が問われるギリギリの状況である。政治支配や殺傷行為をも「文化」の表出として考察していく必要があると思う。

「1　一〇一九年の女真海賊と高麗・日本」は、朝鮮史の学術雑誌に発表した論考で、女真海賊という究極の異文化との接触が、意外にも王朝貴族の高麗観の問題性をあぶり出す経緯を追跡し、あわせて貴族の日記史料の有用性にもふれた。

「2　蒙古襲来と異文化接触」は、一九九二―九三年の「アジアのなかの日本史」（東京大学出版会）以来のトリオである荒野泰典・石井正敏両氏との共同編集になる新シリーズで、私の担当巻に掲げた論考。前近代で最大規模の戦争で生起した異文化接触を、後代に残した歴史的記憶をもふくめて、外交、戦闘、仏教と貿易の三つの視角から論じた。

「3　「倭城」をめぐる交流と葛藤」は、東洋史の学術雑誌に投稿した「朝鮮史料から見た「倭城」」と、二〇〇七年一二月一五日に九州国立博物館で開かれた朝鮮通信使四〇〇年記念国際シンポジウム「アジアのなかの日朝関係史」における発表「倭城をめぐる交流と葛藤」とを合体させた論考。たびたび現地を訪れた記憶と日本の倭城研究における顕著な史料的かたよりが動機づけとなり、朝鮮側史料をも存分に用いつつ倭城における攻守体制と城郭構造を解明し、苛烈な支配・殺戮の拠点であると同時にその存立と地域経済が相互依存の関係にあるという、倭城の多面性に注目した。

「4　慶長の役開戦前後の加藤清正包囲網」は、二〇〇二年から五年間、吉田光男氏の勧誘により日本史学との兼担で所属した韓国朝鮮文化研究室の研究紀要（Ⅲ—1の発表媒体の後継誌）に発表した論考で、清正のライバルで講和・撤兵を主導する小西行長、日本軍の拠点釜山をにらむ前線の朝鮮軍、さらにソウルの国家首脳までが関与した、包囲網の形成とその挫折に光をあてた。

本書は、三九年におよんだ東京大学での——とりわけその後半二二年間の文学部・人文社会系研究科での——在職中に、ぜひ東京大学出版会から刊行したいと願っていたものである。姉妹編はなんとか滑りこみで間にあったが、生来の怠惰がたたって、本書は退職後の出版となってしまった。それでも、日本史学研究室出身で中世史の卒論を書いた山本徹氏のご尽力により、思いのほか早く世に出ることになった。これを励みとして、新しい職場立正大学での教育に力を注ぎたいと思う。

予想を超える大冊になってしまった本書が、出版会のお荷物にならないよう願うのみである。

二〇一三年五月

村井章介

著者略歴
1949年　大坂生まれ
1972年　東京大学文学部卒業
1974年　同大学大学院人文科学研究科修士課程修了
　　　　東京大学史料編纂所助手，同助教授，東京大学大学院
　　　　人文社会系研究科教授をへて
現　在　立正大学文学部教授，東京大学名誉教授

主要著書
『アジアのなかの中世日本』（校倉書房，1988年）
『中世倭人伝』（岩波新書，1993年）
『東アジアのなかの日本文化』（放送大学教育振興会、2005年）
『日本中世境界史論』（岩波書店，2013年）
『増補 中世日本の内と外』（ちくま学芸文庫，2013年）
『老松堂日本行録』（校注書，岩波文庫，1987年）など多数

日本中世の異文化接触

2013年8月20日　初　版

［検印廃止］

著　者　村井《むらい》章介《しょうすけ》

発行所　一般財団法人　東京大学出版会

代表者　渡辺　浩
113-8654 東京都文京区本郷7-3-1　東大構内
http://www.utp.or.jp/
電話 03-3811-8814　Fax 03-3812-6958
振替 00160-6-59964

印刷所　株式会社平文社
製本所　誠製本株式会社

ISBN 978-4-13-020151-3　Printed in Japan

索　引

凡　例

（1）採録範囲は本文および注の説明部分とし、章名・節名・小見出し、図表およびそのキャプション、目次・あとがきは対象としない。
（2）中国・朝鮮関係の語は、ルビにかかわらず、原則として日本語読みで採るが、古林清茂（くりんせいむ）・寧波（にんぽう）等、若干の例外を設ける。
（3）人名について。名前の一部のみが出る場合は、判明する限りでフルネームで採る。研究者名・現存者名は、本文中に出ても採らない。
（4）地名について。「倭国」「日本」、「中国」および中国大陸の王朝名、「朝鮮」および朝鮮半島の王朝名、「東アジア」「九州」等の広域地名は採らないが、「東シナ海」「日本海」「江南」「華北」は例外とする。日本の国、朝鮮の道、中国の省レベルの地名は、下位の地名に掛かっている場合は採らない。現代の地名（都道府県・市町村名等）は採らない。
（5）事項について。書名・史料名は原則として採らないが、『中巌月和尚自歴譜』『海東諸国紀』等のように、本書のテーマに関わる語若干は例外とする。

人名・氏族名索引

あ　行

秋月　387
秋月種長　411, 414, 448, 458
浅野長吉　404, 405, 417
足利家　316
足利尊氏　268
足利直義　26, 198, 242-244, 268
足利義教　77
足利義政　33, 71, 332, 340
足利義満　6, 28, 32, 77, 94, 290, 321
足利義持　21, 31, 77, 317
アラク　78
有馬晴信　411
晏子　85
飯尾為種　10, 95
惟円　356, 364
惟観　62, 63
池田喜兵衛　416
生駒一正　415
生駒氏　411
生駒親正　448
以参周省　34, 345, 346
石田三成　407, 417, 421
惟肖得巌　30
惟心　302
イスン・テムル　260
伊勢貞親　33
伊勢氏　11, 117
板倉満景／平満景　324, 328
一条兼良　342
一条天皇　56
一宮氏　228
一山一寧　27, 31, 36, 193, 201, 207, 226-228, 231, 265, 291, 292, 394, 395
一色直氏　21, 266, 397
一笑禅慶　263
一峯通玄　199, 203, 236, 250
伊東祐兵　407, 411, 447, 448, 458
今川氏　109
今川了俊　30, 65
いや二郎　254
隠公(魯)　90
尹根寿　424, 426
尹仁甫　331, 341
允部　72, 326
印侍者　40
允登　336
尹斗寿　463, 468
上杉景勝　416
上杉氏　109
宇喜多秀家　404

金太虚 427
金大夫 462
金淡孫 438
金仲良 127
金白善 159
金非衣 22
金変虎 439
金命元 457
空証 282, 283
空叟智玄 183, 252
九鬼氏 411
九鬼嘉隆 403, 412, 416
愚渓如智 393
草野 387
草野次郎 389
楠葉西忍 73
虞(ぐ)世南 300
愚中周及 183, 251, 252, 262, 263, 396
国田兵右衛門 152, 155
クビライ 173, 175, 176
熊谷直盛 417, 420
内蔵石女 355, 357, 358, 360-362, 373
古林清茂(くりんせいむ) 38-40, 197-199, 202, 203, 234-236
忽林赤(クリンチ) 380
来島(くるしま)通総 416, 448
久留米小早川氏 411
黒田長政 411, 413-417, 424, 458
桑山一晴 416
桑山貞晴 416
桂庵玄樹 34
桂隠 296, 304, 305
慶讃 149
瑩山紹瑾 258
慶照 57
景徐周麟 30
契嵩 61
慶暹 61
敬叟彦軾 337
景泰帝／皇帝／帝／天子 76, 78-80, 86
圭籌 331, 341, 343
景轍玄蘇 29, 35, 347
桂堂瓊林 381
慶得 151
恵文王(趙) 145
傑翁宗英 26, 225
月江正印 202, 235, 263
傑山了偉 287
月渚英乗 34, 35
月堂宗規 312
月翁智鏡 216
月林師観 276-278
幻庵 329
嶮崖巧安 200, 220, 230
玄規 149
阮貴王 72
元均 462-464, 469
謙渓令裕 253, 270
兼好法師 37
兼什法印 47
元粛 344
源信 55-57, 60, 61, 68
源清 57, 58
玄宗 67
元叟行端 39, 290
元堪 60
堅中圭密 29, 33
権中中巽(そん) 300
元通 251
鈫阿 209
建文帝 28, 312
玄昉 51
元撲 65
玄璵 253
元容周頌 291
肥富 28
胡惟庸 298
孔安国 67
項羽 90
鴻羽 57
洪延 40
業海本浄 248
侯継高 23
光厳 332
広侍者 253
高彦伯 409, 452, 457-459
光厳上皇 252
江西龍派 342
洪三官人 209
甲山興東 39
黄山谷 90
黄慎 411, 416, 430, 433, 460-463, 468
洪進 457
勾践 90
広禅人 40
高祖(漢) 85, 90
光宗 207
後宇多院 394
恒中宗立 296, 307, 312
光定 61

皇帝　→景泰帝
弘道大師　57
河野氏　6, 118
河野教通　6, 118
洪武帝　65, 297, 375
高峰顕日　201
高峰原妙　285, 287
弘法大師　218
後延之　64
古岳宗亘　35
虎関師錬　28, 34, 37, 178-180, 394
古渓宗陳　35
古源邵元　205
古知客　253
伍子胥　83, 90
虚(こ)舟普度　381
小少将　410
古心世誠　202, 235
湖心碩鼎　6, 29, 35, 118
胡粋中　306
古先印元　202, 203, 235, 248, 270
胡宗憲　111, 115
呉存敬　309
後醍醐天皇　172, 173, 178, 179, 232, 239, 242, 247, 375
古智慶哲　202
兀庵普寧　26, 38, 275, 390
呉東川　151
古道長老　40
小西飛騨守　→内藤如安
小西行長　408, 411-415, 417, 423, 424, 426, 429, 430, 432, 442, 451, 453, 456, 457, 460-464, 466-469
小早川氏　411, 412, 467
小早川隆景　405, 412, 415, 420, 430, 434, 448, 453, 467
小早川秀秋　467
小早川秀包　412, 420, 448
後北条氏　283
古老非　453, 459
権応銖　427
権鑊(かく)　426
権採　331
権慄　441, 442, 467, 468

さ　行

崔沂　433, 439
崔世節　128
済川若檝　198, 202, 234
最澄　52, 53
蔡繁　86
沙介同　135
相良氏　317
策彦周良　29, 35, 83, 89
策侍者　253
佐々木導誉　42
佐志氏　109
ザビエル，フランシスコ　24, 25
三条実継　47
三条天皇　356
山叟慧雲　221
子期　41
司空曙　271
竺雲正曇　202
竺仙梵僊／竺僊　20, 26, 37, 38, 42, 182, 196, 201-203, 231, 236, 248, 250, 253, 266, 270, 289, 291
竺田悟心　199, 202, 235, 251
子建浄業　28
慈洪　209
始皇帝　144
志佐氏　109
泗洲大師　62
此宗曇演　296, 308
質庵文淳　91
石渓心月　221
シディバラ　260
司馬光　66, 67
斯波氏／武衛殿　100, 107
司馬相如　90
渋川氏　29, 109
渋川満頼　324
渋川義俊　21
至本　243, 244, 252, 256, 263, 269, 272, 396
島津氏　33, 34, 78, 144, 317, 413, 421, 424, 441
島津忠恒　424
島津忠豊　458
島津豊久　411, 424, 448
島津直茂　421
島津義弘　407, 411, 412, 414, 415, 417, 421, 424, 426, 431, 448, 449
慈明楚円　327
至無極　40, 41
釈迦　25, 259, 278
寂阿　259
寂庵上昭　219
寂照　52, 54, 55, 56, 58, 59
寂心　55
謝国明　17, 18, 264
従隗(かい)　323, 339, 340

秋月等観　83
洲侍者　253
柔侍者　253
充書記　253
周紀　92
周世昌　58
周琛　92
周坦之　32
周文　323, 338, 339, 341-343
周冕(べん)　31
宗峰妙超　280
朱元璋　183
朱子　89
朱子中　262, 263
酒吒只　452, 458, 459
朱自明　151
朱序　145
朱仁聡　57, 58, 68
殊仙　149, 150
寿棟　345
舜　328
春屋宗園　35, 39, 289-291
春屋妙葩　37
春湖清鑑　323, 345
春谷永蘭　302
遵式　52, 56, 68
俊芿　32
順性　194
俊如房　172, 188, 195
順禅人　40
常　202
笑隠大訢　202
笑雲瑞訢／笑雲　29, 71-73, 76, 78, 79, 81, 82, 84-86, 89, 92
昭王(秦)　145
蕭何　90
尚氏／尚王家　33, 34, 263
聖秀　63, 64
性海霊見　183, 252, 270
常覚　352
鄭(じょう)玄　55, 67
松源崇嶽　280, 288, 289
昭憲太后　29, 332, 333
樵谷惟僊　36
蔣州　111, 115, 116
蔣承勲　53
常心　209
成尋　54, 58-64, 68
張世傑　174
昌綣　290, 291
勝太善　461
正堂士顕　183, 252, 272
正堂俊顕　279, 280
尚徳王　22
聖徳太子　51
少弐景資　384
少弐氏／小二殿　22, 109, 129, 317, 378, 379
少弐資頼　7
少弐経資　377, 387
鍾万戸　252, 262, 264, 396
浄弁　218
蔣魴　56
徐居正　335
如三芳貞　72
徐福　52
諸万春　438, 440
如瑤　298
白石通泰　384, 385, 387
斯立光幢　73
士林得文　20, 38, 182, 196, 249, 250
沈惟敬　408, 423, 424, 451, 464-469
瀋王　40
審海　207
心開鉄関　292
任(じん)希古　55
神功皇后／大帯日姫　3-5, 94, 96, 366, 390, 397, 398
心賢　62
申叔舟　9-12, 22, 95, 96, 117, 119, 124-126
仁叔崇恕　34
申檣　342
森侍者／森禅人　253, 270
新四郎　22
信時老　465, 470
仁祖(朝鮮)　469
真宗(宋)　55, 56
神宗(宋)　58
尋尊　73
新谷十郎兵衛　157, 159, 160, 162
真長老　40
神徳王后　324
仁方　321, 322
仁礼　359, 361
瑞渓周鳳　9-11, 30, 32, 33, 71, 76, 95-97, 117, 287
瑞興　269
随忍　254
瑞流　162
嵩山　200, 201
菅原氏　24

杉若氏宗　416
すけみつ　385, 387
須田氏　228
周布(すふ)氏　9
斉隠　57, 68
成允文　409
清越　346
清海　73, 81
清鑑　346
西澗子曇　26, 38, 174
清渓通徹　181, 192, 219
成俔　330
成三問　335
世伊所　465, 466, 470
成石璘　29, 325, 328, 331
清拙正澄　26, 202, 203, 235, 248, 263, 264, 272, 273, 289, 291, 396
成宗(元)　227
成宗(朝鮮)　11, 117, 130
正統帝　78, 174
西白万金　290
清源　91
聖明王　51
石隠宗璵　296, 303, 312
石翁長老　41
石屋清珙　40
雪谷宗戒　312
石室善玖　248
石星　455
世祖(朝鮮)　333
世宗(朝鮮)　29, 317, 318, 324-327, 332-334
世尊寺行俊　28
絶海中津　30, 37, 72
摂関家　221, 254, 279
雪巌祖欽　285, 287
絶際会中　198, 199, 202, 234
雪舟等楊／拙宗等揚　34, 81, 83, 84, 338, 339, 343-346
雪窓慧照　287
雪村友梅　20, 27, 28, 180, 182, 196, 198, 200, 201, 203-205, 227, 228, 231, 236, 249, 270, 394
泉侍者　253
暹賀　57
銭君倚　66
銭弘俶　53
全珠　197, 203, 236
宣祖／宣祖王　407, 435, 452
闡提正具(せんだいしょうぐ)　181, 232, 233
千利休　45, 211
祖阿／素阿弥　28
宗遠応世　39
僧伽(ぎゃ)　62
宋恢　91
宗甘　340
宋希璟　21, 29-31, 151, 317, 326, 330, 331
宗義智　411, 413-415, 426, 432, 433, 466
双谿大師　260
曾烜(けん)　308
宗貞国　11, 12, 117
曹参　90
蔵山順空　222
宗氏　11, 33, 100, 115, 117, 118, 128, 265, 317, 411, 413, 466
宋士熙　305
宗侍者　253
宗助国　392
宗泰　60
早田左衛門太郎　9
宋忠仁　460, 462, 465, 469, 470
宗義調　29, 137
曾令文　58
息庵義譲　206
蘇楫　304
蘇正　305
楚石梵琦　39, 289-291
祖庭芳／祖庭□芳　205, 251
祖逖(てき)　144
蘇東坡／東坡／蘇公　89, 90
蘇武　143, 145, 147
祖芳道聯　289-291
孫懐玉　299
孫莘老　90
孫忠　65

た　行

大海和尚　91
大喜法忻　28
大休正念　26, 42, 200, 230
太虚元寿　237, 238, 288, 289
太古普愚　40, 41, 329
大拙祖能　200, 201, 228
大川道通　228
大川普済　90
太祖　→李成桂
太宗(唐)　54, 55
太宗(宋)　63
大智　258-261, 270, 271
泰定帝　260
大道□蹊　202

太樸処淳 323, 340
大朴玄素 250, 251
大用克全 296, 297, 300, 306-308, 313
平清盛 5, 94
平致行 353
平義重 22
大弁正訥 199, 203, 236
高橋九郎 468
高橋氏 411
高橋直次 412, 448
高橋元種 411, 414, 448, 458
たかまさ 388, 389
滝重政 426
竹内藤左衛門 152
竹崎季長 382, 384, 385, 387-389
武田氏 466
武田又五郎 466
武田又七 466
太宰春台 67
多治比阿古見 357, 360-362
田尻鑑種 5
立花氏 411
立花宗茂 407, 412, 414, 420, 430, 447, 448
伊達政宗 405, 410, 416, 447, 448
田平氏 109
達磨 25, 259, 278
湛睿 209
断江覚恩 202, 235
端宗(朝鮮) 333
智顗(ぎ) 52, 53, 56-58, 60
竹庵圭 219, 228
竺源妙道 202
竹上人 251, 270
智恵 208
千葉氏/千葉殿 109, 219
智普 60-63
智密 281, 282
紂(ちゅう) 145, 253
知融 324, 331
中菴寿允 40, 41
中郁 289, 290
中巌円月 20, 21, 24, 28, 42, 171, 172, 180-183, 193, 197-203, 205, 216-220, 228-230, 232-236, 239, 247, 249-252, 264, 266, 272, 397
仲剛□銛 206
中式 60
忠粛王(高麗) 260
仲翔 303
忠蔵主 253
中峰明本 35, 39, 40, 89, 180, 202, 234, 235, 285-287
仲謀良猷 202
仲猷祖闡(せん) 30, 39, 65, 300
張渭男 355
張英 17
長嘉 275
張楷 86, 91
澄観 60
張興 17, 18
張光安 18, 19
張公意 13
張氏 18
張四綱 18
張士誠 183
趙襄子 144
長曾我部氏 411
長曾我部元親 415
趙秩 375
張継 84
張寧 13
奝然 54, 55, 59, 63, 67, 68
張伯厚 86
趙文端 72
趙平 151
張万禄 426
張宝高 365
張良 144
趙良弼 376-382
直翁 200, 201
直翁智侃 218, 223
知礼 56, 57
椿侍者 253
陳外郎 330
陳雲鴻 413, 428, 429, 442
陳詠 61
陳可願 111, 115, 116
チンギス 173
陳吉久 330
陳新貴 437, 438
陳大人 76, 79, 89, 91
椿庭海寿 39, 200, 201, 231
筑紫氏 411
筑紫広門 407, 414, 415, 447, 448
通玉 321, 322
通竺 322
通文 321, 322
帝 →景泰帝
鄭惟広 91
丁淵 13

諦観 53
鄭希得 146, 147, 150, 151
鄭慶得 146
鄭淑夏 456
鄭若曾 111, 306
鄭子良 355, 370, 372
鄭琢 456, 457, 464
程端礼 253, 262
鄭眉寿 124
テクシ 260
鉄牛 344
テムル 393
寺沢正成 423, 424, 426, 467, 468
天庵懐義 258
天海 320
天岸慧広 42, 196, 200, 201, 226, 227, 231, 249
天荊 347
天子 →景泰帝
天祥 295-297, 299, 300, 302, 303, 305, 312
天叟 149
天台徳詔 53
天如惟則 40
天然興雲 253, 270
天与清啓 29, 72
道阿弥 254
道安 21, 22, 99, 104, 106, 107, 109, 110, 120
登胤 336
道恵 218
陶淵明 378, 379
道覚房 194
東巌慧安 275, 276, 390, 392
陶給事 311
桃渓徳悟 201, 222, 224
道元 25, 258, 259, 273
藤源太すけみつ 384
洞山良价 327
東洲至道 205
東嶼徳海 202
塔二郎 398
道宣 60, 63
陶宗儀 300
藤太郎入道忍恵 194, 257
道超 58
藤堂氏 411
藤堂高虎 141, 416
東坡 →蘇東坡
道妙 208
道妙房 20, 195, 208, 248, 269
東明慧日 26, 31, 180, 197, 200-204, 226, 228-231, 250, 266
東洋允澎 29, 71, 72, 76
東陽徳輝(てひ) 199, 202, 230, 235
東里徳会 26, 31
東陵永璵(とうりんえいよ) 26, 183, 198, 236
遠晴 352
徳川家康 129
得居通年 416
徳珠 60
徳嵩 65
徳蔵主 250, 251
トクト・ブハ 78
独芳和尚 91
戸田勝隆 412
戸田氏 411
斗南永傑 296, 298, 300, 302, 307, 310
杜甫 90
伴氏 226
豊臣秀吉／関白 5, 24, 29, 35, 45, 121, 129, 138, 148, 283, 317, 347, 401, 403-405, 407, 408, 413, 417, 420-423, 426, 434, 435, 438, 440, 444, 446, 455-457, 459, 462, 467, 468
曇演 308
頓侍者 253

な 行

内藤如安／小西飛騨守 451
長井貞秀 187, 209
中原師茂 370
長岑(みね)諸近 355, 357-359, 361-363, 366, 367
長屋王 3
鍋島覚悟 412
鍋島直茂 407, 411-415, 417, 423, 426, 428, 429, 442, 447, 448
南海宝洲 201, 253, 266
南嶽慧思 56, 68
南江 305
南好正 426
南山士雲 205, 230
南楚師説 202
南浦紹明 91, 201, 218, 223, 238, 280, 282, 283, 312, 377-379
日延 53, 54, 62, 66
日称 69
日蓮 390-392
ヌルハチ 136

は 行

裵仁 439
伯夷 145

白雲慧暁 286, 287
伯牙 41
柏壑 199
白石契珣 204, 229, 251, 270
白楽天 55, 90
羽柴秀勝 403
百丈懐海(はじょうえかい) 199
畠山氏／畠山殿 11, 100, 107, 117
蜂須賀家政 146, 414
蜂須賀氏 411
蜂須賀人数 448
八幡神 4, 390, 392
馬堂古羅 465, 466
花園天皇 206
早川長政 421
榛沢(はんざわ)氏 221
潘仁 308
東坊城秀長 28
未(び)斤達 364
彦衛(ひこえ) 150
皮尚宜 332
苗禅人 253
漂母 90
平井祥助 120
馮(ふう)節 92
武衛殿 →斯波氏
鄜(ふ)延 145
武王(周) 145, 178
福島氏 411
福島正則 412, 414, 421, 448
無準(ぶしゅん)師範 26, 27, 39, 221, 225, 237, 279, 280, 285, 287
藤原有範 243, 268
藤原公季 353, 364
藤原公任 354, 365
藤原妍子 357
藤原伊周 353
藤原実資 353–357, 364, 366, 371, 372
藤原惺窩 143
藤原娍子 356, 357
藤原隆家 353, 354, 356, 357, 364, 371
藤原忠平 356
藤原俊家 63
藤原済時 356
藤原理忠 352
藤原道長 353, 356, 357, 365, 371
藤原致孝 353
藤原元利麻呂 365
藤原行成 354
藤原頼通 58, 63, 365
武宗(唐) 52
武帝(宋) 271
フビライ 7, 377, 390, 393, 394, 398
不聞契聞(ふもんかいもん) 180, 182, 198, 201–204, 228, 229, 234–236, 247, 250, 270
文之(ぶんし)玄昌 34
文宗(宋) 205
文帝(漢) 178
文天祥 144
文室(ふんや)忠光 352
文室宮田麻呂 365
文室善友 365
平王(楚) 90
平顗 308
米公 262
平左衛門尉重信 22
平満景 →板倉満景
別源円旨 201, 202, 204, 219, 228, 229, 235, 258, 270
別伝 202
卞(べん)季良 324, 328
卞孝文 6, 10, 95
破菴(ほあん)祖先 279
法演 288
方干 90
保家新十郎 470
芽元儀 23
方国珍 183
北条貞時 26, 27, 180, 188, 228, 250, 394
北条氏 26, 27, 186, 201, 221, 222, 233, 274, 379
北条高時 26, 172, 173, 196, 231, 248, 250
北条時定 378
北条時宗 26, 42, 174, 188, 225, 226, 274, 382
北条時頼 26, 38, 188, 216, 274, 275
北条得宗家 394
北條師時 188, 194
彭禅人 40
鮑廷博 67
朴葳 122
朴衡文 343, 344
睦州道蹤 327
牧松 346
朴詮 127
朴敦之 120
朴彭年 333, 335
蒲寿庚 174
細川氏／細川殿 11, 34, 107, 117, 316
堀内氏善 416
梵怡 346

梵道　31
梵徳　346
本立　284
梵齢　331, 341, 343

ま　行

摩詰　→王維
増田(ました)長盛　403, 407, 417, 421
馬多時之／馬多時　448, 465, 466, 470
松前太守／松前藩主　160-162
松浦(まつら)氏　101, 317
松浦鎮信　411, 420
松浦党　109
万里小路(までのこうじ)家　336
麻堂古羅　460
卍雨(まんう)　29, 329, 330, 336
三浦氏　17, 219
三井資長　385
源俊賢　365, 371, 372
源高明　372
源隆俊　63
源俊頼　14
源知　353
源隆国　61
源師信　14
源義経　8
美濃部四郎三郎　416
明恵　41
妙増　73
明叟斉哲　248
三善清行　61
明極(みんき)楚俊　26, 40, 172, 182, 196, 231, 248-250, 253, 302
無逸克勤　30, 65
無隠元晦　248
無涯亮倪　30, 323, 326-328, 330, 331, 339, 340
無学祖元　26, 27, 31, 174, 200, 201, 224-227, 230, 273, 289
無格良標　253, 270
無我省悟　206
夢巌祖応　8
無極和尚　41
無及徳詮　26, 225
無見先覩　202, 235
無言承宣　202, 235
無住　36, 231, 274
無象静照　200, 221-223
夢窓疎石　27, 42, 71, 72, 242, 243, 289-291, 394
無敵長老　40
宗像氏国　18
宗像氏実　18
宗像氏忠　18
宗像氏経　18
宗像氏仲　18
宗像氏／宗像大宮司家　18, 264
無本覚心　276-279, 291, 292
無明慧性　216, 288, 289
無門慧開　276-279
無文元選　183, 251
村上天皇　52
明宗(朝鮮)　126
毛利氏　33, 411, 412, 416, 431, 447
毛利高政　421
毛利輝元　404, 415, 417, 447, 448
毛利秀元　407, 412, 414, 415, 417, 447, 448
毛利元康　407, 447, 448
毛利吉成　411, 414, 416, 424, 431, 458, 468
毛利吉政　417, 431, 468
沐英　298, 307
沐昂　307, 308, 308, 311
沐氏　307
沐晟　309
物外可什　171, 172, 203, 231, 236, 249
杏中村　146
茂林周春　71
聞渓円宣　28
文渓正祐　29, 317, 318, 324-336

や　行

約翁徳倹　200, 201, 220, 223, 230, 238, 289
弥二郎　398
柳川氏　468
柳川調信　426, 432, 433, 466-468
山崎家盛　416, 420
山城忠久　416
山名殿　107
友山士偲(さい)　252, 272
雄禅人　41
祐椿　332
兪孝通　342
兪尚智　342
楊億　53, 66
楊岐方会　327
仂牛慧仁　36
楊子奇　313
用書記　31
要時羅　442, 460, 461, 465, 468
用寧　69
楊賓　414, 415

楊方亨 451, 466, 469
慶滋保胤 55
吉田兼好 171, 172
吉田定房 178
予譲 144
依田行盛 265
呼子氏 109

ら行・わ行

懶牛希融 182, 231
頼照 195
蘭渓道隆 26, 200, 216, 222-226, 230, 231, 237, 238, 273-275, 288, 289
蘭江楚 39
李雲龍 438
李王乞 134
李恒福 457
李季仝 125
李元翼 438, 439, 441, 462
李克均 125
李志恒 156-159, 161, 162
李時発 413, 428, 429, 442
李舜臣 402, 403, 409, 436-438, 440, 445, 449, 462-464, 468, 469
李如松 407
李崇仁 330
李生 304
李成桂／太祖 100, 122, 324
李宗城 414, 469
李穡 330
李蓀 343, 344
李大人 91
李廷堅 462
李徳馨 461
李宗城 451
李山海 460
柳永詢 456
龍岩徳真 199, 202
龍山徳見 21, 182, 198, 201, 203, 205, 219, 227, 228, 233, 236, 266, 395, 397
龍樹 65
劉汝文 431
柳成龍 456, 457, 463
劉夢龍 409
了菴清欲 40, 202
梁王(北元) 298
良玉 60
梁需 31, 337, 338
亮哲 91
逯(りょく)光古 297, 298, 300, 305
呂(りょ)氏 145
呂汝文 461
林賢 298, 312
霊山(りんざん)道隠 26, 197, 230
霊石(りんしい)如芝 180, 197, 202, 203, 234-238, 250, 288, 289
藺相如(りんしょうじょ) 145
林和靖 90, 300
霊王(楚) 90
楼璉 298, 302
盧円 72
盧秦卿 271
魯仲連 145
盧仝 41, 42
脇坂氏 411
脇坂安治 403, 415, 416, 434, 438

地名・寺社名索引

あ　行

阿育王寺／阿育王山／育王　83, 91, 224, 284
青方(肥前)　116
赤間関(長門)　31, 34, 74, 106, 109
足利学校　25, 40, 67
安倍郡(駿河)　218
天草　106
奄美大島　106
奄美群島　22, 98
荒津(筑前)　365
阿波　150
安遠駅(寧波)　76, 81, 91
安骨浦(慶尚)　406, 409, 411-417, 424, 426, 429, 431-433, 437, 447, 468
安東／安東府(慶尚)　127, 408
安南　79, 112
安平駅(江蘇)　90
安楽寺(信濃)　36
安楽寺(筑前)　358, 360
壱岐／一岐　5, 8, 9, 98, 101, 107, 109, 110, 116, 120, 317, 332, 351-353, 356, 364, 371, 392
壱岐島分寺　352
育王　→阿育王寺
池房(鎌倉)　218
諫早(肥前)　115
石狩湾　157
石川郡(加賀)　259
石堂川(博多)　14, 15
伊豆　27
出雲　8
伊勢／伊州　3, 56
伊勢法楽舎　77, 268
板持庄(筑前)　358, 360, 362
怡土郡(筑前)　352, 353
伊奈院(対馬)　358
稲村(鎌倉)　392
今津(近江)　9
伊予　6, 118, 143
イラン　176
岩倉(京都)　58
石清水／石清水社／石清水八幡宮　3, 17, 19
印経院(汴京)　63, 64
インド　10, 24, 68, 95, 177, 316
蔭凉軒(京都)　32, 33, 340
ウイグル　79
畏吾(ウイグル)寺　83
魚ノ目(五島)　116
宇久(五島)　116
于山国　354
宇多野(山城)　277
鬱陵島　9, 354
宇土郡(肥後)　258
蔚山(ウルサン)　157, 405, 407, 408, 411, 413, 414, 426, 427, 444, 447, 460
雲蓋寺(江西)　197
雲巌寺(江蘇)　198, 202, 229, 234, 236
雲居庵(天龍寺)　289
雲黄山(浙江)　199
雲南／滇南／南滇　79, 295-302, 304-309, 311, 312
叡山　→延暦寺
瀛州　104, 120, 306
永川郡(慶尚)　408
永登浦(慶尚)　408-410, 412, 414, 417, 426, 431, 437, 445, 446
永福寺(長門)　31, 34
栄福寺(江西)　199, 202, 235
永平寺(越前)　36, 180, 229
恵果寺(杭州)　84
江上(肥前)　115
江差　157, 161, 162
蝦夷島／夷島　8, 106
蝦夷境　160
蝦夷地　160
越前　57, 162, 200, 219
越　53, 55
江戸　157, 162
榎津(肥前)　115
沿海州　141
円覚寺／円覚(鎌倉)　26, 36, 180, 197, 200, 220, 226-230, 232, 289, 292, 394
円覚寺(首里)　35
燕京　→北京
延慶寺(寧波)　56, 83

円照寺(武蔵) 27
延聖寺 39
円通寺(江西) 202
円通寺(雲南) 298, 299, 309, 310
塩浦(慶尚) 138
延暦寺／比叡山／叡山／山門 14, 18, 19, 24, 25, 51, 54-58, 65, 207
衛拉特(オイラート) 79
奥州 →陸奥
近江 25, 25
鴨緑江 457
大浦(対馬) 468
大坂 143, 157, 162, 435
大坂城 157, 444, 459
大洲(伊予) 141, 143
大隅 317
大村(肥前) 115
大輪田(摂津) 5, 94
小城(肥前) 109
息浜(博多) 15, 21, 265, 266, 397
尾道／尾路(備後) 31, 106, 109
オランダ 25
小呂島(筑前) 17
遠賀川 106
温州(浙江) 27, 81, 114, 151

か 行

海印寺(慶尚) 319
海会寺(杭州) 83, 89
海河 114
檜巌寺(京畿) 40, 41
開京 260, 271, 364, 379, 380
懐慶(河南) 305
会稽県(浙江) 87
懐州(河南) 205
海東郷(肥後) 382
海南島 114
開宝寺(汴京) 69
河間府(河北) 86
楽安(全羅) 133
嘉興(浙江) 197, 234
鹿児島 24
鹿島(常陸) 5
臥蛇島 21, 22, 109
風本(壱岐) 109
堅糟西崎(筑前) 17
加津佐(肥前) 258
合浦(慶尚) 380
加徳／加徳島／加徳嶋(慶尚) 406, 408, 409, 411, 413-417, 424, 426, 429, 431, 437, 438, 440, 447, 462
香取(下総) 5, 219, 227
金沢文庫 104, 105, 186, 207
金沢(武蔵) 172, 207
下邳駅(江蘇) 86
壁島(肥前) 58
華北 173, 204, 206
鎌倉／鎌倉郡 20, 24-27, 31, 32, 36, 37, 43, 172, 173, 179, 180, 186, 187, 196, 197, 200, 209, 210, 215-224, 227-233, 238, 249-251, 257, 270, 275, 279, 382, 383, 394, 398
上県郡(対馬) 358
上関／竈戸(周防) 106, 109, 151
上松浦(肥前) 106, 109
亀谷(鎌倉) 218
蒲生川(筑前) 106
賀茂明神 56
河陽県(慶尚) 408
下龍堂(慶尚) 407, 408
軽海郷(加賀) 208
唐島 →巨済島
河越(武蔵) 228
咸安(慶尚) 408
観魚台(山東) 90
咸興(咸鏡) 354
寒山寺(江蘇) 84
閑山島(慶尚) 403, 463
感慈塔院(汴京) 63
漢城／ソウル 5, 29, 101, 109, 123, 125, 127, 128, 152, 317, 324, 326, 344, 401, 403, 404, 413, 426, 430, 452, 459-462, 464, 465, 468
邯鄲(河北) 205
感通寺(雲南) 304, 305
雁道 105
雁蕩山(浙江) 39
関東大仏 20, 195, 196, 241, 243, 245, 248, 250, 262, 269, 395
甘洞浦 →亀浦
広東 110, 114
観音寺(浙江) 227
咸平(全羅) 146
澉浦(浙江) 174
甘露寺(江蘇) 84
貴海島 5
喜界島 22
蘄県(浙江) 262
貴州 299
儀真駅(江蘇) 90
機張(慶尚) 405-407, 409, 411, 413-415, 417, 424, 426, 427, 433, 442, 458, 460, 462

吉祥寺(上野)　217, 233
戯馬台(江蘇)　90
亀浦／亀浦城／仇法谷／甘洞浦(慶尚)　406, 407, 409, 412-415, 420, 429, 430, 448, 467
境清寺(寧波)　76, 83
京都／京　4-6, 8-10, 17, 27-32, 34-36, 38, 40, 43, 45, 65, 71, 95, 109, 129, 171-173, 179, 180, 196, 201, 209, 210, 216, 217, 222, 229, 231, 247-249, 253, 269, 270, 275, 317, 318, 330, 335, 337, 340, 351, 353, 357, 381, 394, 398
玉案(雲南)　310, 311
玉山(全羅)　133
玉泉寺(山西)　205
巨済／巨済島／唐島(慶尚)　403, 405, 406, 408-415, 417, 424, 426, 431, 437, 438, 441, 445-447, 454, 458, 464, 467, 468
魚台県(山東)　86, 90
巨文島(全羅)　133
居庸関(河北)　87
金海／金海府／府中(慶尚)　127, 355, 361, 362, 380, 381, 405, 408-410, 412, 413, 415, 421, 423, 426, 429-433, 439-441
金海竹島／竹島／竹嶋(慶尚)　406, 409, 411-414, 417, 421, 423, 426, 428-431, 433, 440, 442, 447, 448
金華山(浙江)　199, 203, 235
鄞県(浙江)　111
金山(江蘇)　84
径山(浙江)　18, 20, 183, 199, 221, 236, 249, 279, 280, 381
金陵　→南京
虎丘山／虎丘寺(江蘇)　197, 299, 312
草垣諸島　106
櫛田神社(博多)　14
久能山(駿河)　279
久米田寺(和泉)　208
慶雲院　336
慶元　→寧波
慶山県(慶尚)　408
恵州(広東)　114
景州(河北)　86
慶州(慶尚)　435
瓊州(海南島)　114
慶尚右道　464
慶尚左道　462
慶尚道　7, 128, 141, 404, 405, 407, 408
慶尚南道　401
景徳鎮(江西)　176, 185
景福院(浙江)　62
荊門水駅(山東)　86
月氏国　115
玄界灘　17
建渓(福建)　41, 42
建康　→南京
顕孝寺(筑前)　181, 233
元山(江原)　354, 362
幻住庵／幻住(浙江)　198, 199, 202, 234, 285, 287
建州普城県(福建)　13
建聖院(京都)　336
顕聖寺(汴京)　63, 64
建長寺　26, 27, 36, 172, 180, 181, 191, 197, 200, 216, 217, 221-231, 234, 237, 238, 241, 244, 245, 247, 248, 268, 274, 275, 283, 288, 292, 340, 394
見乃梁(慶尚)　409, 410
建仁寺　200, 216, 231, 277
ゴア　24
広恩街(南京)　85
興化(福建)　114
黄河　87
黄海道　23
江華島(京畿)　379, 380
光源院(京都)　209, 291
広厳寺(摂津)　340
高源寺(丹波)　35, 285
興国寺(紀伊)　63, 276-278, 291, 292
甲佐大明神(肥後)　382
忼山寺(越前)　219
広州　114, 173
杭州／杭城／古杭／武林／臨安　20, 27, 53, 56, 57, 65, 72, 76, 82, 84, 87-89, 91, 173, 180, 197-199, 209, 221, 232, 236, 237, 249, 250, 282, 288, 290, 299, 300, 309, 381, 390, 394
洪州(江西)　197, 198
甲州　289
黄州(黄海)　407
康州　→晋州
高昌国　40
上野／上州　218, 223
江西　40, 198, 229, 249
江浙行省　20
江蘇　114, 183
康津(全羅)　260
興天寺／舎利殿寺(漢城)　324, 325, 331
興徳寺(筑前)　377, 379
江南　41, 134, 171, 175, 180, 181, 183, 197, 200, 202-205, 217, 229, 232, 235, 247, 251, 254, 256, 264, 266, 270, 300, 309, 389, 390

広福寺(肥後)　258, 259, 261
高野　24, 25
高郵湖(江蘇)　85
高郵州(江蘇)　90
向陽庵(山城)　30
興隆寺(北京)　91, 322, 323
江陵駅(江蘇)　88
呉越国　53, 88, 204, 235
古河(下総)　109
五華寺／五華(雲南)　308, 309, 312
黒歯　104, 120
国清寺(浙江)　59, 61, 62
国寧寺(寧波)　14
極楽寺(鎌倉)　188, 195, 257
虎渓(江西)　378
古杭　→杭州
呉江(江蘇)　84
護国寺(杭州)　277
小佐々(肥前)　115
孤山(杭州)　83, 84, 90, 300
甑島　109, 115
腰越(鎌倉)　392
湖州(浙江)　40, 182, 198, 199, 205, 282
固城(慶尚)　132, 437, 440
故城県(山東)　86
湖心寺(寧波)　83
護聖万寿寺(浙江)　198
孤草島(全羅)　133
姑蘇台(江蘇)　301
五台山／五臺山　55, 58, 59, 62, 205
小宝島　106
滹沱河　205
小値賀(五島)　116
五島　109, 111, 112, 115, 116, 134-136, 188, 194, 257, 317
五馬渡(江蘇)　90
小浜浦(若狭)　106
五坡嶺(広東)　144
熊浦(慶尚)　409, 414, 431, 432, 437
熊川(慶尚)　126, 127, 404, 406, 408-411, 413, 416, 417, 421, 423, 424, 426, 428, 429, 431, 432, 436-439, 442
金剛山(江原)　325, 326
兗州(山東)　86, 90
昆明／滇城(雲南)　296, 298, 302-304, 306-308, 311, 312, 408, 409, 429, 440, 447

さ　行

西教寺(近江)　14
済州島　22, 132, 133, 135, 137, 269, 380, 382, 439
済寧州(山東)　87
西芳寺(山城)　31
嵯峨　31
堺　35, 45, 316
佐賀関(豊後)　106
坂本(近江)　9
酒匂(相模)　392
佐子川(慶尚)　432, 443
左水営／水営(慶尚)　409, 413
薩摩　21, 22, 34, 104, 106, 109, 110, 114, 137, 317
佐渡　105, 152
讃岐　150
早良郡(筑前)　352, 353
山陰(浙江)　312
三嘉県(慶尚)　408
賛皇県(河北)　380, 381
山州　→山城州
三十三間堂(京都)　268
三天竺寺／三天竺／三竺／天竺寺(杭州)　56, 83, 84, 299, 300, 309
山東　85, 110, 115
山東半島　114
三仏斉　104, 120
三浦(朝鮮)　123-128, 133, 134, 138
三宝院(鎌倉)　218
三茅観(杭州)　83
山門　→延暦寺
山陽駅(江蘇)　88
山陽県(江蘇)　81
支　104
椎木嶋／椎木嶋城(慶尚)　404, 406, 436, 446
慈恩寺(陝西)　57
洱海(雲南)　296
志賀島(筑前)　21, 30
志佐(肥前)　115
師子林(江蘇)　40
子城台(慶尚)　432, 443
泗水　88
資聖寺　→雪竇山
四川／蜀／西蜀　79, 81, 216, 275, 288, 299
泗川(全羅)　132, 444
志多留(対馬)　466
七山島(全羅)　146
七仏道場(浙江)　61
畯津(肥前)　115
漆川梁(慶尚)　464
泗亭駅(江蘇)　85
四仏山(慶尚)　260, 271

志摩郡(筑前)　352, 353, 358, 360, 362, 364
清水山城(対馬)　416, 421
四明駅(寧波)　83, 89, 91
下松浦(肥前)　109
車厩駅(寧波)　90
積丹　157
舎利殿寺　→興天寺
爪哇　79, 81
上海　174
重慶　299
嵩山(河南)　205
舟山諸島／舟山列島　228, 227, 228, 394
秀峰寺(江蘇)　197
寿昌寺(寧波)　83
修善寺(伊豆)　227, 394
寿福寺(鎌倉)　200, 216, 218-220, 229, 230
首里　35
順天(全羅)　133, 444
昌原(慶尚)　408, 439
松江(江蘇)　114
城隍堂(慶尚)　409
相国寺／相国　6, 32, 71, 96, 268, 289, 291, 329, 336, 340, 346
焦山(江蘇)　84
鍾山(江蘇)　85
商山(陝西)　329
聖寿寺　287
尚州／尚州牧(慶尚)　260, 404, 408
漳州(福建)　114, 134
上州　→上野
常州府(江蘇)　86, 90
松真浦／所津浦／所津(慶尚)　409, 412, 417, 426, 431, 437, 446, 447
正続院(鎌倉)　289
浄智／浄智寺(鎌倉)　37, 188, 190, 194, 231, 289, 292
勝長寿院(鎌倉)　241, 247
正伝寺(京都)　275, 276, 390
承天寺(博多)　17, 18, 31, 34, 319, 320, 322, 323, 340, 345
上都　176, 178
聖福寺(博多)　14, 18, 29-31, 35, 65, 200, 220, 268, 323, 339, 346
称名寺(武蔵)　104, 172, 186, 187, 195, 207-209
浄妙寺(鎌倉)　180, 231
場門／場門浦　→長門浦
襄陽(湖北)　145
常楽菴(京都)　280
上龍堂(慶尚)　408
少林寺(河南)　205, 206
定林寺(周防)　323, 345
勝林寺(京都)　381
蜀　→四川
蜀の棧道　205
女国　104
徐州／徐州城(江蘇)　85, 87, 88, 90
徐州閘　88
女真　79
所津／所津浦　→松真浦
胥浦(江蘇)　90
白河(京都)　336
白鳥郷(越後)　228
新安(全羅)　256, 257
新安郡　254
荏子島(全羅)　184
深修庵(京都)　31
晋州／晋州城／康州(慶尚)　132, 147, 364, 404-406, 411, 446
浄慈(じんず)寺(杭州)　39, 83, 84, 180, 183, 198, 199, 202, 203, 236, 237, 250, 282, 288, 290, 291
震旦　10
真如寺(京都)　346
真如寺正脈院(京都)　29
森浦(慶尚)　431, 432
蔘浦(慶尚)　409, 426
新保村(越前)　152, 153
瀋陽(遼東)　40
水営　→左水営
水月庵(寧波)　83, 258
水月寺(北京)　206
垂虹橋(江蘇)　84
瑞泉寺　322
翠微寺(陝西)　205
周防　34, 100, 109, 115, 118, 318
杉田(武蔵)　31, 224
住吉(博多)　107
住吉社　183, 241, 242, 245, 250, 251, 268, 272
駿河　223
西域　176
西夏　145
静海寺(南京)　85
青丘湖(山東)　85, 90
青県(河北)　86
清源駅(山東)　85, 87
西湖　83, 84, 237, 277, 278, 282, 300, 301
西興(浙江)　204, 235
清口駅(江蘇)　88
清江浦(江蘇)　90

西山(江西) 197
星州牧(慶尚) 408
西蜀 →四川
西生浦/西生(慶尚) 406-409, 411-415, 417, 424, 426-428, 433, 434, 438, 439, 442, 451-454, 458, 460, 462, 463, 465, 466-469
成都(四川) 205
清道郡(慶尚) 408
西平(慶尚) 404
薺浦(慶尚) 124, 126, 138, 409, 413-415, 437
青龍寺(汴京) 59
石家荘(河北) 205
関ヶ原 143
石城 →博多
赤城寺(浙江) 60
積水湖(山東) 85, 86
石頭城(南京) 85
浙江/浙 53, 92, 112, 114, 115, 183, 203, 236, 320-322
雪竇山/資聖寺(浙江) 197, 236
迫門口城/迫門口/瀬戸口城/瀬戸口(慶尚) 404, 412, 436, 446, 447
善光寺 →名越善光寺
泉州(福建) 114, 174
銭塘江/銭唐江/銭塘/銭江(浙江) 83, 114, 204, 235, 249
泉涌寺(京都) 32
善福寺(相模) 228
全羅道 404, 405, 407, 439, 462, 465
仙林寺(杭州) 91
曹源 263
曾島(全羅) 184
崇福庵(鎌倉) 217
崇福寺/万年崇福禅寺(筑前) 282, 283, 378, 379
宗谷 157, 159
双林(浙江) 199
ソウル →漢城
楚江 304
蘇州 40, 84, 87, 88, 197-199, 202, 234, 299, 301, 381
蘇堤(杭州) 83, 84, 300
彼杵(肥前) 106
麁原(博多) 384
損竹島(全羅) 135

た 行

大雲寺(京都) 58, 63
太華(雲南) 311
大覚寺(北京) 205
大漢 104, 120
大丘府(慶尚) 408
太湖 84
大慈恩寺(北京) 86
大慈寺(鎌倉) 218
台州(浙江) 39, 61, 114, 309
大乗院(大和) 73, 268
大乗寺(加賀) 258
大身 104, 120
大山寺(筑前) 14, 18, 19
大智寺(肥後) 202, 235
大智寿聖寺(江西) 199
大都 →北京
大徳寺(京都) 33, 35, 45, 92, 280-284, 377
大府 →大宰府
大理/楡城/葉楡(雲南) 295-298, 302, 304, 305, 312
大琉球 115
大龍泉寺(浙江) 90
太和県(雲南) 305
鷹島(肥前) 388, 389
高宮(筑前) 17
建穂寺(駿河) 218
詫間谷(鎌倉) 218
大宰府/太宰府/大府 5, 7, 13, 14, 57, 94, 109, 283, 316, 317, 352-358, 361-365, 367, 369, 371, 372, 375-378, 380
但馬 115
多大浦(慶尚) 404, 408, 462, 469
多々良(周防) 181, 232
韃靼 141, 152-156
龍口(鎌倉) 391
達梁(全羅) 134
田ノ浦(肥前) 116
多比良(肥前) 115
多宝寺 208
玉名(肥後) 258
耽羅 269, 380, 381
断過寺(筑前) 30
丹徒県(江蘇) 90
短簿祠(江蘇) 299
竹島/竹嶋 →金海竹島
筑前 18, 109, 195, 257, 351, 352, 358, 361
智化寺(北京) 91
智者寺(浙江) 199
千々岩(肥前) 115
チベット 79, 81
占城/チャンパ 79, 379
中岩庵(浙江) 197
忠清道 134

中天竺(杭州)　69
長安　205, 299
長安街(北京)　86
釣月庵(山城)　71
長江　304
長江三峡　304
釣寂庵(博多)　254
潮州(広東)　114
趙州(河北)　205
長福寺(長門)　34
長門浦／場門浦／場門(慶尚)　408, 409, 412, 417, 426, 431, 437, 445, 447
長楽／長楽港(福建)　20, 198, 262, 249, 395
直沽(河北)　114
全羅道　7, 132-135, 141, 146, 184
鎮江府(浙江)　84, 90
珍島(全羅)　135, 380
鎮溟浦(江原)　354, 355
通州(河北)　88, 89, 177
通津駅(河北)　88
対馬　4, 7-9, 11, 12, 29, 33, 35, 98, 100, 101, 107, 109, 110, 112, 115, 116-118, 120, 122, 123, 128, 130, 132, 135-138, 144, 147, 150, 152, 157, 162, 193, 317, 324-326, 331, 344, 351, 352, 354-357, 359, 362, 364, 367, 370, 372, 392, 398, 411, 413, 415, 416, 451, 461, 466, 467
対馬府中　150, 151, 420
敦賀(越前)　68
定海／定海県(浙江)　73, 228, 247
定窯(河北)　176
鉄仏寺(杭州)　83
出羽　8
滇海／滇池(雲南)　296, 306, 311
天界寺(南京)　299, 309, 310
天湖菴(浙江)　40
天竺　10, 81, 95, 316
天竺寺　→三天竺
滇城　→昆明
天津　114
天台県(浙江)　62
天台山　51, 53, 54, 58-60, 62
天童山／天童／天童寺　83, 91, 182, 183, 202, 205, 394
滇南　→雲南　306, 308, 311
天寧寺(備後)　31
天寧寺(寧波)　76, 79, 83, 89, 91
天寧寺(江蘇)　90
天寧寺(浙江)　197, 202, 234
天目　→西天目山
天平山(江蘇)　39
伝法院(汴京)　60, 62-65, 68
天龍寺　21, 29-31, 33, 72, 73, 77, 181, 182, 234, 241-245, 251-253, 256, 262-264, 266, 268, 269, 272, 289, 291, 396
都伊沙只(対馬)　109
霅渓(浙江)　199
桃源駅(江蘇)　87, 88
桃源県(江蘇)　87
東寺　29
等持寺(京都)　71, 270
道場山／道場(浙江)　182, 198, 205, 236, 281, 282
東女国　115
東銭湖(浙江)　92
東漸寺(武蔵)　31, 224
東大寺　54
多武峰(大和)　78, 268
東福寺　18, 27, 34, 191, 192, 200, 201, 205, 221, 222, 225, 237, 244, 254, 255, 257, 276, 279, 280, 286, 287, 319, 322, 340
東平(慶尚)　432, 443
東萊(慶尚)　127, 156, 404-409, 412-415, 421, 424, 426, 430, 432, 433, 435, 436, 441-443, 447, 449, 467, 469
東林寺／東林(江西)　199, 202, 234
吐噶喇列島　21, 106, 109
戸岐(五島)　116
徳橋／農所(慶尚)　409, 426, 431
徳島(阿波)　146, 147, 149, 150, 430
徳州(山東)　87
とぐちよ　156
十三湊(陸奥)　8
登州(山東)　114
兜率寺(江西)　198
利根荘(上野)　217, 233
土木堡(河北)　78
泊(薩摩)　106
豆毛浦／豆毛(慶尚)　409, 415, 426, 427, 433, 467
鳥飼／鳥飼潟(博多)　17, 384
トルファン　40

な　行

那珂川　14, 15
那珂郡(筑前)　365
長崎　67
長門　8, 118, 318
中通島(五島)　116
長浜／長浜浦(石見)　9, 106

名越善光寺／善光寺(鎌倉)　20, 195, 208, 243, 248, 250, 269
名護屋(肥前)　115, 148, 150, 317, 403, 405, 410, 417, 420, 434, 435, 460, 469
奈良　73
奈留(五島)　116
南嶽／南岳(湖南)　40
南京／金陵／建康　39, 43, 76, 78, 82, 85, 87-89, 91, 156, 197, 202, 203, 234, 304, 298, 299, 309, 310
南高峯(杭州)　84
南宗寺(和泉)　35
南禅寺／南禅　28, 29, 31, 32, 35, 71, 180, 231, 253, 289, 292, 332, 336, 394
南滇　→雲南
南蕃国／南蛮　135, 144
二卿坊(寧波)　91
西天目山／天目(浙江)　202, 285, 287
日本海　8, 9, 260, 271, 438
寧波／慶元／明州　13, 14, 55, 56, 58, 59, 65, 71, 74, 76, 79, 81, 82, 84, 86, 87, 89, 91, 92, 111, 114, 174, 182-184, 185, 192, 197, 199, 205, 224, 226, 232, 252, 254, 256, 260, 262-264, 272, 236, 298, 312, 364, 394-396
寧海(慶尚)　156
根来／根来寺(紀伊)　24, 25
農所　→徳橋
能仁寺(浙江)　27
能古島(筑前)　352, 353
野間(筑前)　17

は　行

早岐(肥前)　115
博多／石城　9, 11-15, 17-23, 28-31, 34-36, 65, 71, 98, 101, 104, 106, 107, 109, 110, 117, 118, 129, 180-182, 184, 193, 200, 209, 216, 220, 229, 232, 247-249, 251, 252, 254, 256, 264-268, 301, 302, 312, 316-320, 323, 324, 330, 332, 333, 335, 340, 345, 346, 352, 353, 365, 366, 372, 377, 396-398
博多津　19
博多浜　15, 265
博多湾　31, 352
白村江　2
白馬寺(河南)　205
柏林寺(河北)　205
博浪沙　144
筥崎／箱崎(筑前)　14, 19, 193, 254, 340
筥崎宮／筥崎社／筥崎八幡宮　14, 17, 19, 392
箱根坂　392
百丈山(江西)　199, 230, 235
蓮池(肥前)　115
羽幌　160
浜崎(肥前)　115
哈密　79
鄱陽湖(江西)　199, 203, 235
原田庄(遠江)　29
飯沢(武蔵)　221
般若　202
比叡山　→延暦寺
東シナ海　5, 20, 38, 94, 111, 136, 172-174, 180, 196, 238, 241, 245, 251, 253, 255, 257, 261
氷上郡(丹波)　285
比企(武蔵)　226
尾渠　104, 120
肥後　109, 258, 317, 382, 387, 460
邳州(江蘇)　86, 88
肥前　53, 55, 101, 115, 351, 358, 361, 384
肥中(長門)　106
樋島(五島)　188
白衣寺(寧波)　83
白蓮社(高麗)　260, 271
兵庫　106, 109, 340
飛来峯(杭州)　84
平戸　71, 78, 111, 134, 137, 317
平原(筑前)　17
毘陵駅(江蘇)　88, 90
広田社(摂津)　5
琵琶湖　9, 106
閩　→福建
岷峨(四川)　288
閩江　249
武夷(福建)　42
フィリピン　186
楓橋(江蘇)　84
巫峡　304
福江(五島)　111
福州(福建)　20, 38, 182, 196, 198, 249, 262, 395
福原(摂津)　5, 94
釜山／釜山浦／富山浦　21, 109, 127, 138, 143, 146, 147, 157, 159, 162, 401, 403-415, 417, 420, 421, 423, 424, 426, 428, 429, 431-433, 435, 436, 441-443, 446
藤谷(鎌倉)　233
富士山　106
伏見／伏見城　45, 141, 143
婺州(浙江)　61, 199
武昌(湖北)　182, 198, 203, 229, 236

普照王寺(江蘇) 62
豊前 365
扶桑 104, 120, 301, 302, 306, 328, 330, 335
普陀山／普陀落山／補陀山／補陀落山 39, 83, 227, 394
府中 →金海府
福建／福建省／閩 20, 53, 112, 114, 115, 134, 174, 196, 198, 249, 320-322
仏種寺(越前) 219, 228
船越(対馬) 109
船越津(筑前) 352
武林 →杭州
武林駅(杭州) 88
豊後 33, 109, 111, 115, 181, 232, 233, 317
豊後府内 232
平海(江原) 9
平江(江蘇) 206
平壌 401-403, 428
平城京 3
碧雞山(雲南) 303
甓社湖(江蘇) 85, 90
北京／大都／燕京 6, 40, 71, 72, 76, 78, 81, 82, 84, 86, 88, 89-91, 114, 118, 131, 135, 136, 152-156, 174, 176-178, 182, 183, 204, 205, 398, 413, 451, 468
ベトナム 379
汴京 60, 62, 65
汴水 88
法王寺(河南) 205
奉化江(浙江) 73, 86
法源寺(北京) 204
保寿寺(周防) 34, 345
彭城駅(江蘇) 88
豊西沢(江蘇) 85
奉先寺(杭州) 57
鳳台 →保寧寺
宝帯橋(江蘇) 84
宝陀寺(浙江) 394
奉天(遼東) 152, 154, 156
宝幢寺(京都) 31
坊津(薩摩) 106
坊ノ岬(薩摩) 106
蓬莱 335
宝林寺(浙江) 199
北元 174, 298
北高峯(杭州) 84
北固山(江蘇) 84
ポシェット湾 152
保叔寺／保叔塔寺(杭州) 83, 84
渤海 3, 8, 93, 104, 120
法華寺(北京) 91
勃楚 104, 120
保寧寺／鳳台(南京) 38, 197, 198, 202, 203, 234, 236
ポルトガル 136
本覚寺(浙江) 202
奔牛壩(江蘇) 86
凡川(慶尚) 432, 443
梵天寺(杭州) 83, 89

ま 行

槙島(山城) 71
松前 152, 157, 159-162
松浦／松浦郡 115, 317, 353
馬島(全羅) 133
マラッカ王国 136
万歳院(汴京) 60
万寿寺(寧波) 83
万寿寺(京都) 180, 217, 229
万寿寺(豊後) 181, 232, 233
万寿寺(鎌倉) 200, 230
万寿寺(浙江) 236
万徳山(全羅) 260, 271
万年寺 39
万年崇福禅寺 →崇福寺
三国浦(越前) 152
御厨(肥前) 115
見島(長門) 106
三角(肥後) 106
密陽(慶尚) 404, 408
三根郡(対馬) 107
美保関(出雲) 106
宮腰／宮腰津(加賀) 259, 261, 271
妙光寺(京都) 276, 277, 302
妙心寺(京都) 281, 284, 377
明洞(慶尚) 413, 415, 426, 432
妙楽寺(博多) 30, 31, 312, 323, 330, 339
妙楽寺呑碧楼 31
務安県(全羅) 143
虫生津(壱岐) 420
陸奥／奥州 5, 115, 190, 366
宗像(筑前) 366
宗像社 17
明州 →寧波
姪浜(筑前) 377
鳴梁(慶尚) 448
瑪瑙寺(杭州) 83
蒙古 5, 375-385, 388-392, 397, 398
毛人国 115
孟津の渡し(河南) 205

門司　106
木浦(全羅)　184
毛都浦(壱岐)　109
モンゴリア　173, 260
モンゴル　7, 8, 27, 43, 78, 79, 87, 94, 173, 176, 177, 204, 264, 265, 267, 379

や　行

山川(薩摩)　106
山口(周防)　34, 345
山城州／山州　56, 107
由比浜(鎌倉)　392
楡城　→大理
湯岳郷(壱岐)　107
由良(紀伊)　276, 277, 291
姚江駅(浙江)　90
陽穀県(山東)　86
揚州／楊州(江蘇)　40, 86, 88, 90
耀州窯(陝西)　176
揚子江　81, 84, 87, 90, 114
要法寺(京都)　14
葉楡　→大理
横川　55
横岳(筑前)　378
淀川　106
与那国島　22
呼子(肥前)　115
余姚県(浙江)　90

ら　行

莱州(山東)　114
雷州(広東)　114
洛東江　428, 430, 431
洛陽(河南)　205
羅刹国　104, 105, 120
藍浦(忠清)　134
利尻島　141, 157, 158
栗棘庵(京都)　286, 287
流河駅(河北)　86
琉球　10, 22, 33-35, 40, 79, 81, 96, 98, 99, 101, 104, 106, 109, 110, 114, 116, 119, 120, 124, 144, 322
龍吟庵(京都)　276
龍泉峯(雲南)　298
龍泉窯(浙江)　176, 185
龍堂／龍塘(慶尚)　413, 415, 430, 467
梁家荘駅(河北)　86
梁山(慶尚)　407-409, 413, 430, 433, 439, 444, 467
遼東　81, 112, 114, 115
霊岩山(江蘇)　197
霊巌寺(山東)　206
霊鷲山　292
霊寿寺(杭州)　83
臨安　→杭州
臨清県(山東)　85, 87
臨川寺(京都)　31
霊隠(りんにん)寺／霊隠(杭州)　83, 84, 89, 183, 250
林浪浦／林浪／林郎浦(慶尚)　406, 409, 411, 413, 414, 417, 424, 431, 433, 434, 442, 453, 454, 458, 467, 468
ルソン／呂宋　135, 144
霊光(全羅)　141, 146
醴泉院(対馬)　150
鹿王院(京都)　289, 290
鹿苑院(京都)　32
鹿島(全羅)　133
盧山(江西)　39, 199, 203, 234, 235
呂梁洪／呂梁百歩洪／呂梁上閘(江蘇)　87, 88

わ　行

淮安／淮安府(江蘇)　87, 90, 114
淮水　88
若狭　9, 57, 68

事項索引

あ 行

アイヌ　141, 153, 157, 160, 161
悪党　391
麻糸　127
アザラシ　189, 190
按察使　92
按察司使僉事　92
安史の乱　51
硫黄　76, 78, 81
軍奉行　403, 417
異国警固番役　376
異国人　19, 265
異国征伐　382
異国牒状　370
石弓　383, 389
異賊防禁条々　265
板屋船　427, 438, 439
一揆原撫切　434
乙卯達梁の倭変　134
夷狄観　11
移民船団　389
『蔭凉軒日録』　32, 340, 346
蔭凉職　32
ウィマム　160
右議政　456
雲南都督　307
運粮船　88, 89
蝦夷　93, 157
蝦夷の大反乱　3
縁起　4, 94
オイラト　78
王　→国王
応永外寇／応永の外寇　4, 132, 323, 325, 326, 339, 376
応永の乱　320, 321
王権　328
黄金　127
『往生要集』　60, 61, 68
王朝交代史観　173
近江八景　311
黄龍派　327
御仕置の城　401-405, 416, 417
小田原征伐　283

か 行

海域世界　135, 136
回々　81
会試　85, 86
会昌の廃仏　52
快船　88, 89, 92
廻船業　152
海賊　6, 7, 94, 100, 111, 124, 132-135, 137, 242, 256, 272, 351, 364-366
会同館　76, 80, 81, 83
『海東諸国紀』　6, 9, 12, 22, 31, 96-99, 101, 104-106, 110, 112, 115, 116, 118, 120, 124, 125
回礼　332
回礼使　21, 29, 120, 151, 326
科挙　24, 85, 86, 143, 315
華僑　13
科挙榜　85, 92
過書　92
嘉靖の大倭寇　150
語り物　4, 94
金銅(かなどう)　189
かな文字　300
火砲
嘉賓館　76, 89, 92
果盆　321
鎌倉公方　109
鎌倉五山　31, 36
鎌倉殿　109
神風　4
火薬　463
唐物　172, 187, 188
唐物使　368
唐様の茶会　42
関王祠　116
関王刀　321
官軍　356
勘合　43, 77, 78, 267, 317
勘合貿易　43, 77, 316
勧進　190, 250, 395
関子　89, 92

甘草　85, 87
環刀　321
関東大仏造営料唐船／関東大仏船　20, 195, 196, 208, 241, 243, 248, 250, 262, 269, 395
関白降表　451
管領　6, 96
帰化　324, 365
己亥東征　4, 132
癸亥約条　333
偽使　11, 12, 117, 118, 332, 333, 335
羈縻　457
義兵　403
九州探題　21, 29, 30, 65, 77, 109, 265, 266, 324, 335, 397
弓箭の道　384, 387, 389
行基図　97, 98, 104, 106, 110, 114, 116
郷船　253
匈奴　143
京都五山　32, 33, 40, 315
巨酋　109
キリスト教　136
金　157, 159, 174
銀　125, 127, 129-131, 134, 138, 465, 470
銀剣　189, 190
公方　77
公方船　73
求法僧　263
慶尚右水使兼統制使　463
慶尚右兵使／慶尚道右兵使　409, 442, 460, 461, 466
慶尚左兵使　409, 452
慶尚右道防禦使　435
慶長の役　141, 146, 410, 444, 467
毛皮　161
掛真　276
血判　453
血判状　457
元弘・建武の動乱　172
元寇防塁　15
兼三道防禦使　427
幻住派　33, 35, 89, 285
建長寺造営料唐船／建長寺船／造勝長寿院并建長寺唐船　181, 191, 234, 241, 244, 247, 248, 268
建長寺派　224, 237
遣唐使　51, 81, 247
遣唐使船　51
遣明使／遣明使節　6, 28, 29, 32, 77, 85, 312, 316, 323
遣明正使　29, 35
遣明船　10, 33, 34, 71-73, 77, 81, 95, 192
遣明船貿易　34, 316
建武政府　239
建武の新政　177, 178
『元亨釈書』　222
胡惟庸・林賢事件／胡惟庸の獄　298
公案禅　205
弘安の役　19, 265, 387, 389, 390, 392, 393, 396
庚寅以来の倭賊　122
公許船　242, 244, 247, 272
貢銀　87
庚午倭変　132
綱司　72, 78, 88, 180, 191, 192, 194, 229, 232, 243, 244, 252, 254, 256, 269, 272
綱首　17
公帖　32, 33, 346
行人司　89
黄船　88
紅船　88, 89
黄巣の乱　52
貢調　371
皇帝／帝　7, 27, 30, 54, 55, 57-59, 65, 78, 79, 80, 86, 88, 92, 173, 227, 298, 304, 316, 376, 377, 429, 468
荒唐船　134
貢馬　76, 80, 81, 88
公貿易　129
香料　250
交隣　10, 11, 96, 117, 124, 325
鴻臚寺習礼亭　79
降倭　453-461, 465, 467-469
講和交渉　444
古河公方　109
虎丘十詠　312
虎丘派　291
国王／王　21, 22, 30, 33, 34, 53, 65, 77, 79, 100, 101, 104, 107, 109, 124, 127, 131, 137, 267, 268, 274, 298, 315-317, 320, 332, 333, 365, 375, 376, 407, 409, 413, 424, 443, 451-456, 460, 463, 464, 469
告急使　468
国使　193
国字　300
国子監　85
国書　28, 315, 332, 376
国信使　393
黒釉　184
虎渓三笑の故事　378
居座　73, 76, 81, 88
五山　9, 10, 24, 29, 32-35, 43-45, 71, 95, 291,

315, 316, 318, 342, 394
五山之上(しじょう) 32, 71
五山僧 33
五山派 32, 33, 45, 71, 281, 302, 310
五山版 290
五山文学 28, 30, 37, 316, 318, 319, 394, 395
胡椒 87, 321-323
古瀬戸 254
胡僧 86
金剛幢下 197, 236

さ 行

西国諸蕃記 124
『再渡集』 29
在番 403, 406, 407, 411-417, 420-422, 458
在番体制 407, 410, 411, 413, 415, 417, 420
左議政 456
砂金 189, 190
冊封 30, 130, 131, 134, 414, 452, 453, 455, 461, 468
冊封使 65, 413, 423, 430, 433, 444, 453, 459, 461, 464-468
冊封正使 469
座公文 346
鎖国 367, 368
刺刀(さすが) 189, 190
薩南学派 34
雑釉 184
賛 237, 273, 274, 276, 278, 281, 284, 286-290, 292, 323, 337, 338, 340-344
三韓征伐／三韓征伐伝説 3, 397
蚕繭 127
三国世界観 10, 95
三司官 92
山水画 341
山水図 342, 345
『参天台五臺山記』 54, 58-62, 66, 68
三道水軍統制使 462, 463
三別抄 7, 8, 380-382, 390, 391
三浦の乱 128, 132, 137
詩画軸 31, 336, 338
紫禁城 78, 80, 86
寺社造営料唐船 20, 181, 191, 196, 233, 241-245, 247, 251-253, 255, 256, 263-265, 267, 268, 395
時宗 28
事大 11, 117
士大夫／士大夫層 31, 302, 303, 395
紫檀木／紫檀材 185, 254
十刹 32, 230
十方住持制度 44
神人 18
詩の結社 302
市舶司 76, 79, 84, 89, 174
嗣法 273, 275, 276, 286, 292, 390, 394
私貿易 129, 130
謝恩使 10, 96, 135
紗絹 77
ジャンク 254
珠 190
従僧 71-73, 76, 86, 89
修造船廠 88
住蕃貿易 12, 13, 19, 20, 264, 267, 396
主客司 80
朱子学 227
受職人 466
巡検使 87
巡礼僧 54, 55
鈔 178
聖一派 27, 34, 35, 225, 279
『笑雲入明記』 29, 71
将軍 6, 21, 32, 33, 96, 100, 107, 109, 316, 317, 340, 370
松源派 381
上巳 86
瀟湘八景 311
承政院 453, 455, 456, 459
正中の変 181, 232, 247
小帝国 93
上表文 57-59
称名寺造営料唐船 195
唱和 30, 31, 196, 231, 249, 302, 303, 307, 317, 329, 330, 333, 338, 377-379
職貢図 81, 112
諸君所 324
書契 30, 31, 34, 137, 323
諸山 32
書状官 10, 73, 96
女真 81, 122, 124, 136, 152, 154, 173, 351, 352, 354, 355, 377, 379
『初渡集』 29, 82, 83, 89, 91
白帷 190
死六臣 333, 335
四六文／四六駢儷体 30, 315
白小袖 190
城破り 424
新安沈船 184, 187, 191, 192, 194, 205, 244-257, 259-261
進貢使 76, 78-80, 85, 86, 88, 91
進貢船 87

神国観　365
神国思想　4, 5, 93, 94, 397
真言宗／真言　200, 217-219, 391
壬辰倭乱　121, 135, 451
陣定　353, 363-365, 371, 372
人伴　76
進奉船貿易　7
水銀　189, 190
水軍統制使　409
水晶　161
水賊　132-135
水墨画　31, 81, 336-339, 341, 343, 346
水陸会　86, 92
すゝはこ　189
硯　321
硯箱　190
住吉社造営料唐船／住吉社船　183, 242, 250, 251, 268
青花　176, 185
請経使　323, 326
正使　28, 29, 33, 71-73, 76, 79, 83, 92, 344, 414, 451
青磁　171, 184, 185, 254
西人派　469
征西将軍　30, 65
征西府　375
聖地巡礼　52
青白磁　185, 254
西蕃　81
関所　18
関銭　18
摂政　365
節度使　21, 109, 324
宣慰使　332, 333
船軍　9
禅宗／禅　18, 25, 27, 31, 32, 34, 36-39, 43, 45, 181, 209, 210, 215, 218-224, 226, 232, 234, 237, 244, 266, 273, 315, 319, 346, 392, 394
禅宗寺院　26, 30, 32, 36, 219, 231, 276, 340
禅宗社会　317, 323, 340, 395
禅宗史料　318, 319
禅宗勢力　33
禅宗文化／禅文化　36-38, 43, 44, 210, 215, 222, 227, 231, 238, 239, 273, 274, 292
禅宗文学　27, 28
禅宗文化圏　340
扇子　321
禅僧／禅寂者　6-8, 10, 18, 24, 25, 28-31, 33, 36, 37, 41, 43, 44, 65, 73, 89, 94, 171, 172, 197, 210, 219, 220, 223, 228, 234, 237, 238, 244, 247, 249, 251, 257, 263, 273, 285, 286, 295, 298, 302, 303, 315-320, 322-326, 336, 338, 339, 347, 395, 396
禅寺　30, 41, 44, 200, 207, 210, 215, 220, 234, 257, 274, 292, 315, 316, 319
船頭　14, 17, 18, 86, 194
禅問答　231, 238
全羅兵馬節度使　462
禅律方頭人　268
禅律方奉行　243
禅林　239, 347
『善隣国宝記』　9, 10, 30, 32, 51, 66, 71, 79, 95, 96
宋学　34
惣構え　424
蔵経　→大蔵経
曹渓宗　40, 329
造勝長寿院幷建長寺唐船　→建長寺造営料唐船
造天龍寺宋船　→天龍寺造営料唐船
曹洞宗　25, 200, 228-230, 250, 258, 327, 346
僧録　→鹿苑僧録
『続善隣国宝記』　30, 346
賊倭　436
蘇木　76, 78, 81
染付　176, 185

た　行

大運河　86-88
大慧派　230, 290, 291
大応派　280, 284, 323
大学　24
大覚派　224
大勧進　20, 195, 243, 248, 250, 269
体察使　464, 468
題詩　308
太政官　353
大蔵経／蔵経　29, 51, 55, 175, 205, 252, 319-322, 326, 331-333
大僧録司　91
大唐街　23, 24
大徳寺派　33, 35, 45, 283, 377
薫物　20, 196, 248, 249
太刀　189, 190
韃靼　81
奪門の変　79
玉薬(たまぐすり)　404, 421
達魯花赤(ダルガチ)　262
旦過寮　30
站船　88, 89, 92
丹木　321, 322

地方志　296
茶入れの台　190
茶会　42
茶掛け　41, 45
茶陶　41
茶の湯　36, 41, 42, 45, 209, 210
茶杯の台　189
茶寄合　210
茶碗　87
『籌海図編』　76, 97, 98, 110-112, 116
中華思想　147
中華世界　10
〈中華〉の理念　369
『中巌月和尚自歴譜』　21, 180, 181, 191, 197, 202, 203, 216, 219, 236, 247, 249, 266, 397
中継貿易　322
中書省　376
抽分銭　77
釣魚禁約　133
朝貢　370, 397, 407, 452
朝貢国　6, 93, 96
朝貢貿易　77, 123, 267
朝参　79, 80, 92
鳥銃　→鉄砲
牒状　10, 377, 380-382
『朝鮮王朝実録』　21, 138, 319, 430
　『定宗実録』　320
　『世宗実録』　118, 317, 324, 325, 327, 331-334, 341-343
　『端宗実録』　110
　『世祖実録』　120
　『成宗実録』　117, 124, 130, 132, 133
　『燕山君日記』　124, 125, 133, 134
　『中宗実録』　125-131, 134, 136, 447
　『明宗実録』　23, 135, 137
　『宣祖実録』　124, 126, 135, 137, 402, 452, 456, 459-470
　『宣祖修正実録』　451, 469
朝鮮使　10, 21, 30, 95, 96, 118, 416, 430, 465, 467
鎮西探題　188, 194, 265, 266
頂相　31, 32, 91, 207, 237, 273-276, 278, 280-284, 286, 287, 292, 381, 394
通事／通詞／通訳　17, 18, 61-64, 72, 78, 111, 127, 128, 136, 155, 160, 225, 300, 341, 352, 359, 361, 426, 436, 442, 453, 468
通信　332
通信使　6, 10, 11, 95, 96, 117, 137, 323, 460
伝いの城　401, 404
徒弟院（つちえん）　44, 340
つなぎの城　401, 403, 405
帝　→皇帝
泥金研函　321
丁酉倭乱／丁酉再乱　141, 469
敵国　359, 364, 455
てつはう（鉄砲）　383, 385
鉄砲／鉄炮／鳥銃　136, 137, 404, 452, 454
天子　375
天使　415, 432, 453, 459, 466
天台座主　57
天台宗／天台　200, 217-219, 320, 391, 394
天台密教　51-54, 56, 59, 65
天壇　79
天皇／天王　101, 107, 109, 289, 291, 353, 356, 451
天龍寺　252
天龍寺造営料唐船／天龍寺船／造天龍寺宋船　181, 183, 234, 241-244, 251-253, 262-264, 266, 268, 272, 396
『天龍寺造営記録』　242, 251, 252, 256, 268, 272
刀伊　351-364, 366, 367, 370, 371
刀伊の入寇　351, 355-357, 364, 372, 373, 376
銅　76, 78, 125
島夷　51, 90, 117, 130
灯市　86, 90
『東海一漚集』　28, 42, 171, 181, 203, 217, 236, 251
『東海一漚別集』　202
冬瓜　87
東庫（寧波）　76
唐国　231, 274
唐紗袈裟　190
唐人　14, 23, 207-209, 441
唐人町　23, 24
統制使　460, 463, 464, 468
唐船　20, 172, 188, 193-195, 196, 242, 243, 248, 249, 256, 269
銅銭　76, 174, 184-186, 190, 254, 265
唐僧　231, 274, 292
闘茶　42, 210
銅鉄　323
銅の椀　161
東福寺造営料唐船　191, 192, 205, 244, 255, 257
東平館　335
唐房　14, 17, 18, 264, 267
同朋衆　28
唐律　367, 374
渡海制／渡海禁制／渡海の制　265, 351, 362,

366-369
渡海僧　37-39, 43, 55, 179, 200, 202, 203, 207, 220-222, 224, 227, 230, 232, 233, 235, 236, 238, 250, 308, 379, 381, 396
土官　34, 73, 76, 88
徳化思想　3, 93
得宗　173, 188, 189
得宗被官　265
都元帥　426, 441, 442, 468
都指揮使　92
都体察使　462
都督　308
宿直物　190
土木の変　78, 174
渡来僧　26, 31, 35-43, 174, 179, 182, 197, 200, 204, 207, 220, 224, 226, 230, 231, 233, 238, 253, 264, 266, 274, 291, 292, 390, 394, 396
渡来僧の世紀　238, 262, 274
虎皮　465, 470

な　行

長鋒　321
梨子地蒔絵　189
棗子　91
撫切　435
南蕃　81
熟蝮(にぎあわび)　159
『二条河原落書』　179, 210
日明勘合　451
日明勘合貿易　267
日明講和交渉　403, 407, 414, 423, 451, 459
日本国王使／日本国使　12, 29, 137, 298, 330-332, 335, 336
日本至上主義　239
日本図／日本地図　97-99, 104, 105, 114, 157, 158
日本船　245
日本刀歌　52, 66
日本舶　253, 256
日本四僧塔　298, 302, 305
人参　152, 153
年期制　265, 368
衲衣　190

は　行

灰吹法　130
博多綱首　17-19, 193, 264, 267
博多代官　324
博多の警固所　352, 366
博多百堂　18
白衣従軍　464
白磁　15, 16, 175, 184, 185
白磁の洪水　15, 267
白濁釉　184
白布　189, 190
馬船　81, 88, 89
花席(むしろ)　87
腹当　189
番折(ばんおり)　420
番替(ばんがえ)　415-417, 420
挽詩　305, 306
番船　404
半插盥(はんぞうたらい)　189
東アジア国際社会　6, 94
東シナ海交易　5
備辺司　409, 435, 439, 443, 452, 455-461
飛駅(ひやく)使　353, 364
飛駅式　353
白檀　321, 322
表／表文／表箋　33, 78, 92, 375
屛風　321
漂流記　152, 154-157
漂流者／漂着者／漂風人　8, 9, 22, 156, 159, 161, 162, 380
漂流民送還システム　162
被虜人／被虜　151, 355, 362, 363, 367, 438
副使　28, 29, 72, 73, 76, 330, 331, 344, 451, 464, 466, 469
富商大賈　128, 129
武人政権　7, 379, 380
布政使　92
布政司左参議　92
布政司左参政　92
仏教的世界観　10
仏光派　27, 225
筆　321
船手衆／船手之衆　412, 413, 416
船橋　88
文永・弘安の役　390
文永の役　8, 377, 382, 392
文明開化　239
文禄・慶長の役／文禄・慶長の侵略戦争　29, 141, 347
文禄の役　402, 403, 444, 451
兵使　453, 456
平氏政権　5, 94
兵部　455, 465
白族(ぺーぞく)　304, 305
別幅　322
防禦使　409

宝治合戦　17
蒲癸扇　87
墨書陶磁　13, 17
墨蹟　284, 291, 312
北平館　333
墓所の法理　19
法燈(ほっとう)派　276, 277, 292
細絹　189
本地垂迹　4

ま　行

蒔絵　190
円金(まとめがね)　189, 190
水銀(みずかね)　→水銀(すいぎん)
密教　224
密参　35
密貿易　126-131
妙心寺派　284, 377
明使　39, 77, 300
明清交代　121, 136, 141, 152, 156
ムクリコクリ　398
ムスリム　174
夢窓派　33-35, 290, 394
室町殿　32, 33, 268, 316
蒙古合戦／蒙古襲来合戦　4, 266, 382, 383, 398
蒙古襲来　19, 94, 265, 267, 375-377, 379, 390, 395, 397, 398
木簡　191-194, 254, 260
木綿　127
もろこし舟　37, 264
文殊信仰　58
文章博士　57

や　行

薬品　171, 172
野人　125, 136
邑城　408, 444
輸入文化　37, 210
楊岐派　39, 216, 277, 279, 280, 282, 290, 327
抑留記　141

「寄合」文化　210
鎧　190

ら　行

駱駝　81
律宗／律　32, 172, 186, 207, 208, 391, 392, 394
流来　365, 369, 372
領議政　456, 460, 463
林下　44
林賢事件　298
臨済宗　25, 39, 40, 71, 89, 216, 224, 230, 284, 302, 327, 346, 381, 390, 395
礼曹／礼官　9, 10, 21, 95, 96, 104, 124, 129, 323-325, 328, 345
礼部　76-78
『歴代宝案』　22
『老松堂日本行録』　12, 21, 31, 118, 151, 317, 330
鹿苑僧録／僧録　9, 30, 32, 71, 95
六波羅探題　172, 195, 248, 269

わ　行

倭営　409, 414, 415, 426, 431
和歌　24
倭館　125, 127, 128
和議条件／和平条件　408, 459, 468
倭寇　6, 7, 94, 98-100, 107, 110-112, 114-116, 122, 134-137, 182, 183, 205, 241, 242, 256, 262, 264, 322, 325, 326, 370, 395, 396
倭城　401-404, 408-411, 413, 414, 416, 417, 420, 421, 423, 424, 426-430, 433-436, 438, 440-444, 446, 447, 451, 467, 468
和人　157, 160, 162, 466
倭人　12, 23, 100, 101, 110, 117, 122-129, 132-134, 136, 149, 158, 159, 193, 430, 434-437, 439, 441, 456
倭船／倭舶　199, 262, 272, 395, 396, 427, 428, 435, 437, 462
倭賊　132, 143, 144, 146, 407, 425, 430-432, 435, 440, 443, 446, 458, 460, 465, 468
宏智(わんし)派　228